GRAMÁTICA METÓDICA DA LÍNGUA PORTUGUESA

ISBN: 978-85-02-05430-1

Gramática Metódica da Língua Portuguesa

Gerente editorial	Marcelo Arantes
Editor	Maria Tavares de Lima Batista (Dalva)
Editor assistente	Sílvia Cunha
Coordenador de revisão	Camila Christi Gazzani
Revisores	Lucia Scoss Nicolai (enc.), Fernando Cardoso Guimarães, Regiani Marcondes, Renata Palermo, Ricardo Miyake, Thirza Bueno
Assistente de produção editorial	Rachel Lopes Corradini
Gerente de arte	Nair de Medeiros Barbosa
Coordenador de arte	Vagner Castro dos Santos
Assistente de produção	Grace Alves
Projeto gráfico e capa	Hamilton Olivieri
Diagramação	Edsel Moreira Guimarães
Produtor gráfico	Robson Cacau Alves
Impressão e acabamento	A.R. Fernandez

Dados Internacionais de Catalogação na Publicação (CIP)
(Câmara Brasileira do Livro, SP, Brasil)

Almeida, Napoleão Mendes de, 1911-1998.
Gramática metódica da língua portuguesa / Napoleão Mendes de Almeida. — 46. ed. — São Paulo : Saraiva, 2009.

De acordo com a nomenclatura gramatical brasileira e atualizada conforme o Acordo Ortográfico de 1990.
Bibliografia.
ISBN 978-85-02-05430-1

1. Português — Gramática I. Título.

09-07626 CDD-469.5

Índices para catálogo sistemático:
1. Gramática : Português : Linguística 469.5

057.672.046.004

Editora Saraiva

SAC 0800-0117875
De 2ª a 6ª, das 8h30 às 19h30
www.editorasaraiva.com.br/contato

Rua Henrique Schaumann, 270 – Cerqueira César – São Paulo/SP – 05413-909

NAPOLEÃO MENDES DE ALMEIDA

GRAMÁTICA METÓDICA DA LÍNGUA PORTUGUESA

De acordo com a nomenclatura gramatical brasileira e atualizada conforme o Acordo Ortográfico de 1990

por PAULO HERNANDES

- Professor de Linguística e Língua Portuguesa em cursos de graduação em Letras
- Professor de Semântica e Lexicologia em cursos de pós-graduação

46ª edição revista — 2009

Editora Saraiva

TRABALHOS DO PROF. NAPOLEÃO MENDES DE ALMEIDA

GRAMÁTICA METÓDICA DA LÍNGUA PORTUGUESA — Curso único e completo

GRAMÁTICA LATINA — Curso único e completo

GRAMÁTICA ELEMENTAR DA LÍNGUA PORTUGUESA

DICIONÁRIO DE QUESTÕES VERNÁCULAS — Mais de 5 000 dificuldades publicadas n'*O Estado de S. Paulo*.

A ÚNICA

És, Napoleão, o mestre da Didática,
da Língua Pátria és uma fortaleza.
Sabes com segurança majestática
casar a utilidade com a beleza.

Sabedoria, inteligência e prática
colocas com fartura em nossa mesa.
É um compêndio sem par tua Gramática
Metódica da Língua Portuguesa.

Se ela no preço é moderada, é módica,
é rica, é singular no conteúdo.
As outras são a pinga, a tua, a vodca.

Gramáticas há muitas – não me iludo.
Mas é unicamente na Metódica
que acho sempre a resposta para tudo.

José Nogueira da Costa
Pouso Alegre, MG

TUDO

Gramática da Língua Portuguesa,
que a Flor do Lácio acaricia e embala,
revela-nos com método e clareza,
a maneira escorreita de empregá-la.

Resume no seu âmago a inteireza,
dividida em capítulos, nos fala
de erudição, com rara singeleza;
feliz é o estudioso ao compulsá-la!

Do mestre Napoleão, perene e invicto,
jamais será igualada em seu mister
de inextinguível fôlego inaudito,

é tudo o que o pesquisador requer:
para solver problemas de linguagem,
ou para usar melhor sua roupagem.

Norma de Lourdes R. G. Ribeiro
Campinas, SP

TROCADILHANDO

Na GRAMÁTICA nossa ou na LATINA,
Máxime em genial DICIONÁRIO,
Encontramos lições e comentário:
Num estilo tão fácil que fascina.

Dissertando a matéria que domina,
Ensina, do mais alto ao mais primário
Seriado, com exemplo e com sumário,
As regras dessa bela disciplina.

Longe do circunlóquio trivial,
Mostra ser BOM NA PARTE em seu manual.
Enobrece o magistério com clareza.

Inseriu, no verbete REDAÇÃO,
Dedicando ao Ceará, sem restrição,
Altíssimos encômios com beleza.

João Mendes da Cunha
Campina Grande, PB

Prefácio

Antes de mais nada, importa dizer que ensinar Gramática não é ensinar História Geral. Entre o fato histórico e o fato linguístico muita diferença há de objeto, de método de exposição e, principalmente, de maneira de aprender. O fato histórico é por si completo; o fato linguístico necessita explicação, necessita justificação, necessita exemplos, necessita arguição. O fato histórico impõe-se; a regra gramatical expõe-se. O fato histórico é ouvido, ao passo que no terreno da Gramática os fatos são arguidos, são exemplificados. O fato histórico carece de objeções, quando o gramatical se acompanha de corolários, de notas, de exceções. O fato histórico passa-se, o gramatical explica-se.

Unidade de estudo: A seriação de textos de ensino admite-se em certas disciplinas, mas somos inteiramente contrário a ela no estudo da gramática portuguesa. Gramática não é Geografia, que se estuda sob aspetos diversos, econômico, político, geral, físico, regional, humano. A gramática, ou seja, o texto, o livro de ensino gramatical deve ser estudado integralmente. Resultado da fragmentação do ensino da Gramática em opúsculos ou em partes que tudo encerram menos método é não encontrarmos aluno do segundo ciclo que saiba flexionar um substantivo composto, que saiba positivamente em que consiste um superlativo, um pronome relativo, um verbo defectivo, uma conjunção subordinativa, um período, que saiba distinguir e definir o objeto direto, indicar a diferença entre os pronomes *o* e *lhe*, interpretar um *mo* na frase, conjugar um verbo com segurança, é não encontrarmos estudante que saiba consultar gramática de língua nenhuma, nem da sua própria.

Estudar Gramática não é fazer "paciência de baralho", em que as cartas vêm fora de ordem, e ensiná-la não é propor "quebra-cabeça", em que se dão, misturadas, peças de um jogo que ao fim do curso o aluno vá recompor sozinho, de acordo com um desenho, com um modelo que ele mesmo não entende.

Do próprio movimento das livrarias se consegue comprovação da leviandade do ensino da língua: trinta mil exemplares vendem de uma gramática "elementar" e, do mesmo autor, dez mil da gramática de "curso superior". Sinal de que isso? – Um terço, tão somente um terço de nossos escolares estuda com rigor nosso idioma – supondo-se que a compra de um livro equivalha ao seu estudo.

A Gramática ou se estuda ou não se estuda. O "age quod agis" tem no caso aplicação completa; o estudo da Gramática ou se faz ou não se faz. Se o aluno está estudando o "substantivo", deverá estudar tudo, mas tudo quanto diz respeito a essa classe de palavras, no que se refere à fonética, à morfologia e, quanto possível, à própria sintaxe.

O texto de gramática portuguesa deve ser único e completo, de tal forma que, entregue no primeiro ano ao aluno, este o leve não só até o fim do estudo da disciplina mas até o fim da vida. Isto de "curso elementar" e de "curso superior" em gramática de nosso idioma é aberração de ensino da língua. É uma extravagância didática, é um contrassenso cultural admitir a existência de um português primário, de outro português secundário, de um português comercial, de outro português normal, de um português para este e de outro português para aquele outro tipo de estudante. De nenhuma forma é necessário aplicar essa vergonhosa exploração comercial no ensino da língua portuguesa para um aluno que é um, o brasileiro, para uma finalidade que é uma, aprender nosso idioma. Em se tratando da língua nossa, não há distinção entre essencial e secundário, entre elementar e superior. Cabe ao professor, de acordo com as necessidades e possibilidades do aluno, saber o que ensinar, como ensinar e quando ensinar, mas tudo é preciso ensinar.

Incrível, mas verdade: De uma feita, na véspera de ler seu discurso num "almoço intelectual", movido não sei por que liberdade liga-nos o telefone um indivíduo que, dizendo-se admirador nosso e não sei mais o quê, sai-se com umas perguntinhas, dentre as quais esta: "O verbo 'reaver' como devo conjugar no subjuntivo presente?" – No dia seguinte estava no jornal o discurso do "almoço intelectual" e aí encontramos, uma a uma, as passagens do telefonema de véspera; só então identificamos o anônimo admirador: valente membro de várias academias e de outras tantas instituições intelectuais, orador, polemista, conferencista de centros espíritas e católicos, uma "sumidade" enfim, umas das maiores "honras" de "nossa literatura".

Vem-nos à mente aquela passagem de Anatole France: A diferença entre o ignorante e o sábio está em andar este tateando, mui medrosa e cautelosamente, as paredes de um quarto escuro, e em andar aquele despreocupadamente, feliz e sem medo, pelo meio da escuridão. Talvez visando a essa felicidade é que não cuidam do sério aprendizado de nosso idioma, para que, despreocupados das regras de gramática, livres das tradições dos bons escritores, possam dizer e escrever, a torto e a direito, o que pensam.

A análise não constitui estudo independente: A análise é fruto do estudo da gramática e não fator de conhecimentos gramaticais. A análise é meio de averiguação da correção de um texto, e como tal é sinônimo de discernimento, de verificação, de comprovação de aplicação do que seguramente se conhece. Corrigirá um texto não quem "estudou análise" – empregando-se aqui a expressão na acepção costumeira, quase materializada – mas quem souber gramática. Quem sabe gramática sabe analisar, quem só estuda análise jamais saberá a contento gramática.

É por não saber analisar que um indivíduo coloca mal um oblíquo, flexiona mal um verbo, pratica um barbarismo? Nada disso: é tão somente por desconhecer as leis do idioma.

Da análise por diagrama que dizer? – Mecanização improfícua e nefasta do raciocínio. Seríamos o primeiro a defender e a propalar a análise por diagrama se trouxesse conhecimentos ao aluno, se evitasse barbarismos crassos de concordância, de regência, de colocação.

Quando se diz que alguém não sabe analisar os termos essenciais da oração, deve-se entender que ele não sabe nada, absolutamente nada, de gramática, e não entender que não fez um estudo especial, particular, de uma parte inexistente da gramática.

Quem sabe gramática sabe analisar, e é o livro de leitura que vai prestar-se para isso comprovar, não deixando de lado o professor nenhuma passagem do autor que tenha relação com o já ensinado ou que sugira a mínima questão já aprendida num compêndio completo e uno.

Num compêndio completo e uno e não... É mais fácil encontrar sólidos conhecimentos de gramática num estrangeiro de nível universitário do que num brasileiro de igual nível; aquele sabe que a gramática é o caminho mais curto e eficiente, este foi ensinado por editoras e pelos seus agentes; aquele tem formação completa, este em prestações de livros seriados e postilas rendilhadas que mal acompanham o estudante até o fim do ano letivo.

O que é necessário é evitar o exagero, o supérfluo, o inútil. A análise sintática de palavra por palavra das que concorrem numa oração ou num período só deve ser feita ou exigida quando realmente necessária a um objetivo didático geral; estar a ensinar em aulas ou a exigir em concursos ou em provas escolares a função sintática de todos os elementos de uma expressão surrada por todos e encontradiça em qualquer bom escritor constitui exagero e inutilidade. Quando necessária ou para o ensino de casos gerais ou para confirmar uma discutida construção ou para esclarecer um erro e evitar a reincidência, é que a análise se impõe. Procedamos como o médico, que só examina o doente quando em curá-lo cuida.

Leituras anotadas: Outro despautério pedagógico no ensino da gramática portuguesa está nos livros de leitura anotados. Justifica-se esse sistema em estudos especializados, mas nunca em estudos por si inteiros. Seria muito engraçado aprender inglês lendo notas, comentários, críticas de trechos de autores ingleses, aprender História Natural lendo o "Eu Sei Tudo", aprender História Geral lendo telegramas de jornais. Como ler não se aprende em gramáticas, tampouco se aprende gramática em livros de leitura. A leitura é suplemento do ensino de gramática, é meio de comprovação e só o professor sabe o que deve ser observado para esta ou aquela classe. Da leitura deve o professor valer-se como meio de recordação das regras ensinadas; "repetita juvant", e no ensino da Gramática as repetições se impõem.

O compêndio: Todas as nossas gramáticas, na ordem em que atualmente vêm expondo as classes de palavras, encerram grave erro de método. Observe-se que todas trazem o pronome antes do verbo, expondo e explicando completamente a primeira classe para depois passar à segunda. Como irá o aluno compreender a função dos pronomes oblíquos se não sabe classificar o verbo quanto à predicação? Como perceberá a diferença entre os pronomes *o* e *lhe*, se desconhece a diferença entre verbo transitivo direto e verbo transitivo indireto? Como compreenderá a função do reflexivo *se*, se ainda não estudou o verbo quanto à voz?

Outra coisa de que nos queixamos é trazerem nossas gramáticas na sintaxe muita coisa que pode ser explanada na própria morfologia. Para que exigir hoje do aluno a definição e a classificação desta ou daquela classe de palavras, para, somente depois de muitas páginas e, conseguintemente, depois de meses ou anos, ensinar-lhe a função e o emprego?

Nomenclatura gramatical brasileira: A gramática do nosso idioma, por força de simples portaria (publicada no Diário Oficial de 11 de maio de 1959), sofreu modificações já na terminologia, já na divisão, já na própria conceituação de fenômenos linguísticos. Tal qual acontecera com a ortografia – que após ter vivido vinte anos ao capricho de portarias e de acordos só por um passe de mágica, dado por interesse comercial muito antes que educacional, veio a tornar-se oficial – a nomenclatura gramatical entrou em cena em nossa terra, num palco em que se viam os mesmos ratos de ministério de outras reformas anteriores. Se assim não foi, considerem-se por ora estes dois fatos:

dois meses antes de publicada no Diário Oficial essa portaria, já se encontravam a venda livros de acordo com ela; da autoria de um dos elementos da comissão elaboradora da reforma, um livro trazia o mesmo título de tradicional gramática, despudoradamente antecedido do adjetivo "moderna".

De tal monta foram esses e outros fatos, que chegamos à triste conclusão de que era uma falsidade o que estava na portaria que designava uns tantos professores para estudo e proposição do projeto: "um dos empecilhos maiores, se não o maior, à eficiência do ensino da língua portuguesa tem residido na complexidade e falta de padronização da nomenclatura gramatical em uso nas escolas e na literatura didática".

Qual o consciente professor de português que ignora repousar, até hoje, no ridículo número de aulas de gramática a verdadeira e fundamental causa da deficiência do seu ensino? Nenhum país culto existe em que o vernáculo não seja ensinado diariamente; na Itália e na Alemanha Ocidental há oito horas semanais de idioma pátrio.

O ter passado o verbo *pôr*, de acordo com a portaria, a considerar-se mera irregularidade da segunda conjugação facilitou ao aluno decorá-lo? Por ter passado a *crase* a ser considerada mera parte de "apêndice" de gramática veio a ser mais compreendida e mais facilmente praticada? Será que por ter passado o condicional a chamar-se *futuro do pretérito* o seu estudo e emprego ficaram facilitados? Por se terem constituído *artigo* e *numeral* classes autônomas ficaram mais bem conhecidos? Por haver passado a gramática a ter apêndice tornou-se mais difundido seu ensino?

Esses e outros fatos levam-nos a concluir que esta foi a finalidade da portaria 36: Malogrados na adoção de seus livros, uns tantos professores engendraram uma rasteira nos autores que os humilhavam.

Louvável é, sem dúvida, tenha um idioma uniformidade de terminologia para todas as partes léxicas e para todas as funções sintáticas, mas é em igual proporção desprezível que isso se faça com desrespeito à tradição e ao bom senso, quando não à própria disciplina. Um fato por nós presenciado corrobora essa opinião.

Num exame oral de latim um rapaz, que demonstrava conhecer muito bem a matéria, viu-se perturbado quando lhe foi pedido o adjetivo verbal de certo verbo que ele já havia mostrado conhecer suficientemente bem; o próprio examinador do exame vestibular estranhou o silêncio, e perguntou-lhe se não conhecia o particípio futuro da voz passiva; após novo silêncio, o examinador pediu o gerundivo, e o rapaz recitou prontamente a forma desejada. Perguntamos: Por não ter nome fixo é que o aluno desconhecia essa forma verbal? Absolutamente não; o erro está em não ensinarem todos os nomes possíveis a qualquer fato gramatical, pois a abundância de denominações só proveito traz à compreensão do fato; saber qual é o gerundivo de certo verbo latino e não saber que essa forma verbal se pode chamar particípio futuro da voz passiva ou adjetivo verbal é não conhecer todas as suas funções.

Afinal, ensino é arte e, pois, depende muito das qualidades do artista.

A despeito disso tudo, enquadramos a "Metódica" na nova terminologia, e ela continuou a merecer a aceitação que a havia colocado em primeiro lugar entre as gramáticas portuguesas impressas assim no Brasil como em Portugal.

Questionários, exercícios, testes e índice analítico: Dissemos no início, no distinguir o fato histórico do linguístico, que o ensino deste necessita arguição. O professor precisa interrogar, pesquisar no aluno o conhecimento e as deficiências. Nem de outra forma poderia ser; se as normas de gramática se acompanham de corolários, de notas, de observações, de exceções, como inteirar-se o professor do completo estudo e aproveitamento da lição senão arguindo, perguntando, objetando? Daí a necessidade de trazerem as gramáticas questionários e exercícios, auxílio para o professor, incentivo para o aluno. Gramática portuguesa não se ensina fazendo-se discursos, despejando-se egoísmos e despeitos. Todos os alunos devem ter o texto adotado; um lerá uma regra, outro a repetirá com palavras próprias, um terceiro verá o exemplo, aqueloutro o justificará. Não é despejando retórica, não é movimentando cabeça nem membros que o professor deve ensinar gramática. Isto de dizer um professor de português: "Eu ensino, o aluno que estude no livro que quiser" – é a maior confissão de falta de método, de falta de escrúpulo, de falta de seriedade na docência de nosso idioma.

Chamamos aqui a atenção para os títulos que encabeçam todas as páginas de nossa gramática; a simples leitura de qualquer desses títulos, em qualquer das páginas, indicará, racional e minuciosamente, em que ponto da gramática se encontra o estudante. O bom aluno deve saber, quando uma dúvida o assalta, em que parte da gramática procurar-lhe a devida solução, sem perda de tempo no folhear e revirar páginas. A primeira palavra dos títulos que encabeçam as páginas indica uma das grandes partes da gramática; a segunda denota as divisões da primeira; a terceira, as divisões da segunda, e assim por diante.

Reconhecendo, outrossim, de grande utilidade para um livro didático, elaboramos um índice alfabético e analítico. Não é preciso dizer do trabalho que isso nos deu; tudo fizemos para que nossa gramática viesse a animar, o mais possível, a herança que nossos avós nos legaram, estimular o escrupuloso estudo do idioma de nossa terra e estreitar o elo de nacionalidade que a todos nos cinge.

Conclusão: A não ser as observações feitas sob o título "O Compêndio", o que importa não é reformar, mas ensinar, aprender, estudar. Má é a gramática cujas páginas constituem outras tantas prateleiras de vitrina, que expõem mercadorias de toda a procedência, dando ao espectador o trabalho de escolha do melhor artigo. Boa é a gramática que, numa mistura de simplicidade e erudição, expõe com raciocínios simples e termos chãos o que de melhor existe no terreno de nosso idioma; que o apresenta ao aluno como diamante despojado dos cascalhos e impurezas, já lapidado, pronto já para ser usado; que se abstém, quanto possível, de informações históricas, hipóteses e configurações: a tais dados deve recorrer o suficiente para que o aluno perceba a razão de ser do estado atual de nosso idioma.

O professor deve ser guia seguro, muito senhor da língua; se outra for a orientação de ensino, vamos cair na "língua brasileira", refúgio nefasto e confissão nojenta de ignorância do idioma pátrio, recurso vergonhoso de homens de cultura falsa e de falso patriotismo. Conhecer a língua portuguesa não é privilégio de gramáticos, senão dever do brasileiro que preza sua nacionalidade. É erro de consequências imprevisíveis acreditar que só os escritores profissionais têm a obrigação de saber escrever. Saber escrever a própria língua faz parte dos deveres cívicos. A língua é a mais viva expressão da nacionalidade. Como havemos de querer que respeitem a nossa nacionalidade se somos os primeiros a descuidar daquilo que a exprime e representa, o idioma pátrio?

NAPOLEÃO MENDES DE ALMEIDA

Prefácio à 46ª edição (revista e atualizada)

Foi com muita satisfação que aceitei o honroso convite para fazer a atualização da *Gramática metódica da língua portuguesa* à luz do Novo Acordo Ortográfico de 1990, em vigor desde 1º de janeiro de 2009.

Há décadas tenho na *Metódica* a principal referência normativa do nosso idioma e desde há muito considero o inesquecível e brilhante mestre Napoleão Mendes de Almeida como meu "guru" nesses assuntos. Além do mais, admiro-a por ser obra que considero completa, detentora de invejável conteúdo e extenso e utilíssimo índice remissivo. Não é por acaso que, há vários anos, venho-a apontando a todos os que pedem indicação de boa gramática; isso se vem dando, em especial, através das respostas a consultas enviadas à seção "Esclarecimento de dúvidas" da minha página na internet.

Sei da enorme responsabilidade que é escrever algo a ser inserido nesta importante obra, mas creio não decepcionar os editores nem os estudantes que se valem da *Metódica* para embasar-se e aprimorar os conhecimentos da norma gramatical culta do nosso idioma.

O mestre, no último parágrafo do prefácio à edição anterior, faz judiciosas afirmações a respeito da língua, as quais vale a pena retomar. Diz ele ali que "A língua é a mais viva expressão da nacionalidade. Como havemos de querer que respeitem a nossa nacionalidade se somos os primeiros a descuidar daquilo que a exprime e representa, o idioma pátrio?". Está coberto de razão.

A língua portuguesa é o mais legítimo veículo de expressão da cultura brasileira. Trazida para estas terras nos albores da colonização, já no início foi algo diversa, uma vez que os colonos provinham de diferentes partes de Portugal. Aqui encontrou o substrato indígena, mais particularmente tupi-guarani, e, menos de um século depois, recebeu o influxo das línguas africanas, em especial as do grupo banto. Por conta de sua sofisticada teogonia, a influência iorubá, da Nigéria, também se fez presente no nosso léxico.

Por todos esses fatores, a variedade brasileira do português não poderia deixar de diferenciar-se da lusitana. Acresce ainda que a periferia linguística, com relação ao centro irradiador, tende a ser mais conservadora e isso se observa perfeitamente aqui. É fácil exemplificar certos aspectos arcaicos do português brasileiro com relação ao de Portugal, especialmente o de Lisboa, como o emprego do gerúndio, entre outros.

O português, tal qual é utilizado no Brasil, expressa então, como nenhum outro código verbal, nossa visão cósmica e o modo peculiar de recortar o universo. As diferenças mais marcantes entre nossa língua e a de Portugal – fonéticas e lexicais – são superficiais se considerarmos a sintaxe e, em menor grau, a morfologia como o âmago do idioma. Neste particular, são muito pequenas as diferenças.

Desse modo, consideramos equivocadas as posições de certos estudiosos, mormente no campo da Linguística, que garantem por aqui já falarmos o "brasileiro". Antes da última reforma ortográfica, com relação à linguagem, só um ou outro vocábulo denunciavam a procedência lusa de algum texto escrito. Agora, então, fica ainda mais difícil de diferenciar as páginas de um livro brasileiro das de um português. Língua brasileira?! Talvez em futuro distante, quem sabe?

Assim, esta tradicional gramática continua a prestar relevante serviço ao ensino da língua portuguesa, tanto nas escolas como nas leituras individuais. Esta edição está conforme os dispositivos do Acordo Ortográfico de 1990 e os leitores podem ficar tranquilos (sem trema) de que estudam em material atualizado.

Estão de parabéns, pois, o corpo editorial da Saraiva e os usuários da *Gramática metódica da língua portuguesa* por mais uma edição. Ela vem enriquecer o universo bibliográfico brasileiro e o das outras partes do mundo lusófono que têm o privilégio, como os nacionais, de usufruir de seu rico e bem elaborado conteúdo.

Paulo Hernandes

Gramáticos, dicionaristas e professores consultados:

Adolfo Coelho
Álvaro Guerra
Aulete
Botelho de Amaral
Pe. Caetano Oricchio S. J.
Cândido de Figueiredo
Carlos Góis
Carlos Pereira
Carneiro Ribeiro
Domingos Vieira
Côn. F. M. Bueno de Sequeira
Fernando V. Peixoto da Fonseca
Francisco Fernandes
Frederico Diez
Gonçalves Viana
Hênio Tavares
J. J. Nunes
João Ribeiro
José Labriola
D. José Rodrigues de Sousa
Júlio Ribeiro
Leite de Vasconcelos
Pe. Luís Garcia de Oliveira, Salesiano
M. Daltro Santos
M. Rodrigues Lapa
Mário Barreto
Mário Casasanta
Marques da Cruz
Max Müller
Otelo Reis
Otoniel Mota
Pe. Pedro Adrião
Rui Barbosa
Said Ali
Sandoval de Figueiredo
Scarpin Angelo Zini
Soares Barbosa
Fr. Telésforo do Menino Jesus O.C.D.

Abreviaturas que se verão nestas páginas:

§ – parágrafo
+ – mais (indica reunião)
= – igual a, o mesmo que
ac. – acusativo
adj. – adjetivo
adv. – advérbio
ár. – árabe
cf. – confira, confronte
D. QVs – *Dicionário de Questões Vernáculas*
dir. – direto
ex. – exemplo
exs. – exemplos
exc. – exceção
excs. – exceções
fr. – francês
fut. – futuro
gr. – grego
imp. – imperfeito
ind. – indicativo – indireto
lat. – latim *ou* latino
L. – lição
m.q. – mesmo que
mod. – modifica
n. – nota
NGB – Nomenclatura Gramatical Brasileira
obj. – objeto
obs. – observação
obss. – observações
p. – pessoa
p. ex. – por exemplo
p, p. – pret. perf.; part. passado
part. – particípio
pass. – passado
perf. – perfeito
pl. – plural
port. – português
pr. – pronominal
pref. – prefixo
prep. – preposição
pres. – presente
pret. – pretérito
q. – que
qto. – quanto
QVs – Questões Vernáculas
rar. – raramente
sing. – singular
ss. – seguintes
suf. – sufixo
V. – Veja (*)
v. – verbo
v. intr. – verbo intransitivo
v. pron. – verbo pronominal
v. tr. – verbo transitivo

Além dessas, outras abreviaturas se encontrarão facilmente compreensíveis.

(*) V. é também abreviação de *vide,* palavra latina que, no caso, corresponde a *veja.*

ACENTOS

Com toda a paciência, e principalmente com todo o empenho de esclarecer o assunto, pusemo-nos a enfeixar todas as regras vigentes sobre a acentuação dos nossos vocábulos para expô-las de maneira diferente da apresentada em formulários oficiais e em decretos; em vez de, como fazem esses documentos, enumerar os possíveis grupos de palavras para depois dizer que acento lhes cabe, procedemos de forma contrária: damos os acentos de um em um para depois dizer a que grupos vocabulares se aplicam e fazemo-los seguir, entre parênteses, da regra do Formulário Ortográfico ou de algum decreto posterior. Quando a norma apontada incluir-se nas modificações introduzidas pelo Acordo Ortográfico de 1990, vigentes a partir de 1º. de janeiro de 2009, será assinalada por asterisco. É mais didática essa exposição; pelo menos, foi o que confessaram alunos dos nossos cursos por correspondência.

Agudo

A – Usa-se o acento agudo:

1 – no **a**, **e**, **o** abertos, seguidos ou não de **s**, dos monossílabos tônicos e dos oxítonos (43, 1ª.): *pá*, *pás*, *há*, *hás*, *ás* (carta de jogar; aviador notável), *cajá, cajás, pé*, *pés*, *café*, *cafés*, *chaminé*, *chaminés, só*, *sós*, *avó*, *avós*;

2 – nos oxítonos terminados em qualquer vogal, seguida ou não de **s**, sempre que antes dela venha outra vogal da qual se distinga na pronúncia, ou seja, com a qual não forme sílaba: *juá*, *juás*, *tié*, *tiés*, *Macaé*, *aí*, *caí*, *caís*, *Tatuí*, *moí*, *Cambuí*, *cambuís*, *contribuí*, *jaó*, *jaós*, *baú*, *baús*, *contraí-la*, *distribuí-lo, Piauí* (43, 4ª.);

3 – nos oxítonos terminados em **em** ou **ens**: *alguém*, *também*, *convém*, *convéns*, *parabéns*, *detém*, *detém-lo*, *detém-no* (43, 7ª);

4 – nas vogais **a**, **e** quando, abertas e tônicas em formas verbais, vêm seguidas de hífen: *dá-lo*, *dá-lo-ia*, *trá-lo-á*, *qué-lo* (43, 1ª, obs.);

5 – em paroxítonos terminados em:

a) **l**, **n**, **r**, **x:** *amável*, *hífen*, *açúcar*, *tórax* (43, 8ª);

b) ditongo oral: *fósseis*, *faríeis*, *púnheis*, *pusésseis*, *úteis*, *jóquei* (43, 9ª);

c) **i**, **u**, **is**, **us**: *júri*, *táxi*, *íris*, *lápis*, *miosótis*, *táxis*, *lótus* (43, 3ª – O Formulário Ortográfico não dá exemplo de paroxítono terminado em **u**);

d) **um**, **uns** que tenham por tônica **a**, **e**, **o** abertos ou **i**, **u**: *álbum*, *álbuns*, *fórum*, *fóruns* (43, 3ª, obs. 1);

e) **ã**, **ão**, **ãs**, **ãos**: *órfã*, *acórdão*, *gólfão*, *orégão*, *órfão*, *órgão*, *órfãs*, *acórdãos*, *órgãos* (11ª, obs.);

6 – no **i** e no **u** tônicos que formem hiato com a vogal anterior: *baía*, *cafeína*, *caí*, *caída*, *caís*, *construíram*, *contraí-la*, *distribuí-lo*, *faísca*, *heroína*, *juízo*, *moído*, *país*, *ruído*, *ruíram*, *saía*, *balaústre*, *conteúdo*, *reúne*, *saúde*, *saúva*, *viúvo* (43, 4ª);

7 – no **a** e **i** tônicos de algumas formas do presente do indicativo, do presente do subjuntivo e do imperativo dos verbos terminados em **guar**, **quar** e **quir**: *enxágua*, *água*, *apazígua*, *oblíque*, *delínque*;

Nota: Se, por outro lado, o **u** é que for tônico, não haverá acento gráfico: aguo, apaziguo, enxaguo, obliquo, delinquo etc. Isso se deve à variação de pronúncia de tais verbos (* base X, parágrafo 7º);

8 – nos proparoxítonos, ainda que terminem em ditongo crescente (43, 2ª obs.), que tenham por tônica as vogais abertas **a**, **e**, **o** ou **i**, **u**: *árabe*, *área*, *cálculo*, *mágoa*, *vácuo*, *aéreo*, *crédito*, *fizéssemos*, *límpido*, *lírio*, *louvaríamos*, *oblíquo*, *imundície*, *inócuo*, *Gólgota*, *gótico*, *público*, *último* (43, 2ª);

9 – nos ditongos abertos **éi**, **éu**, **ói** dos monossílabos tônicos e oxítonos: *réis*, *anéis*, *bacharéis*, *céu*, *chapéu*, *troféu*, *troféus*, *mói*, *sóis*, *anzóis*, *herói*, *heróis* (43, 6ª);

10 – se na abreviatura aparece a sílaba acentuada da palavra, o acento permanece: *pág.* (*página*).

B – Não se usa o acento agudo:

1 – nos monossílabos nem nos oxítonos terminados nas vogais **i**, **u**, quando puras, ou seja, quando orais e desacompanhadas de outra vogal, seguidas ou não de **s**: *mi*, *quis*, *caqui*, *consegui*, *Mandaqui*, *Parati*, *parti-lo*, *rami*, *mu*, *mus*, *tu*, *Botucatu*, *Caramuru*, *hindu*, *hindus*, *pu-lo*, *tatu* (o **u** do *aqui*, *caqui*, *quis*, *consegui* etc. faz parte do **g** ou do **q** que o antecede, ou seja, constitui dígrafo; dito de outro modo, o **i** forma com o **gu** ou **qu** dessas palavras uma única sílaba; esta regra negativa está implícita na 43, 1ª);

2 – quando à palavra em que ele ocorre é acrescentado o sufixo adverbial **mente** ou sufixo que seja precedido da consoante **z**: *amigavelmente*, *somente*, *voluvelmente*, *avozinha*, *opusculozinho*, *pazinha*, *pezinho*, *sozinho* (Lei nº 5765, de 18-12-1971);

3 – no **i** e no **u** quando, precedidos de vogal que com eles não forma ditongo, são seguidos de **l**, **m**, **n**, **r** ou **z** que não iniciam sílabas e, ainda, de **nh**: *adail*, *paul*, *ruim*, *contribuinte*, *demiurgo*, *retribuirdes*, *juiz*, *tainha*, *ventoinha* (43, 4ª., obs. 1);

4 – no **i** e no **u** tônicos dos ditongos decrescentes **iu**, **ui** quando precedidos de vogal: *atraiu*, *contribuiu*, *pauis* (43, 4ª., obs. 2). Entretanto, o mesmo ocorre se o ditongo é antecedido de consoante: *feriu*, *geriu*, *fui*, *Rui*;

5 – no **u** tônico de algumas formas do presente do indicativo, do presente do subjuntivo e do imperativo dos verbos terminados em **guar**, **quar** e **quir**: *aguo*, *apazigua*, *enxagua*, *averigue*, *obliquo*, *delinquo etc.* (* base X, parágrafo 7º., conforme já vimos na nota do item A-7);

Nota: Também não se usa o acento agudo no **u** tônico das formas (tu) *arguis*, (ele) *argui*, (eles) *arguem*, do presente do indicativo do verbo **arguir**, e de (tu) *redarguis*, (ele) *redargui*, (eles) *redarguem*, flexões correspondentes do verbo **redarguir**. O mesmo vale para (tu) *argui* e (tu) *redargui*, do imperativo (* base X, parágrafo 7);

6 – no **i** e **u** tônicos seguidos de vogal em hiato: *pia*, *pie, riem, rio*, *pua*, *recues, sua*, *sue*;

7 – na terminação **amos** do pretérito perfeito do indicativo dos verbos da primeira conjugação: *amamos*, *cantamos* (15ª., obs.; a pronúncia aberta dessa terminação verbal é injustificável no Brasil; V. § 433, n. 1; V. *amamos* no D. QVs.). É bom lembrar, porém, que o Acordo Ortográfico de 1990 (base IX, parágrafo 4º.) admite, facultativamente, a acentuação em formas como *amámos* e *cantámos* para, em certas variantes do português, distingui-las das correspondentes formas do presente do indicativo (*amamos*, *cantamos*), já que o timbre da vogal tônica é aberto naqueles casos;

8 – nos prefixos paroxítonos terminados em **r**: *inter-helênico*, *super-homem* (43, 8ª., obs.);

9 – nos prefixos paroxítonos terminados em **i**: *arqui-inimigo*, *arquissecular* (43, 3ª., obs. 2ª.);

10 – nos paroxítonos terminados em **ens**: *hifens*, *imagens*, *itens*, *jovens*, *nuvens* (43, 7ª., obs. 1); (V. *Líquen* no D. QVs);

11 – nos paroxítonos terminados em **em**: *contem* (do v. *contar*), *imagem*, *jovem*, *nuvem*, *provem* (do verbo *provar*), *somem* (dos verbos *sumir* e *somar*) – (por exclusão da 43, 7ª.);

12 – nos monossílabos em **em**: *tem*, *quem*, *trem* (por exclusão da 43, 7ª.);

13 – nos monossílabos e nos oxítonos terminados em **l**, **r**, **x**: *mel*, *mor*, *sax*, *revel*, *esmoler*, *antrax*;

14 – nos paroxítonos em que as vogais tônicas **a**, **e**, **o** formam ou não ditongo com a vogal anterior: *quase*, *seriguela*, *aquoso*, *feijoada*, *moeda*, *empreendo*, *Mooca*, *coorte*;

15 – nas formas verbais oxítonas terminadas em **i**, **u** precedidos de consoante, quer seguidas quer não de hífen: *transmiti*, *transmiti-lo*, *repu-lo*;

16 – na vogal tônica dos ditongos abertos **ei** e **oi** dos paroxítonos: *assembleia*, *estreia*, *ideia*, *apoio* (flexão do verbo *apoiar*), *heroico*, *joia* (* base IX, parágrafo 3º.);

17 – no **i** e no **u** tônicos precedidos de ditongo nos paroxítonos: *cauila*, *cauira*, *baiuca*, *bocaiuva*, *feiura* (* base X, parágrafo 4º.);

18 – nas seguintes palavras, anteriormente acentuadas para distingui-las de homônimas homógrafas: *para* (flexão do verbo *parar*), *pelo* (flexão do verbo *pelar*), *pela(s)* (substantivo e verbo *pelar*), *polo(s)* (subst., ex.: *polo* norte, *polo* sul) (* base IX, parágrafo 9º.).

C – Artimanhas:

Para estar de acordo com o Formulário Ortográfico, somos obrigados a

1 – escrever *juiz* sem acento (cf. B-3, retro) e *juízo* com acento (A-6);

2 – acentuar *hífen* no singular (cf. A-5, a) e a não pôr acento no plural, *hifens* (B-10).

Circunflexo

A – Usa-se o acento circunflexo:

1 – nos monossílabos tônicos e oxítonos terminados em **e** ou **o** fechados, seguidos ou não de **s** (Formulário Ortográfico de 1943, 43, regra 1ª): *crê*, *crês*, *dê*, *dês*, *lê*, *lês*, *vê*, *vês*, *pôs*, *marquês*, *português*, *você*, *avô*;

2 – em formas verbais que perdem as letras finais **r**, **s**, **z** e são seguidas do pronome **lo** (43, 1ª, obs.): *movê-los*, *revê-los*, *pô-la*, *fê-lo*;

3 – em formas verbais com pronomes enclíticos ou mesoclíticos (43, 1ª, obs.): *descrevê-lo*, *dê-se-lhe*, *repô-lo-eis*;

4 – nos proparoxítonos em cuja sílaba tônica figura vogal fechada ou seguida de **m** ou **n** (43, 2ª): *devêssemos*, *fôlego*, *pêssego*, *binômio*, *lâmina*, *quilômetro*, *espontâneo*, *mônadas*, *tênue*;

5 – nos paroxítonos terminados em **i** ou **u**, seguidos ou não de **s**, em que figura vogal tônica fechada ou seguida de **m** ou **n** (43, 3ª): *dândi*, *tênis*, *bônus*, *Vênus*;

6 – nos paroxítonos terminados em **l**, **n**, **r** ou **x** em que figura vogal tônica fechada ou seguida de **m** ou **n** (43, 8ª): *pênsil*, *têxtil*, *cânon*, *sêmen*, *aljôfar*, *âmbar*, *fênix*, *ônix*;

7 – na vogal tônica fechada dos paroxítonos acabados em ditongo oral (43, 9ª): *escrevêsseis*, *fôsseis*;

8 – no **e** da terceira pessoa do plural do presente do indicativo dos verbos **ter**, **vir** e seus compostos (43, 7ª, obs. 2): eles *têm*, eles *contêm*, eles *vêm*, eles *convêm*;

9 – nos paroxítonos que tenham til na última sílaba e a vogal tônica fechada (43, 11ª, obs.): *bênção*, *zângão*;

10 – em algumas palavras tônicas, de uma ou mais sílabas, para distingui-las de palavras átonas de igual grafia (43, 14ª, obs.): **quê** (substantivo, interjeição ou pronome no fim de frase), para distinguir de *que* (pronome quando não vem no fim da frase, advérbio, conjunção ou partícula expletiva); **porquê** (substantivo ou no fim de frase), para distinguir de *porque* (conjunção); **pôr** (verbo) para distinguir de *por* (preposição);

11 – em **pôde**, terceira pessoa do sing. do pret. perfeito de *poder* (Lei nº 5765, de 18-12-1971), que assim se distingue da correspondente forma do presente do indicativo (*pode*);

12 – se na abreviatura aparece a sílaba acentuada da palavra: *côn.* (*cônego*);

13 – na palavra **fôrma** para distingui-la de **forma** (substantivo e flexão do verbo *formar*). Ressalve-se que este uso do acento é facultativo: emprega-se quando necessário, em benefício da clareza (* base IX, parágrafo 6º., b).

B – Não se usa o acento circunflexo:

1 – nas letras **e** e **o** quando representam as vogais tônicas fechadas de homógrafos: *aquele*, *colher*, *colheres*, *ele*, *Rebelo*, *almoço*, *lobo*, *toda* (Lei nº. 5765, de 18-12-1971);

2 – quando à palavra em que ele ocorre for acrescentado o sufixo adverbial **mente** ou sufixo precedido da consoante **z**: *comodamente*, *cortesmente*, *pessegozinho*, *vovozinho* (Lei nº. 5765, de 18-12-1971);

3 – nos prefixos e elementos prefixados paroxítonos acabados em **i**: *onipresente*, *semi-histórico* (43, 3ª., 2ª. obs.);

4 – nos oxítonos terminados em consoante, exceto **s**: *arroz*, *desfez*, *gravidez*, *lazer*;

5 – no **o** tônico fechado dos paroxítonos seguido de vogal: *voa*, *roam*, *coe*.

Nota: Isso inclui o primeiro **o** do hiato **oo**, seguido ou não de **s**: *abençoo*, *enjoo*, *enjoos*, *perdoo*, *voo*, *voos* (* base IX, parágrafo 8º.);

6 – no hiato **ee** de formas verbais no plural: *creem*, *deem*, *leem*, *veem* (verbo *ver*) (* base IX, parágrafo 7º.);

7 – em substantivos anteriormente acentuados para distingui-los de outras palavras: *pelo(s)*, *pera*, *polo(s)* (* base IX, parágrafo 9º.);

8 – no primeiro **o** fechado e tônico do grupo **oio**: *apoio* (subst.), *arroio*, *tamoio*;

9 – nos paroxítonos que sejam plurais de oxítonos em **ês**: *marqueses* (pl. de *marquês), meses* (pl. de *mês*); *portugueses* (pl. de *português*), *reses* (pl. de *rês*).

Grave

A – Usa-se o acento grave:

1 – para assinalar a contração da preposição **a** com o artigo ou pronome **a(as)** e com os pronomes **aquele**, **aquela**, **aqueloutro**, **aqueloutra** (e seus plurais), **aquilo**, que se escreverão assim: *à*, *às*, *àquele*, *àquela*, *àqueles*, *àquelas*, *àqueloutro*, *àqueloutra*, *àqueloutros*, *àqueloutras*, *àquilo* (43, 16ª.);

2 – em certas locuções no singular – para evitar ambiguidade – e no plural: *recebeu à bala*, *estudar à distância*, *às claras*, *às mil maravilhas*. (Ver também o § 535.)

B – Não se usa o acento grave:

para marcar a sílaba pretônica dos advérbios em **mente** e dos derivados em que figuram sufixos precedidos do infixo **z**: *indelevelmente*, *somente*, *terrivelmente*, *voluvelmente*, *avozinha*, *cafezeiro*, *cafezinho*, *faiscazinha*, *opusculozinho*, *sozinho*, *voluntariozinho* (Lei n.º 5765, de 18-12-1971).

Til

A – Usa-se o til:

1 – como acento indicativo de tonicidade toda a vez que a vogal tônica for nasal: *afã*, *capitães*, *cidadão*, *cidadãos*, *pão*, *pães*, *rã*, *talismã*, *corações*, *põe*, *põem* (43, 11.ª);

2 – para indicar som nasal nas sílabas átonas; neste caso, a tônica trará o sinal diacrítico correspondente ao som: *acórdão*, *órfã*, *órfão*, *bênção* (43, 11.ª, obs.);

3 – na primeira vogal nasal de advérbios em **mente** e em derivados em que figuram sufixos precedidos do infixo **z**: *chãmente*, *cristãmente*, *irmãzinha*, *leõezinhos*, *mãozada*, *romãzeira* (43, 13.ª).

B – Omissão:

O Formulário Ortográfico de 1943 – da mesma forma que o Acordo Ortográfico de 1990 – omite outro caso, não previsto no item 3 retro, em que também é subtônica a sílaba em que ocorre a nasalização, ou seja, em que a sílaba tônica vem igualmente depois de outra de som nasal. Como escrever o adjetivo pátrio de quem nasce em Ibiporã? *Ibiporãense* é a única grafia possível, mas não é prevista nem na 11.ª regra, nem na sua observação, nem na 13.ª.

Reformas ortográficas

INFANDUM, REGINA, JUBES RENOVARE DOLOREM (*Virgílio, Eneida, livro II, v. 3*): *Ó rainha, tu mandas que eu renove indizível dor.* Palavras da narração que Eneias começa a fazer a Dido, rainha de Cartago, das suas desgraças e da destruição de Troia. Conta Larousse que o padre jesuíta Arnoud, estando a pregar a Paixão na Notre-Dame, viu entrar a rainha Maria de Medici e, obrigado pelo uso a recomeçar o sermão, dirigiu-lhe o célebre verso de Virgílio. Segundo diz Fumagalli, o mesmo fez o padre Faure, capuchinho (que depois foi bispo de Amiens), que, pregando a Paixão em St. Germain-l'Auxerrois, inclinou-se ao entrar a rainha, recitou o verso de Virgílio e recomeçou o sermão.

Provocam-nos essa lamúria as reiteradas reformas ortográficas que vimos sofrendo, partidas de brasileiros que agem ora *motu proprio*, ora em conluio com agentes de Portugal. São reformas de curta duração, que transformaram a ortografia da língua portuguesa no Brasil em verdadeiro artigo de comércio. Desse verso de Virgílio lembramo-nos sempre que um retardatário ministro de estado surge a perturbar o ensino do idioma com medidas que obrigam alunos, professores e pais a recomeçar o embaraçoso e complicado trabalho de enfeitar nossas palavras ora tirando velhos, ora acrescentando novos adornos.

Trecho de carta enviada em 12 de janeiro de 1973 por D. Josefina Iná de Oliveira Siqueira, de Jataí, Goiás, que terminou o curso de Português por correspondência em fins de 1967:

> *"Até hoje tenho pelo senhor, por tudo o que recebi através do seu curso, eterna gratidão; prestei concurso de ingresso no magistério e passei; estou lecionando português desde a 3.ª série ginasial até o 3.º ano normal, trabalhando sem temor, pois adquiri segurança na matéria fazendo o seu curso, que me tem protegido constantemente em minhas aulas. Muitos me têm perguntado onde e com quem estudei português, e orgulhosamente respondo que foi com o Prof. Napoleão Mendes de Almeida, não deixando, é claro, de dizer que seu curso é eficientíssimo e sua gramática uma das melhores do Brasil.*
>
> *Não vacilo em afirmar que o senhor tem prestado uma contribuição enorme ao Brasil, conferindo, a quantos queiram, conhecimento melhor do nosso idioma. Pena é que muita gente deixa escapar tão rara oportunidade de aperfeiçoar seus conhecimentos linguísticos; de minha parte sinto-me feliz, embora saiba que devo continuar estudando se quiser conservar o que aprendi e adquirir novos conhecimentos".*

CAPÍTULO 1

LINGUAGEM

1 – Como todos os outros animais, nós agimos; mas, a diferença deles, manifestamos e externamos nossa ação, mediante o dom que nos é próprio, a **linguagem**, que outra coisa não é senão a propriedade que temos de, por meio de *palavras*, comunicar-nos entre nós, exteriorizando o nosso pensamento, relatando fatos e coisas internas ou externas, acontecidas ou ainda por acontecer.

2 – Esse meio de comunicação poderá ser feito com simples sons orais, com sinais, com arranjos convencionais, gestos, disposição dos objetos que nos cercam; teremos, então, além da linguagem por meio de sons orais, que se denomina *linguagem* **falada** ou *glótica*, a *linguagem* **mímica**, feita por gestos, e a *linguagem* **escrita** ou *gráfica*, feita por sinais, marcas, gravações, arranjos etc.

3 – **Palavra** é, pois, a parte de que se compõe a linguagem, e pode ser constituída por um simples som ou pela combinação de sons, ou, ainda, pela representação desses mesmos sons. A linguagem indica o pensamento; as palavras, como partes que são da linguagem, indicam as partes do pensamento, ou seja, as ideias.

4 – Conquanto constitua a linguagem dom comum de todos os homens, nem todos eles se comunicam pelas mesmas palavras. O conjunto de palavras, ou melhor, a linguagem própria de um povo chama-se **língua** ou **idioma**.

Nota: *Vernáculo*, como substantivo, designa "idioma próprio de um país"; como adjetivo, o que se relaciona com esse idioma. Se, falando em latim, dizemos "vocabula vernacula", referimo-nos aos vocábulos latinos; falando agora em português "vocábulos vernáculos", especificamos os vocábulos do nosso idioma.

5 – Pode a língua ser *viva*, *morta* e *extinta*.

6 – **Língua viva** é a atualmente falada por um povo ou tribo. Assim, são *línguas vivas* o *português*, o *francês*, o *italiano* etc.

7 – Chama-se **língua morta** a que já não é usada por nenhum povo ou tribo, mas sobrevive em documentos. São exemplos de línguas mortas o *latim* (língua primitivamente falada pelos latinos, habitantes do *Lácio*, que tinha por capital Roma), o *sânscrito* (língua clássica da Índia).

8 – **Língua extinta** diz-se a que não é falada nem deixou provas de sua existência. Tal se chama a língua dos etruscos, a dos celtas e a dos primitivos habitantes da terra. Sabemos que tais línguas existiram porque alguma língua devem ter falado esses povos.

Nota: Língua artificial é chamada a de nascimento forçado, calculado, como o *esperanto*, a *interlíngua* (muito empregada em revistas médicas internacionais), a *ocidental*, o *volapuque*, o *ido*, o *arulo*, o *ro* e outras, criadas com a pretensão de se tornarem internacionais. Língua não é artigo de fabricação, senão, quer culta, quer bárbara, o reflexo da formação, da história de um povo.

9 – A palavra, como representação material, isto é, como som ou aparência gráfica, chama-se **vocábulo**. Como índice da ideia que ela encerra, chama-se **termo**. Por isso é que se diz: "Falar em bom *termo*" e não: "Falar em bom *vocábulo*", da mesma maneira que não se diz: "Pronunciar bem um *termo*", mas: "Pronunciar bem um *vocábulo*" (ou *palavra*).

A palavra, pois, apresenta dois aspectos: um externo (número de sílabas, acentuação, forma gráfica etc.), outro interno, isto é, o conteúdo, a ideia, o sentido.

10 – A reunião de vocábulos forma o **vocabulário**; quando dispostos os vocábulos em ordem alfabética e acompanhados de suas significações, tal reunião é denominada **dicionário** ou **léxico**.

11 – Se a reunião de vocábulos forma o **vocabulário**, a reunião de termos, isto é, de palavras enquanto expressam uma ideia, forma a **frase** ou *locução*, que virá a ser a expressão do pensamento. A frase constitui, pois, o elemento fundamental da linguagem.

O livro de Pedro – Os grandes olhos de Maria – são *frases*, porquanto constituem reunião de termos ou ideias, sem nada afirmar nem negar.

12 – Se a frase encerrar uma declaração, isto é, se afirmar ou negar alguma coisa, ela passará a chamar-se **oração**. Exs.: *O livro de Pedro é grande – Os grandes olhos de Maria fecharam-se*.

Gramática

13 – Denomina-se **gramática** a reunião ou exposição metódica dos fatos de uma língua.

Da mesma maneira que a música possui sua *artinha*, ou seja, o conjunto de princípios, normas, ensinamentos e regras concernentes a essa arte, também as línguas possuem cada uma a sua *gramática*, isto é, o conjunto de todas as normas para o seu perfeito uso.

14 – Quando tal estudo abrange, simultaneamente, diversas línguas congêneres, isto é, filiadas à mesma origem e, portanto, semelhantes, ele constitui o que se denomina **gramática geral** (ou **comparativa**). Desta espécie é a *Gramática das Línguas Românicas* de Frederico Diez (pronuncie *Dits*).

15 – Se a gramática visar apenas aos fatos de uma língua particular, ela será **gramática particular**, que passará a chamar-se *portuguesa*, *francesa*, *inglesa* etc., conforme a língua particular que estudar.

16 – A gramática particular tem um fundo de generalidade no que concerne à lógica, mas se preocupa essencialmente dos fatos peculiares de determinada língua, estudando-lhe os fatos particulares, o método e as regras apropriadas para o seu perfeito uso.

17 – A gramática particular pode ocupar-se exclusivamente da origem de uma língua e dos processos de sua formação e se chamará **gramática histórica**.

18 – Se, porém, visar aos fatos atuais de uma língua, mostrando e ensinando as regras vigentes para o seu perfeito manuseio, sem cogitar da sua formação, ela será **gramática expositiva**.

19 – Esta última, isto é, a *gramática expositiva*, que também se chama *normativa*, *descritiva* ou *prática*, é a que vamos estudar com relação à nossa língua, não deixando de ver, na *Etimologia* (§ 610 e ss.), os principais fatos operados na passagem do latim para o português.

Divisão da Gramática

20 – Três são as grandes partes da gramática:

Fonética
Morfologia
Sintaxe

21 – **Fonética** (do gr. *phoné* = *som*) é a parte da gramática que estuda os vários sons ou fonemas linguísticos.

22 – **Morfologia** (gr. *morphê* = figura + *logia* = estudo) é a parte que estuda a palavra em si, quer no *elemento material*, isto é, quanto à forma, quer no *elemento imaterial*, ou seja, quanto à ideia que ela encerra.

23 – **Sintaxe** (do gr. *syntáxis* = arranjo) é a parte que estuda a palavra não em si, mas com relação às outras que com ela se unem para exprimir o pensamento.

Se a *fonética* e a *morfologia* estudam a *palavra*, a *sintaxe* estuda a *frase*, quer completa quer incompleta.

24 – Daí a diferença entre *análise fonética*, *análise morfológica* e *análise sintática*.

Análise fonética é a que considera a palavra quanto ao som.

Análise morfológica é a que considera a palavra em si (classe de palavras, flexão, elementos mórficos, terminação, grafia etc.).

Análise sintática é a que considera a palavra com relação às outras que se acham na mesma oração.

Nota: Em certos programas de ensino ou de concursos pede-se erradamente *análise gramatical* para contrastar com *análise sintática*. *Análise gramatical*, com tal sentido, é expressão técnica da língua francesa.

Questionário

1. Que é *linguagem*?
2. Quantas e quais as suas *espécies*?
3. Que é *palavra*?
4. Qual a diferença entre *linguagem* e *língua*?
5. Que é *língua viva*?
6. Que é *língua morta*?
7. Que é *língua extinta*?
8. Qual a diferença entre *vocábulo* e *termo*?
9. Qual a diferença entre *vocabulário* e *dicionário*?
10. Qual a diferença entre *frase* e *oração*? Exemplos.
11. Que é *gramática*?
12. Quantas *espécies* existem de gramáticas? – Definir cada espécie.
13. Quais as partes em que se divide a gramática? – Definir cada uma delas.
14. Que é *análise fonética*?
15. Que é *análise morfológica*?
16. Que é *análise sintática*?

CAPÍTULO 2

FONÉTICA

25 – A *fonética* (definição: § 21) pode ser *descritiva*, *histórica* e *sintática*.

26 – A fonética é **descritiva** quando estuda os sons d a voz humana no seu *processo* de formação. Exemplo: **ver** constitui-se de uma consoante constritiva, fricativa, sonora, oral, labiodental, de uma vogal fechada, oral (§§ 43, 44) e de uma consoante constritiva, vibrante, sonora, oral, alveolar (§ 59).

27 – A fonética passa a chamar-se **histórica** quando estuda os sons da voz humana na sua *transformação* através dos tempos. Exemplo: **ver** provém do latim **videre** (§ 66).

28 – A fonética é **sintática** quando estuda os fenômenos fonéticos operados nos encontros vocabulares. Exemplo: **vê-lo** provém do encontro **ver+o** (§ 825).

Fonemas

29 – Os sons elementares, isto é, os sons fundamentais da voz humana denominam-se **fonemas**, que se classificam em:

vogais
consoantes
semivogais

30 – Quando representados por escrito, os fonemas denominam-se **letras**.

31 – *Vinte e seis* são as letras usadas em português; o seu conjunto sistematizado denomina-se *alfabeto*[1].

32 – As letras classificam-se, quanto à *forma*, em *maiúsculas* e *minúsculas*; quanto à *natureza*, em *vogais* e *consoantes*.

Maiúsculas	*Minúsculas*	*Nomes*
A	a	á
B	b	bê
C	c	cê
D	d	dê
E	e	é
F	f	éfe
G	g	gê
H	h	agá
I	i	i
J	j	jóta
K	k	cá
L	l	éle
M	m	ême
N	n	êne
O	o	ó
P	p	pê
Q	q	quê
R	r	érre
S	s	ésse
T	t	tê
U	u	u
V	v	vê
W	w	dáblio
X	x	xis
Y	y	ípsilon
Z	z	zê

33 – **Vogais** são as letras que se pronunciam sem auxílio de outra letra: *a*, *e*, *i*, *o*, *u*.

Nota: As vogais *e* e *o*, quando isoladamente citadas, devem ser pronunciadas com som aberto. Não se diz: "Esse *ô* é acentuado", "Esta palavra escreve-se com *ô*", – mas sim: "Esse *ó* é acentuado", "Esta palavra escreve-se com *ó*". O mesmo procedimento devemos ter com a vogal *e*.

34 – **Consoantes** (*com* = junto; *soante* = que soa) são as letras que só podem soar com auxílio de uma vogal.

---

(1) A palavra *alfabeto* provém da reunião dos elementos gregos *alfa* e *beta*, nomes das duas primeiras letras desse idioma. *Abecedário* é tirado das três primeiras letras latinas – *a*, *b*, *c* – e significa *alfabeto*.

Foram oficialmente reintroduzidas no alfabeto português (* base I, parágrafos 1º e 2º) as letras *k* (*cá* ou *capa*), *w* (*dábliu*, *dabliú* ou *dáblio*) e *y* (*ípsilon*, *ipsílon*, *hipsilo* ou *hipsilão*), que são usadas somente em casos especiais, como em antropônimos (nomes de pessoas), topônimos (nomes de lugares), siglas, símbolos e abreviaturas. A pronúncia corrente no Brasil dessa última letra é "ípsilon", com o primeiro "i" tônico.

Nota: O nome das letras nem sempre corresponde ao fonema, isto é, ao som que elas representam; o *m* chama-se *ême*, mas soa *me* (médico); unicamente nas vogais (*a*, *e*, *i*, *o*, *u*) é que o nome corresponde ao som.

35 – **Semivogais** chamavam-se o "i" e o "u" por partilharem da natureza a um tempo das vogais e das consoantes. De acordo com a posição que ocupavam, conservavam-se imutáveis ou se transformavam, passando o "i" a "j", o "u" a "v", o que não quer dizer que todo o "j" correspondesse a "i", que todo o "v" correspondesse a "u". Os escritos antigos exigem cuidado de leitura, pois o "i" representa também o som de "j" e o "u" representa também o de "v"; *iá* (já), *ioya* (joia), *Ioana* (Joana), *Iano* (Jano), *auia* (havia), *ouuer* (houver), *ouui* (ouvi), *palauras* (palavras), *lembraua* (lembrava), *desauentura* (desaventura).

Para o português de hoje, *semivogal* é designação de sentido fonético-histórico, sem utilidade prática, designação do que ainda se opera em outras línguas, como na inglesa, onde o "w" e o "y" participam da natureza de vogal e de consoante. Diante dessa concepção podemos dizer que o nosso "m" é semivogal, pois ora assim mesmo se grafa – *reprovam* – ora se grafa "o": *Cristóvão*; o mesmo som com dupla representação gráfica, lá por consoante, aqui por vogal. A intrometida Nomenclatura Gramatical Brasileira embaralhou o assunto. V. *Nomenclatura Gram. Brasileira* no D. QVs.

36 – V. no D. QVs o verbete *Zelotes do vernáculo*.

37 – O nosso alfabeto recebemos do latim, com duas modificações:

1 – O *u* e o *v* em latim (e no português antigo) se escreviam da mesma maneira em forma de *v*; por isso se veem em fachadas de prédios ou em escritos de importância inscrições como – *TEATRO MVNICIPAL, CVRIA METROPOLITANA*.

2 – Igualmente, o *i* e o *j* confundiam-se graficamente na única forma I (*i*); por isso se veem encabeçando as imagens do crucifixo as iniciais INRI, cujos *ii* correspondem a *jj*: I(J)esus Nazarenus Rex I(J)udaeorum.

No próprio latim já os gramáticos distinguiam, na pronúncia, o *v* vogal (= u) do *v* consoante, mas a distinção gráfica o português só começou a fazer do século XVI em diante, e até o século XVIII e grande parte do XIX ainda se escrevia d*vv*ida (= dúvida).

38 – O latim recebeu o alfabeto do grego, com as seguintes modificações:

1 – Exclusão de três letras, que representavam aspiração, coisa inexistente em latim:

Grego		Latim
Θ (ϑ) – théta = *th*: Θεολογία	(8 letras)	= *Th*eologia (9 letras)
Φ (φ) – phi = *ph*: Φιλοσοφία	(9 letras)	= *Ph*ilosop*h*ia (11 letras)
X (ϰ) – chi (kí) = *ch*: Χριστός	(7 letras)	= *Ch*ristus (8 letras)

2 – Consequente invenção do *h* para representar graficamente a aspiração grega; esta aspiração havia em grego nas letras da página anterior e no começo de certas palavras, o que se representava com o sinal (‘), o *espírito áspero*: ὑποχϱιτής = *h*ipócrita.

3 – Supressão do grupo composto *ψ* (psi), igual a *ps*: ψυχή, que em latim deu *psyche* (psíque).

4 – Supressão do *η* (éta) e do *ω* (ômega), correspondentes, respectivamente, a *e longo* e *o longo*.

5 – Criação do *c*, variante do *kappa* grego: ϰέντϱον (kéntron), *centrum* (em português *centro*).

6 – Introdução do *q* (que sempre se fazia acompanhar de u), correspondente ao *koppa* do alfabeto dórico, que, por sua vez, tirou-o do fenício *koph*.

7 – Introdução do *F* (digama), trazido do eólico.

Em resumo: O latim extirpou 6 letras do alfabeto grego (ϑ, φ, ϰ, ψ, η, ω), criou 4 (*h*, *c*, *u*, *j*; as duas últimas já na decadência e na passagem para o português) e importou 2 (*f* e *q*).

39 – Não foram os gregos os inventores do alfabeto; receberam-no dos fenícios, tendo o trabalho de eliminar certas aspirações. De sua parte, foram os fenícios buscá-lo dos egípcios, precursores do alfabeto.

40 – Quando ainda não existia o alfabeto, a ideia se representava por *símbolos*. Os egípcios representavam primitivamente as ideias por meio dos *jeróglifos*, os babilônios pelo método denominado *cuneiforme*, e ainda hoje os chineses não possuem letras (expressam-se por ideogramas).

Questionário

1. Que é *fonética*?
2. Como pode ser a *fonética*?
3. Quando a fonética é *descritiva*, quando *histórica* e quando *sintática*?
4. Que são *fonemas*?
5. Que são *letras*?
6. Que é *alfabeto*?
7. Como se classificam as letras? (§ 32)
8. Que são *vogais*?
9. Que são *consoantes*?
10. Corrija: *receioso*, *alheiar*, *afeiar*, *meieiro*, *areião*, *areiar*, *arreiar*, *desenfreiado*.

CAPÍTULO 3

VOGAIS

41 – Classificam-se as *vogais*:

a) quanto à *zona de articulação*, em:
anteriores
médias
posteriores

b) quanto ao *timbre*, em:
abertas
fechadas
reduzidas

c) quanto ao *papel da boca e do nariz*, em:
orais
nasais

d) quanto à *intensidade*, em:
átonas
tônicas

42 – Quanto à **zona de articulação** – São **médias** as várias espécies da vogal *a*, que se considera *vogal fundamental* por ser a que primeiro se ouve quando vibram as cordas vocais e quando não se contrai nenhuma das partes móveis da boca (é a que primeiro emite a criança). À medida que formos diminuindo a cavidade bucal mediante movimento de partes que a integram, passaremos para a vogal *e*; a continuar nesse movimento, o *e*, a princípio aberto, passa para *e* fechado, até que se obtém o som *i* (**anteriores** ou *palatais*).

Se, nos movimentos da página anterior, contrairmos os lábios, do *a* passaremos para o *o aberto*, deste para o *o fechado*, e, finalmente, para o *u* (**posteriores** ou *labiais*).

Graficamente, poderemos assim representar as vogais orais, quanto à zona de articulação:

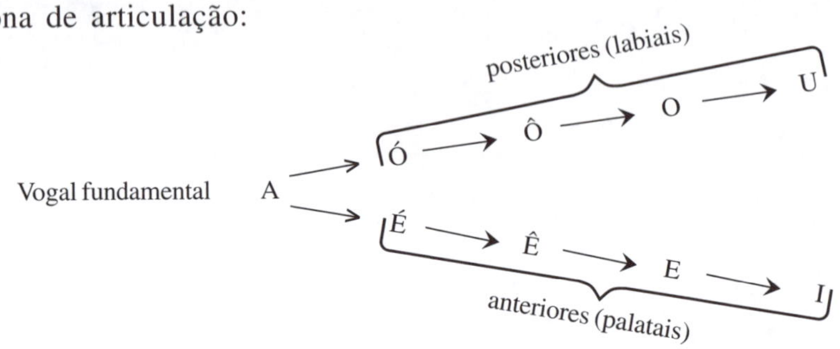

43 – Quanto ao **timbre** – Além de **abertas** (á, é, ó) e **fechadas** (ê, ô), as vogais podem ser **reduzidas**, o que se dá quando são leve, abafada e imprecisamente articuladas as vogais de sílabas não acentuadas, quer venham no fim, quer no meio, quer no princípio do vocábulo. Por vezes, *e*, *o*, *u* reduzidos finais confundem-se, respectivamente, com *i*, *u*, *o*: saudad*e*s (saudad*i*s), Pedr*o* (Pedr*u*), *e* (*i*), Paul*o* (Paul*u*). Entretanto, temos por aqui o *a* "abafado" em vogais tônicas seguidas de consoante nasal: *câmara*, *ramo*, *banana*, *Ana*, *ganho*, *manha* etc.

Observações:

1ª – É estranho ao português falado no Brasil o *a fechado* (*â*). Não condizendo com o nosso sistema de vocalização, é injustificável exigir que no Brasil se pronuncie *mâs* (conjunção), *pâra* (preposição), *câda*.

2ª – A Nomenclatura Gramatical Brasileira omitiu o timbre *agudo*, que é o de *i* e de *u* quando acentuados.

44 – Quanto ao **papel da boca e do nariz** – É **oral** (ou *pura*) a vogal cujo som, proveniente da vibração das cordas vocais, ressoa todo na boca.

Se, na emissão desses sons, desviarmos para as fossas nasais parte do ar expelido pelos pulmões, o que se consegue mediante abaixamento do véu do paladar, obteremos as *vozes* **nasais**: *an* (*ã*), *en*, *in*, *on* e *un*. Vogal nasal é, portanto, aquela em cuja emissão parte do ar é desviada para as fossas nasais.

45 – Quanto à **intensidade** – Quer venha no fim, quer no meio, quer no princípio da palavra, é **tônica** a vogal de sílaba acentuada: *pernambuCAno*; são **átonas** as outras.

46 – Do acima exposto, poderemos enfeixar as vogais no seguinte quadro:

A	aberto	– já, *c*aro
	fechado	– (*não existe no Brasil*)
	reduzido	– v*a*leu, tol*a*
	nasal	– irm*ã*, *a*ndo
E	aberto	– p*é*, car*e*ca
	fechado	– l*ê*, pr*e*to
	reduzido	– saudad*e*s
	nasal	– *e*ntre
I	agudo	– l*i*, f*i*o
	fechado	– (*não existe*)
	reduzido	– pál*i*do, p*i*sada
	nasal	– f*i*m, t*i*nta
O	aberto	– av*ó*, ag*o*ra
	fechado	– av*ô*, b*o*lsa
	reduzido	– pret*o*, dad*o*
	nasal	– s*o*m, c*o*nta
U	agudo	– ang*u*, p*u*lo
	fechado	– (*não existe*)
	reduzido	– fáb*u*la, p*u*xar
	nasal	– *u*m, f*u*ndo

47 – Conclui-se, do quadro acima, serem 17 as *vozes* (ou *fonemas vogais*) da língua portuguesa falada no Brasil.

Grupos Vocálicos

48 – As vogais podem na palavra encontrar-se reunidas em grupos de duas ou mais. Quando se dá isso, as vogais formam *grupos vocálicos*. **Grupo vocálico**, portanto, é a reunião, é a sequência de duas ou mais vogais. Conforme o número de vogais que encerram e conforme a pronúncia a que obedecem, os grupos vocálicos denominam-se **ditongos**, **tritongos** e **hiatos**.

49 – **Ditongo** denomina-se o grupo de duas vogais; classifica-se em *crescente* e *decrescente*, *oral* e *nasal*.

O ditongo é **crescente** quando a voz discrimina as duas vogais.

São os seguintes os nossos **ditongos crescentes**:

1 – *ea* – côd*ea*, ígn*ea*, plúmb*ea*
2 – *eo* – nív*eo*, áur*eo*, marmór*eo*
3 – *ia* – glór*ia*, histór*ia*
4 – *ie* – sér*ie*, superfíc*ie*
5 – *io* – ilusór*io*, Már*io*, f*io*, p*io*, pav*io*
6 – *oa* – pásc*oa*, mág*oa*
7 – *oe* – perd*oe*, mag*oe*, s*oe* (do v. *soar*)
8 – *ua* – ág*ua*, contíg*ua*, contín*ua*

9 – *ue* – tên*ue*, contin*ue*, acent*ue*, rec*ue*
10 – *ui* – r*ui*m, t*ui*m (na pronúncia, acentua-se o *i*), contrib*uí*, constit*uí*
11 – *uo* – árd*uo*, exíg*uo*

50 – O ditongo é **decrescente** quando a voz se apoia mais na primeira vogal, e pode ser *oral*, quando emitido só pela boca, ou *nasal*, quando parte do ar é expelida pelo nariz.

São os seguintes os nossos **ditongos decrescentes**:

ORAIS	1 – *ai*	– m*ai*s, c*ai*bo, s*ai*, c*ai*
	2 – *au*	– *au*tor, p*au*, bacalh*au*
	3 – *éi* (aberto)	– quart*éi*s, r*éi*s
	ei (fechado)	– f*ei*ra, l*ei*te, r*ei*s
	4 – *éu* (aberto)	– v*éu*, c*éu*, chap*éu*, tabar*éu*
	eu (fechado)	– m*eu*, s*eu*, morr*eu*, sand*eu*
	5 – *iu*	– r*iu*, v*iu*
	6 – ói (aberto)	– m*ói*, d*ói*, s*ói*s, anz*ói*s, God*ói*
	oi (fechado)	– b*oi*, aç*oi*te, f*oi*ce, c*oi*tado
	7 – *ou*	– v*ou*, d*ou*, tes*ou*ro, p*ou*co
	8 – *ui*	– f*ui*, circ*ui*to, int*ui*to, R*ui*, az*ui*s, infl*ui*, contrib*ui*, constit*ui*
NASAIS	1 – *ãe*	– p*ãe*s, c*ãe*s, m*ãe*s
	2 – *ão*, *am*	– c*ão*, ir*ão*, m*ão*, órg*ão*, bênç*ão*, disser*am*, for*am* (= dissérão, fôrão)
	3 – *em* (éi)	– b*em*, t*em*, ref*ém*, ca*em*, mo*em* (= be͠im, te͠im, refe͠im, cáĩm, móĩm)
	4 – *õe*	– p*õe*, coraç*õe*s, liç*õe*s
	5 – *ui*	– m*ui*to (= múĩto)

Notas: 1ª – O ditongo *ui* pode ser ora decrescente, ora crescente.

a) Quando *decrescente*, esse grupo deverá pronunciar-se de um só impulso de voz, e, se o acento tônico recair nele, receberá o acento a primeira das vogais do grupo, a *vogal prepositiva*. Assim, as palavras *gratuito*, *fortuito*, *circuito*, *fluido* (subst.) e *intuito* têm o acento no *u* e não no i, por ser decrescente o ditongo *ui* dessas palavras.

b) Quando *crescente*, as vogais se pronunciam com leve separação de voz: *ruim*, *pituíta*, *ruído* (com acento tônico no *i*), *drúida* (pronuncie *drú-ida*).

2ª – Praticamente, considera-se uma única sílaba o ditongo decrescente, e duas o crescente: *chapéu*, *troféu* são palavras de duas sílabas, e *níveo*, *áureo*, de três. Na poesia, porém, terá o poeta liberdade de desdobrar em duas sílabas o decrescente (fenômeno denominado *diérese*, que significa *divisão*), e, vice-versa, fazer do crescente uma só sílaba (*sinérese* = contração), mas nunca poderá alterar o acento correspondente ao grupo vocálico; *circuito*, quer o poeta considere palavra de 3 quer de 4 sílabas, sempre terá o acento no *u*, e *ruim*, quer de 2, quer de 1, sempre no *i*.

3ª – Se o ditongo decrescente se considera uma única sílaba, o crescente constitui duas sílabas; portanto, quando o crescente, que finaliza a palavra, não é acentuado, com toda a certeza o acento recai na sílaba que o antecede, ou seja, na antepenúltima, tendo a palavra acentuação proparoxítona; logo, pela ortografia oficial, que manda se acentuem as palavras proparoxítonas, a sílaba que antecede o ditongo crescente átono *deve* ser acentuada: côdea, *í*gnea, pl*ú*mbea, n*í*veo, gl*ó*ria, ciência.

4ª – Não confunda partição silábica (§ 140) com hifenização (§ 139) nem com métrica (§ 1003).

51 – **Tritongo** é o grupo constituído de uma vogal, acentuada, ladeada de duas outras: f*iéi*s, esp*ião*, esp*iõe*s, espec*iai*s, rit*uai*s, q*uai*s.

Será *oral* ou *nasal* o tritongo conforme se processar sua pronúncia (§ 50).

52 – **Hiato** denomina-se a afluência seguida de vozes igualmente acentuadas: c*oo*rte, m*oo*ca, álc*oo*l, c*aa*tinga, b*aú*, *aí*, s*aí*da.

53 – O que acima ficou dito se baseia na nomenclatura brasileira. A verdade é que, enquanto em latim, em espanhol e em italiano só se pensa na distinção dos grupos vocálicos após a divisão das vogais em *ásperas* (esp. *fuertes*, it. *dure*) e *brandas* (esp. *débiles*, it. *molli*), em nossa nomenclatura esta divisão quanto à natureza não aparece; daí a razão de fastidiosas listas de grupos vocálicos, terreno incerto, falso. É artificial e forçada em nosso idioma a aceitação de *ditongo*. Na realidade – como acontece em latim, em grego, em alemão e em outros idiomas, e como indica a etimologia da palavra – o *ditongo* se constitui de duas vogais que se pronunciam como uma só. Desse artificialismo decorre a dificuldade e quase inutilidade de divisões de grupos vocálicos.

Questionário

1. Quando podem as vogais ser reduzidas?
2. Que diz das pronúncias *pâra*, *mâs*?
3. Como se pronunciam as três vogais grifadas da frase: "PedrO E PaulO"?(*)
4. Que é *grupo vocálico*?
5. Quantas espécies há de grupos vocálicos? Quais são?
6. Que é *ditongo*?
7. Que diferença existe entre ditongo crescente e ditongo decrescente?
8. Que é *diérese*?
9. Que é *sinérese*?
10. Quantas sílabas há na palavra *pituíta*?
11. Responda o mesmo quanto ao vocábulo *circuito* e explique as razões do acento.
12. Quantas silabas há em *pio*, *fio* e quantas em *viu*, *riu*? Por quê? Pode dar-se o contrário? Onde?
13. Que é *tritongo*?
14. Que é *hiato*? Exemplos.

(*) Uma letra, sílaba ou palavra é grifada quando escrita com tipos diferentes ou sublinhada.

CAPÍTULO 4

CONSOANTES

A) – Classificação

55[1] – Se, de um lado, as vogais se produzem mediante *modificações* da boca, as consoantes, por outro, são o produto da *interrupção* da correnteza de ar expelida pelos pulmões.

Enquanto as vogais são produzidas *livremente*, as consoantes são produzidas ou *apertadamente* ou *explosivamente*, isto é, encontram sempre um obstáculo, maior ou menor, à passagem do ar expelido dos pulmões.

No ato de desobstruir a passagem do ar, ouve-se o ruído proveniente da separação das partes que estavam impedindo a saída do ar, e, logo a seguir, quase concomitantemente, o som de uma vogal, resultante dessa desobstrução. Daí o nome de *consoante* (com + soante), isto é, som acompanhado de vogal.

56 – As articulações de que resultam os fonemas consoantes podem ser ilimitadas. A mínima modificação da boca irá alterar a natureza dos fonemas, e o número de tais modificações se multiplicará se os considerarmos produzidos por diversos indivíduos, principalmente se de raças e línguas diferentes. Graficamente, costumam ser reduzidas tais consonâncias aos caracteres gráficos denominados *consoantes*.

---

(1) Os claros na numeração dos parágrafos (Notou que falta o § 54?) têm por fim possibilitar a inclusão de algum provável acréscimo que se torne futuramente necessário.

57 – Podemos, em português, contar 19 consonâncias:

Consonâncias	Representação gráfica	Exemplos
1. BE	*b*	*b*ater, *b*erro, *b*o*b*o
2. CE	*c* (antes de *e*, *i*)	*c*edo, pare*c*ido
	ç (antes de *a*, *o*, *u*)	pa*ç*o, cabe*ç*a, a*ç*úcar
	s (inicial ou acompanhado de consoante)	*s*apo, pa*ss*o, fal*s*o
	x (em casos especiais)	apro*x*imar
3. DE	*d*	*d*a*d*o, a*d*esão
4. FE	*f*	*f*oi, *f*armácia
5. JE	*j*, *g* (antes de *e*, *i*)	*j*á, *g*ente
6. GUE	*g* (antes de *a*, *o*, *u*)	*g*osto, *g*ato
	gu (antes de *e*, *i*)	*gu*erra
7. QUE	*c* (antes de *a*, *o*, *u*)	*c*ão
	c (antes de consoante)	*c*ristão
	qu (antes de *e*, *i*)	*qu*ero, or*qu*estra
8. LE	*l*	*l*uz, *l*atim
9. ME	*m*	*M*aria
10. NE	*n*	*n*osso, i*n*uma*n*o
11. PE	*p*	*p*or, *p*ara
12. RRE (forte)	*r* (inicial ou acompanhado de consoante)	*r*ato, ca*r*ne, ca*rr*o, hon*r*a
13. RE (brando)	*r* (entre vogais)	ca*r*o, mo*r*ada
14. TE	*t*	*t*odo, *t*ea*t*ro
15. VE	*v*	*v*oto, *v*ista
16. XE	*x*, *ch*	*x*arope, *ch*arque
17. ZE	*z*	*z*ero
	s (entre vogais)	ro*s*a
	x (em casos especiais)	e*x*emplo
18. LHE	*lh*	mo*lh*ado, o*lh*o
19. NHE	*nh*	se*nh*or, so*nh*o

58 – Fácil será, do quadro acima, deduzir os defeitos do nosso alfabeto (V. § 36): 1) Letras há que representam consonâncias diversas –*r*: *r*oda (*rr*oda); ca*r*o (ca*r*o); *s*: *s*ol (*ç*ol), ca*s*a (ca*z*a); *x*: ei*x*o (ei*ch*o), se*x*o (se*ks*o), pró*x*imo (pró*ss*imo). 2) Outra existe que nenhuma consonância representa, o *h*. 3) Existência de mais de uma letra para representar uma só consonância: *lh* (fi*lh*o), *nh* (cu*nh*ado).

59 – As nossas consoantes classificam-se:

a) quanto ao **modo de articulação**, em:

oclusivas (duras, explosivas) – quando exigem um prévio fechamento total da correnteza de ar: *p*, *b*, *t*, *d*, *c* (duro), *q*, *g* (duro), *m*, *n*, *nh*;

constritivas (contínuas) – quando o fechamento não é total. Subdividem-se em:

fricativas, se o ar é expelido mediante atrito, fricção: *f*, *v*, *s*, *c* (brando), *ç*, *z*, *x*, *ch*, *j*, *g* (brando);

laterais, se o ar flui entre a língua e as bochechas: *l*, *lh*;

vibrantes, se concorre vibração da ponta da língua: *r* (brando), *r* (forte);

b) quanto à **zona de articulação**, em:

bilabiais – quando o fechamento do ar é feito pelos lábios: *p*, *b*, *m*;

labiodentais – quando feito pelos dentes superiores e lábio inferior: *f*, *v*;

linguodentais – quando feito pela ponta da língua, presa acima dos incisivos superiores: *t*, *d*;

alveolares – quando feito pela ponta da língua ligeiramente encostada no alvéolo dos dentes superiores: *n*, *c*, *z*;

palatais – quando feito pela parte anterior da língua ligeiramente encostada no céu da boca: *x*, *ch*, *g*, *j*, *nh*, *lh*;

velares (guturais) – quando feito pela parte posterior da língua duramente encostada no véu do paladar: *c* (duro), *q*, g (duro);

c) quanto ao **papel das cordas vocais**, em:

surdas (fortes, ásperas) – quando as cordas vocais não vibram: *p*, *t*, *c* (duro), *q*, *s*, *c*, *x*, *ch*, *r*;

sonoras (brandas, doces) – quando as cordas vocais vibram: *b*, *d*, g, *m*, *n*, *nh*, v, *z*, *i*, *l*, *lh*;

d) quanto ao **papel da boca e do nariz**, em:

orais – quando o ar é expelido todo pela boca: *p*, *t*, *k*;

nasais – quando parte do ar é expelida pelo nariz: *m*, *n*, *nh*.

60 – Em quadro, assim podemos apresentar as consoantes.

CLASSIFICAÇÃO DAS CONSOANTES PORTUGUESAS

Quanto ao modo de articulação	OCLUSIVAS			CONSTRITIVAS					
				Fricativas		Laterais		Vibrantes	
Quanto ao papel das cordas vocais	surdas	sonoras		surdas	sonoras	surdas	sonoras	surdas	sonoras
Quanto ao papel das cavidades bucais e nasais	orais	orais	nasais	orais	orais	orais	orais	orais	orais
Quanto à zona de articulação: Bilabiais	p	b	m	–	–	–	–	–	–
Labiodentais	–	–	–	f	v	–	–	–	–
Linguodentais	t	d	–	–	–	–	–	–	–
Alveolares	–	–	n	s, c, ç	z, s (brando)	–	l	r (forte), rr	r (brando)
Palatais	–	–	nh	x, ch	j, g (brando)	–	lh	–	–
Velares	c (duro), q	g (duro)	–	–	–	–	–	–	–

Nota: Outros nomes, que aqui são apresentados em ordem alfabética, poderão ser encontrados para indicar as consoantes, mormente em gramáticas de outros idiomas:

apicais, assim chamados o *t*, o *d*, o *s* e o *z*;

ásperas, que equivalem às surdas;

brandas, que equivalem às sonoras;

chiantes, assim chamados o *j*, o *g* brando, o *ch* (de palavras como *chapéu*) e o *x* (de palavras como *xadrez*);

contínuas, que equivalem às constritivas;

dentais, que equivalem às linguodentais;

doces, que equivalem às sonoras;

duras, que correspondem às oclusivas;

explosivas, que equivalem às oclusivas;

fortes, que equivalem às surdas;

geminadas, ou *dobradas*, quando repetidas e seguidas: *aSSim*, *caRRo*, *faCÇão*;

guturais, que equivalem às velares;

heterorgânicas, quando não produzidas pelas mesmas partes da boca: o *p* e o *t*;

homorgânicas, quando produzidas no mesmo lugar da boca: o *p* e o *b*;

intervocálicas, quando entre vogais: ré-*G*-io, lú-*C*-*i*-*D*-*o*, pe-*G*-*a*-*D*-*a* (a pronúncia desta palavra é *pegáda*, com acento tônico na sílaba *ga*);

labiais, que equivalem às *bilabiais*;

líquidas, assim chamados o *r* e o *l*;

molhadas, assim chamados o *lh* e o *nh*;

sibilantes, assim chamados o *s*, o *z* e o *c* brando.

B) – Origem e Pronúncia

B

62 – O **b** frequentemente substitui outra bilabial ou uma labiodental, ou por uma delas se permuta em português: *suPerbum*, so*b*erbo; *buBare*, bu*f*ar; *aFricum*, á*b*rego; *raPHanum*, rá*b*ano; *duBitare*, du*v*idar; *morBum*, mor*m*o.

Quando intervocálico, o **b** latino frequentes vezes desaparece na formação popular do português: *preBendam* > *preenda* > *prenda*.(1)

O **b** é *levemente* pronunciado:

a) no meio dos vocábulos, quando em grupo com outras consoantes: *substância*, *obcecar*, *objeto*, *abdicar*, *abstenção*;

b) no fim de palavras estrangeiras: *Adib*, *Horeb*, *Joab*;

c) na preposição *sob*.

C

63 – O **c** pode proceder:

1) de outro **c**: *c*aro de *Carum*;

2) de **qu**: *c*in*c*o de *QUinQUe*, nun*c*a de *numQUam*, *c*aderno de *QUaternum*, *c*atorze de *QUatuordecim*, *c*artola de *QUartolam*;

3) de **t** seguido de **i** ou **e** e mais uma vogal: viço de *viTIum*, poço de *puTEum*, intenção de *intenTIonem* (não confunda *intenção* = propÓsito, com *intensão* = intensidade), Helvécia de *HelveTIam*;

4) do grupo **st**: moço de *muSTeum*.

64 – Procura-se hoje corrigir a grafia de várias palavras em que o **c** não se justifica. Caso interessante opera-se com o verbo *tecer*; o latim *texĕre* deveria em português ter dado *texer* ou *tesser*. A grafia errônea consagrou-se por causa do grande número de verbos terminados em ecer (obed*ecer*, per*ecer*, par*ecer*, pad*ecer*, mer*ecer* etc.).

Era o **c** em latim sempre pronunciado como **k**: *Cícero*, *Kíkero*; *díscere*, *dískere*. Na decadência do latim, e, conseguintemente, na formação das línguas neolatinas, o som de gutural explosiva forte continuou antes de **a**, **o**, **u**: **caro**, **corpo**, **culpa**, mas abrandou-se antes das vogais **e** e **i**, como também antes de **a**, **o**, e **u** quando acrescido da *cedilha* (*Cedilha* é a forma diminutiva vernácula do espanhol *ceda*, a qual é hoje representada por um pequeno **c** virado para trás que se sotopõe ao **c**, que então se denomina **cê cedilhado** – e não "cê cedilha"): *pareço*, *pareça*. Jamais se emprega **c cedilhado** antes de **e** nem de **i**.

65 – Só aparecem dois **cc** ou o grupo **cç**, quando o primeiro **c** é pronunciado: *seCCionar*, *infeCÇão*; o mesmo se diga do grupo *ct*: *duCto*, *infeCto*. É este um ponto que origina frequentes e sérias discrepâncias em português; uma infinidade de palavras há em que o **c**, em tais casos, é pronunciado em Portugal e o não é no Brasil. O contrário também, não poucas vezes, se verifica. Em Portugal pronuncia-se o **c** de *faCto*, de *faCtura*, o que não se dá entre nós.

Quando final de palavras estrangeiras, o **c** soa levemente: *Isaac*, *Habacuc*. Tais nomes já se encontram grafados mais portuguesmente: *Isa*(*a*)*que*, *Habacuque*.

---

(1) O sinal > indica derivação etimológica; o vértice do sinal aponta para o derivado: *prenda* < *preenda* < *prebendam*.

D

66 – Nem sempre o nosso **d** corresponde ao **d** latino; é, não raro, resultado do abrandamento do **t**: *laTum*, lado; *amaTum*, amado. Algumas vezes tem origem num **l**: *Laxare*, deixar; *amyLum*, amido.

É frequente, na derivação popular, a queda do **d** latino entre vogais: *caDere*, *cair*; *viDere*, *ver*; *raDium*, *raio*.

Quando final de palavras estrangeiras, o **d** ora é pronunciado, como em *Gad*, *Nenrod*, *Cid*, ora não, como em *David*, *Madrid*, *Bagdad*. Uma vez que, nestas últimas palavras, o **d** não é pronunciado, tampouco deve ser escrito: *Davi*, *Madri*, *Bagdá*.

F

67 – Comumente originário do **f** latino, corresponde, outras vezes, ao **ph**: *PHasianum*, *f*aisão; e ao **b**: *buBalum*, bú*f*alo.

Sempre que possível, impõe-se o aportuguesamento de palavras estrangeiras terminadas em *f*: *turfe*.

G

68 – Quase sempre proveniente de um **g** etimológico, outras vezes o **g** é consequência do abrandamento do **c duro** ou do **q** latinos: *Catum*, gato; *ciConiam*, cegonha; *haC hora*, agora; *neC otium*, negócio. Outras vezes provém de um **v**: *Vastare*, gastar: de um **w**: *Werra* (palavra alemã, que quer dizer *contenda*), guerra; *Wilhelm*, Guilherme; de um **z**: *Zingiber*, gengibre; de um **t**, seguido da terminação breve *icum*: *viaTicum*, viagem; *silvaTicum*, selvagem.

O **g** é velar antes de **a**, **o**, **u**; é palatal antes de **i**, **e**; antes destas duas vogais o **g** pode também ser velar; para tanto intercala-se um **u**, que ora se pronuncia, ora não; é uma questão que apresenta sérias divergências de pronúncia em grande número de vocábulos nossos. Unicamente o uso é juiz neste ponto.

Era desconhecido dos latinos o som chiante: *ge*, *je*, *xis*, *chá*. O **g** para os latinos sempre tinha som duro, ainda que seguido de **e** ou de **i**; *angelus*, por exemplo, era por eles pronunciado *ânghelus* (= anjo).

O **g** soa brandamente no final de vocábulos estrangeiros: *Azag* (azágh').

O **g** intervocálico também cai na derivação popular: *liGamen*, *liame*; *leGalem*, *leal*; *ruGam*, *rua*; *reGem*, *rei*. Interessante é o caso da queda do **g** inicial de *germanum* que em português deu *irmão*.

J

69 – O **j** é resultante da degeneração do **i** latino, mas nem sempre corresponde a essa letra; podem produzi-lo:

1) o **h**, na combinação **hi** (ou *hy*); *HIerosolyman*, Jerusalém; *HYacinthum*, Jacinto; *HIeronimum*, Jerônimo;

2) o **g**: *Gesiminum*, *j*asmim;

3) o **l**: *Lolium*, *j*oio;

4) as combinações *di*, *si*, *se*, *ve*, seguidas de vogal: *hoDIe*, hoje; *DIurnalem*, jornal; *eccleSIam*, igreja; *baSIum*, beijo; *caSEum*, queijo; *faSEolum*, feijão; *foVEum*, fojo;

5) a vogal grega ι (ióta), diretamente ou através do latim, quando inicial seguida de outra vogal ou quando intervocálica sem formar ditongo; essa é a origem do *j* das palavras *Jônia*, *Déjoces*, *jaspe*, *jota*, *jerarquia* (ao lado da forma erudita *hierarquia*).

O som do **j** é sempre brando e invariável: *José*, *adjetivo*.

K

70 – O **k** é empregado em:

1) antropônimos provenientes de outras línguas e seus derivados portugueses: *Barak, Bismarck, Franklin, Kant, Kardec, Kepler, Kim, Shakespeare; kantismo, kantista, kardecismo, kardecista, kepleriano, shakespeariano;*

2) topônimos brasileiros e estrangeiros e seus derivados portugueses: *Brodowski, Kiangsi, Kiel, Kiev, Kuwait, Oakland, Oklahoma, Phuket, Presidente Kennedy, Topeka; kennediense, kuwaitiano;*

3) nomes oriundos de outros idiomas mantidos na forma original: *Kadosh, kiriê, Kíries, kümmel;*

4) siglas de empresas e organizações estrangeiras: *NHK, KGB, KLM;*

5) símbolos de elementos e substâncias químicas: Bk *(berquélio),* K *(potássio, do latim* kalium*),* IK *(iodeto de potássio),* Kr *(criptônio);*

6) abreviaturas: kg *(quilograma, quilo),* kl *(quilolitro),* km *(quilômetro),* K. O. *(do inglês* knock-out, *"fora de combate", termo do boxe).*

L

71 – Além do **l** originário, outras letras deram **l** em português:

1) o **n**: *aNimam*, a*l*ma;

2) o **r**: *aRbitrium*, a*l*vitre;

3) o **d**: *juDicare*, ju*l*gar;

4) o **m**: *Memorare*, *l*embrar.

O **l** intervocálico geralmente cai na passagem do latim para o português, quando popularmente derivada a palavra: *coeLum*, *céu*; *saLire*, *sair*; *veLum*, *véu*.

Diferente é o som do **l** conforme venha colocado antes ou depois da vogal por ele modificada: *lago*, *algo*. Por isso é que a palavra *malestar* (resultante da junção do advérbio *mal* ao verbo *estar*) se pronuncia e se separa silabicamente *mal-es-tar* e não *ma-les-tar*, uma vez que o **l** modifica a vogal **a** a ele anteposta.

M

72 – O **m** só algumas vezes deixa de corresponder ao **m** originário. Isso acontece no final de certas palavras: *soNum*, so*m*; *boNum*, bo*m*; *siC*, si*m*; *neC*, ne*m*.

Quando posposto à vogal que ele modifica, o **m** transforma-se em mero sinal de nasalização: *embora* (= *ẽbora*), *com* (= *cõ*), *tempo* (= *tẽpo*). Em *emoldurar*, o **m** conserva seu valor literal, por estar modificando a vogal que se lhe segue e não a anteposta: *e-mol-du-rar*; mas em *bem-aventurado* o **m** constitui simples sinal de nasalização, por estar modificando a vogal que o antecede, o **e**, e não a que se lhe segue, o **a**; corretamente, assim se pronuncia essa palavra: *bẽ-aventurado*.

N

73 – Raríssimos são os casos em que o **n** deixa de corresponder a um **n** etimológico: *Libellum*, *n*ível; *Mespilum*, *n*êspera.

Acontece com o **n** o mesmo que com o **m** quando modifica a vogal que o antecede: *antes* (= *ã*-tes), *entre* (= *ẽ*-tre), *onze* (= *õ*-ze). Em *enumerar*, por estar modificando a vogal a ele posposta e não a anteposta, o **n** conserva seu valor alfabético: *e-numerar*. No final de certas palavras eruditas o som do **n** aproxima-se do som alfabético: *cóloN*, *hífeN*. Quando tais palavras passam a ser de uso generalizado, geralmente perdem o **n** final: *cacófato* em vez de *cacófatoN*, *léxico* em vez de *léxicoN*, *germe* em vez de *gérmeN*, *espécime* em vez de *espécimeN*, *certame* em vez de *certâmeN*, *regime* em vez de *regímeN*, *exame* e não *exâmeN*.

P

74 – O **p** tem origem noutro **p**, com exceção de poucos casos, como em so*p*rar, do *latim* su*FF*lare.

Quando não pronunciado, o *p* inicial não se escreve: *salmo*, *tisana* (e não *psalmo*, *ptisana*); note-se que em *tisana* o **p** inicial não era escrito nem na ortografia mista.

O mesmo se diga do **p** medial: *exceção*, *setembro*, *assunção* (e não *excepção*, *septembro*, *assumpção*).

Escrever-se-á sempre que for sonoro: *oPção*, *concePção*, *Pneumonia*.

Q

75 – É o **q** proveniente ou de um **q** (*q*ual de *q*ualem) ou de um **c duro** (*q*uente de *c*alentem, *q*ueda de *c*aída).

O **q** sempre se liga às vogais por intermédio de um **u**; este passa a fazer parte integrante do **q** e não entra na contagem das sílabas. Grande é a confusão que o grupo literal **qu** traz para a pronúncia de nossas palavras, pois o **u** ora é pronunciado, ora não, sem nenhuma regra nem critério, tornando-se solução única para cada caso averiguar como a generalidade do povo pronuncia o vocábulo.

R

76 – Quatro podem ser as origens do **r** português:

1) um **r** originário: ma*r* de ma*r*e; *r*ei de *r*egem;

2) um **l**: *r*ouxinol de *l*usciniolam (de *luscus* e *canere*, que canta no crepúsculo); b*r*ando de b*l*andum;

3) um **d**: ciga*rr*a de cica*d*am;

4) um **s**: Ma*r*selha (cidade da França) de Ma*s*siliam.

77 – **L** e **r** frequentemente se permutam. Em certas palavras essa troca já se arraigou: a*r*mazém provém de a*l*mazém (derivado árabe); alugue*l* (pl. *aluguéis*) emprega-se hoje em vez de alugue*r* (mais certo e praticamente a única forma usada em Portugal; pl. *alugueres*); b*r*ando tem origem em b*l*andum.

Noutras palavras vemos ora o **r** ora o **l**: f*l*auta (esta é a melhor forma) e f*r*auta; f*l*echa (forma mais usada) e f*r*echa. Em outras, essa troca constitui erro: def*r*uxo por def*l*uxo, e assim endef*r*uxado, quando o certo é endef*l*uxado (pronuncie "deflusso", "endeflussado"); desfa*r*car em vez de desfa*l*car; muitos exemplos poderia oferecer de palavras que são erradamente pronunciadas pelas crianças, como esta: qué*l*o em vez de que*r*o.

Rotacismo (**rô** é o nome do **r** grego) é o erro que consiste em empregar **r** em vez de **l**; o erro contrário, empregar **l** em lugar de **r**, chama-se **lambdacismo** (**lambda** é o nome do **l** grego).

S

78 – O mais das vezes, o **s** de nossas palavras corresponde a um **s** de origem: va*s*o (latim va*s*um), pe*s*o (latim pen*s*um).

Sempre que o étimo de uma palavra nossa acusar **s**, esta consoante deverá ser conservada em português; por isso é que não se justificam certas grafias, como *portuguez*, *inglez*, *pêzames*, *apezar* etc.; dado o étimo, com **s** devem ser essas palavras escritas. Temos muitas outras: a*s*a e não a*z*a (do latim an*s*am); mê*s* e não me*z* (do latim men*s*em); paí*s* e não pai*z* (do fr. pay*s*); trê*s* e não tre*z* (do latim tre*s*); gá*s* (fluido) e não ga*z* (do flamengo gee*s*); atrá*s*, atra*s*ar e não atra*z*, atra*z*ar (do latim tran*s*); qui*s* e não qui*z* (do lat. quae*s*ivi); pu*s*, pu*s*este, pô*s*, pu*s*emos, pu*s*estes, pu*s*eram e não pu*z*, pu*z*este etc. (do lat. po*s*ui, po*s*uisti, po*s*uit etc.); atravé*s* (de a + transver*s*e); revé*s* (lat. rever*s*e) e não reve*z*; ao invé*s* (lat. inver*s*us) e não ao inve*z* (*vez* escreve-se com **z**, mas nada de comum tem com estas três últimas palavras).

Algumas vezes o **s** provém de **x**: en*s*aio (do latim e*x*agium), ân*s*ia (de an*x*iam); outras vezes é resultado da assimilação da primeira letra de um grupo consonantal: ge*ss*o de gy*p*sum; i*ss*o de i*p*sum (V. § 119); pode ainda resultar da alteração do **d** latino: pre*s*a de prae*d*am.

79 – Dois sons tem o **s**: *sibilante forte* e *sibilante brando*.

A) Tem som **sibilante forte**, que é o seu som literal, ou seja, correspondente ao que tem no alfabeto:

1) quando inicia palavra: *s*al, *s*apato, *s*alto;

2) nas palavras compostas, quando a parte começada com *s* é usada isoladamente, e então a palavra se escreve com dois **ss**: *reSSoar* (re + *s*oar), *reSSecar* (re + *s*ecar);

3) quando, no meio de palavras, vem precedido ou seguido de consoante: con*s*olação, den*s*o, fra*s*co, ha*s*te, rap*s*ódia.

B) Tem som **sibilante brando**, conseguintemente som acidental, correspondente ao do **z**:

1) quando se acha entre vogais: bondo*s*o, a*s*a, me*s*a, ca*s*a, pre*s*umir, re*s*umir etc.;

2) nas palavras cujo primeiro elemento é *trans*, visto constituir o *n* deste prefixo mero sinal de nasalização: tran*s*oceânico (= trã*s*oceânico), tran*s*igência (= trã*s*igência).

80 – Afora esses casos, outros há em que seu som varia; em *obSéquio* tem som acidental de **z**, mas em *subSídio*, *subSistência* tem som forte de **c**. O uso é o que nos deve, em tais casos, guiar; assim é que o **s** da palavra *casino*, não obstante vir entre vogais, tem o som sibilante forte. Quando explicações não houvesse dessa exceção (a pronúncia ca*ss*ino explica-se pela pronúncia do espanhol, que nos serviu de intermediário dessa palavra, tendo-a recebido do italiano), seria motivo bastante para justificá-la o seu uso generalizado; *cassino*, assim mesmo, com dois **ss**, devem grafar os que seguem o sistema ortográfico oficial.

Nota: Tratando-se de prefixo terminado em **s**, este terá o som de **z** quando se lhe seguir vogal, mas valerá dois **ss**, isto é, terá som forte, quando o elemento posposto ao prefixo tiver um **s** inicial etimológico. Em *tranSação* soa **z** porque o segundo elemento começa por vogal; em *tranSubstanciação* soa de maneira forte porque dois **ss** existem etimologicamente, ou seja, porque o segundo elemento tem um **s** etimológico, **s** este que desapareceu diante do já existente no prefixo (trans-*s*ubstanciação).

Outros exemplos do primeiro caso: tran*s*igir, tran*s*atlântico; do segundo; tran*s*udar, tran*s*umir.

T

81 – O **t** origina-se de outro **t**: *t*an*t*o de *t*an*t*um, *t*erra de *t*erram.

Conserva-se em certas palavras e locuções latinas usadas em português: defici*t*, superavi*t*, habita*t*, occipu*t*. – *Etc.*, abreviação da locução latina *et cetera*, que quer dizer "e outras coisas", pronuncia-se *êd cétera*.

Nota: Se antes da conjunção *e* só se emprega vírgula quando o *e* não está a ligar os dois termos imediatamente contíguos ("Ele disse isso, e outras coisas poderia ter dito"), antes de *etc.* não cabe o emprego de vírgula nem de *e*. Não há sentido em "... peras, maçãs e etc." nem em "... peras, maçãs, etc.".

Além de "e outras coisas", pode *etc*. significar "e outros da mesma espécie", "e o resto", "e assim por diante", ou seja, pode indicar que outras coisas (extensiva e abusivamente outras pessoas) que podiam ser mencionadas devem ser subentendidas: "Você poderá encontrar cobras, lagartos, aranhas etc.". V. *Et al*. no D. QVs.

V

82 – O **v** pode originar-se:

1) de um **v** etimológico: *v*idro de *v*itrum, *v*ida de *v*itam, se*v*ero de se*v*erum;

2) de um **f** (ou **ph**): tre*v*o de tri*f*olium (= três folhas), Cristóvão de Christo*ph*orum (= que transporta Cristo);

3) de um **b**: governo de gu*b*ernum, li*v*ro de li*b*rum;

4) de um **p**: esco*v*a de sco*p*am (em latim significa *vassoura*).

Há casos em que o **v** latino, quando intervocálico, desaparece: bo*v*em deu *boi*.

W

83 – Emprega-se o **w** em:

1) antropônimos provenientes de outros idiomas e seus derivados portugueses: *Darwin, Kawaguti, Wagner, Weiss, Werner, Wilson; darwinismo, wagneriano, wagnerismo;*

2) topônimos brasileiros e estrangeiros e seus derivados portugueses: *Alfredo Wagner, Frederico Westphalen, Milwaukee, Ottawa, Porto Walter, Wall Street, Wanderlândia, Wanderley, Waterloo, Washington, Westminster, Wisconsin; portowaltense, wanderlandiense, wanderleiense, westphalense;*

3) nomes oriundos de outros idiomas, mantidos ou não na forma original: *show, watt, wolfrâmio, wolframita;*

4) siglas de empresas, organizações e eventos estrangeiros: *CQ WW, TWA, WTCC;*

5) símbolos de elementos e substâncias químicas: *W* (tungstênio);

6) abreviaturas: *w* (watt), *kw* (quilowatt), *W. O*. (do inglês *walk-over*, termo da linguagem do esporte).

X

84 – O **x** representa cinco sons:

1) som alfabético, chiante: *x*adrez, *x*eque, *x*en*x*ém, pra*x*e, bai*x*o, gra*x*o, ve*x*ar, som este que era desconhecido dos romanos.

Nota: Não se confunda a palavra *xeque* (derivado árabe), que indica um lance do jogo de xadrez, com *cheque* (derivado inglês), que especifica título bancário, ordem de pagamento.

2) som de sibilante forte (**ss**): sinta*x*e, trou*x*e, a*x*ioma;

3) som de sibilante branda (**z**): e*x*ame, e*x*istir, e*x*ecrar, ê*x*ul (êzul), e*x*angue (ezângue);

4) som de **cs**: se*x*o, ne*x*o, comple*x*o, into*x*icar, síle*x*, tóra*x*, índe*x* (V. nota do § 223);

5) som de **s**: te*x*to (têsto), flu*x* (flus), e*x*ceção (esseção), fêni*x* (fênis).

Observação:

Conservou-se o **x** em *todos* os cinco casos acima vistos; ninguém, pois, vá tirar o **x** de "exceção".

O **x** português pode provir:

a) dum **x** ou **xs**: en*x*ugar de e*x*ucare ou e*xs*ucare (= tirar o suco);

b) da combinação **sc**: me*x*er de mi*sc*ere (= misturar), fai*x*a de fa*sc*iam;

c) de um **s**: be*x*iga de ve*s*icam, en*x*ertar de in*s*ertare, pu*x*ar de pulsare, en*x*abido de in*s*apidum, en*x*ofre de *s*ulphur;

d) de dois **ss**: gra*x*o de cra*ss*um (= espesso, grosso), ro*x*o de ru*ss*eum (= vermelho carregado);

e) do dígrafo inglês **sh**: *x*ampu, *X*angai, *x*erardizar, *x*erife, *x*ou.

Y

85 – O **y** é escrito em:

1) antropônimos provenientes de outros idiomas e em seus derivados portugueses: *Byron, Cary, Perry, Taylor, Yasmin, Yehudi, Yoshihiro, Yuri; byroniano, taylorista;*

2) topônimos brasileiros e estrangeiros e seus derivados portugueses: *Bayeux, City* (Londres), *Godoy Moreira, Oyo, Yokohama, Wyoming, York* (mas *Nova Iorque*), *Marigny, Paraty, Paty do Alferes, Ruy Barbosa, Savigny; bayeuxense* ou *bayeense;*

3) nomes oriundos de outros idiomas, mantidos ou não na forma original: *yang, yin, Yom Kippur, yorkshire-terrier, yuan, yuppie;*

4) siglas de empresas, organizações e eventos estrangeiros: *NYSE, NYT, YMCA, YYZ* (sigla para Toronto na aviação);

5) símbolos de elementos e substâncias químicas e de termos da Física e da Matemática: *Dy* (disprósio), *y* (segunda incógnita), *Y* (hipercarga, ítrio), *Yb* (itérbio);

6) abreviaturas: *yd* (jarda, jardas).

Z

86 – É grande a confusão existente entre o **z** e o **s**. Se o **s** quase sempre corresponde a um **s** originário, o **z**, além de equivaler a um **z** etimológico (*z*elador de *z*elatorem, *z*odíaco de *z*odiacum), pode ter mais quatro origens:

1) um **c** intervocálico: vo*z* de vo*c*em, pa*z* de pa*c*em, de*z* de de*c*em, di*z*er de di*c*ere, vi*z*inho de vi*c*inum, juí*z*o de judi*c*ium, ve*z* de vi*c*em, va*z*io de va*c*ivum;

2) a combinação **qu**: co*z*er de co*qu*ere, co*z*inha de co*qu*inam;

3) o grupo **ti**, seguido de vogal: pre*z*ar (de onde vem pre*z*ado) de pre*ti*are, ra*z*ão de ra*ti*onem;

4) o grupo **ph**: gon*z*o de gom*ph*um (= cavilha, prego).

Notas: 1ª – O sufixo **ez**, que denota qualidade ou estado, sempre se escreve com **z**, porque tem origem na terminação latina **itia**, onde encontramos o grupo **ti** seguido de vogal: pequeno+*ez* = pequen*ez*; surdo+*ez* = surd*ez*.

Duas observações se impõem: *a*) esse sufixo tende a confundir-se, se não a ser de todo substituído pelo sufixo **eza**: duro + *eza* = dur*eza*; belo + *eza* = bel*eza*; malvado+*eza* = malvad*eza*; *b*) não devemos confundir esse sufixo com a terminação **ês** ou com a terminação **esa**, provenientes de outras origens: *português*, *presa*, *defesa*, *despesa*, *empresa*, *represa* (§ 630.1, "esa").

2ª – É necessário distinguir "em vez de" de "ao invés de". *Em vez de* significa "em lugar de": "*Em vez de* estudar física, estude química", *Ao invés de* significa "ao contrário de": "*Ao invés de* ficar quieto, começou a responder-lhe".

A primeira locução – *em vez de* – pode ser usada nos dois exemplos dados, mas a segunda – *ao invés de* – denota sempre contraste, oposição; não pode ser empregada como simples sinônima da primeira. Não tem sentido dizer: "Paguei vinte cruzeiros ao invés de quinze", como sentido não tem dizer "Ao invés de sentar-se na cadeira sentou-se no banco".

Encontros Consonantais e Dígrafos

87 – Duas ou mais consoantes podem vir juntas na mesma palavra, mas com certa distinção. Quando, num grupo de duas consoantes, a segunda é **l** ou **r** (chamadas em outros idiomas consoantes líquidas), o encontro é mais forte, isto é, o grupo é mais uno: céreBRo, têneBRa, CLave. Em latim, a vogal que antecede tais grupos consonantais é breve na prosa, mas breve ou longa, à vontade do poeta, no verso.

Já noutros grupos tal união não se verifica; há mais separação entre as consoantes, e na pronúncia errada ou na derivação popular pode aparecer uma vogal: aD(e)Vogado, dificuL(i)Dade, fenômeno chamado *anaptixe* (ou *suarabácti*).

Outras vezes, duas consoantes ocorrem juntas como representantes de um único som; é o que se dá com o *ch*, com o *lh*, com o *nh*, e com as geminadas *rr* e *ss*, que por isso se chamam **dígrafos** (gr. *di* = dois, *grafo* = grafar). Em última análise, o dígrafo corresponde a uma deficiência do alfabeto, ou seja, à inexistência de uma só letra para indicar o som, o que pode acontecer também com o *qu* e com o *gu* (§ 38,6; § 63,2).

CH

88 – Este grupo tem som idêntico ao som alfabético do **x**, som inexistente em latim (o latim não possuía o som chiado).

Diversas podem ser suas origens:

1) o **pl**: *ch*ão de *pl*anum, *ch*eio de *pl*enum, *ch*uva de *pl*uviam, *ch*orar de *pl*orare, en*ch*er de im*pl*ere, *ch*antar de *pl*antar;

2) o **cl** e **scl**: *ch*ave de *cl*avem, ma*ch*o de ma*scul*um (ma*scl*um);

3) o **fl**: *ch*ama de *fl*ammam;

4) Mais uma fonte existe do **ch** chiante: o **ch** francês, que, por sua vez, provém de um **c** duro latino. Assim, o latim *c*apellum através do francês nos deu *ch*apéu; *c*arrucam deu em francês *ch*arrue e daí o português *ch*arrua.

LH

89 – A combinação literal ou *dígrafo* **lh** corresponde, quanto ao som, ao duplo **l** ou **l molhado** do espanhol: *llorar*, *llano*, *molla*, *manilla*, palavras que em espanhol se pronunciam *lh*orar, *lh*ano, mo*lh*a, mani*lh*a.

O grupo **lh** não existe em latim. No mais das vezes, corresponde ao **l** latino que tenha por função evitar hiatos: mu*lh*er de mu*l*ierem, fo*lh*a de fo*l*ia, mi*lh*o de mi*l*ium.

Nossos caboclos abrandam o hiato de maneira diferente: mu-*ié* por mu*lh*er, mí-*io* por mi*lh*o, fô-*ia* por fo*lh*a, à semelhança do **ill** francês: bata*ill*e (batá-*ie*), bata*lh*a; b*ill*et (bi-*ié*), bi*lh*ete, que nossos caboclos dizem bi-*iê*te; me*ill*eur (me-*iê*r), me*lh*or, que nossos caipiras dizem mi-*ió*.

O dígrafo **lh** tem às vezes origem num duplo **l** latino ou num duplo **l** espanhol: cente*lh*a de scinti*ll*am, verme*lh*o de vermi*ll*um, embru*lh*ar do espanhol embro*ll*ar.

Outras vezes resulta das combinações:

1) **bl**: tri*lh*o de *triBuLum*, mediante queda do **u** postônico (**u** que vem depois da sílaba acentuada);

2) **cl**: abe*lh*a de *apiCuLam*; governa*lh*o de *gubernaCuLum*; arte*lh*o de *artiCuLum*; gra*lh*a de *graCuLum*; joe*lh*o (antigamente *geolho*) de *genunCuLum*; nega*lh*o (por *ligalho*) de *ligaCuLum*;

3) **dl**: ra*lh*ar de *raDuLare* (= raspar);

4) **gl**: te*lh*a de *teGuLam*;

5) **pl**: esco*lh*o de *scoPuLum*;

6) **tl**: ro*lh*a de *roTuLam* (= rodilha).

90 – Não havendo em português letra especial que representasse o som contínuo lingual molhado, criou-se o grupo **lh**. Eliminou-se, porém, o **h** que nesse grupo não formasse dígrafo; se antigamente se escrevia *filharmônico* (o **l** é letra final do primeiro elemento e o **h** letra inicial do segundo), hoje, sem perigo de erro de pronúncia, escrevemos tais compostos ou sem **h** ou com os elementos separados por hífen: *filarmônico*, *gentil-homem*.

NH

91 – É outro dígrafo inexistente em latim; se o **lh** corresponde ao **l** que tenha por função evitar hiato, o **nh** corresponde ao **n** de idêntica finalidade. Assim é que de se*n*iorem tivemos se*nh*or, de te*n*eo, te*nh*o, de ve*n*io, ve*nh*o.

O *nh* pode ainda ter origem:

1) num duplo **n**: gru*nh*ir de gru*nn*ire;

2) num **d**: ni*nh*o de ni*d*um;

3) na combinação **gn**: cu*nh*ado de co*gn*atum (= da mesma origem), le*nh*o de lig*n*um.

92 – Tal qual ocorreu com o **lh**, deixou-se de grafar o **h** do dígrafo **nh** sempre que o **n** constituísse letra final do primeiro elemento de um composto e o **h** letra inicial do segundo: *inábil*, *anelo*, *anelar*, *inalar*, *inóspito*, *inumano*.

Conclusões

93 – 1) Do estudo da origem e da pronúncia de nossas consoantes vemos a tendência que tem o nosso idioma de abrandar as consonâncias, preferindo a uma consoante forte latina a respectiva homorgânica branda em português. O francês e o espanhol, conquanto diferentemente, seguem esse processo; de exemplo sirvam-nos duas palavras latinas: *catum* em português deu, mediante abrandamento do **c** duro inicial, *gato*; o francês também abrandou, mas em **ch** chiado: *ch*at; *plorare* em português se abrandou em *ch*orar e em espanhol em *ll*orar (lhorar). As terminações fortes latinas abrandam-se em português: felici*tat*em, felici*dad*e, ae*tat*em, i*dad*e; o **p** latino frequentemente se abranda em **b**: sa*p*ĕre, sa*b*er; ainda mais se abrandando, o **b** latino dá frequentemente **v**: ama*b*am, ama*v*a, passando a consoante de oclusiva para constritiva.

2) Vimos, no estudo do **f**, que *f*aisão é simplificação de *ph*asianum; acrescentamos agora que em *tisana* já ninguém escreve o **p** mudo inicial existente no latim *ptisanam*.

3) A eliminação do **h** inicial era fato já averiguado no próprio latim: *Annĭbal* é grafia corrente ao lado de *Hannĭbal*; *humĕrus* (ombro) frequentemente se grafava *umĕrus*. *Hariŏlus* aparecia frequentemente *Ariŏlus*.

4) V. no D. QVs. o verbete *Fonemas e letras*.

Questionário

1. Qual a diferença ou diferenças entre *vogal* e *consoante*? (§ 55).
2. Que significa a palavra *consoante*? (§ 55).
3. Que dizer do nosso alfabeto com relação às consonâncias que ele representa? (V. § 58).
4. Quando as consoantes são *oclusivas*?
5. Quando as consoantes são *constritivas*?
6. Quando as consoantes são *fricativas*?
7. Quando as consoantes são *laterais*?
8. Quando as consoantes são *vibrantes*?
9. Quando as consoantes são *bilabiais*?
10. Quando as consoantes são *labiodentais*?
11. Quando as consoantes são *linguodentais*?
12. Quando as consoantes são *alveolares*?
13. Quando as consoantes são *palatais*?
14. Quando as consoantes são *velares*?
15. Quando as consoantes são *surdas*?
16. Quando as consoantes são *sonoras*?
17. Quando as consoantes são *orais*?
18. Quando as consoantes são *nasais*?
19. A uma *consoante dobrada* que outro nome podemos dar? (§ 60, n.).
20. Dois exemplos de palavras em que entre *consoante intervocálica* (§ 60, n.).
21. Donde proveio o **c** inicial das palavras *c*aderno, *c*artola e *c*atorze?
22. Como se deve escrever: *Helvétia* ou *Helvécia*? Por quê?
23. Quando o **c** se diz cedilhado? (Resposta: "O **c** se diz cedilhado quando traz debaixo de si...).
24. Como pronunciar e escrever em português o nome da capital da Espanha?
25. Qual o étimo (= vocábulo etimológico, palavra originária) e quais os significados da palavra *jornal*? (§ 69, 4).
26. Separe silabicamente a palavra *malestar* (§ 71).
27. Está correta esta divisão silábica: *be-ma-ven-tu-ra-do*? Por quê?

28. Que diz desta grafia e acentuação: *especímen*?

29. Corrija, mediante auxílio do dicionário, as palavras grifadas dos seguintes textos:
O procedimento do menino foi muito *exprobado*. Afinal, aquilo era um *opróbio* para a família toda. – Que terrível castigo lhe foi *infringido*! – O pai do avô chama-se bisavô; o pai do bisavô, trisavô; o pai do trisavô, *tataravô*.

30. Que é *rotacismo*? Exemplos.

31. Que é *lambdacismo* ? Exemplos.

32. Escreva o pretérito perfeito de *pôr* e de *querer*. (Não se esqueça do que ficou dito no § 78.)

33. Por que a palavra *cassino* deve de preferência ser escrita com dois **ss**?

34. *Et cetera* como se abrevia e que significa? Explique a pronúncia dessa locução latina e indique os cuidados que se devem tomar no seu emprego.

35. Quantas e quais as consonâncias que o **x** representa? Exemplos.

36. *Xeque* e *cheque* são palavras diferentes? Que significam?

37. *Coser*, com a significação de costurar, escreve-se com **s** por vir do latim *conSuere*. Cozer, com a significação de "submeter à ação do fogo", por que se grafa com **z**?

38. *Presado* (= estimado) está corretamente escrito? Por quê?

39. Por que "ao invés" se escreve com **s** e "vez" com **z**? (§ 78; § 84, l.)

40. Que é *dígrafo*? (V. o final do § 85.) – Alguns exemplos. (§ 87 e 89.)

41. Corrija a grafia destes verbos (estão na 3.ª p. do sing.): *roba*, *cavoca*, *afroxa*, *estora*, *aleja*, *penera*.

*

Claros na numeração dos parágrafos têm por fim possibilitar em futuras edições algum acréscimo que se torne necessário.

CAPÍTULO 5

TONICIDADE ORTOEPIA PROSÓDIA

A) – Sílaba

95 – É a **prosódia** a parte da **FONÉTICA** que estuda os acentos.

As palavras requerem, para a sua exata pronunciação, conhecimento de todos os sons que, um a um, concorrem para sua formação. Este estudo insulado dos sons, quer vogais, quer consonantais, foi o que acabamos de fazer; da reunião desses sons obtêm-se, primeiramente, as *sílabas*, que se pronunciam de uma só emissão de voz; **sílaba** é, pois, o som ou a reunião de sons que se pronunciam de uma só emissão de voz. Da reunião das sílabas obtêm-se os *vocábulos*: *au-tor*, *ca-iu*, *in-tui-to*, *ní-ve-o*, *tê-nu-e*. O estudo da tonicidade dos sons assim reunidos, ou seja, da correta pronúncia das palavras constitui o objeto da **prosódia**; o estudo da correta pronúncia dos sons isolados (boa emissão das vogais, boa articulação das consoantes) chama-se **ortoepia**.

96 – O vocábulo, de acordo com o número de sílabas, diz-se:

a) **monossílabo**, quando de uma única sílaba (gr. *mônos* = só, único): *pó*, *só*, *já*, *os*, *as*, *me*;

b) **dissílabo**, quando de duas sílabas (gr. *dis* = dobro): *mor-to*, *vi-vo*, *ti-o*;

c) **trissílabo**, quando de três sílabas (gr. *tris* = triplo): *má-go-a*, *pa-li-to*, *por-tu-guês*;

d) **polissílabo**, quando de mais de três sílabas (gr. *polýs* = numeroso): *qua-drú-pe-de*, *cons-ti-tu-i-ção*.

B) – Acento

97 – Dividiam, ainda, os gregos e os latinos as sílabas em **breves** e **longas**, ou seja, quanto à *quantidade*. **Breves** chamavam-se as que ocupavam um só tempo na prolação, e **longas** as que ocupavam dois. É este um ponto muito importante em grego e em latim para a versificação. Se entre nós os versos se fazem pelo *número* de sílabas (§ 1003 e ss.), naquelas línguas o verso se baseia na *quantidade* silábica. Pela *natureza* da vogal ou pela *posição* que ela ocupa no vocábulo, sabe-se se ela é *breve* ou *longa*.

Praticamente pode-se isso saber de um bom dicionário latino; a vogal que em cima traz uma meia lua (◡) é *breve*; a que vem encimada de um traço horizontal (—) é *longa*.

Quantidade é, pois, em latim, o tempo que uma sílaba leva para ser pronunciada.

98 – Em português não se leva em consideração a *quantidade* das sílabas; quando entre nós se diz que uma sílaba é *breve*, pretende-se com isso significar que ela não é acentuada, da mesma maneira que uma vez acentuada diz-se *longa*, coisa que não condiz com o que realmente se deveria entender por *quantidade silábica*. No grego e no latim o *acento tônico* de um vocábulo depende da *quantidade* das suas sílabas, ao passo que em português se dá o inverso: a *quantidade* das sílabas de um vocábulo depende do seu *acento tônico*.

99 – Se, em geral, todas as sílabas devem ser pronunciadas para que se obtenha boa pronúncia do vocábulo, uma sílaba existe em todos os vocábulos, cujo conhecimento é indispensável: a **sílaba tônica**. Assim se denomina, dentre as sílabas que formam o vocábulo, aquela sobre a qual recai o *acento tônico* da palavra, isto é, aquela cujo *tom* (lat. *tonus*, donde *tônico*) predomina; as outras, então, dizem-se **átonas**.

Uma sílaba átona será **pretônica** ou **postônica** se vier antes ou depois da sílaba tônica:

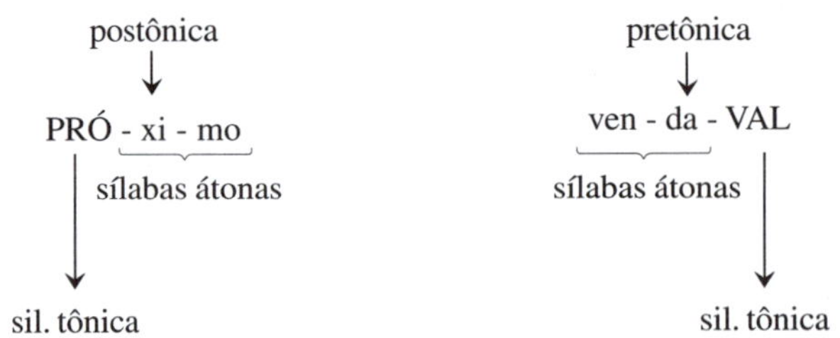

100 – Do latim **ad**, preposição que significa *com*, *junto de*, mais *cantum*, do verbo *cano* (= cantar), a palavra *acento* significa *harmonia*, *acompanhamento*, mas hoje se adota para especificar o *icto*, ou seja, o *golpe* que se dá à voz no pronunciar-se determinada sílaba de uma palavra.

Não se confunda **acento tônico** (também denominado *acento prosódico* ou *icto*) com **acento diacrítico** (gr. *diacriticós* = apto a distinguir), ou seja, com os sinais gráficos com que se indicam os valores das vogais: *acento agudo* (´), *acento grave* (`), *acento circunflexo* (^) e *til* (~), que iremos estudar no § 132 e ss.

101 – O acento tônico pode, em português, ocupar três posições, recaindo ou na *última* ou na *penúltima* ou na *antepenúltima* sílaba. Segundo esses três casos, classificam-se os vocábulos em:

1º) **Oxítonos**, quando o acento tônico está na *última* sílaba: *u-ru-BU*, *na-RIZ*, *fei-JÃO*.

2º) **Paroxítonos**, quando o acento tônico cai na *penúltima* sílaba: *MA-to*, *re-NHI-do*, *sa-cer-DO-te*.

3º) **Proparoxítonos**, quando recai o acento tônico na *antepenúltima* sílaba: *Ó-ti-mo*, *CÂN-di-do*, *ca-PÍ-tu-lo* (V. § 50, n. 3).

102 – **Vocábulos átonos** – **Vocábulos tônicos**: São **átonos** os vocábulos sem acentuação própria, isto é, os que não têm autonomia fonética, apresentando-se como sílabas átonas do vocábulo seguinte ou do vocábulo anterior: *me*, *te*, *se*, *em*, *de* e outros, sobre os quais a voz passa sem se apoiar.

São **tônicos** os vocábulos com acentuação própria, isto é, os que têm autonomia fonética: *só*, *Deus*, *casa*, *estudo*.

Pode ocorrer que, conforme mantenha, ou não, sua autonomia fonética, o mesmo vocábulo seja átono numa frase, porém tônico em outra: "Quero *que* saia" (átono) – "Quer o *quê*?" (tônico).

Tal pode acontecer, também, com vocábulos de mais de uma sílaba: serem átonos numa frase ("Não fiz *porque* não pude"), mas tônicos em outra: "Quero saber o *porquê* disso".

103 – Quando se apoia no acento do vocábulo posposto, o vocábulo átono diz-se **proclítico** (*pro* = para frente, *clísis* = inclinação):

Ele *me dis*se. Já *lhe* con*tei*.

Quando se apoia no vocábulo anteposto, o vocábulo átono chama-se **enclítico**: man*da*ram-me, *fiz-lhe*.

Palavras enclíticas são, pois, as que para efeito de acentuação se apoiam na palavra anteposta; proclíticas são as que se apoiam no acento da palavra posposta.

104 – Dentro de nossa língua, é impossível enfeixar as nossas palavras em regras especiais que determinem o seu acento. Em regra geral, este é dado aos nossos vocábulos de conformidade com o acento que têm na língua de origem e não de acordo com a terminação ou qualquer característico no próprio português. Assim, se dizemos que *Gibraltar* é *oxítono* e *Amílcar paroxítono* (palavras de idêntica terminação) é por ser esse o acento etimológico.

Desde que a quase totalidade de nossas palavras provêm do latim, é de muita importância conhecer as regras de prosódia dessa língua. Este ponto é tão importante e ao mesmo tempo tão simples que aqui vamos expor as regras, ou melhor, a regra de prosódia latina, recomendando ao aluno que veja antes o que ficou no § 97. Em latim, quando a penúltima sílaba de um vocábulo é breve, o acento recua para a antepenúltima; quando a penúltima for longa, o acento cairá sobre ela. Suponhamos querer o aluno tirar a limpo o verdadeiro acento da palavra *prototipo*; bastar-lhe-á abrir um bom dicionário latino, que aí verá a sigla breve (◡) sobre a penúltima sílaba – *ty̆* – sinal de que o acento deverá recuar para a sílaba *to*: *proTÓtipo*. Fosse o acento de *ibero* que quisesse averiguar, veria que o acento certo em português é *ibéro*, por ser longa a penúltima sílaba, o que se indica por meio de um tracinho: *bē*. Há, no entanto, certas palavras em que o acento errado se consagrou:

org*i*a (port.) – *o*rgia (latim)

*í*dolo (port.) – id*o*lo (latim)

ac*ô*nito (port.) – acon*i*to (latim)

105 – Para evitar possíveis silabadas, aqui estão umas tantas palavras, agrupadas de acordo com o acento que mais lhes convém e, para maior clareza, com o respectivo sinal diacrítico.

Oxítonas

Belvedér (nome próprio de lugar; não confundir com *belvedere*, paroxítono e de *e* fechado)

Chancelér (xan-sse-lér)

Gibraltár

Hangár

Harêm

Refêm

Sutil (= tênue)

Paroxítonas

Acórdão
Ámen (acento latino, ao lado do popular *amêm*)
Apoteóse
Batávo
Bênção
Bolívar
Bômbix (bôn-biks)
Bórax (bó-raks)
Cânon (ou *cânone*)
Choromândel (pronuncie *xo*)
Cível (*civil* é oxítono)
Decâno
Díspar
Fêmur
Fênix (fênis)
Filantrôpo
Fléxil (fléksil)
Frângão
Getúlo
Gólfão
Grácil
Ibéro
Libído
Líquen (líken)
Lódão
Misantrôpo
Orégão
Órfão
Órfã
Pegáda
Perito
Projétil
Pudíco
Púgil
Réptil
Rubríca
Sóror
Sótão
Súlfur
Sútil (subst. = cabana; adj. = cosido, costurado)
Tórax (tóracs)
Uréter
Vítor

Proparoxítonas

Ádito
Aeródromo
Ágape
Álacre
Alcáçova
Antífrase
Antístrofe
Arquétipo
Areópago
Aríete
Atlântida
Azáfama
Bátega
Brâmane
Cômputo (substantivo)
Crisântemo
Drúida
Édito
Energúmeno
Ênfase
Epíteto
Ésquilo (nome próprio)
Êxodo (êzodo)
Gárrulo
Gênese
Górgona
Grandíloquo
Hipódromo
Horóscopo
Híades
Ignívomo
Íngreme
Ínterim
Ládoga
Lúcifer
Madrépora
Módena
Niágara
Notívago
Óbice
Oceânia
Ômega
Orquídea
Partênope
Pérfuro
Pérgamo
Perífrase
Pródromos
Prófugo
Prônubo
Protótipo
Quasímodo
Sátrapa
Sêneca
Síndrome
Végeto
Velódromo
Zéfiro

Nota: Outras exigem cuidado; *edito*, p. ex., será paroxítono ou proparoxítono conforme a significação. V. *Dicionário de Questões Vernáculas*.

106 – **Acento principal** – **Acento secundário**: Acontece haver em certos vocábulos, além do acento tônico que predomina na palavra, acento que então se diz acento **principal**, um segundo acento, *secundário*. Tal se dá em compostos cujo primeiro elemento conserva o acento que lhe é próprio.

Assim, no advérbio *subitamente*, além do acento tônico na sílaba *men*, existe um segundo acento na sílaba inicial, motivado pela acentuação própria do adjetivo "s*ú*bito". Este segundo acento chama-se *secundário* e a sílaba sobre que ele recai chama-se **sílaba subtônica**. A perfeita pronúncia desta palavra requer obediência aos dois acentos: s*ú*bita*mên*te; seria mal pronunciada se deslocássemos o acento secundário para a segunda sílaba: su-*bí*-ta-*men*-te.

Outros exemplos: *sotéropolitano* e não *sóteropolitano* (o nascido em Salvador, capital da Bahia); *hemócitológico* e não *hêmocitológico* nem *hemocítológico*; *antrôpologia* e não *ântropologia*; *áerovia* e não *aérovia* (o *e* se separa do *a* inicial: *á-e-ro* e não *áiro*); *áeroplano* (á-e-ro) e não *aéroplano*.

Note-se que os sinais diacríticos indicativos da subtônica foram abolidos pelo Decreto nº 5.765, de 18 de dezembro de 1911. (V. nas primeiras páginas, na parte dos ACENTOS, o que está em CIRCUNFLEXO, B, 1 e em GRAVE, B.).

107 – **Acento rizotônico** – **Acento arrizotônico**: O acento tônico é **rizotônico** quando cai no radical da palavra, que então se diz **rizotônica**: *fútil, louvo*. É **arrizotônico** quando cai depois do radical, e a palavra então se diz **arrizotônica**: *fútil-idade, louv-emos*.

Questionário

1. Que é *sílaba*?
2. Separe as sílabas dos seguintes vocábulos: *chapéu, pavio, sentiu, influi, tênue*. (Não acertará a resposta o aluno que não tiver estudado os quadros dos parágrafos 49 e 50.) Não confunda número de sílabas com hifenização.
3. Que vem a ser *dissílabo*? Exemplos.
4. Quando um vocábulo é *polissílabo*?
5. Que se entende, no estudo das sílabas, por *quantidade*? Por outras palavras: Que vêm a ser *sílaba longa* e *sílaba breve*?
6. Que é *sílaba tônica*?
7. Que são *sílabas átonas*? Exemplo.
8. Dê a definição de *acento*.
9. Que são *acentos diacríticos*?
10. Com relação ao acento tônico, como podem ser as palavras em português? Definições e exemplos.
11. Que são palavras *enclíticas*?
12. Palavras de igual terminação podem ter acento diferente? Por quê? (V. começo do § 104.)
13. Qual a regra latina de acentuação?
14. Tem dúvida sobre a acentuação de alguma palavra?
15. Que é *acento secundário* e como se chama a sílaba sobre que ele recai?
16. Dois exemplos de palavras em que, além da tônica, haja uma *sílaba subtônica*.
17. Quando o acento é *rizotônico*, e quando é *arrizotônico*?

CAPÍTULO 6

METAPLASMOS

110 – Existe uma parte da gramática histórica, que precisamos aqui estudar; é a relativa às *transformações* ou *alterações* que os vocábulos sofrem *sem que seu sentido se altere*. Diversas espécies há dessas transformações, mas um nome existe que a todas elas se aplica: **Metaplasmo** (gr. *metaplasmós* = transformação). *Metaplasmo* é, pois, o nome que se dá às várias espécies de transformações ou alterações que os vocábulos sofrem sem que se altere o seu sentido.

Essas transformações, também denominadas *figuras de dicção*, não se fazem a revelia, por esta ou aquela pessoa, mas, sim, pelo uso generalizado. Os metaplasmos, além de limitados pelo uso, são restritos a certas palavras, conforme passaremos a ver.

111 – Os diversos casos de alterações prosódicas efetuam-se de uma destas maneiras: ou por *adição*, ou por *subtração*, ou por *substituição*, ou por *transposição* de sons.

Adição

112 – O **acréscimo** de sons aos vocábulos pode efetuar-se no *princípio*, no *meio* e no *fim* do vocábulo. Em cada um desses casos, o *metaplasmo* tem denominação especial:

A) **Prótese** (gr. *próthesis* = colocação anterior) – É o metaplasmo que consiste no acréscimo de uma letra ou sílaba no começo do vocábulo:

*a*figurar (figurar) *a*lembrar (lembrar) *a*rrenegar (renegar) *a*voar (voar)
*a*lâmpada (lâmpada) *a*levantar (levantar) *a*rrodear (rodear)
*a*lanterna (lanterna) *a*limpar (limpar) *a*ssoalho (soalho)

Observações:

1ª – Lembramos aqui e em todos os metaplasmos o que dissemos no início do § 110: “Estas alterações se produzem *sem que se altere o sentido do vocábulo*”. Assentado isso, de forma alguma se pode considerar caso de prótese a palavra *acatólico*, porque o *a* inicial está modificando o sentido da palavra *católico*; é partícula que, nesse vocábulo, traz-lhe ideia de negação (*a* = não) – V. § 630.0, n. 1.

2ª – Palavras que em línguas estrangeiras começam por “s” **impuro** (Assim se denomina o **s** que, vindo no início da palavra, é seguido de consoante e não de vogal: sport, Stokholm) devem receber em português um **e** inicial, que nesse caso se chama “e” **protético** (ou *eustômico*); exemplos: *e*stoque (ingl. *stock*), *e*sporte (ingl. *sport*), *E*stocolmo (*Stockholm*, capital da Suécia), *e*spontâneo (lat. *spontaneum*).

Esse é o motivo por que não podemos escrever *expontâneo*, *explêndido*, uma vez provenientes de palavras latinas começadas por **s** impuro.

B) **Epêntese** (gr. *epénthesis* = inserção) – Consiste no acréscimo de um som ou letra no *meio* da palavra:

Ma*v*orte (*Marte*, deus da guerra) — f*r*alda (*falda*)
est*r*alar (*estalar*) — list*r*a (*lista*)

C) **Paragoge** (gr. *paragogé* = colocação posterior) – Consiste no acréscimo de uma letra ou sílaba no *fim* do vocábulo:

mártir*e* (*mártir*) — felic*e* (*feliz*)

Observação:

Mavorte, *mártire*, *felice* e outros acréscimos não constituem, rigorosamente, *figuras de dicção*; são formas usadas no português antigo, que hoje só se empregam como *licenças poéticas*, isto é, como liberdades de que só em poesia se pode lançar mão.

Subtração

113 – A subtração de sons, da mesma maneira que a *adição*, pode operar-se no *princípio*, no *meio* e no *fim* do vocábulo, donde mais três espécies de *metaplasmos*:

A) **Aférese** (gr. *aphaíresis* = espoliação) – Consiste na supressão de uma letra ou sílaba no *início* da palavra:

té (*a*té) — *Zé* (*Jo*sé) — *inda* (*a*inda)

Observação:

Não se vá citar um mesmo exemplo tanto para *prótese* quanto para *aférese*. *Zé* é aférese de *José*, mas *José* não é prótese de *Zé*, porque *José* não é metaplasmo. Os exemplos de todos os metaplasmos representam fenômenos operados dentro do português.

B) **Síncope** (gr. *syncopé* = corte) – Consiste na supressão de uma letra ou sílaba no *meio* da palavra:

imígo (in*i*migo) — *mór* (ma*i*or) — *soidão* (so*l*idão) — *per'la* (pér*o*la)

Nota: Lembramos aqui, e para a *aférese*, a observação deixada na letra *C* do parágrafo antecedente.

C) **Apócope** (gr. *apocopé* = amputação) – Consiste na supressão de uma letra ou sílaba no *fim* do vocábulo:

grã, *grão* (grand*e*) *val* (val*e*)
bel (bel*o*) *dês* que (des*de* que) *mui* (mui*to*)

Notas: 1ª – Em português regra nenhuma existe para o emprego de *mui* em lugar de *muito*, mas poderemos, segundo a eufonia, empregar *mui* somente como advérbio: *mui* pouco, *mui* sorrateiramente.

2ª – A forma apocopada "são" emprega-se antes de nomes começados por consoante: *São Francisco*, *São José*.

"Santo" precede nome começado por vogal ou *h*: *Santo Antônio*, *Santo Henrique*.

São exceções, talvez por influência do espanhol, *Santo Tomás*, *Santo Tirso*, *Santo Cristo*. *Santo* é ainda a forma que se usa quando antes de outro título (*Santo* Frei Gil) ou referente a patriarcas do Velho Testamento: *Santo* Jeremias, *Santo* Jó.

Com os nomes próprios femininos usa-se somente a forma *santa*: *Santa Cecília*, *Santa Inês*.

114 – Há dois casos especiais de *apócope*, que são estudados separadamente:

A) **Sinalefa** (gr. *synaloiphé* = fusão) – Consiste na *fusão* de duas palavras, mediante supressão da última vogal da primeira palavra:

do (d*e* + o) *lho* (lh*e* + o) *estoutro* (est*e* + outro)
minh'alma (minh*a* + alma) *nestúltima* (nest*a* + última)

Observação:

Era largamente usado o *apóstrofo* (') para indicar a *sinalefa*; hoje a tendência é eliminá-lo, principalmente nos casos em que a fusão se opera entre preposições e artigos ou entre pronomes. Há até casos em que o seu emprego não se justifica: Em *n'o*, *n'um*, combinações da preposição *em* com os artigos *o* e *um*, o que realmente desapareceu foi o *e* inicial; pelo que, coerentemente assim se deveriam escrever: *'no*, *'num*. Para não incorrer nessa esdruxulez, a ortografia oficial eliminou o apóstrofo das combinações das preposições *de* e *em* com artigos, pronomes pessoais, demonstrativos, indefinidos e com alguns advérbios: *do*, *dum*, *no*, *num*, *dalgum*, *nalgum*, *dele*, *nela*, *dalgures* etc.

B) **Ectlipse** (gr. *ecthlípsis* = ato de esmagar; pronuncie *ect-lípse*) – Consiste na supressão do *m* final da preposição *com* diante de vocábulos começados por vogal: *co'o* ou *c'o* (*com* + o), *co'um* (*com* + um) – V. § 137.

Nota: A *ectlipse* só é usada na conversação comum e na poesia.

Substituição

115 – A **substituição** (ou *permuta*) consiste na troca de um som (ou letra) por outro, e pode efetuar-se de duas maneiras: por *crase* e por *assimilação*.

116 – **CRASE** (gr. *crásis* = mistura) é a fusão escrita e oral de duas vogais idênticas.

Nesse sentido, a palavra *crase* pode ser aplicada às grafias *têm* (em vez de t*ee*m, 3ª pess. pl. do ind. pres. do v. *ter*), *vêm* (em lugar de v*ee*m, 3ª pess. pl. do ind. pres. do v. *vir*), mas essa denominação visa a especificar principalmente a contração ou fusão da preposição *a* com:

1º) o artigo definido ou pronome substantivo feminino átono *a*, *as*;

2º) os demonstrativos *aquele*, *aquela*, *aqueles*, *aquelas* e *aquilo*.

Essa contração expressa-se, na grafia, mediante o acento grave: *à*, *às*, *à*quele, *à*quela, *à*queles, *à*quelas e *à*quilo.

à	=	*a*	+	*a*
		preposição		artigo ou pronome

Dessa explanação depreendem-se as regras para o perfeito uso da crase:

1ª regra – É **condição essencial**, "sine qua non", que a crase venha **ANTES DE PALAVRA FEMININA**.

Dessa maneira, **de nenhum modo** poderemos usar crase antes de nomes masculinos. Erros gravíssimos constituem formas como estas: Ele foi *à* pé – Isto pertence *à* seu irmão – Compras *à* prazo – porquanto *pé*, *irmão* e *prazo* são palavras de gênero masculino. Sendo a crase a contração da *preposição a* com o *artigo feminino a*, como crasear o *a* antes de nomes masculinos, se o artigo destes nomes é *o*? Nessas locuções o *a* é simplesmente preposição.

Pela mesma razão, não se pode crasear o *a* antes dos *verbos*, porque são considerados do gênero masculino: Ele está *a* morrer – Ele se pôs *a* gemer – e nunca: Ele está *à* morrer – Ele se pôs *à* gemer.

2ª regra – É necessário que a palavra **DEPENDA DE OUTRA QUE EXIJA A PREPOSIÇÃO "A"**. Erro seria na frase "*A rosa murchou*" crasear o *a*, porquanto *rosa* é sujeito e o *a* que o antecede é simples artigo.

3ª regra – É necessário que a palavra **ADMITA O ARTIGO FEMININO "A"**. Na frase: "Ele foi *a* Roma" – não podemos crasear o *a* que antecede *Roma* porque ela não admite antes de si o artigo feminino *a*. Diz-se: "Roma é cidade linda", e não: "*A* Roma...". Prova isto que o *a* da oração "Ele foi *a* Roma" é simples preposição, e não pode, conseguintemente, ser craseado.

Nota: Todavia, quando queremos particularizar, empregamos a crase. Exs.: Refiro-me *à Roma de César* – Reporto-me *à Lisboa de Camões* – porque se diz: "*A* Roma de César foi opulenta" – "*A* Lisboa de Camões criou fama".

No tempo de Camões não havia o sinal gráfico indicativo da combinação de dois *aa*: "Que fez fazer aas outras companhia" (III, 68) – "Notauel aa condessa fez de Frandes" (VI, 68).

117 – Regras práticas para o emprego da crase:

1ª regra prática – Existe uma regra prática que é, na maioria das vezes, ótima norma para o emprego da crase: *Emprega-se a crase sempre que, substituindo-se o vocábulo feminino por um masculino, aparece a combinação "ao" antes do nome masculino.* Suponhamos haver dúvida em crasear o *a* na oração: "Eu vou *a* cidade". Uma vez que se diz: "Eu vou *ao* teatro" – na oração "Eu vou *a* cidade" *deve* ser craseado o *a*.

Para que se possa aplicar essa regra prática, é necessário o cumprimento de todas as regras anteriores; assim, em: "Eu vou *a* Roma", de nada valerá aplicar a regra prática, uma vez que *Roma* não admite antes de si o artigo feminino.

Da mesma maneira, não se emprega a crase quando, substituindo-se na locução o nome feminino por outro masculino, não aparece a forma *ao*; por isso é que não se craseia o *a* da expressão: "Ele foi ferido *a* bala", porque não se diz: "Foi ferido *ao* cacete", mas sim "ferido *a* cacete", o que vem demonstrar que o *a* nessa frase é apenas preposição. Assim, não se pode grafar: "Escrever uma carta *à* máquina, *à* mão, *à* tinta", porque não se diz: "Escrever uma carta *ao* lápis". Não se grafa "pagamento *à* vista" mas "pagamento *a* vista" (não se diz pagamento *ao* prazo; não há determinação); grafa-se, porém, "O resultado está *à* vista de todos", porque se diz "O resultado está *ao* alcance de todos" (= *na* vista de todos; há determinação).

2ª regra prática – Craseia-se o *a* de uma frase quando pode ser substituído por *para a*, *na*, *pela*, *com a*, ou, de conformidade com o caso, por qualquer preposição acompanhada do artigo *a*; assim, craseia-se o *a* em: "Dei isso *à* Casa de Misericórdia", porque se pode dizer: "Dei isso *para a* Casa de Misericórdia". "Estou *às* portas da morte", com crase no *as*, porque se poderia dizer: "Estou *nas* portas da morte". "*Às* três horas", porque se pode dizer: "*Pelas* (per + as) três horas" (a pequena mudança de sentido nessas substituições não impede a aplicação da regra).

Nota: A 1ª condição essencial, vista no parágrafo anterior ("De nenhum modo poderemos usar crase antes de nomes masculinos"), diz respeito à contração da preposição *a* com o artigo ou pronome *a*, *os*. Tratando-se de *aquele*, *aquela*, *aqueles*, *aquelas*, *aquilo*, basta que haja a preposição *a* antes dessas palavras para que ocorra a crase. Se na expressão "para aquele menino" substituirmos o *para* por *a*, teremos dois *aa* seguidos, que deverão contrair-se: *a a*quele = *à*quele. Não importa, nos casos em que aparece esse demonstrativo, o gênero gramatical. Exemplos: "Dei um lápis *à*quela menina" – "Recorri *à*quele homem" – "Refiro-me *à*quilo".

Os verbos desses exemplos exigem a preposição *a*, a qual, vindo encontrar-se com o *a* que inicia o demonstrativo, com ele se funde.

118 – Conclusões do estudo da crase:

1ª – Será livre o emprego da crase quando livre for o emprego do artigo feminino. Em: "Dei isto *a* minha irmã" fica à vontade do autor o emprego da crase, porque tanto, nesse caso, empregamos o artigo feminino ("A minha irmã não está"), como o deixamos de fazer ("Minha irmã não está"). Se o possessivo estivesse no plural, como na oração: "Dei isto *às* minhas irmãs" – deveríamos sem dúvida crasear o *as*, o que evidentemente demonstra a 1ª regra prática: "Dei isto *aos* meus irmãos". O *s* indica a presença de artigo.

2ª – Unicamente quando ficar comprometida a clareza da frase é que poderemos fugir das regras acima; é dificil atinar com o significado da sentença: "Fique a vontade em seu lugar", onde não sabemos se *a vontade* é sujeito ou locução adverbial. Se queremos dizer: "Fique *você* a vontade", isto é, *a gosto*, podemos crasear o *a*, embora de encontro a todas as regras acima expostas: "Fique *à* vontade em seu lugar".

3ª – Em expressões como "Vestir-se *à* Luís XV" – "Móveis *à* Luís XIV" o *a* aparece craseado, por modificar a palavra feminina *moda*, oculta nessas frases: Vestir-se *à* (moda de, pela moda de) Luís XV – Agiram *à* palhaços de circo.

Esse fenômeno se dá todas as vezes em que nomes próprios masculinos constituem denominações de coisa do gênero feminino: "Dirigi-me *à* Gustavo Barroso" (= *à fragata* Gustavo Barroso) – "Vou *à* Melhoramentos" (= *à Companhia* Melhoramentos).

Nos exemplos desta 3ª conclusão estão realmente subentendidos os nomes femininos citados (*fragata*, *companhia*), porque eles realmente existem nessas denominações; trata-se de elipse real e não de elipse forçada. Esclarecemos isto porque há quem ponha crase em "Vou *a* Santos", alegando estar subentendida a palavra *cidade* – o que é totalmente falso.

4ª – O *a*, quando seguido de nome plural, é mera preposição; não pode, por isso, levar crase: "Quanto *a* referências..." – "Chegou *a* vias de fato" – "Daremos *a* pessoas dignas...".

5ª – Possuímos duas palavras femininas que, ordinariamente, não admitem o artigo: **casa**, na acepção de morada, residência: "Vim *de* casa" – "Estive *em* casa" – "Ó *de* casa" – são expressões que mostram claramente a não existência do artigo antes do vocábulo *casa*, pois do contrário as expressões seriam "Vim *da* casa" – "Estive *na* casa" – "Ó *da* casa". Daqui facilmente concluiremos ser erro crasear o *a* antes dessa palavra, **quando empregada com o sentido de lar**, **residência**, **domicílio**: "Eu vou *a* casa", e não: "Eu vou *à* casa".

Se, porém, o vocábulo *casa* vier seguido de uma especificação qualquer, como "A Casa X", "A casa de Pedro", é admissível e necessária a crase (quando, naturalmente, essa palavra estiver em relação complementar). "Fui *à* Casa Anglo-Brasileira" – "Dirigi-me *à* casa de Pedro" – "Irei *à* Casa da Moeda" – pois, aplicando-se a segunda regra prática, diremos: "Estive *na* Casa da Moeda" – "Vim *da* casa de Pedro".

6ª – Outro caso de supressão do artigo se dá com a palavra **terra** na acepção de *chão firme*, empregada para contrastar com o elemento movediço do mar: "Estive *em* terra" – "Iremos *por* terra". Portanto, dadas as mesmas razões que aduzimos no caso anterior, devemos escrever: "Levamo-lo *a* terra" (e não *à*) – "Chegamos ainda hoje *a* terra" (e não *à*).

7ª – O emprego da crase antes de **nomes próprios femininos** obedece à possibilidade ou não do artigo: se antes de nomes próprios femininos de pessoas íntimas por relações de parentesco, amizade ou política empregamos o artigo (*a* Maria, *a* Laura, *a* Noemi, *a* Chiquinha), é claro que esses nomes, quando em relação complementar, devem vir precedidos de *a* craseado: "Vou levar isto *à* Maria" – "Darei o dinheiro *à* Laura" – "Direi isso *à* Noemi" – "Entregue o documento *à* Chiquinha". Se, porém, costumamos referir-nos a essas pessoas conhecidas sem empregar artigo (Laura está doente – Maria não veio), é também claro que esses nomes, quando em relação complementar, não devem vir precedidos de *a* craseado: "Escrevi *a* Laura" (e não *à* Laura).

Tratando-se de pessoas célebres ou a nós não íntimas, não empregamos o artigo: Maria Cristina, Maria Stuart, Ana Bolena, Joana d'Arc (e não: *a* Maria Cristina, *a* Maria Stuart, *a* Ana Bolena, *a* Joana d'Arc). Quando tais nomes estiverem em relação complementar, não poderão vir precedidos de crase: "Impuseram condições *a* Maria Stuart" (e não *à*).

8ª – Três nomes existem – **Europa**, **Ásia** e **África** – que outrora não levavam artigo; daí o dizer "Meter lanças *em* África". Esses nomes, e mais os de alguns países, como *Espanha*, *França*, *Inglaterra*, *Holanda*, não exigem obrigatoriamente o artigo, quando regidos de preposição: vir *de* França, Leão *de* França, estar *em* Holanda. Pois bem, o emprego da crase antes de tais nomes é livre, tal qual acontece com a crase antes de possessivos.

9ª – Uma vez que os pronomes de tratamento começados por possessivos (*sua* senhoria, *vossa* majestade, *sua* santidade) não admitem o artigo antes de si, *jamais* poderão vir precedidos de *a* craseado: "Dei isso *a* vossa senhoria" (e não: *à* vossa senhoria).

10ª – Chamamos aqui a atenção para o seguinte: As expressões "devido a", "relativo a", "referente a", "com respeito a", "quanto a", "obediência a" e outras devem ter o *a* craseado quando vêm antes de nomes femininos determinados pelo artigo:

devido *à* morte do pai	referente *à* prisão
devido *às* dificuldades	com respeito *à* situação
obediência *às* leis	quanto *à* natureza

A aplicação da 1ª regra prática obriga-nos evidentemente a essa crase: se o certo é "devido *ao* falecimento", é claro que, se em vez de *falecimento* pusermos uma palavra feminina, o *a* deverá ser craseado.

Está claro que se disséssemos "devido *a* dificuldades imprevistas", "obediência *a* leis injustas" não estaríamos empregando o artigo e, como atrás ficou observado (nº 4 deste §), o *a* é somente preposição, pelo que não pode ser craseado.

Ainda que no singular, uma palavra pode estar empregada em sentido geral, sem determinação; não há então artigo e, pois, não há crase: "Devido *a* morte ocorrida em nosso grupo, desistimos do empreendimento" (= devido *a* desastre...).

11ª – Suponhamos estas duas orações: "... nação *a* que você se refere" e: "... nação *à* qual você se refere". Por que razão o *a* não deve ser craseado na primeira sentença e deve ser craseado na segunda? A aplicação da 1ª regra prática prova-nos que o primeiro *a* é somente preposição e que o segundo é contração da preposição *a* com o artigo feminino *a*: "O país *a* que você se refere" e "O país *ao* qual você se refere".

12ª – Com essas considerações, finalizamos o estudo da crase; muitos exemplos e muitos outros casos poderíamos ventilar, mas seria isso desnecessário ao aluno, ao qual bastam as regras práticas para resolver qualquer dificuldade. Que necessidade haverá de ensinar, com regras especiais, que antes de *uma*, de *essa*, de *esta* etc. não se usa crase? Essa e outras questões estão englobadas na regra prática da substituição; é impossível dizer "*ao* um", "*ao* esse", logo não é possível crasear o *a* nas expressões: "Dei *a* uma velhinha..." – "Mandei *a* essa cidade...".

Quanto ao *uma*, há o caso da expressão de tempo "*à* uma hora", na qual entra o numeral e não o indefinido, e o numeral admite determinação; se as horas são passíveis de determinação, a primeira hora, ou seja, a uma hora está no mesmo caso: "Isso aconteceu *às* duas da tarde" – "Estudo d*a* uma *às* cinco" – "Faltavam vinte minutos para *a* uma hora da tarde" – "Morreu *à* uma da madrugada".

Observação:

Não se deve fazer ouvir os dois *aa* da crase.

119 – **Assimilação**: Consiste este *metaplasmo* na influência que, no vocábulo, uma consoante exerce sobre uma segunda, a ponto de fazer com que esta seja substituída por outra que àquela se assemelhe.

Se à palavra *regular* for acrescentado o prefixo *in* (= não), para que se obtenha a ideia de "não regular", o *n* do prefixo se assimilará ao *r* inicial de *regular*: i*n* + *r*egular = i*r*regular.

Assimilação é, pois, o metaplasmo que consiste na substituição de uma consoante por outra que se assemelhe (*simĭlis*, em latim, quer dizer *semelhante*; de *simĭlis* é que veio a palavra *assimilação*) à consoante mais próxima.

120 – A assimilação pode ser *progressiva*, quando a modificação se opera na consoante que vem *depois*; *regressiva*, quando a que vem *antes* é que se acomoda à segunda, sendo este o tipo mais frequente de *assimilação*.

Assimilação Regressiva

su*b* + por = su*pp*or
i*n* + romper = i*rr*omper
a*d* + provar = a*pp*rovar
i*n* + lustre = i*ll*ustre
a*d* + tender = a*tt*ender
a*d* + quisição = a*cq*uisição

Assimilação Progressiva

nos*tr*o = nos*s*o   en + *lo* = en*no* (§ 121, 3)   vos*tr*o = vos*s*o

Observações:

1ª – Como acontece com a maioria dos fenômenos metaplásticos, a *assimilação* visa a facilitar a pronúncia. É a *assimilação* um fenômeno que se opera *paulatinamente*, de acordo com a evolução da língua. Assim, no exemplo dado no início desta lição (*in* + *regular* = *irregular*), a assimilação do *n* em *r* não se fez ato contínuo à criação do composto; a palavra viveu anos, no latim, na forma *iNRegular*. É fácil concluir desse exemplo a quase não existência, em rigor, de assimilações operadas dentro do português; na quase totalidade, são consequência de fatos operados no latim ou ainda no grego.

2ª – Duas conclusões tiraremos da observação anterior:

a) Em palavras como *sublocar*, *sublunar*, as letras que concorrem para a formação do grupo consonantal *bl* devem ser pronunciadas separadamente: *sub'locar*, *sub'lunar*, conservando cada qual seu valor literal. Isso porque essas palavras se formaram dentro do português, sem que, até hoje, nenhuma assimilação nelas se tenha efetuado.

Outras, como *abrenunciar*, *ablegar*, *sublevação*, pronunciam-se *a-BRE-nunciar*, *a-BLE-gar*, *su-BLE-vação*, por terem vindo já formadas do latim.

b) Ainda que se usasse a ortografia mista, não haveria razões para se duplicarem consoantes em palavras como *acordo*, *acordar*, *acerto*, *acertar* (que muitos escreviam com dois *cc*), porquanto tais palavras foram formadas em português. Em *approximar*, *apparecer* dobravam-se os *pp*, porque esses vocábulos foram criados no latim (*ad* + proximare, *ad* + parere) e nos vieram já na forma assimilada, ao passo que as outras foram criadas dentro de nossa língua (*a* + *cordar*, *a* + *certo*), nelas entrando apenas o prefixo *a* e não *ad*, que em português não existe.

3ª – A assimilação diz-se **total** (*perfeita*, *completa*) quando dela resultam duas consoantes idênticas (i*ll*ustre, i*ll*ícito); obtém-se então uma *consoante geminada*, que praticamente nenhum valor prosódico tinha em português, uma vez que era pronunciada como se fosse consoante simples. Tal não se dava no latim, como ainda hoje não se dá com o italiano, língua em que a geminada é articulada distintamente da simples, mediante demora na articulação: *tutto* = *tut...'to*, *quello* = *quêl...'lo*, tal qual fazemos com as geminadas *rr* e *ss*: *carro* = *car...'ro*, *passo* = *pas...'so*.

Consequência disso foi terem sido suprimidas as geminadas sem valor prosódico.

121 – Dentro do português, poucos são os casos de assimilação. Deixando de lado considerações que, não raro, nem ao próprio latim interessam, vejamos alguns que se nos afiguram importantes dada a elucidação que trazem para pontos sobre que muito frequentemente aparecem dúvidas.

1 – O pronome oblíquo *nos*, quando junto dos pronomes oblíquos *o*, *a*, *os*, *as* (*nos* + *o*, *nos* + *a*, *nos* + *os*, *nos* + *as*), provoca o emprego das formas *lo*, *la*, *los*, *las*: *nos* + *lo*, *nos* + *la*, *nos* + *los*, *nos* + *las*(*). Da junção *nos* + *lo*, *nos* + *la* etc. consequência natural foi a assimilação do *s* em *l*: no*l*-lo, passando-se então para a forma *no-lo* (§§ 321 e 322).

O mesmo se diga das combinações *vos* + *o*, *vos* + *a* etc., que resultaram em *vo-lo*, *vo-la*, *vo-los*, *vo-las* (vos + lo = vo*l*-lo = *vo-lo*).

2 – Substituindo o objeto direto pelo correspondente pronome oblíquo na oração "Devemos amar o próximo", obtemos: "Devemos *amar-o*". Como no caso anterior, também aqui aparece a forma arcaica *lo*: *amar* + *lo*; desta junção, a consequente assimilação *amal-lo*, e desta, a forma *amá-lo*.

Este mesmo fenômeno se observa em *fi-lo* (*fiz* + *o*), *di-lo* (*diz* + *o*), *amemo-la* (*amemos* + *a*), *ei-lo* (*eis* + *o*) – V. § 825.

Observe-se que a forma *amá-lo*, quando resultante da junção *amar* + *o*, deve trazer acento: am*á*-lo.

Existe ao lado da forma *amá-lo*, resultante do infinitivo *amar* mais *lo*, outra forma semelhante, *ama-lo*, proveniente de *amas*, 2ª pessoa do sing. do indicativo presente (tu *amas*), mais *lo*, havendo supressão do *s*: *ama*(*s*)-*lo*. Esta segunda forma não deve ser confundida com a anterior e se distin-

(*) Dessa maneira arcaica de grafar o artigo temos prova nas expressões *a la fé*, *a la mira*, *a la arma* (que deu *alarma*).

gue na acentuação: Aquela se pronuncia *amá-lo*, com acento no segundo *a*, ao passo que a segunda se pronuncia *âma-lo*, com acento no primeiro *a*. A ortografia oficial obriga-nos a colocar acento na forma proveniente do infinitivo (*amá-lo*) e não obriga nenhum acento na forma resultante de *amas* + *lo*, mas a pronúncia neste segundo caso deve ser sempre com o acento no primeiro *a*.

O mesmo se deve observar quanto aos verbos da segunda conjugação:

vendê-lo (*vender* mais *lo*): acentua-se o 2º *e* e coloca-se acento circunflexo sobre ele;

vende-lo (*vendes* mais *lo*): o acento cai no 1º *e*, mas não há necessidade de colocar acento sobre ele.

Exemplos: "Nunca o sentiste, e *julga-lo* tirânico?" – "Quanto à fala, *pode-la* adelgaçar quanto quiseres".

3 – A combinação *no* (de *em* + *o* – V. § 114, obs.) é resultante das seguintes passagens, cujas razões já devem ser compreendidas pelo aluno:

Em-o → *en-lo* (*en* é forma arcaica de *em*) → *enno* (assimilação progressiva) → *eno* → *no*.

Todas essas passagens se encontram registradas em documentos da língua, ou seja, nos escritos que nos legaram os escritores dos diversos períodos de evolução do nosso idioma.

122 – Existe uma espécie de assimilação que merece ser tratada separadamente: a assimilação do *n* em *m*. Essas duas letras eram primitivamente pronunciadas de maneira diferente, ainda quando ferissem a vogal antecedente. Desse fato nascia a assimilação do *n* em *m* "sempre" que encontrasse as bilabiais oclusivas *b* e *p* ou um *m*:

i*n* + buir = i*m*buir	i*n* + par = í*m*par	i*n* + mergir = i*m*mergir
i*n* + berbe = i*m*berbe	i*n* + plicar = i*m*plicar	i*n* + movel = i*m*movel

Observações:

1ª A ortografia oficial manda que se escreva *imergir*, *imóvel*, com um só *m*, mas convém saber o aluno que na formação dessas palavras entrou a partícula latina *in*.

2ª – Uma recíproca podemos seguramente tirar: Se o *n* sempre se assimila em *m* antes de *b* e *p*, não se deverá usar *m* quando a consoante imediata não for uma dessas bilabiais. *Com*, quando isolado, escreve-se com *m*, mas deverá ser escrito com *n* quando agregado a palavras que não se iniciem por *b* nem por *p*: *coNtigo*, *coNsigo*, da mesma maneira que se grafa *coNtíguo*, *coNtingente*, *coNseguir*, *coNselho*. O mesmo se diga das palavras *coNquanto*, *circuNflexo*, *eNfim* etc.

Transposição

123 – **Transposição** – Consiste este metaplasmo na deslocação de sons em certos vocábulos.

A **transposição** pode efetuar-se por *hipértese* e por *metátese*.

a) A transposição denomina-se **hipértese** (gr. *hypérthesis* = translação) quando a deslocação de sons se opera de uma sílaba para outra. *Desvalrar* é hipértese de *desvarlar*, *ressalbo* de *ressáblo*, *paLavRa* de *paRaboLam*.

b) A transposição denomina-se **metátese** (gr. *metáthesis* = troca) quando a deslocação de sons se opera na mesma sílaba: *sobRE* é metátese de *supER*, *entRE* de *intER*.

Os casos de hipértese e de metátese só são aceitos quando operados no período de formação do português; qualquer transformação feita hoje é considerada vício de pronúncia, como *fRoL* em vez de *fLoR*, *pROque* em vez de *pORque*, *tROcer* em vez de *tORcer*, *pERciso* em vez de *pREciso*, *fiDaGal* em vez de *fiGaDal* ("ódio *figadal*" e não "ódio *fidagal*").

Nota: Em geral, usa-se a denominação "metátese" para indicar qualquer caso de transposição de sons.

124 – Existe um caso metaplástico, denominado **intercalação eufônica**, que consiste na introdução de um *n* quando às formas verbais terminadas em som nasal (*fazem*, *amavam*, *tem*, *têm*, *puseram*, *poriam*, *dão*, *põe*, *põem*, *trouxessem* etc.) segue-se o pronome oblíquo *o* (*a*, *os*, *as*): *fazem-o* = *fazem-No*; *amavam-a* = *amavam-Na*; *puseram-os* = *puseram-Nos*; *trouxeram-as* = *trouxeram-Nas*; *dão-o* = *dão-No*; *põe-o* = *põe-No*.

Os escritores antigos (em Portugal é usual até hoje) recorriam a essa *intercalação eufônica* em casos como estes: "Tanto é mor a dor quanto é mor quem *na* deu" – "Quando ele era menino não *no* arrancou o povo dos braços de seu pai?" – "Não *no* disse" – "Quem *no* diria?"

Questionário

1. Dê uma definição clara e precisa de *metaplasmo*.
2. Que outro nome podemos dar aos metaplasmos?
3. De quantas maneiras se processam os metaplasmos?
4. Divisão, definição e exemplos de metaplasmos de *adição*.
5. Que diz da grafia *Scandinávia*?
6. Explique, com termos e exemplos seus, a *observação* feita no estudo da aférese (V. § 113, A, obs.).
7. Que diz do apóstrofo?
8. Que nome se dá ao metaplasmo que consiste na supressão do *m* no fim de *com*, quando antecede vogal?
9. As seguintes orações estão certas ou erradas? (Explicar – note o *a* grifado – as razões do erro ou do acerto de cada oração.)

   a) Dei isto *à* ela. – § 117, 1ª regra prática.

   b) Recorri *a*quela senhora. – § 117, 2ª regra prát., nota.

   c) Ele se pôs *à* chorar. – § 116, 1ª regra.

d) Seu título *a* vista tem desconto de 3%. – Lembre-se da expressão "a prazo": § 117, 1ª regra prática.
e) Eu partirei *as* três horas. – § 117, 2ª regra prática.
f) Eu irei *a* Lisboa. – § 116, 3ª.
g) Quanto *a* natureza, as letras se dividem em vogais e consoantes. – § 118, 10ª.
h) *A* este menino dei uma maçã, *a*quele dei uma pera. (Também o 1º *a* é grifado: V. o nº 12 do § 118.)
i) Refiro-me *à* filha de Maria e não *a* de Lúcia. – Em ambos os casos: § 117, 1ª.
j) Este livro pertence *a* sua mãe. – § 118, 1ª.
k) Vá *a* vontade (V. § 118, 2ª conclusão. Não se esqueça de fazer a distinção).
l) Veio *a* noite (Não se esqueça de fazer a distinção: § 118, 2ª conclusão.)
m) No alto de um outeiro, *a* igual distância de Recife e de Olinda, mora um amigo meu. – § 117, 1ª.
n) *À* que horas você costuma chegar *a* casa? (Note que também o 1º *a* é grifado: V. o nº 11 do § 118).
o) Irei *a* casa de Maria. – § 118, 5ª (parte final).
p) Por este navio, não chegaremos hoje *a* terra. – § 118, 6ª.
q) Você não deve contar isso *a* Dulce (Veja bem o que ficou dito no nº 7 do § 118).
r) Crimes e heroísmos foram atribuídos *à* Joana d'Arc. – § 118, 7ª (parte final).
s) Hoje mesmo comunicarão *a* Vossa Majestade o fato. – § 118, 9ª.
t) Você em minha casa *à* esta hora?! – § 118, 12ª.
u) Os carros chocaram-se devido *a* neblina. – § 118, 10ª.
v) O trem parte *à* uma hora. – § 118, 12ª (parte final).
w) Você já foi *à* Brasília? – § 116, 3ª.

10. Que é *assimilação*?
11. Como pode ser a assimilação? Explicação e exemplos.
12. Entre a *progressiva* e a *regressiva*, qual a assimilação mais frequente?
13. Faça, expondo as razões, a separação silábica das palavras *sublevação* e *sublenhoso* (Cuidado com a separação da primeira).
14. Quais as geminadas conservadas em português? Exemplos.
15. Qual a etimologia de *alarma*?
16. Explique as palavras grifadas do período: "*Ama-lo*; deves *fazê-lo* porquanto é ele o teu melhor amigo". (Cuidado com a primeira.)
17. Que entende pela palavra *documento*, quando se fala em *documentos da língua*?
18. Que diz das grafias *consigo*, *contigo*, *contanto*, *conquanto* e *enfim*?
19. Qual a diferença entre *hipértese* e *metátese*?
20. Que diz da palavra *desvairado*?
21. *Percisa* não constitui caso de metátese? Por que então se diz errada essa transposição de sons?
22. Que diz destas formas: Quem *na* deu – Não *no* disse?

> Os claros porventura encontrados na numeração dos parágrafos têm por fim possibilitar a inclusão de algum assunto sem que se altere a numeração dos parágrafos restantes.

CAPÍTULO 7

ORTOGRAFIA

127 – Denomina-se **ortografia** (gr. *orthós* = correto, *graphia* = escrita) a parte da gramática que estuda a exata figuração dos sons, ou seja, a correta escrita dos vocábulos.

Nela se estudam:

A) os *sistemas ortográficos*
B) as *notações léxicas*
C) a *partição dos vocábulos*
D) o *emprego das maiúsculas*
E) as *abreviaturas*

A) – Sistemas Ortográficos

128 – Três são os sistemas de que pode valer-se um idioma neolatino para a escrita dos seus vocábulos; o **fonético**, o **etimológico** e o **misto**.

129 – O **sistema fonético** (ou *sônico*) consiste na exata e fiel figuração dos sons, escrevendo as palavras tal qual se pronunciam, excluindo da representação gráfica qualquer letra que não tenha valor prosódico e acrescentando outras para que se represente a exata pronúncia: *escrito*, *Cristo*, *pronto*, *omem*, *oje*, *ressonar*, *pressentir*, *filarmônico*, *inalar*.

É o sistema seguido pelo espanhol, onde em geral a cada letra corresponde uma consonância.

130 – O **sistema etimológico** representa as palavras de acordo com a grafia de origem, reproduzindo todas as letras do étimo, embora não sejam pronunciadas: *phthisica*, *sancto*, *mactar*, *auctor*, *poncto*, *catechismo*, *exgotto*, *practicar* (V. lista do § 131).

É preciso notar que este sistema não foi o primeiro que se usou em português. Os primitivos documentos da língua trazem as palavras grafadas pelo sistema fonético. No século XV é que se operou a modificação gráfica mediante esforços dos latinistas. Foi esse um empreendimento que nunca logrou seu intento, e aí começou a embaralhada gráfica do português.

131 – O **sistema misto** é o sistema resultante do choque dos dois primeiros; por este sistema, a maioria das palavras se grafam etimologicamente, e pequeno número foneticamente. Não foi criado por gramáticos, mas gerado no seio do povo.

Apresentamos aqui algumas palavras que no sistema misto são usadas de acordo com a fonética, e pomos ao lado, entre parênteses, a respectiva grafia etimológica não seguida:

anedota (anecdota)
agora (haghora)
asma (asthma)
autor (auctor)
carater (character)
caridade (charidade)
caro (charo)
carta (charta)
catecismo (catechismo)
cedula (schedula)
centelha (scentelha)
cirro (scirro)
corda (chorda)
dito (dicto)
ditongo (diphthongo)
encetar (inceptar)
escola (eschola)
escultura (esculptura)
esgoto (exgotto)
espatula (espathula)
fleuma (phleugma)
idade (edade)
igual (egual)
igreja (egreja)
isento (exempto)
kilometro (chilometro)
lugar (logar)
matar (mactar)
monotongo (monophthongo)
ponto (poncto)
pranto (prancto)
pratica (practica)
santo (sancto)
scisma (schisma)
sete (septe)
tamanho (tammanho)
tratar (tractar)

Nota: A ortografia de 1943, oficial (alterada pela Lei nº 5.765, de 18-12-1971), não corresponde a rigor a nenhum dos três sistemas.

B) – Notações Léxicas

132 – Denominam-se **notações léxicas** (também chamadas *ortográficas*, *fônicas* ou *prosódicas*) os diferentes sinais que se podem apensar aos nossos vocábulos. É diversa a função desses sinais, o que facilmente se depreende do seu estudo. São eles os seguintes:

133 – O **acento agudo** (´), que se coloca sobre as vogais para indicar o *som aberto* ou *agudo*: *já, pé, avó.*

134 – O **acento grave** (`), empregado para indicar a crase (*à, às, àquele, àquela, àqueles, àquelas, àquilo*).

135 – O **acento circunflexo** (^), que indica o *som fechado*: *lê, avô.*

136 – O **til** (~), que marca o som nasal da vogal ou do ditongo; no ditongo, a primeira das vogais é que deve trazer o til: *irmã, não, põe.*

Das vogais, quando isoladas no vocábulo, isto é, sem constituírem ditongo, unicamente o *a* pode vir com *til*: *romã, pagã.* Nos ditongos, também o *o* pode trazer esse sinal, mas apenas quando nele recai o acento tônico: *limões, corações.*

O sinal de nasalização das demais vogais, incluindo-se a vogal *o*, quando isoladas, é representado pelo *m* ou pelo *n* (*tem, fim, bom, um*); o próprio *a nasal*, quando não acentuado, deve, *pelo sistema ortográfico misto*, seguir esta norma: *orpham* (masculino), *orphan* (feminino), *iman, orgam*; a ortografia oficial, porém, manda que assim se escrevam essas palavras: *órfão, órfã*, bem como *bênção, zângão, sótão, gólfão, ímã, eletroímã, pedra-ímã, dólmã, hétmã* etc.

137 – O **apóstrofo** ('), que se emprega nos casos de *ectlipse* (§ 114, B): *co'o, co'este*; para indicar a *sinalefa* (**114**, A, obs.): *minh'alma, d'água* – e em certos casos de *síncope*: *per'la* (pérola), *esp'rança* (esperança).

138 – A **cedilha**, que se coloca sob o *c* (§ 64), unicamente antes das vogais *a, o* e *u*: *castiçal, castiço, açúcar.*

139 – O **hífen** (-), que se presta para:

1) ligar os elementos de grande número de palavras compostas: *couve-flor, guarda-chuva, carta-bilhete*;

2) ligar os pronomes oblíquos aos verbos quando a eles vêm pospostos ou neles se intercalam: *disse-me, contaram-lhe, dir-lhe-ei, far-nos-ia*;

3) indicar a partição dos vocábulos no fim da linha:

.... di-
go .... vos-
so

4) indicar, no começo da linha, que a anterior terminou também com hífen na partição de palavra composta cujos elementos são ligados pelo sinal ou na divisão de combinação de palavras igualmente já possuidora dele:

Os pais já podem efetuar a *pré-*
-matrícula.

Em certas viagens, *gasta-*
-se muito dinheiro com pedágio.

Nota: **Trema** – Esse sinal foi abolido na grafia de vocábulos portugueses pelo Acordo Ortográfico de 1990, em vigor desde 1º de janeiro de 2009. Entretanto, ainda é empregado em nomes estrangeiros e seus derivados portugueses: *Müller*, pensamento *mülleriano*; Bühler, ideias *bühlerianas*.

C) – Partição dos Vocábulos

140 – Por **partição dos vocábulos** compreende-se o processo que devemos seguir no cortar um vocábulo quando não cabe todo em uma linha.

Dificilmente encontramos quem já não tenha tido dúvidas neste ponto. É preciso saber que existem dois processos de divisão silábica: o *etimológico* e o *fonético*.

141 – Pelo **sistema etimológico** as sílabas se separam de acordo com a origem da palavra. É complicadíssimo esse processo e possível apenas a pessoas muito versadas em assuntos etimológicos. Palavras como *outrora* e *agora* deveriam, por esse sistema, ser silabicamente separadas *outr-ora* (outra + hora) e *ag-ora* (hac + hora). É fácil ver o quase absurdo desse processo, segundo o qual as seguintes palavras complicadamente assim se separam:

apo-strofar	ev-angelho	post-ergar
con-stelação	met-encéfalo	pros-ódia
eu-stomia	par-óquia	sin-ônimo

142 – Pelo **sistema fonético** a partição já se torna mais fácil por mais acessível, visto efetuar-se de acordo com a pronúncia das sílabas. Por este sistema, com maior facilidade se separam os exemplos que ficaram no parágrafo anterior:

apos-trofar	e-vangelho	pos-tergar
cons-telação	me-tencéfalo	pro-sódia
eus-tomia	pa-róquia	si-nônimo

143 – Há ocasiões em que a aplicação deste processo oferece dificuldades. Expomos, por isso, as seguintes normas, baseadas no sistema ortográfico vigente:

a – NORMAS GERAIS:

1) A divisão de qualquer vocábulo, assinalada pelo hífen, em regra se faz pela soletração, e não pelos seus elementos constitutivos segundo a etimologia: *subs-cre-ver*, *de-sar-mar*, *bi-sa-vô*, *e-xér-ci-to*, *ex-ce-der*.

2) Não se separa do *u* precedido de *g* ou *q* a vogal que o segue, acompanhada, ou não, de consoante: *am-bí-guo*, *e-qui-va-ler*, *guer-ra*, *u-bí-quo*.

3) É preferível, quando se escreve a mão, passar para a linha seguinte a vogal inicial a deixá-la isolada: *emancipado*, *atrofia* e não *e*-mancipado, *a*-trofia.

b – CONSOANTE INICIAL:

A consoante inicial não seguida de vogal permanece na sílaba que a segue: *cni-dose*, *dze-ta*, *gno-ma*, *mne-mônico*, *pneu-mático*.

c – GRUPOS VOCÁLICOS:

1) Não se separam as vogais dos ditongos decrescentes nem dos grupos em que existe *u* pertencente aos dígrafos *gu*, *qu*: *nEU-tro*, *nAI-pe*, *rEI-na-do*, *i-gUAL*, *i-gUAIs*, *cir-cUI-to* (não se esqueça de que a vogal tônica desta palavra é *u*), *cOI-ta-do*, *gUI-zo* – e nunca *nE-Utro*, *nA-Ipe*, *rE-Ina-do*, *i-gU-Al*, *i-gU-Ais*, *cir-cU-Ito* etc.

2) Não se devem separar as vogais dos ditongos crescentes finais átonos: *his-tó-riA* (e não *his-tó-rI-A*), *ar-má-rIO* (e não *ar-má-rI-O*), *es-pé-cIE* (e não *es-pé-cI-E*).

3) As vogais que se pronunciam distintamente podem ser separadas: *vO-Ar*, *pO-EI-ra*, *prO-Ê-mio*, *mI-Ú-do*, *ci-Ú-me*, *trI-Un-fo*, *ins-trU-O*.

4) As vogais idênticas separam-se, ficando uma na sílaba que as precede, outra na sílaba seguinte: *cA-A-tin-ga*, *cO-Or-de-nar*, *dU-Ún-vi-ro*, *frI-Ís-si-mo*, *gE-Ena*, *cO-Or-te* (não confunda esta palavra, que significa tropa armada e se pronuncia *coórte*, com o substantivo *corte* (*ô*) = palácio real, nem com *corte*, que significa incisão e se pronuncia *córte*).

d – LETRAS INTERVOCÁLICAS:

A consoante simples vai para outra linha quando é pronunciada com a vogal que se lhe segue: *que-Ri-do*, *ca-Ro*, *si-Nô-ni-mo*, *i-No-pe-ran-te*, *de-Sen-ga-nar*, *de-Sa-gra-do*, *de-Sen-vol-ver*, *de-Si-lu-são*, *e-Xór-dio*, *e-Xas-pe-rar*.

Nota: A consoante simples não passa para a outra linha quando é pronunciada com a vogal antecedente: *beM-aventurado*, *recéM-assado*, *maL-estar*.

e – GRUPO DE DUAS CONSOANTES:

1) As geminadas *cc*, *cç*, *rr* e *ss* separam-se, ficando uma na sílaba que as precede, outra na sílaba seguinte: *oC-Cipital*, *suC-Ção*, *proR-Rogar*, *reS-Surgir*.

2) No interior do vocábulo, sempre se conserva na sílaba que a precede a consoante não seguida de vogal: *aB-Dicar*, *aC-Ne*, *beT-Samita*, *daF-Ne*, *draC-Ma*, *éT-Nico*, *oB-Firmar*, *oP-Ção*, *siG-Matismo*, *suB-Por*, *suB-Jugar*, *piG-Meu*, *eliP-Se*, *aD-Jetivo*, *traN-Sandino*.

Nota: 1ª – Não se separarão duas consoantes quando forem conjuntamente pronunciadas, nem as dos dígrafos *ch*, *lh* e *nh*: *a-BLu-ção*, *a-BRa-sar*, *a-CHe-gar*, *fi-LHo*, *ma-NHã*, *de-PRe-ciar*, *re-TRó-GRa-do*, *ne-VRál-gi-co*.

2ª – As consoantes dos grupos *bl*, *br* e *dl* separar-se-ão quando forem separadamente pronunciadas: *suB-Lingual*, *suB-Rogar*, *aD-Legação*. Não se separarão, de acordo com a nota anterior, quando forem conjuntamente pronunciadas: *su-BLevação*, *co-BRança*, *DLim* (palavra onomatopaica, que exprime toque de campainha).

3ª – O *sc* no interior do vocábulo biparte-se, ficando o *s* numa sílaba e o *c* na sílaba imediata: *adoleS-Cente*, *convaleS-Cer*, *deS-Cer*, *inS-Ciente*, *preS-Cindir*, *reS-Cisão*.

f – GRUPOS DE TRÊS OU MAIS CONSOANTES:

Os grupos de três ou mais consoantes separam-se foneticamente, pertencendo sempre à sílaba antecedente o *s*: *oBS-TRuir*, *demoNS-TRar*, *reS-PLendor*, *supeRS-Tição*, *circuNS-Tância*, *iNS-TRuir*, *coNS-Tituição*, *peRS-Picácia*, *inteRS-Tício*, *suBS-Tabelecer*.

D) – Emprego das Iniciais Maiúsculas

144 – Emprega-se letra inicial *maiúscula*:

1 – No começo do período, notando-se que indicam fim de período, além do *ponto final* (**.**), o *ponto de interrogação* (**?**) e o *ponto de exclamação* (**!**), quando equivalem a ponto final:

*N*ão estavam onde julgávamos.

*I*sso costuma acontecer todos os dias? *S*erá por causa do excessivo calor?

*Q*ue tragédia foi aquela! *T*odos pereceram.

Nota: O ponto de interrogação e o de exclamação não equivalem a ponto final quando não indicam fim de período:

Oh! que belo!
↑ ↓
não indica fim de período — letra minúscula

Você fez isso? perguntei.
↑ ↓
não indica fim de período — minúscula
(O período vai até a palavra *perguntei*)

2 – No começo das *citações*:

O presidente começou dizendo: "*N*ão admito objeções".

Nota: Quando os *dois-pontos* abrem *enumeração*, esta se inicia com *minúscula*: "Queremos o seguinte: *u*m lápis, uma pena e uma borracha" – V. § 966.

3 – No começo dos *versos*:

*F*oi-se-me pouco a pouco amortecendo
A luz que nesta vida me guiava,
*O*lhos fitos na qual até contava
*I*r os degraus do túmulo descendo.

Nota: Alguns poetas tentaram introduzir o emprego das minúsculas no início dos versos, sempre que a prosa o permitisse.

4 – Nos *nomes próprios*: *P*edro, *A*lfredo, *B*rasil, *P*aris.

Notas: 1ª – Nos nomes próprios constituídos de locução como *Rio de Janeiro*, *América do Norte*, a partícula *de* (ou outras) escreve-se com *minúscula*.

2ª – Nessas locuções, o primeiro nome também se escreve com *minúscula* quando é suscetível de várias especificações e vem depois de iniciado o período: O *rio* Amazonas. O *rio* Negro. A *rua* da Glória. O *mar* Vermelho.

3ª – Os nomes dos meses, por não serem próprios, devem ser escritos com letra minúscula: "S. Paulo, 8 de janeiro de 1911".

É claro que nos nomes de vias e lugares públicos, que são nomes próprios, os nomes dos meses devem ser escritos com maiúscula: "Rua 15 de *N*ovembro".

4ª – Os nomes de povos escrevem-se com inicial minúscula, não só quando designam habitantes ou naturais de um estado, província, cidade, vila ou distrito, mas ainda quando representam coletivamente uma nação: romanos, atenienses, gregos, romenos, estremenhos, brasileiros, campineiros, mocoquenses, santa-ritenses.

5 – Nos títulos de produções artísticas, artigos, trabalhos escritos, livros, jornais e outras publicações:

*T*ransfiguração (de Rafael) | *L*usíadas (de Camões)
*M*inha *T*erra | *A F*olha da *M*anhã
*G*uia *P*rático do *M*arceneiro | *N*otas e *I*nformações

6 – Nas designações de sociedades, corporações etc.:

*S*ociedade dos *C*omerciários
*C*olégio *U*niversitário

7 – Nos nomes comuns, tomados individualmente, com sentido especial:

a *C*apital (referindo-se a determinada capital);
a *I*greja (a entidade católica, e não o lugar, o templo);
o *E*stado (a organização política).

Nota: Esses nomes escrevem-se com inicial minúscula quando empregados em sentido geral e indeterminado: " A capital do meu *estado* tem uma *igreja* de quatro torres".

8 – Nos nomes abstratos, tomados personificadamente:

a *I*ra, o *Ó*dio, a Inveja.

9 – Nos epítetos e alcunhas, quer usados com os respectivos nomes próprios, quer empregados em lugar deles:

Pedro, o *G*rande – D. Manuel, o *V*enturoso.
o *L*idador, o *T*emerário.

10 – Os nomes dos pontos cardeais, quando designativos de regiões do globo, e não quando especificativos de limites geográficos:

Os habitantes do *S*ul.
O *O*riente contra o *O*cidente.

11 – Em *Deus* e palavras sinônimas do monoteísmo e nas que designam atributos a ele referentes: o *C*riador, o *O*nipotente, o *F*ilho.

Os tupis-guaranis têm em *T*upã o seu deus.

145 – Não podemos prescindir de aqui acrescentar certas ponderações que criteriosamente costumam pôr em prática os que prezam nossa língua e seus característicos:

De idioma para idioma varia o critério seguido no emprego das maiúsculas. Línguas há, como o alemão, que com inicial maiúscula escrevem todos os substantivos, quer próprios, quer comuns. Entre nossas línguas irmãs, varia a orientação seguida neste ponto.

O latim escrevia com maiúscula não somente os nomes próprios, mas certos adjetivos deles derivados. Todos os adjetivos que especificassem *nacionalidade* (africano, cartaginês, gaulês), *línguas* (grego, latim), *festas pagãs* (bacanais, saturnais) eram escritos *em latim* com maiúscula.

Os *nomes dos meses*, derivados uns de nomes próprios, consagrados outros a personalidades ou a divindades pagãs, filiavam-se à mesma orientação, sendo todos *em latim* escritos com maiúscula.

Aconteceu tal norma não ser seguida pelo português, que reservou as maiúsculas para os nomes verdadeiramente próprios, *geográficos* e *pessoais*, passando a grafar com minúscula os adjetivos deles derivados, estando neste caso incluídos os *nomes dos meses*. Não há estar com raciocínios nem com ficções infundadas sobre a justificativa ou não da maiúscula nesta ou naquela espécie de nomes comuns; a tradição é que justifica esse uso.

Conclusão: Da mesma maneira que os nomes das *nacionalidades*, *línguas*, *festas pagãs*, *dias da semana* e *estações do ano*, também os *nomes dos meses* são *em português* tradicionalmente escritos com *minúscula*.

Notas: 1ª – O sistema ortográfico vigente impõe que se empregue inicial maiúscula: *a*) nos tratamentos de reverência (Vossa Majestade, Vossa Senhoria); *b*) nos nomes de artes ou de ciências (Gramática, Pintura, Música); c) para, no estilo epistolar, realçar ou indicar deferência (Marido, Esposa, Pai, Mãe, Padre, Capitão).

2ª – Humilhante mais do que enervante é o trabalho de quem, diante de uma dificuldade de emprego de maiúscula, tente resolvê-la consultando o formulário ortográfico oficial. Fugindo de apontar já discrepâncias com o de 45 e com o português de 40, já incongruências dentro do próprio formulário de 43, limitamo-nos aqui a mostrar duas lacunas neste último, oficial em nossa terra. Acresce ainda que no Acordo Ortográfico de 1990 o problema permanece.

Como proceder com o segundo elemento de nome composto com hífen quando o primeiro, por qualquer motivo, é escrito com letra inicial maiúscula? Também com maiúscula deve ele ser escrito?

Diante do silêncio de todos os formulários consultados, encontramos, após paciente pesquisa, que o de 43 traz escrito *Vigário-Geral*, no exemplificar a sétima regra do capítulo XVI, *Luso-Brasileiro* em exemplo da décima, e *Decreto-lei* ao dar nomes compostos na observação da regra 12 do mesmo capítulo sobre o emprego das iniciais maiúsculas.

Não podemos falar de contradição porque nenhuma norma existe sobre o assunto, mas a incongruência de procedimento é evidente: nos dois primeiros compostos, maiúscula em ambos os elementos; no terceiro, minúscula no segundo. A incoerência não é notada por quem não tem interesse direto no caso, mas não pode passar despercebida por relator, diretor, secretário, ou coisa equivalente, de comissão signatária de formulário ortográfico.

Como o formulário fala jocosa e extravasantemente em "deferência, consideração e respeito" ao impor inicial maiúscula na regra 15 do citado capítulo, temos liberdade de perguntar se, grafando *Vice-presidente*, *Ex-rei*, *Tenente-coronel,* não incorremos em falta de respeito, de consideração e de deferência ao presidente, ao rei, ao coronel, ao mesmo tempo que importância estamos dando somente ao *vice*, ao *ex*, ao *tenente*. Dando corda na cachola, chegamos à pergunta: Devemos basear-nos em "deferência, consideração e respeito" para grafar *cirurgião-dentista* ou *couve-flor* no início de período?

Para contribuir para a solução do problema, podemos estabelecer que nas palavras compostas cujos elementos são separados por hífen seja o seguinte o emprego das letras maiúsculas:

1 – Se o nome é próprio, é escrito com inicial maiúscula por força de outras disposições da regra ortográfica ou faz parte de título em que os componentes estão grafados com esse tipo de letra, todos os elementos do composto recebem iniciais maiúsculas, exceto artigos colocados internamente e partículas gramaticais de ligação: *Grã-Bretanha, Montemor-o-Novo, Passa-Quatro, Escola Pós-Graduada de Ciências Sociais, Simpósio sobre Táticas de Contra-Ataque.*

Isso ocorre porque, nos compostos, os elementos lexicais posicionados depois do hífen possuem autonomia fonética, mórfica e gráfica. Por isso, devem ser mantidas as respectivas maiúsculas.

2 – Nos demais casos, só se utiliza a maiúscula como inicial do primeiro elemento e mesmo assim quando o composto iniciar frase ou título: *Homens-rãs iniciam treinamento* e *Fichas-resumos – Arquivo geral.*

3ª – Dentro de parêntese, inicial maiúscula ou minúscula? Diante desta segunda lacuna do nosso formulário oficial, novo e paciente trabalho de pesquisa levou-nos à página 47, onde encontramos, sem nada falar sobre maiúsculas senão sobre pontuação, estes exemplos:

a) "Não, filhos meus (deixai-me experimentar, uma vez que seja, convosco, este suavíssimo nome); não; o coração não é tão frívolo, tão exterior, tão carnal, quanto se cuida."

b) "A imprensa (quem o contesta?) é o mais poderoso meio que se tem inventado para a divulgação do pensamento." – "(Carta inserta nos Anais da Biblioteca Nacional, vol. I.)"

Nos dois primeiros exemplos temos parêntese iniciado com minúscula; no segundo da letra *b*, outro iniciado com maiúscula. Qual foi o critério desse procedimento?

Se no caso antes cuidado dos nomes compostos havia omissão e incongruência, neste há apenas omissão. A norma poderá agora ser assim exposta:

O parêntese inicia-se com maiúscula somente quando constitui oração à parte, completa, com uma consideração ou pensamento independente, caso em que vem de ordinário precedido de ponto final; a oração que está entre parênteses tem o ponto final dentro, antes de fechar o parêntese, e não, fora. Exemplo:

Na portaria da fábrica, o ambiente era de absoluta calma. (A indústria não trabalha aos sábados.)

O assunto tem o seu quê de subjetivo, como de subjetivo tem o problema da pontuação, mas requer coerência de procedimento. Não estamos pedindo patente de invenção para essa norma, mas é apoiada (nem poderia deixar de ser) em fatos e (salvo melhor juízo) em raciocínio; seja como for, é provocação e (quem sabe?) uma achega para os estudiosos do idioma. (Quem desejar um dia formular regras de emprego de maiúscula, não deixe de consultar o Webster, onde encontrará, sob o verbete "capital", vinte e tantas regras, com especificações que não existem em nossos formulários.) Observe-se que o texto do Acordo de 1990 igualmente se omite sobre o assunto.

E) – Abreviaturas

146 – É tradicional na língua o emprego de diversas abreviaturas, que ora consistem na inicial seguida de ponto (*v.* = você, *D.* = dom), ora nas primeiras letras e o ponto (*Rev.* = reverendo), ora em algumas letras e o ponto (*Exa.* = excelência, *Exmo.* = excelentíssimo), ora numa letra seguida de barra: *m/* = meu(s), minha(s). No penúltimo caso, o lugar mais conveniente para o *ponto abreviativo* seria no meio da abreviatura, e não no fim, quando fosse necessário escrever todas as letras no mesmo alinhamento, mormente quando se consideram certas abreviaturas como *cro.*, *engro.*, *profa.* (criado, engenheiro, professora) que formam palavras irreconhecíveis.

No abreviar palavras em que após o ponto abreviativo não venham outras letras, devemos ter o tradicional cuidado de fazer terminar a abreviatura numa consoante e não numa vogal. *Filosofia*, por exemplo, tem por abreviatura *fil.* ou *filos.*, mas não *filo.*, com *o* no fim. Se a palavra for cortada num grupo de consoantes, deverão as consoantes aparecer na abreviatura: *geogr.*, e não *geog.*

Se na abreviatura aparece a sílaba acentuada da palavra, o acento permanece: *pág.* (página).

Seguem-se, na ordem alfabética, algumas das abreviaturas mais usadas:

A.C.	ante Christum	Cia.	companhia	Exmo	excelentíssimo
	(antes de Cristo)	Cr.º	criado	Fr.	frei(3)
A/C	ao cuidado	D.	dom(1), dona	g	grama(4)
A.D.	anno Domini (no	D.C.	depois de Cristo	Ib.	ibidem (no
	ano do Senhor)	D D.	digníssimo(2)		mesmo lugar)
a.m.	ante meridiem	Dr.	doutor	Id.	idem (o mes-
	(antes do meio-dia)	E.C.	era cristã		mo)
Am.º	amigo	E.M.	em mãos	Il.^{mo}	ilustríssimo
At.º	atento	Em.ª	eminência	kg	quilograma(4)
B.^{el}	bacharel	etc.	et cetera	km	quilômetro(4)
C.^{el}	coronel	Ex.ª	excelência	l	litro(4)

(1) Pronuncie como se escreve (e não *dão*). Proveniente do lat. "dominum", significa etimologicamente "senhor"; de acordo com o étimo, "dona " é seu legítimo feminino: D. Inês de Castro.

Quanto ao seu emprego observe-se o seguinte:

a) É título honorífico de monarcas e nobres portugueses e brasileiros: D. João VI, D. Pedro I, D. João de Castro.

b) Precede nomes de prelados do clero católico: D. Duarte, D. Mourão (enquanto *Duarte* é prenome, *Mourão* é sobrenome; tradicionalmente, porém, *Dom* precede o prenome).

c) Precede o nome de membros da ordem beneditina: Dom Maurício.

d) É errôneo seu emprego em traduções do italiano, língua em que "D." designa o simples padre: Padre Ricaldone. Desse erro vem o hábito, já internacional, de dizer *Dom Bosco* em vez de *Padre Bosco*.

e) A palavra em italiano usada para designar prelados do clero é "monsignore", que erradamente constumam traduzir por "monsenhor", quando agora é que deve ser traduzida por "Dom": D. Masella.

(2) Emprega-se um só ponto quando a duplicação indica plural ou superlativo: *VV.* = vocês; *DD.* = digníssimo.

(3) *Frei* só se emprega quando seguido de nome: *Frei Roberto* é um *frade* eloquente.

(4) Sem ponto abreviativo; serve para o singular e para o plural.

M.^{e}	madre	P.O.M.	por obsequiosas mãos	Sr.^{a}	senhora
m.^{to}	muito	P.S.	post-scriptum	S.S.	sua santidade
muit.^{mo}	muitíssimo	q.	que	S.S.^{a}	sua senhoria
N.B.	Nota bene	q.^{do}	quando	S.S.^{as}	suas senhorias
O.D.C.	Oferece, dedica, consagra	q.^{to}	quanto	V.	você (ou "Vide" = Veja)
Obr.^{o}	obrigado	Rev.^{mo}	reverendíssimo	V.A.	vossa alteza
P.^{e}	padre	S.E.O.	salvo erro ou omissão	V. Ex.ª	vossa excelência
P.D.	pede deferimento	S.M.J.	salvo melhor juízo	V.M.	vossa majestade
P.E.F.	por especial favor	Sr.	senhor	V.Rev.^{ma}	vossa reverendíssima
p.m.	post meridiem (depois do meio-dia)	Srs.	senhores	V.S.^{a}	vossa senhoria
				V.S.^{as}	vossas senhorias

Notas: 1ª – Conforme acabamos de ver no item (2) da página anterior, duas letras maiúsculas seguidas de ponto podem indicar ou plural ou superlativo:

AA.	autores	SS. PP.	santos padres
DD.	digníssimo	SS. MM.	suas majestades
SS.	santíssimo	VV. AA.	vossas altezas

2ª – O formulário ortográfico oficial de 1943 normatiza o emprego das maiúsculas nas formas, expressões e pronomes de tratamento. A regra 14 do cap. XVI determina inicial maiúscula em "nomes, adjetivos, pronomes e expressões de tratamento ou reverência" e exemplifica com *D.* (*Dom* ou *Dona*), *Sr.* (*Senhor*), *Sra.* (*Senhora*), *DD* ou *Digmo.* (*Digníssimo*), *MM.* ou *Mmo.* (*Meritíssimo*) etc. Note-se, porém, que uma coisa é dizer: "Peço à Senhora o favor de...", outra é relatar: "Pedi à senhora Marina o favor de...". Na segunda oração, *senhora* é substantivo em função adjetiva: "Pedi a uma senhora de nome Marina", como se diz "pedi ao rei Gustavo", e não, "pedi ao Rei Gustavo". Se quando nos referimos ao imperador D. Pedro II não escrevemos *imperador* com inicial maiúscula, não há razão para maiúscula em "a *senhora* Marina", "*sua majestade* o rei da Dinamarca". Se abreviada vier a expressão, o caso poderá tornar-se diferente, mas aí a regra seria outra – regra que não existe – referente a abreviaturas. Entretanto, como explicar o *v.* com letra minúscula para abreviar *você*, que se encontra no Registro de Abreviaturas da parte final do Vocabulário, e com minúscula *card.* (cardeal), *côn.* (cônego) ao lado de *P.* (ou *Pe.*) e *Paro.*, com maiúscula, para abreviar *padre*, *pároco*?

Assim, em: "O doutor Joaquim morreu", "doutor" não vem ligado a expressão nenhuma de tratamento; Joaquim é nome próprio; portanto, já que está no meio da frase, não cabe empregar inicial maiúscula, quer venha *doutor* escrito por extenso quer abreviadamente: o doutor Joaquim, o sr. Alceu, o alm. Barroso, o côn. Serafim, o pe. João, o prof. Albino, o card. Arns.

Tudo isso que acabamos de dizer é confirmado pelo Acordo de 1990, em vigor a partir de 1º de janeiro de 2009, em sua base XIX, parágrafo 1º, alínea "f": "A letra minúscula inicial é usada nos axiônimos [*formas corteses de tratamento ou reverência*]: senhor doutor Joaquim da Silva, bacharel Mário Abrantes, o cardeal Bembo". Contudo, nessa mesma alínea, o acordo admite opcionalmente inicial maiúscula diante de hagiônimos ou hierônimos (nomes sagrados, como de divindades, santos e outros): *santa Filomena* ou *Santa Filomena*.

Recordemos que a regra 14 do texto do Acordo de 1943, ainda em vigor, traz esta observação: "As formas que se acham ligadas a essas expressões de tratamento devem ser também escritas com iniciais maiúsculas". Desse modo: *Exmo. Sr. Almirante, Excelentíssimo Senhor Presidente da República, Exmo. e Revmo. Sr. Arcebispo Primaz, Ilma. Sra. Diretora, Ilmo. Sr. Capitão, MM. Juiz de Direito, Magnífico Reitor* etc.

3ª – O plural de letras iniciais de uma designação empregadas como sua abreviatura é muito claramente indicado em inglês por um *s* minúsculo posposto ao conjunto de letras maiúsculas que abreviam a designação. Não há britânico que titubeie ao ler no seu jornal o que fizeram na véspera os *MPs*, que assim muito naturalmente se abrevia em inglês *Membros do Parlamento*.

Não parece haver inconveniência em que de igual maneira proceda um brasileiro ao redigir: "Os *CICs* referentes aos exercícios de 1970 e 1971" – "A mesma rua pode ter *CEPs* diferentes" – "Os *QGs* estão de prontidão" – "As *SAs* têm nova lei" – "As *QVs* iniciaram-se n'O ESTADO DE S.PAULO em 1936" – "Os *INPSs* identificam-se pelas filas" – "...subordinada à Coordenadoria das Administrações Regionais... mas o coordenador das *ARs*" – "O antagonismo das estratégias dos *PCs*". Têm essas abreviaturas inteira clareza de significação quando antes delas já por extenso ficou expressa a designação, como está no penúltimo exemplo.

Não é esse o caso de *AA.* (autores), o de *SS. AA.* (Suas Altezas), *SS. AA. II.* (Suas Altezas Imperiais), nem de *E.U.A.*, que por este ou por aquele motivo se distinguem do primeiro e já se encontram oficialmente determinados.

Questionário

1. Que é *ortografia*?
2. Que se estuda nesta parte da gramática?
3. Quantos e quais são os *sistemas ortográficos*?
4. Quais os *característicos* e que diz do *sistema ortográfico fonético*?
5. Responda o mesmo, exemplificadamente, quanto ao *etimológico*.
6. Em que consiste o *sistema ortográfico misto*?
7. Que são *notações ortográficas*?
8. Discorra sobre o *acento grave*.
9. Quanto ao efeito de nasalização, compare o *til* com o *m* ou *n*.
10. Que é *hífen* e quais os seus fins?
11. Que diz da *partição dos vocábulos*?
12. Faça a *partição* (como se cada sílaba tivesse de ser escrita em outra linha) dos seguintes vocábulos:

abaixar	desanimar	lígneo	adjetivo
anunciar	elipse	proscênio	dicção
ginasial	malévolo	abstinência	perscrutar
inabdicável	executar	saúde	consignar

13. Declarar se está certo o emprego da maiúscula na letra grifada do período: "Quem fez isso? *P*erguntou ele".
14. E nesta oração: "Ele costuma ir à *I*greja"?
15. Declare o mesmo em: Pedro comprou muitas frutas: *B*ananas, peras, maçãs, jabuticabas etc.
16. Ainda o mesmo em: Nunca vi o *R*io Amazonas.
17. Escreva, por extenso, a data de hoje (também o dia e o ano por extenso).
18. Abrevie as palavras *amigo*, *doutor*, *senhor* e *ilustríssimo*.
19. Reproduza, corrigidas, as seguintes orações:
a) Ante o imprevisto do desastre fiquei tão esbaforido (= com pavor) que todos ficaram pasmos.
b) Não queira ir; fazer-lhe-ão perguntas humilhantes.
c) O brasileiro gosta de sua terra; raramente imigra.
d) O torpedo fez o navio emergir imediatamente.
e) Por que você não usa o dentifrício que te dei?

CAPÍTULO 8

MORFOLOGIA

150 – Concluído o estudo da *fonética*, nas suas três partes, *descritiva*, *histórica* e *sintática*, passaremos agora para a segunda parte da Gramática, denominada **morfologia** (gr. *morphê* = figura + *logia* = estudo), que trata das palavras:

a) quanto a sua *estrutura* e *formação*;

b) quanto a suas *flexões*;

c) quanto a sua *classificação*.

151 – Se observarmos todas as palavras que formam o nosso idioma, notaremos, quanto à ideia que encerram, que elas se distribuem em dez grandes grupos, denominados *classes*. **Classes** são, pois, os diversos grupos em que estão distribuídas as palavras do idioma segundo a **ideia** que indicam. Vejamos quais são as dez classes a que pode pertencer uma palavra portuguesa.

152 – **SUBSTANTIVO**: Existem palavras que sempre designam *coisa*, *ser*, *substância*. Toda palavra que encerra essa ideia denomina-se **substantivo**. *Substantivo* é, pois, como o próprio nome está a indicar, toda palavra que especifica *substância*, ou seja, coisa que possua existência, ou *animada* (*homem*, *cachorro*, *laranjeira*) ou *inanimada* (*casa*, *lápis*, *pedra*), quer *real* (*sol*, *automóvel*), quer *imaginária* (*Júpiter*, *sereia*), quer *concreta* (*casa*), quer *abstrata* (*pureza*).

153 – **ARTIGO**: *Artigo* é a palavra que tem por fim individualizar a coisa: *o*, *a*, *um*, *uma*.

154 – **ADJETIVO**: Uma terceira classe de palavras existe, a dos **adjetivos** (lat. *ad* = junto + *jectum* = posto, colocado), à qual pertencem todas as palavras que se referem a substantivo para indicar-lhe um atributo: homem *inteligente*, cachorro *bom*, laranjeira *alta*.

155 – **NUMERAL**: A esta classe pertencem as palavras que encerram ideia de número: *um*, *dois*, *primeiro*, *décuplo*.

156 – **PRONOME**: A quinta classe compreende os **pronomes** (lat. *pro* = em lugar de), ou seja, palavras que ou substituem ou podem substituir um nome, um substantivo: *ele*, *que*, *quem*.

157 – **VERBO**: As palavras pertencentes à sexta classe denominam-se **verbos**; tais são as palavras que encerram ideia de *ação* (*escrever*, *cortar*, *andar*, *ferir*) ou *estado* (Pedro *é* bom).

158 – **ADVÉRBIO**: A sétima classe é constituída dos **advérbios**. *Advérbio* (lat. *ad* = junto + *verbum* = palavra) é toda palavra que pode modificar o verbo, o adjetivo e, até, o próprio advérbio.

Exs.: "O orador falou *admiravelmente*" (neste exemplo, *admiravelmente* é advérbio por estar indicando a maneira pela qual foi praticada a ação de *falar*).

"Rosas *muito* brancas" (o adjetivo *brancas* tem o sentido modificado, reforçado pelo advérbio *muito*).

"Ele veio *bastante cedo*" (neste último exemplo, *cedo* já é advérbio, por estar modificando o verbo *veio*, mas, por sua vez, está sendo reforçado, na sua significação, pela palavra *bastante*, que, portanto, é também *advérbio*).

159 – **PREPOSIÇÃO**: A esta classe pertencem todas as palavras que servem para ligar duas outras. **Exs.**: Livro *de* Pedro – Fui *a* Paris – Passei *por* Lisboa.

160 – **CONJUNÇÃO**: É toda a palavra que serve para ligar, não palavras, como a preposição, mas *orações*. **Exs.**: Fomos cedo *e* voltamos tarde. Desejo *que* venhas.

161 – **INTERJEIÇÃO**: Constitui esta a última das classes das nossas palavras; nela estão incluídas todas as que exprimem manifestações súbitas, repentinas, momentâneas do nosso íntimo. **Exs.**: *Ai*! *Oh*!

Notas: 1ª – Quando se pergunta a um aluno a que classe pertence determinada palavra, pretende-se saber em qual desses dez grupos ela se enquadra, isto é, se a palavra é substantivo, se é adjetivo, se é verbo etc.

2ª – O estudo das palavras em classes chamava-se **taxeonomia** (gr. *táxis* = distribuição, classificação + *nomia* = legislação) e então se pedia ao aluno: "Analise taxeonomicamente a palavra...".

162 – **FLEXÃO** é a propriedade que têm certas classes de palavras de sofrer alteração na parte final.

Quanto à *flexão*, as dez classes de palavras dividem-se em *dois* grupos:

1 – **Variáveis** (ou *flexíveis*): *substantivo, artigo, adjetivo, numeral, pronome* e *verbo*.

2 – **Invariáveis** (ou *inflexíveis*): *advérbio, preposição, conjunção* e *interjeição*.

163 – Por *invariável* ou *inflexível* entende-se que a palavra não se flexiona, isto é, não sofre nenhuma alteração na última sílaba.

Nas palavras variáveis dá-se o nome **desinência** à parte final flexível; à parte que resta da palavra, tirando-se a desinência, dá-se o nome **tema** ou **radical**. Assim, na palavra *estudioso* a desinência é o *o* final, porque pode ser mudado para *a*: *estudios-a*; o restante – *estudios* – vem a ser o *tema*.

OUTROS EXEMPLOS: Em *ferrenho* temos o tema *ferrenh* e a desinência *o*; em *louvar* o tema é *louv*, sendo *ar* a desinência, porque esta terminação pode ser mudada para *o*, *as*, *a* etc.: *louv-o*, *louv-as*, *louv-a*. A flexão de uma palavra sempre acarreta modificação na ideia que ela encerra; essa modificação pode operar-se quanto ao *gênero* (menin-*o*, menin-*a*), quanto ao *número* (menin-*o*, menin-*os*), quanto à *pessoa* (louv-*o*, louv-*as*), quanto ao *tempo* (louv-*o*, louv-*ei*) etc.

Nota: Não se confunda *tema* (ou *radical*) com *raiz*. *Raiz* é a expressão mais simples a que pode ser reduzida uma palavra. Assim, a palavra *historicamente*, destrinçada por Max Müller, reduz-se, depois de despida de todos os elementos acessórios, ao elemento irredutível *his*, que vem a ser a *raiz*.

Pode, entretanto, coincidir que o mesmo elemento venha a ser *raiz* e *tema*, a um só tempo, como em *lav*-ar (*lav*, raiz latina = limpar), *cap*-a (raiz latina *cap* = ponta, parte superior, cabeça).

Tal estudo, porém, que pertence ao domínio da filologia e da gramática histórica, escapa ao objetivo destas lições, que têm por fim exclusivo ensinar a falar e, principalmente, a escrever corretamente a língua portuguesa.

Questionário

1. De que trata a *morfologia*?
2. Qual a diferença entre *morfologia* e *fonética*?
3. Que são *classes de palavras*? *Quantas* e *quais* são?
4. Que se toma por base para a classificação das palavras? (§ 151.)
5. Que é *substantivo*?
6. Que é *artigo*?
7. Que é *adjetivo*?

8. Que é *numeral*?
9. Que é *pronome*?
10. Que é *verbo*?
11. Que é *advérbio*?
12. Que é *preposição*?
13. Que é *conjunção*?
14. Que é *interjeição*?
15. Quando o professor pergunta ao aluno a que classe pertence uma palavra (*lápis*, por exemplo), que pretende ele saber?
16. Que é *flexão*?
17. Que é *desinência*?
18. Que é *radical* ou *tema*?

CAPÍTULO 9

SUBSTANTIVO

Classificação

164 – Classificam-se os substantivos em:

comuns e *próprios*
concretos e *abstratos*
primitivos e *derivados*
simples e *compostos*

Nota: Entre os comuns mencionam-se, especialmente, os *coletivos*.

165 – **COMUM**: É o substantivo que serve para indicar diversos seres da mesma classe. *Árvore* é substantivo *comum* porque se presta para indicar tanto o jequitibá, o eucalipto, o pinheiro, como a laranjeira, o mamoeiro etc. *Lápis* é outro substantivo comum, pois tanto indica o lápis de Pedro quanto o de Paulo. *Livro*, *homem* constituem, como muitos outros, exemplos de substantivos comuns.

166 – **PRÓPRIO**: É o substantivo que expressa, em determinadas classes, um único ser dessa espécie: *Caramuru*, *Jorge VI*, *Pio XII* são *substantivos* (ou *nomes*) *próprios*, por individualizarem seres da classe das pessoas.

167 – São **próprios** os substantivos que designam:

1 – *pessoas*: *Alberto*, *José*, *Fernando*;

2 – *coisas personificadas*: a *Fortuna*, a *Inveja*;

3 – *nações*, *estados*, *cidades*, *localidades*, *acidentes geográficos*: *Brasil*, *Recife*, *Itatiaia*, *Tocantins*.

4 – *entidades, organizações, corporações* juridicamente constituídas: *Associação dos Comerciários, A Casa do Professor, O Diário do Povo.*

Os exemplos do quarto grupo constituem *locuções substantivas*, isto é, são substantivos formados por mais de uma palavra.

Observação:

Repisamos aqui o que ficou esclarecido no § 145: Os nomes dos meses não são próprios. Como vemos, não podem ser incluídos nessas quatro classes; acrescente-se, ainda, que os nomes dos meses indicam tão somente *frações do tempo*, tal qual acontece com os nomes dos dias da semana e com os das estações do ano.

168 – Nos substantivos próprios de pessoas devemos distinguir duas partes: o *nome*, verdadeiro indicativo da pessoa (correspondente ao "petit nom" dos franceses) e o *sobrenome*, designativo da família.

Antônio de Oliveira

nome — sobrenome

O nome e o sobrenome podem ser *simples*, como no exemplo dado, ou *compostos*:

Antônio Luís de Oliveira Santos

nome composto — sobrenome composto

Notas: 1ª – Da mesma maneira que no quarto caso do parágrafo antecedente, o conjunto das partes dos nomes próprios de pessoas constitui *locução substantiva*.

2ª – O nome civil completo foi sempre desultoriamente formado; num mesmo povo, os princípios jurídicos referentes ao caso variam de época a época, numa confusão que atinge a própria terminologia dos elementos constitutivos do "nome completo", confusão que impossibilita qualquer critério fixo para o caso. A terminologia acima dada baseia-se no uso, afastando-se em parte da empregada na nova legislação, terminologia nova que só confusões viria trazer ao aluno, com especificações e sutilezas inúteis quando não contraditórias.

169 – Diversos sobrenomes terminados em *es* designavam, antigamente, filiação: *Rodrigues* (filho de *Rodrigo*), *Lopes* (filho de *Lopo* ou *Lobo*), *Nunes* (filho de *Nuno*), *Álvares* (filho de *Álvaro*), *Mendes* (filho de *Mem* ou *Mendo*), *Sanches* (filho de *Sancho*) etc. Tais substantivos se denominam **patronímicos**.

Observação:

Outros idiomas há que também possuem sufixo para indicar filiação; haja vista o russo, com as terminações *vitch*, para indicar *filho*, e *vna* para designar *filha*: *Ivanovitch* (filho de Ivã), *Ivanovna* (filha de Ivã).

170 – **CONCRETO**: É assim chamado o substantivo que designa coisa que tem subsistência própria, isto é, coisa que existe de per si: *livro, lápis, homem, luz.*

171 – Entram nessa classe os *concretos fictícios*, assim chamados os substantivos que designam coisas ou pessoas imaginárias, ou seja, seres hipoteticamente existentes: *saci-pererê*, *sereia*, *Júpiter* (divindade pagã) *et alii*.

172 – **ABSTRATO**: É o substantivo que designa coisa que não tem subsistência própria, ou seja, que designa coisa que só existe em nossa mente, o que se dá, principalmente, com os derivados em que entram os sufixos *ez* e *eza*: *pequenez*, *delicadeza* (§ 84, n. 1), *bondade*, *afeição*, *energia*, *amizade*, *entendimento*.

Nota: A classificação dos substantivos em *concretos e abstratos* pertence mais à filosofia que à gramática; encerra ou gera sutilezas ou discrepâncias de nenhum proveito para o idioma.

173 – **PRIMITIVO**: É o substantivo de que derivam outros vocábulos. *Ferro* é substantivo primitivo porque dele derivam outras palavras: *ferreiro*, *ferraria*, *ferradura*, *ferrugem*, *férreo* etc.

174 – **DERIVADO**: É o que procede de outra palavra. *Guerreiro* é derivado por provir de *guerra* (*guerra* + eiro).

175 – **SIMPLES**: É o substantivo constituído de uma só palavra: *casa*, *chapéu*.

176 – **COMPOSTO**: É o substantivo formado da reunião de duas ou mais palavras: *boca-de-leão*, *couve-flor*, *malmequer*.

177 – **COLETIVO**: É assim chamado o substantivo comum que, embora na forma singular, exprime, quanto à ideia, diversos seres: *multidão*, *rebanho*.

Somente a quem ler um dicionário inteiro e muito bom será facultado respigar um belo rol de coletivos, que a qualquer curiosidade satisfaça; até que alguém assim proceda, esta listinha, que não pode ser completa, oferece um aspeto diferente das que até agora se viram. Ao contrário de apresentar já o coletivo, para depois discriminar os indivíduos, oferece primeiro o indivíduo – coisa, animal, pessoa – porque aqui é que está a necessidade do consulente; a quem não souber o significado do coletivo *corso*, qualquer dicionário o mostrará de pronto, mas a quem necessitar saber o coletivo de *sardinha*, quando em cardume no mar, dificilmente será dado descobrir que é *corso*.

Antes, porém, alguns esclarecimentos:

1 – Não se encontram nesta lista coletivos homogêneos, isto é, formados do próprio radical da palavra acrescido de sufixo designativo de coleção; assim, não se declara aqui que o coletivo de *taquara* é *taquaral*, nem que o de *sapo* é *saparia*, ou que o de *árvore* é *arvoredo*, e que o de *corda* é *cordame*, o de *casa* é *casario*; ainda que não conhecedor dos sufixos que

indicam coleção, o aluno inteligente saberá procurar no dicionário, próximo do nome, o coletivo correspondente.

2 – Não obstante ser incompleta esta lista, não vá o aluno acreditar na existência de nome coletivo para todo e qualquer substantivo.

3 – Com exceção de alguns, os substantivos, de que se pretende saber o coletivo, aparecem no singular, para facilidade de consulta.

4 – Na busca de coletivos que indiquem o número certo dos elementos da coleção, isto é, o conjunto de dois, de três etc., devem ser procurados na lista esses números.

5 – A presente lista não dispensa o dicionário, cuja consulta se impõe principalmente quando um mesmo indivíduo tem o seu ajuntamento designado por vários coletivos. Ademais, muitos se empregam em sentido figurado que por vezes nem o dicionário traz.

6 – Muitas vezes, no usar um coletivo – *miríade*, por exemplo – não basta redigir *miríade*; é necessário acrescentar o especificativo "de estrelas"; "um cardume de peixes", "um enxame de abelhas", e não simplesmente "um cardume", "um enxame", a menos que o contexto já esclareça o coletivo.

7 – Chamamos a atenção para os verbetes *coisas* e *pessoas*, onde muitos coletivos se encontram.

abelha – enxame, cortiço, colmeia.

alho – quando presos pelas hastes entrelaçadas: réstia, enfiada, cambada.

alimento – V. *mantimento*.

amigo – quando em assembleia: tertúlia.

anedota – anedotário, repertório.

animal – em geral: piara, pandilha (brasileirismo do Sul).
- todos, de uma região: fauna.
- de carga, de cavalgadura: récua, récova.
- de raça, para reprodução: plantel.
- ferozes ou selvagens: alcateia (de lobos, de panteras, de hienas...).
- criados geralmente no campo, para serviços de lavoura ou para consumo doméstico ou para fins industriais ou comerciais: gado (gado bovino, ovino... de cria, de engorda).
- V. também *pessoas* ou *animais*.

anjo – teoria.

apetrecho – apeiragem.

aplaudidor – quando pagos: claque.

argumento – carrada.

arma – quando tomadas ao inimigo: troféu.

artista – de teatro, de cinema..., quando trabalham em conjunto: companhia, elenco.

árvore – em geral e quando em linha: alameda, carreira, fileira, renque, rua, souto – V. *vegetal*.
- quando constituem maciço: floresta, mata, mato, arvoredo, bosque.
- quando altas, de troncos retos, a aparentar parque artificial: malhada.

asneira – chorrilho, acervo.

assassino – choldra, choldraboldra.

– V. *pessoas más.*

assistente – assistência.

astro – reunidos a outros do mesmo grupo: constelação.

ator – elenco.

autógrafo – quando em lista especial de coleção: álbum.

ave – em geral, quando em grande quantidade: bando, nuvem.

bandeira – quando tomadas ao inimigo: troféu.

barco – V. *navio.*

bêbedo – corja, súcia, farândula – V. *pessoas más.*

besta – V. *burro.*

bispo – reunidos para decidir pontos de doutrina: concílio. O concílio diz-se "ecumênico" quando composto dos bispos de toda a cristandade e presidido pelo papa.

boca-de-fogo – (peça de artilharia): bateria.

boi – armentio, armento, manada, maromba (quando em manadas), ponta (de gado), junta ou cingel (quando são dois no mesmo jugo).

borboleta – panapaná.

botão – abotoadura.

– quando em fileira: carreira.

bugio – V. *macaco.*

burro – tropa, manada, récua.

– quando carregados: comboio.

busto – (estátua, quando em coleção): galeria.

cabelo – cacho, trança, madeixa.

cabra – fato.

cachorro – V. *cão.*

cadeira – (quando dispostas em linha): linha, carreira, fila, fileira, renque.

cálice – baixela.

camelo – quando em récua, a conduzir mercadoria: cáfila, caravana; quando em grupo: camelaria.

canção – quando reunidas em livro: cancioneiro.

– quando populares, de uma época ou região: folclore.

canhão – bateria.

cão – matilha, canzoada, chusma.

capim – feixe, paveia, braçada, braçado.

cardeal – reunidos para a eleição do papa: conclave.

– reunidos sob a direção do papa: consistório.

carro – unidos para o mesmo destino: comboio, composição.

– em desfile recreativo: corso.

carta – correspondência.

– carta geográfica: atlas.

carvalho – quando já crescidos, mas ainda não adultos: malhada.

casa – reunidas quase sempre em forma de quadrado: quarteirão, quadra.

cavaleiro – (pessoa a cavalo): cavalgada, tropel, piquete (de cavalaria).

cavalgadura – piara, récua.

cavalo – manada.

cebola – quando presas pelas hastes entrelaçadas: réstia, enfiada, cambada.

cédula – bolada, bolaço.

cem anos – século.

cereais – (em geral): V. *grão*.

chave – quando num mesmo cordel ou argola: molho, penca.

cigano – bando, cabilda.

cinco anos – quinquênio, lustro.

cinco vozes ou *instrumentos* – quinteto.

clérigo – V. *padre*.

cliente – clientela, freguesia.

cobra – quando instaladas em lugar especial: serpentário.

coisas – em geral: acervo, acumulação, barda (de pratos, de erros), batelada (de arroz, de madeira...), bloco, chusma, data (de sal, de pancadas...), disparate, fartadela, fartão, fartura, grupo, meda, monte, montão, multidão, mundo, pinha, reunião, união.

– antigas e em coleção ordenada: museu.

– bem unidas e em quantidade: bastida (de paus, de taquaras, de ripas...).

– comerciáveis: sortimento (de fazendas, de louças...).

– desconexas: apontoado.

– em fila: carreira (de botões, de lâmpadas, de cadeiras...), linha, renque.

– em lista metódica: catálogo (de livros, de plantas...).

– em lista de anotação: rol, relação.

– em quantidade com que se enche o regaço (= porção): arregaçada (de flores, de saudades...).

– em quantidade que se pode abranger com os braços: braçada.

– em quantidade que pode carregar um carro (= grande porção): carrada (de tijolos, de terra, de razões, de argumentos...).

– em série: sequência, série, sequela, coleção.

– em sucessão ininterrompida e rápida: chorrilho (de sortes, de disparates).

– enfiadas em linha, em sequência: enfiada (de pérolas, de mentiras, de asneiras...), fieira, renque, ramal (de contas, de pérolas...).

– heterogêneas: congérie, mixórdia, choldra, salgalhada, choldraboldra.

– mal ordenadas: farragem.

– para a execução de qualquer obra ou para determinado fim: aparelho.

– reunidas e sobrepostas: monte, montão, cúmulo, pilha (de livros, de sacos...), resma (de papéis), rima.

– reunidas e colecionadas pela natureza, uso etc.: coleção, classe.

– quando caem do ar, em porção: saraiva, granizo (de pelouros, de flechas, de balas), chuva (de rosas...), chuveiro (de luz, de raios).

– quando, em coleção ou série, formam um todo: jogo (de pratos, de instrumentos...).

– quando, pesadas, caem repentinamente: avalancha, alude.

coisas ou *animais* – quando enfiados ou dependurados no mesmo gancho, cordel: cambada (de cebolas, de peixes...), enfiada, réstia (de cebolas...), molho (de chaves).

coisas, *animais* ou *pessoas* – (em geral): ajuntamento, chusma, coleção, concentração, concurso, conglobação, conglomeração, cópia, enfiada, legião, manga, mó, mole, monte, montão, multidão, pinha, quantia, quantidade, reunião, roda, soma, tropel, união.

coluna – colunata, renque.
comerciante – quando em reunião para tratar de interesses da corporação: câmara.
concorrente – assembleia, concorrência.
condensador elétrico – bateria.
cônego – cabido.
contrabandista – partida.
copo – baixela.
corda – em geral: cordoalha.
– quando no mesmo liame: maço.
– de navio: enxárcia, cordame, cordoalha, cordagem, massame.
correia de carro – apeiragem.
credor – junta.
criança – V. *pessoas em geral*.
cura – (eclesiásticos de uma diocese): sínodo (assembleia religiosa).
deputado – quando oficialmente reunidos: câmara.
dez – (grupo ou total composto de dez unidades): dezena.
– anos: década.
dinheiro – bolada, bolaço.
disco – discoteca.
disparate – apontoado.
dois – animais ou pessoas de sexo diferente: casal.
– animais ou pessoas do mesmo ou de sexo diferente, ou duas coisas: par.
– animais (principalmente muares): parelha, junta (de bois).
– anos: biênio.
– meses: bimestre (quando adjetivo, significa que dura dois meses).
– vozes: dueto.
doze – (coisas, animais): dúzia.
eclesiástico – (em assembleia religiosa): sínodo – V. *padre*.
égua – piara.
elefante – manada.
embarcação – frota – V. *navio*.
erro – barda.
escola – (de ordem mais elevada, cujo ensino abrange todos os ramos da instrução superior): universidade.
escravo – na mesma morada: senzala.
– quando a caminho para um mesmo destino: comboio.
– quando aglomerados: tropa, bando.
escrito – em prosa e em verso, em homenagem a homem ilustre: polianteia.
espectador – assistência.
espiga – amarrilho, arregaçada, atado, atilho, braçada, feixe, gavela, lio, molho, paveia.
– de milho: atilho (quando presas pela própria palha).
estaca – fincadas umas ao lado das outras em forma de cerca: paliçada.
estado – quando unidos em nação: federação, confederação, república.
estampa – em coleção: iconoteca.
– explicativas: atlas.

estátua – quando em coleção: galeria.

estrela – quando cientificamente agrupadas: constelação.

– quando em quantidade: acervo.

– quando em grande quantidade: miríade.

estudante – quando, em grupo, cantam ou tocam: estudantina.

– quando vagueiam, dando concertos: tuna.

família – quando, sob a autoridade de um chefe, vivem na mesma região e provêm de um tronco comum: tribo.

– de selvagens: tribo, cabilda.

feiticeiro – conciliábulo.

feno – braçada, braçado.

filhote – ninhada.

filme – filmoteca, cinemateca.

fio metálico – quando reunidos em feixe: cabo.

flor – antologia, arregaçada, braçada, fascículo, feixe, festão, capela, grinalda, ramalhete, buquê (aportuguesamento do fr. *bouquet*).

– quando ligadas ao mesmo pedúnculo: cacho.

foguete – quando agrupados em roda ou num travessão: girândola.

folha – (de papel): V. *papel*.

fotografia – quando em livro de coleção: álbum.

frade – quanto ao local em que moram: convento.

– quanto ao fundador ou quanto às regras a que estão sujeitos: ordem (dos franciscanos, dos beneditinos...).

frase – quando, mal ordenadas, formam um discurso chocho ou disparatado: apontoado.

freguês – freguesia, clientela.

fruta (em geral) – quando ligadas ao mesmo pedúnculo: cacho, penca.

– a totalidade das colhidas num ano: colheita, safra.

garoto – cambada, bando, chusma – V. *pessoas*.

gato – cambada.

gente – V. *pessoas*.

grão – manípulo (= o que a mão pode abranger), manelo, manhuço, manojo, manolho, maunça, mão, punhado.

gravura – quando colecionadas: iconoteca.

habitante – povo, população.

herói – falange.

hiena – alcateia – V. *animal*.

ilha – arquipélago.

índio – quando formam bando: maloca.

– quando em nação: tribo.

inseto – quando se deslocam em sucessão: correição.

– quando em grande quantidade: miríade, nuvem.

– quando nocivos e em quantidade: praga.

instrumento – cirúrgico: aparelho.

– de artes e ofícios: ferramenta.

jornal, *revista* – hemeroteca.

jurado – jure, conselho de sentença, corpo.

ladrão – bando, cáfila, malta, quadrilha, tropa, pandilha (brasileirismo do Sul).

lâmpada – quando em fileira: carreira.

lei – quando reunidas cientificamente: código, consolidação, corpo.

– quando colhidas aqui e ali: compilação.

lenha – molho, feixe, talha (= 50 molhos), carrada (= 4 talhas).

letra – (em ordem sistematizada): alfabeto, abecedário, abc.

lição – (sobre um assunto): curso.

livro – biblioteca.

lobo – alcateia, caterva – V. *animal*. V. *atalaia* no D. QVs.

macaco – capela.

malfeitor – bando, choldra, hoste, jolda, malta, manalha, metilha, matula, pandilha, quadrilha (quando organizados), sequela, súcia, tropa – V. *pessoas más*.

mandamento – (de Deus): decálogo.

mantimento – (em geral): sortimento, provisão.

– quando em saco, em alforje: matula, farnel.

– quando em cômodo especial: despensa.

mapa – atlas (quando ordenados, num volume), mapoteca (coleção).

máquina – maquinaria.

marinheiro – maruja, marinhagem, companha, equipagem, tripulação.

– quando em grupo desordenado: chusma.

mastro – (de navio): mastreação.

– considerados juntamente com as vergas, remos etc.: palamenta.

médico – quando em conferência, e um é o assistente do enfermo: junta.

membro – (de uma sociedade) – V. *pessoas*.

menino – V. *garoto* e *pessoas*.

mercadoria – (em geral): sortimento, provisão.

metal – (não precioso, que entra na construção de uma obra ou artefato): ferragem.

mil anos – milênio.

ministro – quando de um mesmo governo: ministério.

– quando reunidos para tratar de um assunto: conselho.

montanha – cordilheira, serrania, serra.

monte – cordilheira, serrania, serra.

móvel – mobília, aparelho, trem.

música – repertório (quanto a quem conhece); coleção.

músico – (com o instrumento): banda, charanga, filarmônica, orquestra.

nação – quando unidas para o mesmo fim: coligação, liga, aliança, confederação.

navio – frota, flotilha (pequena frota).

– de guerra: esquadra, armada, marinha.

– quando reunidos para o mesmo destino: comboio.

nota – (dinheiro): bolada, bolaço.

– (crítica de produção artística ou científica): comentário.

nove dias – novena.

oito dias – oitava (espaço em que a Igreja celebra alguma festa solene).

órgão – quando concorrem para uma mesma função: aparelho, sistema.

ouvinte – auditório.

ovelha – rebanho, grei, chafardel, malhada, oviário.

– que dão leite: alavão.

– que ainda não deram cria nem estão prenhes: alfeire.

ovo – postos pela galinha durante certo número de dias: postura.

– quando no ninho: ninhada.

padre – em geral: clero, clerezia.

– quando subordinados à jerarquia da Igreja: clero secular.

– quando subordinados a regras especiais de uma ordem, congregação, companhia: clero regular.

palavra – vocabulário.

– quando em ordem alfabética e seguidas da significação: dicionário, léxico.

– quando proferidas sem ordem, sem nexo: palavrório.

pantera – alcateia – V. *animal*.

papel – caderno (em sentido estrito, técnico: cinco folhas; em sentido lato: folhas ligadas), mão (cinco cadernos), resma (vinte mãos), bala (dez resmas).

– quando no mesmo liame e como que batidas as folhas a maço: maço.

parente – quando em reunião: tertúlia; em geral: família.

partidário – facção, partido, torcida.

partido político – quando unidos para o mesmo fim: coligação, aliança, coalizão, liga.

pássaro – em geral e em grande quantidade: nuvem.

pau – quando fincados e unidos em trincheiras: bastida, paliçada – V. *vara*.

peça – destinadas a aparecer juntas na mesa: baixela, serviço.

– de artigo comerciável, quando em volume para transporte: fardo (de fazendas, de fumo, de alfafa...), magote: "As peças de seda vinham aos magotes de cem e de quinhentas".

– de artilharia: bateria.

– de roupa (quando enroladas): trouxa. Quando pequenas e atadas ou cosidas umas às outras para se não extraviarem na lavagem: apontoado.

– literária: antologia, florilégio, seleta, silva, crestomatia, coletânea, miscelânea.

peixe – em geral e quando na água: cardume.

– miúdo: boana.

– em depósito de água, para conservar ou criar: aquário.

– em fieira: cambada, espicha, enfiada.

– à tona: banco, manta.

pena – na ave: plumagem.

peregrino – caravana, romaria, romagem, rancho.

pessoa ou *animal* – chusma, cópia, facção, fila, fileira, magote, malta, partida, partido, quadrilha, rancho, tropa.

pessoa – (em geral): aglomeração, assembleia, banda, bando, cenáculo, chusma, colmeia, concentração, coorte, gente, golpe (antiquado), grupo, legião, leva, magote, maremagnum, massa, mó, mole, multidão, pessoal, piara, pinha, populaça, putissi, reunião, roda, rolo, troça, troço, tropel, turba, turma, zé-povinho.

– V. também *pessoa* ou *animal*.

– quando cantam juntas: coro.

– quando em acompanhamento solene: comitiva, cortejo, procissão, préstito, teoria, séquito.

– quando em desordem: choldraboldra, pandemônio, rolo, turbamulta.
– quando em grupos ou divisões de uma série ou conjunto, ou quando se distinguem das outras pelas ocupações, natureza: classe (de alunos, de profissionais, de homens...).
– quando empenhadas em agradar outrem: corte.
– quando equipam, governam ou dirigem um barco, um aeroplano: tripulação.
– quando incumbidas de um mesmo serviço material: turma (de pedreiros, de calceteiros...).
– quando o serviço é de outra natureza: corpo (de jurados, de professores... legislativo, sanitário...).
– quando moram em promiscuidade: cortiço.
– quando pagas para aplaudir: claque.
– quando reunidas em assembleia política popular: comício, "meeting".
– quando reunidas em romaria: romagem, peregrinação.
– quando reunidas para diversão: farrancho, rancho.
– quando reunidas para julgar: jure, corpo de jurados, conselho.
– quando reunidas para modificar, estabelecer situações políticas: convenção, liga, dieta.
– quando reunidas para tratar de um mesmo assunto: comissão (de técnicos, de professores, de representantes...), conselho, congresso, conclave, convênio, corporação.
– quando se revezam: turno.
– quando sujeitas ao mesmo estatuto: agremiação, associação, centro, clube, grêmio, liga, sindicato, sociedade.
– quando unidas por votos religiosos ou ligadas pelo mesmo interesse ou condições de vida, de costumes: cenáculo, classe, comunidade, confraria, congregação, irmandade, ordem, sinédrio.
– quando viajam ou passeiam juntas: caravana.
– em sentido depreciativo: corja, caterva, choldra, farândula, récua, súcia – V. *pessoa má*.
– em sucessão ininterrompida e rápida: chorrilho.
– curiosas: pinha.
– ilustres por qualquer título: plêiade, pugilo, punhado.

pessoa má – (malfeitores em geral): alcateia, cáfila, canzoada, corja, matula, súcia.
– quando em grande porção: bando, horda (de vândalos, de salteadores...), réstia.
– quando em bando organizado: quadrilha.
– quando em reunião clandestina: conluio, conventículo, conciliábulo, cabala.

pilha elétrica – bateria.

planta – de uma região – flora.
– secas para classificação: herbário.

poesia lírica lusitana ou *espanhola* – cancioneiro.

ponto – apontoado.

porco – manada, piara, vara, vezeira.

povo (nação) – aliança, coligação, confederação, liga.

prato – baixela, barda.

princípio – (filosófico, político, moral): sistema, escola.

prisioneiro – quando em conjunto: leva.
– quando a caminho para o mesmo destino: comboio.

professor – de estabelecimento secundário ou primário: corpo docente.
– de faculdade superior: congregação.

quadro – de pintura: pinacoteca, galeria.

quarenta – (dias, meses, anos etc.): quarentena.
quatro anos – quadriênio.
– versos: quarteto, quadra.
– vozes: quarteto.
razão – carrada.
recorte – retraçário, cortezário.
recruta – leva.
religioso – quanto ao lugar de vida em comum: convento – V. *pessoas, quando unidas por votos religiosos.*
remos, mastros e *vergas* – palamenta.
retrato – quando em coleção e representam personagens ou assuntos históricos, comuns ou da vida real: galeria.
revista (jornal) – hemeroteca.
ripa – quando em conjunto e bem unidas: bastida.
roupa – de homem: terno (paletó, calça e colete), aparelho (calça e paletó).
– de noiva, de colegial, de criança recém-nascida: enxoval.
– em geral, de vestir exteriormente: vestuário, fato.
– em geral, de vestir internamente: roupa branca.
sardinha – quando em cardume no mar: corso.
saudade – arregaçada.
sectário – facção.
seis meses – semestre.
– vozes ou instrumentos – sexteto, sêxtuor.
selo – quando em livro de coleção: álbum.
selvagem – cabilda, tribo.
senador – quando em reunião oficial: senado.
serpente – *V. cobra.*
sete dias – semana.
– vozes ou instrumentos – septeto, setimino, séptuor.
sócio – associação.
– em reunião: assembleia.
soldado – pelotão, companhia, batalhão, regimento, brigada, divisão, exército.
– em ordem de marcha: hoste, partida.
– quando guarnecem um lugar: guarnição.
– outros coletivos: coluna, destacamento, patrulha, piquete, esquadrão, grupo, troço, falange, tropa.
som – orquestra.
talher – baixela.
taquara – quando em conjunto e bem unidas: bastida.
tolice – acervo.
trabalhador jornaleiro dos campos – maltesia, rancho.
tradições e crenças populares orais ou escritas – folclore.
trecho literário – analecto, antologia, catalecto, compilação, florilégio, seleta, silva.
três – conjunto de peças (garfo, colher e faca) de que cada pessoa se serve quando come: talher.

– dias: tríduo.
– meses: trimestre, quartel (do ano).
– anos: triênio.
– versos: terceto.
– vozes: terceto, trio.

trigo – meda (= feixe).

tripulante – (de navio): tripulação, equipagem, marinhagem, maruja.
– de avião: tripulação.

turista – caravana.

utensílio – em geral, quando destinados ao mesmo fim: trem (de cozinha, de lavoura...).
– de cozinha: bateria.
– de lavoura, de oficina: apeiragem.
– de mesa (pratos, copos, talheres, cálices...): baixela.

vaca – armentio, armento.

vadio – cambada, manada, malta, súcia – V. *pessoas más*.

vagão – comboio.

vara – braçada, braçado, molho, feixe – V. *pau*.

vegetal (em geral): mão, mancheia, mão-cheia, massa, maciço ("À esquerda do vale está um maciço de verdura do mais belo viço"), molho, paveia – V. *árvore*.

velhaco – V. *malfeitor*.

vereador – quando oficialmente reunidos: câmara.

vergas, *mastros* e *remos* – palamenta.

verso – estrofe, estância.

viajante – V. *pessoas quando viajam*.

vinte – (grupo ou total composto de vinte elementos): vintena.

vinte e cinco anos: quartel de século – "No último quartel do século XX" – A palavra *quartel* indica também a quarta parte do ano (trimestre).

Questionário

1. Como se classificam os substantivos?
2. Que são substantivos *concretos fictícios*? Exemplos.
3. Os substantivos *eletricidade* e *Júpiter* são concretos ou abstratos?
4. Por que é que *Pedro* é substantivo próprio?
5. Os nomes dos meses são próprios? Por quê? (Veja bem a observação do § 167.)
6. Cite um exemplo de nome próprio pessoal, especificando as partes que o constituem.
7. Que são substantivos *patronímicos*? Exemplos.
8. Cite 5 exemplos de substantivos *comuns*.
9. Cite 2 exemplos de substantivos primitivos, com seus respectivos derivados.
10. Que é substantivo *coletivo*? Exemplos.
11. Explique o significado dos seguintes coletivos: *matilha*, *vara*, *alcateia*, *cáfila*.
12. Aplique o que aprendeu nesta lição aos substantivos: *lição*, *agradecimento*, *lusco-fusco*. (Modelo: *mesa* – comum, concreto, primitivo, simples.)

CAPÍTULO 10

FLEXÃO DO SUBSTANTIVO

180 – Como há pouco acabamos de ver (§ 162 e 163), os substantivos são flexíveis. Pois bem, as palavras que pertencem a esta classe podem flexionar-se de três maneiras diferentes:

a) quanto ao **gênero**

b) quanto ao **número**

c) quanto ao **grau**

Daí, os três tipos de flexão dos substantivos: flexão *genérica*, flexão *numérica* e flexão *gradual*.

Nota: Havia no latim mais um tipo de flexão, a flexão *casual*. De acordo com a função sintática (sujeito, objeto direto, objeto indireto etc.) que a palavra exercia na oração, tinha ela uma terminação, uma desinência, um *caso* especial; assim, se *Pedro* era o sujeito de uma oração, este nome terminava em *us* – caso *nominativo*: *Petrus* est bonus (*Pedro* é bom); se era adjunto adnominal restritivo, terminava em *i* – caso *genitivo*: liber *Petri* (livro *de Pedro*); se objeto indireto, em *o* – caso *dativo*: Librum dedi *Petro* (Dei o livro *a Pedro*); se objeto direto, em *um* – caso *acusativo*: Vidi *Petrum* (Vi *Pedro*); se empregado em orações imperativas, exclamativas ou de apelo, em *e* – caso *vocativo*: Hoc vide, *Petre* (Veja isto, *Pedro*); se adjunto adverbial, também em *o* – caso *ablativo*: Cum *Petro* ambulavĭmus (Passeamos *com Pedro*) (*).

Tal tipo de flexão desapareceu em nossa língua, onde, qualquer que seja a função sintática que na oração exerça o substantivo, este conserva sempre a mesma terminação.

(*) O aluno que desejar conhecer bem a função desses casos, com grande proveito para si no que diz respeito à análise dos termos da oração em português, estude as 8 (oito) primeiras lições de nossa *Gramática Latina*.

Na própria língua portuguesa, quando se diz que determinada palavra exerce *função de acusativo*, entende-se que ela exerce *função de objeto direto*; de igual maneira, por *função dativa* entende-se *função de objeto indireto*.

Para substituir os casos, as línguas neolatinas usam as *preposições* e o *artigo*, além de outros recursos que mais tarde veremos; essa é a razão por que se diz que o latim é língua *sintética*, e as neolatinas, *analíticas*: *Liber Petri* (2 palavras) – *O livro de Pedro* (4 palavras).

O alemão, o grego, o russo são também línguas sintéticas, porquanto a função sintática dos nomes da frase é indicada nesses idiomas por *casos*.

De todos os casos latinos vistos, o mais importante para nós é o *caso acusativo*, porquanto dele vieram, com raras exceções, todos os nossos vocábulos, motivo por que o *acusativo* é para nós considerado o *caso lexicogênico*, isto é, o caso que deu origem aos nossos vocábulos; assim, *corpo* veio do latim *corpus*, acusativo neutro da terceira declinação; *árvore* de *arborem*, acusativo feminino da mesma declinação etc. (§ 613).

Flexão Genérica

181 – Quanto ao gênero, um substantivo pode ser:

masculino
feminino
epiceno
comum de dois gêneros
sobrecomum

182 – **MASCULINO**, **FEMININO**: Quando dizemos que um animal é *macho*, queremos indicar o *sexo real*, fisico, do animal ou de qualquer outro ente animado; se dizemos que a *égua* é a *fêmea* do cavalo, especificamos o sexo desse animal, com relação ao sexo do cavalo.

Passando do terreno físico para o terreno da gramática, não se irá dizer que *égua é palavra fêmea*, mas, sim, que *égua é palavra do gênero feminino*. Do mesmo modo, o cavalo, como animal, é macho, mas a palavra *cavalo* é do *gênero masculino*.

Dessa rudimentar explicação, compreende-se que o *gênero gramatical* de um substantivo corresponde ao sexo real do ser que esse substantivo designa.

Gênero gramatical é a indicação do sexo real ou suposto dos seres.

Está claro que, por haver dois sexos, dois devem ser os *gêneros gramaticais*: o *gênero masculino* e o *gênero feminino*.

183 – Tratando-se de seres animados, de seres vivos, fácil é especificar o sexo e, conseguintemente, dizer se a palavra que designa o ser vivo é de gênero *masculino* ou *feminino*. Mas *lápis*, *livro*, *porta*, *janela* de que gênero serão se essas palavras não especificam seres vivos? Qual o critério que iremos adotar no atribuir a essas palavras este ou aquele gênero gramatical?

O latim, da mesma maneira que o grego, costumava atribuir aos nomes das coisas o *gênero neutro* (*ne* = não + *uter* = um e outro) que, como a própria palavra está a indicar, não especifica *nem um nem outro* gênero gramatical, pela mesma razão por que as coisas não têm nenhum dos dois sexos. Assim, *flumen* (rio), *bellum* (guerra), *caput* (cabeça), *mare* (mar), *cornu* (chifre) etc. são em latim palavras *neutras*, com terminações especiais, diferentes das terminações do masculino e do feminino, porque os objetos designados por esses nomes não possuem sexo.

Mas a nem todas as palavras se estendeu essa orientação, e os nomes das coisas inanimadas passaram, a semelhança das que designam seres vivos, a ter uns o gênero masculino, outros o feminino (§ 614).

Para tanto, *supunha-se*, ou por meio da *terminação* da palavra, ou pela *analogia* com outras, o gênero masculino ou feminino. A orientação no atribuir o gênero gramatical aos nomes de seres inanimados varia de língua para língua; se *mulher*, ente animado, é substantivo feminino em todas as línguas, *lua*, que designa ser inanimado, pode ser feminino numa língua, como no português, e masculino noutra, como o é no alemão.

Não podendo aplicar o latim o gênero neutro a todos os nomes de coisas, consequência natural foi o desaparecimento do neutro nas línguas neolatinas, não obstante haver ainda resquícios desse gênero: *aquele* (masc.), *aquela* (fem.), e **aquilo** (neutro); *este*, *esta*, **isto**; *esse*, *essa*, **isso**; *todo*, *toda*, **tudo**; **algo** (alguma coisa); **nada** (nenhuma coisa); **al** (outra coisa) são reminiscências do gênero neutro.

184 – Tratando-se, pois, de nomes de coisas, o gênero gramatical que se lhes atribui é *fictício*, baseado ora na *terminação* do vocábulo, ora na *significação*.

Terminação

185 – São **masculinos** os substantivos terminados em:

1 – *o*, *i*, *u*: *litro*, *batismo*, *álibi*, *jaborandi*, *pó*, *nó*, *dó*, *biju*, *caju*, *maracatu*.

Excetuam-se: *tribo*, *avó*, *mó*, *enxó*, *juriti*, *lei*, *grei*.

2 – *é*: *café*, *rapé*, *uarubé*, *cabriolé*.

Excetuam-se: *galé*, *libré*, *maré*, *sé*, *chaminé*, *fé*, *ré* (retaguarda), *guiné*.

Observação:

Dos terminados em *e* átono são uns masculinos (*pente*, *pote*, *leque*, *aparte*, *estandarte*, *debate*) e femininos outros: *bronquite*, *ode*, *fome*, *lide*, *sede*, *bólide*.

3 – *em, im, om, um*: *armazém, brim, dom, bodum.*

Exceções: – *ordem, adem* e todos os terminados em *gem*: *aragem, linguagem, personagem* (*o* personagem é francesismo), *origem, penugem* etc.

4 – *en*: *âmen, líquen.*

5 – *au, éu, eu, ói*: *cacau, chapéu, liceu, caubói.*

Excetua-se *nau.*

6 – *l*: *graal, tonel, anil, anzol, paul.*

Exceções: – *cal, catedral, bacanal, moral* (= moralidade) e outros que, primitivamente adjetivos, passaram a ser substantivos, conservando o gênero do substantivo que costumavam acompanhar, como *a vogal* (a *letra* vogal), *a diagonal* (a *linha* diagonal) etc.

7 – *r*: *alamar, escaler, nadir, furor, calembur.*

Exceções: – *beira-mar, colher* (*ér*), *cor, dor, flor.*

8 – *s*: *caos* (pronuncia-se *cáos*), *lápis, cais, áloes.*

Excetua-se *cútis.*

Observação:

Os terminados em *z* distribuem-se pelos dois gêneros – masculinos: *albornoz, alcatraz*; – femininos: *paz, foz, noz.*

9 – *x*: *tórax, índex.*

Excetua-se *fênix* (fênis).

186 – São **femininos** os substantivos terminados em:

1 – *a*: *cama, barca, orelha.*

As palavras terminadas em *a* originam-se quase todas da primeira declinação latina.

Exceções: *anacoreta, cometa, dia, planeta, trema* e muitos outros de origem grega, como *celeuma, coma, dilema, eczema, eurema, poema, teorema, epigrama, grama, miligrama, telefonema, zeugma* etc. (V. D. QVs, *celeuma.*)

Excetua-se, igualmente, a maioria dos terminados em *a* agudo, quase todos derivados de línguas americanas ou de línguas orientais: *fubá, gambá, jacá, maná, xará* (bailado), *indaiá, jatobá, maracujá* etc.

2 – *ã*: *avelã, manhã.*

Exceções: *afã, talismã, imã.*

3 – *ção*, quando abstratos: *viração, rotação, afeição.*

4 – *gem* (V. § 185, 3): *linguagem, homenagem, aragem.*

5 – *dade* e *ice*: *cidade, verdade, tolice, velhice.*

Significação

187 – Por este processo, atribui-se o gênero aos substantivos que designam seres inanimados, mediante analogias, comparações e pela classificação do objeto designado pelo substantivo.

Dessa maneira, consideram-se:

A) **masculinos**: Os nomes dos *montes* (Vesúvio, Etna), *mares* (Mediterrâneo, Atlântico), *rios* (Amazonas, Nilo), *meses* (janeiro, dezembro) e *ventos* (aquilão, tufão).

B) **femininos**: 1 – As partes do mundo: *Europa, Ásia, África, América, Oceânia*. 2 – As ciências e as artes liberais: *magistratura, medicina, engenharia, advocacia, pintura, escultura*. 3 – Os nomes próprios de *regiões, cidades, vilas, ilhas*: *Amazônia, Londres* (a populosa Londres), *Paris* (a bela Paris), *Marajó* (Marajó é linda), *São Paulo* (cidade) é dinâmica.

Excetuam-se *Cairo, Porto* e *Rio de Janeiro*, nomes estes que exigem o artigo masculino: *Estive no Cairo, vim do Porto, voei sobre o Rio de Janeiro*.

188 – Escapam deste processo as *letras do alfabeto* e as *notas musicais*, não obstante pertencerem às classes das *letras* e das *notas*, nomes estes femininos: o *a*, dois *ss*, o *ré*, o *si*.

Os nomes das *frutas* e das *flores* igualmente não obedecem a essa norma, sendo uns masculinos e outros femininos: o *figo*, a *pera*, o *coco*, a *maçã*, a *rosa*, o *cravo*, a *violeta*, o *jasmim*.

189 – Como vemos, tais processos são fracos substitutivos do gênero neutro latino. Um bom dicionário, o mais das vezes, é o mais seguro meio para a discriminação do gênero das palavras que designam seres inanimados.

Note-se que os dicionários costumam trazer as abreviaturas *s. m.* (ou simplesmente *m.*) para indicar substantivo masculino; *s. f.* (ou apenas *f.*) para indicar substantivo feminino.

Particularidades

200 – A questão do *gênero dos substantivos* não para nas normas vistas nos parágrafos anteriores; outros fatos há, particulares, que necessitam ser estudados isoladamente. O uso, fator soberano da consolidação de uma língua e das leis que a regem, consagra certas formas que, embora esquisitas, tornam-se comuns e de emprego cotidiano na boca do povo.

É o que se passa, em português, com o gênero de certos substantivos. São fatos que, adstritos a pequeno número de palavras, denominam-se *particularidades genéricas*.

201 – **EPICENO**: Considerados quanto à flexão genérica, certos substantivos se denominam **epicenos**. Nesta classe estão incluídos os substantivos para os quais o uso consagrou uma *única forma, com um único gênero gramatical*, para designar os dois sexos. Assim, *baleia, cobra, tubarão, jacaré* são substantivos que designam tanto o macho como a fêmea desses animais; mas, note-se bem isto, estes nomes têm gênero gramatical *determinado* e *fixo*: *baleia* e *cobra* são substantivos do gênero gramatical feminino; *tubarão* e *jacaré*, masculino; aqueles *sempre* se usam com o artigo *a*, estes *sempre* com o artigo *o*.

Como discriminar, então, na linguagem, o sexo real desses animais? Isso é feito mediante o acréscimo dos adjetivos *macho* e *fêmeo*: *a baleia macha, a baleia fêmea*; *o tubarão macho, o tubarão fêmeo*.

Não nos admiremos da forma *fêmeo*; esta palavra, no caso presente, é adjetivo e, como tal, deverá flexionar-se de acordo com o gênero do substantivo a que se refere; o mesmo se observe com o adjetivo *macho*, que, referindo-se a nomes femininos, deverá flexionar-se em *macha. A pulga macha, flores machas, palmeira macha*. Pode-se, ainda, indiferentemente, dizer: *o macho da pulga, a fêmea do jacaré*.

Geralmente, os nomes de *répteis* (a cobra, o jacaré), *batráquios* (o sapo, a rã), *peixes* (o salmão, a sardinha), *insetos* (o pernilongo, a pulga) e outros animais inferiores são **epicenos**; dos quadrúpedes e das aves, uns há que também são **epicenos** (a zebra, o rinoceronte), mas outros possuem duas formas, uma para cada gênero: *o cachorro, a cachorra*; *o cavalo, a égua*.

202 – **COMUM DE DOIS GÊNEROS**: Outro grupo de palavras constituem os substantivos **comuns de dois**, assim denominados os substantivos que, de uma só forma, têm o artigo que os acompanha flexionado de acordo com o sexo que se quer indicar; são diferentes, portanto, dos **epicenos**, pois estes possuem gênero gramatical próprio e o artigo que os acompanha não se flexiona.

Artista, pianista, jovem, selvagem, consorte, cliente, lente e outros são, rigorosamente, substantivos sem gênero, que se considerarão masculinos ou femininos, conforme a homem ou a mulher se referirem, obedecendo o artigo ao sexo que se queira designar:

o (homem) *consorte*	*a* (mulher) *consorte*
o " *jovem*	*a* " *jovem*
o " *lente* (professor)	*a* " *lente* (professora)
o " *pianista*	*a* " *pianista*
o " *selvagem*	*a* " *selvagem*
o (menino) *soprano*	*a* (mulher) *soprano*

203 – **SOBRECOMUM**: Outros substantivos existem, como *vítima*, *criança*, *algoz*, *testemunha*, que, de gênero fixo, aplicam-se indiferentemente a homem ou a mulher: *João é uma criança – Maria é um algoz de seu pai – A vítima Pedro Mariano foi internada – Morreu a cantora Geraldina, um dos ídolos da ópera – Presa de grande dor, o homem morreu – Alvo de grande perseguição, a mulher fugiu* (V. § 768, 3).

Alguns sobrecomuns:

algoz *m.*	criança *f.*	presa *f.*
alvo *m.*	ídolo *m.*	testemunha *f.*
animal *m.*	membro *m.*	tipo *m.*
cônjuge *m.*	pessoa *f.*	vítima *f.*

204 – Muitos substantivos têm gênero próprio quando designam coisas, objetos, mas tornam-se *comuns de dois* quando passam a especificar *ofícios*:

a bandeira (estandarte)	*o bandeira*, *a bandeira* (porta-bandeira)
a cabeça (parte do corpo)	*o cabeça*, *a cabeça* (chefe, líder)
a caixa (local de pagamento)	*o caixa*, *a caixa* (funcionário, funcionária da caixa)
a espia (cabo, corda)	*o espia*, *a espia* (espião, ã)
a guarda (serviço de vigilância, proteção)	*o guarda*, *a guarda* (a pessoa encarregada de vigiar ou guardar)
a guia (documento que acompanha uma encomenda)	*o guia*, *a guia* (condutor, a)
a lente (vidro de aumento)	*o lente*, *a lente* (professor, a)
a língua (idioma)	*o língua*, *a língua* (intérprete)
a trombeta (instrumento musical)	*o trombeta*, *a trombeta* (a pessoa que toca esse instrumento)

205 – Outros substantivos existem que sempre designam coisas, mas têm gênero diverso, conforme a significação com que são empregados:

o capital (fundo monetário)	*a capital* (cidade principal)
o cisma (cisão da Igreja)	*a cisma* (dúvida)
o crisma (o óleo usado nesse ato)	*a crisma* (ato religioso)
o cura (padre)	*a cura* (ato de curar)
o grito (brado)	*a grita* (gritaria)
o poço (cavidade funda)	*a poça* (cova rasa com água; pron. *póça*).

206 – Quanto ao processo de **FORMAÇÃO DO FEMININO** dos substantivos, podemos dividir o caso em quatro partes:

1ª – A maioria dos substantivos passa para o feminino mediante simples mudança da terminação para *a* ou mediante o acréscimo de *a*:

masculino	***feminino***
bacharel	bacharel*a*
cachorr*o*	cachorr*a* (vários significados)
chef*e*	chef*a*
deputad*o*	deputad*a*
elefant*e*	elefant*a* (antigamente, *elefoa*)
general	general*a*
gigant*e*	gigant*a*
hósped*e*	hósped*a*
juiz	juíz*a*
marquês	marques*a*
menin*o*	menin*a*
mong*e*	monj*a*
parent*e*	parent*a*
patif*e*	patif*a*
reitor	reitor*a*
soberan*o*	soberan*a*
zagal	zagal*a*

2ª – Outros sofrem alteração no radical antes da desinência feminina, ou, ainda, vão para o feminino com desinência especial:

masculino	***feminino***
abade	abadessa
avô	avó
conde	condessa
duque	duquesa
felá	felaína
frade	freira
herói	heroína
ladrão	ladra
marajá	marani
papa	papisa
pardal	pardoca, pardaloca, pardaleja
perdigão	perdiz
poeta	poetisa
príncipe	princesa
profeta	profetisa
rei	rainha
réu	ré
sacerdote	sacerdotisa
varão	varoa [(1)]

(1) V. *Dicionário de Questões Vernáculas*, *varão*.

3ª – Certos substantivos têm o feminino inteiramente diverso do masculino:

masculino	*feminino*	*masculino*	*feminino*
bode	cabra	genro	nora
cão	cadela	homem	mulher
carneiro	ovelha	javali	gironda (javalina)
cavalheiro	dama	padrasto	madrasta
cavalo	égua	pai	mãe
compadre	comadre	zângão	abelha
cupim	arará (fêmea alada)		

4ª – Dos substantivos terminados em **ão** o procedimento varia para a formação do feminino:

ão	*ã*	*ão*	*oa*	*outras flexões*	
aldeão	aldeã	hortelão	horteloa	Adrião	Adriana
anão	anã	leão	leoa	barão	baronesa
campeão	campeã	leitão	leitoa	anfitrião	anfitriã e anfitrioa
capitão	capitã	patrão	patroa		
charlatão	charlatã	tabelião	tabelioa	ermitão	ermitã e ermitoa
cortesão	cortesã				
deão	deã			João	Joana
decurião	decuriã			ladrão	ladra
espião	espiã				
folgazão	folgazã			perdigão	perdiz
irmão	irmã				
órfão	órfã				

207 – Observe-se a existência de substantivos com duas formas, uma masculina e outra feminina, que guardam certa analogia de sentido, nuns muito próxima (alguns são até sinônimos: *chinelo*, *chinela*) e noutros mais afastada:

masculino	*feminino*	*masculino*	*feminino*
banheiro	banheira	fosso	fossa
barco	barca	jarro	jarra
caldo	calda	modo	moda
cano	cana	porto	porta
casco	casca	ramo	rama
cerco	cerca	saco	saca
cinto	cinta	trilho	trilha

208 – Noutros substantivos há apenas aparência de flexão de gênero; são palavras de etimologia e significação diferentes:

mico (espécie de macaco) – *mica* (lâmina de brilho metálico).

cão (animal; lat. *canem*) – *cã* (cabelo branco; lat. *canus*, *a*, *um*). Este substantivo usa-se quase sempre no plural: respeitáveis *cãs*.

Outros exemplos: *caso*, *casa*; *prato*, *prata* etc.

209 – Tratando-se de substantivos compostos, o gênero é dado de acordo com a ideia que se quer fazer ressaltar; *carta-bilhete* é do gênero feminino, porque a ideia principal é dada pelo elemento *carta*, sendo *bilhete* apenas um especificativo: *a carta* em forma de *bilhete*. Nesses casos o elemento principal costuma vir em primeiro lugar, tornando-se fácil, conseguintemente, a determinação do gênero do composto: *o papel-moeda*, *a moeda-papel*.

Questionário

1. De quantas maneiras pode flexionar-se o substantivo? Quais são elas?
2. Que diz da *flexão de caso*?
3. Que se entende em português quando se diz que determinada palavra exerce função de *acusativo*?
4. Que vem a ser caso *lexicogênico*?
5. Quanto ao gênero, como pode ser o substantivo?
6. Por que a língua latina se chama *sintética* e as neolatinas *analíticas*?
7. Discorra sobre o *gênero neutro*. Há resquícios desse gênero em português?
8. Qual o critério seguido pelo português e pelas línguas neolatinas para determinar o gênero das palavras que designam seres inanimados?
9. *Dó* é palavra *masculina* ou *feminina*? Por quê? Tenho *muito* dó – ou – tenho *muita* dó de fulano?
10. Qual o gênero de *cal*? Cal *misturada* com areia – ou – cal *misturado* com areia?
11. *Um* ilustre personagem – ou – *uma* ilustre personagem? Por quê?
12. *Dois gramas* ou *duas gramas*? *Um telefonema* ou *uma telefonema*? Por quê?
13. *S. Paulo* (capital) é *populoso* ou *populosa*? Por quê?
14. Que entende por *particularidades genéricas*?
15. Que são substantivos *epicenos*?
16. Como discriminar o gênero desses substantivos?
17. Que espécie de substantivos compreendem os *epicenos*?
18. Qual a diferença entre substantivos *epicenos* e *comuns de dois*? (Estude bem o § 202).
19. O substantivo *soprano* é epiceno ou comum de dois?
20. Três exemplos, que não constem na lição, de substantivos *comuns de dois*.
21. Que é substantivo *sobrecomum*?
22. Com relação ao gênero, que diz do substantivo *lente*?
23. De quantas maneiras se pode obter o feminino dos substantivos? Discorrer, com exemplos, sobre cada caso.
24. Qual o feminino de *juiz*, *parente*, *elefante* e *deputado*?
25. Qual o feminino de *ladrão*, *varão*, *réu* e *perdigão*?
26. Que diz dos substantivos *saco* e *saca*?
27. Que diz dos substantivos *cão* e *cã*? É capaz de citar outros exemplos?
28. Qual o gênero de *rosa-cravo*? Por quê?

CAPÍTULO 11

FLEXÃO NUMÉRICA

212 – Os substantivos, tal qual se encontram nos dicionários, indicam um só elemento, uma única unidade, ou seja, encontram-se sempre na forma *singular*. Se tivermos necessidade de indicar mais de um ser, *flexionaremos numericamente* o substantivo, e diremos então que o substantivo passou para o plural.

Isto de poder o substantivo indicar um ou mais objetos é o que em gramática se chama *número*. **Número gramatical** é, pois, a propriedade que têm os substantivos de indicar um ou mais objetos.

213 – Conclui-se, da explicação supra, haver em português dois números, o **singular** e o **plural**. Exemplos: *casa* (singular), *casas* (plural); *homem* (singular), *homens* (plural).

Nota: Há no grego mais um número, o *dual*, com desinência especial, assim denominado por indicar apenas duas unidades. Esse número nenhum resquício deixou nem no latim, nem no português:

ἡ βίβλος = o livro	*αἱ βίβλοι* = os livros	*τὼ βίβλω* = os *dois* livros
singular	plural	dual

214 – Dos dois exemplos dados (*casa*, *casas*; *homem*, *homens*), vemos ter constituído o caraterístico do plural o *s* final, observando-se que em *casa* bastou seu simples acréscimo, ao passo que em *homem* houve alteração antes de ser acrescentado o *s*. Estudemos, pois, as regras, condições e alterações necessárias para a indicação do plural dos substantivos.

215 – Os substantivos terminados em *vogal*, quer oral quer nasal, vão para o plural mediante simples acréscimo de um *s*:

singular	*plural*	*singular*	*plural*
caderno	cadernoS	nó	nóS
romã	romãS	pá	páS

Nota: O *s* como letra característica do plural português é reminiscência do acusativo plural latino, caso que (*lexicogênico*, como sabemos) termina, no plural, em *s* em todas as declinações latinas(*).

216 – Os substantivos terminados em *ão* não passam para o plural de maneira idêntica:

1 – Uns se flexionam mediante simples acréscimo do *s*, de acordo com a primeira regra:

singular	*plural*	*singular*	*plural*
irmão	irmãos	grão	grãos
cidadão	cidadãos	desvão	desvãos
mão	mãos	corrimão	corrimãos

2 – Outros vão para o plural mudando o *ão* em *ães*:

singular	*plural*	*singular*	*plural*
cão	cães	tabelião	tabeliães
capelão	capelães	pão	pães

3 – Um terceiro grupo passa para o plural mudando o *ão* em *ões*:

singular	*plural*	*singular*	*plural*
canhão	canhões	limão	limões
fração	frações	rincão	rincões

Nota: Diversos substantivos terminados em *ão* possuem dois plurais (*plural duplo*).

singular	*plural*
alazão (cor de canela)	alazães, alazões
alcorão	alcorães, alcorões
bastião	bastiães, bastiões
fuão (= fulano)	fuãos, fuões
guardião	guardiães, guardiões
sacristão	sacristãos, sacristães
vilão	vilãos, vilões

Outros há que possuem os três plurais (*plural triplo*): *ãos*, *ães* e *ões*:

singular	*plural*		
alão (cão de fila)	alãos	alães	alões
aldeão	aldeãos	aldeães	aldeões
anão	anãos	anães	anões
ancião	anciãos	anciães	anciões
peão	peãos	peães	peões
pião	piãos	piães	piões (1)
vulcão	vulcãos	vulcães	vulcões

(*) V. nossa *Gramática Latina*, § 121.

(1) V. *Dicionário de Questões Vernáculas*, *pião*.

Observações:

1ª – A quem possui rudimentos de latim torna-se fácil saber o plural dos nomes terminados em *ão*. Basta confrontar o acusativo plural latino da palavra: o *n* passa a sua *nasalização* para a vogal anterior por meio do til (~), conservando-se inalterada a vogal que vem depois do *n*. Assim, o plural de *pão* é *pães*, por ser *panes* (com *e* depois do *n*) o acusativo plural latino; de *lição* é plural *lições*, por ser *lectiones* (com a terminação *ones*) o plural em latim; de *grão* é *grãos*, por corresponder ao latim *granos* (com *o* depois do *n*):

pã(n)*es*	liçõ-*es*	grã(n)*os*
	lecti*o*(n)*es*	

Essa norma se aplica também aos substantivos de plural duplo ou triplo, no caso de querer a pessoa dar preferência a um dos plurais, pois bastará averiguar qual das diversas formas corresponde ao acusativo plural latino. *Vulcão*, por exemplo, tem três plurais, mas o plural *vulcãos* é o que corresponde ao plural latino vulcAnOs.

2ª – Palavras há, no entanto, terminadas em *ão*, que não possuem formas correspondentes em latim: a tendência, em tais casos, é flexioná-las, no plural, em *ões*: *botão*, *botões*; *vagão*, *vagões*.

3ª – Existem algumas palavras em *ão* que passam para o plural sem obedecer ao plural latino; assim, o plural de *escrivão* é *escrivÃEs*, ao passo que em latim é *scribAnOs*; *capitão*, *capitÃEs* (lat. *capitAnOs*), por influência do espanhol *capitAnEs*; *tabelião*, *tabeliÃEs* (lat. *tabelliOnEs*).

4.ª – Os nomes terminados em *ão átono* (V. § 136) seguem a regra geral: *acórdão*, *acórdãos*; *gólfão*, *golfãos*; *lódão*, *lódãos*; *nábão*, *nábãos*; *orégão*, *orégãos*; *órgão*, *órgãos*; *sótão*, *sótãos*.

217 – Os terminados nas nasais *em*, *im*, *om* e *um* põem-se no plural mediante mudança do *m* em *ns*:

singular	***plural***	***singular***	***plural***
armazém	armazéns	som	sons
espadim	espadins	debrum	debruns

218 – Os substantivos terminados na nasal *n* fazem o plural, no Brasil, de acordo com a primeira regra:

singular	***plural***	***singular***	***plural***
líquen	liquens	abdômen	abdomens
pólen	polens	cólon	colons

Cânone, *germe*, *espécime*, *cerume* devem ser usados de preferência a *cânon*, *gérmen*, *espécimen*, *cerúmen*, seguindo, para o plural, a regra geral: *cânones*, *germes*, *espécimes*, *cerumes*.

Nota: *Líquen* é palavra paroxítona; seu plural, bem como o de *abdômen*, é, em Portugal, em *es*: *líquenes*, *abdômenes*. V. *Acento agudo*, B,9 no D. QVs.

219 – Os terminados em *al*, *ol* e *ul* vão para o plural mediante troca do *l* por *is*:

singular	***plural***	***singular***	***plural***
pombal	pombais	paiol	paióis
paul	pauis	taful	tafuis

Excetuam-se: 1 – *cal*. Na acepção de substância empregada pelos pedreiros, essa palavra não tem plural; na acepção de *calha*, isto é, de rego ou cano por onde escorre água, o plural é *cales*. Note-se, ainda, que o gênero dessa palavra é, sempre, feminino: "*A* cal não está boa".

2 – *mal*, que no plural é *males*.

3 – *cônsul* e seus compostos fazem no plural *cônsules*.

4 – *real* – quando designativo de moeda do antigo sistema monetário português e do antigo brasileiro tem por plural *réis*; quando adjetivo o plural é *reais*.

220 – Os terminados em *el*, acentuado ou não, fazem o plural mediante troca do *l* por *is*:

singular	***plural***	***singular***	***plural***
hotel	hotéis	batel	batéis
cível	cíveis	nível	níveis

O substantivo *mel* tem, além de *méis*, o plural irregular *meles*, forma usual em Portugal.

221 – O plural dos substantivos terminados em *il* depende do acento da palavra:

a) Os terminados em *il tônico* fazem o plural em *is*, também tônico:

singular	***plural***	***singular***	***plural***
funil	funis	barril	barris
cantil	cantis	carril	carris

b) Os substantivos e os adjetivos terminados em *il átono* fazem o plural em *eis*, também átono:

singular	***plural***	***singular***	***plural***
projétil	projéteis	réptil	répteis
téxtil (adj.)	têxteis	verossímil	verossímeis
fácil	fáceis	ignóbil	ignóbeis

Jamais pronuncie *projetíl*, *reptíl*, *textíl*; o acento dessas palavras, no singular e no plural, deve cair sempre no *e*. Quanto a *téxtil*, a pronúncia geral no Brasil é com *e* aberto, consignada nas edições portuguesas do Caldas Aulete. (V. *Téxtil* no D. QVs.)

222 – Os substantivos terminados em **as tônico (ás)**, **es tônico (ês, és)**, **os tônico (ós)**, **us tônico**, **r** ou **z** passam para o plural mediante acréscimo de *es*:

singular	*plural*	*singular*	*plural*
açúcar	açúcares	mês	meses
altar	altares	nariz	narizes
arnês	arneses	noz	nozes
bilhar	bilhares	obus	obuses
faquir	faquires	retrós	retroses
freguês	fregueses	revés	reveses
gás	gases		

223 – Os substantivos que no singular terminam em *s* e os substantivos *tórax* (tóracs), *box* (bócs) e *ônix* (ônics) não se alteram no plural:

singular	*plural*	*singular*	*plural*
um alferes	dois alferes	um lápis	dois lápis
um cais	dois cais	um pires	dois pires
um tórax	dois tórax	um pâncreas	dois pâncreas

Excetua-se *deus*, cujo plural é *deuses*, bem como todos os nomes que, erroneamente grafados com *z*, devem terminar, dada a etimologia, em *s*: *mês*, *meses*; *cós*, *coses*; *luís*, *luíses*; *retrós*, *retroses*; *rês*, *reses*.

Nota: As palavras terminadas em *x*, com som de *s* (*V*. § 83, 5) vão para o plural mediante troca do *x* por *ces*: *cálix*, *cálices*; *apêndix*, *apêndices*.

Tais nomes, mesmo no singular, já se grafam, de preferência, com *ce* final: *índice*, *cálice*, *apêndice*, *sílice*, *bômbice*.

Índex, na acepção de "relação de livros proibidos pela Igreja" (e nas figuradas), pronuncia-se à latina *índecs* e tem o plural *índices*. Nas demais acepções deve ser preferida a forma *índice*.

224 – É regra geral que as palavras, no se flexionarem numericamente, conservam o acento do singular. Algumas, porém, terminadas em *r*, cujo plural se faz mediante acréscimo de *es* (terminação proveniente do acusativo plural da terceira declinação latina), oferecem certa dificuldade. Mas é preciso notar: Assim como a flexão plural *es* é latina, da mesma forma o acento do plural obedece às regras de prosódia do latim mais que às regras da prosódia portuguesa. Essa é a razão por que, ao lado de *cadáveres*, *éteres*, existem outros plurais que merecem ser estudados isoladamente, sempre com vistas para o latim (os acentos que aparecem em algumas de tais palavras visam a evidenciar com clareza a sílaba tônica):

Caráter – plural: *caractéres*.

Uréter – cada um dos dois canais que conduzem a urina dos rins para a bexiga; plural: *uretéres*.

Catéter – sonda que se aplica à bexiga na extração de cálculos; plural: *catetéres*.

Estáter – moeda judaica de prata; plural: *estatéres*.

Masséter – músculo da face; plural: *massetéres*.

Esfíncter – nome de diversos músculos, sujeitos à vontade, ductos, canais ou aberturas naturais do corpo; plural: *esfinctéres*.

O acento dos plurais citados condiz inteiramente com o acento latino dessas palavras.

Sóror – plural: *soróres*: acentuação seguramente fundada no latim.

Lúcifer – *lucíferes*: mudança forçada da sílaba tônica, já por não haver em português palavras com acento na quartúltima sílaba, já por ser etimologicamente breve a penúltima.

As duas palavras seguintes seguem a regra geral:

Táler – moeda alemã; plural: *táleres*.

Nenúfar – gênero de plantas aquáticas; plural: *nenúfares*.

Dois plurais merecem menção especial:

Víveres – mantimentos; proparoxítono, pelo francês *vivres*.

Quaisquer, plural de *qualquer*. Fenômeno semelhante se opera com *gentil-homem* que, além da flexão terminal, sofre flexão no primeiro elemento: *gentis-homens* (gentís-ómens).

Plural dos Substantivos Compostos

225 – Parece, a princípio, para quem lê uma gramática, serem muitas e difíceis as regras a que obedece o plural dos *substantivos compostos* (§ 176). Mas, após reflexão, notaremos serem elas muito fáceis, porque se baseiam na flexibilidade dos componentes desses substantivos, de tal maneira que, resumidamente, poderemos dizer:

1º) Só o segundo elemento do composto varia, quando apenas ele for variável.

2º) Variam os dois elementos, quando ambos forem variáveis.

3º) Não varia nenhum deles, quando nenhum deles for variável.

É isso coisa facílima e ao alcance de todos. Limitar-nos-emos a explanar o que acima ficou dito formulando exemplos e dando explicações do plural de certos compostos.

226 – **PRIMEIRA REGRA**: Apenas o último elemento vai para o plural sempre que o primeiro for ou *invariável* ou *apocopado* ou *justaposto*.

1º caso: **Plural de compostos em que o primeiro elemento é INVARIÁVEL.**

Vimos no § 162 quais as classes de palavras invariáveis. Note-se bem que, para o presente caso, entram também nessa classe os *verbos*, *sempre que constituam o primeiro elemento* do substantivo composto. A razão disso é clara, visto só se flexionarem os verbos quando funcionam como tais na oração; na formação dos substantivos compostos os verbos perdem, para efeito flexional, o caráter verbal quando constituírem o primeiro elemento do composto. O mesmo se diga, neste particular, dos pronomes.

Quer isso dizer que somente o segundo elemento é que é substantivo, seguindo este as regras já estudadas de flexão numérica.

EXEMPLOS:

singular	***plural***	***singular***	***plural***
guarda-chuva	guarda-chuvas	ave-maria	ave-marias
guardanapo	guardanapos	bem-te-vi	bem-te-vis
porta-bandeira	porta-bandeiras	vice-rei	vice-reis
mata-borrão	mata-borrões	vaga-lume	vaga-lumes

Notas: 1ª – O primeiro elemento do composto *ave-maria* é também, etimologicamente, verbo (lat. *avere* = saudar, dar os bons dias, *ave* = salve); essa é a razão do plural *ave-marias.*

2ª – Alguns compostos que têm o último elemento constituído por verbo flexionam-se a exemplo de *bem-te-vi*, *bem-te-vis*, como se fossem vocábulos simples:

singular	***plural***
malmequer	malmequeres
quebra-quebra	quebra-quebras
vaivém	vaivéns

Excetuam-se *ganha-perde* e *leva-traz*, que no plural não se flexionam: *os ganha-perde*, *os leva-traz*.

3ª – À semelhança dos exemplos da nota precedente, também alguns substantivos compostos de palavras repetidas só recebem flexão no último elemento:

singular	**plural**
lufa-lufa	lufa-lufas
zum-zum	zum-zuns
lenga-lenga	lenga-lengas
tique-tique	tique-tiques

Observações:

1ª – Como podemos facilmente observar, em alguns dos substantivos compostos o uso separa os elementos mediante o *hífen* (§ 139) e deixa de colocá-lo em outros. Cumpre acrescentar que o emprego de tal sinal constitui atualmente verdadeiro abuso na formação dos compostos, mormente em palavras novas e de cunho erudito. De acordo com a tradição da língua, é esse sinal, em grande parte dos casos, inteiramente inútil, *tornando-se-nos mais acertado eliminá-lo*.

Pelo Acordo Ortográfico de 1990, "emprega-se o hífen nas palavras compostas por justaposição que não contêm formas de ligação e cujos elementos, de natureza nominal, adjetival, numeral ou verbal, constituem uma unidade sintagmática e semântica e mantêm acento próprio: *arco-íris, decreto-lei, médico-cirurgião, tenente-coronel, tio-avô, turma-piloto,* etc.". Acontece, porém, que logo a seguir o dispositivo ortográfico traz a seguinte observação: "Certos compostos, em relação aos quais se perdeu, em certa medida, a noção de composição, grafam-se aglutinadamente: *girassol, madressilva, mandachuva, pontapé, paraquedas, paraquedista,* etc." (* base XV, parágrafo 1º).

Vê-se que o emprego do hífen nos compostos continua incerto, porquanto a "observação" desfaz o imperativo da regra ao basear-se no uso, que neste ponto é muitas vezes contraditório.

Outro fator de insegurança para quem escreve está no que dispõe o parágrafo 6º da base XV do Acordo de 1990, o qual estabelece que "nas locuções de qualquer tipo, sejam elas substantivas, adjetivas, pronominais, adverbiais, prepositivas ou conjuncionais, não se emprega em geral o hífen, salvo algumas exceções já consagradas pelo uso". E o texto exemplifica com *arco-da-velha, cor-de-rosa, mais-que-perfeito* etc. Fica-se, portanto, sem saber, em alguma eventualidade, se a locução é ou não "consagrada pelo uso": *à-toa* (locução adjetiva) está ou não nessa situação?

O que podemos assegurar é que o hífen não deveria aparecer quando o vocábulo fosse composto por prefixação, isto é, quando a uma palavra já existente se antepusesse preposição ou partícula para formar outra palavra de que necessitássemos, como, aliás, ocorre com *repor* (re + pôr) e *prever* (pré + ver).

2ª – Aqui enxertamos uma passagem de Cândido de Figueiredo, autor português que doutrinava com dados práticos e pessoais, tornando-se autoritário mas interessante em certos ensinamentos. Escreveu-lhe certa pessoa, estranhando o plural *guarda-portões*; dizia ela:

– "*Guarda*, pessoa que guarda, tem plural (o *guarda*, *os guardas*); por que o não há de ter nesse composto?"

– Principalmente, responde C. de F., porque ali não entra o substantivo *guarda*, mas sim o verbo *guardar*, como em *porta-machado*, *porta-voz* não entra o substantivo *porta*, mas o verbo *portar*.

– "Mas se forem *vários guardas* de um só portão?"

– Sempre *guarda-portões* (homens que *guardam* portão ou portões).

– "E se forem guardas de vários portões?"

– Idem: sempre *guarda-portões*, como *os guarda-fatos*, *os guarda-fios*, *os guarda-joias*, *os porta-machados*, *os pinta-monos*, *os troca-tintas*.

3ª – O plural de *guarda-marinha* tem originado dúvidas e divergências entre gramáticos. Nesse composto, o elemento *marinha* não é adjetivo, mas substantivo, e *guarda* é do verbo *guardar*; conseguintemente, o plural obedece à mesma regra a que está sujeito *guarda-portão*, ou seja, deve ser *guarda-marinhas*.

Há gramáticos que preferem o plural *guardas-marinha*, dizendo que houve supressão da preposição *de*: *guardas de marinha*; esse raciocínio é, porém, falho, porquanto viria justificar plurais como *guardas-portão* (guardas *de* portão), o que evidentemente constitui erro; seja como for, se o *de* caiu, "é mais lógico atribuir-lhe plural de acordo com a estrutura de hoje: *os guarda-marinhas*".

O vocabulário da Academia, de 1943, oferece o plural *guardas-marinhas*, que não podemos aceitar: *guarda* é aí verbo e não substantivo (compare-se com o composto *guarda-barreira*, cujo plural é *guarda-barreiras*). Por outro lado, o Vocabulário Ortográfico da Língua Portuguesa (VOLP), 5ª edição (2009), registra as três formas de plural.

4ª – O emprego, hoje consagrado, em certos compostos, do elemento *para* (*para-raios*, *para-choque*, *para-brisa*, *paraquedas* etc.) deve-se ao francês, pois o elemento vernáculo seria *guarda*: *guarda-pó*, *guarda-chuva*, *guarda-sol* etc.

5ª – Certos compostos cujo primeiro elemento é a palavra *guarda* vão para o plural com a flexão de ambos os elementos. Tal se dá quando a palavra *guarda* é *substantivo* e o segundo elemento é *ADJETIVO*: *guardas-campestres*, *guardas-civis*, *guardas-fiscais*, *guardas-florestais*, *guardas-maiores* (senhoras que guardavam as damas do paço), *guardas-menores* (empregados inferiores dos tribunais da Relação), *guardas-mores*, *guardas-municipais*, *guardas-nacionais*, *guardas-nobres*, *guardas-noturnos*, *guardas-reais*, *guardas-republicanos*.

6ª – Há certos compostos de *guarda* que, ainda no singular, trazem o segundo elemento pluralizado; tanto no singular como no plural, as formas dos seguintes nomes são: *guarda-calhas*, *guarda-chaves* (o que abre e fecha as portas da cadeia, carcereiro), *guarda-costas*, *guarda-damas* (escudeiro que acompanhava damas), *guarda-fechos* (peça de espingarda), *guarda-fios* (que no singular também se diz *guarda-fio*), *guarda-joias*, *guarda-livros* (e não *guarda-livro*), *guarda-móveis*, *guarda-selos* (chanceler-mor), *guarda-vassouras*, *guarda-vestidos*.

2º caso: **Plural de compostos em que o primeiro elemento é APOCOPADO.**

Quando, num composto, o primeiro elemento é apocopado (§ 113, C), este não se flexiona; vai para o plural apenas o segundo componente:

singular	***plural***
agu(a)ardente	aguardentes
grand(e)-almirante	grand-almirantes
grand(e)-oficial	grand-oficiais
grão-mestre	grão-mestres
pern(a)alta	pernaltas
plan(o)alto	planaltos
sant(o)elmo	santelmos

3º caso: **Plural de compostos em que o primeiro elemento é JUSTAPOSTO sem hífen.**

Note-se que *justaposição* vem a ser a união de duas palavras para expressar um só objeto ou ideia, conservando ambos os elementos a sua integridade gráfica e prosódica; p. ex.: *pontapé*, *claraboia*, *varapau*.

De acordo com a definição que demos de *justaposição*, a palavra *couve-flor* é também composta por justaposição; é, de fato, mas só nos interessam no momento os justapostos que se escrevem *sem hífen*, isto é, os compostos perfeitos. Pois bem, nos justapostos que se escrevem sem hífen só o último elemento vai para o plural:

singular	***plural***
montepio	montepios
terrapleno	terraplenos
cantochão	cantochãos

227 – **SEGUNDA REGRA**: Vão os dois elementos para o plural quando ambos são variáveis e separados por hífen:

singular	***plural***
capitão-mor	capitães-mores
mestre-sala	mestres-salas
mico-preto	micos-pretos
obra-prima	obras-primas
padre-santo	padres-santos
pé-vermelho	pés-vermelhos
pleno-relevo	plenos-relevos
pronto-socorro	prontos-socorros
quinta-feira	quintas-feiras
tenente-coronel	tenentes-coronéis

Notas: 1ª – É falso afirmar que o segundo elemento de substantivo composto não varia quando encerra ideia de *finalidade*. Isso é argumento inseguro. Por que o plural de *mestre-sala* é *mestres-salas* e o de *navio-escola*, *navios-escola*? Muito bem chama Vasco Botelho de Amaral tais compostos de "espúrios".

A extravagância vai mais longe quando, para justificar o erro, recorrem ao argumento da semelhança: porque o peixe nos lembra o boi iremos dizer *peixes-boi*? Vamos então dizer *couves-flor*? É o que faz o Vocabulário Ortográfico da Língua Portuguesa. Segundo ele registra, os dois elementos dos substantivos compostos ligados por hífen podem ir para o plural ou somente o primeiro: *banhos-maria, couves-flor, porcos-espinho*. Nossa língua não se impõe com tais artifícios!

Portanto, em nosso ver, o plural deve trazer os dois elementos flexionados: *banhos-marias, cafés-concertos, canetas-tinteiros, carros-correios, cartas-bilhetes, cidades-satélites, couves-flores, escolas-modelos, frascos-ampolas, navios-escolas, pombos-correios, porcos-espinhos, vagões-leitos*. É o lógico e coerente.

O plural de *chá-dançante* é *chá-dançantes*; vai para o plural o primeiro elemento por ser variável, e o segundo por ser adjetivo. O mesmo se dá com *fator-ambiente*, cujo plural é *fatores-ambientes*. V. D.QVs, Carro-correio, Plural de substantivos compostos.

2ª – Só varia o segundo elemento de certos compostos de cunho estrangeiro:

singular	*plural*
glória-patri	glória-patris
padre-nosso	padre-nossos
salvo-conduto	salvo-condutos

Pai-nosso, forma atualizada de "padre-nosso", segue idêntico critério para o plural *pai-nossos*. Todavia, o Vocabulário Ortográfico da Língua Portuguesa registra também *pais-nossos*, *padres-nossos* e *salvos-condutos*.

Note-se que o plural de *mapa-múndi* é *mapas-múndi*.

228 – **TERCEIRA REGRA**: Não se flexionará nenhum dos elementos quando forem ambos invariáveis ou quando o último já estiver no plural:

singular	*plural*
um quebra-nozes	dois quebra-nozes
um bota-fora	dois bota-fora

229 – **QUARTA REGRA**: Só o primeiro elemento irá para o plural quando estiver unido ao segundo pela preposição *de*:

singular	*plural*
pão de ló	pães de ló
olho-de-cabra	olhos-de-cabra
coração-de-boi	corações-de-boi
pé-de-prata	pés-de-prata

Nota: De tais compostos, alguns há em que o segundo elemento já é plural: um *mestre-d'armas*, dois *mestres-d'armas*.

Particularidades

230 – O que se passa com o **gênero**, passa-se, igualmente, com o *número* dos substantivos. Certos substantivos sofrem, no passar para o plural, modificações ora gráficas, ora prosódicas, ora de significação; estas e outras particularidades iremos agora estudar.

231 – **SUBSTANTIVOS QUE SÓ SE EMPREGAM NO SINGULAR**

1 – Os substantivos que, em vez de designarem indivíduos, designam *massa*:

o ouro, a prata, o ferro, o oxigênio.

Palavras como essas somente são suscetíveis do número plural quando empregadas em *sentido figurado*, ou quando designam *partes*, *divisões*, *espécies* da massa:

Não tenho *níqueis* nem *pratas* (moedas). Acabaram-se os *fósforos* (palitos de fósforo). O navio levantou *ferros* (âncoras).

2 – Os substantivos designativos de *produtos vegetais* e *animais*:

o feijão, o arroz, a cana, o açúcar, o mel, o leite.

Quando se trata não do todo, da substância do produto, mas das suas *qualidades* ou *espécies*, ou quando são esses substantivos empregados em *sentido figurado*, admite-se, então, o plural: "Os *vinhos* portugueses são afamados" – "Há em S. Paulo muitos *cafés*" (= estabelecimentos) – "Produzamos *cafés* finos" (= tipos de café) – "Quero dois *cafés*" (= xícaras de café).

Nota: Observe-se a diferença entre *comi laranjas, bebi vinhos, derramei tintas* e *comi laranja, bebi vinho, derramei tinta.* No primeiro caso designamos as espécies (comi laranjas de várias espécies) e no segundo, o gênero.

3 – Os substantivos que exprimem *noções abstratas, virtudes* e *vícios*:

a preguiça, a sensatez, a caridade, a ociosidade.

Quando essas palavras deixam o seu significado próprio para indicar a *prática*, os *atos* da virtude ou vício, são então flexíveis: Devemos fazer *caridades* e evitar *malvadezas.*

É interessante notar, neste particular, a diferença de sentido que implica o plural, o qual traz até, não poucas vezes, sentido pejorativo à expressão:

franqueza	franquezas	(atrevimento)
confiança	confianças	(liberdades)
graça	graças	(chistes de mau gosto)
leviandade	leviandades	(atos de leviandade)
vaidade	vaidades	(atos de vaidade)
caridade	caridades	(atos de caridade)
fraqueza	fraquezas	(misérias, baixezas)
liberdade	liberdades	(atrevimento)

Ainda sem designar virtudes nem vícios, palavras há que no plural assumem outra significação.

o bem (o que é bom)	os bens (propriedades)
a honra (estima)	as honras (cargos, dignidades)
o zelo (esmero)	os zelos (ciúmes)

4 – Os substantivos designativos de *artes, ciências, sistemas religiosos, filosóficos* ou *políticos*:

a lógica, a teodiceia, a filosofia, o budismo, o comunismo, o fascismo (pronuncie *fa-ssis-mo*), *o materialismo.*

Em orações como: "Tenho muitas *físicas* e diversas *filosofias*", as palavras *física* e *filosofia*, tal qual nas observações dos casos anteriores, estão empregadas em sentido figurado: podem, pois, flexionar-se em número. Esses plurais significam *tratados*, *obras* de diversos autores, sobre física, sobre filosofia.

5 – Quando substantivada, uma palavra pertencente a qualquer classe flexiona-se normalmente: "Sem *senões* nem *talvezes*" – "Ouvimos os *prós* e os *contras*" – "*Sins* e *nãos* foram ouvidos a um só tempo" – "Os *setes* e os *noves* do baralho estão marcados" – "*Ais* lancinantes se ouviam".

Dois, *três*, *seis* e *dez*, quando substantivados, não admitem flexão para o plural: "Os *dez* do baralho".

232 – SUBSTANTIVOS QUE SÓ SE EMPREGAM NO PLURAL

1 – Os nomes de *famílias* ou *classes* de *animais* e de *plantas*:

as compostas, *as saxifragáceas*, *os marsupiais*.

Nota: Dizendo-se "O girassol é uma *composta*", tem-se por fim designar um indivíduo da família.

2 – Outros substantivos:

os Alpes
as alpondras
as alvíssaras
os anais
os Andes
as arras
os arredores
os avós (antepassados)
as belas-artes
as bragas
as calendas
as completas (hora canônica)
as endoenças
os manes
as matinas (hora canônica)
as nonas (hora canônica)
as núpcias
os pampas
os parafernais
as épulas
os escombros
os esponsais
as exéquias
os fastos (anais)
as fauces
as férias
as fezes
as finanças
as humanidades (estudos generalizados)
os idos
as letras (as belas-letras)
os penates
os pósteros
os Pireneus
as primícias
os sirtes
os víveres

Observação:

Parabéns e *pêsames*, conquanto antigamente fossem empregados no singular ("Vossa senhoria me dá o *pêsame* dos achaques com que vivo, e juntamente o *parabém* da enfermidade com que hei de morrer" – VIEIRA), hoje só se empregam no plural. V. D.QVs, *Saudade*.

Notas: 1ª – Outros substantivos há que, não obstante virem na forma plural, conservam o valor singular: *Amazonas*, *Atenas*, *Buenos Aires*, *Burgos*.

O substantivo *Estados Unidos* tem forma e valor plural: "Os Estados Unidos *formam*, *constituem*, *são*..." e não: "Os Estados Unidos *forma*, *constitui*, *é*..."

2ª – Certos substantivos existem que se usam no plural, por implicarem ideia de mais de uma parte: *alforjes*, *luvas*, *algemas*, *ventas*, *óculos*, *andas*, *bofes*.

Em Portugal o mesmo fenômeno se opera com *as ceroulas*, *as calças* e *as tesouras*.

Esses substantivos nos fazem lembrar o *dual* grego (§ 213, nota); exigem a concordância: *Meus óculos são bons*.

233 – PLURAL DOS NOMES PRÓPRIOS

Em regra, isto é, pelos característicos que os acompanham, os nomes próprios não deveriam flexionar-se; entretanto, aplicados como simples nomes comuns, para designar ora homens de qualidades semelhantes, ora pessoas da mesma família, perdem o caráter de nomes próprios, e podem, então, flexionar-se:

os Cíceros, *os Aristóteles*, *os Andradas*, *os Prados*.

Nota: Neste caso, a não flexão dos nomes próprios constitui *galicismo*, ou melhor, *galicismo arcaico*, porque o próprio francês já vai introduzindo o plural dos nomes próprios. Se houver a preposição *de*, comporta-se como no § 229: *os Vieiras de Carvalho*; sem *de*, pode considerar-se uma só palavra: *os Almeida Prados*.

Vezes há, no entanto, em português, em que o plural se torna impossível, ou pela difícil flexão, ou pela deformação da palavra, ou por ser o nome de cunho nitidamente estrangeiro: *os Val*, *os Wilson*, *os Clemenceau*, *os Goncourt*.

234 – OUTRAS PARTICULARIDADES

1 – Em geral, as vogais têm no plural o mesmo som que no singular:

cachôrro	cachôrros	encôsto	encôstos
gôsto	gôstos	desgôsto	desgôstos
colôsso	colôssos		

Nota: Aqui, como em outros lugares, aparece o sinal diacrítico somente para indicar a pronúncia; na escrita corrente essas palavras não são acentuadas.

Todavia, certas palavras existem em que o *o* da sílaba tônica, fechado no singular, passa a soar aberto no plural:

abrolho	despojo	globo	poço	tijolo
cachopo	destroço	goso (cão)(*)	porco	tojo
caroço	escolho	imposto	porto	torno
choco	esforço	jogo	posto	tremoço
corno	fogo	miolo	povo	
coro	forno	olho	renovo	
corpo	foro	osso	rogo	
corvo	fosso	ovo	socorro	

Note-se que em Portugal os substantivos *almoço* e *pescoço* fazem no plural *almóços* e *pescóços*.

Observações:

1ª – Quando tais nomes têm o feminino aberto (o pôrco, a pórca), o plural do masculino pronuncia-se também com *o* aberto:

pôrco	p*ó*rca	p*ó*rcos	chôço	ch*ó*ça	ch*ó*ços
fôsso	f*ó*ssa	f*ó*ssos	pôço	p*ó*ça	p*ó*ços

Todavia, *sogro* e *toldo* fazem no plural *sôgros* e *tôldos*, não obstante ser o feminino com *o* aberto (a s*ó*gra, a t*ó*lda).

2ª – Com segurança podemos formular esta regra: Os substantivos *femininos* conservam no plural o mesmo som, *aberto* ou *fechado*, do singular:

arrôba – arrôbas	peróba – peróbas
bôlha – bôlhas	rôlha – rôlhas
cebôla – cebôlas	róda – ródas
cóta – cótas	senhóra – senhóras (§ 258, n. 1)
escôda – escôdas	sôpa – sôpas
espôsa – espôsas	sóva – sóvas
fôlha – fôlhas	tóda (ave) – tódas
móda – módas	

Essa é a razão por que o plural de *bôda* (celebração de casamento, noivado) é, indiscutivelmente, *bôdas* (no plural, a palavra significa festa de aniversário de casamento, de ordenação sacerdotal etc.).

2 – O plural dos diminutivos em *zinho* e *zito* opera-se acrescentando-se *zinhos* e *zitos* ao plural do substantivo primitivo, tirando-se o *s* do plural do normal:

(*) V. *Dicionário de Questões Vernáculas*, "gozo, goso".

singular	***plural***
pãozinho	pãe(s)zinhos
carretelzito	carretei(s)zitos
coraçãozinho	coraçõe(s)zinhos
florzinha	flore(s)zinhas

Essa devia ser a regra. O uso, porém, mostra que, enquanto se diz *coraçõezinhos* (e não "coraçãozinhos"), diz-se *rapazinhos*, *mulherzinhas*, *colherzinhas* (em vez de "rapazezinhos", "mulherezinhas", "colherezinhas") etc.

3 – As palavras estrangeiras, usadas em nossa língua, devem adaptar-se, o quanto possível e o permitir o uso, à forma gráfica portuguesa; uma vez consolidado o aportuguesamento gráfico do estrangeirismo, fácil será flexionar-se numericamente:

singular	***plural***
bife (inglês *beef*)	bifes
bonde (ingl. *bond*)	bondes
cicerone	cicerones (it. *ciceroni*)
clube (ingl. *club*)	clubes
diletante	diletantes (it. *dilettanti*)
espíquer (ingl. *speaker*)	espíqueres
lanche (ingl. *lunch*)	lanches
líder (ingl. *leader*)	líderes
repórter	repórteres (ingl. *reporters*)
revólver	revólveres (ingl. *revolvers*)
trâmuei (ingl. *tramway*)	trâmueis
vagão (ingl. *wagon*)	vagões

4 – Alguns substantivos há que provieram do latim sem alteração gráfica; entre outros, temos *álbum*, *ultimatum*, *post-scriptum*, *desideratum*, *te-déum* etc. Embora escritos na forma latina, qualquer criança sabe o que é *álbum*, e qualquer caboclo nosso, o significado de *memorandum*; assentado isso, um único plural resta a essas palavras, de acordo com as nossas regras (§ 217): *álbuns*, *ultimatuns*, *post-scriptuns*, *veredictuns*, *desideratuns*, *te-déuns*.

Note-se a tendência de vernaculizar a grafia de semelhantes palavras: *memorando*, *ultimato*, *veredito*, *tedéu*.

5 – Temos, em último lugar, o plural de palavras graficamente inadaptáveis ao português, como *shilling*, *penny*, *lady*, *deficit* etc. Algumas destas palavras vão para o plural mediante simples acréscimo de *s*; flexionam-se outras no plural de acordo com as leis da língua a que pertencem:

singular	*plural*	*singular*	*plural*
deficit	*deficits*	*meeting*	*meetings*
habitat	*habitats*	*penny*	*pence (pennies)*
lady	*ladies*	*shilling*	*shillings*
lied	*lieder*	*superavit*	*superavits*

Notas: 1ª – Um vocábulo de origem árabe existe em nossa língua, *álcool*, cuja pronúncia deveria ser, de acordo com o étimo, *alcóol*, paroxítono. Entretanto, não é geralmente assim pronunciado, senão *álco*. O plural, conquanto seja irregular a deslocação do acento, é *alcoóis*, com acento no segundo *o*, à semelhança de *anzóis, caracóis, lençóis*.

A palavra é, portanto, assim grafada: no singular, *álcool*, e, no plural, *alcoóis*.

2ª – Uma curiosidade nos apresentam as expressões *pater familias, filho familias, mater familias, filha familias*, em que o elemento *familias* corresponde ao antigo genitivo singular da primeira declinação latina. Tais expressões significam: *pai de família, filho de família, mãe de família, filha de família*. Elas são geralmente empregadas no singular; caso se necessite pô-las no plural, deve-se aportuguesar o primeiro elemento: *pais familias, mães familias*.

3ª – *Gol* (gôl), do inglês *goal*, tem o plural à inglesa: *gols*.

Questionário

1. Que é *número gramatical*?
2. Quantos e quais são os *números gramaticais*? Exemplos.
3. Existe em português *número dual*?
4. Que carateriza o plural português? Por quê?
5. Os nomes terminados em *ão* passam para o plural de igual maneira? – Resposta completa e com exemplos.
6. Por que o plural de *grão* termina em *ãos*, o de *pão* em *ães* e o de *lição* em *ões*?
7. Qual o plural de *cidadão*, *vilão*, *corrimão*, *tabelião* e *limão*?
8. Os substantivos terminados em *n* como vão para o plural? (V. todo o § 218.)
9. Qual o significado de *cânon*? No plural, como se escreve e como se acentua essa palavra?
10. Qual o plural de *cal*? De que gênero é essa palavra? (Saiba distinguir.)
11. Qual o plural de *real*?
12. Qual o plural de *réptil*? Por quê?
13. Qual o plural de *caráter*, *sóror* e *lúcifer*? (Lembre-se de que *caráter* no plural tem *c* antes do *t*.)
14. Corrija esta oração: "Diga umas coisas qualquer àqueles gentilhomens".
15. Dê e justifique o plural dos seguintes substantivos: *papa-vento*, *guarda-portão*, *vice-rei*, *bem-te-vi*, *ave-maria* e *salve-rainha*.
16. *Vaivém* e *ruge-ruge* como se flexionam no plural? Por quê?
17. Qual é o plural de "o ganha-perde"?
18. *Lenga-lenga* e *zum-zum* como se flexionam numericamente?
19. Que diz da grafia *sub-delegado*?
20. Qual o plural de *guarda-marinha* e qual o singular de *guarda-livros*?
21. Qual o plural de *aguardente* e *grand-oficial*? Por quê?
22. Por que *grão* pluraliza-se em *grãos*, mas fica invariável em *grão-mestres*?
23. Qual o plural de *couve-flor*, *banho-maria* e *segunda-feira*? Por quê?

24. Ponha no plural os substantivos *café-concerto*, *chá-dançante*, *padre-nosso*, *salvo-conduto* e *mapa-múndi*.
25. *Saca-rolhas* a que gênero pertence? Dê e explique o plural.
26. Qual o plural dos substantivos *boca-de-leão* e *perna-de-pau*?
27. Estão corretos estes plurais: "*20 convites-circulares*" – "*2 cartões-convites*"?
28. Que entende por *particularidades numéricas*?
29. Qual o plural de *ouro*? Por quê? Outros exemplos.
30. *Ferro* tem plural? Quando? Outros exemplos.
31. Qual o plural de *café*? Por quê?
32. *Caridade* tem plural? Justifique sua resposta, dando e explicando outros exemplos.
33. *Honras* tem significação idêntica à do singular *honra*?
34. O plural *lógicas* que diferença apresenta de significado, comparado com o singular?
35. Que diz do plural de *sete*?
36. Que significam os vocábulos *efemérides*, *fastos* e *penates*?
37. Faça uma oração da qual constitua sujeito o substantivo *Estados Unidos*. (Empregue um verbo que não seja *ser*.)
38. Que diz do plural dos nomes próprios?
39. Corrija: "Perdi *o meu óculos*" – "Comprei *um óculos* muito *bom*".
40. Qual a pronúncia do plural de *desgosto* e *caroço*?
41. Qual o plural de *irmãozinho* e *limãozinho*?
42. Qual o significado e o plural dos substantivos *cicerone* e *diletante*?
43. *Post-scriptum*, *lady*, *deficit* como se flexionam numericamente?
44. Faça uma oração empregando a locução *pater familias*.

CAPÍTULO 12

FLEXÃO GRADUAL

235 – Com este capítulo concluiremos o estudo da primeira classe de palavras. Não quer isso dizer que jamais venhamos a falar em **substantivo**; trataremos ainda dele, mas na sua função sintática, isto é, quanto ao papel que lhe cabe representar na oração; este estudo constitui objeto da sintaxe; quando, porém, necessárias e oportunas, serão feitas considerações sintáticas na própria morfologia, para conhecimento mais completo, mais uno e mais prático da questão.

236 – Sabemos ser função do substantivo designar as coisas, as substâncias; ora, o que substancialmente existe pode ter tamanhos diversos; pode ter tamanho normal, comum, como pode ser grande ou pequeno.

Pois bem, possuímos em nosso idioma diversas desinências que, acrescentadas ao radical dos substantivos, podem especificar o tamanho da coisa que eles designam. A esta propriedade do substantivo de indicar as dimensões do ser por ele nomeado dá-se o nome *flexão gradual* ou, simplesmente, *grau dos substantivos*.

237 – Flexionado quanto ao grau, o substantivo pode ser:

aumentativo, quando indica a coisa aumentada em seu tamanho normal: *livrão*;

diminutivo, quando indica a coisa diminuida de seu tamanho natural: *livrinho*.

Outros exemplos:

substantivos	*graus*	
	aumentativo	**diminutivo**
macaco	macacão	macaquinho
homem	homenzarrão	homenzinho
nariz	narigão	narizinho
muro	muralha	murinho
velho	velhão	velhote

238 – Dos poucos exemplos acima, vemos serem diversas as desinências, terminações ou sufixos graduais, quer aumentativos, quer diminutivos; na verdade, eles são abundantíssimos, tanto para o grau aumentativo quanto para o diminutivo; aqui oferecemos a lista deles, com exemplos que deverão ser lidos, estudados e quanto possível decorados:

1 – Sufixos Aumentativos

aça	barbaça, barcaça, bocaça, pernaça
aço	animalaço, balaço, ricaço
alha	fornalha, muralha
alhão	vagalhão, porcalhão
alho	lençalho, chocalho
ancra	bicancra
anha	barriganha
anzil	corpanzil
ão	febrão, buracão
arão	casarão
arra	bocarra, bandarra
arrão	santarrão, coparrão
asco	penhasco
astro	medicastro, poetastro
az	vilanaz, tolaz, tracalhaz, lobaz
ázio	balázio, gatázio, copázio
eira	bigodeira, canseira, fogueira
eirão	vozeirão
eiro	cruzeiro
ório	finório
orra	patorra, cabeçorra
zão	papelzão, mamãozão, pezão
zarrão	homenzarrão, canzarrão

2 – Sufixos Diminutivos

acho	populacho, riacho	*ilho*	folilho, fundilho, quartilho
apo	fiapo	*ilo*	codicilo
cula	partícula	*im*	espadim, bolsim, hastim
culo	homúnculo, corpúsculo	*inha*	mesinha, cartinha
ebre	casebre	*inho*	livrinho, caderninho
eca	soneca	*ino*	Antonino, maestrino
echo	folecho	*ipo*	folipo
eco	livreco	*isco*	pedrisco, lambisco
ejo	lugarejo, animalejo, papelejo	*ita*	Pedrita, cabrita
el	cordel, fardel, carretel	*ito*	palito, mosquito
ela	caixela, lamela, rodela	*oila*	moçoila
elo	colunelo	*ola*	sacola, casola, rapazola
elha	cravelha	*olo*	bolinholo
elho	folhelho, artiguelho	*oque*	cavalicoque
epo	folepo	*ota*	bolota, aldeota, Maricota
eta	naveta, caixeta	*ote*	caixote, fidalgote, serrote
ete	bailete, cunhete	*oto*	leiroto, perdigoto
eto	coreto, folheto	*ucho*	papelucho
ica	pelica, pelotica	*ula*	célula, fórmula
icho	governicho, coelhicho	*ulo*	glóbulo, módulo, nódulo
ico	burrico, namorico	*zinha*	mãezinha, mãozinha
il	covil, cabanil	*zinho*	irmãozinho, tatuzinho
ilha	presilha, espadilha, pontilha, flotilha		

Nota: Deve o aluno estudioso aproveitar-se de todas as ocasiões que possam enriquecer-lhe o vocabulário, procurando no dicionário o significado de palavras desconhecidas.

239 – Os sufixos graduais mais comuns em português são *ão*, para o aumentativo, e *inho*, para o diminutivo, correspondentes às formas latinas *onem* e *inum*. A esses sufixos acrescentou-se, depois, a consoante de ligação *z*. Eruditamente, ouve-se dizer *papelão* e *papelinho*, sendo popularmente mais difundidas as formas *papelzão* e *papelzinho*. Note-se que, com os oxítonos terminados em vogal, oral ou nasal, sempre se emprega a forma *zinho*, e o mesmo se dá com o maior número dos proparoxítonos:

pá – pazinha	filó – filozinho
limão – limãozinho	lâmpada – lampadazinha

Observação:

É interessante notar a preferência que dão no norte ao sufixo *zinho*; as próprias palavras paroxítonas, às quais, no sul, acrescentam o sufixo *inho* (cidadinha, caderninho, cachorrinho), no norte as fazem terminar, no diminutivo, em *zinho*: "Icó é uma *cidadezinha pequeninazinha* mas *interessantezinha*".

240 – É fácil ver a abundância de sufixos graduais existentes em nossa língua; empregamo-los também com os adjetivos, notando-se que, neste caso, a forma aumentativa traz, muitas vezes, sentido pejorativo, isto é, de desprezo, de ironia:

bobo	bobão, bobalhão	bobinho
bonito	bonitão	bonitinho, bonitote
santo	santarrão	santinho

O próprio diminutivo é passível de nova flexão diminutiva:

pequenino – pequeninote – pequenininho
pequerrucho – pequerruchinho
pequetito – pequetitinho

Observações:

1ª – Nem sempre o diminutivo implica diminuição no tamanho do ser; muito frequentemente o seu emprego denota carinho: *paizinho*, *mãezinha*, *amiguinha*.

2ª – Na linguagem familiar, o diminutivo se aplica até aos verbos e aos advérbios: *dormindinho*, *cedinho* (muito cedo), *longinha* (bastante longe), *pertinho* (bem perto), *agorinha* (neste momento).

Tais formas devem ser evitadas, havendo algumas, como *elinho* e *vocezinho* (diminutivos de *ele* e *você*), que são até ridículas, pois os pronomes jamais podem sofrer flexão gradual.

3ª – No trato doméstico, os nomes próprios têm desinências ou formas especiais diminutivas; recebem o nome de *hipocorísticos* esses vocábulos familiares ou infantis, sobretudo quando neles há duplicação de sílaba (*papá*, *Lili*):

Alexandre – Xandu.

Ana – Aninha, Anazinha, Naninha, Anita, Anicota, Nicota, Anica, Anoca, Aniquita, Nanoca, Nanazinha, Naná, Ná.

Antônio – Tó, Totó, Toinho, Tozinho, Tonico, Totonho, Nhonhô.

Aparecida – Cida, Cidinha.

Carlos – Carlito, Calu, Calão, Calila.

Carlota – Carlotinha, Lota, Lotinha, Loló, Lolota.

Domingos – Dominguinhos, Minguinho, Mingu.

Evangelina – Vanju.

Fernando – Nandu.

Gertrudes – Tuda, Tudinha, Gertres, Gertrinha.

Isabel – Isabelinha, Zabelinha, Belinha, Beloca, Bilu, Biluca.

João – Janjão, Jango, Joca, Jangote, Janguta.

Joaquim – Joaquinzinho, Quim, Quinzinho, Quinzuca, Quinquim, Quincas, Quinu.

José – Zé, Zezinho, Zezito, Zezé, Zezeca, Zeca, Zequinha, Zequita, Juca, Zuza, Zuzu, Cazuza, Deca.

Luís – Luisito, Luisinho, Lulu, Lula.

Manuel – Mandu, Manduca, Maneco, Manequinho.

Maria – Mariazinha, Marieta, Mariquinha, Mariquita, Marica, Maricas, Maricota, Maroca, Cota, Cotinha.

Pedro – Pedrinho, Pedrito, Pedroca, Pedrota.

4ª – A flexão gradual, em vez de indicar variação de tamanho, pode significar desprezo, ironia, emprestando à expressão sentido pejorativo: *poetaço*, *poetastro*, *tenentaço*, *mulheraça*, *mestraço*, *santarrão*, *fradalhão*, *populacho*, *vulgacho*, *papelucho*.

5ª – Nenhuma dificuldade há na flexão genérica das terminações graduais; note-se apenas que o feminino dos aumentativos em *ão* termina em *ona* (*valentão*, *valentona*), flexão esta que por analogia ocorre em certos nomes como *chorão* (*chorona*), *poltrão* (*poltrona*).

6ª – Dá-se com o aumentativo de certos substantivos femininos fenômeno muito curioso; mudança de gênero. *Porta* é substantivo feminino, mas *portão* é masculino; houve certa mudança de sentido, é verdade, mas a mudança de gênero pode ser averiguada em outros casos:

normal	***aumentativo***	***normal***	***aumentativo***
a cabeça	o cabeção	a casa	o casarão
uma figura	um figurão	a máquina	o maquinão
a caixa	o caixão	a caldeira	o caldeirão

7ª – Observe-se que o feminino de diversas palavras nossas foi tirado do diminutivo, guardando porém a significação normal:

masculino	***feminino***	***masculino***	***feminino***
galo	galinha	cão	cadela

8ª – Há formas normais em português provindas de diminutivos de outros idiomas:

abelha	(de *apiculam*, dimin. de *apis*)
ovelha	(de *oviculam*, dimin. de *ovis*)
orelha	(de *auriculam*, dimin. de *auris*)
janela	(de *januellam*, dimin. de *janua* = porta)
cravelha	(de *claviculam*, dimin. de *clavus* = cravo, prego)
válvula	(de *valvulam*, dimin. de *valva* = porta de duas metades)
folecho	(do espanhol *folecho*, dimin. de *fole* = bolha na pele; tufo; prega no vestido)
presilha	(do espanhol *presilla*, dimin. derivado de *presa*)

9ª – Alguns substantivos flexionados em *ão* perderam o valor aumentativo; assumindo significação especial: *florão* (ornato de arquitetura), *portão* (entrada), *caixão* (ataúde), *cascão* (sujidade).

Igualmente, outros há com flexões diminutivas, com significado normal: *tabernáculo* era, entre os hebreus, a *pequena taberna* que guardava as coisas sagradas; e, assim, *fascículo*, *opúsculo*.

10ª – Por que o diminutivo de *ave* se escreve com *z* (*avezinha*) e o diminutivo de *aviso* se escreve com *s* (*avisinho*)?

Sempre que o sufixo for *zinho*, o diminutivo se grafará com *z*:

ave + zinha – aveZinha	pastel + zinho – pastelZinho
flor + zinha – florZinha	colônia + zinha – coloniaZinha

Se o sufixo for simplesmente *inho*, dependerá da forma normal a grafia; *avisinho* escreve-se com *s*, porque *aviso* se escreve com essa letra; *narizinho* escreve-se com *z*, porque é com *z* que se escreve *nariZ*. Outros exemplos:

a*S*inha – a*S*(a) + inha	bra*S*inha – bra*S*(a) + inha
ca*S*inha – ca*S*(a) + inha	raiZinha – raiZ + inha
ra*S*inho – ra*S*(o) + inho	

11ª – Formas aumentativas existem que mais constituem palavras novas, com terminações próprias, do que palavras com sufixos que a elas se acrescentem: *espadagão*, *narigão*, *pedinchão*, *puxavão*, *sabichão*.

Questionário

1. Que é *grau dos substantivos*? (V. a parte final do § 236.)
2. Quantos e quais são os graus dos substantivos? Exemplos.
3. Qual o diminutivo de *pé*, *irmã* e *vintém*?
4. Que diz dos diminutivos *mãezinha* e *amiguinha*?
5. Que diz desta oração: "Ele saiu *agorinha mesmo*"?
6. Critique também estoutra: "Coitado *delinho*!"
7. *Cazuza*, *Cotinha*, *Beloca*, *Quincas* e *Mingu* são diminutivos de que nomes?
8. Que diz das formas aumentativas *poetastro* e *santarrão*?
9. Qual o feminino de *poltrão*? Por quê?
10. *Galinha* de que grau é? (Não se deixe enganar pela terminação: V. bem a obs. 7ª do § 240.)
11. Que diz, quanto ao étimo, dos substantivos *abelha* e *janela*?
12. Que diz, quanto à flexão gradual, dos substantivos *caixão* e *florão*?
13. Por que *casinha* se escreve com *s* e *avezinha* com *z*?

Os claros na numeração dos parágrafos têm por fim possibilitar a inclusão de algum provável acréscimo que se torne futuramente necessário.

CAPÍTULO 13

ARTIGO

243 – **Artigo** é a palavra variável que tem por fim *individualizar*, isto é, *indicar* a coisa; essa *individualização* ou *indicação* pode ser feita de duas maneiras: ou de maneira precisa, *definida*, ou de maneira imprecisa, *indefinida*. *Daí* as duas espécies de artigos e respectivas flexões de gênero e de número:

A) Artigos **definidos**:

o	– masculino singular	– *o* homem
a	– feminino ”	– *a* mulher
os	– masculino plural	– *os* homens
as	– feminino ”	– *as* mulheres

B) Artigos **indefinidos**:

um	– masculino singular	– *um* homem
uma	– feminino ”	– *uma* mulher
uns	– masculino plural	– *uns* homens
umas	– feminino ”	– *umas* mulheres

Observações:

1ª – Que o artigo *individualiza*, isto é, *indica*, *aponta* um objeto, é coisa fora de dúvida; consideremos a expressão *meu filho*. A omissão do artigo, nesse caso, deixa-nos entrever a existência de outros filhos; se, acrescentando à expressão o artigo *o*, dissermos *o meu filho*, já outro sentido ela adquire, pois o artigo virá *indicar*, *individualizar* a coisa expressa, denotando a existência de um único filho ou de um filho todo especial, mais querido que os outros; daqui a diferença entre as expressões: “Mário é amigo de Paulo” e “Mário é *o* amigo de Paulo”.

Tão citado quanto expressivo, sirva-nos este exemplo de Vieira: "Os outros também eram seus filhos, não o negara Jacó; mas *o* seu filho era José. Vai muito de ser filho a ser *o* seu filho".

O artigo indefinido não tem a mesma precisão de individualização que o definido; dizendo *um amigo meu*, não declaramos a existência ou não de outros amigos, como, ainda, no caso de existência de outros, não o fazemos sobressair.

2ª – *El*, *lo*, *la* são formas arcaicas do artigo definido, usadas no período em que o português se estava formando. *El* é hoje apenas empregado em *el*-rei (= o rei) e *El*dorado (região fantástica situada entre o rio Amazonas e o rio Orenoco).

O *lo*, com suas variantes numéricas e genéricas, é ainda muito empregado junto aos verbos – *louvá-lo* (louvar-lo), *dizê-lo* (dizer-lo), *louva-lo* (louvas-lo), *ama-lo* (amas-lo), *di-lo* (diz-lo), *deu-no-lo* (deu-nos-lo) – e em certos casos como *a la fé* (*A la fé* que não fui eu = Juro que não fui eu), *a la mira* (Estava *a la mira* = Estava espreitando), *a la arma* (donde *alarma*: dar o *alarma*), *a la moda* (Ele anda *a la moda* = Ele anda de acordo com a moda), *a l'obra* (*A l'obra*, gritou o feitor = Ao trabalho, gritou o feitor) – Vide todo o § 121.

3ª – O *artigo definido* português bem como o francês (*le*, *la*, *les*), o italiano (*il*, *lo*, *la*, *i*, *gli*, *le*) e o espanhol (*el*, *lo*, *la*, *los*, *las*) proveio do demonstrativo latino *ille*, *illa*, *illud*. De *illum*, acusativo de *ille*, tivemos *illo*, *ello* (el) *lo*, e de *illam* obtivemos o correspondente feminino *a*.

De que a forma *lo* foi a primitiva não há dúvida: "A forma *tôdollos*, que se encontra nos clássicos remotos, não é mais do que *todos los*, em que o *s* de *todos* se assimilou ao *l* do artigo. Que a forma pronominal primitiva também foi *lo*, provam-no fatos incontestáveis. Se antigamente se escrevia *amallo* (hoje *amá-lo*), foi porque o *r* do infinitivo se assimilou ao *l* do pronome. Donde se vê claramente que o elemento absorvente foi o *l* do pronome, não o *r* do infinitivo. Por isso é mais de acordo com os fatos históricos e com a lógica escrever *amá-lo*, e não *amal-o*.

Resta explicar a razão por que a forma *lo* deixou cair o *l* e se reduziu ainda a *o* no artigo. Esse fenômeno começou com as formas pronominais. Como, em vez de *manda-o*, por exemplo, dizia-se *mânda-lo*, no presente do indicativo, sucedeu que o *l*, sendo intervocálico, caiu (§ 71). A analogia completou a tarefa, estendendo depois ao artigo a forma reduzida do pronome" – Otoniel Mota.

4ª – Possuímos duas palavras que ordinariamente não admitem o artigo: *casa*, na acepção de morada, residência, e *palácio*, na significação de gabinete de trabalho de chefe de governo: vim *de* casa, estive *em* casa, vou *a* palácio, não estive *em* palácio.

Outro caso de supressão do artigo se dá com a palavra *terra* na acepção de *chão firme*, empregada para contrastar com o elemento movediço do mar: "Estive *em* terra", "Iremos *por* terra".

Quanto ao artigo em expressões como "Palácio da Justiça", importa dizer que nelas não há nenhuma especificação ou determinação de significado que o exija. Entre "Palácio *da* Justiça" e "Palácio *de* Justiça" não há nenhuma diferença de sentido. Por que então o artigo? Por abuso, por intromissão, muito frequente em tais casos no nosso idioma e inexistente em outros, como no inglês, que constrói "House of Charity", "Palace of Justice" (nunca "House of the Charity", "Palace of the Justice").

Dizemos "Palácio *da* Justiça", sem com isso particularizar a significação do substantivo *justiça*, que conserva, na frase, a significação ampla e genérica, a despeito do abusivo artigo.

Ainda que amanhã o uso implacável venha a dizer "Santa Casa *da* Misericórdia", "Instituto *da* Educação", não perderão tais substantivos (misericórdia, educação) a sua significação ampla e genérica; serão novos abusos do artigo, isto sim, como no caso de "Palácio *da* Justiça".

"Palácio *da* Justiça" é mero e típico abuso do artigo em português. Com regimes concretos outro seria o assunto (*Casa do Povo*, *Abrigo do Velho Desamparado*), mas com aqueles outros, abstratos, não conseguimos justificar o artigo.

5ª – Constitui erro em português o abusivo emprego dos indefinidos *um*, *uma*, como faz o francês; eis alguns casos e exemplos oferecidos por Mário Barreto:

Soava na igreja rumor alegre (e não: *um* rumor alegre) – Falou em tom peremptório (e não: em *um* tom peremptório) – Respondeu com voz lenta e solene (e não: com *uma* voz...).

Entre outros casos em que sobeja em português o artigo indefinido, podemos citar os seguintes:

a) sempre antes do pronome adjetivo indefinido *outro* e do advérbio *tão*: Dobramos outra fila de montanhas (e não: *uma* outra fila) – Estava em tão mau estado (e não: em *um* tão mau estado);

b) ordinariamente antes de *certo*, *semelhante*, *tal*: Disseram-me *certa* coisa (e não: *uma certa* coisa) – Com *certa* serenidade (e não: com *uma certa* serenidade) – É digno de capitanear *tal* batalhão (e não: *um tal* batalhão) – *Semelhante* trabalho é longo (e não: *um semelhante* trabalho);

c) com elegância, antes do predicativo do verbo *ser*, se tal supressão convém à harmonia: João *é* homem de mérito (e não: João *é um* homem de mérito) – Tu *és* mulher de duas caras (e não: Tu *és uma* mulher de duas caras).

6ª – É elegante a interposição da conjunção *como* entre o indefinido e o substantivo por ele modificado: "Sinto passar em volta de nós *uma como* aura fugitiva". Pode até, às vezes, dar-se a inversão: "Sentiu *como um* estalo na cabeça".

7ª – O indefinido indica aproximação e equivale a "pouco mais ou menos", quando junto a cardinal: "Ele tem *uns* quarenta anos" – "*Uns* duzentos ao todo".

8ª – A presença do indefinido traz reforço em certas frases exclamativas, reforço que então se revela na própria entonação de voz ("Estava com *uma* fome!") ou em certos períodos em que o nome por ele modificado vem seguido de subordinada adjetiva que lhe empresta sentido: "E minha mãe beijava-me com *uma* ternura *que não sei escrever*".

9ª – Nas enumerações, os elementos citados podem vir com ou sem artigo, conforme a necessidade ou não de especificação: "São línguas vivas: português, italiano, inglês, espanhol etc."

Quando, porém, o primeiro elemento vem antecedido de artigo, este deve aparecer também antes dos demais: "São línguas vivas *o* português, *o* italiano, *o* inglês, *o* espanhol etc."

244 – Quanto ao emprego do **artigo definido**, note-se que

A) *É ele* **USADO:**

1 – Antes de nomes próprios de pessoas íntimas por relações de parentesco ou políticas: *o João*, *a Maria*, *o Arnaldo*.

Nota: Diz-se, porém, *Rui Barbosa*, *Carlos Pereira*, *Roosevelt*, *Maria Cristina*, ou por não nos serem íntimas tais pessoas ou por serem elas célebres.

O emprego da crase antes de nomes próprios femininos obedecerá à possibilidade ou não do artigo *a* (§ 118, 7).

2 – Salvo exceções, que não são poucas, com os nomes próprios geográficos: *a Argentina*, *os Estados Unidos*.

Notas: 1ª – *Europa*, *Ásia* e *África* não levavam outrora artigo; daí o dizer "Meter lanças *em* África". Esses nomes, bem como os de alguns países, como *Espanha*, *França*, *Inglaterra*, *Holanda*, não exigem obrigatoriamente o artigo, *quando regidos de preposição*: vir *de* França, Leão *de* França, estar *em* Holanda.

Usualmente, cidades são designadas sem artigo; algumas exceções existem, fundamentadas no histórico, na formação dessas cidades. *o Cairo*, *o Rio de Janeiro*, *o Porto*, *o Lobito*, *o Havre*, *a Beira* (cidade da África Oriental). V. *Dicionário de Questões Vernáculas*, *Recife*.

2ª – O emprego da crase antes de tais nomes, quando femininos, baseia-se no que ficou dito no § 118, 8.

3 – Antes de nomes que designam criações literárias, artísticas: *o Guarani*, *a Vênus de Milo*, *os Serões Gramaticais*.

4 – Quando se designam embarcações; neste caso, o gênero será dado de acordo com o tipo de embarcação; se se tratar de navio, será usado o artigo masculino, se de fragata, o feminino: *o Princesa Mafalda* (navio), *a Almirante Barroso* (fragata).

5 – Antes dos epítetos, agnomes ou alcunhas: José Bonifácio, *o* Moço; Maria, *a* Louca; Filipe, *o* Belo.

6 – Em função pronominal, para substituir nome anteriormente citado, sempre que se tornar necessário: "Entre a esquadra alemã e *a* inglesa". A omissão do *a* grifado traria outro sentido à expressão, dando-nos a entender uma só esquadra, de navios alemães e ingleses.

7 – Para substantivar palavras e frases: *o sim*, *o de*, *o para*, *o começar*, *o dá cá toma lá*.

B) *É ele* **OMITIDO:**

1 – Em provérbios, máximas e orações sentenciosas: "*Amor* com amor se paga" (e não: "O amor...") – "*Cortesia* obriga a cortesia" (e não: "*A* cortesia...") – "*Mocidade* vaidosa não chegará jamais à virilidade útil" (e não: "*A* mocidade...") – "*Motorneiro* atento não conversa em serviço" (e não: "*O* motorneiro...").

2 – Quando se define a coisa: "*Botânica* é a parte da história natural que..." – "*Gramática* é a ciência que..." (e não: "*A* botânica é..." – "*A* gramática é...").

Note-se que nas definições entra o verbo *ser* (razão por que é em filosofia chamado *verbo substantivo*, verbo que define as coisas); não havendo este verbo, não há definição e, portanto, o artigo deve aparecer: "*A* gramática *divide-se* em três partes..." – "*A* botânica *trata* de...".

3 – Nos vocativos: "Que quer, *homem*?"

Se colocássemos o artigo, o sentido da oração ficaria alterado: "Que quer *o* homem?"

4 – Antes dos pronomes de tratamento começados por possessivos: *sua senhoria*, *vossa majestade* etc.

É isso sinal de que tais expressões não podem vir precedidas de *a* craseado: "Dei isso *a* vossa senhoria" (e não: *à* vossa senhoria).

Nota: Não se tratando de expressões de tratamento nem de individualização especial (obs. 1ª do § 243), é indiferente o emprego do artigo antes dos possessivos: *meu caderno*, *o meu caderno*, *teu lápis*, *o teu lápis*, *a casa do meu tio* (ou *de meu tio*), *em frente da minha casa* (ou *de minha casa*), *o meu filho Pedro* (ou *meu filho Pedro*), *confirmação do nosso pedido* (ou *de nosso pedido*).

O ouvido ou o sentido, de acordo com o que ficou dito na 1ª observação do § 243, é o que regula esse emprego.

5 – Antes de datas: "Isto se deu *em* 3 de maio" (e não *no* 3 de maio, como fazem os italianos). Quando, porém, queremos especificar a festa, empregamos o artigo: "*O* 7 de setembro foi solenemente comemorado".

6 – Sempre que desnecessário, antes de aposto: "Livro do abade Moreaux, notável polígrafo" (e não, como faz o francês: "Livro do abade Moreaux, *o* notável polígrafo"). Quando colocado antes do fundamental, o aposto não se acompanha do indefinido: "Paulista de Araçatuba, ele nunca completou o curso primário" (e não: "Um paulista de...").

7 – Antes de substantivos abstratos, em expressões em que não há nenhuma determinação: "Você tem razão" – "Ele disse mentira" – "Fale verdade" – "Faça com confiança" – "Não tenho culpa" – "Com razão e verdade se chama a esse ornato mundo" – "Não quero sofrer castigo por falta que não cometi".

Nota: Uma vez existente uma determinação, o artigo aparece: "Vou contar a verdade" – "Ele está com a razão" – "Vou relatar a mentira" – "Você está com a culpa" – "Você sofrerá o castigo".

8 – Com poucas exceções, antes de nome de cidade. V. o final da nota 1 do nº 2 da letra A deste mesmo parágrafo.

Questionário

1. Que é *artigo* e como se divide?
2. Que é *artigo definido*?
3. Que é *artigo indefinido*?
4. A presença do *artigo definido* ou a do *indefinido* ou a ausência de ambos podem trazer à expressão diferença de sentido? Explique, com exemplos, esta questão.
5. Que diz das formas *el* e *lo*?
6. Por que *amá-lo* é mais correto que *amal-o*?
7. Por que a crase em "vou *à* casa de tarde" constitui erro? Quanto ao emprego da crase, há mais palavras femininas nas mesmas condições de *casa*?
8. Que diz das expressões: *Uma outra coisa há – Tenho um certo receio – Nunca vi um semelhante homem – Isto é um caso de polícia*?
9. E desta outra: "*Estava com uma fome*!"? (Observe que a oração é exclamativa.)
10. Quando podem os nomes próprios personativos femininos vir precedidos de crase? Por quê?
11. Que diz, quanto ao uso do artigo, sobre os substantivos *Europa*, *Ásia* e *África*?
12. É certo, tratando-se de uma embarcação – uma fragata, por exemplo – empregar a crase na expressão: *Dirigiu-se à Almirante Barroso*?
13. Nas definições, coloca-se artigo antes do termo que se define? Qual o verbo que entra nas definições?
14. Por que é erro empregar a crase na expressão: *Falo à vossa majestade*?
15. Entre as expressões "meu lápis" e "o meu lápis" há diferença de pureza gramatical? (Não se trata da diferença de sentido: V. bem a *nota* do n.º 4 da letra B do § 244.)
16. Que diz do emprego do artigo antes das datas?
17. Que diz do emprego do artigo antes do aposto?

CAPÍTULO 14

ADJETIVO

247 – A esta classe pertencem todas as palavras que se referem ao substantivo para indicar-lhe uma qualidade, ou seja, **adjetivo é toda a palavra que modifica a compreensão do substantivo**, afetando, quanto à ideia, a substância da coisa: homem *inteligente*, laranjeira *alta*, rapaz *estudioso*, homem *magnânimo*.

248 – Antes de entrar no estudo da classe dos adjetivos, façamos as seguintes

Observações:

1ª – Do fato de vir o adjetivo qualificando o substantivo, resulta muitas vezes que, tirando-se o substantivo, continua sendo este facilmente subentendido, sem prejuízo para o sentido; assim é que se diz "o *cego*" – "um *avarento*" – "aquele *perverso*" etc. Tais adjetivos assumem então o caráter do substantivo, e é disso confirmação o fato de poderem vir acompanhados de um artigo. Sempre que tal acontece, tais adjetivos se dizem adjetivos substantivados. **Adjetivo substantivado** é, pois, o adjetivo que exerce função de substantivo.

2ª – Vice-versa, o substantivo pode passar para a classe dos adjetivos. Tal sucede sempre que o substantivo se relaciona com outro substantivo, passando, pois, a ser modificador, e, por conseguinte, a funcionar como adjetivo: menino *prodígio*, filho *homem*, laranja *lima*, comício *monstro*, homem *máquina*.

Prodígio, *homem*, *lima* e *máquina* são substantivos, mas, por virem modificando substantivos, tornam-se adjetivos. Diz-se, nesses casos, que o **substantivo** está **adjetivado**. **Substantivo adjetivado** é, portanto, o substantivo que exerce função de adjetivo.

3ª – É tão frequente esse fenômeno de intercâmbio taxeonômico (passagem de uma classe para outra), que certos adjetivos perderam inteiramente o seu caráter próprio; haja vista, dentre muitas, a palavra *moço*. *Musteus* é registrado nos dicionários latinos como *adjetivo* e, no entanto, nos dicionários portugueses, *moço* é, em primeiro lugar, classificado, definido e estudado como **substantivo**.

Essa é a razão por que o latim, que imprime na gramática o mais forte cunho lógico possível, designa, conjuntamente, as duas primeiras classes de palavras, o substantivo e o adjetivo, sob a denominação genérica *nome*: *nomen substantivum*, *nomen adjectivum*.

4ª – Acontece, às vezes, que o adjetivo indica uma qualidade já intrínseca, própria, inerentemente existente no substantivo; neste caso, diz-se que o adjetivo é **explicativo**: pedra *dura*, água *mole*, neve *branca*, brasa *quente*.

Quando, porém, menciona qualidade que pode existir ou deixar de existir no substantivo, o adjetivo chama-se **restritivo**: homem *branco*, homem *preto*, homem *bom*, homem *mau*.

249 – **ADJETIVOS PÁTRIOS** – Na classe dos adjetivos estão incluídos os nomes que indicam a *nacionalidade*, a pátria, o lugar, a procedência de uma coisa. Esses adjetivos derivam do próprio nome da nação ou do lugar, e daí a razão de se chamarem **pátrios**. Tais adjetivos podem também denominar-se **gentílicos** (ou *étnicos*) quando designativos da raça ou região de origem: *africano*, *asiático*, *saxão* (pronuncie *sakção*).

Alguns adjetivos pátrios:

Arábia	árabe	arábico
Áustria	austríaco	
Bahia	baiano	
Bélgica	belga	
Brasil	brasileiro	brasilense, brasílio, brasílico
Checoslováquia	checoslovaco	
China	chinês	chim, chino
Egito	egípcio	egipcíaco, egipciano, egiptano
Escócia	escocês	
Espanha	espanhol	
Inglaterra	inglês	ânglico, anglicano (= que segue o anglicanismo)
Java	javanês, jau (jáu)	
Judeia	judeu	judaico, judengo, judio
Minas	mineiro	
Noruega	norueguês	
Pérsia	persa	pérsico, persiano
Polônia	polonês	polônio (*polaco* é forma pejorativa)
Porto	portuense	

Portugal	português, lusitano, luso
São Paulo	paulista, paulistano
Sergipe	sergipano, sergipense
Suécia	sueco (é)
Suíça	suíço

Notas: 1ª – Os adjetivos pátrios que vêm na primeira coluna prestam-se tanto para *pessoas* quanto para *coisas*, e podem ser empregados substantivamente: *o inglês*, *o francês*, *o judeu*. Os da segunda coluna prestam-se para *coisas*: goma *arábica*, golfo *pérsico*, plagas *brasílicas*.

2ª – Entre *paulista* e *paulistano* costuma ser feita a seguinte diferença: *Paulista* é o natural do Estado de São Paulo; *paulistano*, o nascido na cidade de São Paulo.

Diferença semelhante se faz entre os nascidos no Estado do Rio, que se denominam *fluminenses* (lat. *flumen* = rio), e os nascidos na cidade do Rio, chamados *cariocas* (tupi-guarani *cariboca* = descendente de branco).

3ª – *Brasileiro* era o que comerciava com pau-brasil, como se chamava *mineiro* o que trabalhava nas minas, *campineiro* o que vivia nas campinas. Com a fixação dos nomes *Brasil*, *Minas* e *Campinas*, passaram aqueles substantivos à classe de adjetivos pátrios.

4ª – *Brasilense* é o relativo ao Brasil, enquanto *brasiliense* se relaciona com a cidade de Brasília.

5ª – V. *Dicionário de Questões Vernáculas*, "gentílicos", "luso-brasileiro", "adjetivo pátrio composto".

Outros adjetivos pátrios:

Afeganistão	afegão, afegane, afegânico
Algarve	algarvio, algarviense
Andaluzia	andaluz
Anju (*fr.* Anjou)	angevino
Aragão	aragonês
Arécio (Arezzo)	aretino
Argel	argelino
Artésia (*fr.* Artois)	artesiano
Batávia	batavo
Baviera	bávaro
Beira	beirão (*f.* beiroa), beirense
Belém (da Jordânia)	belemita, betlemita
Belém (do Pará)	belenense
Beócia	beócio
Borgonha	borgonhão, borgonhês
Braga	bracarense
Bragança	bragançāo, bragançano, brigantino, bragantino
Buenos Aires	portenho, bonaerense, buenairense
Cádis	gaditano
Cairo	cairota
Canárias	canário
Cândia	candiota
Caracas	caraquenho
Catalunha	catalão
Ceilão	cingalês, ceilanês
Chaves	flaviense
Chile	chileno
Chipre	chipriota, cipriota
Coimbra	coimbrão, coimbrês, conimbricense
Congo	conguês, congo, congolês
Constantinopla	constantinopolitano
Córdova	cordovês
Córsega	corso
Dalmácia	dálmata
Damão	damanense
Damasco	damasceno, damasquino
Dio	dioense
Douro	duriense
(entre) Douro e Minho	interamnense
Entre Rios	entrerriano

Equador	equatoriano
Estados Unidos da Am. do Norte	norte-americano, estadunidense (D. QVs *América*)
Estremadura	estremenho
Etiópia	etíope, etiópico, etiópio (*f.* etiopisa)
Évora	eborense
Finlândia	finlandês, finês, fino
Flandres	flamengo
Gales	galês
Gália	galo, gaulês
Galileia	galileu
Galiza	galego
Gasconha	gascão
Goa	goano, goês
Granada	granadino
Guatemala	guatemalense, guatemalteco
Guimarães	vimaranense
Guiné	guinéu
Hungria	húngaro, magiar
Índia	indiano, índio
Índia Portuguesa	indo-português; canará, canarês, canari, canarim, canarino Conforme o distrito: goano, goês; damanense; dioense
Jerusalém	hierosolimitano
Juiz de Fora	juizforense
Lima	limenho
Lisboa	lisboeta, lisbonense, lisbonino, lisbonês, lisboês, lisboano, olisiponense, ulissiponense, alfacinha
Lombardia	lombardo
Londres	londrino
Macau	macaísta, macaense
Madagáscar	malgaxe, malgaxo
Madri	madrileno, madrilense, madrilês, matritense
Maiorca	maiorquino
Malaca	malaqueiro, malaquista, malaquês

Málaga	malaguenho, malaguês
Mancha	manchego
Manchúria	manchu
Marajó	marajoara
Marrocos	marroquino
Milão	milanês
Minho	minhoto
Mônaco	monegasco
Mongólia	mongol
Montenegro	montenegrino
Nápoles	napolitano, partenopeu (de *Partênope*, antigo nome de Nápoles)
Nazaré	nazareno (nazáreo)
Ovar	ovarino
Palermo	palermitano, panormitano
Parma	parmesão
Patagônia	patagão
Porto Rico	portorriquenho
Ribeirão Preto	riberopretano
Rodes	ródio
Romênia	romeno (ê)
Salamanca	salamantino, salamanquino
Salvador (Bahia)	salvadorense, soteropolitano
Samaria	samaritano
Santarém	santareno
São Salvador (América Central)	salvatoriano, salvadorenho
Sardenha	sardo, sardenho
Sertãozinho	sertanezino
Sião	siamês
Sintra	sintrão (*f.* sintrã)
Tânger	tangerino, tingitano
Terra do Fogo	fueguino
Torres	torrense
Trento	trentino, tridentino
Três Corações	tricordiano
Tui	tudense, tudino
Tunes	tunesino
Tunísia	tunisiano
Urais	uraliano, urálio, urálico
Veneza	veneziano
Viana	vianense, vianês

250 – **LOCUÇÃO ADJETIVA**: Assim como os substantivos do quarto grupo do § 167 e os do § 168 constituem **locuções substantivas**, isto é, substantivos analiticamente expressos por mais de uma palavra, também os adjetivos podem ser expressos por **locuções**, ou seja, por mais de uma palavra.

Se, quando dizemos "altar *marmóreo*", indicamos uma qualidade por meio do adjetivo *marmóreo*, igual qualidade indicamos quando dizemos "altar *de mármore*", empregando, para qualificar o substantivo *altar*, mais de uma palavra: *de mármore*.

É verdade que existe certa diferença de sentido nessas expressões, pois um "altar *marmóreo*" pode não ser *de mármore* e, sim, imitação; mas idêntica é a função do adjetivo *marmóreo* e a da locução *de mármore*: qualificar o substantivo *altar*.

Outros exemplos de **locuções adjetivas**:

coisa *sem pé nem cabeça*	trem *de carreira*
torneira *de água quente*	piano *com três pedais*

251 – Quanto à **formação**, o adjetivo pode ser:

primitivo e *derivado*
simples e *composto*

1. **PRIMITIVO** é o que dá origem a outro: *formal*, *pardo*, *leve*.

2. **DERIVADO** é o proveniente de outro: *formalístico*, *pardacento*, *leviano*.

3. **SIMPLES** é o constituído de uma só palavra: *luso*, *cirúrgico*.

4. **COMPOSTO** é o formado de duas palavras: *luso-brasileiro*, *médico-cirúrgico*.

Questionário

1. Que é *adjetivo*?
2. Que é *adjetivo substantivado*? Construa uma oração com adjetivo nessas condições.
3. Que é *substantivo adjetivado*? Construa uma oração com substantivo nessas condições.
4. "Um guerreiro moço" – "Um moço guerreiro": Nessas frases, qual o substantivo e qual o adjetivo?
5. Entre adjetivo *explicativo* e *restritivo* qual a diferença?
6. Que são *adjetivos pátrios*? Exemplos.

7. Quais são os adjetivos pátrios de *Brasil*, *China*, *Judeia* e *Polônia*?
8. Explique, com exemplos seus, o que ficou escrito na *nota 1* do § 249.
9. Que é *locução adjetiva*? Exemplos.
10. Quanto à formação, como pode ser o adjetivo? Exemplos.

Claros na numeração dos parágrafos têm por fim possibilitar em futuras edições algum acréscimo que se torne necessário.

CAPÍTULO 15

FLEXÃO DO ADJETIVO*

255 – Os adjetivos, assim como os substantivos, flexionam-se de três maneiras:

a) quanto ao *gênero*
b) quanto ao *número*
c) quanto ao *grau*

Se em certas línguas, como, por exemplo, no inglês, o adjetivo tem uma única forma, invariável, quer o substantivo seja masculino ou feminino, quer singular ou plural, em português o adjetivo se flexiona de acordo com o gênero e com o número do substantivo a que se refere.

Sobre as regras desses dois tipos de flexão do adjetivo pouco há que dizer, visto serem **quase idênticas às regras dos substantivos**. Veremos, apenas, certas normas, ponderações e cuidados que esses dois tipos de flexão requerem.

Flexão genérica

256 – Os adjetivos terminados em *eu* fazem o feminino em *eia*:

masculino	***feminino***	***masculino***	***feminino***
ateu	ateia	europeu	europeia
cananeu	cananeia	galileu	galileia
eritreu	eritreia	hebreu	hebreia

(*) Para facilidade de exposição, incluem-se aqui vários tipos de pronomes que outra vez serão vistos sob seus aspectos particulares.

Exceções:

masculino	*feminino*	*masculino*	*feminino*
judeu	judia	sandeu	sandia
meu	minha	seu	sua
teu	tua		

Nota: Há quatro adjetivos terminados em *éu* – *griséu*, *ilhéu*, *incréu* e *tabaréu* – que no feminino se flexionam: *griseia*, *ilhoa*, *increia* e *tabaroa*.

257 – Os adjetivos terminados em *oso* passam a ter o primeiro *o* aberto no feminino e no plural de ambos os gêneros (o acento é só para indicar a pronúncia):

bond*ô*so	bond*ó*sa	bond*ó*sos	bond*ó*sas
mim*ô*so	mim*ó*sa	mim*ó*sos	mim*ó*sas

258 – Os adjetivos terminados em *ês*, *ol*, *or* e *u* vão para o feminino mediante simples acréscimo da desinência *a*:

português – portuguesa	espanhol – espanhola	nu – nua
camponês – camponesa	defensor – defensora	cru – crua

Excetua-se *mau* que faz *má*.

Notas: 1ª – Antigamente, os adjetivos terminados em *es* (que se grafava *ez*), *ol* e *or* eram, quanto ao gênero, uniformes, isto é, de uma única forma, invariáveis: ela é *autor*, temos uma *defensor*, uma *pastor*, minha *senhor*, mulher *pecador*, manceba *morador*...; dentre os terminados em *or*, esse fenômeno ainda se observa nos comparativos *inferior*, *melhor*, *menor*, *pior* etc.; neste particular é interessante observar o que se passa com *superior*, que, permanecendo genericamente invariável quando adjetivo (É ela *superior* a mim), varia quando empregado substantivamente: A *superiora* do convento.

Quanto ao feminino de *senhor*, cumpre observar a vocalização da sílaba tônica, fechada em Portugal – *senhôra* – e aberta no Brasil: *senhóra*.

Por mais teimosos pretendamos ser, jamais poderemos seguir os portugueses na verdadeira pronúncia desse feminino; Mário Barreto chegou a chamar *pedantesca* a pronúncia fechada desse nome no Brasil. Na verdade, é ridículo doutrinar para o Brasil essa pronúncia, para deixar como exceção o nome "Nossa Senhora".

"Mulher *espanhol*" é como antigamente se dizia, como, ainda hoje, dizemos "ameixa *reinol*" (certa espécie de ameixa preta, conhecida por esse nome por ser do *reino*, isto é, de Portugal).

"Mulher *português*", "proveniência *inglês*" são construções antigas; os italianos adotam até hoje essa invariabilidade para os adjetivos em *ês*: "una donna *portoghese*" – "la letteratura *inglese*".

Conservam-se invariáveis: *cortês*, *montês*, *pedrês*, *soez*.

Dos terminados em *u*, constitui exceção o adjetivo *hindu*, que permanece invariável. Quanto a este adjetivo, note-se o erro em que incide a imprensa, empregando-o para designar o nascido na Índia. Quem nasce na Índia é indiano, e o indiano pode ser e pode não ser hindu. *Hindus* são chamados os indianos que professam o hinduísmo.

2ª – Dos adjetivos terminados em *or*, uns há que vão para o feminino mediante a desinência *triz*: *imperador*, *imperatriz*; *diretor*, *diretriz* (diretora); *gerador*, *geratriz*; *ator*, *atriz*.

Contrastando com a terminação *triz*, de cunho erudito, existe a desinência *eira*, acentuadamente popular, empregada em palavras que designam *ocupações modestas* ou *frívolas* (*arrumadeira*, *lavadeira*, *costureira*, *bailadeira*, *engomadeira*, *rachadeira*, *aguadeira*, *bisbilhoteira*, *namoradeira*) ou *máquinas*, *instrumentos* (*assadeira*, *braçadeira*, *criadeira*, *cuspideira*, *escumadeira*).

3ª – Quanto aos terminados em *ente*, V. D. QVs, *presidente*.

259 – Dos adjetivos terminados em *ão*, há uns que fazem o feminino em *ã* (são, *sã*; vão, *vã*), outros em *ona* (valentão, *valentona*) – V. § 240, obs. 5ª.

260 – São **uniformes**, isto é, têm uma única forma para os dois gêneros, os adjetivos terminados em:

1 – *al*, *el*, *il*, *ul*: geral, fatal, fiel, cruel, fácil, gentil, azul, curul.

2 – *ar*, *er*: regular, particular, esmoler (palavra oxítona).

3 – *az*, *iz*, *oz*, *uz*: eficaz, capaz, feliz, atroz, feroz, lapuz.

Exceção: *andaluz*, *andaluza*.

4 – *m*, *s*: jovem, ruim (pronuncia-se com acento no *i*), simples, menos.

Exceções: bom, *boa*; um, *uma*; algum, *alguma*; nenhum, *nenhuma*; dois, *duas*, os nomes das centenas: duzentos, *duzentas*; trezentos, *trezentas* etc.

5 – *e*: forte, leve, breve, gigante (flexiona-se em *giganta* quando substantivo).

Nota: É ainda invariável, quanto ao gênero, o adjetivo *só*: Ele está *só* – Ela está *só*.

Só, quando adjetivo, equivale ao adjetivo *sozinho* e flexiona-se quanto ao número. Eles estão *sós* (= sozinhos) – Elas estão *sós* (= sozinhas) – V. § 527, n. 10.

Flexão numérica

261 – A flexão numérica dos adjetivos obedece às mesmas regras que regulam o número dos substantivos. Devemos, no entanto, observar o seguinte:

A – Nos **adjetivos compostos**, só o último elemento se pluraliza:

singular	***plural***
luso-brasileiro	luso-brasileiros
poético-musical	poético-musicais
anglo-normando	anglo-normandos
médico-cirúrgico	médico-cirúrgicos
nu-proprietário	nu-proprietários
postal-telegráfico	postal-telegráficos

Exceção: Um menino *surdo-mudo*, dois meninos *surdos-mudos* (no fem. *surda-muda*, *surdas-mudas*).

Notas: 1ª – Quanto ao feminino, os adjetivos compostos obedecem a igual critério: só varia o segundo elemento: sociedade luso-brasileira, guerra teuto-russa.

2ª – **Adjetivos compostos designativos de cores**: *a*) só varia o 2º elemento, quando realmente constituídos de adjetivos: blusa amarelo-clara, fita verde-amarela, roupa amarelo-escura, tonalidade amarelo-clara, vestidos verde-amarelos, chapéus azul-claros, gravatas vermelho-roxas, blusa azul-marinha, vestidos azul-marinhos, gravatas azul-marinhas;

b) nenhum elemento varia quando um deles for substantivo: blusa rosa-claro, fitas violeta-escuro, papéis verde-montanha, blusas verde-pavão, coxins azul-ferrete, pedras azul-turquesa, fazendas branco-marfim, cor rosa-escuro, tonalidade rosa-claro, olhos verde-garrafa; ainda que venha só o nome de coisa ou de animal, este permanece invariável: chapéus *rosa*, papéis *marfim*;

c) não há variação nenhuma quando ocorre a preposição *de* ou as locuções *cor de*, *da cor de*, *de cor*: olhos de verde-mar, olhos cor de safira, olhos da cor do prado, fitas de cor azul, ramagens da cor verde de esperança, tecidos de cor azul-escuro. (Cuidado com os galicismos apontados no § 872, 2.)

d) Deve-se dizer *raios ultravioleta*, e não *raios ultravioletas*. Diz-se *raios infravermelhos*, mas *vermelho* é legítimo adjetivo, ao passo que no outro caso a cor é designada por nome de planta e não por adjetivo. V. *Dicionário de Questões Vernáculas*, *ultravioleta*.

3ª – Em adjetivos compostos como *greco-turco*, *hispano-suíço* etc., o primeiro elemento obedece à forma de origem erudita, e não à usual, popular: *greco-turco* e não *grego-turco*, *hispano-suíço* e não *espanhol-suíço*; e assim: fino-russo, franco-brasileiro, ítalo-francês, sino-japonês, nipo-sino-russo.

B – É preciso fixar que os adjetivos são modificados por advérbios, classe de palavras que não varia; conseguintemente, quando a palavra *meio* modifica adjetivo, não pode variar nem em gênero nem em número: "Ela está *meio* doente" – " As portas estão *meio* abertas" – "Maria ficou *meio* tonta".

Notas: 1ª – Quando *meio* significa *metade de um*, é numeral, e, então, deverá concordar com o substantivo a que se refere: "25 mei*as* garrafas", "mei*a* vida minha", "obra mei*a* acabada". Se porém dissermos "obra mei*o* acabada ", a palavra *meio* deixará de significar *metade de um* e de ser numeral, para passar a funcionar como advérbio, por estar modificando o adjetivo *acabado*, e significar então "mais ou menos", "um pouco".

janela *meio* aberta – (advérbio = *um pouco*)

janela *meia* aberta
ou: *meia* janela aberta } – (numeral = *metade*)

2ª – É verdade que se diz comumente "meio dia e *meio*", mas não se pode negar que a forma correta é "meio dia e *meia*", pois a palavra a que este numeral fracionário se refere é *hora*: "meio dia e *meia* (hora)".

Flexão gradual

262 – Antes de tudo uma observação: Não se confunda *grau do substantivo* com *grau do adjetivo*. Se os substantivos têm por função indicar coisas, o *grau do substantivo* faz referência ao *tamanho* dessas coisas, tamanho que pode ser aumentado ou diminuído; tratando-se, porém, de *grau do adjetivo*, visa-se a *qualidade* por ele expressa, qualidade que pode ser elevada a um grau maior e, ainda, a um grau sumo, supremo.

263 – Duas são as flexões de grau do adjetivo: a **comparativa** e a **superlativa**:

Dizendo: "Pedro é *estudioso*" – atribuímos ao indivíduo Pedro uma qualidade, expressa normalmente. Dizendo: "Pedro é *mais estudioso*", reforçamos a qualidade, elevando-a a um grau maior; o adjetivo passa para o grau *comparativo*. Dizendo, por último: "Pedro é *estudiosíssimo*", reforçamos ainda mais a qualidade de Pedro, elevando-a ao último grau, ao grau máximo, e o adjetivo, então, está no grau *superlativo*.

Nota: Conclusão clara deste parágrafo: Só os adjetivos são suscetíveis de grau superlativo, pois só eles encerram ideia de qualidade, que pode ser elevada em sua significação. Daí a razão por que são incompreensíveis superlativos como *muitíssimo*, *tantíssimo*. O pronome adjetivo não comporta variação gradual. Pelo mesmo motivo, condenada é a expressão "*coisíssima* nenhuma", tolerada apenas em linguagem caseira, porquanto, se nem o pronome adjetivo é suscetível de grau, muito menos se poderão empregar no superlativo os substantivos.

Estas podem ser as **flexões de grau** do adjetivo português:

- comparativo
  - de igualdade
  - de superioridade
  - de inferioridade
    - analítico
    - sintético
- superlativo
  - relativo
    - de superioridade
    - de inferioridade
  - absoluto
    - sintético
    - analítico

264 – **GRAU COMPARATIVO**: O adjetivo está no *grau comparativo* quando exprime a qualidade em relação a outras coisas que também a tenham em porção **igual** (Pedro é *tão estudioso* como Paulo), em porção **maior** (Pedro é *mais estudioso* do que Paulo) ou em porção **menor** (Pedro é *menos estudioso* do que Paulo).

Daí, três espécies de comparativos: de **igualdade**, de **superioridade** e de **inferioridade**.

1ª – Comparativo de **igualdade** é o que põe em paridade de condições duas coisas ou duas qualidades: "Ele é tão enérgico como (ou *quanto*) o irmão"(comparando seres) – "Ele é tão enérgico como (ou *quanto*) ponderado" (comparando qualidades).

2ª – Comparativo de **superioridade** é o que, no comparar dois indivíduos, atribui a qualidade mais a um do que a outro – "O filho era *mais inteligente* que o pai" (comparando dois seres, dois indivíduos) – ou salienta a existência de uma qualidade em maior porção que outra: "Ele é *mais rico* que *feliz*" (comparando qualidades).

3ª – Comparativo de **inferioridade** é o que põe em posição inferior um dentre os dois elementos comparados: "O pai era *menos ajuizado* que o filho", ou o que, ao atribuir duas qualidades a um mesmo indivíduo, denota a existência de uma das qualidades em menor grau que a outra: "O pai era *menos usurário* que *perverso*" (comparando qualidades).

265 – Pelos exemplos que acima ficaram, é fácil deduzir o processo de formação dos comparativos:

a) No comparativo de igualdade, o adjetivo vem antecedido do advérbio *tão*; o segundo termo de comparação, quer constituído de substantivo, quer de outro adjetivo, vem antecedido de *como*, ou de *quanto*, ou de *quão*: "Ele é *tão* bom *quanto* sábio, *tão* rico *quão* magnânimo e *tão* bonito *como* o irmão".

b) No comparativo de superioridade, o adjetivo vem antecedido do advérbio *mais* (do latim *magis*; o italiano e o francês tiraram este advérbio comparativo do latim *plus*) e o segundo termo da comparação vem antecedido de *que* ou *do que*: "Ele é *mais* rico *que* o irmão" – "Ele é *mais* probo *que* rico".

c) No comparativo de inferioridade, o adjetivo vem precedido do advérbio *menos* e seguido de *que* ou *do que*: "Ele é *menos* prudente *que* o filho".

Notas: 1ª – É infundado dizer que o emprego da partícula *que*, em vez de *do que*, nos comparativos de superioridade e de inferioridade, constitui galicismo; é maneira mais aproximada do latim e tão certa quanto a segunda.

2ª – *Mais* e *menos* admitem ainda encarecimento, por meio dos advérbios *muito* e *bem*. "*muito mais* importante", "*muito menos* cuidadoso", "*bem mais* prudente".

Não se deve estranhar a expressão *muito pouco*; o *muito* reforça aí intensivamente e não quantitativamente. *Muito pouco*, *muito menos*, *bem mal* são construções legítimas: "*Muito pouco* sei de português" – "Eu sei *muito menos* do que ele" E assim: "O médico achou-o *bem mal*".

3ª – O adjetivo *tamanho* significa, dada a etimologia latina (*tam magnum*), *tão grande*: "*Tamanha* algazarra houve que os vizinhos ficaram alarmados" (§ 586).

4ª – Em certas expressões comparativas, entra como *termo de ligação* a preposição *de*: "Há mais *de* vinte anos" – "Fica a menos *de* duas léguas" – "Ele é maior *de* vinte e um anos".

266 – Os adjetivos *bom*, *mau*, *grande* e *pequeno* possuem formas sintéticas (= de uma só palavra) para os comparativos de superioridade, formas provenientes do latim:

bom – *melhor*	grande – *maior*
mau – *pior*	pequeno – *menor*

Os comparativos analíticos (= de mais de uma palavra) *mais bom*, *mais mau*, *mais grande* e *mais pequeno*, que eram as formas antigamente usadas, foram substituídos pelas formas sintéticas; *mais pequeno*, no entanto, perdurou até nossos dias, podendo com acerto empregar-se.

Observações:

1ª – No caso de comparação de duas qualidades, empregam-se os comparativos analíticos e não os sintéticos: "Ele é *mais bom* do que mau" – "Ela é *mais grande* do que pequena".

2ª – Não estranhe o aluno quando se diz que *menor* é comparativo de *superioridade*, ou quando se diz que *pior* é comparativo de *superioridade*. Não há nisso nenhuma contradição, pois o que é "menor" encerra *"maior* pequenez" que uma coisa simplesmente pequena; da mesma forma, o que é "pior" encerra *"maior* maldade" do que uma coisa simplesmente má.

Nota: Há vários adjetivos terminados em *or*, provindos de comparativos latinos, que em português perderam tal força, sendo hoje empregados com sentido positivo e, muitos deles, como substantivos:

interior (mais para dentro)
exterior (mais para fora)
anterior (mais para cá, próximo)
ulterior (mais para lá, afastado)
inferior (mais para baixo)
superior (mais para cima)
prior (lat. *prior* = mais importante)
major (lat. *major* = maior)
júnior (lat. *junior* = mais jovem)
senhor (lat. *senior* = mais velho)

Interior emprega-se substantivamente para contrastar com *capital* (José mora no *interior* e seu irmão em *São Paulo*), para contrastar com *litoral* (Percorremos o *litoral* e o *interior* do Brasil) e ainda com *exterior* (a parte externa, a aparência, as nações estrangeiras, os negócios estrangeiros): *interior modesto*, *cartas para o interior*, *ministro do interior*.

267 – *Bom humor*, *mau humor*, *bom gosto*, *mau gosto*, *boa vontade*, *má vontade*, *boa fé*, *má fé* são em português expressões que se consideram substantivos compostos (*bom-humor, bom-gosto, má-vontade*); quer isso dizer que, em frases comparativas, o *mais* não poderá fundir-se com os adjetivos *bom, boa, mau, má*, que antecedem esses nomes; diz-se, então: *mais mau humor, mais má vontade, mais boa fé, melhor boa fé, pior má vontade, melhor bom gosto*. Erro cometeremos se dissermos: "Tenho *melhor vontade*" – "Tem ele *melhor gosto* que eu" – "Ele tem *melhor fé*" – porque o que se pretende considerar é a *boa vontade*, o *bom gosto*, a *má fé*, e não, simplesmente, a *vontade*, o *gosto*, a *fé*.

268 – As formas sintéticas *melhor, pior* são também formas comparativas dos advérbios *bem, mal* (Hoje dormi *melhor* – Ela cantou *pior* do que se esperava), mas as formas analíticas **(mais bem, mais mal)** é que se devem usar:

a) quando se comparam maneiras de praticar ações de um mesmo sujeito: "Meu irmão canta *mais bem* que mal" (Quando a ação é praticada por sujeitos diferentes a forma é a sintética: "Meu irmão canta *melhor* que eu, mas joga *pior*");

b) antes de particípio: "A lição foi *mais bem compreendida* hoje" – "Ele é o *mais mal vestido* da classe";

c) quando *bem, mal* fazem parte de adjetivo composto: *mais bem-aventurado, mais mal-humorado*.

Nota: 1ª – Não confundamos *melhor* (mais bom) com *melhor* (mais bem); no primeiro caso é adjetivo, pode variar (os *melhores* alunos); no segundo é advérbio, não varia: Eles estão dormindo *melhor*.

2ª – Os adjetivos compostos em que entram os advérbios *bem* e *mal* constituem unidade semântica e são escritos com hífen se o segundo elemento começa por vogal ou *h*, como em *bem-aventurado, bem-humorado, mal-afortunado, mal-humorado*. Se *mal* é seguido de elemento que principia por consoante, não há hífen: *malcriado, malsoante, malvisto*. Se o primeiro elemento é *bem*, pode haver hífen (*bem-ditoso, bem-falante, bem-nascido*) ou não (*bendizente, benfazejo, benquisto*). (Cf. * base XV, parágrafo 4.º.) Como podemos ver, no caso de *bem*, não há critério claro e definido: só a prática ensinará a reconhecer a grafia correta.

269 – **GRAU SUPERLATIVO**: O adjetivo está no grau superlativo quando exprime a qualidade em seu grau máximo:

aluno *estudiosíssimo*	pico *altíssimo*
lição *facílima*	lugar *salubérrimo*
caligrafia *péssima*	preço *mínimo*

270 – Duas espécies há de superlativos: o **absoluto** e o **relativo**.

271 – **Superlativo absoluto**: Quando o superlativo modifica a coisa expressa pelo substantivo, sem fazer nenhuma referência a outra coisa congênere, o superlativo chama-se **absoluto**; assim, constituem exemplos de **superlativos absolutos** os que ficaram acima, porque modificam os indivíduos *aluno, lição, caligrafia* etc., sem referência a outros indivíduos da mesma classe.

Observações:

1ª – O superlativo absoluto, além de poder constituir-se de uma só palavra – **superlativo sintético** –, pode também ser expresso por mais de uma palavra – **superlativo analítico** – fazendo-se preceder o adjetivo de um advérbio que dê à expressão força superlativa ou de *o mais*: *muito sábio*, *bastante sábio*, *extremamente sábio*, *muito ruim*, *excessivamente ruim*, *o mais difícil*, *o mais sábio*.

2ª – Tenha o aluno sempre em mente isto: Quando os advérbios *mais* e *menos* precedem adjetivo e vêm antecedidos de *o*, dão eles ao adjetivo força de superlativo. Saiba, portanto, distinguir *"mais estudioso"* (grau comparativo) de *"o mais estudioso"* (grau superlativo).

272 – O superlativo sintético forma-se mediante acréscimo, ao radical do adjetivo, das terminações *íssimo*, *limo* ou *rimo*, terminações provindas da forma latina *timo*, que ainda se conserva em *íntimo* (lat. *intimus* = extremamente profundo). *Íssimo* proveio de *timo* mediante abrandamento do *t* em *s*, aparecendo antes a terminação *is*, incremento latino que finaliza a forma positiva: *legalis* + *simo*, *familiaris* + *simo*. *Limo* e *rimo* provieram de *simo*, mediante assimilação progressiva do *s* em *l* (faci*l*simo-fací*ll*imo) e em *r*: saluber*s*imo-salubé*rr*imo.

Nota: "Os superlativos absolutos em *íssimo* (lat. *issimus*) são de origem erudita e moderna. Antes do século XVI, em espanhol como em português, dizia-se *mui muito*, em vez de *muitíssimo*. As formas em *íssimo* nasceram na Itália pelos tempos do Renascimento e se irradiaram para a França, Espanha e Portugal. Na França elas não vingaram, ficando limitado o seu uso apenas aos títulos, como *illustrissime* etc. (No Livro de Esopo já se lê entretanto: "Ó gema preciosa e *nobilíssima*".) O nosso caboclo desconhece tais formas, e exprime o encarecimento de uma qualidade por meio de perífrases: diz 'um horrô de feio', em vez de *feíssimo*" (Otoniel Mota).

273 – As regras para a formação do superlativo absoluto homogêneo (formado do mesmo radical) são as seguintes:

1ª – Os adjetivos terminados em *l*, *r* e *u* passam para o superlativo sem nenhuma modificação:

atual-íssimo	hostil-íssimo	popular-íssimo
central-íssimo	servil-íssimo	cru-íssimo

Exceções: *a*) Para os adjetivos terminados em *vel* átono adota-se o radical latino, terminado em *bil*:

amável – amabil-íssimo
delével – delebil-íssimo
horrível – horribil-íssimo
móvel – mobil-íssimo
solúvel – solubil-íssimo
louvável – laudabil-íssimo (e não *louvabilíssimo*)

b) Ainda com o radical latino forma-se o superlativo dos adjetivos:

cruel	– crudel-íssimo
fiel	– fidel-íssimo
geral	– general-íssimo
infiel	– infidel-íssimo

c) Diversos adjetivos terminados em *il* passam para o superlativo com o acréscimo da terminação *limo*:

fácil	– facil-limo (facílimo)
difícil	– dificil-limo (dificílimo)
símil (= semelhante)	– simil-limo (simílimo)
dissímil	– dissimil-limo (dissimílimo)
grácil (= frágil)	– gracil-limo (gracílimo)
húmil (= humilde)	– humil-limo (humílimo)
verossímil	– verossimil-limo (verossimílimo)

2ª – Os adjetivos terminados em *m* mudam o *m* em *n*:

comum – comun-íssimo

3ª – Para os terminados em *ão* e para os terminados em *z* adota-se o radical latino (que termina em *n* para os primeiros e em *c* para os segundos), acrescido de *íssimo*:

vão	– van-íssimo	são	– san-íssimo
cristão	– cristian-íssimo	chão	– chan-íssimo
feroz	– feroc-íssimo	rapaz	– rapac-íssimo

4ª – Os terminados em *e*, *o* deixam cair essas vogais; os terminados em *eio* deixam cair a terminação *io*:

leve	– lev-íssimo	sério	– seriíssimo
lindo	– lind-íssimo	suave	– suav-íssimo
macio	– maciíssimo	tolo	– tol-íssimo
pio	– piíssimo	cheio	– che-íssimo
próprio	– propriíssimo	feio	– fe-íssimo

Precário faz *precaríssimo*

Notas: 1ª – Os adjetivos terminados em *oso* (*bondoso*, *formoso*, *cuidadoso*) conservam, no superlativo, a divergência de vocalização operada entre o positivo masculino e o feminino: *bondôso*, *bondósa*; *formôso*, *formósa*; diverge assim o superlativo masculino do superlativo feminino: bond*ô*síssimo, bond*ó*síssima; pen*ô*síssimo, pen*ó*síssima.

2ª – Os adjetivos terminados em *co* mudam o *c* em *qu*, e os terminados em *go* mudam o *g* em *gu* para conservar o valor gutural do positivo:

badu*co*	– cadu*quí*ssimo	ri*co*	– ri*quí*ssimo
malu*co*	– malu*quí*ssimo	se*co*	– se*quí*ssimo
ga*go*	– ga*guí*ssimo	ce*go*	– ce*guí*ssimo

Módico, *parco*, *público*, *pudico*, *simpático* seguem a regra geral: *modicíssimo*, *parcíssimo*, *publicíssimo*, *pudicíssimo*, *simpaticíssimo*.

Antigo e *amigo* fazem, alatinadamente, *antiquíssimo* e *amicíssimo*.

3ª – Os adjetivos terminados em *ro* e *re*, como *áspero* e *livre*, passam para o superlativo mediante acréscimo da terminação *rimo* ao nominativo latino dessas palavras.

áspero	– aspér-rimo	célebre	– celebér-rimo
íntegro	– integér-rimo	célere	– celér-rimo
mísero	– misér-rimo	livre	– libér-rimo
negro	– nigér-rimo	pobre	– paupér-rimo
próspero	– prospér-rimo	salubre	– salubér-rimo
pulcro	– pulquér-rimo	tetro	– tetér-rimo
acre	– acér-rimo	úbere	– ubér-rimo

Excetua-se *nobre*, que faz *nobilíssimo*.

4ª – Adjetivos vernáculos como *benéfico*, *magnífico*, *maledico*, *benévolo*, *maléfico*, *malévolo*, *pacífico*, *terrífico*, que correspondem a latinos terminados em *ficus*, *dicus* e *volus*, tomam o radical latino terminado em *ficent*, *dicent*, *volent*:

benéfico	– beneficentíssimo	maléfico	– maleficentíssimo
magnífico	– magnificentíssimo	benévolo	– benevolentíssimo
malédico	– maledicentíssimo		

274 – Para muitos adjetivos o superlativo é tirado do superlativo latino: alguns há que, além da forma latina, possuem outra de acordo com as regras acima expostas:

bom	ótimo	boníssimo
mau	péssimo	malíssimo[1]
grande	máximo	grandíssimo
pequeno	mínimo	pequeníssimo
ágil	agílimo	agilíssimo
alto	supremo, sumo, supérrimo	altíssimo
amargo	amaríssimo	amarguíssimo
baixo	ínfimo	baixíssimo
célere	celérrimo	celeríssimo
doce	dulcíssimo	docíssimo
dúctil	ductílimo	ductilíssimo
frágil	fragílimo	fragilíssimo
frio	frigidíssimo	friíssimo
humilde	humílimo	humildíssimo
imbecil	imbecílimo	imbecilíssimo
magro	macérrimo	magríssimo
manso	mansuetíssimo	mansíssimo
miúdo	minutíssimo	miudíssimo
pio	pientíssimo	piíssimo
pobre	paupérrimo	pobríssimo
sábio	sapientíssimo	
sagrado	sacratíssimo	
semelhante	simílimo	semelhantíssimo
simples	simplicíssimo	simplíssimo
soberbo	superbíssimo	soberbíssimo

(1) Do arcaico *malo*.

Nota: *Ótimo*, *péssimo*, *máximo*, *mínimo*, *supremo*, *sumo* e *ínfimo* são superlativos *heterogêneos*, isto é, correspondem a positivos de que são morfologicamente diversíssimos.

275 – **Superlativo relativo**: Quando o superlativo, além de atribuir a certa coisa uma qualidade no grau sumo, põe em relação essa coisa com outras congêneres, toma o nome de *superlativo relativo*: "João é *o mais estudioso dos colegas*".

Se o superlativo *absoluto* pode ser formado analítica ou sinteticamente, o superlativo relativo quase sempre se processa analiticamente, mediante anteposição do artigo definido ao comparativo do adjetivo (*o* mais doente, *o* mais sábio), e fazendo-se seguir o adjetivo da preposição *de*: "Cícero foi *o* mais eloquente *dos* oradores".

Nota: Veem-se, construídos à latina, superlativos como estes. "Foi Cícero o *eloquentíssimo dos* oradores" – "É a rosa a *pulquérrima dentre* as flores".

276 – **Observações finais sobre a flexão gradual**:

1.ª – A significação, já em si absoluta, de certos adjetivos qualificativos impede modificações ou flexões de grau: *eterno*, *infinito*, *imenso*, *onipotente*, *quadrado*, *redondo*, *mortal*, *imortal*, *infalível*, *primeiro* etc.

Notas: *a*) Se em escritores se encontram os adjetivos *certíssimo*, *imensíssimo*, *perfeitíssimo*, *diviníssimo*, *mortalíssimo*, *portuguesíssimo*, *latiníssimo*, as desinências superlativas são em tais casos puramente pleonásticas, nada acrescentando à ideia expressa pelo adjetivo positivo.

b) Vemos o adjetivo *morto* flexionado gradualmente na trilha da expressão: "*Mais morto* do que vivo".

2.ª – *Ótimo*, *péssimo*, *salubérrimo* etc., por serem já superlativos, não são passíveis de grau; *mais salubérrimo*, *muito ótimo* constituem erros deploráveis.

3.ª – Os substantivos, uma vez empregados como adjetivos, são passíveis de grau: "Sou *mais irmão* do presidente que você" – "Pedro é *mais escultor* do que poeta".

4.ª – O mesmo valor dos advérbios que, no latim, se antepunham aos adjetivos para formar os superlativos analíticos, tinham nessa língua as preposições *per* e *prae* em composição: *perdifficilis*, *praeclarus*, *perlucidus* (que nos deu *perlúcido*), *permagnus*, *praegelidus*, *perlongus* etc. Por essa razão é que o verbo *PREferir* já encerra ideia de "querer *mais*", pelo que não se deve dizer: "*Prefiro mais...*"; o certo é "Preferir uma coisa a outra coisa". "Prefiro o estudo ao brinquedo" – "Prefiro ler a ouvir".

5.ª – É interessante observar que, na linguagem familiar, o diminutivo traz, para alguns adjetivos e advérbios (V. § 240, obs. 2), sentido intensivo: *juntinho* dele (muito junto), *agarradinhos* ao salário (muito agarrados), *sossegadinhos* (muito sossegados), *cedinho* (muito cedo).

277 – Não podemos deixar de confessar nossa contrariedade em assim ter explanado a flexão gradual dos adjetivos; tal questão, da maneira por que tradicionalmente costuma ser explicada pelos nossos gramáticos, não condiz com o estado atual da língua: facilmente se poderá observar que, no grau comparativo, nenhuma flexão sofreu o adjetivo; a ideia de qualidade foi reforçada mediante acréscimo de advérbio e não por meio de desinência especial; não há, conseguintemente, flexão. Quer se diga: "Pedro é *valente*" quer: "Pedro é mais *valente*" quer, ainda: "Pedro é o mais *valente*" – o adjetivo sempre permanece inflexível. Dizendo: "Pedro é bastante bom", reforçamos a qualidade do indivíduo Pedro, mas não podemos, com rigor, dizer que colocamos o adjetivo *bom* no grau superlativo. Não considerando as formas latinas do comparativo de superioridade de *bom*, *mau*, *grande* e *pequeno*, flexão, verdadeiramente, há apenas no superlativo absoluto sintético, mediante as desinências *íssimo*, *limo* ou *rimo*.

O caso foi esclarecido visando a proveito teórico para o aluno, pondo-o a par do assunto, para, no caso de vir a estudar línguas como o inglês, o alemão, o latim ou o grego, não estar alheio ao fato; nessas línguas o adjetivo sofre realmente alteração na desinência de acordo com o grau que expressa.

Questionário

1. Como se flexionam os adjetivos?
2. Que diz da flexão genérica dos adjetivos terminados em *eu*? Exemplos e exceções.
3. Que ocorre com o feminino dos adjetivos terminados em *oso*? Exemplos.
4. Como passam para o feminino os adjetivos terminados em *or*. Há exceções?
5. Que diz da pronúncia do feminino de *senhor*?
6. Que diz da palavra *hindu*, empregada por *indiano*?
7. *Curul* é adjetivo? Que significa e como se flexiona no feminino?
8. Redija uma oração em que entre um adjetivo pluralizado, composto de dois adjetivos, a semelhança dos que estão na letra A do § 261.
9. Redija duas frases em que *meio* funcione como numeral e duas em que funcione como advérbio.
10. Qual a diferença entre *grau do substantivo* e *grau do adjetivo*?
11. Quantos e quais os graus dos adjetivos? Exemplos.
12. Onde está o erro desta oração: "Esse é um caso como tantíssimos outros"? Por quê?
13. O *comparativo* como se divide? Exemplos.
14. Explique a formação do comparativo de igualdade. Exemplos.
15. Entre: "Ele é mais rico *do que* o irmão" e "Ele é mais rico *que* o irmão" há diferença de pureza gramatical?
16. *Tamanho* que significa? Construa uma oração com esse adjetivo, no feminino.
17. Que diz da preposição *de* como termo de ligação dos comparativos? Exemplos.
18. Que entende por *forma sintética*, e que tem isso que ver com o comparativo? (§ 266).
19. "Mais pequeno" é forma errada? E "mais grande"? Por quê? Esta última quando pode ser empregada? Exemplos.

20. Etimologicamente, em que grau está e que significa o vernáculo *senhor*? Cite outras palavras nas mesmas condições.

21. Construa uma oração comparativa de superioridade com o substantivo *bom humor*, e outra com *má fé*. Justifique a construção.

22. Quantas espécies há de superlativos? Explicação e exemplos.

23. Como se forma o superlativo absoluto sintético?

24. Qual o superlativo sintético de *amável*? Por quê?

25. Dê os adjetivos que vão para o superlativo mediante acréscimo de *limo*. (Dê os sinônimos de *grácil*.)

26. *Chão*, como adjetivo, que significa? E *rapaz*? Qual o superlativo sintético desses dois adjetivos? Por quê?

27. Em que sílaba cai o acento tônico de *pudico*, qual o significado e qual o superlativo sintético?

28. Qual o superlativo sintético de *negro*? Por quê?

29. Qual o superlativo de *imortal*? Por quê?

30. "Muito ótimo" é expressão errada? Por quê?

31. Possuímos, realmente, em português *flexão gradual*? Explique a resposta.

CAPÍTULO 16

NUMERAL

280 – **Numeral** é a palavra que encerra ideia de número.

281 – **CLASSIFICAÇÃO DO NUMERAL**: O numeral pode ser:

cardinal
ordinal
multiplicativo
fracionário

Cardinal é o numeral que indica *quantidade*: *um*, *dois*, *cem*, *mil*.

Ordinal é o numeral que indica *sequência*, *posição*: *primeiro*, *décimo*.

Multiplicativo é o numeral que determina o *número de vezes*: salto *triplo* = salto efetuado em três vezes; *sêxtupla* aliança = aliança entre seis países de uma só vez.

Fracionário é o numeral que indica *partes*, *divisões da unidade*: *meia* laranja, um *oitavo* de polegada, dois *onze avos* de uma melancia.

Com essa divisão, podemos expor os **numerais** da seguinte maneira:

um	primeiro primário primo	simples singelo	(impossível)
dois	segundo secundário	duplo, dúplice binário, dobre	meio
três	terceiro terciário tercionário terçã	triplo, tríplice ternário trino	terço

quatro	quarto quaternário quartã	quádruplo quaternário	quarto
cinco	quinto	quíntuplo	quinto
seis	sexto	sêxtuplo	sexto
sete	sétimo setenário	sétuplo setêmplice	sétimo
oito	oitavo	óctuplo	oitavo
nove	nono noveno	nônuplo	nono
dez	décimo decimal dezeno	décuplo	décimo
onze	undécimo décimo primeiro	undécuplo	onze avos
doze	duodécimo décimo segundo	duodécuplo	doze avos
treze	décimo terceiro	(não há)	treze avos
catorze	décimo quarto	” ”	catorze avos
quinze	décimo quinto	” ”	quinze avos
dezesseis	décimo sexto	” ”	dezesseis avos
dezessete	décimo sétimo	” ”	dezessete avos
dezoito	décimo oitavo	” ”	dezoito avos
dezenove	décimo nono	” ”	dezenove avos
vinte	vigésimo	” ”	vinte avos
trinta	trigésimo	” ”	trinta avos
quarenta	quadragésimo	” ”	quarenta avos
cinquenta	quinquagésimo	” ”	cinquenta avos
sessenta	sexagésimo	” ”	sessenta avos
setenta	setuagésimo	” ”	setenta avos
oitenta	octogésimo	” ”	oitenta avos
noventa	nonagésimo	” ”	noventa avos
cem	centésimo	cêntuplo	centésimo
cento e um	centésimo primeiro	(não há)	cento e um avos
duzentos	ducentésimo	” ”	duzentos avos
trezentos	tricentésimo	” ”	trezentos avos
quatrocentos	quadringentésimo	” ”	quatrocentos avos
quinhentos	quingentésimo	” ”	quinhentos avos
seiscentos	sexcentésimo	” ”	seiscentos avos
setecentos	setingentésimo	” ”	setecentos avos
oitocentos	octingentésimo	” ”	oitocentos avos
novecentos	nongentésimo	” ”	novecentos avos

cardinais	*ordinais*	*multiplicativos*	*fracionários*
mil	milésimo	" "	(igual ao ordinal)
milhão	milionésimo	" "	" " "
bilhão	bilionésimo	" "	" " "
trilhão	trilionésimo	" "	" " "

Observações:

1ª – A leitura do cardinal composto faz-se da seguinte maneira:

Se o número se compõe de:

a) *dois algarismos* – põe-se a conjunção *e* entre os algarismos:

86 = oitenta *e* seis;

b) *três algarismos* – põe-se a conjunção *e* entre cada um dos três algarismos:

654 = seiscentos *e* cinquenta *e* quatro;

Nota: A forma *cento* é que entra para contar de 101 (cento e um) até 199 (cento e noventa e nove).

c) *quatro algarismos* – omite-se a conjunção *e* entre o primeiro algarismo e os restantes:

4455 = quatro mil, quatrocentos e cinquenta e cinco.

Nota: Se o primeiro algarismo da centena final for *zero*, aparecerá então o *e*: 3048 = três mil *e* quarenta e oito. Aparecerá ainda o *e* quando os dois últimos ou os dois primeiros forem representados por *zeros*: 1400 = mil *e* quatrocentos; 1001 = mil *e* um; 4005,28 = quatro mil *e* cinco unidades e vinte e oito centésimos. V. L. 26.

d) *vários grupos de três algarismos*: omite-se o *e* entre cada um dos grupos:

3.444.225.528.367 = três trilhões, quatrocentos e quarenta e quatro bilhões, duzentos e vinte e cinco milhões, quinhentos e vinte e oito mil, trezentos e sessenta e sete.

Nota: Quanto ao último grupo de algarismos, deve-se também aqui observar o que ficou notado na letra *c*.

2ª – Para a leitura dos fracionários observe-se:

a) dir-se-á, no plural, *meios*, *terços*, *quartos*, *quintos*, *sextos*, *sétimos*, *oitavos*, *nonos*;

b) quando se tratar de 10 ou de potência de 10, o plural será *décimos*, *centésimos*, *milésimos*, *décimos milésimos*, *centésimos milésimos*, *milionésimos* etc.;

c) juntar-se-á a palavra *avos* em qualquer outro caso: seis quatrocentos avos (6/400), um dois mil avos (1/2000), dois três mil e cinco avos (2/3005).

282 – FLEXÃO DO NUMERAL:

Quanto ao gênero: Dos *cardinais* só variam *um* (*uma*: vinte e uma mil laranjas), *dois* (*duas*: quarenta e duas mil toneladas) e as centenas de *duzentos* em diante (*duzentas*, *trezentas*... *novecentas*).

Milhão, *bilhão*, *trilhão* etc. funcionam como substantivos masculinos, com a significação de *milheiro*, quando logo seguidos do nome que se enumera, e fazem-se acompanhar da preposição *de*: *um milhão de* laranjas. Se seguidos de outro cardinal, continuam masculinos, sem a preposição *de*: *dois milhões* e seiscentas mil laranjas.

Os *ordinais* variam normalmente, como os adjetivos (*terçã*, *quartã* só variam em número).

Dos *multiplicativos*, são invariáveis *simples* e as formas terminadas em *ice*.

Dos *fracionários*, variam normalmente os de *dois* até *dez* (*meia*, *terça*... *décima*) e todas as formas iguais às dos ordinais.

Quanto ao número: Dos *cardinais*, admitem plural as formas terminadas em *lhão*: *milhões*, *trilhões* etc. V. nº 5 do § 231.

Os *ordinais* flexionam-se normalmente, bem como os *multiplicativos* (com exceção de *simples*), e os *fracionários* de *dois* até *dez* ou iguais aos *ordinais*.

283 – *a*) Não se deve confundir o numeral cardinal *um* com o indefinido *um*; *um*, quando cardinal, indica realmente número e tem por plural *dois*; na prática, descobre-se que *um* é cardinal quando admitir o acréscimo de *só*, *único*: "*Um* (só) homem é bastante para erguer isso". Quando indefinido, *um* tem por plural *uns* e admite, por contraposição, o adjetivo *outro*: "Fiquei conhecendo hoje *um* homem, de que há muito ouvi falar".

> *"Um*
> *Um*
> *Outro*

b) *Um* pode ainda ser adjetivo, quando significa *igual*, *mesmo* (A verdade é sempre *uma*), *indivisível*, *uno* (Deus é *um*).

c) Como indefinido, o *um*, repetido, presta-se para contraposição: "*Um* te deixa agosto, *um* te acha setembro". Outras vezes é indefinido neutro, equivalente a *uma coisa*: "Prometer é *um*, dar é outro".

d) Ainda como indefinido, o *um* pode assumir a significação de *alguém*, *uma pessoa*: "Por mais que *um* queira, não consegue simpatizar com ele".

284 – Os cardinais *dezesseis*, *dezessete*, *dezoito* e *dezenove* eram no latim erudito expressos pelas formas sintéticas *sexdecim*, *septemdecim*, *octodecim* e *novemdecim*, as quais, no latim popular, foram substituídas pelas analíticas *decem et sex*, *decem et septem*, *decem et octo* e *decem et novem*; destas provieram os vernáculos dez*e*sseis, dez*e*ssete, dez(e)oito, dez*e*nove. Não se justificam, pois, as formas dez*a*sseis, dez*a*ssete, dez*a*oito e dez*a*nove.

285 – *Primário* e *secundário*, embora conservem a significação de ordinais, podem, ao mesmo tempo, assumir diversos significados: curso *primário* (curso elementar, fundamental, básico); curso *secundário* (segundo curso), caso *secundário* (de menor importância).

Terciário, *quaternário*, *setenário* sempre conservam relação com os cardinais primitivos, mas indicam épocas, sequência de dias, meses ou anos: período *terciário*, era *quaternária*; *setenário* das Dores.

Ainda derivados de numerais, outros adjetivos existem que designam *idade* ou *data*: *quinquagenário* (50 anos), *sexagenário* (60 anos), *setuagenário* (70), *octogenário* (80), *nonagenário* (90), *centenário* (100), *milenário* (1000).

286 – Os multiplicativos *duplo*, *triplo*, *quádruplo*, *quíntuplo*, *sêxtuplo*, *sétuplo*, *óctuplo*, *nônuplo*, *décuplo*, *undécuplo*, *duodécuplo* e *cêntuplo* derivam de formas latinas terminadas em *plus*, que significa *mais*. Vários desses multiplicativos têm as variantes terminadas em *plice* (dúplice, tríplice), do verbo latino *plicare*, que significa *dobrar*; *simples* etimologicamente significa *sem dobra* (sine plica), isto é, *aberto*, *patente*, *claro*.

Observações:

1ª. – O multiplicativo *dobre* (pronuncie *dóbre*) usa-se como adjetivo na acepção de *duplo* (*"Dobre* morte ao cavalo e ao cavaleiro") e de *fingido*, *que ilude as duas partes* (ânimo *dobre*, espia *dobre*); como substantivo, indica o dobrar dos sinos por finados: "Cuidou escutar o *dobre* fúnebre dos sinos de Santa Cruz".

A forma *dobro* é sempre empregada como substantivo: O *dobro* do trabalho.

2ª. – *Singelo é* multiplicativo quando significa não dobrado, não composto, simples: *escrituração por partidas singelas* (= aquela em que para cada artigo se indica apenas um credor ou um devedor) – a diferença de *escrituração por partidas dobradas*, aquela em que para cada artigo se reconhece ao mesmo tempo um credor e um devedor.

É adjetivo na acepção de puro, natural, inocente, ingênuo, inofensivo, lhano: "Em tempos de nossos singelos avós", "singelos corações".

Entra ainda a palavra nas locuções adverbiais *ao singelo* (= de modo simples, sem pompas) e *às singelas* (= a sós, sem companhia).

287 – Na prática, os fracionários, com exceção de *meio*, são empregados como substantivos:

meio alqueire de terra
↓ numeral
↓ substantivo

um *terço* de laranja
↓ numeral substantivado
numeral cardinal

288 – *Avos* é substantivo fictício, tirado da terminação de *oitavo*.

289 – Por brevidade, empregam-se os *cardinais* em lugar dos *ordinais* na enumeração de séries de *objetos*, *capítulos*, *artigos*, *parágrafos*, *dias* e *trabalhos*: Moro na casa *trezentos e oito* (em vez de *tricentésima oitava*, como deveria ser, visto tratar-se de *ordem*), no dia *trinta e um* (em vez de *trigésimo primeiro*), capítulo *dois* (em vez de capítulo *segundo*).

Note-se que nesse caso os cardinais *um* e *dois* não variam de gênero: Casa vinte e *um*, página vinte e *dois*, lição *um*, lição *dois*, observando-se ainda que, se colocarmos o numeral antes do substantivo, usaremos o ordinal: na *vigésima oitava* casa, no *trigésimo* dia, *segundo* capítulo, *primeira* lição.

Notas: 1ª – O primeiro dia do mês é sempre indicado pelo ordinal; não se deve dizer: "No dia *um* de maio", mas: "No dia *primeiro* de maio" – "*Primeiro* de abril".

2ª – Na linguagem forense se diz: "Aos 24 dias do mês de abril" – "A folhas trinta e duas".

3ª – V. nº 5 do § 231.

4ª – Se o ordinal de 1000 é *milésimo*, o ordinal de 2000 é *segundo milésimo*, o de 3000 *terceiro milésimo*, e assim por diante. Igualmente, se o de milhão é *milionésimo*, o de 2 milhões é *segundo milionésimo* etc.: "Falo pela milésima vez e falarei pela segunda milésima se for preciso" – "No terceiro milésimo tricentésimo trigésimo terceiro dia" (No 3333º dia).

290 – Na sucessão de *reis*, *papas* e *séculos* usa-se o *ordinal* até *dez* (Leão *primeiro*, Luís *segundo*, Henrique *oitavo*, Carlos *nono*, Pio *décimo*, século *oitavo*) e o *cardinal* de *onze* em diante: Luís *onze*, Leão *treze*, Luís *quinze*, século *treze*, século *vinte*.

291 – *Ambos* é forma *dual* e significa *um* e *outro*, *os dois*: Marido e mulher, *ambos* faleceram. *Ambas* as casas ruíram.

Observe-se que as construções *ambos os dois*, *ambos de dois*, *ambos e dois* são expressões que, conquanto tivessem sido usadas pelos antigos, não passam hoje de expressões vulgares que devem ser evitadas.

Seguido de substantivo, *ambos* exige artigo: ambos *os* alunos.

292 – Na antiga expressão "um *conto* de réis" a palavra *conto* está empregada em vez de *milhão* (um *milhão* de réis).

293 – Têm ainda relação com os numerais certas palavras como *dezena*, *década*, *centena*, *cento*, *milhar*, *dúzia*, *par* e *casal*.

Nota: *Casal* aplica-se ao ajuntamento do macho e da fêmea (*casal* de canários, *casal* de baleias); *par* refere-se a dois objetos que costumam andar juntos (*par* de luvas, *par* de óculos).

294 – Na escrita ordinária não se deve começar período com algarismos; o numeral deve vir por extenso: "*Vinte e cinco* dias se passaram..." (e não: "25 dias se passaram...").

295 – *Sesqui*, elemento latino (síncope de *semisque* = *et semis* = e metade), tem, entre outros, o significado de "e metade": *sesquipedal* = que tem pé e meio de comprimento; *sesquicentenário* = centenário e meio.

Questionário

1. Que é *numeral*?
2. Os numerais como se classificam? Definir cada uma das classes.
3. Escreva por extenso: 2045510 soldados e 44800327200 cartas.
4. Redija duas orações, na primeira das quais entre o *um* como cardinal e, na segunda, como indefinido.
5. O *um* tem ainda outros empregos? Quais? Exemplos.
6. Que diz das formas *dezasseis*, *dezanove*?
7. Como se chama o indivíduo que tem 50 anos?
8. Etimologia e significado da palavra *simples*.
9. Expresse por extenso, mediante ordinais, os números grifados das frases: "No *1938º* ano depois de Cristo" – "Doze horas correspondem à *730ª* parte do ano".
10. "Moro na casa vinte e uma" é expressão certa? Por quê? (Estude bem o § 289 e não se esqueça de justificar a construção "lição *um*".)
11. Que dia vem depois de 31 de julho?
12. Corrija: *a* – Ambos os dois devem sair. *b* – Ambos alunos tiraram o primeiro lugar.

CAPÍTULO 17

VERBO

Quanto à Predicação

297 – Necessário se torna, neste ponto da gramática, abrir um parêntese para certas questões, cujo conhecimento muito importa para a perfeita compreensão da classe de palavras que devemos proximamente estudar, o **pronome**.

Assim como há séculos anteriores a Cristo e séculos posteriores a Cristo, da mesma forma há questões anteriores ao estudo do verbo quanto à predicação e lições posteriores a esse estudo. Esta lição esclarece coisas já estudadas e, principalmente, é base indispensável para a compreensão de muito importantes assuntos que iremos daqui em diante estudar.

Se a gramática não expuser, no momento conveniente, a questão dos verbos quanto à predicação, o aluno não poderá compreender a função dos pronomes oblíquos; como perceberá a diferença entre os pronomes **o** e **lhe** se desconhecer a diferença entre objeto direto e objeto indireto?

Razão de método, pois, é que obriga esta alteração na ordem em que costumeiramente as gramáticas expõem as classes de palavras. O aluno deve aplicar ao presente estudo toda a atenção.

298 – Sabemos ser **verbo** toda a palavra que indica ação ou resultado de ação (estado). Quem *escreve*, quem *desenha*, quem *pinta*, quem *anda*, quem *quebra*, quem *olha*, quem *abre*, quem *fecha* pratica ações diversas: ação de *escrever*, ação de *desenhar*, ação de *pintar* etc., ações expressas por palavras que se denominam *verbos*.

Ora, sabemos que não existe ação sem causa; se um pires, por exemplo, aparece quebrado, alguém deverá ter praticado a ação de *quebrar*. Ou uma pessoa, ou um animal, ou uma coisa qualquer, como o vento, quebrou o pires. Pois bem, essa *pessoa* ou *coisa* que praticou a ação de *quebrar* é em gramática chamada **sujeito** ou **agente da ação verbal**.

299 – **PREDICAÇÃO**: Assim como toda a ação requer uma causa, assim também toda a ação produz um efeito.

Se, quando dizemos: "*Pedro escreveu uma carta*" – atribuímos a causa a Pedro, da mesma maneira a ação de escrever produziu um efeito; qual o resultado da ação que Pedro praticou, ou seja, que é que Pedro escreveu? – *Uma carta*.

Observando, entretanto, outros verbos, notaremos que a ação por eles expressa não produz, como no exemplo dado, nenhum efeito. Assim, quando dizemos: "*O pássaro voou*" – não perguntamos "*Que é que ele voou*?" Quer isso dizer que a ação fica toda no sujeito do verbo, sem produzir resultado algum.

Qual a razão da desigualdade entre esses dois verbos? É a seguinte: O verbo do primeiro caso é de *predicação incompleta*, ao passo que o verbo do segundo caso é de *predicação completa*. Expliquemos: – O verbo é chamado também **predicado**, porque atribui, *predica* uma ação a alguma pessoa ou coisa; pois bem, quando essa ação fica toda no sujeito, diz-se que o verbo é de *predicação completa*; quando não, ou seja, quando a ação, que o verbo exprime, exige uma pessoa ou coisa sobre que recair, diz-se que o verbo é de *predicação incompleta*.

A pessoa ou coisa que se acrescenta ao verbo para lhe *completar* a significação, ou seja, o **complemento**, o **recipiente da ação verbal** chama-se **OBJETO**.

300 – **INTRANSITIVOS e TRANSITIVOS**: Os verbos dividem-se, pois, em dois importantes grupos: verbos de **predicação completa** e verbos de **predicação incompleta**; verbo de predicação completa é o que não exige nenhum complemento, ou seja, é o que tem sentido completo; assim, são de predicação completa verbos como *voar*, *correr*, *fugir*, *morrer*, *andar*, porque nenhuma palavra exigem depois de si; têm todos eles sentido completo; a águia *voa*, a lebre *corre*, o ladrão *fugiu*, Pedro *morreu*, a criança *anda* – são orações constituídas de apenas dois termos, sujeito e verbo, sem nenhuma necessidade, para o sentido, de um terceiro termo. Tais verbos chamam-se **INTRANSITIVOS**.

Outra classe de verbos, bastante diferente dessa, é a dos verbos de **predicação incompleta**, isto é, verbos que exigem depois de si um complemento, ou seja, um termo que lhes complete o sentido: eu *escrevi*, ele *perdeu*, nós *seguramos*, Maria *ganhou* – não são orações de sentido inteirado, pois não sabemos que foi que eu escrevi, que foi que ele perdeu, que seguramos nós, que ganhou Maria; os verbos que nessas orações entram exigem um termo que lhes complete o sentido, e a oração toda passará a ter três termos: sujeito, verbo e complemento; eu escrevi *uma carta*, ele perdeu *a carteira*, nós seguramos *o ladrão*, Maria ganhou *um colar*. Tais verbos se chamam **TRANSITIVOS** (do lat. *transire* = *passar*).

301 – **VERBOS TRANSITIVOS**: Existem duas espécies de verbos transitivos:

a) **Transitivos DIRETOS**: São os verbos cuja ação passa *diretamente* para a pessoa ou coisa sobre que recai. Quando dizemos: "*Pedro estudou a lição*" – não colocamos nenhuma preposição entre *estudou* e *a lição*.

Toda a vez que a um verbo transitivo se seguir diretamente a pessoa ou coisa sobre que recai a ação, esse verbo será **transitivo direto**. Tal pessoa ou coisa sobre que recai, *diretamente*, a ação verbal chama-se **objeto direto**.

Exemplos de verbos transitivos diretos: *ver*, *beber*, *derrubar*, *pegar*, *segurar*, *deixar*, *abrir* etc.

b) **Transitivos INDIRETOS**: Não podemos dizer: "Pedro *depende* o pai" – unindo diretamente ao verbo *depender* o objeto *o pai*. Empregando a preposição *de*, dizemos sempre: "Pedro *depende d-o* pai". – O verbo *depender* é também de predicação incompleta (De que depende Pedro?), mas não é perfeitamente igual ao verbo *estudar*, porque se liga *indiretamente* (por meio de preposição) ao objeto.

Tais verbos são chamados **transitivos indiretos**, e o seu complemento se denomina **objeto indireto**.

Exemplos de verbos transitivos indiretos: *gostar* (*de* alguma coisa), *obedecer* (*a* alguma coisa), *corresponder* (*a* alguma coisa), *recorrer* (*a* alguma coisa) etc.

Notas: 1ª – Sendo transitivo, não importa que o verbo tenha dois objetos, um direto, outro indireto:

Dei um presente a meu pai.

obj. direto obj. indireto

2ª – Por necessidade didática chamaremos "transitivo direto-indireto" o verbo que traz um objeto direto e outro indireto. Não tem fundamento nos fatos do idioma obrigar a pôr os dois objetos de tais verbos.

3ª – Quando a preposição exigida pelo verbo transitivo indireto é *a* e o objeto é nome feminino determinado, esse *a* deve ser craseado: "Refiro-me *à* morte do amigo". – "Recorri *à*quela mulher" (§ 116).

302 – **VERBOS DE LIGAÇÃO**: Quando dizemos *Pedro é bom*, não atribuímos a Pedro nenhuma ação, e, sim, uma *qualidade*, a qualidade de *ser bom*. Tais verbos são também de predicação incompleta (Que é Pedro?) e, conseguintemente, requerem um complemento, com a diferença de ser este constituído de qualidade e não de pessoa ou coisa.

Mesmo quando se diz – *Pedro é pedra* – embora o complemento seja constituído por *coisa* (pedra), este complemento não é efeito de nenhuma ação praticada por Pedro, senão que indica um estado, uma qualidade de Pedro, a qualidade de ser como pedra.

Tais verbos são chamados **verbos de ligação**, e seu complemento se chama **predicativo** (jamais *objeto*).

Exemplos de verbos de ligação: *ser*, *estar*, *andar*, *ficar*, *permanecer* etc.

303 – Os verbos **transitivos** podem ser empregados intransitivamente, isto é, como verbos de predicação completa; assim, o verbo *estudar* é transitivo, porque "quem estuda estuda alguma coisa"; mas podemos, com sentido, dizer: "Pedro *estuda*" – sem nenhum objeto, empregando o verbo *estudar* em sua acepção geral, sem especificar a coisa ou coisas que Pedro estuda.

Vice-versa, um verbo de predicação completa pode ser empregado como verbo de predicação incompleta: "Ele *viveu* dias horríveis" é oração em que se dá ao verbo *viver* (intransitivo por natureza) o objeto direto *dias horríveis*. Outros exemplos: "*Andei* duas léguas", "*Calei* razões", "*Adormeci* a dor" (= fiz adormecer), "O general *cessou* o ataque" (= fez cessar). Tais verbos chamam-se **factitivos** ou **causativos**.

304 – **REGÊNCIA VERBAL**: Quando indagamos se tal verbo exige objeto direto ou indireto, ou quando, exigindo objeto indireto, procuramos saber se a preposição que o liga ao objeto deve ser *de* ou *por* ou *com* ou *a* ou *para* ou *em* etc., estamos procurando saber a *regência* do verbo.

Vemos daí que regência verbal só diz respeito a verbos de predicação incompleta, pois que os intransitivos, sendo completos, não regem palavra alguma.

Os bons dicionários mostram, com exemplos, a verdadeira regência de um verbo. O aluno inteligente deverá ver os exemplos que o dicionarista apresenta após cada significado do verbo, e do exemplo deduzirá a regência, sem preocupar-se com o nome que o autor porventura empregue para designar o verbo.

305 – Muitos verbos possuem duas ou mais regências, conservando, em qualquer delas, o mesmo sentido e correção: Puxar *a* espada, *da* espada ou *pela* espada. Outros, conforme a regência, têm significado especial; está neste caso o verbo *assistir*; com objeto direto significa *prestar socorro*, *cuidar*, *tratar*: "O médico *assiste* o enfermo". Com a preposição *a*, significa *estar presente*: "*Assisti a*o desfecho da questão", "*Assistir a* uma missa".

Outros exemplos do presente caso: *querer* uma coisa significa *desejar* uma coisa; *querer a* uma coisa, *a* uma pessoa significa *estimar* essa coisa, amá-la; *puxar* o pai (tirar), *puxar a*o pai (herdar caraterísticos).

Nota: É tão importante esta questão de "regência verbal" que sobre ela existem dicionários especializados, que só trazem os verbos de nosso idioma e a respectiva regência, com exemplos elucidativos. Voltaremos ao assunto na sintaxe – parágrafo 773 e ss. – onde explanaremos certas curiosidades e particularidades regenciais; por ora basta-nos isso. V. no D. QVs. o último parágrafo do verbete *Firmar*.

Quadro Sinótico do Presente Capítulo

VERBO (Quanto à Predicação)

- predicação completa – intransitivo (sem objeto)
- predicação incompleta
  - transitivo direto (objeto direto) (não há preposição entre o verbo e o complemento)
  - trans. indireto (objeto indireto) (há preposição entre o verbo e o complemento)
  - de ligação (predicativo)
- predicação duplamente incompleta
  - transitivo direto-indireto (dois objetos: um direto e outro indireto)

Questionário

1. Que é *sujeito* ou *agente da ação verbal*? Dê exemplos.
2. Que é *complemento* ou *recipiente da ação verbal*? Dê exemplos.
3. Que é verbo de predicação completa? Que outro nome tem? Exemplos.
4. Que é verbo de predicação incompleta? Exemplos.
5. Quantas espécies existem de verbos de predicação incompleta? *Definir* cada espécie e *exemplificar* com orações.
6. Como se denomina o complemento do verbo transitivo direto?
7. Como se denomina o complemento do verbo transitivo indireto?
8. Como se denomina o complemento do verbo de ligação?
9. Um verbo de predicação incompleta pode ser empregado sem nenhum complemento? Quando? Exemplo.
10. Como indagar de um dicionário a regência de um verbo?
11. Os verbos conservam sempre a mesma regência? Neste particular, que diz do sentido do verbo?
12. Faça o quadro sinótico do estudo do verbo quanto à predicação.

*

O ignorante não duvida, porque desconhece que ignora.

CAPÍTULO 18

PRONOME

308 – **Pronome** é a palavra que ou substitui ou pode substituir um substantivo: *Ele* (Pedro) não está – *Alguém* (que não sabemos quem seja) está em casa.

309 – **CLASSIFICAÇÃO**: O pronome pode ser:

pessoal	*indefinido*
possessivo	*interrogativo*
demonstrativo	*relativo*

Nota:

locuções pronominais *cada qual cada um o qual*

310 – **Pronome pessoal** é o que, ao mesmo tempo que substitui o nome de um ser, põe esse nome em relação com a *pessoa gramatical*.

311 – **PESSOA GRAMATICAL**: É a relação entre a linguagem e os seres.

Quando fazemos uso do dom que nos é próprio, a linguagem, colocamos tudo quanto nos cerca em três posições, em três relações; umas coisas nós relacionamos com a pessoa que fala, outras colocamos em referência à pessoa com que falamos, e outras fazemos relacionar com a pessoa de que falamos.

Está claro que a pessoa que fala é, realmente, *pessoa* (a não ser quando, metaforicamente, atribuímos o dom da linguagem aos irracionais, aos vegetais, como nas fábulas), e podemos dirigir-nos e referir-nos, indiferentemente, a pessoas e a coisas, mas estas coisas a que nos dirigimos ou às quais nos referimos são, em gramática, consideradas *pessoas*, e, daí, o nome **pessoa gramatical**, que outra coisa não é senão a **relação existente entre a linguagem e os seres**.

Pois bem, as pessoas gramaticais são representadas, taxeonomicamente, por pronomes, denominados pronomes *pessoais*; o pronome que representa a pessoa que fala, ou seja, a **primeira pessoa** gramatical, é *eu*; a pessoa com que falamos é representada por *tu*, que se denomina pronome da **segunda pessoa** gramatical; finalmente temos o pronome *ele* (ou *ela*), que representa a **terceira pessoa** gramatical, ou seja, a pessoa de que falamos.

Todas essas pessoas têm os seus plurais: *nós* é o plural de *eu* e representa as pessoas que falam; *vós* é o plural de *tu* e representa as pessoas com que falamos; *eles* (ou *elas*) é o plural de *ele* (ou *ela*) e representa as pessoas de que falamos.

312 – O pronome pessoal pode ser:

- reto
- oblíquo
  - reflexivo
  - não reflexivo
- de tratamento

313 – Os pronomes pessoais dividem-se em **retos** e **oblíquos**, de acordo com o *caso*, isto é, de acordo com a função sintática que exercem na oração.

Pronomes retos são os que têm por função representar o *sujeito* do verbo da oração; são retos os pronomes *eu*, *tu*, *ele* (ou *ela*), *nós*, *vós*, *eles* (ou *elas*). *Eu* devo estudar, *tu* podes ir, *ele* deve vir, *nós* não concordamos etc.

Pronomes oblíquos são os que na frase exercem função complementar, isto é, são os que têm por função representar o complemento do verbo: "Mandaram-*me* embora" (o *me* exerce função de objeto direto) – "Disseram-*nos* diversas coisas" (o *nos* exerce função de objeto indireto) – "Mário vai sair *comigo*" (o *comigo* exerce função de adjunto adverbial de companhia).

Essa é a razão por que não se deve dizer: "Estas laranjas são para *mim* chupar" – porquanto o *mim* está aí exercendo *função subjetiva* (função *subjetiva* quer dizer "função de *sujeito*"). Correta, assim deve ficar a construção: "Estas laranjas são para *eu* chupar". – Se dissermos simplesmente: "Estas laranjas são para mim", a construção estará certa, mas se a essa expressão acrescentarmos um verbo qualquer no infinitivo, o *mim* deverá ser substituído por *eu*, porque exercerá a função de sujeito desse infinitivo; o infinitivo é que, em tal caso, é regido pela preposição, e não o pronome (Estas laranjas são *para* quê? Para chupar. – Quem vai chupar? *Eu*).

Eu e *tu* flexionam-se em *mim* e *ti* quando regimes de preposição: *de mim, de ti, por mim, por ti*. Se a preposição for *com*, a forma será *comigo, contigo*.

Ele, nós e *vós* funcionam também como regimes de preposição: *dele, por ele, de nós, por vós, entre eles, entre nós, em vós*. Se a preposição for *com*, a construção será *com ele, conosco, convosco*; *si* e *consigo* empregam-se quando referentes ao sujeito: João dá de *si* o que pode – Eles levaram tudo *consigo* (§ 408).

As formas oblíquas *o, nos, vos* empregam-se também como sujeitos acusativos (§ 652).

Observação:

No Brasil, até mesmo entre doutos, comete-se na conversação o comezinho erro de dar para objeto direto o pronome do caso reto (caso nominativo, caso do sujeito), ouvindo-se a cada passo solecismos como estes: "Só vejo *ele* de tarde" – "Pegue *eu*" – "Olhe *ele* ali".

314 – Em quadro, assim podemos distribuir os pronomes pessoais.

PRONOMES PESSOAIS		
Pessoa gramatical	**Retos**	**Oblíquos**
Singular 1ª	eu	me, mim, migo
Singular 2ª	tu	te, ti, tigo
Singular 3ª	ele, ela	o, a, lhe, se, si, sigo
Plural 1ª	nós	nos, nosco
Plural 2ª	vós	vos, vosco
Plural 3ª	eles, elas	os, as, lhes, se, si, sigo

Nota: Dizem-se **reflexivos** os oblíquos que podem referir-se ao sujeito de uma oração: Eu *me* feri, ele *se* feriu (§ 394; § 408), e **não reflexivos** os que não podem referir-se ao sujeito de uma oração: Viu-*o*, entregou-*lhe* o livro.

315 – **Pronomes de tratamento**: Chamam-se *pronomes de tratamento* as palavras e expressões que substituem a terceira pessoa gramatical: *fulano, beltrano, sicrano, a gente, você, vossa mercê, vossa excelência, vossa senhoria, sua senhoria, sua majestade*.

Algumas **fórmulas de tratamento**, seguidas da maneira de sobrescritar o envelope

Cargo	Fórmula	Invocação
Abade, prior, superior, visitador de ordem religiosa	Paternidade	Revmo. Dom (Padre)
Abadessa	Caridade	Revma. Madre
Almirante	Excelência	Exmo. Sr. Almirante
Arcebispo	Excelência Reverendíssima	Exmo. e Revmo. Dom
Arquiduque	Alteza	A Sua Alteza Arquiduque
Bispo	Excelência Reverendíssima	Exmo. e Revmo. Dom
Brigadeiro	Excelência	Exmo. Sr. Brigadeiro
Cardeal	Eminência Reverendíssima (Eminência)	Emmo. e Revmo. Cardeal Dom
Cônego	Reverendíssima	Revmo. Sr. Côn.
Cônsul	Senhoria	Ilmo. Sr. Cônsul
Coronel	Senhoria	Ilmo. Sr. Cel.
Deputado	Excelência	Exmo. Sr. Deputado
Desembargador	Excelência	Exmo. Sr. Desembargador
Duque	Alteza (Sereníssimo Senhor)	A Sua Alteza Duque
Embaixador	Excelência	Exmo. Sr.
Frade	Reverendíssima	Revmo. Sr. Fr.
Freira	Reverendíssima	Revma. Ir.
General	Excelência	Exmo. Sr. General
Governador de estado	Excelência	Exmo. Sr. Governador
Imperador	Majestade (Senhor)	A Sua Majestade Imperador
Irmã (Madre, Sóror)	Reverendíssima	Revma. Ir. (Madre, Sóror)
Juiz	Excelência (Meritíssimo Juiz)	Exmo. Sr. Dr.
Major	Senhoria	Ilmo. Sr. Major
Marechal	Excelência	Exmo. Sr. Marechal
Ministro	Excelência	Exmo. Sr. Ministro
Monsenhor	Reverendíssima	Revmo. Sr. Mons.
Padre	Reverendíssima	Revmo. Sr. Padre
Papa	Santidade (Santíssimo Padre). Beatitude	A Sua Santidade Papa (Ao Beatíssimo Padre)
Patriarca	Excelência Reverendíssima. Beatitude	Exmo. e Revmo. Dom (Ao Beatíssimo Padre)
Prefeito	Excelência	Exmo. Sr. Prefeito
Presidente de estado	Excelência	Exmo. Sr. Presidente
Príncipe, princesa	Alteza (Sereníssimo Senhor, Sereníssima Senhora)	A Sua Alteza Príncipe (Princesa)
Rei, rainha	Majestade (Senhor, Senhora)	A Sua Majestade Rei (Rainha)
Reitor (de universidade)	Magnificência (Magnífico Reitor)	Exmo. Sr. Reitor
Reitor (de seminário)	Reverendíssimo	Revmo. Sr. Pe.
Secretário de estado	Excelência	Exmo. Sr. Secretário
Senador	Excelência	Exmo. Sr. Senador
Tenente-Coronel	Senhoria	Ilmo. Sr. Ten.-Cel.
Vereador	Excelência	Exmo. Sr. Vereador
Demais autoridades, oficiais e particulares	Senhoria	Ilmo Sr.

Notas: 1ª – As fórmulas de tratamento são pronomes de tratamento quando antecedidas de *sua* ou *vossa*:

Sua emprega-se quando nos referimos à pessoa: "Vi *sua* santidade o Papa Paulo VI quando estive em Roma";

Vossa emprega-se quando nos dirigimos à pessoa: "Acabo de receber o diploma que *Vossa* Santidade se dignou enviar-me".

Em ambos os casos, a fórmula é sempre da terceira pessoa; verbos e pronomes a ela referentes devem na terceira pessoa ser flexionados.

2ª – Não confundamos *invocação* com *tratamento*. Se no cabeçalho de uma carta a um professor pusermos *Ilustríssimo Senhor Professor*, podemos no corpo da carta tratá-lo por *vós*; o que não se pode é no corpo de uma carta redigir *vossa senhoria* e tratar o destinatário por *vós*. Nenhuma necessidade existe nem de ponto nem de vírgula nem de dois-pontos após a invocação.

3ª – Tratando-se de cargos transitórios e de algumas dignidades hierárquicas pode-se no envelope, debaixo do nome do ocupante do cargo, pôr *DD.*, abreviatura de *digníssimo*: *DD. Reitor da Universidade – DD. Embaixador Brasileiro – DD. Juiz de Direito*.

4ª – No envelope, a última parte da invocação pode vir na segunda linha, antes do nome do destinatário. Por conveniência de alfabetação de vários envelopes ou por necessidade mecânica, essa última parte (*Dr.*, *Pe.*, *Ir.* ...) pode vir terminando a primeira linha ou, na segunda linha, após o nome.

5ª – Os pronomes de tratamento são suscetíveis de plural: *vossas majestades*, *vossas senhorias*, *vocês* etc. Observe que o plural de *você* (este pronome não tem o mesmo uso em Portugal) costumam pronunciar *vocêis*, antepondo um *i* ao *s*, pronúncia que devemos evitar e condenar.

6ª – Como pronome, deve-se escrever *a gente* com os elementos separados: "*A gente* não faz isso por gosto". Com os elementos ligados, o sentido torna-se outro – *operante*, *comissário*, *emissário*: *agente* químico, *agente* policial, *agente* diplomático.

7ª – É infundada a doutrina dos que obrigam a que sempre se diga "de V. Rev.ma", "a V.Rev.ma", repetindo-se enfadonhamente o "V. Rev.ma". Este tratamento, como todos os demais de cortesia, pode muito bem aparecer na forma oblíqua. Em português muito bom e menos monótono podemos, sem temor de erro, dizer: "Formulamos-*lhe*", "pedimos-*lhe*", "vemos na *sua* pessoa", em vez de: "formulamos a V. Rev.ma", "pedimos a V. Rev.ma", "na pessoa de V. Rev.ma".

8ª – Na correspondência pública, costuma-se usar *V. S.ª* para pessoa de categoria igual ou inferior, e *V. Ex.ª* para pessoa de categoria superior.

Na correspondência comum, porém, *V. S.ª* emprega-se para pessoa de relações não íntimas, mormente se meramente comerciais, e *V. Ex.ª* para pessoa de posição política elevada, tratamento este regimentalmente usado no Brasil, também na linguagem falada, entre pares de uma câmara.

316 – É de regra, num discurso, em cartas ou em escritos de qualquer natureza, a **uniformidade de tratamento**, isto é, do pronome escolhido para a pessoa a que nos dirigimos. Se tratamos o interlocutor por *vós*, os pronomes oblíquos devem ser os que correspondem a essa pessoa, e o mesmo se deve dizer dos pronomes possessivos. Se o tratarmos por *tu*, usaremos os oblíquos *te*, *ti*, *contigo* e os possessivos *teu*, *tua*, *teus*, *tuas* (jamais *seu*, *sua*). Se o tratarmos por *vossa senhoria*, *senhor*, *você*, diremos *o*, *lhe*, *seu*, *sua* etc. (V. § 328).

Nota: Como fórmula de tratamento, *senhor* é da 3ª pessoa: O senhor é bondoso – A senhora está cansada. Como vocativo, pode ser usado com outras pessoas: Se queres, Senhor, podes curar-me – Apiedai-vos, Senhor, de nossa fraqueza – Não posso, caros senhores, dizer-vos... – Em cartas, a saudação inicial ("*Prezado Senhor*", "*Prezados Senhores*") não implica tratamento.

317 – Os pronomes pessoais retos não devem ser empregados desnecessariamente; o francês, o inglês e outras línguas enunciam sempre o sujeito da oração, mas em português o pronome reto geralmente só se emprega:

a) quando necessário para a *clareza*: "*Ele* passa bem, mas *ela* está adoentada";

b) quando há *contraste*: "*Eu* rio, *tu* choras";

c) quando, *sujeito*, vem modificado por subordinada adjetiva (§ 900): "*Eu*, que nunca deixei de dizer verdade, não mentiria agora pela primeira vez";

d) quando o *sujeito* é *composto*: "*Eu* e Pedro iremos";

e) para dar *ênfase* (= *força de expressão*): "*Tu* me atraiçoaste, *tu* violaste a fé jurada, *tu* te mostraste indigno de minha confiança".

318 – As formas *mim*, *ti* e *si* sempre se usam antecedidas de preposição: *de mim*, *a ti*, *de si para si*.

319 – As formas *migo*, *tigo*, *sigo*, *nosco* e *vosco* provêm do latim *mecum*, *tecum*, *secum*, *nobiscum* e *vobiscum*, palavras compostas da preposição *cum* e das flexões pronominais latinas (cum+me, cum+te, cum+se etc.) colocadas em ordem inversa. Em português, tais formas vêm outra vez acompanhadas da preposição *com* (nas formas *go* e *co*), como se já não bastasse o *cum* que as acompanha: *com+mi+go* (= cum+me+cum), *com+ti+go* (= cum+te+cum), *com+vos+co* (= cum+vobis+cum) (V. § 122, 2ª obs.).

Esse fato demonstra quanto se transformou o latim, perdendo certos vocábulos latinos a forma e o próprio significado etimológico[1].

Nota: Manda, entretanto, a eufonia que se diga *com nós mesmos* (ou *mesmas*) e *com nós próprios* (ou *próprias*) em vez de *conosco mesmos* e *conosco próprios*. A mesma regra se deve observar quanto às formas *com vós mesmos* (ou *mesmas*) e *com vós próprios* (ou *próprias*). *Conosco* e *convosco* usam-se desacompanhados de completivos: Com nós alunos isso não se dá – Com vós professores desejo falar (e não: *conosco alunos*, *convosco professores* – porque o pronome está acompanhado de um completivo, isto é, de um termo que completa o pronome). Diz-se *com si próprio* ou *consigo próprio*: Estavam preocupados com si próprios (ou *consigo próprios*).

(1) V. *Gramática Latina*, § 182, n. 8.

320 – As formas oblíquas *me*, *te*, *nos* e *vos* servem, indiferentemente, tanto para objetos diretos, como para objetos indiretos.

EXEMPLOS: "Eu *te* louvo " (objeto direto – verbo transitivo direto) – "Eu *te* obedeço" (objeto indireto – verbo transitivo indireto) – "Nós *vos* louvamos" (objeto direto – verbo transitivo direto) – "Nós *vos* perdoamos" (objeto indireto – verbo transitivo indireto).

As formas pronominais oblíquas **o** e **lhe** da terceira pessoa não podem ser usadas indiferentemente; a forma oblíqua *o* jamais poderá funcionar como objeto indireto, e a forma *lhe* jamais como direto. Comete erro gravíssimo quem diz: "Eu *lhe vi*", porque o verbo *ver* é transitivo direto, e, portanto, o oblíquo deve ser *o*. Da mesma forma erra quem diz: "Eu *o obedeço*", porque o verbo *obedecer* é transitivo indireto, e, portanto, o oblíquo deve ser *lhe*.

O seguinte quadro elucida a questão:

OBJETOS			
Direto *(compl. de verbo trans. direto)*		**Indireto** *(compl. de verbo trans. indireto)*	
Singular	me te se, *o*	Singular	me te se, *lhe*
Plural	nós vós se, *os*	Plural	nos vos se, *lhes*

Nota: Vimos no § 302 que os verbos de ligação se completam com o predicativo. Acrescentamos agora: Pode aparecer com tais verbos, além do predicativo, que é exigido pelo verbo para que tenha sentido completo, uma palavra que determine ou complete o predicativo, ou seja, uma palavra que manifeste relação de prejuízo ou benefício (interesse), proximidade, semelhança etc.: "Pedro é bom *para o pai*" – "Ele é favorável *a mim*" – "Isso não parece bom *para o povo*". Substituindo esse complemento pelo correspondente pronome oblíquo, temos: "Pedro *lhe* é bom" – "Ele *me* é favorável" – "Isso não *lhe* parece bom". V. § 685.

321 – **Combinações pronominais**: Quando um verbo transitivo vem com dois objetos, um direto e outro indireto, iremos, para substituir esses dois objetos pelos respectivos pronomes, empregar duas formas pronominais oblíquas: uma que irá representar o objeto direto e outra, o indireto.

Suponhamos a oração: "Dei a Pedro o livro"; substituamos o objeto indireto *a Pedro* pelo correspondente pronome oblíquo, conforme vimos no parágrafo anterior: "*Dei-lhe* o livro".

Substituamos, também, o objeto direto pelo seu pronome correspondente: "Dei-lh*o*".

Dei – *lhe* + *o*

lhe ↓ a Pedro (obj. indireto)

o ↓ o livro (obj. direto)

Outros exemplos de combinações pronominais:

"Por que não *mo* contaram?"

↓

me (a mim) + *o* (isso, essa coisa)

"Não *vo-lo* direi" (V. § 121, 1)

↓

vos (a vós) + *o* (isso, essa coisa)

Uma vez que na oração venha expresso ou o objeto direto ou o objeto indireto, já não será possível a combinação pronominal. "Não sei quando lh*o* darei *o livro*" é construção errada, visto vir já expresso o objeto direto de *darei* (o livro); nessa oração só é possível o pronome *lhe*: "Não sei quando *lhe* darei o livro". Se não viesse expresso o objeto direto, então, sim, poderíamos combinar os pronomes:

"Não sei quando *lho* darei"

↓

lhe (a ele, a você) + *o* (o livro)

322 – Eis o quadro das combinações pronominais:

me + o = **mo** (ma, mos, mas)	nos + o = **no-lo** (no-la, no-los, no-las)
te + o = **to** (ta, tos, tas)	vos + o = **vo-lo** (vo-la, vo-los, vo-las)
lhe + o = **lho** (lha, lhos, lhas)	lhes + o = **lho** (lha, lhos, lhas)

Notas: 1ª – V. letra A do §114.

2ª – Os pronomes *se* e *o* jamais podem vir juntos na mesma oração; nunca devemos dizer: não *se o* sabe, faz-*se-o*, vê-*se-o* (V. § 406).

3ª – Da leitura dos clássicos pode-se concluir não serem usadas construções como: "Teus pais *te nos* confiaram", "Nosso chefe *nos te* enviou". A construção usada é: "Teus pais *te* confiaram *a nós*" – "Nosso chefe *nos* enviou *a ti*".

Encontram-se e são usadas construções com *se nos*, *se me*, *se lhe* etc., com o *se*, ora reflexivo, ora apassivador ("Foram-se-*me* as esperanças" – "Lançou-*se-me* ao pescoço" – "Vota-*se-lhe* ali uma espécie de culto" – "Afiguram-*se-nos* monstros" – "Quando uma figura *se nos* mostra no ar" – "Possível *se me* faz todo o impossível" – "Tudo *se te* deve" – "Que *se me* dá a mim de mim, sem vós?"), mas não se usam as construções *me te*, *me vos*, *me lhes*, *te me*, *te lhe*, *te nos*, *nos te*, *nos lhe*, *nos vos*, *vos me*, *vos nos*, *vos lhe* com o primeiro oblíquo em verdadeira função objetiva direta, isto é, como recipiente de ação praticada por outra pessoa gramatical; não se diz "lançou-*nos te*", "mostraram-*nos lhe*", mas "lançou-nos *a ti*", "mostraram-*nos a ele*".

323 – Os pronomes pessoais são sempre **substantivos**, porque sempre fazem as vezes de substantivo. Os demais pronomes ora são pronomes substantivos, ora pronomes **adjetivos**, o que se dá quando acompanham substantivo.

Questionário

1. Que é *pronome*?
2. Dê a *classificação* dos pronomes.
3. Que é *pronome pessoal*?
4. Que é *pessoa gramatical*?
5. Que são pronomes pessoais *retos*?
6. Que são pronomes pessoais *oblíquos*?
7. "Isto é para mim ficar bom": Corrija e explique a correção.
8. Quando um oblíquo se diz *reflexivo*?
9. Quando um oblíquo se diz *não reflexivo*?
10. Que são *pronomes de tratamento*?
11. *Uniformidade de tratamento*: Explique o que é isso.
12. Explique a etimologia de *comigo* e *convosco*.
13. Qual o certo: *conosco mesmos* ou *com nós mesmos*?
14. Faça duas orações com o pronome oblíquo "o" (o aluno já sabe que o verbo deve ser transitivo direto), e faça outras duas com o oblíquo "lhe" (já sabe o aluno que o *lhe* exerce função de objeto indireto).
15. Faça três orações em que entre, numa, a combinação pronominal *ma*; noutra, *lho*; na última, *no-lo* (justifique as construções).

CAPÍTULO 19

POSSESSIVO

327 – **Possessivo**: Assim se denomina a palavra que traz ideia de posse, indicando a pessoa a que pertence uma coisa.

São os seguintes os nossos **possessivos**:

masculino		**feminino**	
singular	*plural*	*singular*	*plural*
meu	meus	minha	minhas
teu	teus	tua	tuas
seu	seus	sua	suas
nosso	nossos	nossa	nossas
vosso	vossos	vossa	vossas
seu	seus	sua	suas

328 – Da definição de **possessivo** facilmente se deduz que tais palavras têm, na frase, duplo papel: um de indicar a *coisa possuída*, outro de indicar a *pessoa gramatical possuidora*.

pessoas gramaticais	*pronomes pessoais*	*possessivos*
primeira do singular	eu	meu, minha, meus, minhas
segunda do singular	tu	teu, tua, teus, tuas
terceira do singular	ele (ela)	seu, sua, seus, suas
primeira do plural	nós	nosso, nossa, nossos, nossas
segunda do plural	vós	vosso, vossa, vossos, vossas
terceira do plural	eles (elas)	seu, sua, seus, suas

Quer isso dizer que os possessivos devem ser empregados de acordo com a pessoa gramatical; se tratarmos a pessoa com que falamos por *vós*, deveremos empregar, para indicar seres pertencentes a essa pessoa, os possessivos *vosso*, *vossa*, *vossos*, *vossas*; se a tratarmos por *tu*, deveremos empregar os possessivos *teu*, *tua*, *teus*, *tuas*.

Observe-se, porém, que no Brasil (com exceção do Amazonas, Pará e Rio Grande do Sul; neste último estado flexionam, popularmente, o verbo na 3ª do sing.: "Tu quer", e consideram ríspido o *você*) quase nunca tratamos por *tu* a pessoa com que falamos; sempre tratamos o interlocutor por um pronome de tratamento: *você*, *senhor*, *vossa senhoria* (V. S.ª), *vossa excelência* (V. Exa.). Ora, todos estes tratamentos são considerados da terceira pessoa gramatical; quer isso dizer que, quando assim tratarmos a pessoa a que nos dirigimos, deveremos empregar os possessivos correspondentes à terceira pessoa gramatical (*seu*, *sua*, *seus*, *suas*), não nos deixando iludir pelo *vosso* que aparece em "*vossa senhoria*", "*vossa excelência*". Estes tratamentos, como ainda *vossa majestade* (V. M.) e *vossa alteza* (V. A.), são todos da terceira pessoa gramatical.

Conseguintemente, se tratarmos uma pessoa por *vossa excelência*, cometeremos erro crasso se dissermos: "V. Exa., com *vosso* espírito elevado...".

Exemplos do correto emprego dos possessivos:

"Não deves (tu) fazer com *teu* irmão o que fazes com *teu* filho" – "Podeis (vós) voltar a *vossa* pátria" – "V. Exa., com a morte de José, perde o *seu* maior amigo" – "Vossa majestade deve providenciar o bem-estar de *seu* povo".

Notas: 1ª – Se, tratando uma pessoa por *vós*, escrevemos: "Deveis socorrer o menino e *seu* pai", nenhum erro cometeremos, pois o *seu* se refere a *menino* e não à pessoa a que nos dirigimos, e a expressão equivale a estoutra: "Deveis socorrer o menino e o pai *dele*". – Há quem, em casos como esse, empregue, juntamente com o possessivo *seu*, *sua*, *seus*, *suas*, as variações pronominais *dele*, *dela*, *deles*, *delas*, dizendo: *seu pai dele*, *seus pais deles*, *sua mãe dele*, *suas mães deles*. Tais modos de dizer, ainda que aforados em textos portugueses de bom cunho, devem evitar-se, dando-se outra feição ao fraseado.

2ª – *Seu*, na forma singular, pode referir-se a vários indivíduos: "...homens, mas *sua* doutrina..." (= a doutrina deles). Dirigindo-nos a várias pessoas, portanto, devemos dizer "seu aproveitamento" (= o aproveitamento de vocês), e não "seus aproveitamento", porque *seu*, embora se refira a mais de uma pessoa, deverá concordar com *aproveitamento*, que está no singular. Quando o substantivo estiver no plural é que o possessivo se flexionará: "Meninos, *seus* pais devem...". Se os meninos forem irmãos, já deveremos dizer: "Meninos, *seu* pai deve...". Em conclusão: Os possessivos concordam em português com a coisa possuída e não com o possuidor.

329 – O emprego dos possessivos *seu*, *sua*, *seus*, *suas* pode trazer ambiguidade à expressão, quando há na oração mais de uma terceira pessoa; não sabemos, por exemplo, na expressão: "Pedro foi com o amigo à casa de *seu* mestre" – a quem se refere o possessivo *seu*; não se percebe se se trata do mestre de Pedro ou do mestre do amigo.

Em tais casos, impõe-se, para a clareza, ou que se coloque a coisa possuída perto do possuidor: "Pedro foi à casa de seu mestre com o amigo"

– ou que se modifique a expressão, mediante acréscimo de termos ou locuções elucidativas: "Pedro foi, com o amigo, à casa do mestre deste".

Nota: Leiamos este conselho de Botelho de Amaral: "Não devemos repetir em demasia, e muito menos proximamente, os possessivos *seu*, *sua*, *seus*, *suas* etc. Um grande escritor redigiu: "A igreja... com o *seu* largo portão vermelho aberto para o *seu* adro...". Melhor, parece-nos, ficaria: "A igreja... com o largo portão vermelho aberto para o *seu* adro..." ou: "A igreja... com o *seu* largo portão vermelho aberto para o adro...".

330 – Antes de nomes que indicam *partes do corpo* ou *faculdades do espírito*, omite-se comumente o possessivo, quando se trata de partes do corpo ou faculdades do espírito referentes ao próprio sujeito da oração: "Quebrei a perna" – e não "Quebrei a *minha* perna"; "Pedro machucou o pé" – e não "Pedro machucou o *seu* pé"; "Ele perdeu o juízo" – e não: "Ele perdeu o *seu* juízo".

Nota: Igual cuidado devemos ter com a palavra *casa* na acepção de *moradia*, *lar*, *residência*: "Vim de casa" – e não: "Vim de *minha* casa"; "Ele já saiu de casa" – e não: "Ele já saiu de *sua* casa". O possessivo só é aí empregado para dar ênfase à expressão: "Estou em *minha* casa", oração que na leitura exige entonação especial para o possessivo, que podemos grifar na escrita.

331 – É interessante notar que, com certos substantivos abstratos, os possessivos trazem significação diferente à expressão, conforme vierem colocados antes ou depois. A sentença: "Queremos *notícias tuas*" indica o mesmo que "Queremos *notícias sobre ti*"; se disséssemos: "Queremos *tuas notícias*", expressaríamos vontade de que a pessoa a que nos dirigimos nos envie notícias sobre quaisquer coisas. Outros exemplos: Tenho *piedade sua* (piedade de você) e A *sua piedade* deve ser recompensada (piedade que você tem...). *Ódio vosso* (ódio que nutrem a vossa pessoa) e *vosso ódio* (ódio que essa pessoa nutre a outrem).

332 – Não se deve julgar que o possessivo *meu* tem o mesmo significado que a locução *de mim*, nem, igualmente, que *teu*, *seu*, *nosso*, *vosso* equivalham a *de ti*, *de si*, *de nós*, *de vós*; é incorreto dar a tais locuções o valor possessivo; não se deve dizer *casa de mim*, *fazenda de vós*, mas *minha casa*, *vossa fazenda*. Apenas a terceira pessoa é que admite a forma *dele* como possessivo: *livro dele*, *automóvel do senhor*, *filho de vossa senhoria* etc.

333 – O possessivo indica *aproximação de cálculo* em expressões como esta: "Tinha *meus* trinta anos...".

Nota: Vejamos alguns significados e empregos especiais de *seu*: *a*) no plural, com a significação de parentes, família, amigos ou partidários: Como vão os *seus*? Quem sai aos *seus* não degenera; *b*) bens ou coisas próprias de cada um: Não tem dez réis de *seu*. Dar o *seu* a seu dono. Um pobre frade que de *seu* não tinha mais que o breviário; *c*) próprio, particular, pessoal: Mais sabe o tolo no *seu* do que o sábio no alheio; d) *não ter um momento de seu* = não dispor de tempo; *e*) *ter o seu* *tanto de...* = ter alguma qualidade, mas não pronunciada: Este homem tem o seu tanto de tolo; *f*) *uma das suas* = ato ou dito próprio da pessoa: Fazer das suas. Diga uma das suas; *g*) *dizer na sua* = pretender, dar a entender nas suas palavras: Diz então na sua que tem de toda a casta? *h*) *ficar na sua* = persistir, permanecer na sua opinião ou teima: Preferiu ele ficar na sua?

334 – Em certos casos, é possível e elegante a substituição do possessivo pelo correspondente pronome oblíquo: Machucaram-*lhe* a cabeça (machucaram a cabeça *dele*) – Levaram-*lhe* o filho (levaram o *seu* filho) – Captei-*lhe* a confiança (captei a *sua* confiança).

Vejamos estas ponderações de Carlos Góis (Dicionário de Galicismos): "Ressumbra francesia, e nada tem de idiomático, o emprego irritante, impertinente do *possessivo*, sempre que: *a*) o possuidor estiver patente, manifesto, logicamente suprido: "Tenho *minha* perna inchada" (J'ai *ma* jambe enflée), em vez do correto: "Tenho *a* perna inchada"; *b*) for possível substituir o possessivo (*meu*, *teu*, *seu*, *nosso*, *vosso*) pelas variações pronominais oblíquas com força possessiva (*me*, *te*, *lhe*, *nos*, *vos*), emprego esse que constitui um dos mais lindos ornamentos e torneios plásticos do português, em que a nossa língua supre, com rara habilidade, a carência de pronome equipolente do *en* francês ou do *ne* italiano (= dele, dela): "As lágrimas que corriam de *seus* olhos" (Les larmes qui coulaient de *ses* yeux), em vez do correto: "As lágrimas que *lhe* corriam dos olhos" – "Pedro abusou de *minha* confiança" (Pierre a abusé de *ma* confiance), em vez do correto: "Pedro abusou-*me* da confiança" etc.; *c*) for possível substituir o possessivo pelo demonstrativo *próprio* (outro recurso de que se serve o português): "Recebeu-me no *próprio* quarto" e não: "Recebeu-me em *seu* quarto".

Carlos Góis exagera nas letras *b* e *c*; uma coisa é estilo, que pode ser popular ou elevado, outra é gramática. Não é possível dizer que erra quem diz "Você abusou da minha confiança". V. § 694.

335 – **Pronomes substantivos** – **Pronomes adjetivos**: Os possessivos, como todos os pronomes, são pronomes adjetivos quando acompanham substantivo; são pronomes substantivos quando fazem as vezes de substantivo:

"De que cor é *teu* chapéu? – O *meu* é branco"
↓ pronome adjetivo — ↓ pronome substantivo

Isso é importante distinguir, porque em certos idiomas, como o inglês, essa diferença de função acarreta diferença de forma:

"O *meu* livro" – "Este livro é *meu*"
↓ my (pron. adj.) — ↓ mine (pron. substantivo)

336 – Também os artigos podem exercer função pronominal substantiva:

"*O* homem que você prendeu não é *o* que procuramos"
↓ artigo (mod. o subst. *homem*) — ↓ pron. substantivo (substitui *homem*)

"*As* laranjas deste ano são melhores que *as* do ano passado"

↓ artigo (mod. *laranjas*)

↓ substantivo (substitui *laranjas*)

Nota: Vê-se que a forma pronominal articular evita a fastidiosa repetição do nome. Há até vezes em que nem mesmo se usa o pronome:

"Chorando ele *males* de ódio, eu (*os*) da fortuna".

337 – Os numerais também se tornam pronomes quando desacompanhados de substantivo: "Eu tenho dez anos, você tem *quinze*" – "Eu ganhei o primeiro prêmio; você, o *segundo*" – "Dei um salto triplo, você deu um *sêxtuplo*" – "José bebeu um litro de vinho, seu irmão bebeu *meio*".

Questionário

1. Que é *possessivo*?
2. Corrija a construção: "Vossa alteza podeis solucionar o caso deste vosso súdito".*
3. Que diz da construção: "O menino quebrou o seu brinquedo dele"?
4. Que diferença de sentido indicam as orações: "Meninos, seus pais devem..." e "Meninos, seu pai deve..."?
5. Que diz desta oração: "Pretendo, caro amigo, passar as férias com Pedro em sua fazenda"?
6. "Machuquei o meu nariz" – "Pedro contundiu os seus olhos": são orações corretas? Por quê?
7. Há diferença entre as expressões *saudades suas* e *suas saudades*? Por quê?
8. Que diz da expressão: "O pai de Mário tem seus trinta anos"?
9. Explique a construção desta oração: "Roubaram-me o chapéu".
10. Quando um pronome se diz *substantivo* e quando se diz *adjetivo*? Um exemplo de cada caso.
11. Também os artigos podem exercer função pronominal substantiva? Exemplo.

* Releia com atenção o § 328; leia depois, com igual atenção, o verbete *vossa excelência* do D. QVs.

CAPÍTULO 20

DEMONSTRATIVO

340 – **Demonstrativo**: Assim se denomina a palavra que *localiza* o substantivo (*este* homem, *esse* homem, *aquele* homem) ou o *identifica* (o *mesmo* homem, o *próprio* homem, o *tal* homem).

A) Os que *localizam*, isto é, os que determinam o lugar, são os seguintes:

masculino	*feminino*	*neutro*
este	esta	isto
esse	essa	isso
aquele	aquela	aquilo

Notas: 1ª – *Isto* (esta coisa), *isso* (essa coisa), *aquilo* (aquela coisa) são formas neutras de *este*, *esse*, *aquele*, e só funcionam como *pronomes substantivos*.

2ª – *Este*, *esse*, *aquele* e respectivos femininos podem vir combinados com a palavra *outro*: *este outro*, *estoutro*; *esta outra*, *estoutra* etc. Todos os que localizam, quando antecedidos das preposições *de* e *em*, podem com elas combinar-se, sem apóstrofo: *deste*, *desta*, *disto*; *neste*, *nesta*, *nisto* etc.

B) Os que *identificam* a coisa que se nomeia são:

masculino	*feminino*
mesmo	mesma
próprio	própria
tal	tal

341 – **ESTE**, **ESSE**, **AQUELE**: Que tais demonstrativos *localizam* é fácil ver; quando dizemos "Eu vi *este* homem", mostramos claramente que nos referimos a um homem que está perto de nós; dizendo "Eu vi *esse* homem", determinamos um homem que está afastado de nós, mas perto da pessoa com que falamos; por último, dizendo "Eu vi *aquele* homem", referimo-nos a um homem afastado de nós e, ao mesmo tempo, afastado da pessoa a que nos dirigimos.

Notas: 1ª – Os demonstrativos *este* e *aquele* localizam não somente com relação às pessoas, mas ainda com relação aos termos de um período; *este*, numa oração, refere-se ao termo mais próximo, ou seja, ao enunciado em segundo lugar, e *aquele* refere-se ao mais afastado, ao enunciado em primeiro lugar: "Duas nações existem que dominavam o mundo: a Inglaterra e a França; *esta* (a *França*, termo que está mais próximo) pela ciência, *aquela* (a *Inglaterra*, termo mais afastado) pelo denodo".

2ª – Os demonstrativos **este** e **esse** têm também a seguinte propriedade de indicação: *este* apresenta coisa que se pretende mostrar, coisa desconhecida ou coisa que se tem na frente de quem fala ou mais perto do que outras já citadas ou tratadas; *esse* indica coisa já apresentada, conhecida: "Prestem atenção *nisto*" (que vou dizer) – "Não foi *isso* que mandei comprar" – "E o sol da Liberdade, em raios fúlgidos, brilhou no céu da Pátria *nesse* instante".

3ª – Outras vezes, em lugar de *esse* emprega-se *este*, para referir-se, em confronto com outras, a coisa mais presente, mais do momento, mais à mão, embora já apresentada, já conhecida: "Não foi este o livro que mandei comprar" – "Isto é outra coisa" – "Este assunto não me agradou".

4ª – É elegante a interposição da conjunção *como* entre os demonstrativos *este*, *esse*, *aquele* e o substantivo por eles modificado: "Este *como* brado de revolta repercutiu em todos os peitos" – "Esse *como* sol" – "Aquela *como* deusa" – em vez de: "Esta coisa que parece brado..." – "Essa coisa que parece sol..." – "Aquela coisa que parece deusa".

Note-se que, em tais casos, o demonstrativo toma o gênero e o número do termo de comparação: *Estes* (masc. pl.) como *brutos* (masc. pl.) – *Estas* (fem. pl.) como *ninfas* (fem. pl.).

342 – **MESMO**: 1 – Quando *mesmo* modifica, na oração, os pronomes *eu*, *tu*, *nós* e *vós*, deve flexionar-se de acordo com o gênero e com o número da pessoa representada por esses pronomes: *eu mesmo* (homem) – *eu mesma* (mulher) – *tu mesmo* (homem) – *tu mesma* (mulher) – *nós mesmo*, *nós mesma* (quando o *nós* está empregado em lugar de *eu*: *Nós mesmo* investigamos o caso) – *nós mesmos*, *nós mesmas* (quando o *nós* representa, de fato, mais de uma pessoa) – *vós mesmo*, *vós mesma* (quando o *vós* vem empregado em lugar de *tu*: *Vós mesma*, minha aluna, deveis redigir as respostas) – *vós mesmos*, *vós mesmas* (quando o *vós* se refere, realmente, a mais de uma pessoa).

Nota: Passa-se com o demonstrativo *próprio* fenômeno idêntico ao que se dá com o demonstrativo *mesmo*: *eu próprio*, *eu própria*, *nós próprio*, *nós própria*, *nós próprios*, *nós próprias* etc. (V. o § 769, 1).

2 – *Mesmo* funciona como pronome neutro em frases como: "É o *mesmo*" (= É a *mesma coisa*) – "O *mesmo* ouvi eu" – "Redunda no *mesmo*" – "Vem a ser o *mesmo*".

Notas: 1ª – Ouve-se – mas isto é permitido apenas em linguagem familiar – o superlativo *mesmíssimo* em frases como: "É a *mesmíssima* coisa".

2ª – Idêntica função neutra tem *mesmo* quando flexionado no feminino em expressões em que se subentende a palavra *coisa*: "Fiquei na mesma" – "Deu na mesma".

3 – *Mesmo* funciona também como advérbio: "Ele não quer *mesmo*" – "Hoje *mesmo*" – "Estive *mesmo*" – "Ela quer *mesmo* sair".

4 – Há um emprego condenável do demonstrativo *mesmo*, em virtude de terem criado, a custa de ensinamentos de origem duvidosa, incompreensível aversão às formas *a ela*, *dela*, *para ela* etc.

Talvez por temor de, no emprego do pronome *ela*, formar palavras grotescas, como "bo*ca dela*", ou para evitar a repetição desse pronome, costumam certos autores, *infalivelmente*, substituí-lo por *a mesma*, *da mesma*, *para a mesma*, *com a mesma*, substituição verdadeiramente ridícula, que só logra atestar fraqueza de estilo, falta de colorido e de recursos sintáticos. Assim é que frequentemente vemos passagens como estas: "Vou à casa de minha mãe; falarei com *a mesma* sobre o assunto" – "Realizou-se ontem a esperada festa; *à mesma* compareceram..."

É caso de perguntar se o interlocutor tem outra mãe ou se o cronista assistiu a outra festa.

Outros exemplos desse erro: "...nova ortografia, visto que os trabalhos serão corrigidos pela mesma" – "Devemos estudar português e as matérias que têm relação com o mesmo". Esse disparate se evidencia em trechos de confirmante pobreza sintática como este: "A Sociedade Tal é constituída dos senhores F. e F., e os mesmos dedicam à mesma todas as energias" – "Recebi seu pedido; fiz chegar o mesmo às mãos do diretor".

Reproduzamos, corrigidos, os exemplos dados: "Vou à casa de minha mãe, com quem falarei sobre o assunto" (*ou*: e com ela falarei sobre o assunto) – "Realizou-se ontem a esperada festa, à qual compareceram..." – "...nova ortografia, visto por esta deverem os trabalhos ser corrigidos" – "Devemos estudar português e as matérias com ele relacionadas" (e as matérias correlatas com esse estudo – e as matérias que mantêm com essa disciplina relação) – " A Sociedade Tal é constituída dos senhores F. e F., que a ela dedicam todas as energias" (*ou*: que lhe dedicam...) – "Recebi seu pedido; fi-lo chegar às mãos do diretor".

Imagine-se Camões a escrever:

> Mas não servia ao pai, servia *à mesma*
> Que *à mesma* só por prêmio pretendia

5 – Outros empregos de *mesmo*:

a) com o significado de *em pessoa*, *próprio*, *idêntico*: "...eu sou a mesma pontualidade" – "Mas quem há de amar as moscas, sendo a mesma imundícia?" – "Cristo era a mesma Inocência" – "...como o declarou o mesmo Cristo" – "...fundada em sua semelhança mesma" – "...de uma terra mesma nasceram duas tão contrárias";

b) para indicar com mais ênfase e distinção a pessoa ou coisa determinada pelos demonstrativos *este*, *esse*, *aquele*: "Este mesmo livro";

c) para identificar, comparativamente, uma pessoa ou coisa: "Respondeu-lhe com a mesma serenidade" – "...os mesmos e ainda maiores estragos" – "Esta roupa é a mesma de ontem" – "Exerce a mesma função de antes".

6 – Evitavam os clássicos o emprego de "até mesmo", de "ainda mesmo" e de "nem mesmo", combinações que eles substituíam por construção mais vigorosa: Até o mesmo Deus (em vez de *até mesmo Deus*), ainda a mesma natureza (em vez de *ainda mesmo a natureza*), e até as mesmas ilhas se fazem continente (em vez de *e até mesmo as ilhas...*), nem os mesmos advogados (em vez de *nem mesmo os advogados*), até a mesma inocência vos não abranda (em vez de *até mesmo a inocência...*).

7 – Três significados pode apresentar a expressão "assim mesmo":

a) *igualmente*: "Assim mesmo tratarei com el-rei" – "Pondere assim mesmo como nas Sagradas Letras";

b) *apesar disso*, *contudo*, *ainda assim*: "A prova máxima não era assim mesmo concludente" – "Quis assim mesmo o governo aliciar no círculo algum proprietário" – "Assim mesmo o autor é bonito";

c) *desse mesmo modo*, *como estais dizendo*: "Falei assim mesmo" – "Pois aconteceu assim mesmo".

8 – Os mestres de nossas letras não tinham a tola preocupação de evitar cacófatos no empregar *mesmo*: *da mesma maneira*, *na mesma miséria*, *da mesma mão*.

9 – Com a significação de *próprio*, cabe às vezes a elegante posposição do *mesmo* ao substantivo: "Em virtude da natureza mesma" – "Com admiração da gente mesma".

343 – **TAL**: Exemplos do emprego do demonstrativo *tal*: "Ditosa pátria que *tal* filho tem" – "E em nome *tal* és tu quem fala?" – "*Tal* era em resumo o estado político e moral da Espanha".

Notas: 1ª – o demonstrativo *tal* pode funcionar como adjetivo quando posposto a substantivo ou pronome: "Homens *tais* devem ser punidos severamente" – "Minha terra tem primores, que *tais* não encontro eu cá" (= semelhantes, desse modo).

2ª – Idêntica função exerce *tal*, quando, na frase, entra em correlação com *qual* ("Era *tal* o brilho da lua *qual* o do sol poente"), *como* ("*Tal* era o doente *como* um cadáver"), *que* ("*Tal* era a confusão, *que* dali nos afastamos") ou com outro *tal* ("*Tal* vida *tal* fim").

3ª – *Tal* funciona como pronome substantivo em frases como: "Não há *tal*" – que equivale a dizer: "Não há *tal coisa*"; "Não creio *tal*" – que é o mesmo que dizer: "Não creio *isso*"; "Quando *tal* ouviu..." (= quando ouviu *tal coisa*...).

4ª – Quanto ao emprego de *um* antes de *tal*, V. § 243, obs. 5, b.

344 – Outras expressões em que se emprega *tal*:

a) "Antônio de *tal*" (o *tal* representa o sobrenome, que não se conhece, da pessoa).

b) "*Tal ou tal*" – locução equivalente a *este ou aquele*, *um ou outro*: "O que se passou sem testemunho em *tal ou tal* coração, em *tal ou tal* espírito".

c) "*Tal qual*" (ou *tal e qual*), expressão que significa *igual*, *sem diferença nenhuma*: "*Tal qual* sem tirar nem pôr" – "Dessas brenhas contêm nossas matas *tais e quais*, mas com folhas" – V. § 583, n. 1.

d) "*Tal ou qual*", locução que significa "mais ou menos", "uma espécie de": "E era tão baixo aquele *tal ou qual* abrigo".

e) "*Outro tal*" (ou: "*outro que tal*"), que significa "semelhante a outro de que já se falou": "Na outra parte da ponte fez *outro tal* reparo" – "E talvez não fosse La Fontaine, mas foi *outro que tal*, que vale o mesmo".

f) "*Que tal?*" – locução que exprime surpresa e admiração ou equivale à interrogação "Que lhe parece?".

Funciona também como locução adjetiva, com a significação de *idêntico*, *igual*: "Em casos *que tais*, devemos agir rapidamente" – "Mas foi outro *que tal*".

g) Na expressão "*um tal de* Pedro", *um tal de* significa *certo*, e o *de* é aí expletivo como em "o pobre *do* ancião".

345 – Os demonstrativos são pronomes substantivos quando fazem as vezes do substantivo:

"Não é *este* o homem que me agrediu"
↓
pronome substantivo
(substitui *homem*)

"Este homem é perverso, mas *aquele* é pior"
↓
pronome substantivo
(substitui *homem*)

"*Aquilo* podia tê-lo matado"
↓
pronome substantivo
(= *aquela coisa*)

"Não disse *tal*"
↓
pronome substantivo
(= *isso*)

"*Este* homem é bom, *aquele* é mau"

Este ↓ pronome adjetivo (acompanha o subst. *homem*)

aquele ↓ pronome substantivo (substitui *homem*)

Notas: 1ª – O artigo *o* funciona também como demonstrativo neutro e, em tal caso, pode substituir tanto um nome quanto um verbo, tanto um adjetivo quanto, ainda, uma oração inteira.

"Não sei *o* (*aquilo*, a coisa) que queres".

"Não *o* fiz por gosto (não fiz *isso*)".

"Vou estudar minha lição e vou fazê-*lo* (= estudar a lição) com acuro".

"Deves ser estudioso e deves sê-*lo* sempre" (deves ser *isso*, isto é, *estudioso*).

"Quem contou esse caso? – Não importa sabê-*lo*" (não importa saber *isso*, isto é, *quem contou esse caso*).

"Sois espiã? – Não *o* sou" (não sou *isso*, isto é, *espiã*).

2ª – O demonstrativo *o* substitui as formas neutras *isto*, *isso* e *aquilo*, quando seguidas de *que*: "Oiça *o* que (= *isto* que) lhe digo" – "Não tenho *o* que (= *isso*, *essa coisa* que) me pede" – "Não compreendi *o* que (= *aquilo* que) disse o mestre".

3ª – A forma "*o* que" pode ainda equivaler a "*aquele* que", da mesma maneira que as formas "*a* que", "*os* que" e "*as* que" equivalem a "*aquela* que", "*aqueles* que" e "*aquelas* que". Embora "o que" equivalha a "aquele que", constitui italianismo o emprego invariável e contínuo de "aquele que" em vez do castiço "o que". Somente quando exigida pela clareza ou pela eufonia é que é empregada a forma "aquele que": "Esse homem é *aquele* a *que* já me referi" (e não "o a que").

Na forma *o que* (e, igualmente, nas demais) entram dois pronomes; um demonstrativo – *o* – e outro relativo – *que* – cujo antecedente é o mesmo demonstrativo *o*.

Essa será a análise de *o que*, quando encaixado num período. No período: "Não sei *o que* dizes" – o demonstrativo *o* pertence ao verbo *sei*, do qual constitui objeto direto, e o relativo *que* pertence ao verbo *dizes*, do qual constitui também objeto direto:

obj. dir.
"Não sei *o*
↓
v. trans. direto

obj. dir.
que dizes"
↓
v. trans. direto

Claro está que, se o segundo verbo do período, ou seja, o verbo de que depende o "que", for transitivo indireto, o "que" deverá, como todos os complementos de verbos transitivos indiretos, vir antecedido da preposição exigida pelo verbo:

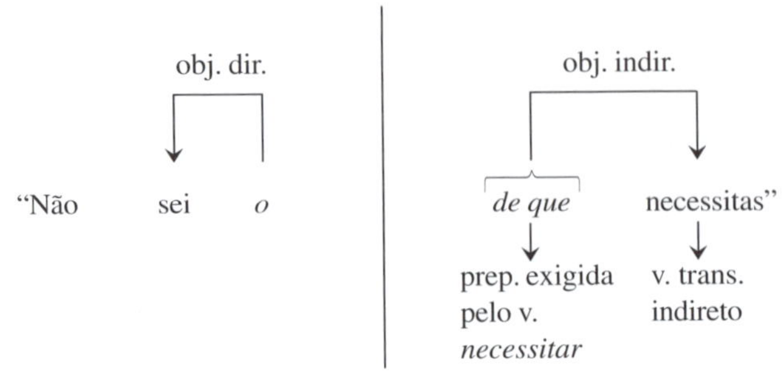

Outros exemplos:

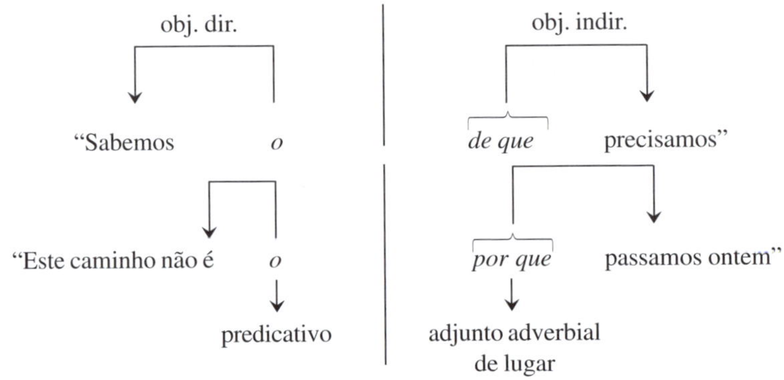

Tais construções continuarão certas se deslocarmos a preposição que rege o relativo *que* para antes do demonstrativo: "Não sei *do que* se trata" – em vez de: "Não sei *o* ‖ *de que* se trata".

4.ª – Manda a eufonia que se empreguem os demonstrativos *aquele*, *aquela* em vez de *o*, *a* em construções como: "Consoantes chiantes são *aquelas cujo* som produz chiado" e não: "*...as cujo som...*" – "Esse homem é *aquele a que* já me referi" – e não: "... é *o a que*...". (Releia a primeira parte da nota 3 deste mesmo parágrafo.)

5.ª – As combinações dos demonstrativos (§ 340, n. 2) podem igualmente funcionar como pronomes:

"Não foi este homem, foi *aqueloutro*"

6.ª – O demonstrativo *esse* é por vezes empregado com o seu significado etimológico (lat. *ipse* = mesmo):

"O que acreditar em mim, *esse* será escolhido"

7.ª – Para maior esclarecimento do presente assunto, reproduzimos aqui um artigo nosso, publicado n'O Estado de S. Paulo:

A incúria, que de um lado vemos, do estudo dos fatos do idioma é de outro agravada pela leviandade de doutrina sobre certos assuntos de nossa gramática. Já não nos lembra o livro em que vimos taxativamente expresso: Não se deve dizer "tudo o que", mas "tudo que", por ser impossível o emprego conjunto de dois pronomes.

Além de nada explanar, essa regra é gratuita e, para o caso, inteiramente destituída de aplicação. Ao contrário de fazer graçolas em matéria gramatical, deveriam esses chocarreiros estudar um pouco mais de gramática, em suprimento do acanhado poder de raciocínio.

Julgando-nos dispensado de aqui definir classes de palavras e supondo não ser procedimento regular fazer um autor propaganda de seus livros em artigos de colaboração, trataremos do caso sem mais delongas. *Todo* possui a forma neutra *tudo*, a qual funciona ou como pronome substantivo (Quero *tudo* – Vi *tudo*), ou como pronome adjetivo, quando acompanha outra forma neutra – *tudo isso*, *tudo aquilo*: Quero *tudo isso* – Vi *tudo aquilo* – Farei *tudo isto*.

Assentemos então, desde logo, que nas orações "Quero tudo isso", "Vi tudo aquilo", "Farei tudo isto" – a palavra *tudo* é pronome adjetivo e não substantivo. O erro parte de não saberem esses truões – no plural digo porque mais de um existe – nem ao menos taxeonomicamente analisar os termos de uma oração.

Acrescentando a essas orações uma subordinada adjetiva, teremos, para dar um só exemplo: Vi tudo aquilo que você fez.

Sabemos, no entanto, que a forma articular "o" funciona também como demonstrativo neutro; exemplos: Não sei "o" que queres (= Não sei "aquilo" que queres). Não "o" fiz por gosto (= Não fiz "isso" por gosto). Troquemos, no exemplo mais acima dado, "aquilo" por "o", e teremos destruída a afirmação de invencioneiros de regras: "Vi tudo o que você fez". Neste período, "o" é pronome substantivo demonstrativo neutro, objeto direto de "vi"; "tudo" é pronome adjetivo indefinido neutro, que acompanha o "o"; "que" é pronome relativo, objeto direto de "fez", e tem por antecedente o "o" da oração anterior.

Questionário

1. Que é *demonstrativo*?
2. Quais são os *demonstrativos* da língua portuguesa?
3. Os demonstrativos que localizam podem combinar-se? Exemplos.
4. Construa um período, no qual entrem os demonstrativos *este* e *aquele*, referindo-se a dois termos antecedentemente expressos, conforme explicação feita na 1ª nota do § 341.
5. Explique a locução: "Aquelas *como* estrelas..."
6. Corrija: "Vós *mesmo*, dona Maria, deveis ir". (Justifique a correção.)
7. Numa conversa, uma senhora diz, referindo-se à própria pessoa: "Nós próprio iremos estudar o caso" – Há nessa oração erro? Por quê?
8. Que diz da expressão: "É o mesmíssimo caso"?
9. Que diz do emprego de "o mesmo", "a mesma", como substitutivos dos pronomes *ele* e *ela*?
10. Redija quatro orações, em que *tal* esteja em correlação com *qual*, *como*, *que* e *tal*.
11. Dois exemplos em que *tal* equivalha a *tal coisa*.
12. Dê exemplos seus a todos os itens do § 344, explicando o significado das expressões.
13. Construa orações semelhantes às citadas na nota 1 do § 345.
14. Analise sintaticamente as palavras grifadas da oração: "Eu fiz *o que* pediste". (§ 345: V. o primeiro exemplo da nota 3.)
15. Corrija: "Trouxe tudo que você pediu".

CAPÍTULO 21

INDEFINIDO

349 – Indefinido: Assim se chama a palavra que determina o substantivo de modo vago, de maneira imprecisa: *outro* homem, *muita* chuva, *certa* vez.

São os seguintes os nossos indefinidos:

algum	mais	qualquer
bastante	menos	quanto
cada	muito	quem quer
certo	nenhum	tanto
diferentes	outro	todo
diversos	pouco	um
		vários

Nota: *Todo é* também chamado **coletivo universal**; *cada* é chamado **distributivo**; os demais, **partitivos**.

350 – TODO: Era norma entre os escritores antigos suprimir o artigo depois do indefinido *todo*, quer viesse no singular, quer no plural: *Todo* homem, *todos* homens, *toda* parte da terra, *todas* partes, *todas* Espanhas.

Entre escritores e professores de hoje, há quem ensine que *todo* tem a significação de *cada* ou, ainda, de *todos*, quando, no singular, vem desacompanhado do artigo e que, acompanhado do artigo, esse indefinido passa a significar *inteiro*, e, assim, fazem distinção entre "*todo* homem" (= *cada* homem, *todos* os homens) e *todo o* homem (= homem *inteiro*). Cabe-nos dizer que essa distinção é gratuita e infundada; *todo* tem, de fato, a significação especial de *inteiro*, mas quando vem depois do substantivo (e, neste caso, é adjetivo): "Eu trabalho *todo* o dia (= *cada* dia, *todos* os dias) e o dia *todo*" (= o dia *inteiro*). Vindo antes do substantivo, *todo* pode ou não significar *inteiro*, mas deve vir sempre seguido do artigo; se o plural *todos* hoje sempre vem acompanhado do artigo (*todos os* homens, *todas as* partes), nada mais simples que proceder igualmente com o singular, sem necessidade de inventar diferenciações de sentido. Se é arcaica a omissão do artigo depois do plural *todos*, pode-se dizer também arcaica essa omissão depois do singular. V. *Todo o* no D. QVs.

351 – Todo pode ainda funcionar como advérbio, quando modifica adjetivo ou verbo: "Ele está *todo* molhado" (= *totalmente* molhado) – "Ela molhou-se *toda*" (= *totalmente*).

Essa é a razão por que, em vez de "Ele molhou-se *totalmente*", podemos dizer e dizemos com igual acerto: "Ele molhou-se *todo*", como, ainda, tratando-se de nome feminino: "Ela molhou-se *toda*".

Totalmente, como verdadeiro advérbio que é, não poderá variar. *Todo*, ao invés, ao mesmo tempo que exerce função de advérbio, conserva a propriedade de adjetivo de flexionar-se, fenômeno a que se dá o nome **flexão eufônica** ou **flexão por atração**.

Nota: Idêntica função adverbial exerce *todo* em orações como estas: Ele é *todo* carinhos – Ela é *toda* meiguice – Um aspeto *todo* suspiros e um coração *todo* divindade.

352 – *Todo* possui a forma neutra **tudo**, a qual funciona ou como **pronome substantivo** (Quero *tudo* – Vi *tudo*), ou como **pronome adjetivo**, quando acompanha outra forma neutra: **tudo** isso, **tudo** aquilo.

Notas: 1ª – Quando seguido de *que*, *tudo* reclama o pronome **demonstrativo** *o*: *Tudo o* que vi, *tudo o* que diz (= tudo *aquilo* que vi; tudo *aquilo* que diz) – V. **nota 7** do § 345.

2ª – *Todos os dois* não é expressão portuguesa; devemos evitá-la, empregando em seu lugar *ambos* ou *os dois* (§ 291).

353 – ALGUM: O indefinido *algum* tem, além de seu sentido usual de *um*, *qualquer* ("*Alguma* coisa deve ter acontecido"), outras significações:

1ª – Pode significar *nenhum*, quando, empregado em orações de sentido negativo, vem posposto ao substantivo: "Não houve coisa *alguma*" – "De modo *algum* pude convencê-lo".

2ª – Significa *certo*, *um pouco de*: "Ele tem *algum* jeito para desenho".

3ª – Entra na locução adverbial *algum tanto*, com a significação de *mais ou menos*: "Ele está *algum tanto* embaraçado".

354 – *Algum* possui, além da forma feminina *alguma*, as formas *cognatas*[1] *alguém* e *algo*, formas que funcionam como pronomes, sendo *alguém* pronome de pessoa ("*Alguém* – alguma pessoa – esteve aqui") e *algo* (forma neutra: § 183) pronome de coisa: "*Algo* (alguma coisa) lhe aconteceu".

Notas: 1ª – *Algo* pode funcionar como advérbio em frases como estas: Ele está *algo* doente (= algum tanto doente) – Foi esse um gesto *algo* desairoso (= um pouco desairoso).

2ª – A palavra *fidalgo* deriva de *filho d'algo*, isto é, "filho de alguma coisa", em oposição aos filhos de nada, aos filhos das ervas, o povo: "Todas as donzelas *filhas d'algo* se levavam à corte da rainha".

3ª – *Algures* é outro cognato de *algum*: significa "em algum lugar", "em alguma parte": "Você o encontrará *algures*". *Algures* contrapõe-se a *nenhures*, que significa "em nenhum lugar", havendo ainda outro advérbio de terminação semelhante, *alhures* (que se prende ao francês *ailleurs*, do latim *aliorsum*), que significa "em outro lugar": "*Alhures* você terá saúde e conforto". V. *em*, *9*, no D.QVs.

355 – **NENHUM**: A diferença existente entre *nenhum* e *algum* consiste apenas em ser *nenhum* forma negativa de *algum*, como igual é a diferença entre as formas *alguém* e *ninguém*, entre *algo* e *nada*.

Nada, de valor negativo (= nenhuma coisa), é forma neutra (§ 183) frequentemente usada: "*Nada* impedirá seu triunfo" – "Ele não sabe *nada*" – "Ele *nada* disse" – o que não se dá com o positivo *algo*, empregado apenas por eruditos. *Nada*, à semelhança de *algo*, pode funcionar como advérbio, quando modifica adjetivo: "Ele não ficou *nada* perturbado".

Nota: *Nenhum* provém da junção de *nem* + *um*, havendo entre aquela forma sintética e esta analítica diferença de energia de expressão; a forma analítica é mais forte: "*Nem um* homem é capaz, muito menos uma criança" (= *nem mesmo um* homem, *nem sequer um* homem...). Também é usado no plural: *nenhuns* vestígios.

356 – **OUTRO**: Possui este indefinido, além do feminino *outra*, as variantes *outrem* e *al*, sendo a primeira pronome de pessoa e a segunda pronome de coisa.

---

(1) Não se confundam os termos *cognato* e *derivado* (§ 174); uma palavra é *derivada* de outra quando tem *tema* comum:

cândid-o   candid-a-mente

tema comum

Para que duas ou mais palavras sejam *cognatas*, basta possuírem *raiz* comum:

cand-ura   când-ido   in-cand-escência

raiz comum

As formas pronominais adjetivas admitem antes de si artigo ou outro pronome adjetivo: *Os outros* homens, *algumas outras* coisas, *nenhum outro* meio, *estes outros* livros.

Outrem, que significa *outra pessoa* ou *outras pessoas* ("O bem que *outrem* merece"), era antigamente acentuado oxitonamente, como *alguém*, *ninguém*.

Al arcaizou-se; em provérbios antigos é que se encontra essa forma neutra (§ 183), que significa *outra coisa*, *o mais*, *tudo o mais*: "Como vires o faval, assim espera pelo *al*" – "As mãos no pandeiro e em *al* o pensamento".

Na linguagem de direito ainda aparece em fórmulas consagradas: "e *al* não disse" (= e *outra coisa* não disse), "se por *al* não estiver preso".

Notas: 1.ª – V. § 243, B, 5.ª obs., letra *a*.

2.ª – *Outro* pode significar: *diferente* (Tens tu outra vontade – Ficou outro do que era), *superior* (Aquilo é outra fazenda – Leva ele hoje outra vida), *igual*, *semelhante* (O Cairo é outra Constantinopla – Não há outro eu – Quem vê um vê o outro), *qualquer pessoa* (Outro fará melhor), *segundo*, *terceiro*... (Tens um filho em Londres, outro em Paris e outro no Rio), *seguinte*, *imediato* (De um ano para outro).

3.ª – Expressões diversas: *Outro dia* (= qualquer dia: Fá-lo-emos outro dia). *Outro tempo* (= outrora: Eu que outro tempo contava pelos dias meus triunfos). *Temos outra*! (locução em que se exprime existência de mais uma coisa que nos causa espanto) *Como diz o outro* (= como se diz vulgarmente). *Por outra* (= isto é, por outras palavras: Jesus Cristo, por outra, o redentor da humanidade).

4.ª – Junta-se aos pronomes pessoais *nós* e *vós* e aos demonstrativos *este*, *esse*, *aquele* (§ 340, n. 2): E vós outros que os nomes usurpais... – Nós outros sem a vista alevantarmos...

357 – MUITO, POUCO, MAIS, MENOS, TANTO, QUANTO: Estes indefinidos podem, na frase, ter diversas funções:

1 – São pronomes adjetivos indefinidos quando modificam substantivo expresso: "*Muita* parra e *pouca* uva" – "*Mais* amor e *menos* confiança" – "*Quantas* cabeças, *tantas* sentenças" – "Há *mais* (maior) tempo".

Nota: *Mais* e *menos*, quer funcionem como pronomes adjetivos, quer como advérbios, são sempre invariáveis; erro gravíssimo constitui a flexão de *menos*: "Mais amor e men*as* confiança".

2 – São pronomes substantivos indefinidos quando não se referem a nome expresso na frase: "*Muitos* padecem pelo erro de *poucos*" – "*Quanto* queres?" – "Não quero que me pague *tanto*" – "Ele perdeu *mais* do que eu" – "Há *muito* que fazer".

3 – São advérbios de intensidade quando modificam adjetivo, verbo ou outro advérbio: "Pedro é *mais* douto do que Paulo" – "Ele bebe *muito*" (= em grande quantidade) – "Em circunstâncias *menos* apertadas...".

Nota: *Pouco a pouco, pouco e pouco, a pouco e pouco* são locuções adverbiais. A forma *a pouco a pouco* é errada.

São também locuções adverbiais: *mais ou menos, mais e mais* – "Seguiam-se muitos aposentos *mais ou menos* escuros" (com maior ou menor intensidade) – "As divergências tinham distanciado *mais e mais* os partidos" (cada vez mais).

4 – São pronomes substantivos quando precedidos de artigo, de pronome adjetivo ou de numeral: "Quem tem *o mais* tem *o menos*" – "Quem é fiel n*o menos*, também é fiel n*o mais* e o que é injusto n*o pouco*, também é injusto n*o muito*" – "Espero ganhar *outro tanto*" – "Minha bagagem tem *dois tantos* da sua".

Notas: 1ª – Na expressão "o mais das vezes", *mais* significa *o maior número, a maior porção*; outros exemplos: "Viviam o mais do tempo juntas" – "Passei o mais da tarde repousando".

2ª – Não é possível a construção: "As leis sociais tornaram-se *as* mais avançadas *possíveis*". Que concordância é essa? Que tem que ver a locução adverbial – invariável como todo o advérbio – com o gênero e com o número do substantivo *leis*? A locução é invariável porque é adverbial; é adverbial porque modifica o adjetivo *avançadas*, e não o substantivo *leis*. O certo será: *As leis sociais tornaram-se o mais avançadas possível* – ou, noutra ordem: *As leis sociais tornaram-se avançadas o mais possível* – ou ainda: *...o mais possível avançadas*.

Não devemos redigir: "Estes são os alunos mais atrasados possíveis" nem: "Estes alunos são os mais atrasados possível".

Notemos que em qualquer dessas orações entra a locução adverbial *o mais possível*, locução que não poderá variar, seja qual for a ordem de seus termos, isto é, o *o* deverá ficar sempre no singular, como deverá ficar o *possível*: "Estes alunos são o mais atrasados possível" – "Estes são os alunos o mais atrasados possível" – "Pintam quadros o mais belos possível", podendo ainda variar a expressão: "Estes alunos são quanto possível atrasados" – "Pintou quadros quanto possível belos".

358 – BASTANTE: *Bastante* varia em número quando adjetivo, isto é, quando acompanha substantivo: Procuração *bastante* (= que confere poderes judicialmente necessários para determinados fins), procurações *bastantes* – Fiador *bastante* (= que tem bens suficientes para suprir a falta de pagamento pelo devedor), fiadores *bastantes*.

É pronome substantivo em orações como: "Possuo de tudo *bastante*".

Permanece invariável quando advérbio, isto é, quando modifica adjetivo, verbo ou advérbio: "Estamos *bastante* contentes" (e nunca: "Estamos *bastantes* contentes").

Nota: Não devemos empregar adjetivamente *bastante* com a significação de "em grande quantidade"; frases como "Encontrei bastantes conhecidos na cidade" não são corretas.

359 – CERTO: É indefinido quando antecede substantivo: *Certa* pessoa, *certo* dia, em *certos* tempos.

Quando posposto a substantivo, *certo* é adjetivo e indica que é *verda-*

deiro, infalível: "Cálculo *certo*" – "Sinal *certo* de chuva". Com esta acepção, pode substantivar-se: "Deixar o *certo* pelo duvidoso" – "O *certo* é que assim aconteceu".

Funciona como advérbio, com a significação de *certamente, com certeza*: "Não podia *certo* haver suspeita" – "São duras de ouvir, *certo*".

Certo entra nas seguintes locuções adverbiais: 1) *Ao certo* (com certeza, com exatidão): "Não sei *ao certo* se virá a São Paulo" – "Era um alqueire de trigo *ao certo*". 2) *De certo* (certamente): "Era o paraíso *de certo*". 3) *Por certo* (certamente, seguramente): "Alegria mui grande foi *por certo* acharmos já pessoas que saibam navegar".

Não é português o emprego da locução "na certa" pelo advérbio *certo, certamente*. Corrijamos "Seria um desastre na certa" para "Seria um desastre *certo*". Lembremo-nos de Camões: "Coisa *certo* de alto espanto" – "*Certo* me tem maravilhado".

Notas: 1ª – Na linguagem familiar, as locuções *de certo, com certeza* são empregadas com sentido dubitativo: "*De certo* ele vai" (= *talvez* ele vá).

2ª – Como indefinido, *certo* não admite o indefinido *um*: V. § 243, B, 5ª obs., letra b.

360 – DIFERENTES, DIVERSOS, VÁRIOS: Estas palavras são indefinidos quando antepostas a substantivos: "Encontrei-me com *diferentes* pessoas" – "*Diversas* vezes o avisei" – "*Vários* casos se deram de paralisia".

Pospostas, são adjetivos e dão à expressão sentido diferente, como facilmente se pode deduzir destes exemplos:

indefinidos	**adjetivos**
diferentes homens	homens *diferentes*
várias bebidas	bebidas *várias*
diversos casos	casos *diversos*

361 – QUALQUER: É sempre indefinido e serve para indicar indivíduo, lugar, objeto indeterminado e equivale a *um, outro, este, aquele*; tem por plural *quaisquer* (§ 224): "O indolente muda *quaisquer* propósitos tomados" – "*Qualquer* que assim pense, pensa errado".

Notas: 1ª – Não é português o emprego de *qualquer* em orações negativas com a significação de *nenhum*: "Não vejo *qualquer* pessoa capaz disso" – "Não há *qualquer* indício" – Deve-se dizer: "Não vejo *nenhuma* pessoa..." – "Não há *nenhum* indício".

O correto emprego de *qualquer* em orações negativas se dá em exemplos como este: "*Não* tome *qualquer* remédio", onde de forma alguma *qualquer* tem a significação de *nenhum*. Quem assim impera não está proibindo que se tome remédio; ao contrário, impera que se tome algum, mas não um qualquer.

Ajudar-nos-á a evitar o emprego de *qualquer* pensar que *qualquer* significa "qual você queira": "Nomearei qualquer pessoa" (oração positiva) – "Não nomearei qualquer pessoa" (é a mesma oração anterior, agora negativa; a primeira não diz que nomearei uma pessoa, senão uma qualquer; a segunda diz que nomearei uma pessoa, não porém uma qualquer); *qualquer* aí nunca significou nem pode significar *nenhum*. V. *Dicionário de Questões Vernáculas*, "Não dei nenhuma informação".

2ª – Não se deve dizer "*Qualquer um* faz isso", construção francesa; em português se diz *qualquer pessoa, uma pessoa qualquer, uma qualquer pessoa*. Falando de "histórias", Castilho redige: "Pedi-lhe *uma qualquer*".

362 – CADA: Este indefinido, denominado *distributivo*, é invariável e significa *todo*, *qualquer* dentre certo número de pessoas ou de coisas: "*Cada* homem tem direitos e deveres" – "*Cada* coisa no seu lugar".

Cada une-se a *qual* – *cada qual* – e a *um* – *cada um* – formas que, atualmente, não vêm acompanhadas de substantivo: "*Cada um* come do que gosta" – "*Cada qual* fará o que melhor lhe parecer".

Cada não pode anteceder substantivo no plural (*cada férias*), a não ser que o substantivo venha antecedido de numeral: *cada duas férias*.

Nota: Aos ouvidos de quem no Brasil nasceu, conquanto iletrado ou analfabeto, estranham frases, por estrangeiros proferidas, como estas: "Vou *cada* dia à casa dele" – "Estudo português *cada* dia".

É construção corrente em eruditos imigrantes de certos países e de correção difícil para muitos. Vendo no dicionário *todo* e *cada* como sinônimos e ouvindo em construções comuns a expressão *cada dia*, julgam-na apropriada para toda e qualquer frase, desconhecedores da diferença fundamental entre esses dois indefinidos.

Cada é certamente sinônimo de *todo*, mas é distributivo, e nisto reside a diferença de emprego. Quando se diz "Cada dia faço uma coisa", distribuem-se as coisas pelos dias, e a construção é portuguesa. Quando, porém, diz um alienígena: "Vou à casa dele cada dia", "Faço a barba cada dia", nenhuma distribuição faz, e a construção, errada como está, corrigida deve ser para: "Vou à casa dele todo o dia", "Faço a barba todo o dia".

Todo é coletivo: universaliza, iguala, engloba. *Cada* é distributivo: particulariza, diferencia, especifica. Dissesse o estrangeiro "Faço a barba cada dia com uma lâmina", "Vou cada dia à casa de um parente", estaria distribuindo, diferenciando e, portanto, acertando.

Diferente é o significado entre "Vou todo o dia à casa de um parente" e "Vou cada dia à casa de um parente". Na primeira oração, o parente visitado é um só, ao passo que na segunda, como ficou dito, há a distribuição: hoje visito um, amanhã outro parente.

Não cabendo, pois, a significação distributiva, deve-se empregar *todo*. Citemos mais exemplos, para maior evidência da significação distributiva do indefinido *cada*: "Cada macaco no seu galho" (um, num galho; outro, noutro) – "Cada coisa em seu lugar" (isto, aqui; aquilo, ali) – "O pão nosso de cada dia" (hoje, um; amanhã, outro) – construções todas certas, dada a distribuição nelas contida.

363 – UM: V. § 283, *a*, c, *d*.

Questionário

1. Que é *indefinido*?
2. Que diz do sentido de *todo* e do emprego do artigo depois desse coletivo? Dê três exemplos, um com *todo*, outro com *todas* e o terceiro com *tudo*.
3. Que vem a ser flexão eufônica? Explique essa questão com relação a *todo*.
4. "Farei tudo que puder": Onde o erro dessa construção? (**nota 7** do § 345).
5. Que diz das expressões *todos os dois* e *ambos os dois*?
6. Quais os significados de *algum*? Exemplos.
7. Quando duas palavras são cognatas? Exemplos.
8. Exemplos do emprego dos neutros *algo*, *nada* e *al*.
9. Entre *nenhum* e *nem um* qual a diferença? Exemplos.
10. É certo dizer: "Ela tem menas paciência"?
11. É correta a oração "Vi *bastantes* coisas"? (Responder somente *sim* ou *não*; V. a nota do § 358.)
12. "Devemos agir com uma certa prudência": Onde o erro dessa oração?
13. Qual a precaução que devemos ter no emprego de *qualquer*?
14. Corrija: a) Não recebi qualquer ajuda para formar-me em engenharia. b) Não tenho qualquer meio para socorrê-lo. c) Estou sem qualquer recurso para viajar. d) Nunca encontrará você qualquer pessoa melhor para o cargo. e) Por que castigá-lo se ele não fez qualquer coisa de grave?

CAPÍTULO 22

INTERROGATIVO

365 – Interrogativos: São assim chamados *que*, *quem*, *qual* e *quanto*, quando participantes de orações interrogativas: "*Que* horas são?" – "*Que* hora é?" – "*Quem* disse?" – "*Qual* homem isso conseguirá?" – "*Quantos* soldados devemos mandar?" – "*Quanto* queres?"

366 – É importante observar que uma palavra que se presta para interrogações pode prestar-se igualmente para admirações: "*Quantos* soldados tem você?" – "*Quantos* soldados tem você!"

Outros exemplos: "*Que* homem?" "*Que* homem!" – "*Quanto* gastaram?" "*Quanto* gastaram!" – "*Quem* me dera!"

De igual maneira, a expressão *que de* (= *quanto*, *quanta*, *quantos*, *quantas*), seguida de substantivo no singular ou no plural, pode figurar em orações exclamativas ou interrogativas: "*Que de* vantagens há nisso!" – "*Que de* vantagens há nisso?"

Nota: Na expressão interrogativa "Que é de?" subentende-se a palavra "feito": "Que é do sorriso?" (= Que é feito do sorriso?), "Que é dele?" (= Que é feito dele?). Nunca deveremos dizer *quéde* ou *quedê* ou, o que é ainda pior, *cadê*.

367 – Não constitui construção sintaticamente legítima o emprego da forma "o que" como pronome interrogativo, embora comum no linguajar do povo e, mais ainda, encontrado em bons escritores: *O que* sois? (Gonç. Dias) – *O que* será, padre? (Garrett) – *O que* te fez, meu filho? (Odorico Mendes) – *O que* será feito de frei Timóteo? (Alex. Herculano) – *O que* fariam eles? (Latino Coelho) – *O que* era isto? (Camilo) – *O que* são sílabas? (Aulete).

Também o espanhol luta com o popular interrogativo "el que". Não é construção legítima, porque o "o" (ou o "el" espanhol) nenhuma função sintática fica exercendo na oração; emprega-se somente quando estritamente necessário para a eufonia, o que se dá quando o "que" vem depois do verbo: "Fez ele *o quê*?" – "Mandarás *o quê*?"

Iniciando a oração, o "que", mais castiçamente, deverá vir desacompanhado do "o", porque neste caso é sintática e eufonicamente inútil: "*Que* queres?" – "*Que* há?" – "*Quê*?!"

Questionário

1. Quais os *interrogativos* portugueses?
2. Por que essas palavras se chamam interrogativos?
3. Entre "Que há?" e "O que há?", que construção devemos preferir? Por quê?
4. Declare a função de "o" na oração "Você viu o quê?"

CAPÍTULO 23

RELATIVO

371 – **Relativo** é a palavra que, vindo numa oração, se refere a termo de outra. São estes os relativos da língua portuguesa:

o qual	*quem*
que	*cujo*

372 – **O QUAL**: Esta locução pronominal tem como função pôr em relação termos iguais, isto é, unir um termo *antecedente* a outro termo *consequente* idêntico (*antecedente* = que vem antes; *consequente* = que vem depois), notando-se que o consequente quase sempre se omite: "O homem, *o qual* (homem) eu vi" – "Os negócios *dos quais* (negócios) queríamos tirar provento":

O *homem* *o* *qual* (*homem*) eu vi

homem ↓ antecedente

qual ↓ relativo

(*homem*) ↓ consequente (idêntico; quase sempre omitido)

O consequente só se repete quando exigido pela clareza ou para dar ênfase à expressão: "...aparece um pronome oblíquo, da mesma pessoa que o sujeito, sem o qual *pronome* o verbo não poderá indicar reflexibilidade".

373 – *Qual* é elegantemente usado como *partitivo*, ou seja, para indicar *parte de um todo*: "Todos esperavam, *qual* muito *qual* pouco" (uns deles esperavam muito, outros esperavam pouco) – "*Qual* mais, *qual* menos, toda a lã é pelo" – "Deve o médico saber *quais* doenças são incuráveis e *quais* têm dificultosa cura" – "Deputa-os desde logo aos vários ofícios, *quais* para geração, *quais* para as sacras aras, *quais* para a lavra rija" –

> "*Qual* do cavalo voa, que não desce;
> *Qual* co'o cavalo em terra dando, geme;
> *Qual* vermelhas as armas faz de brancas;
> *Qual* co'os penachos do elmo açoita as ancas"

374 – *Qual* é ainda empregado, precedido da preposição *a*, com a significação de *cada qual*: "As horas desse dia foram contadas minuto a minuto, *a qual* mais pesado e lento de volver, quanto mais se aproximava o derradeiro" – "Um sistema de regras, *a qual* mais oposta".

375 – Outros empregos de **qual**:

1 – Denota, às vezes, *negação*: "*Qual* médico ou *qual* doutor! não passo de um rachador!"

2 – Emprega-se, isoladamente, para exprimir dúvida ou negação: "*Qual!* tudo isso é frioleira".

Observações:

Qual entra em outras expressões também de dúvida ou negação: "*Qual* lá!" – "*Qual* história!" – "*Qual* nada!"

376 – **QUE**: Poucas vezes se usa a locução pronominal relativa *o qual*; na maioria das vezes é substituída por *que*, palavra esta que irá então exercer a função de pronome substantivo, pois *representará*, *substituirá* o antecedente:

"O homem *que* eu vi"
↓
pronome substantivo
(substitui *homem*)

A forma *o qual* é empregada quando necessária à clareza do período: "Uma herança honrada de avós, *a qual* era preciso salvar". Se nessa oração o autor tivesse empregado *que*, o sentido teria ficado prejudicado, pois não saberíamos se o pronome *que* estaria substituindo o antecedente *herança* ou *avós*; o emprego de *o qual* esclarece o antecedente.

Eis, pois, um cuidado que devemos ter: não empregar o pronome *que* quando houver mais de um antecedente a que possa referir-se; assim, o período: "Estivemos na escola da cidade *que* foi fundada em 1856" – não tem sentido claro, pois não sabemos se a *escola* ou a *cidade* foi fundada em 1856; impõe-se um torneio à construção, de acordo com o sentido que se quer dar: "Naquela *cidade*, estivemos na *escola* que foi fundada em 1856".

Observação:

Note-se a diferença de sentido entre as expressões: "O chapéu de palha que comprei" e "O chapéu da palha que comprei"; na primeira, o *que* refere-se a *chapéu*, sendo, pois, *chapéu* a coisa comprada; na segunda, o *que* refere-se a *palha*, sendo esta a coisa que se comprou. O que motiva a diversidade de sentido é a ausência do artigo no primeiro exemplo e sua presença no segundo. Quando, porém, os dois elementos que antecederem o pronome *que* estiverem determinados pelo artigo, o sentido da expressão poderá tornar-se ambíguo conforme há pouco vimos; outro exemplo dessa ambiguidade temos nesta construção: "A glória da virtude que é constante...", onde não sabemos qual a coisa que é constante, se a *glória* ou se a *virtude*.

377 – O pronome relativo *que* sempre abre uma oração, e funciona ou como *sujeito* ou como *complemento* do verbo dessa oração:

"O homem	*que* (o qual ↓ homem) obj. dir. de *vi*	*eu vi* ↓ suj. de *vi*	morreu"

"O homem	*que* (o qual ↓ homem) suj. de *convidou*	*nos* convidou ↓ obj. dir. de *convidou*	saiu"

"A carta	*de que* ↓ obj. ind. de *depende*	depende	*meu destino* ↓ suj. de *depende*	chegou"

Notas: 1ª – Fique, pois, claro: Se o relativo *que* abre uma oração, ele pertence ao verbo que vem depois. No primeiro exemplo dado, o *que* pertence a *vi*. Conseguintemente, a função sintática do *que* deve ser examinada em relação com esse verbo. Outro exemplo: "Não conheço o livro a que você se refere"; o *que* pertence ao verbo *referir-se*, razão pela qual é preciso colocar a preposição *a* antes, pois quem se refere, refere-se "a" alguma coisa.

2ª – A palavra *que* pertence a várias classes de palavras, o que se pode comprovar pelo *Índice Analítico*. É, no entanto, fácil saber se é pronome relativo, pois será sempre conversível em "o qual" (a qual, os quais, as quais). Esta possibilidade de substituição não quer dizer que o devamos sempre substituir por *o qual*; ao contrário, tal substituição só se deve fazer quando exigida pela clareza ou pela eufonia (V. § 376).

378 – **QUEM**: O relativo *quem* equivale a dois pronomes: *o que* (ou *aquele que*). Suponhamos a construção: "Eu estimo *quem* me estima"; é imprescindível, para efeito de análise, a separação do *quem* nos seus dois pronomes equivalentes:

1ª oração	2ª oração
"Eu estimo *aquele*	*que* me estima"
↓	↓
obj. ind. de *estimo*	suj. de *estima*

Vê-se daí a dupla função do *quem*; em virtude do antecedente que em si encerra, ele é objeto direto de *estimo* e, ao mesmo tempo, em virtude do relativo *que*, funciona como sujeito de *estima*.

379 – Quando o verbo que antecede o *quem* e o verbo que se lhe segue são diferentes com relação à regência, é preciso desdobrar o *quem* nos seus dois elementos, a fim de que cada elemento funcione de acordo com a regência do respectivo verbo:

"Premiaremos *aquele*	*a que* couber melhor nota"
↓	↓
obj. dir.	obj. ind.

e não: "Premiaremos *quem* couber melhor nota".

Notas: 1ª – *Quem* pode ser objeto indireto do verbo antecedente e, ao mesmo tempo, sujeito do consequente ("Escrevo a quem me escreve"); o que não pode ser é objeto direto e indireto ao mesmo tempo, nem objeto indireto de dois verbos que exigem preposições diferentes.

2ª – O "que" pode, indiferentemente, referir-se a *pessoa* ou *coisa*, ao passo que o "quem" só pode referir-se a *pessoa*.

3ª – Funciona como partitivo e equivale a *um... outro*; *este... aquele*: "*Quem* se afoga nas águas encurvadas, *quem* bebe o mar e o deita juntamente".

380 – **CUJO**: Este relativo jamais pode ligar dois termos idênticos; é erro, e dos grandes, dizer "O homem *cujo* (homem) eu vi".

Cujo sempre indica posse, e pode ser desdobrado em um complemento que também indique posse. Exemplos: "Devemos socorrer João, *cuja* casa se incendiou" (*a casa do qual*) – "A mala, *cuja* chave se perdeu, não será usada" (*a chave da qual*) – "A parede, *cuja* pintura se estragou, deve ser enfeitada" (*a pintura da qual*).

Vê-se claramente que o termo *antecedente*, isto é, o termo que vem antes do *cujo*, é sempre o *possuidor*, sendo o termo que vem depois do *cujo*, ou seja, o termo *consequente*, a coisa possuída; daí a conclusão clara: O relativo *cujo* sempre une termos diferentes.

381 – Abreviadamente, assim poderemos formular as condições que o *cujo* exige para o seu perfeito uso:

1ª – Possuir *antecedente* e *consequente diferentes*.

2ª – Poder converter-se em *do qual* (ou, conforme o número e o gênero do antecedente, em *da qual*, *dos quais*, *das quais*).

3ª – Indicar *posse*.

Nota: Os clássicos empregavam o *cujo* sem o antecedente expresso: "*Cuja* é esta casa?" – "Não sei *cujo* é este livro" – "Tu mandas o seu a *cujo* é" (= Tu mandas a cada um o que lhe pertence). Esse emprego é perfeitamente de acordo com o latim, mas hoje desusado; por outras palavras: o *cujo*, no português hodierno, funciona como pronome adjetivo e não como pronome substantivo.

382 – *Cujo* admite – e *exige* – antes de si preposição, quando o verbo que se lhe seguir a exigir; assim, constitui erro redigir: "O homem cuja casa estivemos", porque "quem está, está *em* casa"; é isso sinal de que o verbo *estar*, no sentido em que nessa oração está empregado, exige a preposição *em*; conseguintemente, o *cujo* deve vir precedido dessa preposição, e a construção correta será: "O homem *em* cuja casa estivemos". Erradas estão, portanto, as seguintes construções: "A moça, cuja casa vim" – "A pessoa, cuja casa fui" – "Nosso chefe, cujas ordens obedecemos", que devem ser corrigidas: "A moça, *de* cuja casa vim" – "A pessoa, *a* cuja casa fui" – "Nosso chefe, *a* cujas ordens obedecemos".

Somente quando o verbo posposto ao *cujo* não exigir preposição é que o relativo *cujo* deixará de vir antecedido de preposição. Exemplos: "O homem, cujo filho conheço..." – "O papel, cujos bordos dobrei...".

Nota: Jamais devemos colocar artigo depois do relativo *cujo*. "A casa cuja *a* porta..." – "O homem cujo *o* braço..." – são frases inteiramente erradas.

Questionário

1. Que é *relativo*?
2. Quais são os relativos portugueses?
3. Quais os outros empregos de *qual*? Dê um exemplo de cada significação.
4. Por que palavra pode ser substituída a locução pronominal "*o qual*", e que função exerce a palavra que a substitui? Exemplos (§ 376).
5. Está claro o sentido deste período: "Vi o filho do amigo que está doente"? Por quê? (A troca do *que* por *o qual* não elimina a ambiguidade.)
6. Analise o *quem* do período: "Eu estimo quem me estima".
7. Qual a diferença de função conjuntiva entre os relativos "que" e "cujo"?
8. Quais as condições para o perfeito emprego do relativo *cujo*? Exemplos.
9. Construa três orações em que o *cujo* venha antecedido de preposição. (Cada oração com preposição diferente.)
10. Corrija: "O navio cujo o casco se partiu soçobrou".

11. Reproduza, corrigidos, os seguintes períodos (*) – (Além de estudar a nota 1 do § 377, o aluno deve recordar muito bem a nota 3 do § 345):
a) Trar-lhe-ei um presente que você irá gostar muito.
b) Este é um trabalho que me dediquei de corpo e alma.
c) É admirável a lealdade que João tem procedido e que tem dado tantas provas.
d) Dê-me o troco do dinheiro que você pagou a entrada.
e) É um caso que todos estão interessados.
f) Manga é a fruta que eu mais gosto.
g) Metaplasmos por adição são os que se acrescentam sons ou letras aos vocábulos. (V. nota 4 do § 345.).

12. Corrija os três períodos seguintes; neles deve aparecer "cujo" em lugar de "que seu" (a correção obriga a mudança de ordem de certos termos):
a) O xadrez é um jogo *que* nunca pude aprender *suas* regras.
b) Palavras enclíticas são aquelas *que* se apoia *seu* acento na palavra anteposta.
c) Língua extinta é aquela *que* não possuímos prova de *sua* existência.

13. Reproduza, corrigida, esta passagem: "...coisas ou pessoas que alguns acreditam na existência".

*

É falha a cultura sem o conhecimento do idioma pátrio.

(*) No responder aos itens da pergunta 11, só troque o "que" por "o qual" na letra "g". Deve o aluno saber que essa troca só é feita quando exigida pela clareza ou pela eufonia (§ 376).

CAPÍTULO 24

VERBO

Quanto à Voz

386 – Para a conclusão do estudo do pronome, teríamos de ver ainda duas questões: a *colocação dos pronomes oblíquos* e as diversas *funções do pronome* "*se*". A primeira delas não pode ser tratada na morfologia, porque exige conhecimentos da própria sintaxe. A segunda questão – muito importante – irá exigir uma alteração na ordem da gramática, o que já uma vez foi feito, com grandes vantagens para o aluno, com a parte referente ao verbo quanto à predicação.

387 – Outra parte importante da morfologia é a que estuda o verbo com relação à *voz*. Considerado sob tal relação, o verbo pode ser: *ativo*, *passivo*, *reflexivo* e *neutro*.

388 – **Voz ativa**: O verbo de uma oração está na *voz ativa* quando a ação é evidentemente *praticada* pelo sujeito; este, em tal caso, é o *agente da ação verbal*. Exemplos: "O caçador *matou* o tigre" – "Ele *passou* de ano" – "Pedro *voltará* amanhã".

Nessas orações, os verbos *matou*, *passou* e *voltará* indicam ações praticadas pelos respectivos sujeitos: *caçador*, *ele* e *Pedro*.

389 – **Voz passiva**: Acontece muitas vezes que a pessoa ou coisa, a que se atribui a ação verbal, recebe a ação em vez de praticá-la. Na primeira das orações acima ("O caçador *matou* o tigre") *o caçador* é o sujeito de *matou*; nestoutra oração: "O caçador *foi morto* pelo tigre", o sujeito continua sendo o mesmo (Quem foi morto? – *O caçador*), pois é a ele que se atribui o fato de *ser morto*, mas, agora, o sujeito não pratica, e, sim, recebe a ação verbal.

Mas então o *caçador* deixou de ser sujeito? – Não. Mas como não, se não foi ele quem praticou a ação de *matar*? – Realmente, mas a ação agora expressa não é a de *matar*, mas a de *ser morto*.

Por que essa diferença? – Porque no primeiro caso o verbo está na *voz ativa* e, no segundo, na *voz passiva*.

Voz passiva é, pois, a que expressa uma ação *sofrida*, *recebida* pelo sujeito; o sujeito, nesse caso, é *paciente* ou *recipiente* da ação verbal.

Notas: 1ª – A palavra *passivo* prende-se à mesma raiz latina de *paixão* (lat. *passio, passionis*); ambas têm relação com *sofrer, padecer* (*Paixão* de Cristo = *sofrimento* de Cristo); daí a significação de voz "passiva": voz que expressa ação *sofrida* pelo sujeito.

2ª – É indiferente dizer "verbo passivo" ou "verbo da voz passiva"; ambas as expressões significam a mesma coisa. Igualmente, pode-se dizer "verbo ativo" ou "verbo da voz ativa". Quando se diz que tal verbo "está na voz passiva", indica-se que o sujeito recebe a ação.

390 – Nas orações passivas, a pessoa ou coisa que pratica a ação aparece sob a forma de complemento, o qual se chama **agente da passiva**:

O caçador	*foi morto*	*pelo tigre*
↓	↓	↓
sujeito (paciente)	verbo *matar* (voz passiva)	agente de passiva

Notas: 1ª – Essa mesma oração, na voz ativa, será:

O	*tigre*	*matou*	*o*	*caçador*
	sujeito	verbo ativo		obj. direto

O sentido desta oração é perfeitamente idêntico ao da oração anterior. Vê-se, daí, que uma oração da voz ativa pode, *sem alteração de sentido*, ser convertida em outra oração da voz passiva. Para isso: 1º – coloca-se o objeto da ativa (recipiente da ação verbal) como sujeito da passiva (para continuar como recipiente da ação verbal); 2º – o sujeito da ativa (praticante da ação verbal) coloca-se como agente da voz passiva (para continuar como praticante da ação verbal); 3º – coloca-se o verbo na voz passiva, obedecendo-se ao mesmo tempo (presente, passado ou futuro). Outros exemplos:

VOZ ATIVA	VOZ PASSIVA
"Eu fiz isso"	"Isso foi feito por mim"
Eu (praticante)	Isso (recipiente)
fiz (verbo ativo)	foi feito (v. passivo)
isso (recipiente)	por mim (praticante)
"Pedro soltará o pássaro"	"O pássaro será solto por Pedro"
"Você estuda as lições"	"As lições são estudadas por você"

2ª – O agente da passiva costuma aparecer acompanhado da preposição *per* ou *por* (*per + o = pelo*; *per + a = pela*); em alguns casos, em vez de *per* aparece a preposição *de*, principalmente com os verbos que exprimem sentimento: "ser querido *das* crianças" – "ser temido *dos* néscios" – "ser amado *de* todos". Outros exemplos: Enjeitado *da* fortuna – Rosa tocada *do* cruel granizo – Rodeado *de* vários ministros – Desajudado *da* metrópole – Acompanhado *do* chefe.

3ª – Os verbos *intransitivos* não podem passar para a passiva; não é possível apassivar verbos que não têm recipiente.

391 – A voz passiva é em português indicada de duas maneiras:

1ª – Mediante os verbos auxiliares *ser* e *estar* e o *particípio* de certos verbos ativos: *ser visto* (*sou visto*, *és visto*, *é visto*...); *estar preso* (*estou preso*, *estás preso*, *está preso*...).

Notas: *a*) Também o verbo *ficar* se presta, às vezes, para indicar a voz passiva; na oração: "Ele *foi preso*" – podemos, sem sacrifício do sentido passivo da oração, substituir o *foi* por *ficou*: "Ele *ficou preso*".

b) O português não possui flexões verbais sintéticas para a voz passiva; em latim e em grego, a passiva pode expressar-se por uma única palavra, ao passo que o português necessita de duas. Quer isso dizer que, propriamente, não possuímos *verbos passivos*, mas *voz passiva*.

2ª – Mediante o pronome *se*, que então se diz *pronome apassivador*; este caso se dá sempre que o sujeito é ente inanimado, conseguintemente incapaz de praticar a ação verbal, ou quando o sentido da oração mostra que o sujeito é apenas paciente.

Na oração: "Alugam-se casas" – *casas* não pratica a ação de *alugar*, e, sim, recebe, sofre tal ação, o que equivale a dizer que *casas* não é o agente mas o paciente da ação verbal. O verbo é passivo, e essa passividade é indicada pelo pronome *se*. A oração "Alugam-se casas" é idêntica à oração "Casas são alugadas"; em ambas o sujeito é *casas*, que, pelo fato de estar no plural, deverá levar também para o plural o verbo; dizer "Aluga-se casas" é erro igual a dizer "Casas é alugada".

Constituem, conseguintemente, erros inomináveis, construções como: "Vende-se livros usados" – "Conserta-se relógios" – "Reforma-se chapéus".

Notas: *a*) Têm força passiva os verbos ativos, quando, estando no infinitivo, funcionam como complementos de certos adjetivos. Assim: "Osso duro *de roer*" é o mesmo que "Osso duro de *ser roído*" – "Estrada difícil *de passar*" equivale a "Estrada difícil de *ser passada*" (nessas frases, *de roer* funciona como complemento nominal do adjetivo *duro*, e *de passar* é complemento nominal do adjetivo *difícil*).

Igual força passiva têm quando, em certas locuções verbais, vêm antecedidos de *para*, *por*, *a*: "Esse caso é *para imitar*" – "Não é *para estranhar* que ele assim proceda" – "A composição está ainda *por corrigir*" – "...um livro há muito começado *a ler*".

b) À semelhança do que vimos na nota do § 320, em orações passivas pode aparecer um objeto indireto: "Que a pena se *me* comute na graça de..." (= Que a pena seja comutada *para mim* na graça de...).

392 – **Voz reflexiva**: Há casos em que o sujeito pratica e, ao mesmo tempo, recebe a ação verbal: "Pedro machucou-se" – Quem praticou a ação de machucar? – Foi Pedro. Mas a quem machucou? – A si próprio.

Neste caso, o verbo se diz *reflexivo*, e o sujeito vem a ser, ao mesmo tempo, *agente* e *recipiente* da ação verbal. Exs.: Eu me arrependi, ele se queixa, nós nos dignamos, eles se feriram.

393 – Examinemos a oração: "Pedro e Paulo *feriram-se*". Três diferentes sentidos pode ela ter. Em primeiro lugar, o verbo poderá ser passivo, equivalendo a oração a: "Pedro e Paulo foram feridos". Em segundo, o verbo poderá ser reflexivo, e a oração significará que "Pedro e Paulo se feriram a si próprios". Em terceiro, poderemos interpretar o pronome como índice de reciprocidade de ação, significando a sentença que Pedro feriu a Paulo e Paulo feriu a Pedro, isto é: "Pedro e Paulo feriram-se reciprocamente".

Vemos daí a falta de compreensão a que se pode expor quem desconhece as funções do pronome *se*. Em tais casos, costuma-se, para evitar ambiguidade, empregar expressões como *reciprocamente*, *um ao outro*, ou *uns aos outros* nas orações em que o *se* indica reciprocidade empregar *a si próprios* nos casos de reflexibilidade de ação, e deixar a oração sem nenhum especificativo quando de sentido passivo claro.

394 – Facilmente podemos observar que nos verbos reflexivos aparece sempre um *pronome oblíquo*, da mesma pessoa que o sujeito, sem o qual o verbo não poderá indicar reflexibilidade:

eu *me*	nós *nos* . . . .
tu *te*	vós *vos* . . . .
ele *se*	eles *se* . . . .

Por esse motivo, os verbos reflexivos chamam-se também **pronominais**, dividindo-se em dois grupos: *pronominais essenciais* e *pronominais acidentais*.

395 – O verbo pronominal é *essencial* quando vem "sempre" acompanhado de pronome oblíquo: *arrepender-se*, *queixar-se*, *indignar-se*, *abster-se*, *apoderar-se*, *comportar-se* et al.; é impossível – e conseguintemente será erro – construir uma oração com esses verbos sem que venham acompanhados de pronome oblíquo, que em tais verbos não exerce função sintática nenhuma.

396 – Verbos pronominais **acidentais** são os transitivos diretos que, para indicar reflexibilidade da ação, vêm acompanhados do pronome oblíquo; na oração: "Ele ama o filho" – o verbo *amar* está empregado transitivamente, mas esse verbo passa a ser usado reflexivamente, e, portanto, pronominalmente, na oração: "Ele se ama". O verbo *amar* é, pois, *pronominal acidental*, porque nem sempre vem acompanhado de pronome.

Outros exemplos: *ajuntar-se*, *avizinhar-se*, *destinar-se*, *defender-se*, *deixar-se* etc.

Notas: 1ª – Observe o aluno que a reflexibilidade dos verbos pronominais acidentais é muito mais pronunciada, muito mais forte do que a dos pronominais essenciais. Em – Eu *me* arrependo, ele *se* queixa – os pronomes *me* e *se* não indicam precisamente revolução da ação verbal sobre o sujeito, ao passo que em: "Eu *me* feri" – a reflexibilidade da ação verbal é patente.

2ª – Devemos saber distinguir o sentido e a regência de certos verbos como *casar*, *retirar*, *recolher*, *batizar* etc.:

"Eu *recolhi* o pássaro" (transitivo direto) – "Eu *me* recolhi às nove horas" (reflexivo) – "Eu *batizei* uma criança" (transitivo direto) – "Eu *me* batizei" (passivo) – "A criada *sumiu* o dinheiro" (= fez desaparecer; transitivo direto) – "A criada sumiu-*se*" (= desapareceu, reflexivo) "Eu *casei* dez pombos" (= juntei; transitivo direto) – "Casei-*me* há seis anos" (reflexivo).

3ª – Certos verbos *intransitivos* podem ser empregados pronominalmente conservando a mesma significação: "...*entristeciam* ao terminar o turno das aulas" (= ficavam tristes; intransitivo) – "O conde entristecia-*se* com estas pinturas" (tem o mesmo significado e é pronominal) – "*Ria* e esteja contente" ou "Ria-*se* e esteja contente" – "A velha *sorria*..." – "Morreu sorrindo-*se* para o mundo..." – "...*corando* a cada linha" – "...corando-*se* por sua vez".

397 – **Verbo neutro**: Em último lugar, há casos em que o sujeito não pratica nem recebe a ação expressa pelo verbo, por não indicar este ação alguma. Assim, quando dizemos: "O cozinheiro é bom" – o sujeito *cozinheiro* não pratica nem recebe nenhuma ação. Indicamos, assim falando, um *estado* (ou consequência de uma ação), e o sujeito, com tais verbos, não é nem *agente* nem *paciente*.

Outros verbos neutros: *estar*, *ficar*, *permanecer*.

Nota: Os verbos neutros são os mesmos verbos de ligação; chamam-se *de ligação* enquanto considerados quanto à predicação, chamam-se *neutros* enquanto considerados quanto à voz.

Quadro sinótico do presente capítulo

VERBO (*Quanto à Voz*)
- ativo
- passivo
  - 1 – com os verbos *ser* e *estar*
  - 2 – com o pronome apassivador *se*
- reflexivo (pronominal)
  - essencial
  - acidental
- neutro

Questionário

1. Quando o sujeito se diz *agente da ação verbal*? O verbo, nesse caso, em que voz se encontra? (O aluno deve iniciar a resposta com estas palavras: "O sujeito diz-se agente da ação verbal quando...")
2. Quando se diz que o sujeito é *recipiente da ação verbal*? O verbo, nesse caso, em que voz se encontra? ("Diz-se que o sujeito é recipiente da ação verbal quando...")
3. Que vem a ser *agente da passiva*? Quando aparece? Exemplos.
4. De quantas maneiras o português indica a passividade dos verbos? Quais são? (§ 391)
5. Corrija os seguintes períodos (V. bem o n.º 2 do § 391):
   a) Aos casos citados junte-se mais estes, que não se pode deixar de lado.
   b) Quando se julgava os réus, via-se diversos jurados dormindo.
6. Passe para a passiva as seguintes orações ativas (Estude muito bem o § 390; lembre-se de que o sentido deve permanecer o mesmo):
   a) Eu amo meu pai.
   b) Você não fará isso.
7. Quando um verbo está na voz *reflexiva*?
8. Como se dividem os verbos reflexivos?
9. Quantos sentidos pode ter a oração: "Os homens se castigaram"? (V. § 393)
10. Faça duas orações em que entrem verbos pronominais acidentais.
11. Que é *verbo neutro*?
12. Faça o *quadro sinótico* do estudo do verbo quanto à voz.

CAPÍTULO 25

PRONOME "SE"

400 – Se ponto existe escabroso em português, em que tombam com muita frequência os descurados do nosso idioma, é este do pronome *se*. Pode esse pronome exercer diversas funções na oração:

1ª FUNÇÃO – Reflexibilidade pronunciada

401 – A) É primeira função do *se* indicar *reflexibilidade* de ação, fazendo com que o sujeito se torne, ao mesmo tempo, *agente* e *recipiente* da ação verbal. Essa função tem o *se* dos latinos (donde veio o nosso *se*), *função acusativa* (V. **nota** do § 180), isto é, de *objeto direto*. Com tal função, o *se* é empregado com os verbos *transitivos diretos*, e tanto o verbo quanto o *se* se dizem *reflexivos*. A reflexibilidade é com tais verbos chamada *pronunciada*, porque a ação tem necessariamente de atingir um objeto, que no caso é o próprio sujeito, conforme vimos no § 392, e no § 394 vimos que os pronomes *me*, *te*, *nos* e *vos* exercem também função reflexiva, com tal que sejam da mesma pessoa do sujeito: "*Eu me* firo" – "*Tu te* feres" – "*Nós nos* ferimos" – "*Vós vos* feris".

B) Variante: O *se* tem valor *reflexivo* também em construções como esta: "Ele *se* arroga o direito" – função sintática diferente da do caso anterior: o objeto direto é "o direito" e o *se* exerce agora *função dativa*, isto é, de *objeto indireto*; a oração equivale a:

Ele	*arroga*	*o*	*direito*	*a si*	(= *para si*)
	↓		↓	↓	
	v. transitivo		obj. direto	obj. indir.	

A ação verbal tem caráter reflexo apreciável, mas um cuidado se impõe: Não podemos dizer: "Ele *se* comprou uma casa" – "Ele *se* abriu uma conta no banco" – "Eu *me* construí um prédio" – "Nós *nos* arranjamos um lugar" – "Vós deveis reservar-*vos* uma cadeira no teatro" – "Tu *te* traçaste boas normas de vida". Não são portuguesas tais construções.

A possibilidade de emprego do "se" dativo (bem como de *me*, *te*, *nos*, *vos*, com igual função), acompanhado de outro nome como objeto direto, fica limitada a certos verbos e, ainda assim, a certos casos já usuais e consagrados: *reservar-se o direito*, *dar-se pressa*, *dar-se importância*, *dar-se ares de importante*, *atribuir-se importância*, *propor-se fazer*, *propor-se esclarecer*, *impor-se o dever*. Fora esses poucos casos ou outros semelhantes, são rebarbativas construções como: "Ele reservou-se uma cadeira no teatro" – "Ele traçou-se normas de vida" – "Ele se abriu uma conta no banco" – "Por que você se fritou só um ovo?" – As construções usuais são: "Ele traçou *para si* normas de vida" – "Ele reservou *para si* uma cadeira" – "Ele abriu *para si* uma conta" – "Nós arranjamos um lugar *para nós*" – "Deveis reservar *para vós* o melhor lugar" – "Tu traçaste boas normas de vida *para ti*".

2ª FUNÇÃO – Reflexibilidade atenuada

402 – A) Observamos na nota do § 396 que a reflexibilidade dos verbos pronominais acidentais é muito mais pronunciada, muito mais forte do que a dos pronominais essenciais. Quer isso dizer que, com os pronominais essenciais, que são poucos em português (*queixar-se*, *arrepender-se*, *orgulhar-se*...), o *se* perde o seu real valor de objeto direto; esta função passa a ser por ele exercida *aparentemente*, *ficticiamente*.

Na oração: "Ele *se* arrependeu" – o *se* não indica propriamente revolução da ação verbal sobre o sujeito, mas uma ação que obrigatoriamente tem de ficar no sujeito, sem poder passar para um objeto (tal qual se dá com os verbos intransitivos). O *se*, em tal caso, indica reflexão em virtude do próprio verbo e não em virtude do sujeito; o *se* pertence ao verbo, e tanto assim é que acertadamente dicionários há que no verbete já dão o *se* junto do verbo; não tem ele função sintática nenhuma.

B) Variante: Os verbos pronominais essenciais muito se aproximam dos verbos intransitivos, uma vez que exprimem ação que não pode passar para um objeto; daí a razão de poderem *certos* verbos intransitivos vir acompanhados do reflexivo *se*, que virá então indicar (tal qual se dá com os pronominais essenciais) *reflexibilidade atenuada de ação*, mostrando, de certo modo, *espontaneidade de ação* por parte do sujeito.

Na verdade, há diferença entre: "Ele morre de tristeza" e "Ele *se* morre de tristeza". Na segunda oração o *se* vem indicar que o sujeito morre de tristeza espontaneamente, isto é, por causa própria, ao passo que o primeiro exemplo indica contrariedade por parte do sujeito.

Outros exemplos: "Ele *se* foi" – "Ele *se* estava descansando".

Notas: 1ª – Idêntica função podem exercer os pronomes *me*, *te*, *nos* e *vos*: "Fomo-*nos* antes que nos mandassem sair".

2ª – A presente variante era comumente empregada pelos nossos antigos escritores; podiam e isso faziam dado o conhecimento que tinham da língua; hoje, só escritores muito bons sabem e podem lançar mão dessa variante. Veja-se o sabor de vernaculidade que à pergunta "Como vai isso?" dá a resposta "Isto já não vai, *vai-se*".

3ª FUNÇÃO – Reciprocidade

403 – O sentido de uma oração de sujeito composto, como: "Áspide e víbora *se* emprestam a peçonha" – "Eles trocaram-*se* cumprimentos" – denota que o *se* indica *reciprocidade de ação* (§ 393); nesse caso, o verbo e o pronome se dizem *recíprocos*, e o *se* é objeto direto ou indireto conforme o verbo, ou regime de preposição.

4ª FUNÇÃO – Passividade

404 – Temos já conhecimento desta função, pelo que ficou explicado no § 391, 2ª. Não se cometam, portanto, erros como este: "*Prevê-se* muitas coisas" em vez de:

"*Preveem-se*	*muitas coisas*"
verbo plural	sujeito plural

Nas orações em que, além do verbo principal, há mais infinitivo, essa função apassivante do *se* e consequente concordância verbal requerem cuidado. Suponhamos as orações: "*Devem-se* transformar as leis" e "*Deve-se* transformar as leis".

Há quem diga estarem ambas as orações certas, afirmando que na primeira o sujeito é *leis* (= *As leis devem* ser transformadas) e que na segunda o sujeito é o infinitivo, como se esta fosse a sentença: "*Transformar* as leis *é* necessário".

A primeira construção parece evidenciar clareza maior que a outra e maior segurança gramatical, pois a segunda pode levar-nos a interpretar o *se* como sujeito, tal qual se passa com o *on* francês.

Há casos, porém, em que se nota, evidentemente, que o infinitivo é que é o sujeito:

Procura-se	*anular*	as	nomeações
↓	↓		
(verbo passivo)	sujeito		

Note-se, porém, esta diferença e, ao mesmo tempo, **norma prática** para a devida análise e concordância dessas construções. No caso anterior (*"Devem-se* transformar *as leis*"), podemos, com toda a clareza, resolver a construção em: "*As leis devem* ser transformadas", O segundo exemplo já não pode ser assim desdobrado, porquanto não se pode admitir que "*nomeações procurem* ser anuladas", uma vez que as *nomeações* não podem praticar a ação de *procurar*.

Com os verbos que indicam intenção, declaração de vontade, geralmente o sujeito é o infinitivo: "Intenta-se *fazer* grandes coisas" – "Pretende-se *reerguer* as colunas" – "Proíbe-se *afixar* cartazes" – "Quer-se *demolir* esses muros" – "Não se conseguiu *obter* informações".

Com os verbos *ver* e *ouvir*, ou estes ou o infinitivo concordam com o sujeito: "*Viram-se* relampaguear as armas" ou "Viu-se *relampaguearem* as armas". Outros exemplos: "*Ouvem-se* os sinos tocar a rebate" – "Via-se ao longe *resplandecerem* as cumeadas das montanhas".

Notas: 1ª – Em construções como: "Sabe-se que ele é falso", o *se* continua a exercer função apassivante, como se o período estivesse redigido desta maneira:

"*Que ele é falso*	*é sabido*"
sujeito oracional	verbo passivo

2ª – Quando o sujeito é constituído de ente capaz de ação, como em: "Essas pessoas *se* vendem caro" – perde a construção o valor passivo, assumindo o pronome força reflexiva, tal qual se passa no primeiro caso (§ 401), Quanto à ambiguidade que estas construções podem trazer, fizemos menção no § 393.

3ª – As formas oblíquas *me*, *te*, *nos* e *vos*, embora raramente, exercem também função apassivante: "Eu *me* batizei" (= *fui batizado*) – "Tu *te* chamas Antônio" (= Tu *és chamado* Antônio) – "Nós *nos* batizamos" – "Vós *vos* chamais Antônio".

5ª FUNÇÃO – Impessoalidade

405 – A) Empregava o latim a voz passiva com os verbos intransitivos e com os verbos transitivos indiretos para indicar *impessoalidade*, isto é, para indeterminar o sujeito do verbo, *ficando o verbo sempre no singular*.

É passagem muito conhecida esta de Virgílio: "Sic *itur* ad astra" – que forçosamente se traduz por: "Assim *se vai* aos céus", com o auxílio do pronome *se*, indeterminante do sujeito; é construção *passiva impessoal*; nela há um verbo passivo sem sujeito determinado.

Outros exemplos em que entram verbos *intransitivos* e verbos *transitivos indiretos*, empregados com o *se*, para indicar indeterminação do sujeito:

Verbos *intransitivos*: "No Rio de Janeiro *passeia-se* muito" – "Quanto mais *se sobe*, mais *se desce*".

Verbos *transitivos indiretos*: "*Precisa-se* de costureiras" – "*Trata-se* de caso incurável" – "Entretanto, *procedeu-se* ao inventário dos objetos".

Nota: Dizer: "Precisa*m*-se de costureiras" – "Trata*m*-se de casos omissos" – é dizer tolice em português, pois *costureiras* e *casos omissos* não constituem sujeitos dos verbos; o sujeito, como vimos, é indeterminado, devendo o verbo ficar no *singular*.

Existem, todavia, certos verbos transitivos indiretos que também se constroem com objeto direto; o verbo *precisar* é um deles; tanto é certo dizer: "...sem precisar *de* doutor nem *de* feiticeira", quanto é certo construir como fez Castilho: "...sem precisar doutor nem feiticeira". Uma vez transitivo direto, pode perfeitamente apassivar-se o verbo *precisar*: "Precisam-se operários" – "Precisa-se um datilógrafo". Estranhável e errada é a construção: "Precisam-se de operários". Ou se diz: "Precisam-se operários", apassivando-se pessoalmente o verbo, ou: "Precisa-se de operários", impessoalizando-se a construção.

B) Variante: O *se* pode indicar impessoalidade de ação com os próprios verbos transitivos diretos, em frases como estas: "*Louva-se* aos juízes" – "*Previne-se* às pessoas presentes".

Nessas construções, *juízes* e *pessoas presentes* são objetos indiretos; se essas palavras viessem sem a preposição (ligação dos objetos indiretos), elas forçosamente passariam a funcionar como sujeitos, tornando-se imperiosa a concordância do verbo: "Louvam-se os juízes" – "Previnem-se as pessoas presentes" – mas o sentido dessas expressões ficaria mudado, passando a ter força ou reflexiva ou passiva.

A impessoalidade com os verbos transitivos diretos requer as seguintes condições:

1 – Que a expressão tenha sentido próprio, diferente da construção passiva.

2 – Que o objeto indireto seja constituído de pessoa.

A razão da primeira condição justifica-se por si mesma. A segunda condição justifica-se porque, tratando-se de coisas, não há perigo de ambiguidade e a construção pessoal então se impõe. Orações como: É muito justo que se respeite aos dotes" – *devem* ser construídas *pessoalmente*: "É muito justo que *se respeitem* *os dotes*".

se respeitem = v. passivo; *os dotes* = sujeito

E, assim: "Já *se imaginaram* os resultados de tal reforma?"

Nota: Substituindo-se na oração “Louva-se aos juízes” o objeto pelo correspondente pronome oblíquo, fica “louva-se-*lhes*” e nunca “louva-se-*os*”.

C) Os próprios verbos *ser* e *estar* aparecem em bons escritores impessoalizados com o *se*: “Muito se lucra quando *se é* honrado” (Camilo) – “Só há tesoiro público onde *se* não *é* obrigado a arrecadar para ele sangue, lágrimas e maldições” (Castilho) – “Para as confundir é necessário *ser-se* mais que medianamente estúpido” (M. Barreto) – “Assim *se estava* muitos séculos antes” (Bernardes) – “Aqui, senhor Pancrácio, *está-se* otimamente” (Castilho).

Nota: De maneira engraçada, há quem ensine que as orações em que ocorre *se* a indicar impessoalidade e outras impessoais são orações de “sujeito inexistente”.

Função Francesa

406 – Vimos na segunda nota do parágrafo 322 que o pronome *se* jamais pode combinar-se com o pronome oblíquo *o*. Ainda há pouco, na variante da 5.ª função, usamos desta expressão: “...tornando-se imperiosa a concordância do verbo”.

Qual a razão disso? – Porque o *se*, em português, não exerce função de sujeito (função subjetiva); a combinação *se o* e a não concordância verbal nas construções passivas pessoais dariam ao *se* função de sujeito, como se em lugar do *se* estivesse escrito *alguém*, *a gente*, *certa pessoa*, tornando-se forçada esta análise:

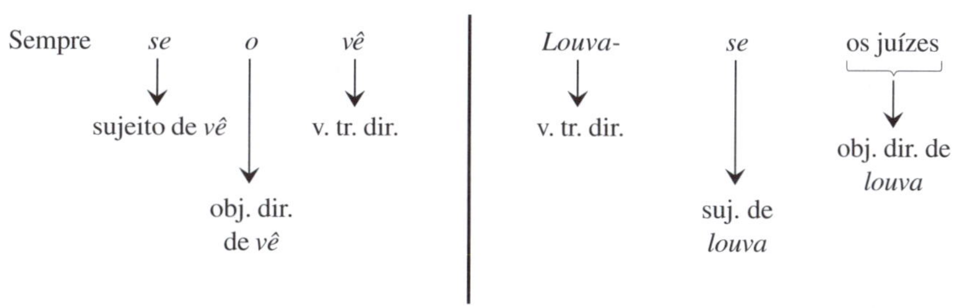

Essas construções (e, conseguintemente, essas análises) vão, antes de tudo, de encontro à tradição da língua, e, em segundo lugar, o próprio étimo (lat. *se*) do nosso *se* não as justifica, por não haver em latim a forma reta (caso nominativo, índice da função subjetiva) desse pronome.

Essas construções constituem puros francesismos; nelas o *se* está exercendo a função do *on* francês (palavra que nessa língua exerce função de sujeito: *Toujours on le voit – On aime les fleurs*), em desobediência à tradição do português e ao étimo do nosso *se*.

Jamais, portanto, poderemos construir: "Os livros sairão a contento imprimindo-se-*os* em formato pequeno" (O certo é: "...imprimindo-se em formato pequeno" – sem o *os*; *imprimindo-se* equivale a *sendo impressos*: o *se* indica passividade).

As combinações *se o*, *se a*, *se os*, *se as* são estranhas e injustificáveis no nosso idioma; nenhum clássico delas se serviu, e o fato de as encontrarmos aqui e ali, em um ou outro articulista, só se explica pela influência do francês, onde tal uso é comum e de acordo com os seus princípios gramaticais. Se aí se justifica, em português não o podemos fazer, pois muito outra é a função do *on* francês da do nosso *se*.

Sobre esse ponto julgamos interessante acrescentar: Em vez de *diz-se-o*, *faz-se-o*, *vê-se-o*, *não se o sabe*, dir-se-á, segundo os casos: *diz-me*, *dizem-no*, *vê-se*, *ninguém o sabe*. Frases francesas como: *On la porte sur son lit*, *on le réconduisit chez lui*, *on l'apella pour diner*, *on la traitait avec bonté*, *on ne le trouva pas*, *on ne les voit pas comme ils sont*, traduzem-se assim: *levam-na para a cama*, *levaram-no para casa*, *chamaram-na para jantar*, *tratavam-na com bondade*, *não o encontraram*, *não se veem como eles são*.

Muitos traduzem *on le* por *se o*; mas esta locução está longe de merecer aprovação.

Nota: Em "Alberto deixou-*se* ficar" o *se* é sujeito, mas sujeito acusativo, ou seja, sujeito de um infinitivo, função etimologicamente certa e inconfundível com a função francesa (§ 652).

407 – Não será difícil corrigir frases como esta: "Denomina-se de geminadas às consoantes dobradas" – em vez de:

Denominam-se → v. passivo, pl. (= São denominadas)

geminadas → predicativo

as consoantes dobradas → sujeito passivo, pl. (sem crase)

Nessa oração, *as consoantes dobradas* é o sujeito; se é sujeito, não pode ser craseado o *as*. Além disso, é sujeito plural, pelo que o verbo deve ir para o plural.

Outro exemplo de construção errada: "Alfabeto diz-se do conjunto sistematizado de letras" (o certo é: "Alfabeto diz-se o conjunto..."). [conjunto: suj. passivo]

Notas: 1ª – Facilmente poderá o aluno ver a inutilidade do *se* em construções como estas: "Convém notar-*se* que ele errou" – "É impossível descrever-*se* a alegria" – "É erro colocar-*se* acento"

– "Não era lícito esperar-*se* outra coisa" – "Era de ver-*se* a anarquia" – "Não convém avançar-*se* muito" – "Não é bom passar-*se* o dia sem ler" – "É difícil ver-*se* a floresta".

Será o temor de errar que leva o escritor a empregar tanto *se*? Confusão, descuido ou falta de estudo é causa desse erro?

Digamos logo: Em todos os exemplos acima citados, os infinitivos são ou sujeitos ou complementos: "Que é que convém?" – "Notar" – O sujeito de *convém* é, pois, *notar*. Agora pergunto: "Notar o quê?" – "...que ele errou". Que função está então exercendo o *se* da construção do redator ou do escritor descuidado? Nenhuma. Digamos, pois, simplesmente e com acerto: "Convém notar que ele errou" – sem esse intruso *se*.

Vejamos outro exemplo, tal qual foi encontrado num artigo de jornal: "É impossível descrever-*se* a alegria". Que é impossível? – *Descrever*. Descrever o quê? – *A alegria*. – E o *se*? Jogue-se fora ou deixe-se no tinteiro.

Vejamos agora este exemplo: "Deve-*se* repartir a herança". O *se* aí está certo? Sim, porque exerce função apassivadora: "Que se deve repartir" ou: "Que deve ser repartido?" – *A herança*: "A herança deve ser repartida" = "Deve-se repartir a herança".

2ª – Com o intuito de repisar o assunto da nota anterior, aqui transcrevemos a resposta a um aluno:

Não devemos empregar o pronome *se* quando não lhe conhecemos a função; é capítulo da gramática que merece estudo demorado. Construa: "É proveitoso ler esse livro" (e não: "É proveitoso ler-*se* esse livro").

Redatores apressados e escritores descuidosos continuam a demonstrar desconhecimento das funções dessa palavra, redigindo a miúdo frases como esta: "É muito engraçado ouvir-*se* falar em política".

Ora! Que pretende com isso dizer o redator? O *se* está sobejando, sem nenhuma função portuguesa; nem apassiva nem impessoaliza o sujeito. O sujeito é *ouvir falar em política*, sem o intrometido *se*.

Quem assim redige, com igual extravagância deve dizer: Tomar-*se* remédio nem sempre é bom – Saber-*se* discorrer sobre filosofia é edificante – Poder-*se* falar sobre o caso é necessário.

Confirmando ignorar as funções do *se*, comete o mesmo redator, com a maior naturalidade, este solecismo: "Houve dificuldade em *se* obter entradas". Ainda que se admitisse função apassivadora para o *se* dessa oração, o certo seria "...em se obterem", porque no plural está o substantivo *entradas*; nada disso, porém, se dá; *obter entradas* é complemento nominal de *dificuldade*: "obter entradas" foi a coisa em que houve dificuldade. "Há dificuldade em caminhar" – "Houve dificuldade no atravessar a rua" – "Não haverá dificuldade para fugir, para passar de ano, para viver, em permanecer no ar, para escrever cartas" (e não: em caminhar-*se*, no atravessar-*se* a rua, para fugir--*se*, para passar-*se* de ano, para viver-*se*, em permanecer-*se* no ar, para escrever-*se* cartas) – "Não foi possível calcular os danos" (e não "calcular-se" nem "calcularem-se") – "Outro vezo é atribuir ao paciente o papel de..." (e não: "atribuir-se").

3ª – Outro caso de inteira inutilidade do *se* está no empregá-lo com certos infinitivos antecedidos de *de*, *para*, *por*, *a*, principalmente quando completam a significação de adjetivos; é erro dizer "osso duro de roer-se"; o *se* aí está sobejando, pois a expressão é já passiva pelo que estudamos no final do § 391, onde se encontra a explicação destas expressões: *osso duro de roer*, *estrada difícil de passar*, *há muitas coisas para vender*, *esse exemplo não é para imitar*, *obra começada a imprimir*, *há outros problemas por resolver*.

408 – SI, CONSIGO: Para terminar a presente questão, estudemos as variantes reflexivas *si* e *consigo* do pronome *se*. Note-se o que ficou dito: "Variantes reflexivas"; dessa maneira, essas duas formas oblíquas só podem referir-se ao *sujeito* do verbo:

Pedro *fala* *consigo*

↓ Pedro: suj. de *fala*

↓ consigo: pronome reflexivo (refere-se ao sujeito)

Pedro e *Paulo* discutiram o caso entre *si*

↓ Pedro e Paulo: suj. de *discutiram*

↓ si: pronome reflexivo (refere-se ao sujeito)

São, portanto, redondamente erradas construções como estas duas, frequentemente encontradas em pessoas de falsa cultura e preparo gramatical: "Vejo em *si* uma ótima pessoa" – "Onde poderei encontrar-me *consigo*?"

As formas *si* e *consigo*, nessas duas orações, estão-se referindo à pessoa com que se fala e não ao sujeito, coisa que não condiz com a natureza desses reflexivos, que *sempre devem referir-se ao sujeito* do verbo. Em casos como esses, diz-se: "Vejo *no senhor*" (ou *em você*, *em V. Ex.ª* etc.) – "...encontrar-me *com o senhor*" (*com V. Ex.ª*, *com você* etc.).

Nota: Sirva de complemento ao estudo do *se* este nosso artigo, publicado n'*O Estado de S. Paulo*:

Erro pernicioso e cada vez mais encontradiço em nossa literatura é o emprego da partícula *se* sem função ou, o que não é menos mau, com função errada. Diariamente, quando não várias vezes por dia, num mesmo jornal, num mesmo artigo, lemos construções como estas: 1 – É preciso pensar-se nisso. 2 – O saber-se se o empregado quis a despedida... 3 – O sonhar-se de dia... 4 – Não é preciso cogitar-se desse caso. 5 – Era de ver-se a algazarra. 6 – Analisar logicamente uma palavra é considerar-se a palavra quanto à função... 7 – No momento de estourar-se a bomba... 8 – No juntar-se as folhas, notou o escrivão a falta de uma. 9 – Não é possível duvidar-se da autenticidade da carta. 10 – Era uma delícia ver-se o menino falar.

Constitui o estudo do chamado *pronome se* um dos mais interessantes da gramática portuguesa. Vemos-lhe exigido o conhecimento em exames de admissão a escolas oficiais diversas e em concursos a cargos públicos. Não é, pois, assunto esquecido dos organizadores de programas, mas, esta é a verdade, os exemplos aí estão, diários e em abundância, de emprego errado do *se*.

A expor aqui as muitas funções dessa monossilábica palavra – funções que qualquer gramática explana – (Não se esqueça o aluno de que isto é artigo de jornal; *todas* as funções já foram estudadas) preferiremos, como complemento desse estudo, examinar os exemplos citados, ao acaso colhidos aqui e ali. Em todos os exemplos, o *se* está de mais, ora por lhe não caber função, ora por desempenhar papel errado ou desnecessário.

1º EXEMPLO: Nem a título de indeterminação do sujeito deve aparecer o *se*. O infinitivo *pensar* constitui, com o complemento de argumento *nisso*, sujeito de "é preciso".

2º – A presença do artigo devia de per si mostrar a substantivação do infinitivo *saber*. O *se* está de mais; nem impessoaliza o verbo nem o apassiva, pois de nada disso há necessidade nem possibilidade.

3º – Diferencia-se do anterior, por termos agora um verbo intransitivo; o *se* continua de mais, completamente sem função. – As funções do *se* não foram inventadas (a gramática nada inventa) para justificar-lhe o emprego em toda e qualquer construção; são funções marcadas, vivas; não verificada nenhuma delas, o *se* estará errado.

4º – Mutatis mutandis, é reprodução do segundo.

5º – A presença do *se* destrói uma das muitas particularidades de nossa sintaxe. A expressão já é passiva; que faz aí o intrometido *se*?

6º – Tire-se o *se*. Substituindo "palavra" pelo oblíquo correspondente, teríamos: "Analisar... é considerá-la..." – Onde caberia o *se*?

7º – *Bomba* é sujeito de *estourar*; ao *se* nenhuma função está cabendo.

8º – O sujeito de *juntar* é *escrivão*; *folhas* é objeto direto; e o *se*? Tire-se. – Ainda que *folhas* fosse *sujeito* passivo, a construção seria "no juntarem-se", com o verbo no plural, equivalente a "no serem juntadas as folhas", dada a pluralidade do sujeito passivo.

9º – "Duvidar da autenticidade não é possível" – e não: "Ser duvidado da autenticidade não é possível". Que faz aí o *se*? Pobre gramática! Com tantas reformas, teu fim será o esquecimento.

10º – Compare-se com o 6º exemplo: "Era uma delícia vê-lo falar". Onde intrometer o *se*?

E dizer que há quem afirme que é suficiente ler para aprender português! Ler quem? Os que isso declaram?

Quadro sinótico das funções do pronome SE

(Funções)

- 1 – Reflexibilidade pronunciada
  - Ele *se* feriu
  - Ele *se* arroga o direito
- 2 – Reflexibilidade atenuada
  - Ele *se* arrependeu
  - Ele *se* foi embora
- 3 – Reciprocidade – Ele e ela amam-*se* ardorosamente
- 4 – Passividade – Alugam-*se* casas
- 5 – Impessoalidade
  - Assim *se* vai aos céus
  - Louva-*se* aos juízes
  - É-*se* inclinado a acreditar – Está-*se* bem aqui

Questionário

1. Corrigir:

a) "Ele se reservou uma cadeira no teatro".

b) "Exagera-se muito as riquezas do país".

2. As seguintes orações estão certas? (Justificar a resposta)

a) "Deve-se transformar essas zonas".

b) "Essas construções não se podem tachar de erradas".

c) "Quer-se inventar novidades".

d) "Não se permitem colocar cartazes".

No responder à pergunta 2, não se esqueça de: 1º – *procurar com atenção o sujeito, tendo à frente o § 404* (*Raciocine, portanto, com formas passivas em que entre o verbo* ser; *p. ex.*: "*Colocar cartazes não é permitido*"); 2º – *justificar a resposta, quer julgue certa, quer errada a oração.*

3. Corrija as seguintes construções, *justificando* as correções:

a) "Vocábulo diz-se da palavra quanto à forma" (§ 407, 2.º exemplo).

b) "Chama-se sílaba à reunião de letras ou letra pronunciada de uma só vez" (§ 407).

c) "Chamam-se guerras púnicas às três guerras entre os romanos e os cartagineses" (§ 407).

d) "O serviço ficará pronto pagando-se-o adiantadamente" (V. a parte final do § 406).

e) "Está a sua espera uma senhora que quer falar consigo".

No corrigir as construções das letras a, b *e* c, *estude com atenção o § 407*; *transforme o* diz-se, *o* chama-se *e o* chamam-se *em* é dita, é chamada, são chamadas, *que notará com maior facilidade o erro, mas, no reproduzir a forma correta, conserve o* diz-se, *o* chama-se *e o* chamam-se *e não mude de lugar os termos.*

No justificar a correção, diga qual é o sujeito do verbo passivo.

4. Faça, com exemplos, o quadro sinótico das diversas funções do pronome *se*.

"Sendo a língua o veículo das ideias, quando não for bebida na veia mais límpida, mais cristalina, mais estreme, não verterá estreme, cristalino, límpido o pensamento de quem a utiliza" – Rui Barbosa.

CAPÍTULO 26

VERBO

Quanto à Flexão

412 – Estudamos já o verbo em relação à *predicação* (§ 297 e ss.) e em relação à flexão de *voz* (§ 386 e ss.); estudá-lo-emos agora em relação à *flexão* em geral.

Ao conjunto de flexões *ou formas verbais* dá-se o nome **conjugação**; *conjugar um verbo* é, pois, recitá-lo em todas as suas possíveis formas, que podem ser:

modais	*numerais*
nominais	*pessoais*
temporais	*de voz*

Observação:

Só se pode falar em flexão genérica dos verbos quando se considera o particípio na voz passiva: Ele é louvad*o* – Ela é louvad*a*.

413 – **MODO**: Como a própria palavra está dizendo, *modo* na conjugação de um verbo vem a ser a maneira por que se realiza a ação expressa por esse verbo. De três maneiras podemos enunciar uma ação; daí, os *três modos verbais*.

1 – **Modo indicativo**: Indica este modo que a ação expressa pelo verbo é exercida de maneira real, categórica, definida, quer o juízo seja afirmativo, quer negativo, quer interrogativo: *faço*, *vejo*, *fiz*, *vi*, *fizera*, *não irás?*, *não irei*.

2 – **Modo subjuntivo**: Abstraindo o imperativo negativo, indica este modo que o verbo não tem sentido caso não venha *subordinado* a outro verbo, do qual dependerá para ser perfeitamente compreendido. Ninguém nos entenderá se dissermos "venhas"; mas se dissermos "Quero que venhas" seremos facilmente compreendidos; o sentido de *venhas* depende de *quero*; daí o nome *modo subjuntivo*, isto é, modo que se subordina a outro.

Outros exemplos: "Desejo que *estude*" – "Faria se *pudesse*" – "Farei quando *puder*".

O modo subjuntivo indica dependência também quando o fato é duvidoso ou indeterminado, sendo por isso chamado "modo da possibilidade". Facilmente notará o aluno a diferença entre as orações:

Subjuntivo: *dúvida, indeterminação*		*Indicativo*: *certeza, determinação*
Pode ser que *seja* assim	e	Digo que *é* assim
Julgo que *passe* nos exames	e	Afianço que *passa*...
Desconheço quem *faça* isto	e	Desconheço quem *faz*...
Premiarei quem *acerte*	e	Premiarei quem *acerta*
Preciso de homem que me *guie*	e	Preciso do homem que me *guia*

O subjuntivo presente tem também a propriedade de indicar *desejo*; com tal função, substitui a 1ª e a 3ª pessoa do imperativo: *Possa* eu ser nomeado – *Viva* o rei! – *Cumpramos* as ordens – *Voltem* logo – *Vivam* os cônjuges!

O *imperfeito do subjuntivo* é, em certos casos, elegantemente substituído pelo *mais-que--perfeito* do indicativo: "*Estivera* (= estivesse) eu presente, que tal coisa não teria acontecido" – "...se nelas não *padecera* a justiça as mesmas afrontas" – "Se *houvera* de andar a pedinchar, preferia ele perder o amigo" – "Não *fora* eu, ele teria morrido" (§ 585.5, n. 2).

Repugna à índole da língua a substituição desse tempo pelo imperfeito do indicativo em orações condicionais em que a hipótese é possível ou irreal (§ 585.4; 585.5): "Se eu *estava* (em vez de *estivesse*) no balcão, você não teria vendido tanto" – "Se eu *ia* (em vez de *fosse*) lá, ele não teria escapado". – Na hipótese real é que aparece o indicativo: "Se eu (= já que, uma vez que) *estava* no balcão, você devia ter falado comigo" – "Se *lia* muito, era porque tinha tempo" – "Se eu *sabia*, também você podia saber".

Emprega-se o presente do subjuntivo na subordinada em correlação com o presente ou com o futuro da principal:

Peço que vá
Pedirei que vá

Emprega-se o imperfeito do subjuntivo na subordinada em correlação com um tempo passado da principal:

Pedi que fosse
Pedia que fosse
Pedira que fosse
Pediria[1] *que fosse*

O estudo completo do emprego do subjuntivo será feito na sintaxe, § 945.1 e ss.

---

[1] Esta forma verbal, chamada condicional em vários idiomas, é atualmente chamada *futuro do PRETÉRITO* no Brasil.

3 – **Modo imperativo**: Indica este modo que a ação verbal se faz com império: "*Vai-te* embora" – "*Vinde* até aqui".

a) O modo imperativo pode também indicar *exortação* ("*Ouve* este conselho" – "*Segui* o caminho da honra") e *súplica*: "*Dá*-me uma esmola" – "*Fazei*-me esse favor".

b) A negativa repele o imperativo; o imperativo negativo é feito com o subjuntivo. Não se deve, portanto, dizer: "*Não fazei* caso" – "*Não deixai* sair o menino" – e sim: "*Não façais* caso" – "*Não deixeis* sair o menino" – "*Jamais digais* isso" – "*Nunca faças* a outrem...".

Quer dizer que o imperativo, quando **negativo**, tira-se, para *todas* as pessoas, do subjuntivo presente: não louve, não louves, não louve, não louvemos, não louveis, não louvem. Quando **positivo**, o imperativo continua a ser tirado do subjuntivo, com exceção da 2ª pessoa do singular e da 2ª do plural, formas estas derivadas das correspondentes pessoas do indicativo presente, mediante supressão do *s* final: louve, *louva*, louve, louvemos, *louvai*, louvem (§ 459).

c) As gramáticas costumam oferecer, no imperativo, só as segundas pessoas do positivo, porque somente estas são especiais, diferentes; é grave engano deduzir daí que só existem essas duas pessoas no imperativo.

d) *Formas supletivas do imperativo* – Outras formas verbais têm, às vezes, força de imperativo mais suave:

– o *presente do indicativo*: "*Levas* estas cartas e *trazes* estampilhas" (= leva, traze: § 416.2, n. 3);

– o *infinitivo impessoal*, tanto para a forma positiva quanto para a negativa: "Anda lá, Pablo, na garupa, e *deixá-los* rir" (= deixa-os), "*Passar* bem" (= passe bem), "Não *matar*" (= não mateis), "À direita *volver*" (= volvei).

– o *futuro do presente do indicativo*: "Não *matarás*" (= não mates).

Quanto ao tratamento, V. D.QVs, *Imperativo* e *Concordância de tratamento*.

414 – **FORMAS NOMINAIS**: Assim se denominam o *infinitivo*, o *gerúndio* e o *particípio*, por poderem exercer função de *nomes*, isto é, ou de substantivo ou de adjetivo, como depois veremos na sintaxe.

Infinitivo: É a forma que, quando impessoal, apenas apresenta o verbo sem nenhuma discriminação nem de modo, nem de tempo, nem de número, nem de pessoa. É nesta forma que os dicionários portugueses trazem os verbos.

O *infinitivo* em português pode ser *impessoal* (e então não se flexiona) e *pessoal* (e então poderá flexionar-se de acordo com o sujeito, segundo normas que veremos na sintaxe).

Gerúndio é a forma nominal terminada em *ndo*: *louvando*, *vendendo*, *partindo*.

Particípio é a forma nominal regularmente terminada em *do* (*ado*, para a 1ª conjugação, e *ido* para a 2ª e 3ª). Nos verbos irregulares, outra e variável é a terminação, o que iremos ver oportunamente.

415 – **TEMPO**: Sabemos que o verbo indica ação ou resultado de ação (estado), mas o ato por ele expresso pode ser praticado em épocas diferentes, e daí nasce a *flexão temporal*, que visa a indicar a época, o *tempo* em que se realiza a ação verbal.

O tempo pode ser encarado no *presente*, no *passado* e no *futuro*; tais modalidades de tempo são indicadas nos verbos por flexões especiais, as quais recebem os nomes *presente*, *pretérito* e *futuro*.

416.0 – **Presente** – Para a perfeita discriminação dos tempos verbais, duas coisas devemos ter em mente: uma é a *ação expressa pelo verbo*, outra é o *ato da palavra*, isto é, o momento em que se fala.

O *tempo presente* indica que a ação é praticada no mesmo momento em que se fala. Quem diz: "Estudo português" – demonstra praticar a ação de *estudar* no momento em que fala, no tempo atual, ou seja, no *tempo presente*.

Outros exemplos: *vejo*, *faço*, *penso*, *julgo*, *escrevo*, *minto*, *leio*, *digo*.

Nota: Por presente entende-se também um período de tempo fluente (século, ano, mês etc.): "Vivemos uma época constantemente perturbada".

416.1 – O presente é também empregado para:

a) Indicar uma ação habitual, constante, um fato real, uma verdade: "Deito-me às 9 e levanto-me às 5" – "Dois e dois são quatro" – "Ele cumpre a lei" – "Cortesia traz cortesia".

b) Indicar ação praticada até o momento da declaração: "Moro no centro da cidade".

Nota: Para indicar ação continuada, que se realiza aos poucos, usa-se o presente continuativo, em forma de locução, formada, geralmente, do presente do verbo *estar* e do gerúndio do verbo cuja ideia se pretende declarar: "Ele está almoçando" – "O sol está queimando as plantas".

Outro sentido têm as orações "Ele almoça", "O sol queima" (= ele costuma almoçar, ele sempre almoça, o sol sempre queima) – V. § 517; § 427, obs. 2.

416.2 – O presente é usado em lugar do perfeito em narrações (presente histórico): "Napoleão *chega* a Waterloo, *dispõe* as tropas, *trava* combate e *é* vencido".

Notas: 1ª – O presente do indicativo pode ser usado em lugar do futuro para anunciar um acontecimento próximo: "*Sigo* amanhã" – "Não *posso* ir com você".

2ª – O presente do indicativo é também usado em lugar do futuro do subjuntivo para efeito enfático de condicionais com *se* (§ 585.4, n. 2): "Se os olhos *vêem* com amor, o corpo é branco".

3ª – presente do indicativo pode ainda ser usado em lugar do imperativo: "Para tomar este remédio, o senhor *fica* em jejum até a hora do almoço, *engole* duas colheradas e *espera* mais uma hora para almoçar".

417 – **Pretérito** – O pretérito indica que a ação do verbo foi praticada antes do ato de falar: *vi*, *escrevi*, *estudei*, *fiz*, *corri*, *menti*, *julguei*, *pensei*, *cheguei*, *saí*.

Precisamos, porém, distinguir três espécies de *pretéritos*: o *imperfeito*, o *perfeito* e o *mais-que-perfeito*.

1 – Quando uma pessoa nos diz: "Ele *saíra* quando eu entrei" – emprega, para o verbo *sair*, o **pretérito mais-que-perfeito**, o que significa o seguinte: A ação expressa pelo verbo *sair* é passada em referência ao ato da palavra (estou falando agora, mas a ação de *sair* já se passou) e, além disso, é ainda passada com relação ao tempo indicado no período (no nosso caso *entrei*), o que equivale a dizer: "Quando eu *entrei*, ele já *tinha saído*".

2 – Quando uma pessoa diz: "Ele *saía* quando eu entrei" – continua empregando o verbo *sair* no pretérito, uma vez que a ação expressa por esse verbo é anterior ao ato da palavra (como antes, o interlocutor está falando neste momento, mas o que ele nos está dizendo já se passou), mas a ação de *sair* foi praticada no mesmo tempo em que se deu o fato passado de eu *entrar*.

Vê-se a diferença entre este e o caso anterior; aqui a ação é ao mesmo tempo *passada* (com relação ao ato da palavra) e *presente* (com relação ao ato de *entrar*). Por essa razão é que se diz que *saía* está no **pretérito imperfeito**.

3 – Dizendo-nos, porém, uma pessoa: "Ele *saiu*" – denota que a ação de *sair* foi completamente realizada, sem necessidade de referência a nenhuma outra ação, nem anterior nem contemporânea. *Saiu* é o **pretérito perfeito**.

Como complemento deste parágrafo, sirva-nos este resumo:

a) **Pretérito "mais-que-perfeito"**: "Ele *saíra* quando eu entrei" – O ato de *sair* é *anterior* ao de ter entrado.

Outros exemplos: *fizera*, *quisera*, *julgara*, *escrevera*, *mentira*, *estudara*, *viera*.

b) **Pretérito "imperfeito"**: "Ele *saía* quando eu entrei" – O ato de *sair* e o de *entrar* são contemporâneos.

Outros exemplos: *fazia*, *queria*, *partia*, *mentia*, *julgava*, *amava*, *estudava*, *vinha*.

c) **Pretérito "perfeito"**: "Ele *saiu*" – O ato de *sair* já se realizou completa, pura e simplesmente.

Outros exemplos: *fiz*, *quis*, *parti*, *menti*, *julguei*, *amei*, *estudei*, *vim*, *vi*, *venci*.

418 – O *perfeito* e o *mais-que-perfeito* podem apresentar-se na forma *simples* e na *composta*.

Perfeito simples é o expresso por uma só palavra e denota, como vimos, ação completamente realizada.

Perfeito composto é o expresso com a ajuda do presente de um verbo, que então se chama auxiliar, e o particípio do verbo que se pretende conjugar, e denota que a ação continua a ser praticada, continua a repetir-se: *tenho saído* (ou, indiferentemente, *hei saído*).

Mais-que-perfeito simples é o expresso por uma só palavra: *saíra*.

Mais-que-perfeito composto é o expresso mediante a ajuda do imperfeito de um verbo auxiliar e o particípio do verbo que se pretende conjugar, notando-se que, agora, nenhuma diferença de significado existe entre a forma simples e a composta: *tinha* (ou, indiferentemente, *havia*) *saído*.

419 – **Futuro** – Indica este tempo que a ação expressa pelo verbo será praticada depois do ato da palavra: *verei*, *terei visto*, *haverei visto*, ou depois de realizada outra ação: *veria*, *teria visto*, *haveria visto*.

O futuro divide-se em *futuro do presente* e *futuro do pretérito*, e ambos possuem a *forma simples* e a *composta*.

1. **Futuro do presente simples**: É o que, expresso por uma só palavra, indica, simplesmente, ação que irá realizar-se, sem estabelecer relação com outra ação: *sairei*. É também chamado *futuro imperfeito*.

2. **Futuro do presente composto**: É o expresso com a ajuda do futuro de um verbo auxiliar e o particípio do verbo que se pretende conjugar, e indica que a ação é posterior ao ato da palavra, mas, ao mesmo tempo, anterior com relação a outro futuro: "*Terei estudado* (ou *haverei estudado*) quando ele estudar".

Ele ainda irá estudar (é futuro, portanto), e também eu ainda irei estudar, mas quando ele estudar eu já *terei estudado*. *Terei estudado* é, portanto, um futuro que irá realizar-se *antes* de outro futuro; por essa razão é chamado também "futuro **anterior**"; chamam-no ainda, por esse mesmo motivo, "futuro **primeiro**"; chamam-no ainda outros "futuro **relativo**", visto ter sempre relação com outro futuro. O que é importante observar é que este tipo de futuro é sempre composto, formando-se do particípio do verbo que se quer conjugar e do futuro do verbo *ter* ou do verbo *haver*.

Outros exemplos: *terei visto*, *terei escrito*, *terei feito*, *terei vindo* (ou *haverei visto*, *haverei escrito*...).

Notas: 1ª – No italiano este futuro é chamado "futuro primeiro" visto realizar-se a ação antes do futuro do presente simples, que é nesse idioma chamado "futuro segundo".

2ª – O futuro do indicativo pode ser empregado em lugar do presente para dar ênfase a uma exclamação e para indicar ideia aproximada: "Quantos não *estarão* com fome, quantos não *terão morrido* em defesa da liberdade!" – "*Haverá* um mês que foi chamado".

3ª – Vezes há em que o futuro é empregado com referência a ação já passada, como *futuro histórico*: "Os bandeirantes, depois de conquistarem a região das Minas Gerais, *irão* conquistar o Mato Grosso". V. D. QVs, *vou amanhã*.

3. **Futuro do pretérito** – Enquanto existe um futuro com relação ao presente (digo que *farei*, digo que *irei*), tem o português uma forma para indicar o futuro com relação ao passado: disse que *faria*, disse que *iria*.

O **futuro do pretérito** aparece:

a) no período hipotético, quando a hipótese é possível (§ 585.4): "Se eu quisesse, eu *faria*";

b) no período hipotético, quando a hipótese é irreal (§ 585.5): "Se Júpiter existisse. Roma *teria vencido*";

c) na subordinada a verbo que esteja no passado e implique declaração (*verba declarandi*: dizer, negar, responder, afirmar, declarar, jurar, confessar etc.): "Disse que *viria*" – "Respondeu que *iria*";

d) para indicar aproximação, imprecisão: "*Seriam* dez homens, quando muito, os que recuaram" – "Eu *teria* a sua idade quando comecei a lecionar";

e) para evidenciar uma suposição: "Eu *teria agido* da mesma forma" – "Eu não *faria* o que você está fazendo" – "Eu *seguiria* este caminho" – "Jamais você *estudaria* como eu" – "*Estariam* todos dispostos?" – "Quem *imaginaria*?" – "*Seria* possível?!"

f) para suavizar a manifestação de um desejo: "*Gostaria* que você viesse mais cedo amanhã" – "Você me *daria* muito prazer em estar aqui amanhã";

g) para suavizar uma pergunta, um pedido de informação: "*Poderia* dar-me o seu endereço?" – "*Seria* possível dizer-me onde fica a rua X?"

O emprego do futuro do pretérito em tal caso não deve ser exagerado; há um momento em que ele se torna impraticável, sem sentido, como nesta pergunta: "Qual seria o seu nome?" – "Qual seria" indica dúvida, mas esta pergunta implica um assunto certo, que exige o indicativo presente: "Qual *é* o seu nome, por favor?"

Pode, da mesma forma que o futuro do presente, ser **simples** (*faria*) e **composto**: *teria* (ou, indiferentemente, *haveria*) *feito*.

Não existente, discriminadamente, no latim, onde o subjuntivo é que possuía essa força, o futuro do pretérito foi criado pelas línguas românicas mediante aglutinação do imperfeito do indicativo do verbo *haver* (*havia*) com o infinitivo dos outros verbos: *louvar* + *havia* = louvaria.

É importante observar o seguinte: Pelo fato de ter nascido do imperfeito, o futuro do pretérito é com frequência substituído por outras formas do pretérito: "Não *ousara* (= *ousaria*) entrar, se não fosses bom" – "Quem vos *havia* (= *haveria*) de enganar?" – "*Tivera* (= *teria*) isso eu feito, se ele merecesse" – "Escrevi esperando que você *aceitasse*" (= *aceitaria*) – "Eu bem que *desejava* (= *desejaria*) que ele estivesse aqui" – "Se houvera de andar semelhante correição pelos ostentadores de engenho, muitos tribunos *eram* (= *seriam*) necessários".

4. **Futuro do subjuntivo**: Inexistente até no latim (§ 459, n. 1, ao pé da pág.), o futuro do subjuntivo em português é tempo derivado da 3.ª pess. do pl. do pret. perfeito, mediante supressão do *am* final (se eu *disser*, quando eu *fizer*) e se usa em certas subordinadas que **IMPLICAREM IDEIA DE FUTURIDADE.** Enquanto em outros idiomas se diz "se eu direi", "quan-

do eu farei", em português a forma é "se eu disser", "quando eu fizer". *Exemplos*:

Condicionais com *se*, quando a hipótese é possível (§ 945.9) – Irei se *puder* – Farei salvo se você não *quiser*.

Temporais com *quando*, *enquanto*, *logo que*, *depois que*, *assim que*, *sempre que* (§ 945.10) – Irei quando nada *houver* que fazer – Enquanto me *quiserem* aqui, aqui ficarei – Sairei assim que me *virem* – Sempre que eu *disser* sim, digam não.

Relativas (§ 945.7) – Haja o que *houver*, irei – Diga o que *quiser*, estará mentindo – Quem *for* inocente atire a primeira pedra.

Proporcionais (§ 946.4) – Quanto mais *quiserem*, tanto mais terão.

Comparativas (§ 583; 946.5) – Farei tal qual *mandarem* – Dirão tanto quanto *puderem*.

Conformativas (§ 590; 946.5) – Agirei conforme ele *disser* – Farei da mesma maneira que ele *fizer*.

420 – **NÚMERO**: Os verbos flexionam-se também em *número*, isto é, podem ficar no *singular* ou ir para o *plural*, de acordo com o número do sujeito: se este estiver no singular, no singular ficará o verbo; se no plural estiver o sujeito, para o plural irá o verbo:

421 – **PESSOA**: Os verbos variam ainda em *pessoa*, isto é, flexionam-se de acordo com a pessoa gramatical (§ 311) do sujeito: eu *amo*, tu *amas*, ele *ama*, nós *amamos*, vós *amais*, eles *amam*.

422 – **VOZ**: Este tipo de flexão verbal já ficou explicado, por necessidade de método, nos parágrafos 386 e ss. Resumindo o que aí ficou amplamente explicado, a voz dos verbos pode ser:

ativa

passiva { com *auxiliar* / com *pronome apassivador* }

reflexiva

423 – **CONJUGAÇÕES**: Três são as conjugações:

a **1ª**, com o tema terminado em *a*;

a **2ª**, com o tema terminado em *e*;

a **3ª**, com o tema terminado em *i*.

Cada um desses três grupos é conjugado de maneira diferente, isto é, não têm terminações flexionais idênticas. Há, conseguintemente, três tipos de conjugações. Saber-se-á se determinado verbo pertence a esta ou àquela conjugação segundo a terminação do infinitivo:

Conjugação	Verbos terminados em:	Exemplos
1ª	ar	amar, louvar, andar
2ª	er	vender, dever, correr
3ª	ir	partir, abrir, possuir

Nota: À segunda conjugação pertence também o verbo irregular *pôr*, que tem vários compostos: *antepor*, *compor*, *contrapor*, *opor*, *pospor*, *repor*, *supor* e outros (V. § 78 e 463, 15).

O verbo *pôr* possuía no velho português a forma *poer*, pertencendo, portanto, à segunda conjugação; disso restam ainda hoje provas: *poente* (à semelhança de *corrente*, *absolvente*, *enchente*, da segunda conjugação) e *poedeira* (galinha *poedeira*); nestas duas palavras, as terminações *ente* e *edeira* denotam a primitiva conjugação do verbo *pôr*. Outro resquício de *poer* temos em *depoimento*, do arcaico *poimento* (ação de *poer* = pôr).

Na própria conjugação do verbo encontramos o *e* que carateriza a 2ª conjugação: *põEs*, *põE*.

424 – Quanto ao processo de conjugação, um verbo pode ser:

auxiliar
regular
irregular
anômalo
defectivo
abundante

Questionário

1. Que nome se dá ao conjunto das flexões verbais?
2. Quais as possíveis formas flexionais em que um verbo se conjuga?
3. Que se entende, na conjugação dos verbos, por *flexão de modo*? Quantos e quais os *modos* dos verbos?
4. Por que o subjuntivo é o "modo da possibilidade"?
5. As formas do *imperativo negativo* são tiradas de que modo verbal?
6. Que formas verbais se denominam *formas nominais*?
7. Que indica o *presente*?

8. Que indica o *pretérito*?
9. Quantas espécies existem de pretéritos?
10. Que indica o *futuro*?
11. Que indica o *futuro do presente composto*?
12. Que é *futuro do pretérito*?
13. Dê exemplos em que o futuro do pretérito apareça substituído por outras formas do pretérito. (§ 419, 3, g.)
14. Os verbos se flexionam também em *número*? Como?
15. Os verbos variam ainda em *pessoa*? Como?
16. Como pode ser a *voz* dos verbos?
17. Quantas conjugações há em português?
18. Quanto ao processo de conjugação, como pode ser o verbo?

CAPÍTULO 27

VERBOS AUXILIARES

425 – Já tivemos oportunidade de ver que há formas verbais que exigem o *auxílio* de outro verbo, o que se dá ou porque o tempo é por natureza composto (*tenho louvado*, *hei louvado*, *teria louvado*, *haveria louvado*, *tivera louvado*, *houvera louvado*) ou porque o verbo está na voz passiva: *sou louvado*, *fui louvado*. Tais verbos, que são quatro, são chamados **auxiliares**, e a sua conjugação assim se processa:

INDICATIVO

Presente

		TER	HAVER	SER	ESTAR
SING.	Eu	tenho	hei	sou	estou
	Tu	tens	hás	és	estás
	Ele	tem	há	é	está
PLUR.	Nós	temos	havemos	somos	estamos
	Vós	tendes	haveis	sois	estais
	Eles	têm(1)	hão	são	estão

(1) A forma *têm*, com circunflexo, corresponde à terceira pessoa do plural do presente do indicativo, ao passo que *tem* constitui a terceira pessoa do singular. Quanto aos compostos, observe-se o acento agudo na 3ª do singular: ele *mantém*, eles *mantêm*, ele *obtém*, eles *obtêm*, ele *retém*, eles *retêm* etc.

Pretérito imperfeito

SING.	Eu	tinha	havia	era	estava
	Tu	tinhas	havias	eras	estavas
	Ele	tinha	havia	era	estava
PLUR.	Nós	tínhamos	havíamos	éramos	estávamos
	Vós	tínheis	havíeis	éreis	estáveis
	Eles	tinham	haviam	eram	estavam

Pretérito perfeito

SING.	Eu	tive	houve	fui[3]	estive
	Tu	tiveste	houveste	foste	estiveste
	Ele	teve	houve	foi	esteve
PLUR.	Nós	tivemos	houvemos	fomos	estivemos
	Vós	tivestes[2]	houvestes	fostes	estivestes
	Eles	tiveram	houveram	foram	estiveram

Pretérito mais-que-perfeito

SING.	Eu	tivera	houvera	fora	estivera
	Tu	tiveras	houveras	foras	estiveras
	Ele	tivera	houvera	fora	estivera
PLUR.	Nós	tivéramos	houvéramos	fôramos	estivéramos
	Vós	tivéreis	houvéreis	fôreis	estivéreis
	Eles	tiveram	houveram	foram	estiveram

Futuro do presente simples[4]

SING.	Eu	terei	haverei	serei	estarei
	Tu	terás	haverás	serás	estarás
	Ele	terá	haverá	será	estará
PLUR.	Nós	teremos	haveremos	seremos	estaremos
	Vós	tereis	havereis	sereis	estareis
	Eles	terão	haverão	serão	estarão

(2) Note-se a diferença entre a segunda pessoa do singular e a segunda do plural do pretérito perfeito; é lamentável a confusão que pessoas, às vezes gradas, fazem com essas duas pessoas desse tempo. Um meio mnemônico existe que facilita essa discriminação: Em vó*s* existe *s*, o que não se dá com a segunda pessoa do singular: vó*s* tiveste*s* – tu tiveste.

(3) O pretérito perfeito do verbo *ser* é idêntico ao pretérito perfeito do verbo *ir*. O mesmo se diga dos derivados: *fora*, *for*, *fosse*.

Futuro do pretérito simples[4]

SING.	Eu	teria	haveria	seria	estaria
	Tu	terias	haverias	serias	estarias
	Ele	teria	haveria	seria	estaria
PLUR.	Nós	teríamos	haveríamos	seríamos	estaríamos
	Vós	teríeis	haveríeis	seríeis	estaríeis
	Eles	teriam	haveriam	seriam	estariam

SUBJUNTIVO

Presente

SING.	Que eu	tenha[5]	haja	seja	esteja
	Que tu	tenhas	hajas	sejas	estejas
	Que ele	tenha	haja	seja	esteja
PLUR.	Que nós	tenhamos	hajamos	sejamos	estejamos
	Que vós	tenhais	hajais	sejais	estejais
	Que eles	tenham	hajam	sejam	estejam

Pretérito imperfeito

SING.	Se eu	tivesse	houvesse	fosse	estivesse
	Se tu	tivesses	houvesses	fosses	estivesses
	Se ele	tivesse	houvesse	fosse	estivesse
PLUR.	Se nós	tivéssemos	houvéssemos	fôssemos	estivéssemos
	Se vós	tivésseis	houvésseis	fôsseis	estivésseis
	Se eles	tivessem	houvessem	fossem	estivessem

Futuro do presente simples

SING.	Quando eu	tiver	houver	for	estiver
	Quando tu	tiveres	houveres	fores	estiveres
	Quando ele	tiver	houver	for	estiver
PLUR.	Quando nós	tivermos	houvermos	formos	estivermos
	Quando vós	tiverdes	houverdes	fordes	estiverdes
	Quando eles	tiverem	houverem	forem	estiverem

---

(4) Justamente por serem auxiliares, estes verbos não possuem *futuro do presente composto nem futuro do pretérito composto*. Em "Os grandes gramáticos raramente *terão sido* grandes escritores", o verbo *ser* é de ligação e não auxiliar. Em "Eu *teria tido* muito dinheiro se tivesse trabalhado com afinco", *ter* é verbo concreto e não abstrato.

(5) Para facilitar a discriminação dos tempos do subjuntivo, colocamos as conjunções *que* para o *presente*, *se* para o *pretérito imperfeito*, e *quando* para o *futuro*. Cuidado com o subj. pres. dos verbos *ser* e *estar*; não cometa o gravíssimo erro de dizer: que eu sej*e*, que você estej*e*.

IMPERATIVO

Positivo

SING.	tem tu[6]	há tu	sê tu	está tu
PLUR.	tende vós	havei vós	sede vós	estai vós

Negativo

SING.	não tenhas tu	não hajas tu	não sejas tu	não estejas tu
PLUR.	não tenhais vós	não hajais vós	não sejais vós	não estejais vós

FORMAS NOMINAIS

Infinitivo impessoal[7]

TER	**HAVER**	**SER**	**ESTAR**

Infinitivo pessoal

SING.	Por ter eu[8]	haver	ser	estar
	Por teres tu	haveres	seres	estares
	Por ter ele	haver	ser	estar
PLUR.	Por termos nós	havermos	sermos	estarmos
	Por terdes vós	haverdes	serdes	estardes
	Por terem eles	haverem	serem	estarem

Gerúndio

tendo	havendo	sendo	estando

Particípio

tido	havido	sido	estado

Considerações sintáticas sobre os Verbos Auxiliares

426 – **SER**: 1 – O verbo *ser* é eruditamente empregado com significação de *existir*: "Deus *é*" (Deus *existe*) – "...as artilharias que ainda então

(6) No *imperativo*, os pronomes sujeitos vêm depois do verbo (isto, naturalmente, quando se quer deles fazer uso, porquanto não é obrigatório o seu aparecimento nas formas imperativas) – V. § 413, 3, a, b, c.

(7) A distinção entre infinitivo *impessoal* e infinitivo *pessoal* será estudada no § 915 e ss.

(8) A preposição *por* facilita a discriminação entre o infinitivo pessoal e o impessoal.

não *eram*" (= não *existiam*) – "Aqui *foi* Troia" (= *existiu*) – "*Eram* uma vez dois valentes" (= *existiam*) – "As esmeraldas *eram* em montões".

2 – O verbo *ser* é ainda empregado *impessoalmente*, isto é, sem sujeito, em expressões de tempo como estas: "*Era* numa tarde de abril" – "*Era* ao cair do dia", – Ainda que não apareça preposição nenhuma, continuará impessoal o verbo: "*Era* uma tarde de abril" – "*Era* a hora do repouso".

3 – Quando empregado como verbo de ligação (§ 302), o verbo *ser* é como que vazio de sentido; é disso prova o fato de algumas línguas quase o não usarem com essa função meramente *copulativa*, isto é, de unir um adjetivo a um substantivo, dizendo apenas "Pedro bom", em vez de "Pedro é bom".

4 – *Ser*, seguido da preposição *por*, significa *seguir a doutrina* ("Sou pelo cristianismo"), *defender* ("Sou por você"), *julgar acertado*: "Pois, meu menino, sou por dizer-lhe que você não estudou".

5 – Quanto à expressão "*Que é de?*" veja o § 366, n.

6 – Quando seguido da preposição *de*, pode o v. *ser* ter muitas acepções, mas o complemento funciona, virtualmente, como predicativo:

a) *participar*: "Oxalá seja o leitor do meu voto" – "Ser do coração";

b) *estar conforme*: "Isto é de justiça";

c) *pertencer a*: "O livro é de João";

d) *estar na dependência*, *privar com*: "Ele é todo do ministro";

e) *proceder*, *descender*: "Ele é de Minas";

f) *ser próprio*: "Entender o contrário será de filho de Adão e não de filho de Santo Inácio";

g) *medir*: "Esta coluna é de 15 pés de altura";

h) *servir de*: "...para lhes ser de amparo".

i) *merecer*, *dever*: "Era de crer que..." – "Não é caso de considerar".

427 – **ESTAR**: O verbo *estar* é também empregado como verbo de ligação, mas com a seguinte diferença: *Estar* (lat. *stare* = estar de pé) sempre implica ideia de *transitoriedade*, de *existência momentânea*, de *estado acidental*, ao passo que *ser* (lat. *sedēre* = estar sentado) traz ideia de *permanência*, de *existência continuada*, de *estado permanente* ou *inerente*. Como verbo de ligação, o verbo *ser* é quase vazio de sentido, sendo por isso chamado *verbo abstrato*; é como se não existisse na oração; dizer: "O céu é azul" e "O céu azul" é quase dizer a mesma coisa.

Estes exemplos evidenciam a diferença de significação entre *ser* e *estar*:

PERMANÊNCIA		TRANSITORIEDADE
Este homem *é* doente	–	Este homem *está* doente
Os dias *são* claros	–	Os dias *estão* claros
Ser pálido	–	*Estar* pálido
Ser úmida uma casa	–	*Estar* úmida uma casa

Estrangeiros, ainda os mais cultos, escorregam neste ponto, quando o não estudam convenientemente; dizem eles com a maior facilidade: "Eu *estou* jornalista". Aqui é o caso do verbo *ser*, visto especificar uma profissão, e, conseguintemente, um estado *permanente*.

Observações:

1ª – Se empregar o verbo *estar* em vez de *ser* é erro, empregar o verbo *ser* em vez de *estar* era frequente entre os quinhentistas, não faltando, dentre escritores mais próximos à nossa época, quem assim proceda. Essa substituição se fazia já quando *estar* funcionasse como verbo de ligação (v. abstrato), já quando fosse verbo de significação concreta: "D. Afonso vos congregou para declarar se *sois* (= estais) contentes com ser ele Rei nosso" – "Minha dona muitas vezes me contava quando *era* (= estava) no lavor" – "Chamei-me Adamastor, e *fui* (= estive) na guerra contra o que vibra os raios de Vulcano".

2ª – O verbo *estar*, seguido da preposição *para* e um verbo no infinitivo, indica proximidade de ação: "*O* trem *está para* partir". Seguido da preposição *a* e um infinitivo, o verbo *estar* indica às vezes começo de ação: "O trem *está a* partir"; em tal caso, o infinitivo e a preposição podem ser substituídos pelo gerúndio: "O trem está *partindo*". Note-se que esta maneira – *está partindo*, *está fazendo* etc. – é a mais comum no Brasil, sendo a primeira – *está a partir*, *está a fazer*, *está a cantar* etc. – a que se usa em Portugal.

3ª – No período "Caso não deva ali ser guardado, *estou* que haveria em sua casa algum recanto..." – o verbo *estar* tem a significação de entender, ser de opinião, julgar, crer. Tal significado assume o verbo *estar*, quando seguido da conjunção integrante *que*: "*Estou que* a crise há de continuar" – subentendendo-se o adjetivo "persuadido" ou outro qualquer.

4ª – Outras construções e acepções:

a) com **a**, para indicar *posição*, *situação*: estar a cavalo, estar ao deus-dará;

b) com **de**, para indicar: *posição*: estar de pé, de cócoras, de lado, de cama;

– *ter por vestuário*, *acessório*: estar de casaca, de espada à cinta, de preto;

– *desempenhar função*, *obrigação*: estar de sentinela, de quarto;

– *ter em mente*, *encontrar-se na iminência de um ato*: estou de partida;

c) com **em**, para indicar: *maneira de ser, de apresentar-se*: estar em dúvida, em tratamento, em erro, em camisa;

– *achar-se num lugar, morar*: estar na cidade, estar na fazenda, estar numa cidade;

– *atingir certo grau, preço, situação, chegar a determinado momento*: estar em fusão, estar numa fortuna, estar em guerra, estar em idade;

– *consistir, depender*: "Tudo está em saber pedir";

d) com **com** ou **sem**, para indicar *condições que se apresentam ou não*: estar com dinheiro, com preguiça, com ânimo, com febre;

– *não desamparar* ou *desamparar, ser a favor* ou *contra*: "Estou com ou sem vocês?"

– *conversar ou não, visitar ou não, fazer ou não companhia*: "Não estava com ele quando isso se deu";

e) com **para**, para indicar: *ter disposição*: "Não estou para amolações";

– *aguardar*: "Estou para ver em que vai dar isso";

– *lugar* ou *tempo*: "Ele está para a fazenda" – "A laranja está para o mês que vem";

f) *impessoalmente*: "Está frio" – "Ontem esteve quente" – "Estará ventando quando sairmos?"

428 – **TER** e **HAVER**: Estes dois verbos, da mesma maneira que os verbos *ser* e *estar*, podem ser concretos e abstratos, isto é, podem ter significação própria, especial, e podem ser vazios de sentido.

1 – Os verbos *ter* e *haver* têm a significação própria de *possuir*: "Pedro *tem* uma chácara" – "Mas refleti que *haveis* cabedal de inteligência para muito". Significam, também, *obter, alcançar*, e um pelo outro usavam-nos os clássicos: "Neste dia *houvemos* vista de terra". Significam, ainda, *julgar, ter na conta de*: "*...havendo-o* por milagre" – "Os alunos *houveram-se* por aprovados".

2 – O verbo *haver* é ainda empregado com a significação de *existir*; com tal significação, *haver* é *impessoal* e usado apenas na terceira pessoa do singular. (Os *verbos impessoais* serão estudados no § 480 e ss.)

3 – *Haver* é usado pronominalmente (*haver-se*), na acepção de *portar-se, proceder*: "*Houve-se* muito bem no exercício de seu cargo" – "Eles *se houveram* dignamente nessa empresa".

Seguido de infinitivo sem preposição, tem o sentido de *ser possível*: "Não *há* contê-lo, então, no ímpeto" – "Não *há* fartar um mouro, se come em mesa alheia".

Seguido da palavra *mister*, significa *necessitar, precisar*: "Muitos dos enfermos bem *haviam mister* um hospital". Essa expressão transitiva tem as variantes *haver mister de* e *haver de mister*: "Seu amor da ciência não *havia mister de* outros incentivos" – "*Hei de mister* o seu conselho".

4 – Como verbos abstratos, isto é, como *auxiliares*, eles se esvaziam de sentido; têm por função, nesse caso, indicar o tempo, o modo, a pessoa e o número do verdadeiro verbo, que aparece na frase na forma de particípio: *tinha* visto (ou *havia* visto) – *tivessem* feito (ou *houvessem* feito), V. D.QVs, *haja vista*.

Nota: O esvaziamento de sentido dos verbos *ter* e *haver* é fenômeno operado em português, porquanto o latim não possuía tempos compostos e, consequentemente, esses verbos nessa língua sempre possuíam significação própria, concreta.

429 – Pelo fato de não poderem passar para a voz passiva, os verbos intransitivos só costumam vir acompanhados dos auxiliares *ter* e *haver*; todavia, com alguns de tais verbos, o verbo *ser* substitui elegantemente esses auxiliares, na formação dos tempos compostos: *ser chegado*, *ser nascido* (ou *nado*), *ser vindo* – em vez de *ter* (ou *haver*) *chegado*, *nascido*, *vindo* etc.: "Porém já cinco sóis *eram passados*" (= haviam passado) – "Aqui *foi nado* (= nasceu) e criado".

430 – Nos tempos compostos, ou seja, com os auxiliares *ter* e *haver*, o particípio fica invariável: Eu tenho *feito* – Nós temos *feito* – Ela tem *feito*.

Com os auxiliares *ser* e *estar*, o particípio varia de acordo com o gênero e com o número da palavra a que se refere: Ele é *louvado* – Ela é *louvada* – Nós (homens) somos *louvados* – Nós (mulheres) somos *louvadas*.

Observe-se agora o seguinte: Quando, numa oração, o particípio vem desacompanhado de auxiliar, deve variar, como se viesse acompanhado do auxiliar *ser* ou *estar*. É conseguintemente errado dizer: "*Passado* três dias, partimos" – porque o particípio se tornou adjetivo e, como tal, deve concordar com a palavra a que se refere, que nessa oração é *dias*. Devemos flexionar o particípio, muito embora possamos subentender o auxiliar *ter* (*tendo* passado três dias...). Correta, a frase deve ser: "*Passados* três dias, partimos".

Outros exemplos: "*Chegadas* ao Rio, elas não se puderam conter" – "*Vindos* a minha casa, considerem-se donos dela" – "As primeiras escolas *havidas* no Brasil..." – "*Dado* o mau tempo e *dada* a necessidade de irmos...".

431 – Dos quatro verbos auxiliares, somente *ter* não pode ser impessoal; constitui erro grave, e todo o possível devemos fazer para evitá-lo, empregar o verbo *ter* com a significação de *existir*. Não devemos permitir frases como estas: "Não *tem* nada na mala" (em vez de: "Não *há* nada...") – "Não *tem* de quê" (em vez de: "Não *há* de quê") – "Não *tem* lugar" (em vez de: "Não *há* lugar").

Observação:

Preste o aluno atenção no conjugar compostos de *ter*; *ater-se*, *deter*, *conter*, *manter*, *obter* etc. devem seguir a conjugação do simples: de*tive* (e nunca *deti*), de*tinha*, de*tivera* (jamais *detia*, *detera*), man*tivesse* (jamais *mantesse*), *ateve-se* à parede.

432 – Finalizamos o presente estudo com a seguinte consideração: Os auxiliares *ter* e *haver*, quando seguidos da preposição *de* e um infinitivo, formam locuções verbais que importa distinguir.

a) Com o auxiliar *ter*, a locução verbal implica ideia de **obrigatoriedade**: *tenho de estudar*, *tinha de sair*, *terei de viajar*.

b) Com o auxiliar *haver*, a locução verbal deixa de indicar obrigatoriedade para expressar promessa, **intenção**: *hei de estudar*, *havia de sair*, *haverei de viajar*.

Nota: Há diferença de sentido entre *ter de* e *ter que*. *Ter de* denota necessidade, obrigatoriedade: *Tenho de* conquistar o poder – como quem diz: Custe o que custar, conquistarei o poder.

São erradas construções como esta: "Ele vai ter *que* estudar o caso". O *que* não está aí a exercer função nenhuma. Assim devemos redigir: Tenho *de* conseguir esse emprego – Todos temos *de* lutar – Teremos *de* respeitar o sossego alheio em qualquer hora da noite e do dia – O serviço parou porque os operários tiveram *de* votar – Ele vai ter *de* estudar o caso.

Ter que entra em passagens como esta: "Ele *tem* um caso *que* estudar". Agora o *que* tem função: é pronome relativo (refere-se a *caso*), com função de objeto direto de *estudar*. Em: Tudo tenho *que* fazer – Muito tenho *que* fazer – *tudo* e *muito* são os antecedentes do relativo *que*, o qual em ambas as orações é objeto direto de *fazer*.

Conclusão: Quando não corresponde a nenhum antecedente, o *que* é errado, erro que não existia até Bernardes. Assim devemos dizer: Tenho *de* fazer, tenho *de* correr, temos todos *de* morrer – expressões em que existe a ideia de necessidade, de obrigatoriedade. O *de* é preposição; rege o substantivo verbal que se lhe segue. Quando este verbo for intransitivo, ou transitivo empregado em sentido geral, sem objeto, ou, ainda, quando não houver nenhum antecedente, nem expresso nem oculto, o *de* é que deve aparecer, porquanto a ideia é de necessidade, de obrigatoriedade. Observemos a correção de Vieira: "...para se conhecerem os amigos, haviam os homens *de* morrer primeiro e daí a algum tempo ressuscitar". *Haviam* está aí empregado por *tinham*, mas, como o segundo verbo é intransitivo (*morrer*), emprega Vieira, com a meticulosidade de quem muito conhece o idioma, a preposição *de* em vez do pronome *que*, ao qual nenhuma função caberia na frase. V. D. QVs, *ter de*, onde *ter de* e *ter que* estão traduzidos em outros idiomas.

Questionário

1. Já sabe de cor a conjugação dos verbos auxiliares?
2. Por que os verbos *ter* e *haver*, *ser* e *estar* se chamam auxiliares?
3. Quando auxiliares, os verbos *ser* e *estar*, *ter* e *haver* são *verbos abstratos*. Que significa isso?
4. Quais os diversos empregos do verbo *ser*? Exemplifique a resposta.

5. Que diferença existe entre os verbos *ser* e *estar* quando empregados como verbos de ligação?

6. Que diz da construção de Camões: "Chamei-me Adamastor, e *fui* na guerra contra o que vibra os raios de Vulcano"?

7. Que diferença existe entre *estar a estudar* e *estar para estudar*?

8. Quais as significações e empregos dos verbos *ter* e *haver*?

9. "Eu deti, ele deteu, eu reti, ele ateu-se, eu obti" – estão certas essas formas? Por quê?

10. Que diz destoutra construção camoniana: "Porém já cinco sóis *eram* passados"?

11. Por que é errada a construção: "Chegado ao fim do caminho, eles caíram mortos"?

12. Corrija a construção destes períodos:

a) Tenho que fazer isso sem falta.

b) Tínhamos todos que levantar-nos cedo.

c) Se você tem que ir, eu não.

d) Teremos que aceitar sua proposta?

CAPÍTULO 28

VERBOS REGULARES

433 – Uma vez estudados os verbos *auxiliares*, passemos ao estudo dos verbos *regulares*. É *regular* o verbo cujo radical permanece invariável em todo o decurso da conjugação e cujas desinências se flexionam de acordo com o *paradigma*, isto é, com o modelo ou tipo geral da conjugação. Como paradigmas ou modelos das três conjugações apresentamos os verbos *louvar*, *vender* e *partir*, cujos radicais são *louv*, *vend* e *part*.

No quadro da conjugação dos paradigmas regulares, o radical aparecerá separado da desinência por meio de um hífen; para averiguar a regularidade de um verbo, bastará ver se o radical permanece invariável *até o fim* da conjugação e se as desinências são as mesmas que as apresentadas no quadro que ora iremos estudar.

		1ª conj.	**2ª conj.**	**3ª conj.**
		LOUV-AR	**VEND-ER**	**PART-IR**

INDICATIVO

Presente

SING.	Eu	louv-o	vend-o	part-o
	Tu	louv-as	vend-es	part-es
	Ele	louv-a	vend-e	part-e
PLUR.	Nós	louv-amos	vend-emos	part-imos
	Vós	louv-ais	vend-eis	part-is
	Eles	louv-am	vend-em	part-em

Pretérito imperfeito

SING.	Eu	louv-ava	vend-ia	part-ia
	Tu	louv-avas	vend-ias	part-ias
	Ele	louv-ava	vend-ia	part-ia
PLUR.	Nós	louv-ávamos	vend-íamos	part-íamos
	Vós	louv-áveis	vend-íeis	part-íeis
	Eles	louv-avam	vend-iam	part-iam

Pretérito perfeito

SING.	Eu	louv-ei	vend-i	part-i
	Tu	louv-aste	vend-este	part-iste
	Ele	louv-ou	vend-eu	part-iu
PLUR.	Nós	louv-amos[1]	vend-emos	part-imos
	Vós	louv-astes	vend-estes	part-istes
	Eles	louv-aram	vend-eram	part-iram

Pretérito perfeito composto

SING.	Eu tenho	(hei)	louv-ado	vend-ido	part-ido
	Tu tens	(hás)	”	”	”
	Ele tem	(há)	”	”	”
PLUR.	Nós temos	(havemos)	”	”	”
	Vós tendes	(haveis)	”	”	”
	Eles têm	(hão)	”	”	”

Pretérito mais-que-perfeito

SING.	Eu	louv-ara	vend-era	part-ira
	Tu	louv-aras	vend-eras	part-iras
	Ele	louv-ara	vend-era	part-ira
PLUR.	Nós	louv-áramos	vend-êramos	part-íramos
	Vós	louv-áreis	vend-êreis	part-íreis
	Eles	louv-aram	vend-eram	part-iram

(1) Não se segue no Brasil a diferenciação prosódica – existente em outras partes do mundo lusófono – entre a primeira pessoa do plural do indicativo presente e igual pessoa do pretérito perfeito. Dizer que no primeiro caso devemos pronunciar “amâmos” e no segundo, “amámos”, com o *a* tônico aberto, é estabelecer regra infundada e desnecessária. As regras devem ser coerentes e gerais, o que de maneira nenhuma se dá nesse caso. Tal diretriz deveria então se estender igualmente aos verbos da segunda conjugação: “vendêmos” (indicativo presente) e “vendémos” (pretérito perfeito). E como se arranjarão os defensores desse estranho uso para a distinção das citadas formas verbais na terceira conjugação, onde o acento cai no *i*: *partimos* (indicativo presente) e *partimos* (pretérito perfeito)? De qualquer modo, o Acordo Ortográfico de 1990 reconhece essa distinção prosódica “em certas variantes do português” (* base IX, parágrafo 4.º). Por isso, admite, em caráter facultativo, o acento agudo, diferencial, nas formas do pretérito perfeito do indicativo (*amámos*, *louvámos*).

Mais-que-perfeito composto

SING.	Eu tinha	(havia)	louv-ado	vend-ido	part-ido
	Tu tinhas	(havias)	”	”	”
	Ele tinha	(havia)	”	”	”
PLUR.	Nós tínhamos	(havíamos)	”	”	”
	Vós tínheis	(havíeis)	”	”	”
	Eles tinham	(haviam)	”	”	”

Futuro do presente

SING.	Eu	louv-arei	vend-erei	part-irei
	Tu	louv-arás	vend-erás	part-irás
	Ele	louv-ará	vend-erá	part-irá
PLUR.	Nós	louv-aremos	vend-eremos	part-iremos
	Vós	louv-areis	vend-ereis	part-ireis
	Eles	louv-arão	vend-erão	part-irão

Futuro do presente composto

SING.	Eu terei	(haverei)	louv-ado	vend-ido	part-ido
	Tu terás	(haverás)	”	”	”
	Ele terá	(haverá)	”	”	”
PLUR.	Nós teremos	(haveremos)	”	”	”
	Vós tereis	(havereis)	”	”	”
	Eles terão	(haverão)	”	”	”

Futuro do pretérito

SING.	Eu	louv-aria	vend-eria	part-iria
	Tu	louv-arias	vend-erias	part-irias
	Ele	louv-aria	vend-eria	part-iria
PLUR.	Nós	louv-aríamos(2)	vend-eríamos	part-iríamos
	Vós	louv-aríeis	vend-eríeis	part-iríeis
	Eles	louv-ariam	vend-eriam	part-iriam

---

(2) Erro que não poucas vezes vemos é o de grafar “faria-mos”, “louvaria-mos”, “partisse--mos”, “trouxesse-mos”, vendesse-mos” etc.; quem assim escreve julga ser o *mos* algum pronome (“julga” por falta de conhecimento ou de atenção) ou combinação pronominal; nesses tempos, tal terminação pertence ao próprio verbo, sem que dele possa separar-se.

Futuro do pretérito composto

SING.	Eu teria	(haveria)	louv-ado	vend-ido	part-ido
	Tu terias	(haverias)	”	”	”
	Ele teria	(haveria)	”	”	”
PLUR.	Nós teríamos	(haveríamos)	”	”	”
	Vós teríeis	(haveríeis)	”	”	”
	Eles teriam	(haveriam)	”	”	”

SUBJUNTIVO

Presente

SING.	Que eu	louv-e	vend-a	part-a
	Que tu	louv-es	vend-as	part-as
	Que ele	louv-e	vend-a	part-a
PLUR.	Que nós	louv-emos	vend-amos	part-amos
	Que vós	louv-eis	vend-ais	part-ais
	Que eles	louv-em	vend-am	part-am

Pretérito imperfeito

SING.	Se eu	louv-asse	vend-esse	part-isse
	Se tu	louv-asses	vend-esses	part-isses
	Se ele	louv-asse	vend-esse	part-isse
PLUR.	Se nós	louv-ássemos	vend-êssemos	part-íssemos
	Se vós	louv-ásseis	vend-êsseis	part-ísseis
	Se eles	louv-assem	vend-essem	part-issem

Pretérito perfeito (composto)

SING.	Que eu tenha	(haja)	louv-ado	vend-ido	part-ido
	Que tu tenhas	(hajas)	”	”	”
	Que ele tenha	(haja)	”	”	”
PLUR.	Que nós tenhamos	(hajamos)	”	”	”
	Que vós tenhais	(hajais)	”	”	”
	Que eles tenham	(hajam)	”	”	”

Pretérito mais-que-perfeito (composto)

SING.	Se eu tivesse	(houvesse)	louv-ado	vend-ido	part-ido
	Se tu tivesses	(houvesses)	”	”	”
	Se ele tivesse	(houvesse)	”	”	”
PLUR.	Se nós tivéssemos	(houvéssemos)	”	”	”
	Se vós tivésseis	(houvésseis)	”	”	”
	Se eles tivessem	(houvessem)	”	”	”

Futuro[3]

SING.	Quando eu	louv-ar	vend-er	part-ir
	Quando tu	louv-ares	vend-eres	part-ires
	Quando ele	louv-ar	vend-er	part-ir
PLUR.	Quando nós	louv-armos	vend-ermos	part-irmos
	Quando vós	louv-ardes	vend-erdes	part-irdes
	Quando eles	louv-arem	vend-erem	part-irem

Futuro composto

SING.	Quando eu tiver	(houver)	louv-ado	vend-ido	part-ido
	Quando tu tiveres	(houveres)	”	”	”
	Quando ele tiver	(houver)	”	”	”
PLUR.	Quando nós tivermos	(houvermos)	”	”	”
	Quando vós tiverdes	(houverdes)	”	”	”
	Quando eles tiverem	(houverem)	”	”	”

IMPERATIVO

Presente

SING.	louv-a tu	vend-e tu	part-e tu
PLUR.	louv-ai vós	vend-ei vós	part-i vós

FORMAS NOMINAIS

Infinitivo impessoal

LOUV-AR **VEND-ER** **PART-IR**

Infinitivo impessoal composto

ter (haver) louv-ado vend-ido part-ido

Infinitivo pessoal

SING.	Por louv-ar eu	vend-er	part-ir
	Por louv-ares tu	vend-eres	part-ires
	Por louv-ar ele	vend-er	part-ir

(3) As flexões do futuro do subjuntivo confundem-se nos verbos regulares com as do infinitivo pessoal, embora de formação e etimologia muito diferentes. Em muitos verbos irregulares não se dá essa confusão. O infinitivo pessoal, o particípio e o gerúndio serão estudados no § 915 e ss. (V. § 459, n. 1 – ao pé da página).

PLUR.	Por louv-armos nós	vend-ermos	part-irmos
	Por louv-ardes vós	vend-erdes	part-irdes
	Por louv-arem eles	vend-erem	part-irem

Infinitivo pessoal composto

SING.	Por ter	(haver)	eu	louv-ado	vend-ido	part-ido
	Por teres	(haveres)	tu	”	”	”
	Por ter	(haver)	ele	”	”	”
PLUR.	Por termos	(havermos)	nós	”	”	”
	Por terdes	(haverdes)	vós	”	”	”
	Por terem	(haverem)	eles	”	”	”

Gerúndio

louv-ando vend-endo part-indo

Particípio

louv-ado vend-ido part-ido

Particípio composto

tendo (havendo) louv-ado vend-ido part-ido

Questionário

1. Que é verbo *regular*?
2. Que é *paradigma de conjugação*?
3. Dizer quais dos seguintes verbos são *regulares* e quais *irregulares*: dar, estar, optar, saudar, ver, ser, ler, trazer, saber, atender, sentir, prevenir, sumir, sair, decidir, evadir. (Veja bem o § 433: “...para averiguar...”.)
4. Que diz da diferenciação prosódica entre *amâmos* (indicativo presente) e *amámos* (pret. perf.)?
5. Corrija: *a*) “Não fazei mal aos passarinhos” – *b*) “Sejais obedientes aos vossos mestres, e amais os que vos repreendem” – *c*) “Lembrei-vos de que já fosteis pequeninos. Não esquecei-vos do trabalho que desteis aos vossos pais” – *d*) “Se fosse-mos fazer a obrigação, nada haveria acontecido”.
6. Que diz da construção: “Desconheço quem *faça* isso”?
7. Errada ou certa a construção: “Viva as férias”? Por quê?
8. Errada ou certa a construção: “Se ele não parava o carro, era desastre certo”? Por quê?

CAPÍTULO 29

PROSÓDIA E GRAFIA DE CERTOS VERBOS

1ª conjugação

438 – Antes do estudo dos verbos irregulares, veremos certas variações que não alteram profundamente a forma, nem prosódica nem gráfica, do verbo.

Variações Fonéticas

439 – Observe-se preliminarmente que um verbo pode, no decurso da conjugação, ter o acento ou na desinência (am-*a*mos, am-*a*is, vend-*ê*reis, part-ir*i*a) ou no radical (*a*m-o, v*e*nd-a, des*e*j-o); estas segundas formas verbais dizem-se *rizotônicas*, por cair o acento tônico no radical do verbo, e são as seguintes: 1ª, 2ª e 3ª pessoa do singular do indicativo e do subjuntivo presentes, 3ª pessoa do plural desses mesmos tempos e 2ª pessoa do singular do imperativo presente.

Pois bem, quando a forma verbal é rizotônica, não pode ser proparoxítona. Expliquemos: Verbos como *medicar*, *clinicar*, *maquinar*, *silabar*, *paroquiar*, *datilografar*, *telegrafar*, *oscular* e outros devem ser conjugados: eu med*í*co, eu clin*í*co, ele maqu*í*na, ele sil*á*ba, ele paroqu*í*a, eu datilogr*á*fo, eu telegr*á*fo, eu osc*ú*lo.

Aqui apresentamos pequena lista de tais verbos:

Verbos	Substantivos (ou adjetivos)	Verbos	Substantivos (ou adjetivos)
clin*í*co	cl*í*nico	interpr*é*te	int*é*rprete
med*í*co	m*é*dico	anunc*í*o	an*ú*ncio
adult*é*ro	ad*ú*ltero	concil*í*o	conc*í*lio
reverb*é*ro	rev*é*rbero	auxil*í*o	aux*í*lio
apostr*ó*fo	ap*ó*strofo	obv*í*o	*ó*bvio

Por essa razão é que se aconselha a pronúncia: eu mobil*í*o, tu mobil*í*as, ele mobil*í*a... eles mobil*í*am; que eu mobil*í*e, mobil*í*es etc.

Há ainda um verbo que requer atenção especial: *computar*; embora não muito usadas, as três primeiras pessoas do indicativo presente devem ser paroxítonas: comp*ú*to, comp*ú*tas, comp*ú*ta; igual acento devem ter as outras formas rizotônicas: eles comp*ú*tam, que eu comp*ú*te, comp*ú*tes, comp*ú*te... comp*ú*tem. O substantivo é que é proparoxítono: o cômputo dos salários.

440 –**Terminação UAR**: Os verbos terminados em **uar** são regulares; neles o radical não sofre alteração. Acrescente-se, ainda, a seguinte importante observação: Nas formas rizotônicas o acento tônico (que não se escreve) é geralmente no *u*:

suar – s*ú*-o, s*ú*-as, s*ú*-a... s*ú*-e, s*ú*-es, s*ú*-e...

encruar – encr*ú*-o, encr*ú*-as, encr*ú*-a... encr*ú*-e, encr*ú*-es...

atuar – at*ú*-o, at*ú*-as, at*ú*-a... at*ú*-am; at*ú*-e, at*ú*-es...

Notas: 1ª – A gente inculta diz: "A batata encr*ô*a" – "Eu s*ô*o" – "Eu ag*ô*o".

2ª – Não devemos confundir *suar* (transpirar) com *soar* (produzir som).

3ª – Há quatro verbos terminados em *quar*, cuja conjugação merece ser observada:

a) *adequar-se*, que somente se usa nas formas *arrizotônicas* (*a* = não: formas em que o acento tônico cai na desinência e *não* no radical): nós nos adequamos, vós vos adequais; eu me adequava, tu te adequavas etc.; eu me adequei, tu te adequaste e assim por diante. Por outras palavras: Este verbo não se usa nas formas em que a vogal tônica *u*; só se conjugam as formas em que o acento tônico cai na desinência;

b) *antiquar-se* – Segue este verbo a mesma orientação de *adequar-se*;

c) *apropinquar-se* e *obliquar* – Sobre estes verbos, hoje pouco usados, temos a dizer o seguinte: o Acordo Ortográfico de 1990 (base X, parágrafo 7.º) normatizou a prosódia e a grafia de verbos terminados em *guar* e *quar*, sem, entretanto, ser taxativo. Em vez de referir-se a eles dessa forma – "verbos terminados em *guar* e *quar*" –, diz "verbos do tipo de aguar (...) e afins". Assim, podemos considerar que os verbos com essas terminações geralmente apresentam dois paradigmas, ou seja, dois modelos alternativos de pronúncia. Há os que têm as formas rizotônicas

I. com a vogal tônica no *u*, mas sem acento gráfico, como em *enxaguo, enxaguas, enxagua, enxaguam, enxague, enxagues, enxague, enxaguem* etc.; *obliquo, obliquas, obliqua, obliquam, oblique, obliques, oblique, obliquem* etc.;

II. acentuadas fônica e graficamente nas vogais *a* ou *i* do radical: *enxáguo, enxáguas, enxágua, enxáguam, enxágue, enxágues, enxágue, enxáguem* etc.; *oblíquo, oblíquas, oblíqua, oblíquam, oblíque, oblíques, oblíque, oblíquem* etc.

Portanto, os verbos *apropinquar-se* e *obliquar* conjugam-se facultativamente dessa maneira.

441 – **Terminação OAR**: Os verbos terminados em **oar** são inteiramente regulares: *vo-o*, *vo-as*, *vo-a* etc.; *asso-o*, *asso-as*, *asso-a*...; *mago-o*, *mago-as*, *mago-a*... Portanto, verbos como *assoar*, *abalroar* e outros devem ter sempre *o* no radical e nunca *u*; ass*u*-a, abalr*u*-ou, com *u* no radical, são formas erradas.

442 – Terminações **gnar**, **bstar**, **ptar**, **psar** e **tmar**: Em verbos assim terminados, nenhuma vogal se irá acrescentar entre o *g* e o *n* dos verbos em *gnar* (*dignar-se*, *indignar-se*), entre o *b* e o *s* dos terminados em *bstar* (*obsta*, e não ób*e*sta), entre o *p* e o *t* dos em *ptar* (*opto*, e não óp*i*to), entre o *p* e o *s* dos em *psar* (eclipsa, elipsa), entre o *t* e o *m* dos em *tmar* (eu *ritmo*, e não eu rit*i*mo).

É, pois, erro, e muito erro, dizer "Ele se indigu*í*na" – "Isso indigu*í*na a gente". Não existe entre o *g* e o *n* nenhuma vogal, e o acento nas formas rizotônicas só pode cair no *i* que antecede o *g*: "Eu me ind*í*gno" – "Isso ind*í*gna a gente".

443 – Os verbos que possuem na última sílaba do radical os ditongos crescentes ou hiatos **au** (saudar, abaular), **ai** (arraigar, enraizar, judaizar, embainhar), **ui** (arruinar) e **iu** (enviuvar), devem ser conjugados de maneira tal que, nas formas rizotônicas, o acento caia na segunda dessas vogais, porquanto tais grupos constituem ditongos crescentes ou hiatos e não ditongos decrescentes (V. nota 1 do § 50): a-ba-*ú*-lo, ar-ra-*í*-go, ar-ru-*í*-no, en-vi-*ú*-vo.

Observe-se, com toda a atenção, o seguinte: Nos verbos em que há o grupo *au* ou *ai*, é necessário ver a procedência; em *pautar*, *pausar*, *saraivar* e outros, o acento cai no *a*, visto provirem esses verbos de nomes em que há ditongo decrescente (pa*u*ta, pa*u*sa, sara*i*va); quando provindos de nomes em que há ditongo crescente ou hiato (ba-*ú*, sa-*ú*-de, ra-*iz*, ju-*iz*, vi-*ú*-vo) é que os verbos se conjugam como ficou indicado.

444 – Uma classe de verbos há que dificilmente aparecem conjugados corretamente; são os que possuem o ditongo **ei** na penúltima sílaba. *Aleijar*, *peneirar*, *abeirar-se*, *inteirar*, *enfeixar* são verbos que deturpadamente ouvimos pronunciados e pessimamente escritos: al*é*jo, pen*é*ro, ele se ab*é*ra, eu int*é*ro, ele enf*é*xa, quando a verdadeira pronúncia e grafia devem ser: al*ê*ijo, pen*ê*iro, ele se ab*ê*ira, eu int*ê*iro, ele enf*ê*ixa.

Não nos devemos deixar contaminar pela pronúncia vulgar e viciosa.

Notas: 1ª – Tratando-se de verbos com **oi** na penúltima sílaba, precisaremos distinguir:

a) se seguido de vogal, o *oi* é aberto e não acentuado graficamente: *boio*, *apoias*, *comboiam*;

b) se seguido de consoante, o grupo vocálico permanece fechado (*ôi*) e sem acento gráfico: *pernoito*, *amoitas*, *noiva*, *acoimam*.

2ª – Verbos com *eu* na penúltima sílaba conservam fechado o ditongo: *endêuso*.

445 – Exigem também cuidado na conjugação os verbos que possuem o grupo **ou** na penúltima sílaba; verbos como *afrouxar*, *estourar*, *dourar*, *poupar*, *cavoucar*, *roubar* e outros conservam fechado o *o* do grupo *ou*: eu afr*ô*uxo, eu est*ô*uro, eu d*ô*uro, eu p*ô*upo, eu cav*ô*uco, eu r*ô*ubo (e não, desvirtuando-se a prosódia e a grafia: afr*ó*xo, d*ó*ro, p*ó*po, cav*ó*co, r*ó*bo, formas estas que não existem no português culto).

446 – Verbos como *levar*, *errar*, *pescar*, *herdar*, *zelar*, *rezar*, *interessar*, *encrespar* etc., que têm o **e** fechado na penúltima sílaba, e outros como *rogar*, *almoçar*, *torrar*, *empolgar*, *apostar*, *forçar*, que têm o **o** da penúltima sílaba também fechado, passam a ter tais vogais temáticas abertas nas formas rizotônicas: l*é*vo, l*é*vas, l*é*va... l*é*vam; l*é*va tu; l*é*ve, l*é*ves, l*é*ve... l*é*vem. F*ó*rço, f*ó*rças, f*ó*rça... f*ó*rçam; f*ó*rça tu; f*ó*rce, f*ó*rces, f*ó*rce... f*ó*rcem.

Constituem **exceções** do presente caso:

a) os verbos *chegar*, *amancebar* e aqueles cujos radicais terminam em *m*, *n* ou *nh*, como *remar*, *penar*, *empenhar*, *assomar*, *engomar*, *abandonar*, *sonhar* etc., e ainda o verbo *afofar* (tornar fofo);

b) os verbos terminados em *ejar* (menos *invejar*), *echar* ou *exar*, *elhar*. V. *moureja* no D.QVs.

Portanto, assim devemos eruditamente conjugar: trov*ê*ja, vic*ê*ja (e não vic*é*ja), cacar*ê*ja, acons*ê*lho, eu me ajo*ê*lho, esp*ê*lho ("E o teu futuro esp*ê*lha essa grandeza", e não esp*é*lha), f*ê*cho, f*ê*chas, f*ê*cha ("F*ê*che essa janela", e não f*é*che), desf*ê*cho, boch*ê*cho, v*ê*xo, v*ê*xas, v*ê*xa ("Não v*ê*xe fulano", e não v*é*xe), assem*ê*lha-se, que a ele se assem*ê*lhe.

Nota: Não obstante a ortografia oficial prescrever que se pronuncie o verbo *pesar*, na acepção de causar mágoa ou tristeza, com o *e* fechado na 3ª do singular do indicativo presente e em igual pessoa do subjuntivo, o uso, ao que parece, dá preferência para a pronúncia aberta, sem nenhuma consideração ao sentido metafórico.

– No expor a conjugação de certos verbos, empregamos acentos para clareza de exposição e não por serem exigidos.

Variações Gráficas

447 – Em alguns verbos efetuam-se certas alterações gráficas que visam a conservar a uniformidade de pronúncia que tem o verbo no infinitivo; tais alterações geralmente se operam na última consoante temática. São elas:

1 – Nos verbos terminados em **CAR**, troca-se o *c* por *qu* antes de *e*:

Ficar: fi*qu*ei, fi*qu*es, fi*qu*e...

Abdicar: abdi*qu*ei, abdi*qu*e, abdi*qu*emos...

Pecar: pe*qu*ei, pe*qu*e, pe*qu*es...

2 – Nos verbos terminados em **ÇAR**, suprime-se a cedilha quando ao *c cedilhado* segue-se *e*:

Roçar: ro*c*ei, ro*c*e, ro*c*es, ro*c*e...

Içar: *i*cei, *i*ce, *i*ces, *i*ce...

Destrinçar (destrin*ch*ar é forma errada): destrin*c*ei, destrin*c*e, destrin*c*es, destrince...(V. *Dicionário de Questões Vernáculas*, "destrinçar").

3 – Nos verbos terminados em **GAR**, muda-se o *g* em *gu* antes de *e*:

Negar: ne*gu*ei, ne*gu*e, ne*gu*es, ne*gu*e...

Pagar: pa*gu*ei, pa*gu*e, pa*gu*es, pa*gu*e...

4 – Nos verbos terminados em **JAR**, conserva-se o *j* em todas as formas da conjugação:

Viajar: via*j*ei, via*j*aste, via*j*ou... via*j*e, via*j*es...

Pensando no substantivo *viagem*, escrevem muitos a terceira pessoa do plural do presente do subjuntivo também com *g*, quando é isso erro; *viajem* é a forma verbal citada de *viajar*, e *viagem* é o substantivo.

448 – Observe-se a diferença gráfica entre os verbos *avisar*, *precisar*, *eletrolisar*, *analisar*, *endeusar* e outros como *realizar*, *idealizar*, *fiscalizar*, *colonizar* etc.; os primeiros escrevem-se com *s* porque assim se escrevem os respectivos radicais, ao passo que os segundos se escrevem com *z*, porque neles entra o sufixo **izar**, que etimologicamente se escreve com *z*.

Noutras palavras assim podemos expressar-nos: Nos verbos cujo sufixo é *ar*, a terminação se escreve com *s* ou com *z*, de conformidade com o substantivo de que deriva o verbo; os verbos cujo sufixo é *izar* escrevem-se sempre com *z*:

aviS(o)	+	ar	eletroliS(e)	+	ar	real	+	iZar	colon(ia)	+	iZar
preciS(o)	+	ar	ajuiZ	+	ar	martir	+	iZar	entron(o)	+	iZar
analiS(e)	+	ar	enraiZ	+	ar	ideal	+	iZar	monopol(io)	+	iZar
endeuS	+	ar	cicatriZ	+	ar	fiscal	+	iZar	american(o)	+	iZar

E assim: *catalisar*, *dialisar*, *paralisar*, *pesquisar*. (V. D. QVs, *economizar*.)

2ª conjugação

Variações Fonéticas

449 – Os verbos da segunda conjugação que têm *e* fechado na penúltima sílaba passam a ter o **e** aberto nas formas rizotônicas, com exceção da 1ª pessoa do singular do indicativo presente e das do subjuntivo, visto dessa pessoa derivar-se o subjuntivo presente:

Ind. pres.	*subj. pres.*	*imperat. pres.*
mer*ê*ço	que eu mer*ê*ça	– mer*é*ce tu
– mer*é*ces	que tu mer*ê*ças	
– mer*é*ce	que ele mer*ê*ça	
(merecemos)	(q. nós mereçamos)	
(mereceis)	(q. vós mereçais)	
– mer*é*cem	que eles mer*ê*çam	

E assim se conjugam *erguer* (*ê*rgo, *é*rgues, *é*rgue... *é*rguem; *ê*rga, *ê*rgas etc.), *beber* (b*ê*bo, b*é*bes... b*ê*ba, b*ê*bas...), *ceder*, *parecer* e muitos outros.

450 – Fenômeno semelhante opera-se com os verbos que têm **o** na penúltima sílaba: m*ô*vo, m*ó*ves, m*ó*ve... m*ó*vem; m*ó*ve tu; que eu m*ô*va, m*ô*vas... – c*ô*rro, c*ó*rres, c*ó*rre... c*ó*rrem etc.

Variações Gráficas

451 – O *c* dos verbos terminados em **CER** recebe cedilha antes das vogais *a* e *o*:

Descer: desço... desça, desças, desça...

Nascer: nasço... nasça, nasças, nasça...

452 – O *g* dos verbos terminados em **GER** muda-se em *j* antes de *a* e *o*:

Eleger: elê*j*o... elê*j*a, elê*j*as, elê*j*a...

Proteger: protê*j*o... protê*j*a, prote*j*as, protê*j*a...

Notas: 1ª – Assim se conjugam *constranger*, *ranger*, *reger*, *tanger* etc. Quanto ao v. *viger*, V. § 488, g.

2ª – Igual fenômeno opera-se nos verbos em **GIR** da terceira conjugação: *Fugir*: fu*j*o... fu*j*a, fu*j*as... – *Restringir*: restrin*j*o... restrin*j*a, restrin*j*as...

3ª – Devemos preferir *cerzir* a *cergir* (quanto à conjugação: § 466, obs. do v. *aderir*).

4ª – O verbo *infligir* (*infligir* castigo = *aplicar* castigo) não deve ser confundido com *infringir* (*infringir* a lei = *violar*, *transgredir* a lei).

5ª – Dos verbos em *gir* existe o verbo *tugir* (= falar em voz baixa), muito usado em contraposição a *mugir*, e rimando com este verbo: "Não *tuge* nem *muge*" – "Não *tugiu* nem *mugiu*" – "Ficou sem *tugir* nem *mugir*".

453 – Os verbos terminados em **GUER** perdem o *u* antes de *o* e *a*:

Erguer: *êrgo*, érgues, ergue... *êrga*, *êrgas*, *êrga*...

Notas: 1ª – Assim se conjugam *reerguer*, *soerguer*.

2ª – Fenômeno idêntico se passa com os verbos da terceira conjugação, terminados em **GUIR**, quando o *u* não é pronunciado: *Distinguir*: *distingo*... *distinga*, *distingas*...

3ª – O verbo *languir* (pronuncia-se *langhir* e significa *elanguescer*, *perder as forças*) só é usado nas formas em que o *gu* vem seguido de *e* ou de *i*: langu*e*s, langu*e*, langu*i*mos... (o *u* deste verbo é sempre insonoro).

3ª conjugação

454 – Além das que na presente lição ficaram explanadas, outras alterações há na 3ª conjugação, mas, por serem mais profundas, serão estudadas na parte dos verbos irregulares.

Questionário

1. Quando é *rizotônica* uma forma verbal? Exemplos.

2. Qual o acento de *reverbero* e *adultero*? (Saiba distinguir, especificando quando verbos e quando substantivos.)

3. Escreva todas as formas rizotônicas dos verbos *mobiliar* e *computar*. (Coloque o acento e só escreva as formas rizotônicas, que são apenas 9: V. § 439.)

4. Escreva o presente do indicativo e do subjuntivo do verbo *aguar*. (Coloque acento nas formas rizotônicas e separe sempre a desinência do radical: *agú-o* etc.; não se distraia pondo acento na 1ª e na 2ª do plural.)

5. Escreva o indicativo presente de *averiguar*. (Coloque acento.)

6. Escreva o pretérito perfeito do indicativo do verbo *abalroar* (§ 441).

7. Escreva o indicativo presente dos verbos *ritmar* e *indignar-se*. (Coloque o acento e separe todas as sílabas: *rít-mo* etc.)

8. Escreva só a primeira pessoa do singular do indicativo e do subjuntivo presentes dos verbos *abaular*, *arraigar* e *embainhar*. (Separe todas as sílabas e coloque acento: *a-ba-ú-lo... ar-ra-í-go... em-ba-í-nho*.)

9. Escreva – colocando os sinais diacríticos – o indicativo presente de *aleijar* e *peneirar* (§ 444).

10. Escreva somente as formas rizotônicas (são apenas 9) dos verbos *roubar* e *cavoucar*.

11. Escreva o subjuntivo presente dos verbos *fechar* e *espelhar*. (Coloque acento.)

12. É certo dizer "destrinchar um frango"? (V. o n. 2 do § 447.)

13. Escreva a 3ª pessoa do plural do subjuntivo presente dos verbos *viajar* e *enferrujar*.

14. Escreva o indicativo e o subjuntivo presentes do verbo *roer* (§ 450, n. 1.)

15. Escreva o subjuntivo presente do verbo *nascer* (§ 451).

16. Qual a diferença de grafia e de sentido entre *infligir* e *infringir*? (§ 452, n. 2.)

17. Conjugue no indicativo e no subjuntivo presentes o verbo *languir*. (Veja bem a *nota* do § 453.)

18. Reproduza, devidamente corrigidos, os seguintes períodos:

a) Você nunca entre sem mim te mandar; ouviu, Belmira? (Recorde o § 313 desde "Essa é a razão por que...", e o § 316.)

b) Ele me pediu para mim deixar de trabalhar. (V. § 581, n. 1, no pé da pág.)

c) Mande elas entrar porque está serenando.

d) Não compreendi o ponto que o professor discorreu na aula de ontem. (Recorde a nota 3 do § 345, quando diz "Claro está que...".)

e) Na Espanha não se pede favores (§ 391, n. 2); manda-se, e pobre do que não obedece as ordens. (§ 301, b.)

f) Quando nós lhe vimos, ele fez-nos sinal que aproximasse-mos.

g) Este dinheiro é para pagar o médico pelas visitas que fez. (*Quem paga, paga uma coisa a alguém*; a pessoa é obj. ind.; a coisa é obj. direto.)

h) No tempo que V. Exª morava no vosso palacete da rua Conde de Bonfim, nós éramos vossos vizinhos. (§ 315 e 316; § 84, 1.)

i) Mas eu, o que é que tenho com isso? (§ 367.)

j) Ora! Eu não estava falando consigo. (§ 408.)

19. No seguinte trecho, há várias palavras grifadas; *deve* o aluno reproduzi-lo *inteiramente*, determinando, ao lado ou embaixo de cada palavra grifada, a função sintática que exerce na frase, isto é, deve dizer se é *sujeito*, se é *objeto direto* ou *indireto* ou se é *predicativo*; para tanto, recorde e consulte os §§ indicados ao pé da página:

O *grego*(1) e o *latim*(1) são necessários *elementos*(2) desta educação nobre. Deixar falar modernos e modernices, petimetres e neologistas de toda a espécie; o homem *que*(3) se destina, ou que *o*(4) destinou seu *nascimento*(5), *a uma vocação pública*(6), não pode sem vergonha ignorar as belas *letras*(4) e os clássicos. Saiba *ele*(5) mais *matemática*(4) do que Laplace, mais *química*(4) do que Lavoisier, mais botânica do que Jussieu, mais zoologia do que Linneu e Buffon, mais economia política do que Smith e Say, mais filosofia de legislação do que Montesquieu e Bentham, se ele não for *o que*(7) *os ingleses* chamam "a good scholar", triste *figura*(4) há de fazer falando ou seja na barra, na tribuna, no púlpito, tristíssima escrevendo, seja qual for a *matéria*(1), porque não há assunto em que as *graças*(1) do estilo e a correção da frase e beleza da dicção não sejam *necessárias*(2) e indispensáveis.

(1) § 397.
(2) § 302.
(3) § 377, 392.
(4) § 301, a.
(5) § 388.
(6) § 301, b.
(7) V. bem a nota 3 do § 345. É preciso analisar o "o" (§ 302), o "que" (§ 301, a) e "os ingleses" (§ 388).

CAPÍTULO 30

VERBOS IRREGULARES

458 – Do estudo do § 433 podemos mais ou menos depreender o que venha a ser *verbo irregular.* Com mais propriedade, assim podemos defini-lo: *Verbo irregular* é o verbo cujo radical sofre modificação no decurso da conjugação, ou cujas desinências se afastam das desinências do paradigma, ou ainda, o que sofre modificações tanto no radical quanto nas desinências.

Deduzimos, daqui, haver três espécies de verbos irregulares:

1 – verbos cuja irregularidade se dá no radical (ou tema) – (irregularidade **temática**) – *Perd*-er: *perc*-o (o radical *perd* transformou-se em *perc); fer*-ir, *fir*-o;

2 – verbos cuja irregularidade se dá na desinência (irregularidade **flexional**) – d-*ou* (a desinência regular da 1ª pess. do sing. do ind. pres. da 1ª conj. é *o*); t-*er:* t-*enho*;

3 – verbos cuja irregularidade se dá, ao mesmo tempo, no tema e na desinência (irregularidade **temático-flexional**) – *Cab-er*: *coub-e* (houve alteração no radical, que de *cab* passou para *coub,* e, ao mesmo tempo, na desinência, que no paradigma é *i*); *quer-er*: *quis*; *faz-er*: *fiz.*

Nota: Veremos, no presente estudo, que precisamente os verbos mais usados é que são os mais irregulares. Esse fenômeno opera-se em todas as línguas, sendo interessante notar que em nenhum idioma o verbo *ser* é regular.

Quanto mais se usa, mais uma coisa se estraga; podemos, pois, dizer que os verbos irregulares são *verbos estragados.*

459 – Nos verbos há os tempos chamados **primitivos** e os tempos chamados **derivados**. Quase sempre (note-se bem: "Quase sempre"), a irregularidade surgida no tempo primitivo passa para os respectivos tempos derivados. Disso tivemos ligeira notícia no § 449, e aqui está agora o quadro da derivação dos tempos verbais, quadro cujo conhecimento muito interessa aos patrícios e, principalmente, aos estrangeiros, no estudo dos verbos quer irregulares quer regulares. Para melhor compreensão e utilidade, os exemplos oferecidos neste quadro não são sempre os mesmos.

TEMPOS PRIMITIVOS	TEMPOS DERIVADOS
1 – 1ª pessoa do singular do indicativo presente:	Todas as pessoas do subjuntivo presente (mediante mudança das desinências de acordo com o paradigma da conjugação):
am-o	am e dig a
	" es " as
dig-o	" e " a
	" emos " amos
	" eis " ais
	" em " am
2 – 2ª pessoa do singular do indicativo presente:	2ª pessoa do singular do imperativo positivo (mediante supressão do *s* final; V. § 413, b):
amas	ama
vens	vem
vês	vê
3 – 2ª pessoa do plural do indicativo presente:	2ª pessoa do plural do imperativo positivo (mediante supressão do *s* final):
dais	dai
ouvis	ouvi
trazeis	trazei
vedes	vede

4 – 3ª pessoa do plural do pretérito perfeito:

fizeram
viram
vieram

a) mais-que-perfeito do indicativo (mediante supressão do *m* final):

fizera, fizeras, fizera, fizéramos...
vira, viras, vira, víramos, víreis...
viera, vieras, viera, viéramos...

b) futuro do subjuntivo (mediante supressão do *am*):

quando eu fizer, fizeres, fizer...
quando eu vir, vires, vir, virmos, virdes, virem(1)
quando eu vier, vieres, vier...

c) imperfeito do subjuntivo (mediante troca do *ram* por *sse*):

se eu fizesse, fizesses...
se eu visse, visses, visse...
se eu viesse, viesses, viesse...

---

(1) Sempre que dúvidas tivermos sobre a conjugação do futuro do subjuntivo, bastar-nos-á verificar a 3ª pess. do pl. do pret. perfeito. Se formos confrontar o fut. do subj. com o infinitivo pessoal, notaremos haver igualdade de forma para muitos verbos, não se dando o mesmo para uns tantos outros. *Fazer*, por exemplo, conjuga-se no infinitivo pessoal: *fazer*, *fazeres*, *fazer*, *fazermos*, *fazerdes*, *fazerem*; mas no futuro do subjuntivo veremos as formas: quando eu *fizer*, *fizeres*, *fizer*, *fizermos*, *fizerdes*, *fizerem*, porquanto este tempo se origina, da maneira acima exposta, de *fizeram*.

O futuro do subjuntivo do verbo *ver*, a diferença do infinitivo pessoal (ver, veres, ver, vermos, verdes, verem), é: quando eu *vir*, quando tu *vires*, quando ele *vir*, quando nós *virmos*, quando vós *virdes*, quando eles *virem*.

Na classe medianamente culta jamais nos é dado ouvir corretamente conjugado esse verbo no tempo aludido. Por outro lado, frequentemente ouvimos, ainda de portadores de pergaminho, sentenças como estas: "Quando você me *ver* de bengala..." – "Sempre que eu *ver* você fumando..."

Erro, e erro dos graúdos esse. Quando você me *vir*... – Se papai o *vir* na rua... – Você verá se mamãe a *vir*... – é como, unicamente, se deve dizer.

Não há motivo para confundir o verbo *ver*, assim conjugado, com o verbo *vir* (chegar); este, no infinitivo, será, também: *vir*, *vires*, *vir* etc., mas no futuro do subjuntivo se conjugará: Quando eu vier, vieres, vier, viermos, vierdes, vierem (V. § 433, n. 3)

Observe-se a inexistência do futuro do subjuntivo em outros idiomas, incluído o latim (§ 419, 4; § 585, 4).

Tempo Primitivo	Tempos Derivados
5 – Infinitivo presente impessoal: ver vir	*a*) imperfeito do indicativo (com exceção de alguns poucos – *ser*, *ter*, *pôr*, *vir* – mediante troca de *ar* por *ava*, de *er*, *ir* por *ia*): dava, davas... dizia, dizias... pedia, pedias... *b*) futuro do presente (mediante acréscimo de *ei*): verei, verás, verá... virei, virás, virá... *c*) futuro do pretérito (mediante acréscimo de *ia*): veria, verias, veria... viria, virias, viria...[2] *d*) infinitivo pessoal: ver, veres, ver, vermos... vir, vires, vir, virmos...

1ª Conjugação

Verbos em EAR

460 – Os verbos terminados em *ear*, como *passear*, *recear* etc., sofrem o acréscimo de um *i* no radical das formas rizotônicas, isto é, nesses verbos se intercala um *i* entre o radical e a desinência quando o acento cai no *e*, o que se dá nas três primeiras pessoas do singular e na 3ª do pl. do presente do indic. e do subj., e na 2ª pessoa do sing. do imperativo:

passe*i*o	passe*i*e	
passe*i*as	passe*i*es	passe*i*a tu
passe*i*a	passe*i*e	
passeamos	passeemos	
passeais	passeeis	
passe*i*am	passe*i*em	

(2) Tanto para o futuro do presente como para o futuro do pretérito, os verbos *dizer*, *fazer* e *trazer* não seguem essa regra: *direi*, *farei*, *trarei*; *diria*, *faria*, *traria*.

1 – Se os verbos terminados em *ear* devem receber um *i* eufônico sempre que o acento tônico recai na vogal temática, esse *i* perderá sua razão de existência quando o acento recair na desinência. Essa é a razão por que verbos como *alhear*, *recear*, *afear*, *arrear*, *idear*, não obstante provirem de alheio, receio, feio, arreio, ideia, não devem com *i* ser grafados no infinitivo, nem em nenhuma das formas em que o acento cai na desinência; não existe no português atual verbo terminado em *eiar*: ou termina em *ear* ou em *iar*.

2 – É essa ainda a razão pela qual não devemos admitir a distinção entre *crear* e *criar*. A forma *crear* vem criar uma irregularidade na conjugação dos verbos em *ear*, obrigando a que se pronuncie *crêo*, *crêas* (em vez de creio, creias etc.), contra as regras de prosódia e grafia de tais verbos. O verbo *criar* é conjugado regularmente, e o mesmo se diga dos seus compostos *procriar* e *recriar*. (Não se confunda o verbo *recriar*, que significa criar de novo, com o verbo *recrear*, dar recreio, proporcionar divertimento.)

3 – O verbo *gear* é pelo povo contraditoriamente conjugado *gia* e *gie*; o certo é: "Esta noite *geia*" – "Se hoje geou, não importa que amanhã também *geie*". O verbo, cognato de g*e*ada (e não de g*i*ada), termina em *ear*, e deve, para a conjugação, seguir a regra dos verbos assim terminados.

4 – Quando provindo de nome terminado em *eia* aberto (*estreia*, *ideia*), também o verbo tem aberto o ditongo *ei* nas formas *rizotônicas*: *ideio*, *ideias*...

5 – *ee*: Quando no paradigma a desinência de uma forma arrizotônica começa por *e*, num verbo em *ear* a forma verbal tem dois *ee*, pois o primeiro é do próprio verbo: *folheei* (não confundir *folhear* com *folhar*), *folheemos*, *folheeis*.

Verbos em IAR

461 – É lastimável a confusão que se faz entre os verbos terminados em *ear* e os que terminam em *iar*: Deviam ser regulares todos os verbos terminados em *iar*.

Quer isso dizer que os verbos terminados em *iar* nenhuma alteração deviam sofrer no radical. Conseguintemente, a sua conjugação se efetuaria como no paradigma, acrescentando-se ao radical (que se consegue tirando-se a terminação *ar*) as desinências regulares.

Se em *louv-ar* o radical *louv* permanece invariável, os verbos em *iar*, como *premi*-ar, *negoci*-ar, *ansi*-ar, *incendi*-ar, e muitos outros, deviam igualmente conservar imutável seu radical:

louv-o	premí-o	negocí-o	ansí-o
louv-as	premí-as	negocí-as	ansí-as
louv-a	premí-a	negocí-a	ansí-a
louv-amos	premi-amos	negoci-amos	ansi-amos
louv-ais	premi-ais	negoci-ais	ansi-ais
louv-am	premí-am	negocí-am	ansí-am

E, assim, *comercí-o* (e não *comercei-o*), *obsequí-o* etc. O próprio verbo *odiar* muitos há que conjugam regularmente: *odí-o*, *odí-as*, *odí-a*... *odí-am*; *odí-e*, *odí-es*, *odí-e*... *odí-em*; *odí-a* tu.

Se os verbos em *ear* sofrem acréscimo de *i* quando o acento tônico recai no *e* temático, os verbos em *iar* não deviam com eles ser confundidos. Se essa confusão era ainda maior em outros tempos (note-se este provérbio antigo: "O ignorante e a candeia a si queima e a outros *alumeia*"), hoje parece restringir-se aos verbos *ansiar*, *mediar*, *odiar* e *premiar*.

Nota: Não vá o aluno fazer confusão entre *afear* e *afiar*, *cear* e *ciar*, *estrear* e *estriar*, *mear* e *miar* etc. V. *Dicionário de Questões Vernáculas*, "verbos terminados em *EAR* e em *IAR*".

Outros Verbos Irregulares

462 – Três verbos existem, na 1ª conjugação, que são irregulares nas formas rizotônicas, isto é, nas formas em que o acento tônico recai sobre a vogal temática, o que se dá na 1ª, 2ª e 3ª pessoa do singular do indicativo e do subjuntivo presentes, na 3ª pessoa do plural desses mesmos tempos e na 2ª pessoa do singular do imperativo presente.

São os seguintes:

APIEDAR-SE

1 – Deriva este verbo de *piedade*, palavra que os nossos caboclos erroneamente pronunciam pi*a*dade. Se esse *a* constitui erro no substantivo, deve aparecer no verbo *apiedar-se* todas as vezes em que o acento recai no tema do verbo, ou seja, nas formas rizotônicas:

Eu me *apiado*, tu te *apiadas*, ele se *apiada*, eles se *apiadam*; que eu me *apiade*, que tu te *apiades*, que ele se *apiade*, que eles se *apiadem*; *apiada-te* tu.

Nas demais formas, o verbo deverá trazer *e*, visto cair o acento na desinência: nós nos *apiedamos*, vós vos *apiedais*; que nós nos *apiedemos*, que vós vos *apiedeis*; eu me *apiedei* etc.; eu me *apiedarei* etc.

Nota: o verbo *apiedar-se*, que significa *ter piedade*, pode construir-se de três maneiras:

a) com a preposição *a*: "Apiedou-se *à* fraqueza do pobre".

b) com a preposição *com*: "Só a criada se apiedava *com* o estado do pobrezinho".

c) com a preposição *de*: "Senhor, apiedai-vos *de* minha cegueira".

MOSCAR-SE

2 – O *o* de *moscar-se* (= sumir-se, desaparecer da presença de alguém) transforma-se em *u* nas formas rizotônicas:

Eu me *musco*, tu te *muscas*, ele se *musca*, eles se *muscam*; que eu me *musque*, *musques*, *musque*, *musquem*; *musca*-te tu.

RESFOLEGAR

3 – Provém o verbo *resfolegar*, que significa tomar *fôlego*, do substantivo *fôlego*. Se o substantivo é proparoxítono, o verbo não pode ter esse acento nas formas rizotônicas (§ 439); daí a irregularidade desse verbo, o qual perde o *e* da sílaba *le* nas formas rizotônicas:

Resfolgo, *resfolgas*, *resfolga*, resfolegamos, resfolegais, *resfolgam*; que eu *resfolgue*, *resfolgues*, *resfolgue*, resfoleguemos, resfolegueis, *resfolguem*; *resfolga* tu.

DAR

4 – Temos, finalmente, o verbo *dar*, que assim se conjuga:

Dou, *dás*, dá, damos, *dais*, dão; dava, davas, dava, dávamos, dáveis, davam; dei, deste, deu, demos, destes, *deram*; dera, deras, dera, déramos, déreis, deram; darei, darás, dará, daremos, dareis, darão; daria, darias, daria, daríamos, daríeis, dariam; dá, dai; dê, dês, dê, demos, deis, deem; desse, desses, desse, déssemos, désseis, dessem; der, deres, der, dermos, derdes, derem; *dar*; dar, dares, dar, darmos, dardes, darem; dando, dado.

Notas: 1ª – Observe-se no verbo *dar* a diferença de pronúncia entre a 1ª pessoa do plural do pretérito perfeito (*démos*) e igual pessoa do subjuntivo presente (*dêmos*).

Além de *dar*, os seguintes verbos irregulares têm *e* aberto na 2ª pess. do sing. e nas três pessoas do plural do pret. perfeito e, conseguintemente, nos tempos derivados da 3ª do plural: *caber*, *dizer*, *fazer*, *poder*, *querer*, *saber*, *trazer*, *pôr*, *vir*: dei, *déste*, deu, *démos*, *déstes*, *déram*; *déra*, *déras*...; *désse*, *désses*...; *dér*, *déres*...

2ª – De acordo com o verbo *dar*, conjugam-se os compostos *desdar* (retomar o que se deu) e *redar* (tornar a dar: "A infernal deusa no monstro cortes dava e lhe *redava*").

3ª – O verbo *circundar*, conquanto composto de *dar*, é inteiramente regular: *circundo*, *circundas*, *circunda* etc.

4ª – V. a obs. 4 do verbo *ver* (§ 463, 14).

2ª Conjugação

463 – Vários são os verbos irregulares da 2ª conjugação, que aqui vêm expostos em ordem alfabética e acrescidos das observações necessárias (o verbo *pôr* encontra-se no fim deste parágrafo). Julgando-nos dispensado, no dar a conjugação, de indicar os tempos, visto dever já o aluno saber discriminá-los pelas diferentes flexões, pedimos não se esqueça ele da importância do quadro da derivação dos tempos verbais (§ 459); com esse fim é que sempre grifaremos os tempos primitivos de cada verbo.

CABER

1 – *Caibo*, *cabes*, cabe, cabemos, *cabeis*, cabem; cabia, cabias, cabia, cabíamos, cabíeis, cabiam; coube, coubeste, coube, coubemos, coubestes, *couberam*; coubera, couberas, coubera, coubéramos, coubéreis, couberam; caberei, caberás, caberá, caberemos, cabereis, caberão; caberia, caberias, caberia, caberíamos, caberíeis, caberiam; caiba, caibas, caiba, caibamos, caibais, caibam; coubesse, coubesses, coubesse, coubéssemos, coubésseis, coubessem; couber, couberes, couber, coubermos, couberdes, couberem; *caber*; caber, caberes, caber, cabermos, caberdes, caberem; cabendo, cabido.

Observações:

1ª – Dada a significação, o verbo *caber* não tem imperativo.

2ª – O composto *descaber* conjuga-se de igual maneira que o simples, mas, na verdade, só é usado no particípio: *descabido*.

3ª – Observe o aluno a diferença, nesse verbo, entre o futuro do subjuntivo e o infinitivo pessoal; deve-se dizer "quando *couber*", "se *couber*", "caso *couber*", e jamais "quando *caber*", "se *caber*" etc.; tenha sempre em mente o aluno o que ficou dito na nota 1 do § 459 sobre o futuro do subj. dos verbos irregulares.

CRER

2 – *Creio*, *crês*, crê, cremos, *credes*, crêem; cria, crias, cria, críamos, críeis, criam; cri, creste, creu, cremos, crestes, *creram*; crera, creras, crera, crêramos, crêreis, creram; crerei, crerás, crerá, creremos, crereis (pron. *crerêis*), crerão; creria, crerias, creria, creríamos, creríeis, creriam; crê, crede;

creia, creias, creia, creiamos, creiais, creiam; cresse, cresses, cresse, crêssemos, crêsseis, cressem; crer, creres, crer, crermos, crerdes, crerem; *crer*; crer, creres, crer, crermos, crerdes, crerem; crendo, crido.

Observações:

1ª – Como *crer*, conjuga-se o composto *descrer*.

2ª – O verbo *crer* serve de modelo para a conjugação do verbo *ler*, bem como dos compostos *reler* e *tresler*.

DIZER

3 – *Digo*, *dizes*, diz, dizemos, *dizeis*, dizem; dizia, dizias, dizia, dizíamos, dizíeis, diziam; disse, disseste, disse, dissemos, dissestes, *disseram*; dissera, disseras, dissera, disséramos, disséreis, disseram; direi, dirás, dirá, diremos, direis, dirão; diria, dirias, diria, diríamos, diríeis, diriam; dize, dizei; diga, digas, diga, digamos, digais, digam; dissesse, dissesses, dissesse, disséssemos, dissésseis, dissessem; disser, disseres, disser, dissermos, disserdes, disserem; *dizer*; dizer, dizeres, dizer, dizermos, dizerdes, dizerem; dizendo, dito.

Observações:

1ª – De igual maneira se conjugam os compostos *bendizer*, *condizer*, *contradizer*, *desdizer*, *entredizer*, *interdizer*, *maldizer*, *predizer*, *redizer* e *tresdizer*.

2ª – Note-se bem que o futuro do subj. é "quando eu *disser*, quando tu *disseres*..." – com dois *ss*, sendo aberto o *e* tônico: *di-cér* ao passo que o infinitivo pessoal é "por *dizer* eu, por *dizeres* tu, por *dizer* ele..." – com *z* e *e* tônico fechado: *di-zêr*.

3ª – V. no verbo seguinte (*fazer*) a obs. 2.

FAZER

4 – *Faço*, *fazes*, faz, fazemos, *fazeis*, fazem; fazia, fazias, fazia, fazíamos, fazíeis, faziam; fiz, fizeste, fez, fizemos, fizestes, *fizeram*; fizera, fizeras, fizera, fizéramos, fizéreis, fizeram; farei, farás, fará, faremos, fareis, farão; faria, farias, faria, faríamos, faríeis, fariam; faze, fazei; faça, faças, faça, façamos, façais, façam; fizesse, fizesses, fizesse, fizéssemos, fizésseis, fizessem; fizer, fizeres, fizer, fizermos, fizerdes, fizerem; *fazer*; fazer, fazeres, fazer, fazermos, fazerdes, fazerem; fazendo, feito.

Observações:

1ª – De maneira igual se conjugam os compostos *afazer*, *contrafazer*, *desfazer*, *liqüefazer*, *perfazer*, *rarefazer*, *refazer*, *satisfazer*.

Benfazer e *malfazer* só se usam no infinitivo presente.

2ª – A segunda pess. do sing. do imperativo presente é *faze*. Há todavia a forma *faz*, cuja irregularidade é justificada pelo latim *fac*, sem *e* final. Igual dualidade de formas há para o verbo *dizer* (*dize* ou *diz*) e para o verbo *conduzir* (*conduze* ou *conduz*): "*Faz* (ou *faze*) ao próximo o que desejas que te façam" – "*Diz* (ou *dize*) de forma que todos te ouçam" – "*Conduz* (ou *conduze*) o teu povo para a glória".

Dessa duplicidade de formas para a 2ª pessoa do singular do imperativo positivo decorre este procedimento: Se pospusermos o oblíquo *o* às primeiras formas, teremos: *dize-o*, *faze-o*, *conduze-o*; se o pospusermos às segundas formas, teremos: *di-lo*, *fá-lo*, *condu-lo*. O mesmo se dará com os compostos.

3ª – Emprega-se o verbo *fazer* para substituir verbos de frases ligadas, quando haja conveniência em não os repetir: "Os ídolos antigos *adorava*, como inda agora *faz* (= adora) a gente inica" – "Quis o marquês de Pombal *nobilitá*-lo, como *fizera* (= nobilitara) a outros comerciantes".

O verbo *fazer* é por essa razão chamado verbo *vicário* (= que faz as vezes de outro) ou *sinônimo*. Mais raramente, também o verbo *ser* substitui verbo anteriormente empregado no período: "A solenidade realizou-se, mas não *foi* (= não se realizou) como se esperava".

4ª – Quando se coloca um oblíquo no meio do futuro do presente ou do pretérito dos verbos *dizer*, *fazer* e *trazer*, deve-se ter o cuidado de não cometer erros gravíssimos como estes: *dizer-lhe-ei*, *fazer-nos-ia*, *trazê-lo-á*. Se a forma é *direi*, o certo será *dir-lhe-ei* (*dir-ei*, com *lhe* no meio). E assim: *far-nos-ia*, *trá-lo-á*, *dir-me-ia*, *far-vos-ei* etc., sem jamais pôr "zer" antes do oblíquo.

PERDER

5 – *Perco*, *perdes*, perde, perdemos, *perdeis*, perdem; perdia, perdias, perdia, perdíamos, perdíeis, perdiam; perdi, perdeste, perdeu, perdemos, perdestes, *perderam*; perdera, perderas, perdera, perdêramos, perdêreis, perderam; perderei, perderás, perderá, perderemos, perdereis, perderão; perderia, perderias, perderia, perderíamos, perderíeis, perderiam; perca, percas, perca, percamos, percais, percam; perdesse, perdesses, perdesse, perdêssemos, perdêsseis, perdessem; perder, perderes, perder, perdermos, perderdes, perderem; *perder*; perder, perderes, perder, perdermos, perderdes, perderem; perdendo, perdido.

Observações:

1ª – Dada a significação desse verbo, torna-se impraticável o imperativo.

2ª – No Brasil, a 1ª pess. do sing. do ind. pres. e as formas rizotônicas do subj. pres. pronunciam-se, geralmente, com *e* fechado: pêrco; que eu pêrca, pêrcas, pêrca, pêrcam.

PODER

6 – *Posso*, *podes*, pode, podemos, *podeis*, podem; podia, podias, podia, podíamos, podíeis, podiam; pude, pudeste, pôde, pudemos, pudestes, *puderam*; pudera, puderas, pudera, pudéramos, pudéreis, puderam; poderei, poderás, poderá, poderemos, podereis, poderão; poderia, poderias, poderia, poderíamos, poderíeis, poderiam; possa, possas, possa, possamos, possais, possam; pudesse, pudesses, pudesse, pudéssemos, pudésseis, pudessem; puder, puderes, puder, pudermos, puderdes, puderem; *poder*; poder, poderes, poder, podermos, poderdes, poderem; podendo, podido.

Observações:

1ª – O imperativo deste verbo é quase inaplicável; Vieira, no entanto, usou-o na seguinte frase: "Se quereis ser onipotente, *podei* somente o justo e o lícito".

2ª – Jamais escreva eu *poude*, ele *poude*; estude, com muita atenção, a conjugação de todos os verbos irregulares que estamos vendo.

PRAZER

7 – O verbo *prazer* só é usado na terceira pessoa do singular e no gerúndio:

Praz, prazia, prouve, prouvera, prazerá, prazeria, praza, prouvesse, prouver, prazer, prazendo.

Observações:

1ª – Os compostos *aprazer* (= agradar) e *desprazer* (ou *desaprazer*) têm conjugação completa: *aprazo*, *aprazes*, apraz, aprazemos, *aprazeis*, aprazem; aprazia, aprazias, aprazia, aprazíamos, aprazíeis, apraziam; aprouve, aprouveste, aprouve, aprouvemos, aprouvestes, *aprouveram*; aprouvera, aprouveras, aprouvera, aprouvéramos, aprouvéreis, aprouveram; aprazerei, aprazerás, aprazerá, aprazeremos, aprazereis, aprazerão; aprazeria, aprazerias, aprazeria, aprazeríamos, aprazeríeis, aprazeriam; apraza, aprazas, apraza, aprazamos, aprazais, aprazam; aprouvesse, aprouvesses, aprouvesse, aprouvéssemos, aprouvésseis, aprouvessem; aprouver, aprouveres, aprouver, aprouvermos, aprouverdes, aprouverem; *aprazer*; aprazer, aprazeres, aprazer, aprazermos, aprazerdes, aprazerem; aprazendo, aprazido.

2ª – É interessante observar que o composto *comprazer* não segue o simples *prazer*. A conjugação de *comprazer* é idêntica à de *jazer*.

3ª – O v. *prazer* é transitivo indireto e significa *agradar*, *aprazer*: "Praz-lhe zombar de nós" – "Praza a Deus que o sermão não seja lá mal ouvido" – "Despedi-o, se vos praz" – "Se a Deus prouver..." – "Praza aos céus que meu filho não sofra".

JAZER

8 – *Jazo*, *jazes*, jaz, jazemos, *jazeis*, jazem; jazia, jazias, jazia, jazíamos, jazíeis, jaziam; jazi, jazeste, jazeu, jazemos, jazestes, *jazeram*; jazera, jazeras,

jazera, jazêramos, jazêreis, jazeram; jazerei, jazerás, jazerá, jazeremos, jazereis, jazerão; jazeria, jazerias, jazeria, jazeríamos, jazeríeis, jazeriam; jaze, jazei; jaza, jazas, jaza, jazamos, jazais, jazam; jazesse, jazesses, jazesse, jazêssemos, jazêsseis, jazessem; jazer, jazeres, jazer, jazermos, jazerdes, jazerem; *jazer*; jazer, jazeres, jazer, jazermos, jazerdes, jazerem; jazendo, jazido.

Observação:

Além de *comprazer* (e *comprazer-se*) segue a conjugação de *jazer* o composto *adjazer*. – Cuidado deveremos ter com a concordância do v. *jazer*: "Aqui jazem os ossos..." (jamais: "Aqui jaz os ossos").

QUERER

9 – *Quero*, *queres*, quer, queremos, *quereis*, querem; queria, querias, queria, queríamos, queríeis, queriam; quis, quiseste, quis, quisemos, quisestes, *quiseram*; quisera, quiseras, quisera, quiséramos, quiséreis, quiseram; quererei, quererás, quererá, quereremos, querereis, quererão; quereria, quererias, quereria, quereríamos, quereríeis, quereriam; queira, queiras, queira, queiramos, queirais, queiram; quisesse, quisesses, quisesse, quiséssemos, quisésseis, quisessem; quiser, quiseres, quiser, quisermos, quiserdes, quiserem; *querer*; querer, quereres, querer, querermos, quererdes, quererem; querendo, querido.

Observações:

1ª – Como *querer*, conjugam-se os compostos *benquerer*, *desquerer* e *malquerer* (*benquerer* e *malquerer* têm o particípio: *benquisto*, *malquisto*).

2ª – *Querer* não é usado na 2ª pessoa do singular nem na 2ª do plural do imperativo, por ser quase impraticável. Há do seu emprego este exemplo de Vieira: "*Querei* só o que podeis, e sereis onipotente".

3ª – A 3ª pessoa do singular do indicativo presente é, no Brasil, *quer*, e, em Portugal, *quere*; mesmo em Portugal, no entanto, a forma *quere* perde terreno.

O *e* final só deverá aparecer quando a essa pessoa se seguir o pronome "o": *quere-o*, *quere-a*.

4ª – É regra geral – e isto vimos observando em diversos verbos – que os verbos compostos seguem a conjugação do respectivo verbo simples; *requerer* afasta-se dessa regra, sendo quase regular:

REQUERER

10 – *Requeiro*, *requeres*, requer, requeremos, *requereis*, requerem; requeria, requerias, requeria, requeríamos, requeríeis, requeriam; requeri, requereste, requereu, requeremos, requerestes, *requereram*; requerera, re-

quereras, requerera, requerêramos, requerêreis, requereram; requererei, requererás, requererá, requereremos, requerereis, requererão; requereria, requererias, requereria, requereríamos, requereríeis, requereriam; requere, requerei; requeira, requeiras, requeira, requeiramos, requeirais, requeiram; requeresse, requeresses, requeresse, requerêssemos, requerêsseis, requeressem; requerer, requereres, requerer, requerermos, requererdes, requererem; *requerer*; requerer, requereres, requerer, requerermos, requererdes, requererem; requerendo, requerido.

SABER

11 – *Sei*, *sabes*, sabe, sabemos, *sabeis*, sabem; sabia, sabias, sabia, sabíamos, sabíeis, sabiam; soube, soubeste, soube, soubemos, soubestes, *souberam*; soubera, souberas, soubera, soubéramos, soubéreis, souberam; saberei, saberás, saberá, saberemos, sabereis, saberão; saberia, saberias, saberia, saberíamos, saberíeis, saberiam; sabe, sabei; saiba, saibas, saiba, saibamos, saibais, saibam; soubesse, soubesses, soubesse, soubéssemos, soubésseis, soubessem; souber, souberes, souber, soubermos, souberdes, souberem; *saber*; saber, saberes, saber, sabermos, saberdes, saberem; sabendo, sabido.

TRAZER

12 – *Trago*, *trazes*, traz, trazemos, *trazeis*, trazem; trazia, trazias, trazia, trazíamos, trazíeis, traziam; trouxe, trouxeste, trouxe, trouxemos, trouxestes, *trouxeram*; trouxera, trouxeras, trouxera, trouxéramos, trouxéreis, trouxeram; trarei, trarás, trará, traremos, trareis, trarão; traria, trarias, traria, traríamos, traríeis, trariam; traze, trazei; traga, tragas, traga, tragamos, tragais, tragam; trouxesse, trouxesses, trouxesse, trouxéssemos, trouxésseis, trouxessem; trouxer, trouxeres, trouxer, trouxermos, trouxerdes, trouxerem; *trazer*; trazer, trazeres, trazer, trazermos, trazerdes, trazerem; trazendo, trazido.

VALER

13 – Só é irregular na 1ª pess. do sing. do indicativo presente – *valho* – e no subjuntivo presente, porque deriva dessa pessoa: *valha*, *valhas*, *valha*, *valhamos*, *valhais*, *valham*.

O mesmo se diga dos compostos *desvaler* e *equivaler*.

VER

14 – *Vejo*, *vês*, vê, vemos, *vedes*, veem; via, vias, via, víamos, víeis, viam; vi, viste, viu, vimos, vistes, *viram*; vira, viras, vira, víramos, víreis,

viram; verei, verás, verá, veremos, vereis, verão; veria, verias, veria, veríamos, veríeis, veriam; vê, vede; veja, vejas, veja, vejamos, vejais, vejam; visse, visses, visse, víssemos, vísseis, vissem; vir, vires, vir, virmos, virdes, virem (V. § 459, nota 1); *ver*; ver, veres, ver, vermos, verdes, verem; vendo, visto.

Observações:

1ª – *Antever*, *entrever*, *prever* e *rever* seguem a conjugação do verbo simples. *Prover*, no entanto, afasta-se do modelo no pretérito (*provi*, *proveste*, *proveu*), nos tempos dele derivados e no particípio, nas quais formas segue o paradigma regular; nas outras segue a conjugação de *ver*.

2ª – Saibamos desde já que *precaver* não é composto de *ver*. Iremos conjugar esse verbo no estudo dos verbos defectivos (§ 488, d).

3ª – *Rever* pode significar *ver outra vez* e *verter*, *transudar*; neste segundo sentido, comumente se ouve "O barril réve", e parece realmente ser justificável atribuir ao verbo outro étimo, e não considerá-lo composto de *ver*. Deve-se somente notar que, com a significação de verter, o verbo *rever* só é conjugado nas terceiras pessoas: *réve*, *révem*; *reveu*, *reveram*; *rêva*, *rêvam*; *revesse*, *revessem* etc., formas regulares como as de *dever*.

4ª – Quatro verbos existem que na 3ª pessoa do plural têm dois *ee*: *veem* (do v. *ver*), *leem* (do v. *ler*), *creem* (do v. *crer*) (ind. pres.) e *deem* (subj. pres. e imp. de *dar*):

SINGULAR		PLURAL
vê	– ind. pres.	veem
lê		leem
crê		creem
dê	– subj. pres. e imp.	deem

PÔR

15 – *Ponho*, *pões*, põe, pomos, *pondes*, põem; punha, punhas, punha, púnhamos, púnheis, punham; pus, puseste, pôs, pusemos, pusestes, *puseram*; pusera, puseras, pusera, puséramos, puséreis, puseram; porei, porás, porá, poremos, poreis, porão; poria, porias, poria, poríamos, poríeis, poriam; põe, ponde; ponha, ponhas, ponha, ponhamos, ponhais, ponham; pusesse, pusesses, pusesse, pusséssemos, pusésseis, pusessem; puser, puseres, puser, pusermos, puserdes, puserem; *pôr*; pôr, pores, pôr, pormos, pordes, porem; pondo, posto.

Observação:

Seguem *pôr* todos os compostos

antepor	desimpor	justapor	recompor
apor	dispor	opor	repor
compor	expor	pospor	sobrepor
contrapor	impor	predispor	sotopor
depor	indispor	prepor	supor
descompor	interpor	propor	transpor

3ª Conjugação

464 – Veremos, em primeiro lugar, certos verbos, e, depois, *certas classes* de verbos irregulares da 3ª conjugação. Antes de tudo, estudaremos três verbos monossilábicos: *ir*, *rir* e *vir*.

IR

1 – *Vou*, *vais*, vai, vamos (rar. *imos*), *ides* (rar. *is*), vão; ia, ias, ia, íamos, íeis, iam; fui, foste, foi, fomos, fostes, *foram*; fora, foras, fora, fôramos, fôreis, foram; irei, irás, irá, iremos, ireis, irão; iria, irias, iria, iríamos, iríeis, iriam; vai, ide (rar. *i*); vá, vás, vá, vamos, vades, vão; fosse, fosses, fosse, fôssemos, fôsseis, fossem; for, fores, for, formos, fordes, forem; *ir*; ir, ires, ir, irmos, irdes, irem; indo, ido.

Observação:

Não obstante ser composto de *ir*, o verbo *preterir* não segue a conjugação do simples (V. *obs.* do verbo *aderir*, no § 466).

RIR

2 – *Rio*, *ris*, ri, rimos, *rides*, riem; ria, rias, ria, ríamos, ríeis, riam; ri, riste, riu, rimos, ristes, *riram*; rira, riras, rira, ríramos, ríreis, riram; rirei, rirás, rirá, riremos, rireis, rirão; riria, ririas, riria, riríamos, riríeis, ririam; ri, ride; ria, rias, ria, riamos, riais, riam; risse, risses, risse, ríssemos, rísseis, rissem; rir, rires, rir, rirmos, rirdes, rirem; *rir*; rir, rires, rir, rirmos, rirdes, rirem; rindo, rido.

Observação:

De igual maneira se conjuga o composto *sorrir*. Observe-se, ainda, que o verbo *sorrir* (rir sem fazer ruído, executando apenas leve contração muscular da boca e dos olhos) pode ser *intransitivo* ("Ele *sorriu*" – "De tão lisonjeiro acerto consigo mesmo *sorria*") e, com igual significação, *pronominal*: "O confidente do rei católico *sorria-*

-*se* com desprezo". Pode, também, esse verbo ser *transitivo indireto* (ligando-se ao objeto indireto com a prepos. *a*), com a significação de encantar, agradar, ser favorável: "A fortuna sorri *ao meu vizinho*" – "Sorriam-*lhe* as terras mais remotas, mais virgens, contanto que a natureza aí fosse opulenta, original". Pode ainda ser *transitivo direto-indireto* "... a fortuna que já *lhe* sorria *glórias* imortais" (= proporcionava agradavelmente).

VIR

3 – *Venho*, *vens*, vem, vimos, *vindes*, vêm; vinha, vinhas, vinha, vínhamos, vínheis, vinham; vim, vieste, veio, viemos, viestes, *vieram*; viera, vieras, viera, viéramos, viéreis, vieram; virei, virás, virá, viremos, vireis, virão; viria, virias, viria, viríamos, viríeis, viriam; vem, vinde; venha, venhas, venha, venhamos, venhais, venham; viesse, viesses, viesse, viéssemos, viésseis, viessem; vier, vieres, vier, viermos, vierdes, vierem; *vir*; vir, vires, vir, virmos, virdes, virem; vindo, vindo.

Observações:

1ª – Dificilmente, ainda de pessoas de certa cultura, ouvimos este verbo corretamente conjugado na primeira pessoa do plural do indicativo presente: se perguntarmos: "Como costumam vocês vir?" – encontramos quem erroneamente nos responda: "Nós sempre *viemos* de ônibus" – em vez de: "Nós sempre *vimos* de ônibus".

2ª – Seguem a conjugação de *vir* todos os seus compostos: *advir*, *avir-se*, *contravir*, *convir*, *desavir-se*, *desconvir*, *intervir*, *malavir*, *provir*, *reconvir*, *sobrevir*.

Constituem grosseiros erros flexões como: "Eles se *desouveram*" em vez de: "Eles se *desavieram*" – O verbo é des-a-*vir*, que se conjuga como o simples: des-a-*vieram*.

3ª – O particípio e o gerúndio têm forma idêntica: *vindo*; quando particípio, pode flexionar-se de acordo com a explicação do § 430: "Dirigiu-se às pessoas *vindas* do exterior".

465 – Em segundo lugar temos, na 3ª conjugação, os verbos que são irregulares apenas numa das formas primitivas. São eles:

1º – Os verbos *pedir*, *medir*, *ouvir* e respectivos compostos, que terminam em *ço* na 1ª pessoa do singular do indicativo presente; conseguintemente, em todo o subjuntivo presente deverá aparecer o *ç*.

2º – O verbo *parir*, que na 1ª pessoa do singular do indicativo presente tem a vogal da 1ª sílaba alterada para *ai*, do que resulta idêntica alteração no subjuntivo presente.

3º – O verbo *abrir*, que só é irregular no particípio: *aberto*.

PEDIR

1 – *Peço*, *pedes*, pede, pedimos, *pedis*, pedem; pedia, pedias, pedia, pedíamos, pedíeis, pediam; pedi, pediste, pediu, pedimos, pedistes, *pediram*; pedira, pediras, pedira, pedíramos, pedíreis, pediram; pedirei, pedirás...; pediria, pedirias...; pede, pedi; peça, peças, peça, peçamos, peçais, peçam; pedisse, pedisses...; *pedir*; pedindo, pedido. O fut. do subj. e o infinitivo pessoal são idênticos: pedir, pedires etc.

Observações:

1ª – Conjugação idêntica têm os verbos *impedir*, *desimpedir*, *despedir* e *expedir*, muito embora não sejam compostos de *pedir*. Esses verbos seguiam no português antigo a conjugação do verbo *aderir* (que logo adiante veremos): imp*i*do, imp*e*des... que eu imp*i*da, imp*i*das...

2ª – Segue também a conjugação de *pedir* o v. *medir*, cujos compostos são: *comedir-se*, *desmedir-se*, *descomedir-se*, que só se empregam nas formas verbais em cuja desinência existe *i* (§ 489, 10).

3ª – Regência de *pedir*: § 581, n. 1.

OUVIR

2 – *Ouço* (ou *oiço*), *ouves*, ouve, ouvimos, *ouvis*, ouvem; ouvia, ouvias, ouvia...; ouvi, ouviste, ouviu...; ouvira, ouviras, ouvira...; ouvirei, ouvirás...; ouviria, ouvirias...; ouve, ouvi; ouça (ou *oiça*), ouças (ou *oiças*), ouça (ou *oiça*), ouçamos (ou *oiçamos*), ouçais (ou *oiçais*), ouçam (ou *oiçam*); ouvisse, ouvisses, ouvisse...; *ouvir*; ouvindo, ouvido. O fut. do subj. e o infinitivo pessoal são idênticos: ouvir, ouvires etc.

PARIR

3 – A irregularidade deste verbo está apenas na 1ª pessoa do singular do ind. presente, que é *pairo*, e no subj. presente: *paira*, *pairas*, *paira*, *pairamos*, *pairais*, *pairam*. No mais, é regular, notando-se que, usualmente, esse verbo só aparece conjugado nas formas em que ao *r* se segue *i*.

ABRIR

4 – O verbo *abrir* só é irregular no particípio: *aberto*; idêntica orientação seguem os compostos *entreabrir* e *reabrir*. Possui ainda esse verbo o composto *desabrir*, do qual só nos resta o particípio regular *desabrido*, empregado como adjetivo.

Verbos que têm "E" na penúltima sílaba

466 – Os verbos da 3ª conjugação que têm *e* na penúltima sílaba podem ser divididos em *três grupos*, pertencendo ao *primeiro* os verbos *pedir* e *medir*, já estudados. Ao *segundo* pertencem os verbos em que o *e* se transforma em *i* na 1ª pessoa do singular do indicativo presente e em todas as pessoas do subjuntivo presente. O *terceiro* compreende os verbos em que o *e* se transforma em *i* nas formas rizotônicas e respectivas formas derivadas.

2º grupo

Verbos em que o *e* se transforma em *i* na 1ª pessoa do singular do indicativo presente e em todas as do subjuntivo presente.

ADERIR

Ad*i*ro, aderes, adere, aderimos, aderis, aderem; aderia, aderias, aderia...; aderi, aderiste, aderiu...; aderira, aderiras, aderira...; aderirei, aderirás, aderirá...; aderiria, aderirias, aderiria...; adere, aderi; ad*i*ra, ad*i*ras, ad*i*ra, ad*i*ramos, ad*i*rais, ad*i*ram; aderisse, aderisses...; aderir; aderindo, aderido. O fut. do subj. e o inf. pessoal são idênticos: aderir, aderires etc.

Observação:

Como aderir conjugam-se os seguintes verbos: *advertir*, *aspergir* (aspirjo, asperges), *cerzir* (cirzo, cerzes), *compelir* (compilo, compeles), *competir* (compito, competes), *concernir* (só é usado nas 3ªs pessoas), *convergir* (convirjo, converges), *despir*, *digerir* (digiro, digeres), *divergir* (divirjo, diverges), *divertir*, *expelir* (expilo, expeles), *ferir* (e compostos *aferir*, *auferir*, *conferir*, *deferir*, *desferir*, *diferir*, *indeferir*, *inferir* etc.), *gerir* (giro, geres), *impelir* (impilo, impeles), *inerir* (iniro, ineres), *ingerir* (ingiro, ingeres), *inserir* (insiro, inseres), *mentir* (minto, mentes), *preterir* (pretiro, preteres), *propelir* (propilo, propeles), *refletir*, *repelir* (repilo, repeles), *repetir*, *seguir* (e compostos), *sentir* (e compostos *assentir*, *consentir*, *dissentir* etc.), *servir*, *sugerir* (sugiro, sugeres), *vestir* (e compostos *desvestir*, *investir*, *revestir* e *transvestir*).

3º grupo

Verbos em que o *e* da penúltima sílaba se transforma em *i* nas formas rizotônicas e nas formas derivadas.

PREVENIR

Prev*i*no, prev*i*nes, prev*i*ne, prevenimos, prevenis, prev*i*nem; prevenia, prevenias...; preveni, preveniste...; prevenira, preveniras, prevenira...; prevenirei, prevenirás...; preveniria, prevenirias, preveniria...; prev*i*ne, preveni; prev*i*na, prev*i*nas, prev*i*na, prev*i*namos, prev*i*nais, prev*i*nam; prevenisse, prevenisses...; prevenir; prevenindo, prevenido. O fut. do subj. e o inf. pessoal são idênticos: prevenir, prevenires etc.

Nota: Seguem a conjugação de *prevenir* os seguintes verbos: *agredir*, *denegrir* (denigro, denigres...), *digredir*, *progredir*, *revenir*, *transgredir*.

Se adotarmos a grafia *denigrir*, que se encontra justificada no *Dicionário de Questões Vernáculas*, este verbo deixará de apresentar irregularidade: *denigro*, *denigres*, *denigre*, *denigrimos* etc.

Verbos que têm "O" na penúltima sílaba

467 – A semelhança do que se passa com os verbos que têm *e* na penúltima sílaba, muitos verbos da 3ª conjugação com *o* nessa sílaba têm-no alterado em certas formas da conjugação, havendo de tais verbos dois grupos; um em que o *o* se transforma em *u* na 1ª pessoa do singular do indicativo presente e em todas as do subjuntivo presente; outro em que o *o* se transforma em *u* nas formas rizotônicas.

1º grupo

Verbos em que o *o* se transforma em *u* na 1ª pessoa do singular do indicativo presente e em todas as do subjuntivo presente.

TOSSIR

T*u*sso, tosses, tosse, tossimos, tossis, tossem; tossia, tossias, tossia...; tossi, tossiste, tossiu, tossimos...; tossira, tossiras...; tossirei, tossirás...; tossiria, tossirias...; tosse, tossi; t*u*ssa, t*u*ssas, t*u*ssa, t*u*ssamos, t*u*ssais, t*u*ssam; tossisse, tossisses...; tossir; tossindo, tossido. O futuro do subj. e o infinitivo pessoal são idênticos: tossir, tossires etc.

Seguem a conjugação de *tossir* os verbos *cobrir* (e compostos *descobrir*, *encobrir*, *recobrir*), *dormir* e *engolir*.

2º grupo

Verbos em que o *o* da penúltima sílaba se transforma em *u* nas formas rizotônicas e correspondentes derivadas.

SORTIR

S*u*rto, s*u*rtes, s*u*rte, sortimos, sortis, s*u*rtem; sortia, sortias...; sorti, sortiste...; sortira, sortiras...; sortirei, sortirás...; sortiria, sortirias...; s*u*rte, sorti; s*u*rta, s*u*rtas, s*u*rta, s*u*rtamos, s*u*rtais, s*u*rtam; sortisse, sortisses...; sortir; sortindo, sortido.

Verbos que têm "U" na penúltima sílaba

468 – Muitos verbos há da 3ª conjugação com *u* na penúltima sílaba que passam a ter essa vogal alterada para *o* aberto na 2ª e na 3ª pessoa do singular e na 3ª do plural do presente do indicativo e na 2ª do singular do imperativo presente.

BULIR

Bulo, boles, bole, bulimos, bulis, bolem; bole, buli.

Notas: 1ª – No mais, é esse verbo normal. Seguem a conjugação de *bulir* os seguintes verbos: *acudir*, *cuspir*, *escapulir*, *fugir*, *sacudir*, *subir*, *sumir* e *consumir* (*assumir*, *reassumir*, *resumir* e *presumir* são regulares).

Entupir, por falsa analogia, segue o verbo *bulir*; era esse verbo inteiramente regular, como regulares eram os verbos *construir* e *destruir* (como ainda hoje são regulares *instruir* e *obstruir*), mas o uso é no caso tão forte que só nos resta segui-lo.

Construir e *destruir* têm conjugação própria no pres. do indicativo e no imperativo da 2ª pess. sing.: *construo*, *constróis*, *constrói*, *construímos*, *construís*, *constroem*. Imperativo: *constrói*, *construí*.

2ª – Com exceção de *construir* e *destruir*, os verbos em **UIR**, como *possuir*, *instruir*, *obstruir*, *constituir*, *estruir*, são regulares, merecedores de cuidados apenas na grafia: *possuo*, *possuis*, *possui*, *possuímos*, *possuís*, *possuem*. Perfeito: *possuí*, *possuíste*, *possuiu*, *possuímos*, *possuístes*, *possuíram*. Particípio: *possuído*.

Saiba portanto distinguir *constitui* (presente) de *constituí* (perfeito, com acento no *i* final); *substitui* de *substituí*.

Em decorrência do Acordo Ortográfico de 1990 (base X, parágrafo 7º), os verbos *arguir* e *redarguir*, além de perderem o trema em muitas flexões, não recebem mais o acento agudo na vogal tônica *u* nas formas rizotônicas *arguis*, *argui* e *arguem*; *redarguis*, *redargui* e *redarguem*. Assim, flexionamo-los: *arguo, arguis, argui, arguimos, arguis, arguem, argui, arguia, arguira, arguirei, arguiria, argua, arguisse; redarguo, redarguis, redargui, redarguimos* etc.

Quando o *u* não é pronunciado: § 453, n. 2.

3ª – Saiba ainda distinguir verbos em *uir* de verbos em *uar*: ele *constitui*, que ele *continue* (§ 440).

Verbos em AIR

469 – Consiste a irregularidade dos verbos assim terminados na intercalação de um *i* na 1ª pessoa do singular do indicativo presente e em todas as pessoas do subjuntivo presente.

SAIR

Saio, sais, sai, saímos, saís, saem; saía, saías, saía, saíamos, saíeis, saíam; saí, saíste, saiu, saímos, saístes, saíram; saíra, saíras...; sairei, sairás...; sairia, sairias...; sai, saí; saia, saias, saia, saiamos, saiais, saiam; saísse, saísses...; sair; saindo, saído.

No mais, esse verbo não apresenta nenhuma modificação.

Idêntica orientação seguem os verbos *atrair*, *abstrair*, *cair*, *contrair*, *decair*, *descair*, *detrair*, *distrair*, *esvair-se*, *extrair*, *recair*, *retrair*, *retrotrair*, *sobressair*, *subtrair*, *trair*.

Verbos em UZIR

470 – Os verbos assim terminados não têm a desinência *e* da terceira pessoa do singular do indicativo presente; *conduzir*, *luzir*, *reluzir*, *reduzir*, *seduzir* e outros fazem nessa pessoa *conduz*, *luz*, *reluz*, *reduz*, *seduz*; quanto ao imperativo, 2ª pessoa do singular, veja o verbo *fazer*, obs. 2 do § 463, 4; no mais seguem o paradigma.

Questionário

1. Que é verbo irregular e quantas espécies existem de irregularidades? Exemplos.
2. Quantos tempos primitivos existem em nosso idioma?
3. Faça o quadro da derivação dos verbos, adotando como exemplo o verbo *pôr*.
4. Que entende, no estudo dos verbos em *ear*, por *i eufônico*? Quando aparece?
5. Há algum erro na seguinte oração: "Devemos partir nos meiados do mês de setembro"? – Justifique a resposta.
6. Que diz da conjugação dos verbos em *iar*?
7. Recite nas formas rizotônicas os verbos *premiar*, *negociar*, *incendiar* e *odiar*.
8. Diga todo o presente do subjuntivo do verbo *moscar-se*.
9. Diga todo o indicativo e o subjuntivo presentes do verbo *apiedar-se*.
10. Recite nas formas rizotônicas o verbo *resfolegar*.
11. Conjugue o verbo *dar* no pretérito imperfeito do subjuntivo.
12. Escreva o pretérito perfeito do indicativo do verbo *caber*.
13. Escreva o futuro do subjuntivo do verbo *caber*.
14. Escreva o futuro do subjuntivo de *dizer*. Qual a diferença ou diferenças entre esse tempo e o infinitivo pessoal?
15. Escreva o futuro do subjuntivo do verbo *fazer*.
16. Escreva o futuro do subjuntivo, o imperfeito do subjuntivo e o infinitivo pessoal de *poder*.
17. Escreva o pretérito perfeito dos verbos *aprazer* e *comprazer-se*. Faça duas orações em que entrem esses verbos.
18. Escreva o verbo *prazer* em todos os tempos.
19. Escreva a 3ª pessoa do plural do pretérito perfeito de *prover* e os correspondentes tempos derivados.
20. Escreva o futuro do subjuntivo e o infinitivo pessoal de *querer*.
21. Que diz da conjugação do verbo *requerer*?
22. Escreva o pretérito perfeito do indicativo e o futuro do subjuntivo de *saber*.
23. Escreva o futuro do subjuntivo de *trazer* (indique a pronúncia da 1ª pessoa).
24. Escreva o futuro do subjuntivo do verbo *ver*.

25. Quais os significados de *rever*? Que diz da conjugação desse verbo na acepção de *verter*?

26. Escreva a 3ª pessoa do singular do pretérito mais que perfeito de *apor*, *contrapor*, *descompor*, *impor*, *pospor*, *supor*.

27. Se o professor lhe pedir para conjugar qualquer verbo da 3ª conjugação, você saberá fazê-lo? Se ao professor compete ensinar, compete a você estudar.

28. Faça um trabalho escrito sobre "O Idioma Pátrio" empregando o mínimo de uma página e meia e o máximo de duas.

Para alguma inspiração, leia no D. QVs um destes verbetes: *Ensino do vernáculo* – *Língua brasileira*? – *Língua nacional* – *Linguagem dos jovens*? – *Professor de português* – *Redação* – *Vernáculo* – *Zelotes do vernáculo*.

CAPÍTULO 31

VERBOS ANÔMALOS

475 – São assim chamados os verbos *ser* e *ir*, cuja conjugação se processa de maneira ainda diferente da dos irregulares; enquanto estes sofrem alterações num mesmo radical, o verbo *ser* e o verbo *ir* mudam de radical.

a) **Ser**: Provém de dois verbos latinos: *esse* (ser) e *sedēre* (ficar, permanecer, estar, estar sentado). Enquanto *sedēre* fornece uma forma primitiva, *esse* fornece duas: *es*, *fu*.

b) **Ir**: Provém de três verbos latinos: *ire* (ir), *vadĕre* (caminhar, andar), *fugere* (retirar-se, fugir).

Nota: Cabe à Gramática Histórica, à luz da qual todos os verbos são regulares, o trabalho de explicar a origem e o desenvolvimento das várias formas verbais hoje existentes.

Questionário

1. Qual a diferença entre verbo irregular e verbo anômalo?
2. Quais são os verbos anômalos?
3. Acrescente a letra final faltante no verbo destas orações: *a*) ... antes que se consum_ o crime. *b*) ... antes que se consum_ o arroz.

CAPÍTULO 32

VERBOS DEFECTIVOS

479 – Defectivos são os verbos que têm deficiência na conjugação, isto é, são os que não possuem todas as formas verbais.

Assim, é defectivo o verbo *languir* (§ 453), pois não tem conjugação completa.

pres. do indic.	*pres. do subj.*
eu	. . . .
tu langues	. . . . . .
ele langue	. . . . . .
nós languimos	. . . . . .
vós languis	. . . . . .
eles languem	. . . . . .

Para o completo estudo dos defectivos, porém, importa-nos saber o que são verbos impessoais.

480 – **Verbos IMPESSOAIS**: Sabemos o que vem a ser sujeito; pois bem, um verbo se diz **impessoal** quando a ação não faz referência a nenhum sujeito especificado, a nenhuma causa determinada.

Se, por um lado, há verbos como *escrever*, *ler*, *abrir*, *quebrar*, que sempre apresentam a ação em relação com uma causa produtora, com uma *pessoa* gramatical – chamando-se, por isso, **verbos pessoais** – por outro lado há certos verbos como *chover*, *trovejar* e outros, cuja ação não é atribuída a nenhum sujeito, constituindo estes verbos a classe dos **verbos impessoais**.

481 – Dos verbos impessoais, há os que são *essencialmente* impessoais e os que são *acidentalmente* impessoais.

482 – **Impessoais ESSENCIAIS**: Um verbo se diz **impessoal essencial** quando, *no seu sentido verdadeiro e usual*, não atribui a ação a nenhuma causa verdadeira, isto é, a nenhum sujeito.

À classe dos impessoais essenciais pertencem verbos que indicam fenômenos de natureza inorgânica ou fenômenos meteorológicos, ou seja, os que indicam fenômenos da atmosfera. "*Chove* hoje" – "*Anoitecia* quando ele chegou" – "Ontem *trovejou*" – são orações em que os verbos (chove, anoitecia, trovejou) são *impessoais essenciais*, pois nesse sentido são comumente usados sem atribuir a ação de *chover*, de *anoitecer*, de *trovejar* a nenhum sujeito.

Todos esses verbos só se conjugam na 3ª pessoa do singular.

Nota: Tais verbos deixam de ser impessoais uma vez que se lhes dê um sujeito que se apresente ao espírito como causa da ação por eles expressa; se dissermos: "Os céus *chovem*" – "As nuvens *trovejam*" – "O dia *amanheceu* nublado" – passamos a empregar esses verbos *pessoalmente*, pois estamos a eles atribuindo um sujeito.

Ainda um segundo processo existe de tornar pessoal um verbo impessoal: empregá-lo em sentido figurado, comparado; exs.: "Os canhões *trovejam*" – "A vida já nos *anoitece*" – "As baionetas *relampagueavam*" – "*Amanhecemos* alegres" (Estávamos alegres quando amanheceu) – Os verbos dessas orações estão empregados comparativamente, isto é, em sentido que não lhes é próprio, em sentido figurado, comparado.

483 – **Impessoais ACIDENTAIS**: Ao lado dos verbos impessoais essenciais há os **impessoais acidentais**; assim se denominam os verbos que, em sua significação natural, isto é, como comumente são usados, têm sempre o respectivo sujeito, mas que, em determinados casos, ou seja, *acidentalmente*, tornam-se impessoais.

Se no parágrafo anterior o verbo era de natureza impessoal e só eventualmente se tornava pessoal, agora temos o caso contrário.

Há dos verbos impessoais acidentais dois grupos: impessoais acidentais *ativos* e impessoais acidentais *passivos*.

484 – **Impessoais acidentais ATIVOS**: 1 – Sabemos que verbo ativo é o que indica ação praticada pelo sujeito, o qual ou vem declarado na oração ou facilmente se subentende. Pois bem, se tivermos numa oração um verbo ativo cujo sujeito, além de não vir expresso, não é subentendido nem necessita ser conhecido, esse verbo será *impessoal acidental ativo*.

Suponhamos o verbo *dizer* empregado pessoalmente nesta oração: "Pedro e Paulo *dizem* a verdade" – Temos o verbo ativo *dizer* com os sujeitos *Pedro* e *Paulo*.

Nesta outra oração, porém: "*Dizem* que o Banco X faliu" – além de não estar expresso o sujeito do verbo, não cogitamos em saber qual seja. O verbo *dizer* nesse caso é chamado **impessoal acidental ativo**.

Outros exemplos: "*Falam* mil coisas a respeito da nossa situação" – "*Contam* por aí que a situação é precária".

Nessas orações, *mil coisas, que a situação é precária* são objetos diretos dos verbos *falam* e *contam*, cujos sujeitos não nos interessa conhecer.

Observação:

Orações assim impessoalizadas podem ser convertidas em orações pessoais, levando-se o verbo para a voz passiva, e dando-se-lhe como sujeito o objeto da *oração impessoal*:

CONSTRUÇÃO IMPESSOAL	CONSTRUÇÃO PESSOAL
Dizem — que ele é bom	Diz-se — que ele é bom
v. impess. — obj. dir. de *dizem*	v. passivo — suj. de *diz-se*
	(= *Que ele é bom é dito*)
	sujeito — verbo
Contam — que ele vai morrer	Conta-se — que ele vai morrer
v. impess. — obj. dir. de *contam*	v. passivo — suj. de *conta-se*
	(= *Que ele vai morrer é contado*)
	sujeito — verbo

2 – Sabemos que o verbo *haver* tem as significações de *possuir* e *ter*. Em vez de "Pedro *tem* muitos livros" – poderemos dizer, embora tal forma não seja usada: "Pedro *há* muitos livros". Dizendo agora: "*Há* homens na sala" – não nos interessa saber quem é o sujeito do verbo *haver*; o verbo está aqui empregado impessoalmente e *homens* vem a ser objeto direto, tal qual se passa com *livros* na oração anterior.

Raciocínios e exemplos semelhantes poderemos fazer com os verbos *ser*, *fazer* e outros: "*Faz* calor" – "*Está* tarde" etc.

Notemos que verbos como *falar*, *contar*, *dizer* etc. impessoalizam-se na terceira pessoa do plural, ao passo que *haver*, *ser*, *estar* e outros, na terceira pessoa do singular. Assim como não se pode dizer impessoalmente "*Fala* mil coisas a nosso respeito" – no singular – da mesma forma não se pode dizer: "Amanhã *haverão* aulas" – "*São* cedo" – no plural.

Nota: Empregado impessoalmente, o v. *haver* significa *existir*, mas, se o substituirmos por este verbo, a concordância se imporá, dada a mudança de função dos termos da oração:

Há	*homens*	*Existem*	*homens*
v. impessoal (sem sujeito)	obj. direto	v. pessoal vai para o plural, porque é o sujeito	suj. plural

Se na primeira construção substituirmos *homens* por pronome, este deverá ser *os*, porque é o caso correspondente ao objeto direto: *há-os*. Exemplo: "De homens bons precisamos, mas não *os* havendo..." – "Meios existem para sanar o mal; não *os* há, porém, senão a peso de muito sacrifício" – "Se então havia tanto rigor para quem ofendia a imagem, por que *o* não há também agora?"

485 – **Impessoais acidentais PASSIVOS**: Temos já do caso noção, em vista do que ficou no § 405: Muitos verbos intransitivos, transitivos indiretos e até alguns transitivos diretos (V. *Variante* do citado §) empregam-se impessoalmente, isto é, sem sujeito determinado, mediante o pronome apassivador *se*: "*Vai-se* todos os dias à fonte" – "*Precisa-se* de um datilógrafo" – "*Premiava-se* aos vencedores" – Nesses exemplos, os verbos (intransitivo no 1º, transitivo indireto no 2º e transitivo direto no 3º) estão empregados impessoalmente na voz passiva, ficando sempre no singular.

486 – Dentre as línguas que nos são mais conhecidas, o francês e o inglês sempre atribuem a ação dos verbos para nós impessoais a um sujeito aparente, empregando o primeiro desses idiomas o pronome *il* e o segundo, *it*. E, assim, dizem os franceses: "*Il* tonnera" (Trovejará) e os ingleses: "*It* rains" (Chove).

O português arcaico deixou-nos exemplos dessa construção: "*Ele* é muito cedo" – "*Ele* há bons e mais na criação" – "*Ele* chove hoje".

487 – É de importância saber que qualquer verbo que na oração venha acompanhando verbo impessoal, para a formação quer de tempo composto, quer de locução verbal, deve também impessoalizar-se. Não podemos dizer: "*Devem* haver homens na sala" – Se *haver* é impessoal, o verbo *dever*, que no caso concorre para a formação de uma locução verbal, também se impessoaliza: "*Deve* haver homens na sala". E assim: "Sem embargo de exceções que *possa* ter havido" – "Deixou de haver reclamações".

Igualmente: "*Vai* fazer cinco anos que ele morreu" e não: "*Vão* fazer..." – pois o verbo *fazer* é, nesse sentido, impessoal ("*Faz* cinco anos...").

Observações:

O verbo *dar* em expressões como: "*Deram* dez horas" é pessoal, sendo seu sujeito *dez horas*. Não podemos, portanto, dizer impessoalmente: "*Deu* dez horas".

O mesmo se observe quanto a *bater*, *soar*: "*Bateram* oito horas" – "*Soaram* as dez horas".

488 – Em resumo, assim se dividem os defectivos:

VERBOS DEFECTIVOS

- **impessoais** (sem sujeito determinado)
  - essenciais: *chover, anoitecer*
  - acidentais
    - ativos: *dizem, há* aula, *faz* duas horas
    - passivos: *precisa-se de*
- **pessoais** (com sujeito determinado)
  - os que exprimem fenômenos de natureza viva, orgânica: *latir, brotar*
  - alguns outros: *prazer* (§ 463, 7), *doer, soer, precaver-se, reaver, rever.*

Nota: Quando os defectivos só se conjugam na 3ª pessoa do singular ou do plural, chamam-se também *unipessoais.*

a) – DOER

Dói, doem; doía, doíam; doeu, doeram; doera, doeram; doerá, doerão; doeria, doeriam; doa, doam; doesse, doessem; doer, doerem (fut. do subj. e infin. pess. iguais); doendo, doído.

Observação:

A forma pronominal *doer-se* e o composto *condoer-se* conjugam-se em todas as pessoas: eu me doo, tu te dóis, ele se dói, nós nos doemos, vós vos doeis, eles se doem – etc. Eu me condoo, tu te condóis, ele se condói, nós nos condoemos, vós vos condoeis, eles se condoem – etc.

Por serem verbos regulares, nenhuma dificuldade devem apresentar para a conjugação.

b) – SOER

Este verbo só possui as seguintes formas:

Ind. pres. – sóis, sói, soemos, soeis, soem.

Imperf. – soía, soías, soía, soíamos, soíeis, soíam.

Part. – soído.

Observações:

1ª – A pronúncia do imperfeito é *so-í-a, so-í-as, so-í-a* etc.; no particípio é *so-í-do.*

2ª – *Soer* significa *costumar, ter por hábito* e geralmente vem seguido de um infinitivo: “Pedro *sói levantar-se* às 6 horas” – “Eles *soem desobedecer* a prescrições novas” – “Assim como *soemos fazer* aos cavalos”.

c) – **FEDER**

Este verbo só é conjugado nas formas em que ao *d* se segue *e* ou *i*. Nas outras formas é ele substituído por *estar fedendo*, notando-se, porém, que em linguagem polida o próprio verbo *feder* não é usado, sendo substituído por *cheirar mal*.

Ind. pres. – fedes, fede, fedemos, fedeis, fedem. *Imperf.* – fedia, fedias etc. *Perf.* – fedi, fedeste etc. *M.-q.-perf.* – federa, federas etc. *Fut.* – federei, federás etc. *Fut. do pret.* – federia, federias etc. *Imperat.*: Impossível, dada a significação. *Subj. pres.*: Não há. *Imperf.* – fedesse, fedesses etc. *Fut. do subj.* e *infin. pess.* iguais: feder, federes etc. *Inf.* – feder. *Ger.* – fedendo. *Part.* – fedido.

d) – **PRECAVER-SE**

Este verbo nada tem de comum nem com o verbo *ver* nem com o verbo *vir*; dizer eu me *precavejo* ou eu me *precavenho*, que ele se *precavenha*, eles se *precaviram* ou eles se *precavieram* é incorrer em gravíssimo erro de conjugação. O que há é o seguinte: O verbo é defectivo, sendo usado somente nas formas arrizotônicas, nas quais é inteiramente regular.

Por outras palavras: O verbo *precaver-se* não se conjuga na 1ª, 2ª e 3ª pessoa do singular nem na 3ª do plural do indicativo presente (faltando, por conseguinte, todo o presente do subj. e a 2ª pess. sing. do imperativo), sendo, nas demais pessoas, *totalmente regular*, notando-se que o verbo sempre vem acompanhado do pronome oblíquo.

Ind. pres. – precavemos, precaveis. *Imperf.* – precavia, precavias etc. *Perf.* – precavi, precaveste, precaveu, precavemos, precavestes, precaveram. *M.-q.-perf.* – precavera, precaveras etc. *Fut.* – precaverei, precaverás etc. *Fut. do pret.* – precaveria, precaverias etc. *Imperat.* – precavei. *Subj. pres.*: Não há. *Imperf. do subj.* – precavesse, precavesses etc. *Fut. do subj.* e *inf. pess.* iguais: precaver, precaveres etc. Precaver – precavendo – precavido.

Observação:

Para substituir as formas inexistentes, emprega-se um verbo sinônimo, como *acautelar-se*, *prevenir-se*, *precatar-se*.

e) – **REAVER**

É regra geral: Os verbos compostos conjugam-se de acordo com os verbos simples. Se *reter* é composto de *ter*, como este deverá ser ele conjugado: *re + tenho, re + tens, re + tem... re + tive, re + tiveste, re + teve, re + tivemos, re + tivestes, re + tiveram* etc. Seguindo tal norma, o verbo *reaver* deveria flexionar-se em *re + hei, re + hás, re + há* etc., mas tal não se dá, podendo ser conjugado apenas nas formas em que o primitivo *haver* tem *v*:

haver	*reaver*
hei	. . . .
hás	. . . .
há	. . . .
haVemos	reaVemos
haVeis	reaVeis
hão	. . . .

Não há, conseguintemente, as formas do subjuntivo presente nem a do imperativo singular, conjugando-se em todos os demais tempos, pois neles sempre existe *v*: *reavia, reaverei, reaveria, reouve, reouvera, reouves-se, reouver*.

f) – REVER

O verbo *rever* (V. § 463, obs. 3 do v. *ver*), no sentido de *transudar, verter, ressumar*, só é usado nas 3.ªs pessoas.

g) – VIGER

É verbo regular (= estar em vigor, ter vigor, vigorar), mas não se emprega na 1.ª pessoa do sing. do indic. presente nem, portanto, nas do presente do subjuntivo: "Essa lei já não *vige*" – "Ao tempo em que *vigia* a ditadura".

489 – Além dos verbos contidos nos grupos acima, outros existem que são perfeitamente normais e se conjugam em todas as pessoas, mas, em certas construções, tornam-se eventualmente defectivos. São eles:

1 – **Constar**: Defectivo no sentido de *ser notório*: *Constam* irregularidades na repartição. *Consta* que ele vai sair.

sujeito (irregularidades) — sujeito (que ele vai sair)

No sentido de *consistir* ou de *estar presente*, é ele conjugado em todas as pessoas: *Constamos* de corpo e alma. Eu não *consto* na lista dos promovidos.

2 – **Grassar**, que significa *desenvolver-se, espalhar-se*, só é usado nas 3.ªs pessoas: *Grassavam* doenças de toda a espécie. Muito antes do dia marcado, *grassava* a notícia da rebelião.

3 – **Pesar**: É o verbo *pesar* conjugado normalmente na acepção de *verificar o peso, ter o peso de*. Com a significação de *causar mágoa, arrepender-se*, é ele defectivo pessoal: "*Pesa-me* tê-lo ofendido" – "*Pesam-lhe* hoje os atos da juventude".

sujeito (tê-lo ofendido); sujeito (os atos)

Nota: Quanto à pronúncia, veja-se a nota do § 446.

4 – **Relevar**: Conjuga-se em todas as pessoas, quando empregado com a significação de *perdoar* ("*Relevai-me* esta tardança"), *fazer sobressair*: "A feição que *releva* e carateriza o seu vulto".

Com a significação de *convir*, *ser necessário*, é defectivo pessoal: "*Releva*, porém, considerar qual seja desta guerra o motivo".

5 – **Importar**: Conjuga-se normalmente na acepção de *trazer para dentro do país*: "*Importamos* petróleo". É defectivo pessoal no sentido de *ser conveniente* ("A Deus *importa* que não haja distinção entre irmãos

sujeito (que não haja distinção)

no pátrio abrigo"), *perfazer a quantia de*: " *Importam* os gastos em trinta mil cruzeiros".

sujeito (os gastos)

6 – **Acontecer**, que significa *suceder*, *realizar-se*: "*Acontece* que ele não quer ir" – "Isso *aconteceu* ontem".

sujeito (que ele não quer ir); suj. (Isso)

7 – **Correr**: É defectivo pessoal na acepção de *constar*, *ser notório*: "*Corre* que vais ser exilado" – "*Correm* notícias as mais desencontradas".

sujeito (que vais ser exilado); sujeito (notícias)

8 – **Ocorrer**: É defectivo pessoal na acepção de *acontecer* ("*Ocorreu* triste fato" – "*Ocorreram* lastimáveis desavenças") e na de *lembrar*, *vir à memória*: "*Ocorreu-me* o seguinte" – "*Ocorrem-me* os traços do assaltante".

9 – **Suceder**: É defectivo pessoal quando significa *acontecer*: "*Sucede* que ele não quer aceitar" – "Casos como esse *sucedem* frequentemente".

sujeito (que ele não quer aceitar); sujeito (Casos)

Com a significação de *substituir*, é conjugado em todas as pessoas e se constrói hoje com objeto indireto (prep. *a*): "Sucederei *a* meu irmão na gerência da fábrica" – "Os reis que *lhe* sucederam".

10 – Certos verbos da 3ª conjugação, como *polir*, *colorir* e outros, que só se conjugam nas formas em cuja desinência existe *i*. Nas formas em que o paradigma *partir* não tiver *i* (o que se dá nas três pessoas do singular e na 3ª do plural do pres. do ind., no singular do imperativo e no pres. do subj.), tais verbos não poderão ser conjugados:

part-o	. . . .
part-es	. . . .
part-e	. . . .
part-*i*mos	polimos
part-*i*s	polis
part-em	. . . .

Lista desses verbos defectivos:

abolir	carpir	discernir	falir	polir
adir (acrescentar)	cernir	embair	fletir	puir
adir (receber, tomar posse)	colorir	emergir	florir	remir
aguerrir	combalir	emolir	fornir	renhir
banir	comedir-se	empedernir	fremir	ressequir
bramir	compelir	esbaforir	ganir	retorquir
brandir	condir	espavorir	haurir	revelir
brunhir	delir	exaurir	imergir	ruir
brunir	demolir	exinanir	infletir	submergir
buir	descomedir-se	explodir	latir	urgir
	desmedir-se	extorquir	munir	vagir

Desses verbos, alguns há que toleram as flexões *e* e *em*: *bane*, *brande*, *carpe*, *compele*, *discerne*, *explode*, *freme*, *gane*, *haure*, *inflete*, *late* e *mune*.

Quando necessário, recorre-se, para preencher as falhas da conjugação, ou a um verbo sinônimo ou ao auxílio de outro verbo que, sem prejuízo para a significação, proporcione a flexão em *i*: estou *polindo*, eu sei *colorir*, não vou *extorquir*, tu não podes *abolir*, ele se põe a *vagir*.

– Outros verbos, como *ecoar*, *estrondar*, *bruxulear*, *faiscar*, *marulhar*, *soar*, *ressoar*, *ribombar* etc., são defectivos porque indicam a produção de fatos atribuíveis a sujeitos determinados, especiais.

Apenas quando usados em linguagem figurada é que esses verbos se podem conjugar nas outras pessoas.

Questionário

1. Que é verbo *defectivo*? Exemplos.
2. Quando um verbo se diz *impessoal*?
3. Por quantos e por quais processos podemos pessoalizar um verbo impessoal essencial? Exemplos.
4. Qual a função sintática de *aula* na oração: "Hoje não há *aula*"?
5. Faça o quadro da divisão dos defectivos, não se esquecendo dos exemplos.
6. Faça duas orações com o verbo *soer*. (V. a 2ª observação que acompanha esse verbo .)
7. Qual o presente e o pretérito perfeito do indicativo do v. *precaver-se*?
8. Qual o pretérito perfeito do v. *reter*?
9. Qual o pres. do ind. e do subj. do v. *reaver*?
10. Corrija:

a) Tamerlão deteu a marcha dos turcos contra Constantinopla.
b) Não lhe estou culpando por isso. Sempre lhe tive como um bom amigo.
c) Isso era um exercício que nos entretia muito.
d) O magistrado diferiu o requerimento que você está falando.
e) Fazem seis meses que chegamos em São Paulo.
f) Devem haver grandes festas quando voltar nosso chefe.
g) Está eminente um grande temporal: precavejamo-nos.
h) Chegaram a haver suspeitas que você estivesse metido nessa falcatrua, mas eu sempre te defendi.
i) Você já experimentou tomar um chá de marcela?
j) Quando Pedro saiu para a caça, ele se proviu de um enorme facão.
k) Concordo que esta é uma situação angustiosa, de que o desenlace ninguém pode prever.
l) Durante duas semanas nos mantêramos (este verbo deve estar no mais-q.-perf.) só de conservas.
m) O cimento que se tem feito estes passeios não é igual ao que se fez os do outro lado da rua (corrija sem tirar palavras).
n) Nisso eu nunca intervi. Você compreende que, se eu tivesse intervisto teria te reservado um lugar melhor.

CAPÍTULO 33

VERBOS ABUNDANTES

494 – São assim chamados os que possuem alguma forma dupla, como o verbo *ir*. Agrupam-se entre os abundantes especialmente os muitos verbos de nosso idioma com dois particípios (**verbos de particípios duplos**): um *regular*, sempre terminado em *do* (*a*do para a 1ª conjugação, e *i*do para a 2ª e 3ª), outro *irregular*, sempre mais curto que o regular, e de terminação variável.

Assim é que, por exemplo, há para o verbo *suspender* dois particípios: *suspendido*, formado regularmente, e *suspenso*, de forma mais curta que o regular.

495 – Vejamos as normas para o perfeito uso dessas duas formas participiais.

Em regra geral, usa-se o particípio regular com os verbos *ter* e *haver*, ou seja, na voz ativa; o particípio irregular é usado com os verbos *ser* e *estar*, isto é, na voz passiva:

"O *diretor* *tem* (ou *há*) *suspendido* muitos alunos"
suj. ativo — part. regul.

"*Muitos alunos* *foram* *suspensos* pelo diretor"
suj. passivo — part. irreg.

"*Os alunos* *estão* *suspensos*"
suj. passivo

Nota: Vimos já que os particípios variam em gênero e em número com os verbos *ser* e *estar*, permanecendo invariáveis com os verbos *ter* e *haver* (V. § 430).

Isso no português atual, porquanto, no velho português, como ainda hoje em francês e em italiano, o particípio junto aos auxiliares *ter* e *haver* era variável; um quinhentista podia dizer: "Cart*a* que eu tenho escrit*a*" – como hoje diz um francês: "La lettre que j'ai écrite" (lettre: fem.; écrite: fem.) – e um italiano: "Ho scritte molte lettere" (scritte: fem. plur.; lettere: fem. plur.).

Atualmente, muita diferença existe entre: "Tenho corrigidas muitas lições" – que equivale a dizer: "Tenho já prontas, já corrigidas" – e "Tenho corrigido muitas lições" – ou seja: "Há tempo venho corrigindo lições".

496 – A regra acima, como todas as regras, possui exceções; em vez de dá-las agrupadamente, vamos expô-las na própria lista dos verbos de duplo particípio. Numa segunda lista exporemos as formas participiais irregulares usadas apenas como adjetivos, como substantivos ou, até, como preposições:

1ª CONJUGAÇÃO

Infinitivo	Part. reg.	Part. irreg.
afetar	afetado	afeto(1)
aceitar	aceitado(2)	aceito(3)
dispersar	dispersado	disperso
entregar	entregado	entregue(4)
enxugar	enxugado	enxuto
expressar	expressado	expresso
expulsar	expulsado	expulso
fartar	fartado	farto(5)
findar	findado	findo
fixar	fixado(6)	fixo
fritar	fritado	frito

(1) Os compêndios dão em geral *afeto* como part. de *afeiçoar*, mas neste sentido não se emprega. Alega-se não ser lídima a forma *afetar*, mas é corrente e parece imprescindível no sentido em que a impugnam: "*Afetamos* este caso ao tribunal" – "A questão foi *afeta* ao ministro".

(2) Forma empregada também na passiva.

(3) As formas participiais *aceite*, *fixe*, *encarregue* e *assente*, usadas principalmente em Portugal, devem ser postas de lado, porquanto são criações plebeias de todo inúteis, havendo já *aceito* e *aceitado*, *fixo* (adj.) e *fixado* (particípio), *encarregado* e *assentado*.

(4) "O particípio *entregue*, proveniente do adjetivo latino *integre* (com metátese), é a única forma participial em *e* cujo emprego remonta à fase mais antiga da língua portuguesa. Por analogia criou-se modernamente, a par de *assentado*, o supérfluo *assente*, termo de que se serviu Filinto Elísio, mas que foi refugado por outros escritores coetâneos e posteriores" (Said Ali).

Quite e *livre* são também formas participiais em *e* por todos aceitas.

(5) Não se confunda *farto* com *falto*: *farto* de comida (cheio de comida) e *falto* de comida (desprovido de comida).

(6) Forma também usada com os verbos *ser* e *estar*.

Infinitivo	Part. reg.	Part. irreg.
ganhar	ganhado (7)	ganho
gastar	gastado (7)	gasto
juntar	juntado	junto
limpar	limpado	limpo
matar	matado	morto
misturar	misturado	misto[8]
murchar	murchado	murcho
ocultar	ocultado[9]	oculto
pagar	pagado[10]	pago
pegar	pegado	pego[11]
salvar	salvado	salvo (V. D. QVs)
secar	secado	seco
segurar	segurado	seguro
soltar	soltado	solto
sujeitar	sujeitado	sujeito
vagar	vagado	vago

2ª CONJUGAÇÃO

Infinitivo	Part. reg.	Part. irreg.
acender[12]	acendido	aceso
benquerer	benquerido	benquisto
benzer	benzido	bento
defender	defendido	defeso[13]
eleger	elegido	eleito[14]
encher	enchido[15]	cheio
envolver	envolvido[16]	envolto

(7) Formas hoje desusadas; o uso prefere *ganho* e *gasto* para ambas as vozes: *Tenho ganho*, *está ganho*; *tenho gasto*, *está gasto*.

(8) Visando à coerência é que devemos escrever *misto* com *s*; se *mistura* e *misturar* sempre se escrevem com *s*, nada mais natural e justo que escrever também com *s* a forma irregular do particípio.

(9) Forma também empregada na passiva.

(10) Não existe, na linguagem hodierna, esta forma regular; hoje tanto se diz: "*Está pago*" – quanto: "*Tenho pago*".

(11) Pronuncia-se *pêgo*. Hodiernamente, este particípio tende a sair da regra, sendo indiferentemente usado na passiva e na ativa: *está pego*, *tenho pego*, *é pego*, *havia pego*.

(12) Não se confunda *acender* (= atear fogo), com *ascender* (= subir).

(13) A forma irregular só é usada no sentido de *proibir*: "A pesca por meio de explosivos foi *defesa*". No sentido de *proteger*, usa-se o part. regular: "Temos *defendido* as boas causas" – "A fortaleza foi *defendida* por um punhado de bravos".

(14) Forma usada também com os verbos *ter* e *haver*.

(15) *Enchido* é também muito usado com o verbo *ser*: "As garrafas foram *enchidas* por mim".

(16) O part. regular é também usado na passiva: "Ele *está envolvido* num escândalo" – "A criança *foi envolvida* em trapos".

Infinitivo	Part. reg.	Part. irreg.
escrever	escrevido (17)	escrito
fazer	fazido (17)	feito
incorrer	incorrido	incurso
malquerer	malquerido	malquisto
morrer	morrido	morto[18]
prender	prendido	preso
suspender	suspendido	suspenso

3ª CONJUGAÇÃO

Infinitivo	Part. reg.	Part. irreg.
abrir	abrido[19]	aberto
aspergir	aspergido	asperso
cobrir	cobrido[20]	coberto
emergir	emergido	emerso
erigir	erigido	ereto
espargir	espargido	esparso
exaurir	exaurido	exausto
expelir	expelido	expulso[21]
exprimir	exprimido[22]	expresso
extinguir[23]	extinguido	extinto
frigir	frigido	frito[24]
imergir	imergido	imerso
imprimir	imprimido	impresso
inserir	inserido	inserto
submergir	submergido	submerso
surgir	surgido	surto
tingir	tingido	tinto

---

(17) Formas inteiramente desusadas; tanto na ativa como na passiva empregam-se os particípios *escrito* e *feito*.

(18) *Morto* é particípio irregular de dois verbos, *morrer* e *matar*, verbos estes que têm o particípio regular diferente, *morrido* e *matado*.

Com os verbos de ligação, pois, aparece MORTO para ambos os verbos, mas com os verbos *ter* e *haver* aparece MORRIDO para *morrer* e MATADO para *matar*:

MORRER { Ele está MORTO – O ladrão ficou MORTO
Ele tinha MORRIDO }

MATAR { Ele está MORTO – O ladrão foi MORTO
Ele tinha MATADO (nunca: *Ele tinha morto*) }

(19) Forma desusada; emprega-se o particípio *aberto* na voz ativa e na passiva.

(20) Forma desusada; emprega-se *coberto* em ambas as vozes.

(21) É também part. irreg. de *expulsar*.

(22) Não se confunda *exprimido*, do v. *exprimir*, com *espremido*, do v. *espremer*; este segundo verbo não possui particípio irregular.

(23) O *u* é insonoro: exting*h*ir, exting*h*ido etc.

(24) Particípio irregular de *frigir* e de *fritar*.

497 – Particípios irregulares usados ou como adjetivos ou como substantivos ou como preposições. ESTES VERBOS ESCAPAM DA REGRA DOS PARTICÍPIOS DUPLOS; diz-se: *será anexado*, *está arrebatado*, *ficou agradecido* etc., como se diz: *estou descalço*, a rua *está descalçada*. Somente o uso ou o manuseio de um bom dicionário pode indicar a maneira de usar os particípios destes verbos.

1ª CONJUGAÇÃO

Infinitivo	Part. reg.	Part. irreg.
anexar	anexado	anexo
aprontar	aprontado	pronto
assentar	assentado	assento (subst.) [1]
benquistar	benquistado	benquisto
botar (= perder o gume)	botado	boto[2]
cativar	cativado	cativo (subst. e adj.)
cegar	cegado	cego (subst. e adj.)
circuncidar	circuncidado	circunciso (subst.)
completar	completado	completo
confessar	confessado	confesso (subst. e adj.)
concretar	concretado	concreto (subst. e adj.)
contraditar	contraditado	contradito
crucificar	crucificado	crucifixo (subst.)
cultivar	cultivado	culto (subst. e adj.)[3]
curvar	curvado	curvo
descalçar	descalçado	descalço
despertar	despertado	desperto
entortar	entortado	torto
escusar	escusado	escuso
estreitar	estreitado	estreito (subst. e adj.)
estremar	estremado	estremo (subst. e adj.) estreme (adj.)
excetuar	excetuado	exceto (prepos.)[4]
exentar	exentado	exento[5]
falhar	falhado	falho
faltar	faltado	falto
infeccionar	infeccionado	infecto
infetar	infetado	
inficionar	inficionado	

(1) V. notas 3 e 4 do § anterior.

(2) Pronuncia-se *bôto*: A espada está *bôta*.

(3) Não se vá confundir *culto* (ilustrado, civilizado) com *curto* (minguado, pequeno): Inteligência *culta* – Inteligência *curta*.

(4) O particípio *exceto* só é usado como preposição: "*Exceto* o filho menor, todos os outros são indolentes" (escreva *excetuar*, *excecional* etc., sem *p*).

(5) Presta-se também para part. irreg. de *eximir*. Existem as formas divergentes *isentar*, *isentado* e *isento*.

Infinitivo	Part. reg.	Part. irreg.
infestar	infestado	infesto
inquietar	inquietado	inquieto
interditar	interditado	interdito (subst. e adj.)
libertar	libertado	liberto (subst. e adj.)
livrar	livrado	livre
malquistar	malquistado	malquisto
manifestar	manifestado	manifesto (subst. e adj.)
molestar	molestado	molesto
murchar	murchado	murcho
professar	professado	professo (subst. e adj.)
quedar	quedado	quedo
quitar	quitado	quite[6]
raptar	raptado	rapto (subst.)
rejeitar	rejeitado	rejeito (subst. antiq.)
sepultar	sepultado	sepulto
situar	situado	sito
suspeitar	suspeitado	suspeito
suxar[7]	suxado	suxo

2ª CONJUGAÇÃO

Infinitivo	Part. reg.	Part. irreg.
absolver	absolvido	absolto absoluto (subst. e adj.)
absorver[8]	absorvido	absorto
agradecer	agradecido	grato
atender	atendido	atento
convencer	convencido	convicto
converter	convertido	converso
corromper	corrompido	corrupto
cozer	cozido	cozeito coito [9]
desenvolver	desenvolvido	desenvolto
devolver	devolvido	devoluto
dissolver	dissolvido	dissoluto

(6) *Quite* é forma que se emprega no singular: "Estou *quite*". *Quites*, com *s*, só se emprega no plural: "Estamos *quites*".

(7) Este verbo é antiquado; o *x* tem som chiante, como em *xarope*; significa *afrouxar*, *desapertar*; "*Suxando* a corda que estava atada".

(8) Não se vá confundir este verbo, em que entra *r* – abso*r*ver – com o de cima, abso*l*ver.

(9) *Cozeito* é hoje inteiramente desusado, como também já não se usam as formas *recoito* (do verbo *recozer*), *colheito* (do verbo *colher*), *escolheito* (do verbo *escolher*) e *tolheito* (do verbo *tolher*).

Coito aparece em *biscoito* (cozido duas vezes).

Infinitivo	Part. reg.	Part. irreg.
esconder	escondido	escuso esconso[10]
estender	estendido	extenso
interromper	interrompido	interrupto
nascer	nascido	nato nado
pender	pendido	penso
perverter	pervertido	perverso
propender	propendido	propenso
querer	querido	quisto[11]
refranger	refrangido	refrato
remover	removido	remoto
repreender	repreendido	repreenso
resolver	resolvido	resoluto
retorcer	retorcido	retorto
revolver	revolvido	revolto
romper	rompido	roto
solver	solvido	soluto
submeter	submetido	submisso
subtender[12]	subtendido	subtenso
surpreender	surpreendido	surpreso
tanger	tangido	tato (subst.)
tender	tendido[13]	tenso
torcer	torcido	torto

3ª CONJUGAÇÃO

Infinitivo	Part. reg.	Part. irreg.
abstrair	abstraído	abstrato
adstringir	adstringido (não usado)	adstrito
afligir	afligido	aflito (subst. e adj.)
assumir	assumido	assunto (subst. e adj.)
cingir	cingido	cinto (subst.)
coagir	coagido	coacto
coligir	coligido	coleto
compelir	compelido	compulso
comprimir	comprimido	compresso

(10) *Esconso* é usado como subst. e significa compartimento aproveitado nos desvãos inclinados do teto do telhado. Como adjetivo (na significação de *escondido*, *oculto*) é hoje desusado, mas aparece na locução adverbial *a esconsa*, que significa *ocultamente*.

(11) Usado só nos compostos *benquisto* e *malquisto*.

(12) Não se confunda *subtender* (= estender por baixo de) com *subentender* (= admitir, supor mentalmente).

(13) Bandeiras *tendidas* = desfraldadas; ver a olhos *tendidos* = esforçar a vista, à maneira dos míopes, para ver objetos longínquos.

Infinitivo	Part. reg.	Part. irreg.
concluir	concluído	concluso[14]
confundir	confundido	confuso
constringir	constringido	constrito
contrair	contraído	contrato (subst. e adj.)
contundir	contundido	contuso[15]
convelir	convelido	convulso
corrigir	corrigido	correto[16]
difundir	difundido	difuso
dirigir	dirigido	direto
distinguir	distinguido[17]	distinto
dividir	dividido	diviso[18]
excluir	excluído	excluso
eximir	eximido	exento[19]
extrair	extraído	extrato (subst.)
fingir	fingido	ficto
haurir	haurido	hausto (subst.)
iludir	iludido	iluso
incluir	incluído	incluso
infundir	infundido	infuso
insurgir	insurgido	insurreto
obtundir	obtundido	obtuso
omitir	omitido	omisso
oprimir	oprimido	opresso
possuir	possuído	possesso (subst. e adj.)
recluir	recluído	recluso
remitir	remitido	remisso
repelir	repelido	repulso
restringir	restringido	restrito
ressurgir	ressurgido	ressurrecto
suprimir	suprimido	supresso

498 – NOTAS FINAIS: 1ª – *Escorreito*: Apesar de João Ribeiro e outros gramáticos darem *escorreito* como forma participial irregular de *escorrer*, julgamos de mais acerto considerá-lo filiado ao baixo latim *excorrectum*, part. pass. de *excorrigere*, que significa *corrigir*, sendo o *ex* prefixo aumentativo, reforçativo.

(14) Forma usada somente em linguagem forense: Processo *concluso* = que subiu à presença do magistrado para despachar ou sentenciar.

(15) Ferida *contusa* = acompanhada de contusão.

(16) *Correto* não conservou a significação de *corrigir*: *correto* significa *sem defeitos*. Uma lição pode estar *correta* e não ter sido ainda *corrigida*. Vice-versa, pode estar *corrigida* e não estar *correta*.

(17) Neste verbo, como nos derivados, o *u* é insonoro: disting*h*ido, disting*h*ir, disting*h*ível etc.

(18) *Diviso*, que significa *que se dividiu*, é forma pouco usada.

(19) V. nota 5 deste mesmo §.

Compreende-se mais, assim, a razão de frases como: "Rapaz *escorreito*" (bem apessoado) – "Linguagem *escorreita*" (apurada, correta).

2ª – O verbo *ter* e seus compostos *conter*, *deter*, *manter* e *reter* possuíam antigamente as formas participiais em *udo*: *teúdo* (pronuncia-se *te-ú-do*), *conteúdo* (hoje usado como substantivo), *deteúdo*, *manteúdo* e *reteúdo*.

3ª – V. *imprimido*, *impresso* no D.QVs.

Questionário

1. Que são *verbos abundantes*?
2. Que são verbos de *particípios duplos*? Quais as diferenças entre o particípio irregular e o regular? Responda com exemplos.
3. Faça 6 sentenças com particípios regulares de quaisquer verbos (empregando dois de cada conjugação) e outras 6 com particípios irregulares dos mesmos verbos. (V. nota ao pé da página.)
4. Os verbos de particípios duplos aparecem divididos em dois grupos. Explique a razão disso. (A resposta é somente o que se encontra em letras maiúsculas nas primeiras linhas do § 497.)
5. Como se pronunciam os verbos *extinguir* e *distinguir*?
6. *Expresso* é particípio irregular de dois verbos; quais são?
7. *Boto* é particípio de que verbo? Que significa?
8. *Emergir* e *imergir* significam a mesma coisa? Explique a resposta.
9. "Lição *corrigida*" e "Lição *correta*" significam a mesma coisa? Explique a resposta.
10. Acrescente a letra final no verbo destas orações:
a) antes que se consum.............. o crime.
b) antes que se consum............. o arroz.

No dar os 6 pares de sentenças pedidos na pergunta 3, use *ter* (ou *haver*) com o particípio regular, e *ser* (ou *estar* ou outro verbo de ligação) com o irregular de verbos que constem das listas do § 496, como nestes dois exemplos:

1. O diretor tinha *expulsado* dois alunos.
   Dois alunos foram *expulsos* pelo diretor.
2. Haviam já *prendido* o ladrão.
   O ladrão estava (tinha sido, ficou) *preso*.

CAPÍTULO 34

VERBO QUANTO À SIGNIFICAÇÃO

502 – A divisão do verbo quanto à significação constitui estudo de pouca importância, comparada com as divisões, já estudadas, quanto à predicação, quanto à voz e quanto à conjugação.

503 – Certos verbos, ao mesmo tempo que exprimem a ação, encerram ideias acessórias da ação, ideias que podem indicar *aumento*, *diminuição*, *frequência*, *princípio* e *imitação* do ato expresso pelo verbo.

Obtêm-se, dessa forma, cinco espécies de verbos:

a) verbos *aumentativos*

b) verbos *diminutivos*

c) verbos *frequentativos* (ou *iterativos*)

d) verbos *incoativos*

e) verbos *imitativos* (ou *onomatopaicos*)

504 – Verbos AUMENTATIVOS: São aumentativos os verbos que têm significação encarecida ou exagerada para mais; esse encarecimento é indicado ora pela terminação ou sufixo, ora por meio dos prefixos *re*, *tres* e *des*[1]:

---

(1) O estudo dos prefixos e dos sufixos será brevemente feito na *Etimologia*

Significação positiva	*Significação aumentativa*	*Significação positiva*	*Significação aumentativa*
atenazar	atenazear	ganir	esganiçar-se
berrar	berregar	inquietar	desinquietar
bombardear	esbombardear	jurar	tresjurar
bramar	rebramar	mexer	mexelhar
bravejar	esbravejar		remexer
cantar	descantar	perder	esperdiçar
contar	recontar	picar	espicaçar
cuidar	recuidar	pousar	repousar
crescer	recrescer	queimar	requeimar
esmurrar	esmurraçar	soar	ressoar
espalhar	espalhagar	suar	tressuar
estrondar	estrondear	talhar	retalhar
fugir	refugir	torcer	retorcer

505 – **Verbos DIMINUTIVOS**: São diminutivos os verbos que têm a significação encarecida ou exagerada para menos, como os que se veem abaixo:

Significação positiva	*Significação diminutiva*	*Significação positiva*	*Significação diminutiva*
adoçar	adocicar	ferver	fervilhar
beber	bebericar	lamber	lambiscar
	beberricar	namorar	namoricar
chupar	chupitar		namoriscar
cuspir	cuspinhar	piar	pipitar
depenar	depenicar		pipilar
dormir	dormitar	saltar	saltitar
escorrer	escorropichar[1]		saltarinhar
esparramar	esparrinhar		saltarrilhar
escrever	escrevinhar	tremer	tremelicar

506 – **Verbos FREQUENTATIVOS**: Denominam-se frequentativos ou iterativos os verbos que indicam ação frequente ou reiterada. Além das locuções verbais com *andar*, *estar*, *ficar*, *permanecer*, *viver*, *continuar* e o *gerúndio* (§ 517), existem formas sintéticas de verbos frequentativos simples, derivados de nomes e de verbos, com as terminações *ejar*, *ear*, *itar*, *inhar*, *icar*:

(1) *Escarrapachar* (abrir muito as pernas), *escarrapichar-se* (proferir as palavras com meticulosidade) e *escorropichar* (beber até a última gota) são formas que não devem ser confundidas.

Nomes ou verbos	*Verbos frequentativos*	*Nomes ou verbos*	*Verbos frequentativos*
badalar	badalejar	exercer	exercitar
balançar	balancear	gemer	gemicar gemelhicar
boca	bocejar boquejar boquea	mancar	manquejar
bordo	bordejar	palma	palmejar palmear
bravo	bravejar	passar	passear
cabeça	cabecear	pé (pisar)	espezinhar
coice	escoicear escoicinhar	pestana	pestanejar
chorar	choramingar	rumor	rumorejar
cravar	cravejar	saltar	saltear
doido	doidejar	tornar	tornear
espanar	espanejar	voltar	voltejar voltear
estalar	estalejar		

Nota: A ideia frequentativa é, não raro, reforçada pela forma perifrástica; exs.: "O navio *anda bordejando*" – "Ele *andava espezinhando* e *escoicinhando* a vida alheia". São essas expressões duplamente frequentativas.

507 – **Verbos INCOATIVOS**: Incoativos denominam-se os verbos que indicam começo de ação (lat. *inchoare* = começar). Além das formas perifrásticas com *ir*, *vir* e o *gerúndio* (§ 518), existem formas sintéticas terminadas em *ecer* ou *escer*, derivadas de substantivos ou de adjetivos. Muitos destes verbos têm a forma frequentativa:

Nomes	*Forma frequentativa*	*Forma incoativa*
alvo	alvejar	alvorecer
amarelo	amarelar	amarelecer
bravo	esbravejar	embravecer
claro	clarear	esclarecer
doido	doidejar	endoidecer
flor	florear	florescer
maduro	madurar	amadurecer
murcho	murchar	emurchecer
raiva	(raivar)	enraivecer
velho	avelhentar	envelhecer

Nota: Tal qual se passa com o verbo frequentativo, o verbo incoativo pode também ser reforçado pela forma perifrástica: Os campos *vão florescendo* – O mar *vai embravecendo*.

508 – **Verbos IMITATIVOS**: Imitativos ou onomatopaicos são os verbos que expressam a ação própria dos substantivos de que derivam:

Substantivo	*Verbo imitativo*	*Substantivo*	*Verbo imitativo*
balança	balançar / balancear	mouro	mourejar
bigode	bigodear	pai	patrissar
cabra	cabrejar	papagaio	papaguear / papagaiar
caçapo (= coelho)	acaçapar	parra	esparralhar
cão	encaniçar-se	pato	patinhar
caranguejo	caranguejar	pátria	patrizar
corvo	corvejar	pavão	pavonear
gato	engatinhar	pértiga	empritigar / empertigar-se
gralha	gralhar	serpente	serpentear
grego	grecizar	Tântalo	tantalizar
grilo	engrilar	vespa (bespa)	abespinhar-se
judeu	judiar, judaizar		
latim	latinizar		

Nota: É excessivamente rica a língua portuguesa em verbos imitativos ou onomatopaicos, e nessa classe entram os que imitam os sons das coisas e as vozes dos animais: *estrondar*, *sibilar*, *roncar*, *gaguejar*, *chiar*, *mugir*, *latir*, *miar*. Por **vozes de animais** compreende-se tanto o som articulado quanto o barulho que o animal faz no voar, no andar, no comer etc. São vozes, enfim, onomatopaicas que, por reproduzirem sons nem sempre iguais, motivam muitas vezes uma infinidade de formas, parecidas ou não, conforme ou o animal ou o ouvido de quem escuta; o *cão*, por exemplo, ora *cuinca*, ora *late*, ora *acua*; outras vezes *rosna*, *uiva*, *ronca*, quando não *ulula*, *gane*, *esganiça* etc.

Abelha – azoinar, sussurrar, zinir, ziziar, zoar, zonzonear, zuir, zum-zum, zumbar, zumbir, zumbrar, zunir, zunzar, zunzilular, zunzunar.

Andorinha – chilido, chilidar, gazear, grinfar, trinfar, trissar, zinzilular.

Anhuma – cantar, gritar.

Anta – assobiar.

Araponga – golpe, golpear, gritar, martelar, retinir, serrar, tinir.

Arara – palrar, grasnar.

Arouque – berrar.

Bacurau – gemer, piar.

Beija-flor – trissar.

Bisão – berrar.

Bode – berrar, bodejar, gaguejar.

Boi – arruar, berrar, bramar, mugir.

Búfalo – bramar, berrar.

Burro – azurrar, ornear, ornejar, rebusnar, zornar, zunar, zurrar.

Caboré – piar, rir.

Cabra – badalar, balido, berrar, berregar.

Calhandra – o m. q. *andorinha*.

Camelo – blaterar.

Cão – acuar, aulido, balsar, cainhar, cuincar, esganiçar, ganir, ganizar, ladrar, ladrido, latir, maticar, roncar, ronronar, rosnar, uivar, ulular.

Capivara – assobiar.

Caracará – grasnir.
Carneiro – berrar.
Cavalo – bufar, bufido, nitrido, nitrir, relinchar, rifar, rinchar.
Cegonha – gloterar.
Chacal – regougar.
Cigarra – cantar, canto, chiar, chichiar, chio, estridular, fretenir, rechiar, rechinar, retinir, zinir, ziziar, zunir.
Cisne – arensar.
Cobra – assobiar, chocalhar, sibilar, silvar.
Coelho – assobiar, guinchar, chiar.
Condor – crocitar.
Cordeiro – berregar.
Coruja – chirrear, corujar, crocitar, crujar, piar, rir.
Corvo – corvejar, crás-crás, crocitar, grasnar, chem-chem, crasnar.
Cotia – gargalhar, bufar.
Crocodilo – bramir.
Cuco – cucular, cuar.
Curiango – gemer, lastimar.
Dromedário – blaterar.
Elefante – barrir.
Ema – suspirar.
Estorninho – pissitar.
Gafanhoto – zic-zic.
Gaio – gralhar, grasnar.
Gaivota – pipilar, grasnar.
Galinha – cacarecar, cacarejar, cacarejo, carcarear, carcarejar.
Galinha de Angola – fraquejar, estou-fraco.
Galo – cantar, clarinar, cocoriar, cocoricar, cucuricar, cucuritar, galicanto, galicínio.
Ganso – gritar, grasnar.
Garça – gazear.
Gato – bufar, miar, resmunear, resmungar, roncar, ronrom, ronronar, rosnear, rosnar.
Gaturamo – gemer, tritinar.
Gavião – guinchar.
Gralha – crocitar, gralhar, gralhear, grasnar.
Grilo – chirrear, cricilar, cri-cri, cricrilar, estridular, guizalhar, trilar.
Grou – guir, groir, gruir.
Hiena – gargalhar, gargalhear, gargalhadear.
Iaque – berrar.
Insetos – chiar, chirrear, estridular, sibilar, silvar, zinir, ziziar, zoar, zumbir, zunir, zunitar.
Jacaré – roçagar.
Javali – arruar, cuinchar, cuinhar, grunhir, roncar, rosnar.
Jia – coaxar.
Jumento – o m. q. *burro*.
Juriti – soluçar.
Leão – bramar, bramir, fremir, rugir, urrar.
Lebre – assobiar, guinchar.
Leitão – bacorejar, coinchar, cuinchar.
Lobo – ladrar, uivar, ulular.
Macaco – assobiar, guinchar, roncar.
Macuco – piar, chororocar.
Milheira – tinir.

Mocho – o m. q. *coruja*.
Morcego – trissar.
Mosca – o m. q. *abelha*.
Onça – esturro, esturrar, miar, rugir, urrar.
Ovelha – badalar, balar, balir, berrar, berregar, balido.
Paca – assobiar, rosnar, roncar.
Papagaio – chalrar, falar, granizar, palrar, palrear, taramelar, tartarear.

Passarinhos – apitar, assobiar, cantar, canto, chalrear, chiar, chichiar, chilro, chilrar, chilrear, chirrear, dobrar, estribilhar, galrar, galrear, galrejar, garrir, garrular, gazear, gazeio, gazilar, gorjear, gorjeio, granizar, grazinhar, gritar, modulação, modular, papiar, palrar, piar, pipiar, pipitar, pitar, ralhar, redobrar, regorjear, requebrar, soar, suspirar, taralhar, tintinir, tintinar, tintlar, tintilar, trilar, trilo, trinar, trino, trinolejar, tritrilar, tritrinar, ulular, vozear.

Pato – grasnar, gracitar.
Pavão – pupilar.
Pega – palrar.
Perdiz – piar.
Peixe – roncar.
Pica-pau – restridular.
Peru – bufar, glu-glu, glugluejar, gorgolejar, grugrulejar, grugrulhar, grulhar.
Pinto – piar, pipiar.
Pombo – arrolar, arrular, arrulhar, gemer, suspirar, turturejar, turturinar, volar.
Porco – o m. q. *javali*, mais *gritar*.
Rã – coaxar, engrolar, gasnir, grasnar, malhar, rouquejar.
Raposa – regougar, roncar.
Rato – chiar, chichiar, guinchar.
Rinoceronte – bramir, grunhir.
Rola – o m. q. *pombo*.
Rouxinol – cantar, tinar.
Sapo – o m. q. *rã*.
Saracura – apitar.
Seriema – cacarejar, aflautar.
Serpente – o m. q. *cobra*.
Sucuri – roncar.
Tamanduá – bufar, roncar.
Tapir – V. *anta*.
Taralhão – pistar.
Tatu – choramingar.
Tico-tico – tinir.
Tigre – o m. q. *leão*.
Tordo – trucilar.
Touro – berrar, bramir, bufar, gaitear, mugir, soluçar, urrar.
Tucano – chalrar.
Urso – o m. q. *leão*.
Uru – arpejar.
Urubu – o m. q. *corvo*.
Urutau – gargalhar, gemer, lastimar, regougar.
Veado – bramar, berrar, gemer, rebramar.

509 – Dada a exuberância derivativa de nossa língua, nem sempre se podem traçar limites rigorosos entre os verbos *aumentativos*, *diminutivos*, *frequentativos*, *incoativos* e *imitativos*.

Os principais **sufixos verbais** portugueses, que podem trazer significação especial, são:

açar exprime aumento, intensidade, frequência: esmurraçar (de *murro*), espicaçar (de *picar*), esvoaçar (de *voar*), adelgaçar, envidraçar.

ejar indica continuação, frequência, permanência: alvejar, apedrejar, arejar, boquejar, bordejar, bosquejar, bravejar, cortejar, farejar, velejar, versejar, vicejar.

Nota: Em *invejar* o *j* se deve a um *di* etimológico (inviDIa = inveja: § 69, 4),

entar exprime ação continuada, frequente, morosa: apoquentar, avelhentar, envelhentar, emagrentar, ensanguentar.

icar indica diminuição, pouca intensidade de ação: adocicar, beberricar, bebericar, depenicar.

Nota: Às vezes o sufixo verbal é apenas *ar*, por provir o verbo de diminutivo já terminado em *ico*: *tremelicar*, *ananicar*.

ilhar indica diminuição: dedilhar, fervilhar, saltarilhar.

inhar indica diminuição: cuspinhar, escrevinhar.

itar 1. significa tornar: facilitar (tornar fácil), possibilitar (tornar possível), capacitar (tornar capaz), debilitar, habilitar, infelicitar.

2. indica fraqueza, pouca intensidade de ação, depreciação: chupitar, dormitar, pipitar, saltitar.

izar V. § 448.

ecer traz ideia de começo, de continuidade, de tornar, de fazer com que fique: amadurecer, amortecer, amanhecer, embravecer, entardecer, envelhecer, esclarecer, ensurdecer, emagrecer.

Notas: 1ª – Quase sempre ocorre em tais verbos o prefixo *a* ou *em*.

2ª – Alguns desses verbos têm forma paralela em *ejar*: enverdecer, enverdejar; manquecer, manquejar; amarelecer, amarelejar.

escer indica começo de ação, passagem de um estado para outro, e se prende a verbos latinos terminados em *sco*: florescer, intumescer, recrudescer, rubescer.

Questionário

1. Que compreende por "estudo do verbo quanto à significação"?
2. Estudados quanto à significação, como se dividem os verbos?
3. Há diferença entre *inquieto* e *desinquieto*? Explique a resposta.
4. Há diferença entre *lamber* e *lambiscar*? Explique a resposta e dê outros exemplos.
5. Quanto à significação, que diz do verbo *bordejar*? Cite outros exemplos.
6. Que diz de verbos como *alvorecer*, *florescer*, *envelhecer*? Cite outros exemplos.
7. Que são *verbos onomatopaicos*?
8. Que entende por *vozes de animais*?
9. ESCREVA UMA CARTA, contando notícias várias (tratamento: *você* – tamanho: uma página).

CAPÍTULO 35

LOCUÇÃO VERBAL

513 – Já várias vezes falamos em *locução verbal* ou em *conjugação perifrástica*. Vejamos o que vem a ser isso.

Se um ente pode ser expresso por mais de um nome ("Casa do Estudante" – "Estrada de Ferro Sorocabana" – "João de Almeida e Silva"), constituindo assim uma locução substantiva, se também um adjetivo pode constituir-se de mais de uma palavra, obtendo-se dessa forma uma locução adjetiva, pode igualmente uma ação ser expressa por mais de um verbo, daí resultando a *locução verbal*, ou, por outras palavras, expressa-se a ação por meio de uma frase, por meio de uma *locução*, por meio de dois ou mais verbos.

Sempre que tal acontece, o último dos verbos é que expressa a verdadeira ação, a ação que se quer manifestar, e o outro (ou os outros, quando a locução é constituída de mais de dois verbos) indica o modo, o tempo, a pessoa ou, numa palavra, a *ideia acessória* da ação.

Na sentença: "Podemos escrever" – a ação é expressa por uma locução, isto é, por dois verbos, dos quais o segundo – *escrever* – indica a verdadeira ação que se quer expressar, e o primeiro – *podemos* – indica uma ideia acessória, a ideia de *poder*, ao mesmo tempo que denota o modo e o tempo da ação verbal e a pessoa e o número do sujeito.

Se dissermos: "Deverão ter passado" – "Podíamos ter sido reprovados" – empregaremos locuções verbais com mais de dois verbos, mas a ideia principal será sempre expressa pelo último, indicando os outros a ideia ou ideias acessórias.

Tais circunlóquios dão motivo a uma **locução verbal**: *estou estudando, estás estudando, está estudando* etc.; *devia ter sido reprovado, devias ter sido reprovado* etc.

514 – Além das locuções verbais constituídas pelas formas compostas de certos tempos, quatro tipos principais de locuções verbais podemos obter:

1 – Locuções verbais que indicam **passividade**.

2 – Locuções verbais que indicam **linguagem projetada**.

3 – Locuções verbais que indicam **continuidade**, *frequência* ou *reiteração* de ação.

4 – Locuções verbais que indicam **começo** ou *desenvolvimento gradual* de ação.

Passividade

515 – A voz passiva dos verbos, quando feita pelo primeiro processo (§ 391), é sempre expressa por meio de uma locução verbal:

INDICATIVO

Presente

SING.	Eu sou	(estou)	pago	**PLUR.**	Nós somos	(estamos)	pagos
	Tu és	(estás)	pago		Vós sois	(estais)	pagos
	Ele é	(está)	pago		Eles são	(estão)	pagos

Pretérito imperfeito

SING.	Eu era	(estava)	pago	**PLUR.**	Nós éramos	(estávamos)	pagos
	Tu eras	(estavas)	pago		Vós éreis	(estáveis)	pagos
	Ele era	(estava)	pago		Eles eram	(estavam)	pagos

Pretérito perfeito

SING.	Eu fui	(estive)	pago	**PLUR.**	Nós fomos	(estivemos)	pagos
	Tu foste	(estiveste)	pago		Vós fostes	(estivestes)	pagos
	Ele foi	(esteve)	pago		Eles foram	(estiveram)	pagos

Pretérito perfeito composto

SING.	Eu	tenho	(hei)	sido	(estado)	pago
	Tu	tens	(hás)	sido	(estado)	pago
	Ele	tem	(há)	sido	(estado)	pago
PLUR.	Nós	temos	(havemos)	sido	(estado)	pagos
	Vós	tendes	(haveis)	sido	(estado)	pagos
	Eles	têm	(hão)	sido	(estado)	pagos

Pretérito mais-que-perfeito

SING.	Eu fora	(estivera)	pago	PLUR.	Nós fôramos	(estivéramos)	pagos
	Tu foras	(estiveras)	pago		Vós fôreis	(estivéreis)	pagos
	Ele fora	(estivera)	pago		Eles foram	(estiveram)	pagos

Mais-que-perfeito composto

SING.	Eu	tinha	(havia)	sido	(estado)	pago
	Tu	tinhas	(havias)	sido	(estado)	pago
	Ele	tinha	(havia)	sido	(estado)	pago
PLUR.	Nós	tínhamos	(havíamos)	sido	(estado)	pagos
	Vós	tínheis	(havíeis)	sido	(estado)	pagos
	Eles	tinham	(haviam)	sido	(estado)	pagos

Futuro do presente

SING.	Eu serei	(estarei)	pago	PLUR.	Nós seremos	(estaremos)	pagos
	Tu serás	(estarás)	pago		Vós sereis	(estareis)	pagos
	Ele será	(estará)	pago		Eles serão	(estarão)	pagos

Futuro do presente composto

SING.	Eu	terei	(haverei)	sido	(estado)	pago
	Tu	terás	(haverás)	sido	(estado)	pago
	Ele	terá	(haverá)	sido	(estado)	pago
PLUR.	Nós	teremos	(haveremos)	sido	(estado)	pagos
	Vós	tereis	(havereis)	sido	(estado)	pagos
	Eles	terão	(haverão)	sido	(estado)	pagos

Futuro do pretérito

SING.	Eu seria	(estaria)	pago	PLUR.	Nós seríamos	(estaríamos)	pagos
	Tu serias	(estarias)	pago		Vós seríeis	(estaríeis)	pagos
	Ele seria	(estaria)	pago		Eles seriam	(estariam)	pagos

Futuro do pretérito composto

SING.	Eu teria	(haveria)	sido	(estado)	pago
	Tu terias	(haverias)	sido	(estado)	pago
	Ele teria	(haveria)	sido	(estado)	pago
PLUR.	Nós teríamos	(haveríamos)	sido	(estado)	pagos
	Vós teríeis	(haveríeis)	sido	(estado)	pagos
	Eles teriam	(haveriam)	sido	(estado)	pagos

SUBJUNTIVO

Presente

SING.	Que eu seja	(esteja)	pago	PLUR.	Que nós sejamos	(estejamos)	pagos
	Que tu sejas	(estejas)	pago		Que vós sejais	(estejais)	pagos
	Que ele seja	(esteja)	pago		Que eles sejam	(estejam)	pagos

Pretérito imperfeito

SING.	Se eu fosse	(estivesse)	pago	PLUR.	Se nós fôssemos	(estivéssemos)	pagos
	Se tu fosses	(estivesses)	pago		Se vós fôsseis	(estivésseis)	pagos
	Se ele fosse	(estivesse)	pago		Se eles fossem	(estivessem)	pagos

Pretérito perfeito (composto)

SING.	Que eu tenha	(haja)	sido	(estado)	pago
	Que tu tenhas	(hajas)	sido	(estado)	pago
	Que ele tenha	(haja)	sido	(estado)	pago
PLUR.	Que nós tenhamos	(hajamos)	sido	(estado)	pagos
	Que vós tenhais	(hajais)	sido	(estado)	pagos
	Que eles tenham	(hajam)	sido	(estado)	pagos

Mais-que-perfeito (composto)

SING.	Se eu tivesse	(houvesse)	sido	(estado)	pago
	Se tu tivesses	(houvesses)	sido	(estado)	pago
	Se ele tivesse	(houvesse)	sido	(estado)	pago
PLUR.	Se nós tivéssemos	(houvéssemos)	sido	(estado)	pagos
	Se vós tivésseis	(houvésseis)	sido	(estado)	pagos
	Se eles tivessem	(houvessem)	sido	(estado)	pagos

Futuro

SING.	Quando eu for	(estiver)	pago	PLUR.	Quando nós formos	(estivermos)	pagos
	Quando tu fores	(estiveres)	pago		Quando vós fordes	(estiverdes)	pagos
	Quando ele for	(estiver)	pago		Quando eles forem	(estiverem)	pagos

Futuro composto

SING.	Quando eu tiver	(houver)	sido	(estado)	pago
	Quando tu tiveres	(houveres)	sido	(estado)	pago
	Quando ele tiver	(houver)	sido	(estado)	pago

PLUR.	Quando nós	tivermos	(houvermos)	sido	(estado)	pagos
	Quando vós	tiverdes	(houverdes)	sido	(estado)	pagos
	Quando eles	tiverem	(houverem)	sido	(estado)	pagos

IMPERATIVO

SING. Sê pago
PLUR. Sede pagos

FORMAS NOMINAIS

Infinitivo impessoal

Ser (estar) pago

Infinitivo pessoal

SING.	Por ser	(estar)	eu pago	**PLUR.**	Por sermos	(estarmos)	nós pagos
	Por seres	(estares)	tu pago		Por serdes	(estardes)	vós pagos
	Por ser	(estar)	ele pago		Por serem	(estarem)	eles pagos

Infinitivo pretérito impessoal

Ter (haver) sido (estado) pago

Infinitivo pretérito pessoal

SING.	Por ter	(haver)	eu	sido	(estado)	pago
	Por teres	(haveres)	tu	sido	(estado)	pago
	Por ter	(haver)	ele	sido	(estado)	pago
PLUR.	Por termos	(havermos)	nós	sido	(estado)	pagos
	Por terdes	(haverdes)	vós	sido	(estado)	pagos
	Por terem	(haverem)	eles	sido	(estado)	pagos

Gerúndio

Sendo pago

Gerúndio composto

Tendo (havendo) sido (estado) pago

Particípio

Pago

Nota: V. § 430

Linguagem Projetada

516 – Consiste a *linguagem projetada* numa locução verbal formada pelos auxiliares *ter* e *haver* e o infinitivo impessoal de outro verbo, antecedido da preposição *de*. Temos já disso completo conhecimento pelo que ficou dito no § 432.

Tais expressões verbais se conjugam em todos os tempos, modos e pessoas da voz ativa e da passiva, notando-se que a passiva é formada mediante junção, aos auxiliares, do infinitivo do verbo *ser* mais o particípio do verbo que se quer conjugar:

Tenho (hei) de ser pago, tens (hás) de ser pago, tem (há) de ser pago, temos (havemos) de ser pagos etc.

Nota: Incluem-se ainda neste tipo locuções verbais como *vou louvar*, *estou para louvar*, *devo louvar* etc.

Deverá o aluno reler, neste ponto, o que ficou dito na nota do § 432, na qual está explicada a diferença entre *ter de* e *ter que*.

Continuidade de Ação

517 – Há um tipo de locução verbal, constituído dos verbos *estar*, *andar*, *ficar*, *permanecer*, *viver*, *continuar*, mais outro verbo qualquer no *gerúndio*, ou no infinitivo impessoal precedido da preposição *a*, que dá à expressão ideia de ação frequentativa, continuada, reiterada:

Os pintos *estão a picar* a casca – O trem *está a partir* – As crianças *andam dizendo* nomes feios – Ele *está estudando* – *Vivem estudando* – *Continuam a faltar*.

Em todas essas sentenças empregaram-se locuções verbais que denotam continuidade da ação de *picar*, de *partir*, de *dizer*, de *estudar*, de *faltar*.

Nota: Recorde-se o que se disse na nota do § 416.1 e no § 427, obs. 2, e V. o § 506.

Desenvolvimento Gradual de Ação

518 – O último tipo das locuções verbais ou verbos perifrásticos ou, ainda, locuções perifrásticas é constituído de locuções em que entra o verbo *ir* ou o verbo *vir* junto a gerúndio de qualquer verbo, para exprimir começo ou desenvolvimento gradual de ação: O trem *vai saindo*, eu *venho observando* o progresso de todos os meus alunos, ele *vem vindo*, eu *vou indo*.

O verbo *vir* seguido de *a* e um infinitivo forma locuções verbais e assume o sentido de *acontecer*, *suceder*: *Vieram a* saber – Terras que *venha* ele *a* encontrar – O que *vem a* ser o mesmo – O Faraó *veio* também *a* morrer afogado.

Outras Locuções Verbais

519 – São esses os principais tipos de locuções verbais. Outros ainda há, como, principalmente, aquele em que entram verbos que denotam inclinação, tendência ou obrigação para a prática de uma ação (por alguns chamados *verbos servis*: verbos transitivos, quando trazem por objeto outro verbo), como *dever*, *poder*, *costumar*, *querer*, *desejar*, *conseguir*: *devo ir*, *posso fazer*, *costumava falar*, *queria sair*, *conseguimos escapar*.

Questionário

1. Que é *locução verbal*?
2. Quantos tipos há de locuções verbais? Discrimine, explique e exemplifique cada um deles.
3. Releu a nota do § 432? Diga quando se deve obrigatoriamente empregar *ter de*.
4. Copie estas passagens; ponha após cada uma um *c* para as certas, um *e* para as erradas, um *d* para duas delas cuja correição depende do sentido:

a) Isso nada tem que ver com o caso.
b) Você tem de ver o quanto ele progrediu.
c) Tive sempre de abrir o meu caminho.
d) Tudo o que eu tinha de dizer disse.
e) Outros fatos tínhamos que relatar.
f) Tenho que fazer isso sem falta.
g) Tínhamos todos que levantar-nos cedo.
h) Se você tem que ir, eu não.
i) Teremos que aceitar sua proposta?

*

"Uma raça cujo espírito não defende o seu solo e o seu idioma entrega a alma ao estrangeiro, antes de ser por ele absorvida" – Rui Barbosa.

CAPÍTULO 36

ADVÉRBIO

522 – **Advérbio** é toda a palavra que pode modificar o verbo, o adjetivo e, até, o próprio advérbio.

523 – Sob três aspectos podemos considerar o advérbio:

a) quanto à *circunstância*

b) quanto à *função*

c) quanto à *forma*

524 – Quanto à **circunstância**: Considerar um advérbio quanto à circunstância é considerá-lo quanto à ideia que encerra: se um advérbio indica *lugar* (*aqui*, *ali*, *lá*), outro indica *tempo* (*hoje*, *amanhã*, *sempre*), havendo outros que encerram outras ideias, outras circunstâncias.

Assim considerados, os advérbios classificam-se em advérbios de:

lugar *negação* *intensidade* *modo*
tempo *dúvida* *afirmação*

525 – **LUGAR**:

abaixo, acima[1] adiante, atrás[2]

(1) Com elegância, esses advérbios vêm às vezes pospostos a substantivos: *rio abaixo rua acima*

Atrás *s*

adentro, afora
além, aquém(3)
algures, alhures, nenhures(4)
aqui, aí, ali(5)
arriba, avante
cá, lá, acolá(6)
defronte, detrás
dentro, fora
junto
longe, perto(7)
onde, aonde(8)
exteriormente, interiormente, lateralmente (e outros terminados em *mente)* – V. § 527, obs.

---

(3) *Além* significa *da parte de lá*; *aquém* significa *da parte de cá*: Ir *além*; ficar muito *aquém*. *Aquém de* e *além de* são locuções prepositivas.

O prefixo *cis* equivale a *aquém*: Gália *cis*alpina (de aquém dos Alpes) e o prefixo *trans* equivale a *além*: Gália *trans*alpina (de além dos Alpes). Com elegância pospõe-se às vezes os advérbios *aquém* e *além* a substantivos: Mar *além*, rio *aquém*.

(4) Sobre esses advérbios, veja o § 354, nota 3.

(5) *Aqui*, *aí* e *ali* são advérbios demonstrativos de lugar, relacionando-se *aqui* com a 1.ª pessoa (neste lugar), *aí* com a 2.ª (nesse lugar) e *ali* com a 3.ª (naquele lugar).

Não devemos esquecer-nos de que *aqui* corresponde ao demonstrativo *este*, *aí* a *esse*, *ali* e *lá* a *aquele*. Não se deve dizer: "Estive em Paris e vi *lá* muitas coisas"; o certo é "...vi *aí*", porquanto o advérbio não se relaciona com a distância geográfica da cidade visitada, mas com uma palavra já citada, tal qual foi estudado na nota 2 do § 341: vi *aí* = vi *nesse* lugar (e não: vi *naquele* lugar).

(6) *Cá* corresponde também à 1.ª pessoa: "Vem *cá*" (= aqui). É às vezes usado enfaticamente: "Eu *cá* me entendo".

Lá e *acolá* correspondem ainda à 3.ª pessoa e indicam maior afastamento do que *ali*: "Digo a um: Vai *acolá*, e ele vai; e a outro: Vem *cá*, e ele vem".

Lá empresta às vezes valor negativo à expressão: "Ali ficava eu muito tempo a cismar. Em quê? Eu sei *lá*".

(7) *Longe*, além da função adverbial de lugar, para indicar "a grande distância no espaço ou no tempo" – e é neste caso invariável (Eles foram *longe* – O negócio deita para *longe*) – tem a de adjetivo, com significação de distante, afastado, e é então geralmente usado no plural (Andou por *longes* cidades – Lembrou-se dos *longes* tempos da infância), e ainda a de substantivo, para indicar a parte que forma o fundo de uma pintura, paisagem (Os *longes* do quadro), a parte distante de uma região (nos *longes* do Brasil) e, figuradamente, vislumbres (Deu-me uns *longes* dos seus negócios), pressentimentos, semelhança: Tem uns *longes* disso.

Perto como advérbio não varia: Eles estão *perto* – Eles moram *perto* – Cheguem *perto* – Eles não estavam nem *perto* nem longe.

Pode funcionar adjetivamente (significa "próximo", "que está a pequena distância"), mas, ainda assim, a seguir Morais e Domingos Vieira (os demais dicionaristas nada dizem a respeito), não varia: Eles ficaram *perto* um do outro – Elas ficaram *perto* uma da outra.

Entra na locução prepositiva *perto de* e em locuções adverbiais (*ao perto*, junto, vizinho; *de perto*, a pouca distância, intimamente), sem flexionar-se: Gastamos *perto de* quinhentos cruzeiros – Todos eles, quando não vistos *ao perto*, eram moinhos – Saber alguma coisa *de perto*.

Funciona ainda como substantivo, no plural, por oposição a *longes*: os *pertos* da pintura (os objetos que se reapresentam como mais próximos a quem os vê).

(8) *Onde* pode ser advérbio relativo, com antecedente expresso ou latente; na frase: "A cidade *onde* nasci" – *cidade* é o antecedente expresso do advérbio relativo *onde*. Dizer: "Eu nasci *onde* tu nasceste" – equivale a dizer: "Eu nasci no *lugar onde* (= em *que* = pronome relativo) tu nasceste" – sendo *lugar* o antecedente implícito ou latente do advérbio *onde*.

em cima, em baixo(9)

526 – TEMPO:

agora, ora(1)	antes, depois(3)
ainda (inda)(2)	cedo, tarde, logo

O advérbio *onde* indica estada, permanência "em" um lugar: "Não sei *onde* (*em* que lugar) você o encontrou". O advérbio *aonde* indica movimento "para" um lugar: "Eu sei *aonde* (*para* que lugar) queres ir".

Não se pode empregar *aonde* nem *onde* em períodos cujos verbos se constroem diferentemente; é erro dizer: "Vou aonde você está" – porquanto o verbo *estar* não admite a preposição *a*. O certo é: "Vou *ao lugar em que* você está" – ficando cada verbo com sua devida construção. Compare-se este caso com o estudado com relação ao *quem*: § 379.

Dada a significação relativa que encerram, os advérbios *onde* (lugar em que), *quando* (tempo em que), *como* (maneira por que) e *por que* (motivo por que) podem ligar orações:

Todos procuram saber onde ele está
adv. conjuntivo (V. § 900, n. 4)

(9) Quanto à grafia, V. *Dicionário de Questões Vernáculas*, "em baixo".

526 – (1) *Agora* é forma derivada da locução latina *hac hora* (= nesta hora), e *ora* da palavra latina *hora*. Note-se que *hora*, com *h*, indica o período de tempo de 60 minutos, ao passo que *ora*, sem *h* (não obstante ter procedência igual à de *hora*), é advérbio, que não raro funciona como conjunção.

Também o advérbio *agora* funciona como conjunção, quando repetido:

Agora lhe pergunta pelas gentes
De toda a Hispéria última, onde mora;
Agora pelos povos seus vizinhos;
Agora pelos úmidos caminhos.

(2) Como advérbio de tempo, *ainda* (que por aférese se pode escrever *inda)* significa *até agora*, *até então*: "*Ainda* vive".

Ainda funciona também como advérbio de modo: "*Ainda* assim não aceito".

(3) *Antes* e *depois* pospõem-se às vezes, com elegância, a substantivos: *dias antes*, *dias depois*. Podem ainda indicar outras circunstâncias, como lugar, modo: "Os bancos *antes*, as cadeiras *depois*" – "Na paisagem de quase todos os atuais pintores portugueses, há *antes* uma tendência para pintar vistas".

Não se confundam os advérbios *antes* e *depois* com as locuções prepositivas *antes de* e *depois de*, as quais regem substantivo ou palavra substantivada:

Cheguei	*antes,*	*sairei*	*depois*	–	*Cheguei*	*antes d(e)o*	*chá*
verb.	adv.	verb.	adv.			loc. prepos.	subst.

palavras ligadas pela loc. prepos.

Vou antes de você
locução prepositiva

então[4]
entrementes, já[5]
quando[6]
ontem, hoje, amanhã
outrora
nunca, jamais[7]
sempre
primeiro, primeiramente, secundariamente (e ainda outros em *mente*: atualmente, presentemente, diariamente...)

527 – MODO

acinte[1]
ademais
adrede[2]
ainda[3]
alerta[4]

---

(4) *Então* (= nesse tempo, nessa ocasião) pode denotar tempo passado ("Vivia *então* a gente moderada") e tempo futuro ("Virão *então* os prantos que não consolam"). *Então* funciona também como interjeição, indicando ora espanto, admiração ("*Então*, é possível?"), ora animação: "*Então*? Seja homem!"

A locução interjetiva "com que então" significa *pelo que vejo*, *quer dizer que*: "*Com que então*, você quer mesmo ir-se embora?"

(5) Significa "entretanto", "durante esse tempo", "enquanto isso sucede ou sucedia": "Conversavam todos na sala; *entrementes* (= enquanto isso se dava), Joãozinho peralteava no quintal" – "Voltavam os caçadores; um cão, *entrementes* (= nesse meio tempo), dá com o rasto do animal".

Condenado é o emprego de *mais* em orações temporais, quando substituível por *já*: "O doente *já* não respirava quando o médico chegou" (e não: "...não respirava *mais*") – "*Já* não há lei que os refreie" (e não: "Não há *mais* lei que os refreie"). Em "Não mais verei minha pátria", o *não* equivale a *nunca*, e o *mais* significa *um dia*; confronte-se, neste exemplo de Camões, o correto emprego do *já* e o não menos correto emprego do *mais*: "Se *já* não pões a tanta insânia freio, não esperes de mim daqui em diante que possa *mais* amar-te, mas temer-te".

(6) V. o final da nota 8 do § 525:

Não sei quando virá
adv. conjuntivo (quando)

(7) Advérbios de tempo de valor negativo (= em tempo nenhum).

527 – (1) Significa *de propósito*, *deliberadamente*: "Atirou ele *acinte* com uma pedra a um galo". *Acinte* é também substantivo e indica propósito de fazer alguma coisa, procedimento consciente para oprimir uma pessoa: "O chefe assim procedeu somente por *acinte*".

(2) Origina-se do lat. *directe* e significa *de caso pensado*, *de propósito*, *para esse fim*: "Em caminho, rezou o padre sua missa numas pedras *adrede* preparadas".

Note-se que o advérbio *adrede* (pronuncie "adrêde") costuma anteceder o verbo, que geralmente está no particípio: "Enviou tropas *adrede* exercitadas" – "Esperando estão todos a rainha, que na câmara *adrede* (= de caso pensado) se detinha".

(3) Veja a lista dos advérbios de tempo.

(4) *Alerta*, como advérbio, significa *atentamente*. Emprega-se também como adjetivo (= vigilante, atento): "Eles estavam *alertas*" – "Os editores, sempre *alertas* diante de séries duvidosas...".

Alerta existe ainda como interjeição e como substantivo.

apenas[5]
assim[6]
bem, mal[7]
cerce[8]
como[9]
depressa
devagar
rente
só[10]
também

---

(5) Formado da preposição *a* mais *penas*, plural de *pena* (= padecimento, tristeza), significa etimologicamente *penosamente*, *com dificuldade*: "Ele *apenas* consegue articular os dedos".

Tem também a significação de *somente* "*Apenas* levava na algibeira o dinheiro necessário para a jornada".

(6) É advérbio que entra em várias expressões: *Assim e assim* (nem muito nem pouco, nem bem nem mal), *como assim*? (locução adverbial interrogativa que denota espanto, admiração), *assim como assim* (= de qualquer modo, seja como for: "Eu, *assim como assim*, não nasci para sábio").

(7) **Mal** escreve-se com *l*, quando:

a) advérbio: dormi *mal*, *mal* feito;

b) equivaler a *apenas*: *mal* cheguei, ele saiu (= apenas cheguei, ele saiu) – § 588, n. 2;

c) substantivo: devemos evitar o *mal* (o plural é então *males*).

Mau escreve-se com *u*, quando adjetivo masculino: *mau* aluno, bicho *mau* (tem então plural, *maus*, e feminino: *má*, *más*).

Melhor e *pior* servem de comparativos dos adjetivos *bom* e *mau* e dos advérbios *bem* e *mal*. Não se deve construir "*melhor* informado", "*melhor* acabado" etc.; o mais seguro, antes de particípio, é redigir "*mais bem* informado", "*mais bem* acabado", "*mais mal* feito", "*mais mal* escrito". O caso se agrava quando se flexiona a forma adverbial, "*melhores* informados", o que é erro inominável. V. § 266. V. *Dicionário de Questões Vernáculas*, "mais bem" e "vão melhor".

(8) Significa *rente*, *pela raiz*: "Cortar *cerce*".

(9) Além de advérbio propriamente dito (*Como* vai você?), pode exercer função conjuntiva:

orações ligadas por *como*

Não sei *como* *ele passou*

Note-se, ainda, que *como* pode vir precedido de preposição exigida pela regência de nome ou verbo que o preceda: "Informo-vos *de como* se realizou a parada" – "Relatório *sobre como* se deu o desastre" – "Isto depende *de como* será interpretado" – "Pense *em como* ele irá reagir" – "E logo tomarás *a como* te vi" – "Sinal lhe mostra o Demo verdadeiro *de como* a nova gente lhe seria jugo perpétuo".

(10) *Só* pode ser *advérbio* e *adjetivo*: Como advérbio, significa *somente*, *unicamente*: "Eu *só* (somente) fiz o que você pediu". Como adjetivo, significa *sozinho*: "Eu, *só* (= sozinho), fiz o que você pediu".

A vírgula, no segundo exemplo, vem dar a *só* o valor de adjetivo.

Quando adjetivo, *só* flexiona-se em número: "Estamos *sós*" – "Nós, absolutamente *sós*, partimos para a Europa" (§ 260, n.).

Observação:

É o sufixo *mente* o único sufixo adverbial que possuímos em português; acrescenta-se, para formação de advérbios, aos adjetivos flexionados na forma feminina: *bondos(a)mente*, *caprichos(a)mente*, *precipitad(a)mente* etc. No entanto diz-se *portuguesmente* e não *portuguesamente*, porque a palavra *português*, como todas as que terminam em *es*, *or* e *ol*, era no velho português invariável em gênero: um homem *português*, uma mulher *português* (V. § 258, n. 1).

É erro, portanto, dizer *apenasmente*; o sufixo só se acrescenta a adjetivos; *apenas* já é advérbio. Dizer *apenasmente* é o mesmo que dizer *derrepentemente*, ou seja, é dizer tudo, menos português.

A terminação *mente* dos advérbios de modo significa *maneira*, *modo*, *forma*, e era antigamente considerada substantivo do gênero feminino, o que ainda hoje se vê na locução "de *boa mente*". Essa é a razão por que a terminação *mente* só se agrega à flexão feminina dos adjetivos, a razão por que é aberto o *o* de bon-*dó*-samente, capri-*chó*-samente, a razão ainda por que se pode suprimir a terminação *mente* quando existe uma série de advérbios em *mente*, para colocá-la no último: Ele estuda *calma*, *atenta* e *frequenteMENTE* (de *maneira* calma, atenta e frequente). Só se repete a terminação no caso de ênfase: Assassinou-a cruelmente, barbaramente, friamente. Repetir, sistematicamente, o sufixo *mente*, em enumerações de advérbios assim terminados, não é português.

Os advérbios em *mente* tanto podem indicar modo como lugar ou outra circunstância; a ideia depende do adjetivo a que o sufixo é acrescentado; *exteriormente* (lugar), *primeiramente* (tempo), *certamente* (afirmação), *cortesmente* (modo). O acento circunflexo do adjetivo desaparece: Decreto nº 5.765, de 18-12-1971.

528 – NEGAÇÃO:

não[1]

---

528 – (1) Em certas frases, o advérbio *não* perde seu valor negativo: "Quanto empenho *não* fiz eu para tirá-lo do vício!" – "Que bela coisa *não* é o escrever e o ler!" – "Calcule o prejuízo que ele *não* teve com a geada!"

A expressão *pois não* tem força positiva, equivalente a *pois sim*, conforme o tom em que é proferida: "Queres ir comigo? – Quero, *pois não*". – Não somente em português se dá isso; os alemães carateristicamente começam frases com *não*, quando desejam dar ênfase à afirmação: "*Não*, como é belo o dia" – "*Não*, como é barato".

Emprego errôneo vem-se notando, desde certo tempo, do advérbio *absolutamente.* Indicativo ora de intensidade, ora de modo, tem ainda força confirmativa; como tal, significa *completamente*, *inteiramente*, mas – e aqui está o importante – pode confirmar tanto uma expressão negativa, quanto uma positiva. O erro consiste, precisamente, no atribuírem a esse advérbio valor exclusivamente negativo. A perguntas como esta "É ele seu amigo?" comumente se dá a resposta "Absolutamente", para indicar "de forma nenhuma". Assim não deve ser; sozinho, esse advérbio virá confirmar uma negação ou confirmar uma afirmação positiva, nunca porém indicar, por si só, uma negação. Jamais esse advérbio devemos empregar, isoladamente, para indicar, categoricamente, "não". Quando seu emprego insulado não trouxer claro o sentido confirmativo, deveremos acrescentar qualquer palavra que, de acordo com a pergunta ou com o assunto, esclareça tratar-se de confirmação de coisa positiva ou de coisa negativa: "absolutamente sim", "absolutamente o sou" – ou: "absolutamente não", "absolutamente não o sou", "absolutamente não quero", "tal coisa absolutamente não disse".

nada[(2)] tampouco[(3)]

529 – **DÚVIDA**:

porventura quiçá[(1)] talvez[(2)] acaso

530 – **INTENSIDADE**:

algo[(1)] muito, pouco[(3)]
assaz[(2)] mais, menos[(4)]
bastante[(3)] meio metade[(5)]
demais que[(6)]

---

(2) *Nada* funciona como advérbio em orações negativas quando modifica adjetivo: Ele não está *nada* bom.

(3) *Tampouco* = *também não*: "Ele não saiu e eu *tampouco*" – "Não concordei com o projeto; *tampouco* aceitei as novas sugestões". Note-se bem que o *tampouco* já tem, por si, valor negativo; não se vá, pois, acrescentar um *não* à segunda oração: *tampouco não*...

529 – (1) Significa *talvez, quem sabe, porventura*: "...vencida a primeira estacada que os bárbaros largaram com fácil resistência, *quiçá* fiados no segundo engano".

(2) O advérbio *talvez* exige o subjuntivo quando precede o verbo: "Talvez *haja* conveniência" – "Se tivéssemos mais aulas de gramática, talvez *cuidássemos* mais de falar certo". Deixa o verbo no indicativo quando vem posposto: "*Há* talvez conveniência" – "Se tivéssemos mais aulas de gramática *cuidaríamos* talvez de falar certo" (§ 945, 14).

530 – (1) V. § 354, nota 1.

(2) Significa *bastante, suficientemente*: "Ele é *assaz* instruído" – "*Assaz* tem quem se contenta com o que tem" – "*Assaz* é pobre e delgado quem conta seu gado". Pode-se empregar substantivamente, seguido de *de*, para significar "o quanto é preciso", "o suficiente": "...o que ela muito de ordinário fazia, e com *assaz de* liberalidade".

(3) *Bastante* e *muito* são pronomes adjetivos quando modificam substantivos; em tal caso, variam de acordo com o substantivo a que se referem: "Vi *muitas* ovelhas" – "Comprei *muitos* bois" – "Procurações *bastantes*" (= Procurações em que se conferem poderes juridicamente necessários para determinado fim) – "Argumento *bastante*" (= suficiente) – "Somos *bastantes* para levar a cabo a empresa" (= temos recursos suficientes para...).

Quando advérbios, ou seja, quando modificam adjetivo, verbo ou outro advérbio, permanecem invariáveis: "Estamos *muito* atarefados" – "Estamos *bastante* satisfeitos" (§ 358).

(4) *Mais* e *menos* não variam nem quando advérbios, nem quando pronomes adjetivos: "*Mais* amor e *menos* confiança". Dizer "men*as* confiança" é cometer erro inominável.

(5) *Meio* e *metade* são substantivos que funcionam às vezes como advérbios: "Porta *meio* aberta" – "Porta *metade* aberta" (= porta um tanto aberta – § 261, B). A palavra *meio* pode também funcionar como numeral fracionário: *meia* garrafa – *meia* porta. A expressão "Porta mei*a* aberta" significa "Porta aberta pela metade" (no caso de ser a porta dividida em partes, como acontece com as janelas: "Todas as janelas estavam *meias* abertas").

(6) É advérbio quando modifica adjetivo:

"*Que tolo* você é!" (= quão tolo)

quase(7)	todo(10)
sobremaneira, sobremodo, mesmo(8)	tanto, quanto(11)
tão, quão(9)	sequer(12)

531 – AFIRMAÇÃO:

sim(1)	pois não } (3)	certo
deveras(2)	pois sim } (3)	certamente

---

(7) *Quase* *bom* – *Quase* *quebrou* o braço.
adv. adj. adv. verbo

Quase é advérbio que significa *por um triz* (Quase caí), *a pequena distância*, *com pouca diferença* (Quase bom), *aproximadamente* (Tem quase setenta anos).

Quase que é o mesmo *quase*, com idêntico significado: "*Quase que* caí" – "...cujos mastros *quase que* se elevavam à altura dos edifícios".

O uso de *que* depois de certos advérbios e locuções (*felizmente*, *certamente*, *quase*, *talvez*, *sem dúvida*) encontra-se em bons escritores: "*Quase que* já chegaram" – "*Quase que* é o mesmo" – "*Talvez que* o último dia..." – "*Verdadeiramente que* não tenho a nossa língua por grosseira" – "*Felizmente que* não estava só" – "*Em suma que* nada justifica a implantação desse neologismo". O abuso desse *que* expletivo pode levar-nos a construir como as crianças: "*Onde que* você esteve?" – "*Quando que* iremos?" "*Quem que* disse?" – *Por que que* não responde?".

(8) "Ele estremecia *sobremodo* a terra natal". V. § 342, 3.

(9) Formas apocopadas de *tanto* e *quanto*:

Tão *estudioso*, *quão* *carinhoso*
adv. adj. adv. adj.

(10) V. §§ 350 e 351.

(11) *Tanto* e *quanto* podem equivaler a *muito* quando formam locução adverbial com *mais* ou com *menos*: "Se ele pode, *tanto mais* você" – "Ele pode, *quanto mais* você!" – "Se ele não pode, *tanto menos* você" – "Ele não pode, *quanto mais* você!".

(12) *Sequer* entra em orações negativas: "Os exércitos *não* estavam *sequer* prestes para o combate."

531 – (1) Uma palavra pode de uma classe passar para outra, conforme a função sintática que exerce na frase:

"*Sim* é *advérbio*"

Sim ↓ advérbio substantivado, uma vez que nessa frase está funcionando como sujeito de *é*

advérbio ↓ substantivo adjetivado, visto funcionar como predicativo

(2) Significa *sinceramente*, *realmente*, *verdadeiramente*: "Que lhe fizesse comédias, que haviam de ser portuguesas *deveras*" (pronuncie *devéras*).

(3) *Pois sim* é locução adverbial que denota assentimento: "*Pois sim*, concedo-te a licença".

Pode exprimir, familiarmente, dúvida ou reserva acerca do que outros afirmam: *Pois sim*!

Pois não é locução adverbial que, ao contrário de desaprovação, exprime, de forma cortês, ideia de consentimento: "Farei o que o senhor diz, *pois não*" – "*Pois não*, com muito gosto irei".

532 – **Advérbios interrogativos** – Vimos que, de acordo com a função, certos advérbios podem ser conjuntivos; chamam-se então *interrogativos*, pelo fato de em geral virem em orações interrogativas, tanto diretas quanto indiretas; podem indicar quatro circunstâncias:

advérbios interrogativos { de lugar / de tempo / de modo / de causa

EXEMPLOS:

lugar: "*Onde* está você?" – "Pergunto *onde* você está."

tempo: "*Quando* se deu isso?" – "Não sei *quando* se deu isso."

modo: "*Como* poderá você estudar?" – "Diga-me *como* poderá você estudar." – "*Quanto* você estima a sua casa?"

causa: "*Por que* não me pediu licença?" – "Gostaria de saber *por que* não me pediu licença."

Notas: 1ª – Ortograficamente, o advérbio interrogativo de causa traz os elementos separados, tanto nas interrogativas diretas ("*Por que* você não vai?") quanto nas indiretas ("Quero saber *por que* você não vai"). Quando no fim do período ou insulado, traz o acento circunflexo: "Você não vai, *por quê*?"

2ª – Não se confunda o advérbio interrogativo "por que" com o "por que" de frases como "A razão *por que* assim procedi" – "O caminho *por que* devo passar" – "O avião *por que* fui ao Rio". Agora o *que* é relativo, perfeitamente substituível por *o qual*, *a qual*, *os quais*, *as quais*: "A razão *pela qual* assim procedi" – "O caminho *pelo qual* devo passar".

Outros exemplos: "*Por que* enormes pecados hás chegado a esse estado de infâmia e miséria?" – "*Por que* razão ele assim procedeu eu não sei" – "*Por que* meios pretende você consegui-los?" – "*Por que* palavra se traduz?".

Com a função de relativo, o *que* sempre se separa do *por*, que é preposição. O que é estranho é que a ortografia oficial brasileira exija que se separe o *que* do *por* também quando interrogativo: O "cur", e principalmente o "quare" do latim, palavra esta composta mas sempre escrita como se fosse uma só, o "why" do inglês (o Webster discrimina as três diferentes funções desse advérbio, entre as quais a de interrogativo), o "perché" do italiano, o "pourquoi" do francês, o "warum" do alemão são em dicionários e gramáticas consignados como advérbios, sem mais dificuldades de análise nem de ortografia.

533 – **Quanto** à *forma*(*), os advérbios dividem-se em *advérbios propriamente ditos* e em *locuções adverbiais*.

(*) Entende-se por FORMA, para efeito de classificação de uma palavra, a maneira, o aspeto, o modo com que ela se apresenta à vista ou ao ouvido, isto é, se a palavra que se considera se apresenta verdadeiramente numa só ou em duas (*locução*). Assim, *hoje* é advérbio propriamente dito, visto constituir-se de uma só palavra, ao passo que *depois de amanhã* é locução adverbial, porquanto se constitui de mais de uma palavra.

Os advérbios **propriamente ditos** apresentam-se numa só palavra, quer seja ela simples (*hoje*, *não*, *sim*, *já* etc.), quer composta: *talvez* (tal + vez), *também* (tão + bem).

534 – **Locuções adverbiais** são advérbios expressos por frases (e às vezes por orações) compostas de duas ou mais palavras e exprimem uma das circunstâncias indicadas no parágrafo 524. Aqui se encontram algumas locuções adverbiais portuguesas; esta lista deve pelo aluno ser estudada e recordada, pois seu conhecimento e aplicação muito influem na boa linguagem.

1 – LOCUÇÕES ADVERBIAIS PORTUGUESAS:

A bandeiras despregadas = com toda a expansão: Rir a bandeiras despregadas.

A capucha = escondidamente, sem alarde: Casamento a capucha.

A carga cerrada = de um jato, sem exame nem distinção, por atacado: A câmara votou ontem a carga cerrada todos os projetos que o governo quis fazer passar.

A cavaleiro, às cavaleiras, a cavalinhas = Locuções que significam "em lugar superior": Ele fala a cavaleiro – Os conjurados reuniam-se em uma casa humilde, assentada entre colinas, a cavaleiro de uma várzea.

A chucha caladinha, a chucha calada = Locuções que significam "dissimuladamente", "sem ninguém perceber": Os mais que folguem a seu sabor; nós outros desfrutamos a chucha caladinha a nossa conta.

A colação = a propósito: Isso vem a colação.

A compita = a porfia, em rivalidade com outro: Ambos os periódicos a compita lhe deram estes regalados e maviosos nomes.

A desoras (Não se vá escrever *a dezoras*, com *z*) = fora de hora: E a tais desoras voltas para casa?

A Deus e a ventura = ao Deus dará, ao léu: Despediu-se e saiu a Deus e a ventura.

A Deus misericórdia = graças à misericórdia de Deus.

A duras penas = com grande dificuldade: Conseguiu formar-se a duras penas.

A eito = a fio, sem interrupção: O cavalo saltou quatro valados a eito.

A escala vista = diz-se da escalada a uma praça e entrada nela apesar da defesa.

A escuta = atentamente: Estacaram os ouvidos a escuta.

A esmo = ao acaso, irrefletidamente: Atirava murros a esmo – Processos despachados a esmo.

A espora fita(1) = a desfilada.

A falsa fé = deslealmente, a traição: Atacou-o a falsa fé.

A farta = com abundância: Tudo ali lhe era servido a farta.

A fito = atentamente: A morgada olhava para ele a fito.

A flux (pronuncie *flus*) = em abundância: Estar a flux = ter todos os votos por si – Levar tudo a flux = não deixar escapar nada.

A furtapasso = cautelosamente: andar a furtapasso; sair a furtapasso.

A furto = às ocultas, sem ninguém o saber: Posso a furto ir só.

(1) *Fito* = pregado, cravado.

A granel = em monte, às soltas, sem ser ensacado nem encaixotado, em desordem, abundantemente, sem conta nem peso: O navio traz fava a granel.

A lanço = de propósito: Caiu-lhe ao colo a lanço.

A lufa-lufa = a pressa, rapidamente: A metamorfose operou-se a lufa-lufa.

A mancheias = liberalmente: Fazer a mancheias caridade.

A mão tenente = de muito perto, à queima-roupa: Feriu-o a mão tenente.

A mata cavalos = a toda a brida: Pôs-se a mata cavalos a investigar o caso.

A monte = a granel, a molhos (pronuncie *mólhos*): Solecismos e barbarismos a monte.

A ouro e fio = em perfeito equilíbrio: As palavras foram pesadas a ouro e fio.

A pé quedo = firme, sem se mover: Respondeu a pé quedo.

A pelo = a propósito: A pelo me acode.

A pleno = completamente: Tu que a pleno gozaste.

A pressa = depressa, apressadamente: O hábito a pressa enfiei.

A própria = propriamente, com propriedade: Compre um bruxo, ou, mais a própria, um bode velho.

A recado = acauteladamente: Andar a recado, trazer a recado.

A regalada = regaladamente: Eram comes e bebes a regalada.

A reio = ininterruptamente: Dois dias a reio se bateram.

A revelia = sem conhecimento ou sem audiência da parte revel (pronuncie *revél)*: Sentenciar a revelia – Deixar correr um negócio a revelia = descurá-lo, não se importar com ele.

A revezes = cada um por sua vez: Vinham a revezes cantando.

A rodo = a granel: Escrever artigos a rodo.

A sabendas = de propósito, com conhecimento e notícia: O que a sabendas joga com quem sabe que não tem com que pagar, perde e não pode ganhar.

A sabor = a bel-prazer, a vontade: Tomo com ela intimidade e a meu sabor a domo.

A seu talante, a meu talante = a sua vontade, a minha vontade: Construiu um barco a seu talante.

A socapa = disfarçadamente: Riu-se a socapa.

A solapa = o mesmo que *a socapa.*

A soldada = recebendo dinheiro pelos seus serviços; a soldo: João está a soldada com o irmão.

A sorrelfa = dissimuladamente, com ânimo de enganar: Proceder a sorrelfa.

A súbitas = subitamente: Os apertos deram a súbitas em larguezas liberalíssimas.

A surdina = sem barulho: A surdina dali escapuliu.

A toa = sem reflexão, a esmo, ao acaso: Andar a toa.

A todo o pano = com toda a força, a todo o transe: Atirou-se à luta a todo o pano.

A todo o pulso = com toda a força: Mandou forçar a voga a todo o pulso.

A trecheio = em grande cópia: Bebi a trecheio.

A trecho = a trechos, a passos, a lanços, de quando em quando: Murmurava a trecho certas palavras.

À tripa forra = A larga, muito, sem despender nada: Comer à tripa forra.

A trouxe-mouxe = sem ordem, de qualquer maneira: Executar um trabalho a trouxe-mouxe (pronuncie *trouche-mouche).*

A unhas (unha) de cavalo = com a maior rapidez: Foi necessário escapar a unhas de cavalo.

A vau = sem precisar nadar: Passa-se esse rio a vau.

A ventura = a toa, ao acaso: Os grandes foram ocupando seus lugares a ventura.

A voga arrancada = rapidamente, a toda a força de remos: De princípio a fim competiram a voga arrancada (voga = ação de remar, movimento de remos).

A vozes = em altos gritos: Bradou a vozes que iria.

Ao atar das feridas = com precipitação, à última hora.

Ao desbarato = desbaratadamente, por vil preço, com grande prejuízo.

Ao Deus dará = irrefletidamente: Agir ao Deus dará.

Ao invés = pelo contrário ("Ao invés de" é locução prepositiva: V. § 84, 4, n. 2).

Ao revés = às avessas: Fez tudo ao revés.

Ao viés = obliquamente: A linha equinoxial corta a ilha ao viés.

Às apalpadelas = tateando, apalpando: Como cegos que buscam coisas às apalpadelas.

Às caladas = encobertamente.

Às cegas = cegamente, sem conhecimento.

Às claras = sem rebuço, à vista de todos: Admiração que alimentou longamente e às claras.

Às escuras = sem luz: A igreja ficou totalmente às escuras.

Às fincas = com empenho, com afinco: Sempre se dedicou às fincas à profissão.

Às furtadas = às furtadelas; às escondidas: Este homem andou pela minha quinta às furtadas.

As mais das vezes, as mais vezes ou **o mais das vezes** = quase sempre.

Às mãos ambas = com as duas mãos, com ímpeto: Não queiras às mãos ambas ferindo o peito crédulo exclamar delirante.

Às mãos lavadas = gratuitamente, sem trabalho: Isso eu consegui às mãos lavadas.

Às rebatinhas = a porfia, em disputa: Vinham a mim às rebatinhas.

Às tontas = desgovernadamente: Os cavalos corriam às tontas.

Às vezes – **Por vezes** – **A vezes** = de quando em quando.

Assim como assim = de qualquer modo, seja como for: Eu, assim como assim, não nasci para ser sábio.

De afogadilho = precipitadamente: Agir de afogadilho.

De assento = com sossego, pausadamente: As deliberações foram tomadas de assento.

De beijado (de mão beijada) = gratuitamente, por favor: Recebeu tudo de mão beijada.

De cabo a rabo = de princípio a fim: Li o livro de cabo a rabo.

De caso pensado = propositadamente: Agiu de caso pensado.

De chapa = em cheio: O sol dava-lhe de chapa.

De chofre = de repente: Fez-me a pergunta de chofre.

De cotio = de uso cotidiano: Trazer o fato de cotio (do advérbio latino "quotidie").

De espaço = espaçadamente, devagar: Conversemos de espaço.

De estudo = de propósito, de intento: De estudo evito remover aqui memórias desagradáveis.

De fio a pavio = de princípio a fim.

De golpe = repentinamente: Assumiu de golpe a responsabilidade.

De improviso = sem arranjo prévio, de súbito: Discursou de improviso – Morreu de improviso.

De indústria = de caso pensado: Ela de indústria caiu – Florilégio que mui de indústria expurgamos de esperdícios de argúcia.

De largo = a distância: Passar de largo.

De longe em longe ou **de longe a longe** = a espaços, raramente: Só nos vemos de longe em longe.

De molde = a propósito, na ocasião: De molde lhe vai a esta altiveza natural o gênio sobranceiro.

De momento a momento = sucessivamente, sem intervalos.

De oitiva = de ouvido: Falar de oitiva = falar pelo que ouviu dizer e sem averiguar a verdade.

De onde em onde = aqui e ali, de espaço a espaço: Acariciava-o de onde em onde.

De ouvida = por ter ouvido dizer: Saber de ouvida.

De palanque = sem perigo: Assistir a uma briga de palanque.

De ponto em branco = com todo o apuro: Vestido de ponto em branco.

De presente = atualmente, no tempo presente: De presente domina toda a cidade.

De presto = brevemente, de pronto: Os olhos que tinha vendado de presto se descerraram.

De primeiro = antes de tudo ou de todos: De primeiro, ele proibiu perguntas.

De raiz = solidamente: Saber uma coisa de raiz.

De relance = rapidamente: Lançou de relance os olhos para o guarda.

De repelão = a pressa, velozmente, com violência: Entrou de repelão.

De resto = quanto ao mais, além disso, aliás: De resto, tudo muito bem – De resto, podiam falar com quem lhes cumpria.

De revés = obliquamente, de lado: Olhar de revés.

De rojo = de rastos, tocando o chão: Caiu de rojo.

De roldão = de golpe, de sobressalto: A gente entrou de roldão.

De rota batida = sem parar: Ir de rota batida.

De salto = de repente: Chegou de salto à chefia da fábrica.

De sobreaviso = de atalaia, de prevenção, alerta: Ficou de sobreaviso.

De sobrerrolda (ó) = a espreita, de sentinela: Andava sempre de sobrerrolda avivando os obreiros.

De sobressalto = repentinamente, de surpresa: Alcançou de sobressalto o ladrão.

De soslaio = de esguelha: O sol atirava de soslaio seus últimos raios.

De súbito = repentinamente: De súbito se levantaram e saíram.

De través (em través) = obliquamente, de lado: O carro parou de través.

De tropel = confusamente, tumultuariamente: Todos recuaram de tropel.

De um tiro = de vez, de jato: De um tiro ele resolveu o intricado problema.

De vereda = logo, sem parar: Passou por aqui de vereda.

De vez em quando, de quando em quando = De vez em quando vou à praia.

Em barda = em grande quantidade: Peixe em barda.

Em revés = inclinado, meio deitado: A má disposição da carga fazia-o navegar em revés.

Em som de guerra = hostilmente: Entrou em som de guerra pela província da Beira.

Em verdade = verdadeiramente: Em verdade lhe digo que não posso.

Entre a cruz e a caldeirinha (caldeirinha = vaso de água benta) = Estar entre a cruz e a caldeirinha: em artigo de morte.

Entre lusco e fusco = sem instruções, sem normas precisas: Caminhar entre lusco e fusco.

Fora parte (parte fora, de fora parte; pronuncie *fóra)* = exclusive, excetuadamente: Todos, de fora parte as crianças.

Mercê de Deus = graças a Deus.

Muitas vezes, loc. adverbial que aparece também na forma singular *muita vez* = frequentemente.

Nesse comenos = nessa ocasião: Nesse comenos chegou o rapaz que levara o recado (pronuncie *comênos).*

Nesse meio tempo, nesse entremeio = nesse ínterim, nesse intervalo.

O mais das vezes = A redação normal é "o mais das vezes", onde *mais* está empregado de maneira neutra, substantivamente, como se fosse "o máximo", "o maior número", "a maior porção"; outros exemplos de *mais* com essa função: "Viviam o mais do tempo juntas" – "Passei o mais da tarde repousando".

P-a-pá Santa Justa (pronuncie *pê-á-pá)* = minuciosamente, tim-tim por tim-tim: Contei-lhe tudo p-a-pá Santa Justa.

Para todo o sempre.

Pela rama = superficialmente.

Por artes de berliques e berloques = milagrosamente, por arte mágica: Escapou da morte por artes de berliques e berloques.

Por dá cá aquela palha = por qualquer palha podre, por uma ninharia, por motivo fútil.

Por um és não és = por um triz, quase: Esteve por um és não és a cair na vala.

Pouco e pouco, a pouco e pouco, pouco a pouco (Não se deve dizer *a pouco a pouco*).

Sem bulha nem matinada = silenciosamente, sem alarde.

Sem chus nem bus (ou *sem tus nem bus*) = absolutamente nada: Sentou-se num tamborete sem dizer chus nem bus – Saiu sem fazer tus nem bus (sem fazer bulha, sem dizer palavra).

Sem cruz nem cunho = diz-se de uma pessoa disparatada, que em casos idênticos procede ora de um, ora de outro modo.

Sem rei nem roque = sem governo, desorientadamente.

Sem sobressalto = fleumaticamente, a sangue frio: Respondeu sem sobressalto.

Sem tir-te nem guar-te (contração de *sem tira-te nem guarda-te)* = sem aviso, repentinamente: ...para assim deitares essa obra por terra sem tir-te nem guar-te?

Senão quando, eis senão quando = improvisadamente, de repente.

2 – LOCUÇÕES ADVERBIAIS E ADVÉRBIOS LATINOS – Usam-se em português diversas locuções e advérbios latinos:

A posteriori = pelo que segue: Raciocinar a posteriori = argumentar com as consequências de uma hipótese.

A priori = segundo um princípio anterior, admitido como evidente: Concluir a priori.

Ab æterno = desde toda a eternidade.

Ab imo corde = do fundo do coração.

Ab initio = desde o princípio.

Ab ovo = desde o princípio, a partir do ovo.

Ad amussim = à risca, com exatidão: Ler uma obra *ad amussim.*

Ad hoc = para o caso, eventualmente.

Ad libitum = a vontade.

Ad nutum = segundo a vontade, ao arbítrio.

Ad referendum = pendente de aprovação.

Bis = duas vezes: Ele cantou bis.

Coram popolo = em público, em alto e bom som.

Currente calamo (pronuncie *cálamo*) = ao correr da pena: Fazer versos *currente calamo.*

Data venia = com sua licença.

Et similia = e coisas semelhantes: Redigir cartas, descrições, composições *et similia.*

Ex abrupto = repentinamente, inopinadamente, arrebatadamente: Não devemos proceder *ex abrupto* – Levaram-no *ex abrupto.*

Ex cathedra = de cátedra, em função do próprio cargo: O papa falou *ex cathedra* = falou realmente como sumo pontífice.

Ex corde = do coração: Amigo *ex corde.*

Ex expositis = do que ficou exposto.

Ex officio (pronuncie *êz ofício*) = por lei, oficialmente, em virtude do próprio cargo: O advogado do réu foi nomeado *ex officio* (por lei) pelo juiz – Ser eleitor *ex officio* (em virtude do cargo que ocupa).

Ex positis (pronuncie *pósitis*) = do que ficou assentado.

Ex professo = como professor, magistralmente, com toda a perfeição: Discorreu sobre o assunto *ex professo.*

Exclusive = exclusivamente (Para o emprego, segue a mesma orientação de *inclusive*).

Exempli gratia (pronuncie *grácia*) = por exemplo (abrevia-se *e. g.*).

Gratis = de graça: Entraremos *gratis.* V. *Dicionário de Questões Vernáculas*, "grátis".

Grosso modo = por alto, resumidamente.

Ibidem = aí mesmo, no mesmo lugar.

Idem = o mesmo.

In fine = no fim.

In limine = no limiar, no princípio. As razões foram rejeitadas *in limine.*

In perpetuum = para sempre, para perpetuar.

In totum = em geral, no todo, totalmente.

Inclusive = inclusivamente: Estudem a lição até o parágrafo 500 inclusive (por ser advérbio, jamais se flexiona).

Infra = abaixo, no lugar inferior: Os inframencionados.

Inter pocula (pronuncie *pócula*) = no ato de beber, no festim: Discursar *inter pocula* – Agir *inter pocula* = agir como bêbedo.

Ipsis verbis = com as mesmas palavras, sem tirar nem pôr.

Ipso facto = em virtude desse mesmo fato: Ele não pagou; *ipso facto* não concorreu ao sorteio.

Lato sensu = em sentido geral (o contrário de *stricto sensu* = em sentido restrito).

Maxime = principalmente, mormente: A todos obedeçamos, *maxime* aos pais.

Mutatis mutandis = fazendo-se as mudanças devidas: Tem o pai vários deveres para com o filho; *mutatis mutandis*, tem o filho iguais deveres para com o pai.

Pari passu = a passo igual, junto: Acompanhar alguém *pari passu* = acompanhá-lo por toda a parte.

Per fas et per nefas (pronuncie *néfas*) = a torto e a direito, quer queira quer não, por qualquer meio: Conseguirei *per fas et per nefas* o meu intento.

Primo = em primeiro lugar.

Pro forma = por mera formalidade.

Quantum satis ou **quantum sufficit** = o suficiente, o estritamente necessário.

Retro = atrás: Reporto-me ao que *retro* ficou dito nesta folha. V. *retro* = Veja atrás, veja o verso.

Secundo = em segundo lugar: Por duas razões assim procedi: *primo* porque a consciência o mandava, *secundo* porque as circunstâncias o exigiam.

Sic = assim, deste modo, com as mesmas palavras.

Sine die = indeterminadamente, sem fixar dia.

Statu quo = no estado em que; expressão usada substantivamente no ablativo para indicar o estado anterior a uma situação: Os vencedores mantiveram o *statu quo* na parte monetária.

Stricto sensu = em sentido restrito (o contrário de *lato sensu* = em sentido geral).

Sui generis = de gênero próprio, de gênero especial; peculiar, esquisito.

Supra = acima, no lugar superior: Os supracitados.

Una voce = a uma voz, unanimemente.

Verbi gratia = por exemplo (abrevia-se *v. g.*).

Vice-versa = às avessas, em sentido inverso.

Nota: Muitas dessas locuções adverbiais e advérbios latinos, por muito usados em português, não costumam vir nem grifados nem entre aspas.

Outras locuções, advérbios e provérbios latinos encontram-se no *Dicionário de Questões Vernáculas*.

535 – Muitos dos alunos, nas respostas do questionário da crase, falam em obrigatoriedade de crase "porque é locução adverbial". Não há tal regra, e aqui afirmamos ser errada. As locuções adverbiais levam crase ou para evitar ambiguidade ou quando se enquadram nas regras práticas do emprego da crase: "Peguei à mão" (com crase, tão somente para evitar ambiguidade; pela regra não havia necessidade da crase, uma vez que se diz "pegar *a* laço" e não "pegar *ao* laço"). "Peguei-o a mão" (aqui já não é necessário crase, pois deixa de existir perigo de ambiguidade).

Tratando-se de locuções pluralizadas, como *às vezes*, é claro que a crase deve aparecer: o *s* está denotando que além da preposição existe o artigo no plural.

536 – Uma vez que o advérbio modifica advérbio, pode igualmente modificar locucão adverbial:

"Entrou *muito* *de mansinho*"
adv. → loc. adverbial

Nota: Podem alguns advérbios estar modificando toda a oração: "Sinceramente, não disse isso".

537 – Se o advérbio vem na frase modificando adjetivo, verbo ou advérbio, vezes há em que aparece modificando substantivo.

Isso acontece:

a) Quando o substantivo funciona como predicativo (§ 665):

"És *quase* *homem*" — adv. → predicativo
"É *muito* *verdade*" — adv. → predicativo

b) Em mais alguns casos:

"*Somente* *Cabral* descobriu o Brasil" – "A *não* *observância*"

adv. → subst. — adv. → subst.

Notas: 1ª – A verdade é que certas palavras, por não se poderem claramente enquadrar na restrita conceituação e classificação do advérbio, nem em nenhuma outra classe, terão de classificar-se meramente como "palavras que denotam" exclusão (*só*, *somente*, *unicamente*), inclusão (*outrossim*), situação (*quase*, *casualmente*), designação (*eis*[(1)]), retificação (*aliás*), realce (*nada*), afetividade etc.

2ª – Frequentemente se empregam adjetivos na forma masculina, ou antes, neutra como advérbios: Eles falam *forte* (fortemente) – Falem *baixo* – Leia *alto* – Fomos *direto* ao assunto – Responda *calmo*[(2)].

538 – Se o próprio adjetivo (§ 277) não tem, em rigor, flexão de grau, somente em sentido muito especial se pode dizer que existe flexão de grau para os advérbios. Com tal ressalva, que o aluno já compreende, limitar-nos-emos a alguns exemplos:

comparativo
- de *igualdade*: tão bem, tão harmoniosamente
- de *superioridade*: melhor, pior (§ 527, n. 7), mais bem, mais mal (§ 268), mais harmoniosamente
- de *inferioridade*: menos bem, menos harmoniosamente

superlativo absoluto (§ 272, nota)
- *sintético*: harmoniosissimamente
- *analítico*: muito harmoniosamente

diminutivo: cedinho, longinho, agorinha (§ 240, obs. 2; § 276, n. 5)

Questionário

1. O que é *advérbio*?
2. Faça três frases ou orações, na 1ª das quais haja um advérbio modificando um adjetivo, na 2ª o mesmo advérbio modificando um verbo, e na 3ª ainda o mesmo advérbio modificando outro advérbio (V. § 158).
3. Quanto à circunstância, como se classificam os advérbios? Exemplos.
4. Redija duas orações com o advérbio *onde* e outras duas com *aonde*.
5. Construa dois períodos com o adv. *entrementes*. (Observe a colocação e o significado desse advérbio.
6. Discorra sobre o sufixo *mente*.

---

(1) *Eis* tem força de verbo e rege acusativo:

"Eis *o homem*"
obj. direto

Por essa razão é que se diz *ei-lo*, *eis-nos*, com pronome oblíquo. V. *Dicionário de Questões Vernáculas*, "*eis*".

(2) V. *Dicionário de Questões Vernáculas,* "passeei demasiado".

7. Construa dois períodos com o advérbio *adrede.* (Veja o "note-se" acrescentado a esse advérbio.)
8. *Alerta*, quando adjetivo, pode vir no plural? Exemplo.
9. Que diz das expressões: Lição *mais bem estudada*, trabalho *mais mal acabado*?
10. O *não* é sempre negativo? Exemplifique a resposta.
11. Empregar "absolutamente" com a significação de "não, de forma nenhuma", é certo? Como fugir do erro?
12. Corrija a oração: "Estamos bastantes satisfeitos". Com poucas palavras e com muita clareza, justifique a correção.
13. É correto dizer: "Colhi bastantes frutas"? (Responder somente *sim* ou *não*: V. a *nota* do § 358).
14. Posso dizer "porta meia aberta"? – E se disser "porta meio aberta"? Explique a resposta.
15. Por que certos advérbios se chamam interrogativos? Quais são? Exemplo.
16. Que entende por *forma* quando se classifica uma palavra?
17. Quanto à *forma*, como se dividem os advérbios?
18. Cite dez locuções adverbiais que até agora não conhecia.
19. Que significam as locuções latinas *a priori*, *a posteriori*, *per fas et per nefas*, *mutatis mutandis*, *ex professo* e *ex abrupto*?
20. Há casos em que o advérbio modifica substantivo? Explique e exemplifique.
21. Há palavras que não se enquadram na classe dos advérbios nem em nenhuma outra? Como terão então de classificar-se?
22. A palavra *alto*, da frase "falemos mais *alto*", a que classe de palavras pertence? Explique a resposta (§ 537, n. 2).
23. Diga a que classe de palavras pertence o "só" das duas seguintes orações:
a) Cabral, só, descobriu o Brasil.
b) Cabral só descobriu o Brasil.
24. Corrija:
a) Belmira deixou a roupa no quarador.
b) Em dado momento, ficamos só na sala (§ 527, n. 10, ao pé da página).
c) Prefiro muito mais este dentrifício do que a pasta que você usa (§ 276, n. 4).

*

"A inteireza do espírito começa por se caraterizar no escrúpulo da linguagem" – Rui Barbosa.

CAPÍTULO 37

PREPOSIÇÃO

541 – Tanto a preposição[1] quanto a conjunção são *conectivos*, isto é, são classes que desempenham função de ligação; ambas essas classes ligam, mas entre elas há esta diferença: A preposição liga *palavras* (substantivo a substantivo, substantivo a adjetivo, substantivo a verbo, adjetivo a verbo etc.), ao passo que a conjunção liga *orações*.

Na expressão "livro *de* Pedro", *de* é preposição porque liga a palavra *Pedro* à palavra *livro*, ao passo que nestoutra expressão "Pedro foi *mas* não voltou" – o *mas* é conjunção porque está ligando a oração "Pedro foi" à oração "não voltou".

542 – **Preposição** é, pois, uma palavra invariável que tem por função ligar o complemento à palavra completada. Tais palavras se denominam *preposições* (do lat. *prae* = diante de, mais *positionem* = posição) pelo fato de porem na frente de uma palavra outra que a completa.

Os termos ligados pela preposição denominam-se *antecedente* (o que vem antes da preposição) e *consequente* (o que vem depois). O *antecedente* vem a ser o termo *regente* (que rege, que tem outro debaixo de sua dependência, subordinante), e o *consequente* vem a ser o *regime*, isto é, o termo regido, subordinado; a preposição, juntamente com o consequente, constituem o complemento do termo regente:

(1) Não confunda *prEposição* com *prOposição* (= sentença, oração).

complemento do antecedente

antecedente	*preposição*	*consequente*
casa	de	Pedro
fui	até	Paris
estamos	em	festas
morto	por	desconhecidos

543 – Na ordem em que costumam aparecer em português os termos de uma oração, a preposição vem colocada entre os dois termos por ela ligados. Algumas vezes, no entanto, o *consequente* deixa de vir logo depois da preposição: "Fiz isso pensando *em*, dado o que ele disse, *aliviar* a situação de angústia em que se encontrava". O termo *aliviar* não veio logo depois da preposição *em*, da qual é consequente.

Com maior frequência, o antecedente deixa de preceder a preposição: "*Sobre* isso não quero falar" – A preposição *sobre*, por causa da colocação dos termos, deixou de vir entre *falar* (antecedente) e *isso* (consequente); noutra ordem, a oração seria:

"Não quero *falar* *sobre* *isso*"
↓ ↓ ↓
antec. prep. cons.

Complemento de *falar* (prep. + cons.)

544 – **CLASSIFICAÇÃO**: Classificam-se as preposições em *essenciais* e *acidentais*.

545 – **Preposições essenciais** são as que só desempenham essa função:

a[1]	de[3]	perante
ante	desde	por[6]
após	em[4]	sem
até[2]	entre[5]	sob
com	para[1]	sobre[7]
contra	per[6]	trás

546 – **Preposições acidentais** consideram-se as palavras de outras classes, eventualmente empregadas como preposições:

conforme, consoante[8]	fora, afora	salvo
	mediante	segundo[8]
durante, exceto[9]	menos	
	salvante[9]	tirante[9]

Observação:

As preposições não têm significação intrínseca, própria, mas relativa, dependente do verbo com que são empregadas, e, como nos adverte Carlos Pereira, "só o trato constante dos bons autores nos pode habituar ao manejo correto, elegante e vívido dessas importantes partículas".

Na verdade, o número de preposições existentes em nosso idioma é pequeno (Soares Barbosa chega a contar apenas 16 propriamente ditas); daí resulta ora o emprego de preposições diferentes com idêntico sentido, ora o de uma preposição com significados diferentes. Não deve, portanto, o aluno estranhar que a preposição *a* na frase "uma *a* uma" signifique *por*, e que a mesma preposição na frase "vender *a* fulano" signifique *para*. Conforme dissemos no início desta observação, as preposições não têm significação intrínseca, própria, mas relativa, dependente do verbo com que são empregadas ou da expressão em que aparecem.

Deverá o aluno, no estudar as *notas sobre as preposições*, ter sempre em mente o que acaba de ser observado.

NOTAS SOBRE AS PREPOSIÇÕES: (1) *a*) Acentua-se cada vez mais em nossa língua a tendência para colocar a preposição *a* em grande número de expressões. Assim é que se diz: "Está *a* (consoante) meu gosto" – "*A* (segundo) meu modo de ver" – "*A* (em) 8 de janeiro" – "Ele segue *a* (por) mandado do chefe".

Quem a torto e a direito emprega a preposição *a*, incorre em perigo de praticar galicismos; constituem francesismos os seguintes empregos de *a*: "Sopa *a* tomate" – em vez de "sopa *de* tomate". "Falar *ao* telefone" – em vez de "falar *no* telefone". "Tocar *ao* piano" – em vez de "tocar *no* piano". "Equação *a* duas incógnitas" – em vez de "equação *de* duas incógnitas".

b) São igualmente gaulesas expressões como: "Nada tenho *a* fazer" – "Há muitos pontos *a* esclarecer" – em vez de: "Nada tenho *por* fazer", "Há muitos pontos *para* esclarecer":

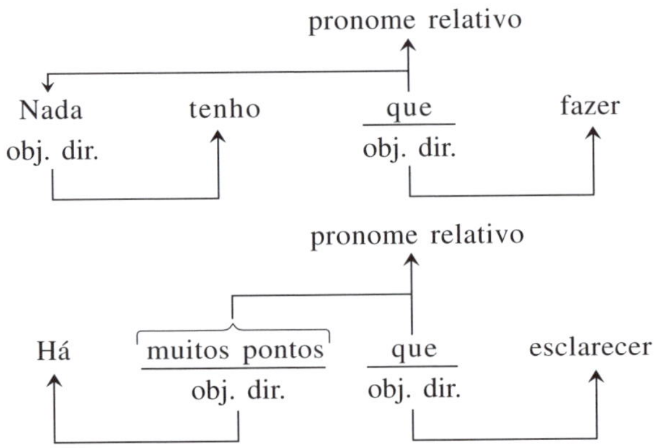

c) A preposição *a* tanto pode indicar *quietação*, *estada* num lugar, como *movimento* para um lugar.

Estávamos *à* (= na) janela (quietação, estada, lugar onde) – Dirigimo-nos à (para a) janela (movimento, lugar para onde).

d) Tem a preposição *para* emprego muitas vezes idêntico ao da preposição *a*: Disse *a* (para) você – Dei *ao* (para o) irmão. – Com os verbos *ir* e *vir*, a preposição *a* denota *transitoriedade* de movimento, ao passo que *para* indica *permanência* ou *destino*: Vamos à Argentina (ir a passeio, ir para voltar) – Veio *ao* Brasil (veio para visitar, veio transitoriamente) – Carlos foi *para* os Estados Unidos (foi fixar residência) – Eu vou *para* o Norte, você *para* o Sul (destino).

(2) *Até* é advérbio quando empregado no sentido de *mesmo*, *ainda*:

"*Podíamos* *até* vender a casa".

verbo adv.

Quando liga dois termos, *até* é preposição: "Foi *até* o cemitério".

Modernamente, a preposição *até* é também usada em forma de locução – *até a*: *até ao* Rio, *até ao* momento – ao lado de "*até* o Rio", "*até o* momento". Note-se que não há diferença de sentido entre essas expressões.

(3) Como acima vimos, uma mesma preposição pode indicar relações diferentes e, por outro lado, duas ou mais preposições podem indicar relação ou relações semelhantes; é o que se passa com as preposições *de* e *por* no agente da passiva (§ 390): "Somos conhecidos *do* prefeito" – "Somos conhecidos *pelo* prefeito".

(4) *a*) Não devemos usar a preposição *em* com verbos de movimento, porquanto *em* indica *lugar onde*: "ir *ao* colégio" – e não "ir *no* colégio" – "chegar *a* um lugar", e não "chegar *em*": chegamos *ao* Rio, cheguei *à* casa dele, cheguei tarde *a* casa, o avião chegou *ao* campo. O mesmo se diga do substantivo *chegada*: por ocasião de sua chegada *a* Recife (e não: chegada *em* Recife). Constituem exceção desta regra alguns verbos, como *ingressar*: "ingressar *no* seminário".

b) Certos escritores têm o tolo escrúpulo de *sempre* escrever "em o novo", "em o nosso", "em a nave". Pode-se perfeitamente dizer "no novo", "no nosso", "na nave", sem cogitar em falta de eufonia na repetição *no-no*, *na-na*. O *em* só não se combina com o *o*, quando este *o* é objeto ou sujeito do verbo: "Fez bem *em os* noticiar".

c) Não se deve empregar a preposição *em* nas expressões "éramos *em* três" – "íamos *em* quatro", porquanto essas construções constituem italianismos; "éramos três", "íamos quatro" é como se deve dizer em português. (D. QVs, Em 5.)

d) Ensinamento de todo falso, inconscientemente propalado de microfones, de salas de aula e de livros, é este: Deve-se construir "Moro à rua Tal" e não "Moro na rua Tal" porque – dizem os falhos doutrinadores – "morar na rua Tal" é morar "no meio" dessa rua.

Quem afirmou que as preposições têm sentido fixo em português? Quem, ciente do que faz, um dia se aventurou a dar os significados das preposições vernáculas, sem o cuidado de exemplificar o emprego? Jamais dirá o professor consciencioso que "de" indica posse, "sobre" significa "em cima de", "com" denota companhia. As preposições nossas não têm significação intrínseca, própria, senão relativa, dependente do verbo com que são empregadas, variável de expressão para expressão. Se "de" indica posse, como analisará o aluno o complemento da frase "vir de Pernambuco"? Se "sobre" significa "em cima de", por que não se poderá construir "Vou falar em cima do ensino"? Se "a" traz a ideia de movimento, que significará a expressão "estar a gosto"?

Como de nosso organismo as veias só com sangue têm função, as preposições de nosso idioma só com outras palavras têm significado.

Se "morar na rua Tal" significa "morar no meio da rua", não poderá ninguém, por coerência com essa pândega doutrina, construir: "Tenho escritório no largo da Concórdia", "Tal livraria fica na praça da Sé", "Fulano mora na avenida Paulista". Imaginem-se estas criações parisienses: Tenho escritório "ao" largo da Concórdia, moro "à" avenida Copacabana, tal livraria fica "à" praça da Sé, não existe farmácia "a" esta rua...

Se o conhecer um idioma não faculta forjar leis de sua gramática, não será o conhecer filosofia que irá trazer o poder de ilação a quem dele foi sempre destituído.

(5) Deve-se dizer "entre mim e ti", "entre ti e mim", "entre ele e mim" e não: "entre mim e tu", "entre ti e eu", "entre ele e eu" ; e assim: "entre Pedro e mim", "entre vocês e mim", "entre mim e você".

(6) *a*) Conquanto primitivamente se fizesse diferença entre *por* e *per* (*por* indicava *a favor de*: "Fiz isso *por* ela" – e *per* indicava *agente*, *meio*: "Fiz *per* ela", isto é, *por meio* dela), hoje só se emprega *per* quando se lhe segue o artigo, com o qual se combina: *pelo*, *pela*, *pelos*, *pelas* – e nas expressões *per si*, *de per si*, *de permeio*. V. D. QVs, *polo*.

b) Deve-se dizer: "Vou *pelo* trem das dez" – "Voltamos *pelo* avião das oito" – "Chegou *pelo* rápido" e não, como fazem os italianos: "Voltamos *com* o avião, chegou *com* o rápido, vou *com* o trem".

c) Emprega-se em expressões de tempo: "uma vez por dia", "três noites por mês", "duas horas por semana".

(7) *a*) Em português, como em outros idiomas, uma preposição ou locução prepositiva e o respectivo regime ("atrás do carro") podem vir regidos de outra preposição: "saiu DE atrás do carro". Outros exemplos: "...pendem, mergulham e desaparecem, numa imensa curva borbulhante, POR *sobre* o largo telheiro abandonado" – "POR *entre* a ganga" – "terreno que lhes foge DE *sob os cascos*", "passou POR *detrás do* teatro", "arrastaram-no PARA *ao pé do* catre", "ela não sai DE *ao pé de* mim", "janela que se abre DESDE *pela* manhã".

b) *Sobre* significa "além de" em expressões como estas: "*Sobre* escassos e honrosos, os desastres não tiveram consequência aviltante" – "*Sobre* honesto, é ele caridoso" – "E *sobre* ser Deus tão amável...".

(8) *Conforme*, *consoante* e *segundo* são preposições derivadas de adjetivos: *conforme* o modelo, *consoante* sua vontade, *segundo* a lei. Como acontece com *até*, as preposições *conforme* e *consoante* vêm às vezes seguidas de *a*: *conforme ao* original, *consoante ao* pedido.

Quando ligam orações, essas palavras passam para a categoria das conjunções: "Procedeu o aluno *conforme* foi aconselhado pelo mestre".

(9) *Durante*, *exceto*, *salvante* e *tirante* são formas nominais de verbos, as quais se imobilizaram entre as preposições. Flexionar hoje essas preposições (tirantes as mulheres, excetas as donzelas, salvantes os juízes) é incorrer em arcaísmo.

547 – **LOCUÇÃO PREPOSITIVA**: Há preposições que se apresentam sob a forma de **locuções**: *além de*, *antes de*, *aquém de*, *até a* (= até), *dentro em* (e não "dentre em"), *dentro de* (e não "dentre de"), *depois de*, *fora de*, *ao modo de*, *à maneira de*, *na conformidade de*, *junto de*, *junto a*,

devido a, *ao través de*, *a par de* etc.: "Chegarei *depois de* você" – "Irei *dentro de* duas semanas".

"Não há por que se confundam as *locuções prepositivas* com as *adverbiais*; traços diferenciais caraterísticos as separam e distinguem, quais os seguintes:

As **locuções prepositivas** têm de ordinário por último elemento componente uma preposição; não assim as *locuções adverbiais*, cujo vocábulo final nunca é representado por uma preposição. Ao demais, do fato de lhes ser em geral posta de remate uma preposição, resulta manifesto que as *locuções prepositivas* entretêm relações estreitíssimas com os vocábulos em cujo meio se elas enquadram e engranzam intimamente.

As **locuções adverbiais**, bem ao revés, são mais independentes, não se prendem tão diretamente, não se subordinam tanto às expressões onde se entremeiam; podem, pelo comum, meter-se entre vírgulas, e não raro cercear-se da contextura do discurso, sem se mutilar nem se desfigurar essencialmente o pensamento" (Carneiro Ribeiro).

548 – **COMBINAÇÃO**: Já vimos algumas combinações de preposições; essas, e outras que serão consideradas no momento oportuno, aqui estão resumidas:

A + artigo: *ao*, *aos*.

Nota: Na *crase* opera-se *contração*.

DE + artigo: *do*, *da*, *dos*, *das*;
+ demonstrativo: *deste*(*s*), *desta*(*s*), *disto*;
desse(*s*), *dessa*(*s*), *disso*;
daquele(*s*), *daquela*(*s*), *daquilo*;
+ pessoal *ele*: *dele*(*s*), *dela*(*s*);
+ advérbios: *daqui*, *daí*, *dali*, *donde*.

EM + artigo: *no*(*s*), *na*(*s*); *num*, *numa*, *nuns*, *numas*;
+ demonstrativo: *neste*(*s*), *nesta*(*s*), *nisto*;
nesse(*s*), *nessa*(*s*), *nisso*;
naquele(*s*), *naquela*(*s*), *naquilo*;
+ pessoal *ele*: *nele*(*s*), *nela*(*s*):
+ indefinido: *outro*: *noutro*(*s*), *noutra*(*s*); *nalgum*.

PER + artigo: *pelo*(*s*), *pela*(*s*).

549 – **CONTRAÇÃO**: É o fenômeno operado na *crase*: *à*(*s*), *àquele*(*s*), *àquela*(*s*), *àquilo*.

550 – **REPETIÇÃO DAS PREPOSIÇÕES**: Sendo nosso idioma analítico, ao contrário do materno, sintético, o estudo das preposições toma a importância que nas ciências assumem os elementos distintivos,

caracterizadores. No "Gênio da Língua Portuguesa", importante obra de Evaristo Leoni, publicada em 1858, encontram-se estas palavras sobre a preposição: "As propriedades que lhe são inerentes e que, produzindo pasmosa variedade nas relações dos nomes e maravilhoso cambiante na acepção dos verbos, assinalam principalmente o gênio da língua, constituem, por certo, o grande caraterístico que a distingue, e de que, com acurado estudo, nos devemos ocupar".

Continuando, assevera com acerto Leoni: "Não duvidamos de que a muitos de nossos leitores pareça enfadonho e, talvez, pouco importante este objeto. Foi, todavia, uma das partes da presente obra que mais escrupulosamente elaboramos e de cuja utilidade mais estamos convencidos". E o mais importante de sua asserção está no final deste período: "Além de devermos às preposições todas as frases e elegâncias da língua, é, aliás, do ignorar o conveniente emprego delas que procede o vermos frequentemente errar a genuína linguagem, que, por tal causa, de dia em dia se vai deteriorando".

A esse introito seguem-se quase cento e setenta páginas sobre as preposições, mas... completo é o silêncio no que respeita à repetição das preposições. É, em verdade, ingrato esse assunto particularizado, que aqui nos arrojamos a ventilar.

Distinguiremos os diversos casos por letras, constituindo o primeiro um esclarecimento preliminar e básico:

a) *Vários nomes, mas um só regime*: Suponhamos uma luta entre um indivíduo, João, e dois outros, Pedro e Paulo. Diremos: "João lutou contra Pedro e Paulo" ou: "João lutou contra Pedro e contra Paulo"?

A segunda construção tem significado diferente da primeira, pois denota duas lutas separadas; João lutou primeiro contra um, depois contra outro. Se a luta foi uma só, a preposição não se repete: "João lutou contra Pedro e Paulo".

Perigo de ambiguidade como esse poderá existir em outras frases semelhantes: "Aos poetas e pintores" (= a pessoas a um tempo poetas e pintores), "Aos poetas e aos pintores" (= aos que são poetas e aos que são pintores).

Não cabe, em tais casos, verificar se as palavras, regidas pela preposição, são ou não antônimas; importa, isto sim, observar se elas constituem um só regime, conjunto, contemporâneo, ou, ao contrário, regimes diferentes, isolados. Quando se diz "Viaja por terra e por mar", diz-se bem, e não seria possível de outra forma dizer. Os elementos não podem constituir complemento conjunto de "viajar" ; a repetição da preposição impõe-se. Quando – considerando-se o caso contrário – diz alguém: "Destruir a ferro e fogo", procede corretamente em não repetindo a preposição, uma vez que as palavras "ferro" e "fogo" indicam elementos contemporâneos de destruição.

"A fita do Gordo e o Magro" – "Um grupo de cinco rapazes e duas moças" – constituem outros exemplos de regime comum, uno, da preposição. Outros exemplos em que a preposição rege vários nomes que constituem um só regime: "Durante o mês passado e parte do presente" – "Homem de cabelos brancos e bigode grisalho" – "Analogia de forma e significação" – "Campo juncado de mortos e feridos" – "Ante a violência do choque e a desordem das vanguardas" – "Casa de pau e barro" – "Comida com sal e pimenta" – "Secretaria de Educação e Saúde Pública" – "Instituto de Aposentadoria e Pensões" – "Tecido de algodão e lã" – "Flexão verbal de modo, tempo, pessoa e número" – "Viver a pão e água" – "As letras dividem-se, quanto à natureza, em vogais e consoantes". Não se trata de regimes isolados; o regime é um só; mais estes exemplos: "Os metaplasmos podem processar-se por adição, subtração e substituição" – "Dividem-se em interjeições propriamente ditas e locuções interjetivas".

Se as palavras que vêm após a preposição não constituem regime uno, contemporâneo, a repetição se impõe: "Nomes derivados de substantivos e de verbos" – "Vive na cidade e no campo" – "Ostenta seu poder no céu, no ar, no mar, na terra" – "Orgulho da ciência e da indústria" – "Honra para mim e para todos" – "Flexão subordinada às regras de Soares Barbosa e à de Frederico Diez".

b) Se os complementos são *palavras que têm mais ou menos o mesmo sentido*, não se deve repetir a preposição: "Viver na moleza e ociosidade" – "Encantou-nos com sua bondade e doçura" – "Deve a vida à clemência e magnanimidade do vencedor".

Razão ainda maior há para não se repetir a preposição quando o segundo elemento é explicativo ou equivalente do primeiro: "Corresponde ao duplo **l** ou **l** molhado" – "Compostos de duas ou mais palavras" – "Seguido de e ou i" – "Indica um conjunto de seres ou objetos" – "Conhecem-se pelo sufixo ou terminação". Em construções como essas, não há verdadeiramente dois regimes, senão um só.

c) *Regimes das preposições "a" e "por", seguidas de artigo definido*: Deve-se repetir a preposição, quando repetido vem o artigo: "Opor-se aos projetos e aos desígnios de alguém" (jamais: "aos projetos e os desígnios") – "Carateriza-se pelo talento e pelos relevantes méritos" (jamais: "pelo talento e os relevantes méritos") – "Flagelado pela peste e pelos estragos" – "Sócrates distinguiu-se pela modéstia e pela sabedoria" – "Choravam pelo pai e pela mãe" – "Marasmado pelo álcool e pela nicotina" – "Morrer pela lei, pelo rei, pela pátria" – "Escarnecido pelo monarca e pelos ministros".

Se não se repetir o artigo, poder-se-á não repetir a preposição, tendo-se sempre em mente as normas *a*) e *b*): "Opor-se aos projetos e desígnios de alguém" – "Flagelado pela peste e estragos". O mesmo poderá ser dito com relação a outras preposições: "Nas formas rizotônicas e derivadas" – "Observações sobre a pronúncia e grafia de certos verbos" (ou: "sobre a pronúncia e sobre a grafia" – não: "sobre a pronúncia e a grafia").

É galicismo ou castelhanismo pôr antes do segundo nome o artigo sem a preposição: "Une patrie dévastée par la faim, la guerre ou la maladie", "Una patria devastada por el hambre, la guerra o la peste" ; em português: "Uma pátria assolada pela fome, pela guerra ou pela doença".

Não devemos imitar exemplos como estes: "O Dante é imortal, mas o seu poema é inspirado pelo misticismo e a vingança" – "Estas palavras quase severas do mancebo foram seguidas de um longo silêncio, apenas interrompido pelo tinir dos pratos e o rumor dos dentes" – "Mas as argolas do caixão foram seguras pelos cinco familiares e o Benjamim".

d) *Regimes antecedidos de possessivo*: Mutatis mutandis, é este caso igual ao anterior, ou seja, repete-se a preposição quando repetido vem o possessivo: "Disponha de minha casa e de minha bolsa" – "Com meu pai e com minha mãe" – "Dê o resto ao meu empregado e ao meu guia" – "Com saudades do seu vinho e dos seus charutos".

Poder-se-á não repetir o possessivo – e então nem a preposição virá repetida – quando aplicáveis as letras *a*) e *b*): "Segundo suas lucubrações e queixumes".

e) *Regime seguido de aposto*: Quando a repetição não se fizer necessária, nem para ênfase nem para clareza, não haverá necessidade de repetir a preposição antes do aposto: "Nascido numa bela cidade, Campinas" – "Proveniente da mais bela das capitais, Rio de Janeiro".

f) *Regimes dispostos em grupos de dois ou mais elementos*: Pode-se repetir a preposição antes de cada grupo: "Acompanhado de professores e advogados, de físicos e químicos, de médicos e dentistas" – "As letras classificam-se em maiúsculas e minúsculas, em vogais e consoantes".

g) *Regime seguido de palavra ou locução explanatória*: Repete-se a preposição: "No mês de janeiro, ou melhor, de fevereiro" – "A propriedade do advérbio, digo, do adjetivo" – "Refiro-me à filha, digo, à sobrinha do mordomo" – "Foi com o mestre, quero dizer, com o diretor".

551 – REPETIÇÃO DAS LOCUÇÕES PREPOSITIVAS:

a) *Regimes ligados por "e"*: Na maioria das vezes, encontramos repetida somente a preposição que finaliza a locução: "Através do Dicionário e da Gramática" (M. Barreto) – "À vista das crônicas coevas e dos documentos" (Herc.) – "Em troca da proteção e do afeto" (M. de Assis) – "Acerca da solidão noturna e do sono e das coisas" (M. de Assis) – "À frente dos soldados vasconços e de algumas tiufadias" (Herc.) – "Por meio da fé e do batismo" (Vieira) – "À vista desta distinção tão verdadeira, e deste desengano tão certo" (Vieira) – "Abaixo de Deus e do estudo" (Castilho) – "Apesar da prima, do baronato, dos meninos, do dinheiro e da saúde" (Camilo)[1] – "À frente dos exércitos e das povoações entusiásticas" (Castilho) – "A instâncias dos seus editores e de outras pessoas" (J. J. Nunes) – "Em direção à Europa e ao sul do continente" (Carneiro Ribeiro) – "Por intermédio das folhas diárias e das subscrições públicas" (Silva Ramos).

Exemplos todavia não faltam de não repetição de nenhum dos elementos da locução: "A custa das concessões e promessas humilhantes" (Herc.) – "Por honra dos santos e dias de festa" (Bernardes) – "A par das crenças e civilização da mãe comum" (J. J. Nunes). Tais exemplos de não repetição são mais frequentes quando os regimes não vêm antecedidos de nenhum determinativo: "Atrair por meio de sedução e recompensa" (Rebelo da Silva) – "Da parte de néscios e ruins" (Castilho).

b) *Regimes ligados assindeticamente*: Quando, em vez de "e", há vírgula entre os regimes, jamais se deixa de repetir o elemento final da locução ou, se for para efeito enfático, conforme iremos ver na letra *e*), a locução inteira: "Através da virtude, da verdade" (Jorge Ferreira) – "A par desses foros imortais, desta bem-aventurança interminável" (Mont'Alverne) – "Apesar da prima, do baronato, dos meninos, do dinheiro..." (Camilo).

c) *Regimes falsamente duplos*: Citemos um exemplo: "Andam sempre através do uso e costume" (Jorge Ferreira). "Uso e costume" é expressão jurídica que, na prática, denota uma só e mesma coisa, e, no Direito, esses dois substantivos vêm sempre juntos.

Por analogia, no mesmo caso se enquadra este exemplo de Vieira: "E se ele se deixasse ver dentro da casa ou sepultura" (Se Vieira tivesse repetido o elemento final da locução, iria especificar coisas diferentes, dando sentido falso ao leitor; "casa" e "sepultura" são palavras que estão aí a indicar uma só coisa).

Caso o "ou" não trouxesse a indicação de uma coisa única, a preposição viria repetida: "Diante dos meus olhos ou dos meus ouvidos" (Silva Ramos).

d) *Regimes distanciados*: Quando de tal forma distanciado do primeiro, que esqueça ao leitor a locução de que ele depende, nada mais natural que vir o segundo regime com a locução repetida: "Não é quanto a ele, que vos lembro reformação, mas só quanto ao modo de..." (Castilho).

---

(1) Não nos parece acertada a doutrina, encontrada em certo autor, de que a locução "apesar de" deveria ser usada somente para significar sentimento de pesar; aí fica um exemplo de Camilo – "apesar da saúde" – a confirmar nosso parecer.

e) Repetição enfática: Por menos atento esteja, notará o leitor o efeito enfático que ao período traz a repetição da locução inteira antes de cada regime, sempre que a repetição seja ditada por essa conveniência: "Ele continua a culminar ali acima das letras, acima da política, acima da magistratura" (Rui).

f) Exemplos que não devem ser seguidos: Constitui galicismo ou castelhanismo – ficou dito na letra *c*) do número anterior – pôr antes do segundo regime o artigo sem a preposição: "Acerca da Companhia de Jesus e a colonização brasileira" (deve ser: Acerca da Companhia de Jesus e da colonização brasileira) – "Acerca do extinto convento da Conceição desaproveitado e as ruínas da contígua igreja" (deve ser: Acerca do extinto convento... e das ruínas...).

552 – **PREPOSIÇÃO e INFINITIVO**: "Não saia sem *mim*", "Não vá sem *mim*" – são construções certas. Não podemos dizer: "Não saia sem *eu*", "Não vá sem *eu*" – porque a preposição exige após si a forma pronominal oblíqua. Acaso dizemos: "Isso não depende de *eu*"? – A mesma razão que nos obriga a construir "Isso não depende de *mim*", obriga-nos a dizer: "Não saia sem *mim*", "Não vá sem *mim*".

Se, porém, nessas orações, vier um infinitivo depois do pronome, já não será permitido o emprego do oblíquo, impondo-se, então, a forma reta: "Não saia sem *eu* ver", "Não vá sem *eu* mandar", "Isso não depende de *eu* estar presente". É que agora a preposição está regendo o infinitivo e não o pronome pessoal; este exerce, nestas frases, função de sujeito do infinitivo e não, como nas orações anteriores, de regime da preposição.

Observe o aluno esta construção: "Para *mim* estudar é uma delícia"; o "mim" está correto, uma vez que não é sujeito de "estudar"; há, nessa oração, simples inversão de termos: "Estudar é para mim uma delícia".

Questionário

1. Por que a preposição e a conjunção se dizem *conectivos*?
2. Que é *preposição*?
3. Como se chamam os termos ligados pelas preposições?
4. Como se classificam as preposições? Exemplos.
5. Que diz, *em geral*, do significado das preposições? Exemplos.
6. É correta a construção: "Nada tenho a fazer"? Por quê?
7. "Éramos em três" – "Íamos em cinco" – "Fui com o trem das oito" – são construções portuguesas?
8. Quando se usa a preposição *per*?
9. Que diz da expressão: "Tirantes as mulheres, todos se levantaram"? Explique a resposta.
10. Há perigo de confusão entre *locução prepositiva* e *locução adverbial*? Por quê?
11. Cite alguns casos de combinações de preposição.
12. Quando ocorre a contração de preposição?

13. Que diz da repetição das preposições? (Discorra somente sobre o ponto que tenha achado mais interessante.)

14. Corrija os períodos:

a) Vou na cidade fazer umas compras, e se ver que não chove talvez vá em Niterói em casa de minha irmã.

b) Recomendo-vos que dispensais toda a atenção a este caso.

c) Entre eu e tu pouca diferença existe.

d) Moro aonde já morou você, à rua dos Farrapos, 13.

CAPÍTULO 38

CONJUNÇÃO

556 – **Conjunção** é o *conectivo* oracional, isto é, é a palavra que liga orações: "O rústico, *porque* é ignorante, vê *que* o céu é azul; *mas* o filósofo, *porque* é sábio *e* distingue o verdadeiro do aparente, vê *que* aquilo *que* parece céu azul, *nem* é azul, *nem* é céu".

Nesse período, os vocábulos *porque*, *mas*, *e*, *que*, *nem* são *conjunções*, porque são os conectivos das orações.

"As conjunções fazem do discurso um todo harmônico e um símbolo dessa unidade que existe no espírito entre nossas ideias e nossos pensamentos, uns relativamente aos outros; elas ligam as orações umas às outras, constituindo os períodos; estes encadeiam-se uns com os outros, tecendo o discurso, o qual, sem esses elementos conectivos, que lhe servem de liga e cimento, perderia seu verdadeiro caráter" (C. Ribeiro).

Classificação

557 – As conjunções ligam as orações de duas maneiras: **coordenando** e **subordinando**(1). *Coordenam*, quando ligam orações da mesma espécie, da mesma *ordem*, e chamam-se, então, conjunções *coordenativas*; *subordinam*, quando ligam orações diferentes de espécie, e então se chamam conjunções *subordinativas*.

(1) Toda a atenção pedimos ao aluno; iremos ser até prolixos na exposição da matéria, mas há disso necessidade, dada a importância do assunto para muitos casos de sintaxe.

558 – Para compreensão do assunto, veremos, antes de tudo, o que vem a ser, em gramática, *período*: **período** é uma ou mais *orações* que formam sentido completo. O fim do período é geralmente indicado pelo *ponto final*, tendo igual função o *ponto de exclamação* e o *ponto de interrogação*, quando equivalem a ponto final (V. nota do n.º 1 do § 144). Dessa forma, obtemos a seguinte sequência:

as letras formam sílabas
as sílabas formam palavras
as palavras formam frases
as frases formam orações
as orações formam períodos
os períodos formam o discurso (ou *oração*, no sentido de *peça oratória*)

559 – As orações podem ser *absolutas*, podem ser *independentes*, podem ser *principais*, podem ser *coordenadas*, podem ser *subordinadas*.

Uma oração é *absoluta* quando tem *sentido completo* e vem isolada. Assim: "Pedro partiu" é oração *absoluta* porque tem sentido completo e vem isolada.

Quando o período se constitui de uma única oração absoluta, chama-se **período simples**.

Nota: As orações absolutas costumam ter o verbo no *indicativo* ou no *imperativo*, pois só esses modos podem enunciar fatos positivos ou independentes. Quando o *subjuntivo* ou o *infinitivo* aparecem numa oração absoluta, ou equivalem ao *imperativo* ou expressam opção (§ 644): "Não *sejais* cobiçosos" – "À direita *volver*" (= *volvei*) – "*Dê-me* Deus vida e saúde".

560 – Agora, se dissermos: "Pedro partiu e João ficou" – teremos um **período composto por coordenação**, ou seja, formado por duas orações de sentido completo, as quais então se chamam *independentes*. O período composto por coordenação pode constituir-se de mais de duas orações independentes:

"Os pedreiros chegaram cedo, (1) trabalharam muito, (2)

mas não terminaram o serviço". (3)

O sujeito das orações 2 e 3 está subentendido (é o mesmo da oração 1), mas isso não impede que elas sejam independentes, isto é, de sentido completo.

561 – Com os verbos *dizer*, *responder*, *exclamar*, *prosseguir* e outros semelhantes, formam-se orações chamadas *interferentes*, por virem, de ordinário, entre os membros de outra oração: "A flor, *disse ele*, é uma maravilha" – "Os cachorrinhos, *respondeu a mulher*, comem as migalhas da mesa de seus senhores".

Observações:

1ª – Tais orações interferentes colocam-se entre vírgulas quando intercaladas.

2ª – As orações interferentes não influem gramaticalmente nas outras orações, isto é, não há subordinação gramatical entre a interferente e a outra oração.

Quando se constrói: *Eu venho*, *disse ele* (ou: *Disse ele*: *Eu venho*) usa-se o **estilo direto**, assim chamado aquele em que a oração é relatada tal qual o autor dela a proferiu. Quando, porém, se constrói: *Ele disse que vem*, emprega-se o **estilo indireto**, assim chamado aquele em que a oração é da autoria do escritor, e neste caso o período passa a ser composto por subordinação (V. § 419, n. 3, c).

562 – A locução *o que* dá origem a orações independentes: "Ele portou-se mal, *o que* muito me contrariou". De fato, *o que*, neste caso, equivale a *isto*, sendo a oração, pelo sentido, *coordenada*.

Outros exemplos: "O artista caiu, *o que* não estava no programa", "Meu filho tirou muito boas notas, *o que* a todos nós foi uma surpresa".

563 – Suponhamos, agora, que alguém a nós se chegue e nos diga, de chofre: "Que você vá". Nada entendemos com essa declaração; a oração não tem sentido completo, não obstante ser uma oração, pois nela existem os termos essenciais da oração: *sujeito* e *predicado*. A oração "que você vá" está necessitando de outra oração, para que tenha sentido completo. Se a pessoa nos tivesse dito: "Não quero que você vá" – tê-la-íamos compreendido.

Pois bem; a oração "que você vá", por necessitar de outra para que tenha sentido completo, chama-se *oração subordinada*, porquanto se subordina a outra, depende de outra, para que tenha sentido completo. A oração da qual a subordinada depende chama-se *oração principal*.

O período que se constitui de uma oração principal e de uma ou mais subordinadas chama-se *período composto por subordinação*:

		conjunção subordinativa ↑
Não quero	‖	que ele vá
oração *principal*	‖	oração *subordinada*

período *composto por subordinação*

564 – O estudo que acima fizemos fornece-nos a seguinte sinopse:

A *ORAÇÃO*, quanto à *função* que exerce no período, pode ser:

Absoluta – Independente – Coordenada – Principal – Subordinada

O *PERÍODO*, quanto à *forma*, isto é, quanto à constituição, pode ser:

Simples – Composto por coordenação – Composto por subordinação

565 – Passemos, agora, para as conjunções: As conjunções que ligam uma oração independente a outra independente, ou uma subordinada a outra subordinada, ou, generalizando, as conjunções que ligam orações da mesma função, da **mesma ordem**, chamam-se **coordenativas**.

As conjunções que ligam a subordinada à principal chamam-se conjunções **subordinativas**.

Nota: Locução conjuntiva: Certas conjunções aparecem sob a forma de locuções, ou seja, são expressas por mais de uma palavra. Exemplos: *por conseguinte, ainda que, salvo se, com tal que, da mesma maneira que*.

Questionário

1. Que é *conjunção*?
2. Que é *período*?
3. Dê um exemplo em que o ponto de interrogação ou de exclamação não equivalha a ponto final (V. a nota do nº 1 do § 144).
4. Como pode ser a oração? Definição e exemplos claros.
5. Quando um período é *composto por coordenação*? (Clareza na explicação e nos exemplos.)
6. Que é *oração interferente*? Exemplo.
7. Quando o estilo se diz *direto*? Exemplo.
8. Quando o estilo se diz *indireto*? Exemplo.
9. Redija um período em que apareça uma coordenada começada por "o que" (= isto).
10. Quando um período é *composto por subordinação*?
11. Quando uma conjunção é *coordenativa*?
12. Quando uma conjunção é *subordinativa*?
13. Que é *locução conjuntiva*?

CAPÍTULO 39

COORDENATIVAS

570 – Há **cinco** espécies de conjunções coordenativas:

571 – **ADITIVAS** são as que ligam duas orações, aproximando-as meramente:

e(1) nem(2) também(3)

---

(1) *a*) A conjunção *e* é o tipo das conjunções aditivas e indica mera relação de nexo; por isso é comumente suprimida, sem prejuízo para o sentido, em uma série coordenada e só é expressa entre o penúltimo e o último termo: "Sócrates, Platão *e* Aristóteles são filósofos de nomeada". – Quando, porém, queremos pintar, com viveza, certa aglomeração de coisas, é de belo efeito torná-la expressa entre os membros da série: "De gente de guerra *e* hostes *e* de arrancada *e* de cavalaria *e* de besteiros (pronuncie *bés-têi-ros*) *e* de flecheiros *e* de ases *e* de trons *e* engenhos, disso sei eu mais a dormir do que vós acordado, mestre João das Regras" (Herculano).

b) As traduções vernáculas da Bíblia conservam a superabundância dessa partícula existente no original, donde o chamarem alguns autores *estilo bíblico* a exuberância da conjunção *e*. A repetição de uma conjunção em frases consecutivas chama-se *polissíndeto*.

c) Ao vocábulo *mais* dá-se às vezes o mesmo valor que à conjunção *e*, sobretudo em linguagem matemática ou familiar: "Dois *mais* dois são quatro" – "Pedro *mais* o irmão chegaram".

d) Entra em frases, unindo dois nomes, para indicar grande quantidade: "Levei horas *e* horas" – "Apareceram homens *e* homens".

(2) *a*) *Nem*, quando aditivo, supõe, antes, uma oração negativa e equivale analiticamente a "e não": "*Não* foi *nem* (= e não) deixou que outros fossem". Como a conjunção *nem* já equivale a "e não", é hoje condenada a anteposição do *e* ao *nem*: "Não foi *e nem* deixou..." – Só é possível dizer "e nem" quando o *nem* não exerce função coordenativa, como nestes exemplos: "Não foi e, nem que tivesse ido, não..." – "Ele não foi e nem por isso faltou à obrigação" – "Corriam alegres para a escola e nem sequer dos brinquedos de casa se lembravam" – "E nem da própria vida estou seguro".(*)

b) Quando repetido, o *nem* implica separação de ideias; diz-se então conjunção *alternativa*: "*Nem* um, *nem* outro" – "*Nem* para trás, *nem* para diante".

(*) V. *Dicionário de Questões Vernáculas*, "e nem".

que[4]		não só... como
não só... mas também		não só... porém sim
tanto... como		não só... que também
assim... como	(5)	não só... senão que
assim... quanto		não só... senão também
assim... que		não só... também

572 – **ADVERSATIVAS** são as que ligam orações de sentido adverso ou contrário:

mas[1] porém[2] todavia[3] contudo

---

c) *Nem* desempenha às vezes função adverbial: "*Nem* por sombra" – "*Nem* por isso" – "*Nem* tudo é bom" – "*Nem* sempre".

d) A locução conjuntiva *que nem*, de significação igual a *como*, só é usada hoje por pessoas incultas: "Ele caiu *que nem* uma pedra".

(3) *Também* é conjunção quando liga duas orações:

"Ele soube, *também* seria reprovado se não soubesse".

Funciona frequentemente como advérbio: "*Também* (adv.) *ali* (adv.)"

Não devemos confundir a conjunção *também* com a expressão *tão bem*:

"Isto está *tão* (adv.) *bem* (adv.) feito que merece ser publicado".

(4) *Que* é conjunção coordenativa aditiva quando equivale a "e": "Dize-me com quem andas, *que* (= *e*) eu te direi quem és" – "A mim *que* (= *e*) não a ele compete fazer isso" – "Mexe *que* (= *e*) mexe".

(5) São locuções conjuntivas, mas, observe-se, nem sempre se pode enquadrar uma locução de maneira rígida dentro de determinado tipo de conjunção, nem coordenativa nem subordinativa.

Exemplos: ...*não só* para mim *mas também* para você – *Tanto* ele *como* você podem... – "...O peso do açúcar, *assim* branco *como* mascavado – ...métodos, *assim* fáceis *quanto* seguros – ...escritores, *assim* antigos *que* modernos – *Não só* cortejavam *como* louvavam – ...impedido *não só* dos anos *porém sim* dos importantes negócios – ...sendo esse *não só* o dever dela *que também* a sua mais ardente vontade – *Não só* não trabalho comendo *senão que* mal as deixo comer – *Não só* os corpos *senão também* as almas padecem – *Não só* nos é preciso constância para sofrer, *também* necessitamos paciência para gozar.

572 – (1) *Mas* é o tipo das conjunções adversativas; indica, nitidamente, adversidade de ideia. À ideia de *ir* opõe-se a ideia de *voltar*; dizendo: "Ele foi, *mas* não voltou" – indicamos o contraste de ideias. Outros exemplos: "Davi escolheu o tempo da noite e assim chorava de noite, *mas* de dia não chorava" – "Entrou, *mas* não pôde sair".

(2) *Porém* é também adversativo, mas não tem a mesma força adversativa que *mas*, e do *mas* ainda se diferencia no seguinte: *Mas* sempre vem no rosto da oração (jamais se dirá: "Ele foi, não voltou *mas*"), ao passo que, atualmente, *porém* vem geralmente depois de iniciada a oração: "Pode ir; não se deixe, *porém*, levar pelas más companhias".

É arcaico e plebeu o emprego conjunto de *mas porém*: "*Mas porém* eu não vou". – *E porém*, *mas contudo*, *e contudo*, *e mas* são também combinações que os bons escritores evitam.

Quanto à vírgula, V. a nota do § 956.

(3) *Todavia* tem a mesma significação de *contudo*, *entretanto*, *no entanto*, *ainda assim*: "E ainda que com estes auxílios o inimigo não levante o cerco, *todavia* se lhe entorpecem as forças e encurtam as licenças".

senão[(4)] aliás[(5)] no entanto[(6)] entretanto ainda assim

573 – ALTERNATIVAS são as que ligam orações que indicam ideias incompatíveis ou alternadas. Enquanto as adversativas indicam oposição definida ("Foi, *mas* não voltou" – "Vai-te, *senão* morrerás"), as alternativas indicam separação vaga ou alternação: "*Ou* vai *ou* trabalha" – "*Quer* João, *quer* Pedro...". São alternativas as seguintes conjunções:

ou[(1)] ou... ou[(2)] já... já[(3)]

---

(4) *a*) *Senão* tem os seguintes significados: 1º – *de outro modo, de outra forma, do contrário*: "Confessa, *senão* morres" – "Não insistas, *senão* apanhas", 2º – *mas sim*: "Se tal disse, não foi com intuito de ofendê-lo, *senão* para adverti-lo". 3º – *a não ser, mais do que*: "Ele não se corrigirá *senão* apanhando" – "Não havia *senão* mulheres na sala".

Quando esses não forem os sentidos, *se* e *não* deverão ser escritos separadamente. Neste caso o *não* conserva todo o seu valor de advérbio de negação, e o *se*, unicamente o *se*, exerce a função de conjunção, que poderá ser substituída por outra conjunção sinônima: "*Se não* queres, não irei", o que equivale a dizer: "*Caso não* queiras, não irei", ou ainda: "Não querendo, não irei" – substituições estas impossíveis nos três casos de cima. Outros exemplos: "Homens iguais, *se não* superiores, temos hoje" (= se não forem; o *se* é conjunção condicional) – "Ganhando, *se não* a cor, o aspeto geral do resto da gente" – "Também um pouco, *se não* muito, amou os clássicos".

b) Quando de duas orações que se ligam e se combinam contiver a primeira a locução negativa *não só* ou *não somente*, a segunda oração será ligada à primeira pelas locuções adversativas *senão também, senão que, mas ainda, mas também, mas até*, ou simplesmente por *senão* ou *mas*: "O sol *não só* excede na luz a cada uma das estrelas e a cada um dos planetas, *senão* a todas e todos incomparavelmente" – "*Não só* é indigno da mercê, *senão também* da graça" – "Em tratando de mouros, ou infiéis, *não só* usa por sua conta, *senão que* atribui ao Apóstolo expressões violentas contra esses mesquinhos" – "*Não somente* a sua convicção, *mas* o seu amor próprio".

c) *Senão quando* é expressão que equivale a "mas, quando menos se esperava": "Caminhávamos, *senão quando* se apresenta um cavaleiro".

(5) *Aliás*, como advérbio, significa *de mais a mais, por outro lado, ou por outra*: "Pedido a que, *aliás*, não pude deixar de atender" – "Em fevereiro, *aliás*, em janeiro, fui ao Rio". Funcionando como conjunção, significa *de outro modo*: "Estuda, *aliás* não passarás nos exames".

(6) Hoje ou se diz *no entanto* ou *entretanto*; cai em desuso a forma *no entretanto*.

573 – (1) *Ou* é o tipo das conjunções alternativas. Há entre *e* e *ou* a seguinte diferença: A primeira estabelece ao mesmo tempo a junção de ideias e a junção material de palavras; a conjunção *ou*, muito pelo contrário, só é um elemento conectivo porque estabelece materialmente a junção de uma oração com outra; materialmente une, mas formalmente desune.

Ou deixa às vezes de indicar alternativa, para indicar distinção, equivalendo a *isto é, por outra forma* (V. a 5ª espécie, *explicativas*): "Um tostão *ou* cem réis", "Aristóteles *ou* o filósofo de Estagira" – ou para indicar possível substituição de uma coisa por outra: "Pode-se admitir a teoria física das emissões *ou* a das ondulações, porque ambas explicam os fenômenos caloríficos".

(2) Quando conjunção alternativa, o *ou* pode vir repetido: "*Ou* o pai *ou* o filho morrerá".

(3) *Já, ora, quer, quando, agora, seja* são conjunções alternativas que vêm repetidamente: "A criança *já* chora, *já* ri" – "*Quer* você queira, *quer* não queira..." – "*Ora* diz sim, *ora* diz não" – "*Quando* age deste modo, *quando* age daquele" (= umas vezes... outras vezes). Note-se a vírgula a separar essas orações alternativas.

seja... seja	quer... quer	quando... quando
ora... ora	agora... agora[4]	

574 – **CONCLUSIVAS**, ou **ilativas**, são as que ligam orações, exprimindo a segunda conclusão ou ilação da primeira:

logo[1]	portanto	enfim	conseguintemente
pois[2]	assim	por fim	consequentemente
então[3]	por isso[4]	por conseguinte	donde, por onde

575 – **EXPLICATIVAS** são as que ligam duas orações, explanando ou continuando a segunda o sentido da primeira:

ou   isto é   por exemplo   a saber   ou seja[1]

Aproveitamo-nos do ensejo para observar, embora a questão não se relacione propriamente ao caso, que não se deve em legítimo português dizer: "*Metade* da população vive a expensas do governo *e a outra metade* a pagar impostos" – pela mesma razão por que não se diz: "*Parte* dos alunos queria férias *e a outra parte* não queria" . O certo é "*Parte* queria férias, *parte* não queria" – "*Metade* vive do governo, *metade* para o governo". Lembremo-nos aqui do adágio: *A metade* do ano com arte e engano, e *a outra parte* com engano e arte (Domingos Vieira, *Tesouro da Língua Portuguesa*).

(4) V. § 526, n. 1.

574 – (1) Exemplo: "Ele bebeu, *logo* não pode conduzir o carro".

(2) Quando conclusivo, *pois* é pospositivo, isto é, vem depois de iniciada a oração: "Perdemos há poucos dias nosso pai; não podemos, *pois*, participar da festa". Quando causal, vem no rosto da oração subordinada: "Nenhum castigo mereço, *pois* nada fiz". No primeiro caso vem entre vírgulas, o que não se dá no segundo (§ 582, n. 3). *Pois* entra nas locuções adverbiais "*pois* sim" e "*pois* não" (§ 531, n. 3, ao pé da pág.). Outras vezes, entra em locuções interjetivas: "*Pois quê*!" – "*Ora pois*!" (V. § 582, n. 3.)

(3) Exemplo: "Ele nos avisou; devemos *então* esperá-lo".

(4) A ortografia oficial adotou a forma analítica para essa conjunção conclusiva: "Vou sair, *por isso* (= portanto) tenha juízo".

575 – (1) *Ou seja*, quando locução conjuntiva, equivale a "isto é" e é invariável; não se dirá: "Dois alqueires, *ou sejam*, 48 mil metros quadrados" – senão: "Dois alqueires, *ou seja*, 48 mil metros quadrados". (Compare-se com a conjunção italiana *ossia.*)

Note-se que "isto é", "a saber", "ou seja" vêm entre vírgulas na oração: "Aprendamos nosso idioma, *isto é*, fortaleçamos o mais sagrado laço de nossa nacionalidade" – "Morreu, *ou seja*, deixou de incomodar-nos".

verbi gratia[2]	depois[5]	demais	(7)
pois bem[3]	além disso	ademais	
ora[4]	com efeito	ao demais	
na verdade	outrossim[6]	de mais a mais	
		demais disso	

Quanto às conjunções *que*, *porque* etc., V. nota 2 do § 582.

---

(2) Pronuncie *verbi grácia*; significa o mesmo que *exempli gratia*, *por exemplo*, *a título de exemplo*.

(3) Com força conclusiva equivale a "está bem", "seja assim".

(4) Exemplo: "O que é bom é amável; *ora*, ele é bom, logo é amável".

(5) Exemplo: "Não o empurrei; *depois*, não estava perto dele no momento da queda".

(6) *Outrossim* significa *ademais*, *igualmente*, *também*, *além disso*, *ao mesmo tempo*: "Nada lhe farei; não quero, *outrossim*, magoar sua família" – "Disse-lhe que o não fizesse; fi-lo *outrossim* ver a não razão de seu intento".

(7) Têm a mesma significação de *além disso*: "Não lhe obedeço; *demais*, esta ordem é ilícita".

Questionário

1. Quantas espécies de *conjunções coordenativas* existem? Definição e exemplos de cada espécie.
2. Que cuidado devemos ter no emprego da conjunção *nem*?
3. Que diz da locução conjuntiva *que nem*?
4. Faça uma oração ou período, no qual o *que* equivalha a *e*.
5. Quando podemos escrever *senão*, e quando devemos escrever *se não*, separadamente?
6. Construa duas orações, na primeira das quais *aliás* funcione como advérbio e, na segunda, como conjunção. Dê o sentido do *aliás* nas duas sentenças.
7. Qual o significado e o emprego de "outrossim", de "demais", de "por isso"?

CAPÍTULO 40

SUBORDINATIVAS

580 – As conjunções subordinativas distribuem-se em **dez** grupos, de conformidade com a ideia que trazem à subordinada; com exceção das *integrantes*, umas subordinativas podem indicar *tempo*, outras podem indicar *modo*, outras indicam *causa*, outras indicam *fim* etc., como passaremos a ver.

581 – **INTEGRANTES**: Assim se denominam as subordinativas *que* e *se*, quando iniciam subordinadas substantivas (§ 892 e ss.):

oração principal: QUERO (v. transitivo direto) — subordinada objetiva direta: QUE ESTUDES
QUE → conjunção integrante; ESTUDES → obj. dir. de *quero*

oração principal: ISTO DEPENDE (v. transitivo indireto) — subordinada objetiva indireta: DE QUE SEJAS DILIGENTE
DE → (1); QUE SEJAS DILIGENTE → obj. ind. de *depende*

oração principal: CONVÉM (v. intrans.) — subordinada subjetiva (sujeito): QUE ESTUDES
QUE → conjunção integrante; ESTUDES → sujeito de *convém*

(1) Comprende-se perfeitamente a necessidade deste *de* antes da conjunção integrante; o verbo *depender* é transitivo indireto, e se constrói com a preposição *de*, a qual deverá interpor-se entre o verbo e o objeto. Fenômeno semelhante vimos com o pronome relativo *que* (§ 345, nota 3).

oração principal	subordinada objetiva direta
NÃO SEI	SE ELE SERVIRÁ
v. trans. dir.	↓ obj. dir. de *sei*
	conjunção integrante

Nota: O *que*, quando conjunção integrante, não raro vem elidido, principalmente em certas expressões como: "Forçoso lhe foi saísse" (= *que* saísse) – "É mister se entreguem" (= *que* se entreguem) – "Pediram-me fosse ver o menino" (= *que* fosse ver o menino). V. § 782, C, n. 1.

Quando o verbo da principal for transitivo direto, não poderemos colocar entre ele e a subordinada objetiva nenhuma preposição. Por isso é que é errado dizer: "Pedimos *para* que venha". *Pedir* é verbo transitivo direto (quem pede, pede *uma coisa)*; portanto só poderemos dizer:

oração principal	subordinada objetiva direta
PEDIMOS	QUE VENHA
v. trans. dir.	↓ obj. dir. de *pedimos*
	conjunção integrante

O v. *pedir* só admite a preposição *para* quando o sentido for o de pedir licença, pedir consentimento, permissão, vênia: "O aluno pediu para sair".

O mesmo se diga de outros verbos volitivos (= que expressam vontade), entre os quais o v. *dizer*, quando usado com essa significação: "Diga a ele *que venha*" (e não: *para* que venha). V. *Dicionário de Questões Vernáculas*, "pedir que".

582 – **CAUSAIS** são as subordinativas que ligam duas orações, das quais uma depende da outra, como o efeito depende da causa; a que indica o efeito é a principal, e a que representa a causa é a subordinada:

porque(1) que(2) pois que(3)

---

(1) Exemplo: "Dei-lho *porque* me pediu". O *porque* era pelos clássicos empregado também como conjunção final (= para que), levando o verbo para o subjuntivo, conforme podemos ver neste exemplo de Camões:

Logo se emboscaram
Porque...
Nos *pudessem* mandar ao reino escuro.

Atualmente, na imprensa, a conjunção final *porque* vai sendo substituída por *para que*: "Faço votos *para que* seja feliz" – em vez de: "Faço votos *porque* seja feliz". – Não faltam, porém, autores contemporâneos, conhecedores do idioma, que empreguem o *porque* final, como nos prova este período, castiçamente redigido: "É a honra que nos compele a zelar *porque* o Brasil sobreviva" (V. § 587).

(2) Exemplos: "Não pôde reter as lágrimas o bom velho, não pôde, *que* elas vinham de um coração" – "Não mais, Musa, *que* a lira tenho destemperada" – "Cansado *que* fiquei, procurei apoio" (V. *Dicionário de Questões Vernáculas*, "que" – pág. 256).

A "Nomenclatura Gramatical Brasileira" traz: "As conjunções *que*, *porque* e equivalentes ora têm valor coordenativo, ora subordinativo; no primeiro caso, chamam-se *explicativas*; no segundo, *causais*".

Há nisso grave engano. Porque as causais explicam a causa, deixam de ser causais para ser explicativas? Quando se redige: "Não suba, que você cai", a subordinada constitui uma explicação, sem porém deixar de implicar motivo. Tanto aí como em "Não mais, Musa, que a lira tenho destemperada e a voz enrouquecida" o *que* (ou *porque* ou *porquanto* ou *pois* etc.) abre orações legitimamente causais. A admitir as causais como explicativas, forçoso se torna admitir como explicativas as finais, as temporais e ainda outras.

porquanto[4]	uma vez que	como[5]
já que	sendo que[6]	visto que[9]
por isso que[7]	dado que	
	desde que[8]	

583 – **COMPARATIVAS**: São o *que* (ou a locução *do que*) e outras palavras, quando ligam à principal uma subordinada que encerre comparação:

que (*do que*): "Dão-se os conselhos com mais boa vontade, *do que* geralmente se aceitam" (§ 265, c, n. 1) – "Sempre nos deleitamos mais em falar, *do que* os outros em nos ouvir" – "A atividade sem juízo é mais ruinosa *que* a preguiça".

Parece que o que houve foi terem dado à palavra "explicativa" o sentido lato de "declarativa", ou terem confundido conjunção com oração, ou gramática com filosofia. Se algo existe é cambiante de significação, não porém mudança de natureza de orações.

Veja-se ademais o pior: Se "que", quando tem valor subordinativo, é causal, vamos chamar "causal" o *que* do período "Gostaria *que* eles estudassem"? Se "que", quando tem valor coordenativo, é "explicativo", vamos chamar "explicativo" o *que* de "Mexe *que* mexe"?

(3) Exemplo: "O senhor rei não comungue, *pois que* não é justiceiro". – O *que* é às vezes suprimido: "Nenhum castigo mereço, *pois* nada fiz". *Pois que* funciona também como locução interjetiva, que denota espanto: *Pois quê!*

(4) *Porquanto* tem o mesmo significado de *visto que*: "Sair-me-ei bem, *porquanto a* sorte me tem sorrido" – "Isso não se faz, *porquanto* o proíbe o bom senso".

Não confundir com o "por quanto" de orações como: "...importância de quinhentos mil cruzeiros, *por quanto* adquiri a fazenda" (= total pelo qual).

(5) Exemplos: "*Como* ele faltou à palavra, julgo-me livre para agir" – "*Como* ontem choveu, não lhe posso entregar hoje o trabalho".

(6) *Sendo que* é locução conjuntiva causal, equivalente a "uma vez que", "dado que", "visto que", "porquanto" etc.: "*Sendo que* você não está bom, desisto da viagem".

Sem essa indicação de causa, a expressão não passa de mais um caso de abuso do gerúndio (§ 944, nota 2): "As frutas estão geralmente caras, *sendo que* as estrangeiras nem se podem comprar". O remédio é simples; por não encerrar ideia circunstancial nenhuma – nem de causa, nem de concessão, nem de nada – substitua-se o insosso "sendo que" por "e" ou por ponto e vírgula: "As frutas estão geralmente caras *e* as estrangeiras nem se podem comprar".

(7) Usam hoje com frequência esta locução conjuntiva, e vemo-la em Gonçalves Viana, em Carlos Góis. No latim, parece-nos, há expressão muito semelhante se não igual: "propter hanc causam quod" (V. Saraiva) é frase que literalmente se traduz *por essa razão que*. Ora, substituindo o *essa razão* por *isso*, temos com toda a segurança *por isso que*. Esta última expressão, vemo-la igualmente no latim "eo quod", frequente em César. Sua tradução literal é *por isso que*.

Devemos convir na legitimidade dessa locução conjuntiva, sem esquecer-nos de que significa *porquanto*, *porque*.

(8) Além de causal ("*Desde que* você não quer, deixaremos todos de ir"), pode ser temporal ("*Desde que* o mundo é mundo, o homem destrói a natureza") e condicional ("Irei *desde que* não chova").

(9) V. D. QVs, *Visto que*.

(tal) *qual*: Ficou tal *qual* dantes era.
(tanto) *quanto*: Fez tanto *quanto* pôde.
(tão) *quão*: Era tão inteligente, *quão* estudioso.

(não só) *como*[1]
(tanto) *como* } (2)
(tão) *como* } (2)

Notas: 1ª – "Tal qual" exige este cuidado: às vezes é locução conjuntiva, ou melhor equivale a uma só palavra, e isso se dá quando substituível por "tal-qualmente", forma esta consignada no "Vocabulário Ortográfico da Língua Portuguesa" da Academia das Ciências de Lisboa: "Eles fizeram *tal qual* mandei"; às vezes cada um dos elementos conserva sua própria função adjetiva: "Praticou ações *tais quais* nunca foram praticadas" – "Os filhos são *tais qual* o pai" – "*Qual* pergunta farás, *tal* resposta terás" – "*Qual* é Maria, *tal* filha cria".

2ª – Não poucas vezes, *tal* deixa de vir expresso em tais orações: "Soldados briosos, *quais* são os portugueses, não usam coisas de faiança" – "Fui dos filhos aspérrimos da terra, *qual* Encélado..." (em vez de: Soldados briosos *tais quais* são os portugueses – Dos filhos aspérrimos da terra fui *tal* (filho), *qual* (filho foi) Encélado...).

3ª – Em construções como "*Antes* querem ao mar aventurar-se *que* nas mãos inimigas entregar-se" – "*Antes* sejamos breve *que* prolixo" – "Quero *antes* isto *que* aquilo", o *antes que*, que agora pode ser *antes do que*, não deve ser confundido com o "antes que" das orações temporais (§ 588).

584 – CONCESSIVAS são as que ligam indicando *concessão*. Suponhamos que alguém nos diga: "*Embora* vá de avião, você não alcançará o vapor". – A pessoa que assim nos diz *concede*-nos a possibilidade de tomar um avião, para dizer que, mesmo com essa concessão, não conseguiríamos alcançar o vapor. As conjunções que trazem ideia de concessão chamam-se *concessivas*:

embora	ainda que	posto que
quando	dado que	conquanto
quando mesmo	em que[1]	que[2]
mesmo que	por mais que	seja que... seja que
quer... quer	por menos que	com } + infinitivo[3]
	por muito que	sem } + infinitivo[3]
	por pouco que	
	se bem que	

---

583 – (1) É indiferente escrever: "*Não só* na grande imprensa *como* em vários escritores" e: "*Não só* na grande imprensa, *mas* em vários escritores". – Nenhuma diferença existe nem quanto à significação, nem quanto à pureza gramatical. Unicamente a análise das orações é que irá variar: *mas* inicia uma coordenada; *como* inicia uma subordinada comparativa: "*Não só* o operário deve ser protegido pelo governo, *mas* o patrão". – O "não só... mas" equivale a "como": "*Como* o operário, deve o patrão ser protegido pelo governo"; há nesse período duas orações, que assim podem ser desdobradas: "O patrão deve ser protegido pelo governo, *como* o operário é protegido pelo governo".

(2) Igual pureza gramatical existe em construções como: "*Tanto* Pedro *quanto* Paulo sabem a lição" e: "*Tanto* Pedro *como* Paulo sabem a lição".

584 – (1) Significa *conquanto*, *embora*: "*Em que* eu seja lavradora, bem vos hei de responder" – "*Em que* pese a meu pai, não serei médico".

EXEMPLOS: *Conquanto* estudasse, não conseguiu aprender – *Quando mesmo* te laves em água de nitro, não te limparás – *Seja que* ele obedeça, *seja que* ele desobedeça, castigá-lo-ei – *Por menos que* puxes, arrebentarás a corda – *Quando* esta resolução não tivera anos de propósito, bastava que tivesse dias de discurso.

585.0 – **CONDICIONAIS** são as que ligam duas orações, pondo a subordinada em relação de condição, de hipótese, de suposição para com a principal:

se	contanto que	a não ser que
salvo se	com tal que	a menos que
exceto se	caso	sem que
		suposto que

EXEMPLOS: *Se* ele quiser, irei – Voltarei domingo, *salvo se* aparecerem outros negócios – *A não ser que* proíbam, haverá sábado um comício monstro – Irei, *contanto que* me paguem a viagem – Pedro não se curará, *a menos que* eu esteja enganado (= *a não ser que* eu esteja enganado) – Irei, *caso* não chova.

Notas: 1ª – Não devemos confundir *se* conjunção com *se* pronome:

"*Se* *se* *pretender* *isso...*"
↓ (Se) conjunção
↓ (se) pronome apassivador (§ 391,2)

2ª – *Sem que* pode ser concessivo (Foi condenado *sem que* pudesse defender-se = embora não, conquanto não) e condicional: *Sem que* respeitemos o próximo não poderemos considerar-nos civilizados (= a menos que, a não ser que, se não) – V. n. 3 (ao pé da pág.) do § 584 e a nota 8 do § 585.5.

3ª – *Suposto que* tem também função concessiva, mormente entre clássicos: "Suposto que a culpa merecia mais compaixão, resolveram aterrá-lo com ameaças".

585.1 – O conjunto da condicional com a principal chama-se **PERÍODO HIPOTÉTICO**.

A subordinada condicional chama-se **prótase** (do verbo grego *proteíno* = propor, pôr em questão); é a que *propõe* a condição para que se realize a ação principal.

---

(2) A conjunção *que* é concessiva em frases como a seguinte: "Pedro não tem dinheiro, e *que* tivesse, não se meteria em empresa arrojada" – onde a conjunção *que* tem o mesmo sentido que *ainda que, concedido que.* – Outros exemplos: "Escrever para os outros não sei, nem *que* o soubera o faria" – "O lugar não tinha nenhuns meios de defesa, e *que* os tivesse, são os Paravás gente branda".

(3) As preposições *com* (na afirmativa) e *sem* (na negativa) têm elegantemente o valor de *concessivas* quando seguidas de verbo no infinitivo: "*Com ser* escravo (= *embora* fosse escravo), tinha pensamento de homem livre" – "...e, *com serem* aqueles algozes tão descorteses e cruéis, nenhum se atreveu a tocar-lhe nem a perder-lhe o respeito" (= *conquanto* fossem) – "*Com ser* sábio, não deixa de errar" – "*Sem ser* escravo, obedecia" (= *embora não* fosse escravo...). O *sem* pode vir com *que* e subjuntivo: *sem que fosse escravo.*

A principal chama-se **apódose** (do verbo grego *apodídomi* = definir); é a que *define*, *determina* a ação.

Período Hipotético	
Se queres a paz,	*prepara a guerra*
subord. condicional	principal
Prótase	Apódose
(propõe)	(determina)

585.2 – Três diferentes hipóteses existem: **real**, **possível**, **irreal**.

585.3 – **Real**, quando existente o fato: Se és homem..., Se Deus existe..., Se queres a paz...(a condição existe, é real ou tida como real: tu és homem, Deus existe, tu queres a paz). O "se" equivale, então, a "já que", "uma vez que", ou seja, a condicional corresponde a uma causal, e o verbo fica no **indicativo** (menos no futuro, que é substituído por uma locução verbal que encerre futuridade: "Se todos nós *vamos morrer*, você não será exceção" – e não "Se todos nós morreremos..."), e também no indicativo ou no imperativo fica o verbo da principal:

Se você não *quer*, não *insisto* – Se você *tinha* pressa, eu também *tinha* – Se *fiz*, foi porque *quis* – Se *lia* muito, *era* porque tinha tempo – Se eu *sabia*, também você *podia* saber – Se *vou* ao teatro, *é* porque gosto – Se você assim *quer*, *cuide* de sair logo – Se eu *posso*, você *poderá* – Se eu *pude*, você *poderá*.

Nota: Construções como "Se vou ao teatro, *é porque* gosto", "Se cheguei tarde, *foi porque* o trem se atrasou", "Se lia muito, *era porque* tinha tempo" constituem períodos formados de uma condicional de hipótese real e uma principal em que o verbo *ser* tem o significado de *suceder*, *acontecer*: Se vou ao teatro, (isso) é (sucede) porque gosto – Se cheguei tarde, (isso) foi (sucedeu) porque o trem se atrasou – Se lia muito, (isso) era (acontecia) porque tinha tempo.

O verbo *ser* tem realmente, entre muitos outros, o sentido de *suceder*, *acontecer*: "E se isto sucedeu no paraíso, cá fora que *será* senão o mesmo?" (Vieira) – A análise só poderá ser feita diante dessa equivalência.

585.4 – **Possível**, quando provável, admissível o fato. O verbo da condicional ou vai para o **subjuntivo imperfeito** (Se eu *quisesse*, se eu *fosse*, se ele *dissesse*) e o da principal para o futuro do pretérito (antes chamado "condicional" em nosso idioma e ainda hoje em outros), ou vai para o **subjuntivo futuro** (se eu *quiser*, se eu *for*, se ele *disser*) quando a hipótese encerrar ideia de possibilidade futura, e então o verbo da principal vai para o futuro – simples ou composto – do indicativo ou fica no presente, usado pelo futuro, ou no imperativo:

Se eu *quisesse*, eu *iria* – Se eu *tivesse querido*, eu *teria ido* – Se eu *fosse*, *teria* de deixar outras coisas – Eu *faria*, contanto que me *deixassem*.

Se eu *quiser* ir, não *irei* precisar de nada – Se eu *for*, *avisarei* – Se ele *disser* sim, *pode* comprar – Se ele não *quiser*, não *insista* – Se *fizermos* o contrário, *teremos conseguido* o nosso triunfo – Se ele *disser* não, eu *volto* atrás – Se ele *insistir*, *comunique-se* comigo.

Notas: 1ª – Não se usa o futuro do subjuntivo a não ser com "se" ou locução que o contenha: Se não *puder*, exceto se não *puder*, salvo se não *puder.* Com "caso" e outras palavras ou locuções condicionais usa-se o presente: Caso *chova*, não irei (ou "não vou", presente pelo futuro) – Vou preparar-me para a nossa viagem, a menos que você *desista* – Vou contanto que ele também *vá* – A não ser que *chova*, irei estar aí às 10.

Já ficou observada a inexistência do futuro do subjuntivo em outros idiomas e no próprio latim (§ 419, n. 4).

2ª – Com efeito enfático, pode o presente do indicativo vir em lugar do fut. do subj.: "Se *avanças*, morres".

585.5 – Irreal, quando verdadeiramente inexistente o fato: Se eu tivesse morrido, se eu fosse anjo. O verbo da condicional vai para o subjuntivo imperfeito ou mais-que-perfeito, e o da principal para o futuro do pretérito simples ou composto: Se eu *pudesse* falar, não *estaria* escrevendo – Se eu *tivesse podido* falar, não *teria escrito* nem *estaria* outra vez escrevendo.

Notas: 1ª – Na hipótese possível e na irreal, podemos elegantemente omitir a conjunção condicional quando a condicional expressa uma eventualidade no passado de consequência certa expressa na principal: Tivesse eu estudado, teria passado.

Essa justaposição de orações exige a posposição do sujeito ou a sua eliminação: Fosse comigo, a coisa teria sido outra – Pudesse falar, não estaria escrevendo (V. § 795, d).

2ª – Ainda na hipótese possível e na irreal, era comum na linguagem antiga o mais-que-perfeito do indicativo na prótase e na apódose: Se eu *pudera* não *ficara* – Mais eu *pudera*, mais *fizera* – Se tu *houveras* estado aqui não *morrera* meu irmão.

Na linguagem clássica a liberdade era ainda maior, aparecendo o imperfeito na principal: Se este documento fosse universal, *estava* achado o meio – ...e nem que pinto fora, assim *piava* – Se ele vivesse, não *existias* tu agora.

A substituição pelo mais-que-perfeito se consagrou em certas expressões hipotéticas e optativas: *Prouvera* a Deus! – Quem me *dera*! – *Pudera*! – *Tomaram* eles poder vê-la na forca! – *Tomara* que caia.

3ª – Também de uso clássico, conservado até hoje em qualquer dos três tipos de hipóteses, é a construção da oração condicional com um infinitivo antecedido de *a*: A não *ser* assim (Se não fosse assim), eu estaria perdido – *A ser-me* isto vedado (hipótese real: Se isto me é vedado), contento-me com o prazer bebido nas ficções de Virgílio – *A* não se *tratar* de um miserável, só duas forças seriam capazes de...

4ª – Ainda mais: Pode a oração condicional ser substituída por verbo no subjuntivo antecedido de *que* (por vezes elidido): *Que se levante* a mais ligeira brisa (Se se levantar...), basta o seu macio bafejo para encrespar a superfície espelhada do mar – *Haja*, porém, um excesso de ácido, a albumina não se separará.

5ª – Orações reduzidas participiais e gerundiais podem indicar condição: Devidamente *preparado*, você poderá enfrentar a situação – *Estudando* de forma inteligente, o assunto se tornará fácil.

6ª – Procedeu como se fosse dono – Quebraram tudo como se fossem bárbaros: Em períodos assim formados (o v. pode estar no mais-q.-perfeito do indicativo), o "como" abre uma oração conformativa (em que se subentende o mesmo verbo da principal no fut. do pretérito) e o "se" é que abre a condicional:

Procedeu como (procederia) se fosse (fora) dono.
↓ (como) — advérbio conjuntivo (= do mesmo modo que, da mesma forma que)
↓ (se) — conj. condicional
↑ (como) — advérbio conjuntivo
↑ (se) — conj. condicional
Quebraram tudo como (quebrariam) se fossem (foram) bárbaros.

7ª – Em "se é que" o "é que" é meramente expletivo (§ 784, n. 5): Você pode sair já, se é que você quer! – O verbo no indicativo, aceitando-se a hipótese como real.

8ª – Conjunções que normalmente encerram outras ideias (tempo, concessão etc.) podem aparecer com força condicional: Você irá ao cinema *desde que* esteja (se estiver) com o serviço em dia – *Sem que* eu recorde tudo (se eu não recordar tudo), não irei tranquilo para o exame.

586 – CONSECUTIVA – Denomina-se conjunção consecutiva o *que*, quando exigido por *advérbio* ("Isto está *tão* bem feito *que* merece ser publicado" – "*Nunca* pensei naquele caso, *que* não me lembrasse de você"), por *adjetivo* ("*Tamanha* era sua sorte, *que* todos os dias ganhava") ou por *locução* de sentido correlativo: "Guarde isto *de jeito que* não se quebre" – "*De tal modo* avançou, *que* se entregou à morte".

O *que*, nesses casos, denota sempre consequência, razão por que se denomina conjunção *consecutiva*. Note-se, todavia, que a palavra ou locução de sentido correlativo pode vir apenas implícita: "Correu *que* parecia vento".

Nota: Nenhum aluno, no estudar nossas conjunções ou no manusear lídimos escritores nossos, terá visto, pluralizadas, locuções conjuntivas como estas: *de maneira que*, *de forma que*, *de sorte que*, *de molde que*, *de jeito que*. Assim foi sempre, e não, como algumas vezes desavisadamente procedem os que falam português, *de maneiras que*, *de formas que*. O substantivo que em semelhantes locuções conjuntivas entra deve ficar no singular.

Acontece, porém, que tais locuções aparecem barbaramente transformadas em *de maneira a*, *de forma a*, *de modo a*, torcendo a construção portuguesa para um modo de dizer que não é nosso. Disfarçando a construção francesa, misturam-na outros com a portuguesa, e então nos oferecem este hibridismo sintático: *de modo a que*, *de forma a que*, *de maneira a que*. Tirando da frase o disfarce da francesia, ou seja, o "a", teremos vernácula a construção.

Elucidemos o assunto com exemplos da construção afrancesada, acompanhados da correspondente portuguesa: Voltou o rosto de modo a não ser visto de frente – Voltou o rosto *de modo que não fosse* visto de frente. Procede ele de forma a não saber eu se... – Procede ele *de forma que não sei se...* (Há, na frase, evidente elipse de *tal*, sendo o *que* conjunção consecutiva: *de tal forma que*.) O trabalho deve ser de maneira a conseguir... – O trabalho deve ser *de maneira que consiga...*

Fujamos, pois, com real proveito para o vernáculo e, muitas vezes, para maior compreensão e beleza do pensamento, das locuções *de forma a*, *de jeito a*, *de modo a*, *de molde a*, *de maneira a*, *de natureza a*, *de sorte a*, *de arte a*. Construamos como Camilo: "Tem ela os olhos *de jeito e molde que...*".

587 – FINAIS são as que ligam exprimindo circunstância de fim:

para que	a fim de que[5]	porque[5]
que (= para que)		

Exemplos: Tudo fizemos *para que* ele sarasse – Tu que as gentes da terra toda enfreias, *que* (= para que) não passem o termo limitado – Ao rei presentes manda, *porque* (= a fim de que) a boa vontade tenha firme – *Porque* sofra menos é que iremos dar este remédio (§ 582, n. 1).

588 – TEMPORAIS são as que ligam duas orações, trazendo ideia de tempo para a subordinada:

quando	enquanto[4]	que[1]	
apenas [2]	logo que	depois que	senão quando[3]
mal [2]	até que (§ 904)	assim que	ao tempo que
desde que (§ 113, C)	antes que	sempre que	ao passo que[4]

Exemplos: Eu sairei *quando* ele entrar – *Enquanto* a vara sobe e desce, as costas folgam – Não o vi *desde que* se empregou – Trabalhe *até que* eu mande parar – Recolha a roupa *antes que* chova – Afastei-me *assim que* o vi – *Ao passo que* você ia, eu vinha – Trabalharão *enquanto* eu quiser – Assim se compunha a devota matrona com a sua consciência *ao passo que* aliciava o chocarreiro para a ajudar.

589 – PROPORCIONAIS são as que ligam dando à subordinada, geralmente colocada em primeiro lugar, paridade, aumento ou diminuição de ideia, comparada com a expressa na principal:

---

(1) Temos visto as diversas funções do *que*. Encontramo-lo agora como conjunção subordinativa temporal, função que exerce quando a frase encerra ideia de tempo: "Já cinco sóis eram passados, *que* dali nos partíramos" – "Foi então *que* nós dissemos isso" – "Há mais de sessenta anos *que* nasci" – "Hoje, *que* a primeira febre e os ódios injustos da insurreição estão passados, pode-se já...".

(2) *Apenas* e *mal* são advérbios que passam a ser conjunções quando atam duas orações: "Ele saiu, *apenas* eu cheguei" – "*Mal* desembarcou, começou a estudar".

Quando não ligam orações, *apenas* e *mal* são advérbios: "Vou *mal*" – "*Apenas* gemeu".

(3) Veja a nota 4 do § 572.

(4) Tem muitas vezes sentido adversativo: "João é estudioso, *enquanto* ou *ao passo que* Antônio não é".

Diz-se "ao passo que", mas não se diz "enquanto que"; o certo é: "Você se saiu bem, *enquanto* eu me saí muito mal" (ou: "Enquanto você se saiu bem, eu me sai muito mal").

(5) V. *a fim de*, *por que* no D.QVs.

subordinada		*principal*	
quanto	mais	tanto	mais
	menos		menos
	maior		maior
	menor		menor
	melhor		melhor
	pior		pior

à medida que
à proporção que

Exemplos: *Quanto mais* ganhavam, *tanto mais* pediam – *Quanto mais* eu viajava, *tanto menos* pensava em voltar – *Quanto mais* madrugares, *tanto mais* saúde terás – Ele melhorava *à medida que* o frio diminuía.

Nota: O primeiro elemento *tanto* pode ser omitido: *Quanto mais* vão medrando as enormidades, *mais* se impõe a exigência de agravá-las – *Quanto mais* difícil for a subida, *mais* rejubilará minh'alma.

590 – **CONFORMATIVAS** são as que ligam indicando semelhança, paralelismo, conformidade de ideia:

como conforme consoante segundo da mesma maneira que

Exemplos: Ele agiu *como* pedi – Faça *conforme* o seu pai disse – Todos se vestem *consoante* veem no cinema – Faça *segundo* eu digo, não *segundo* eu faço.

Questionário

1. Quantas espécies de conjunções subordinativas existem? (Clareza nas definições; citação completa das conjunções nas suas diferentes espécies; explicação completa e clara das *integrantes*.)
2. Construa um período em que entre a subordinativa causal *porquanto*.
3. Construa três períodos, empregando em cada um deles as concessivas *conquanto*, *em que*, *que*.
4. *Com* pode ter força de conjunção? Quando? Exemplo.
5. Construa um período em que entre a subordinativa condicional "a menos que".
6. Preencha os claros destes períodos hipotéticos com os verbos indicados entre parênteses:
   a) (reter) Ele poderia falar contanto que o choro.
   b) (ver) Ficarei contristado se você fumando novamente.
   c) (convir) Faria o negócio com tal que à firma.
7. Construa um período em que entre a subordinativa final *que*.
8. Construa quatro períodos, em dois dos quais o *como* funcione como conjunção *conformativa*, e noutros dois como conjunção *causal*.

9. Há diferença de pureza gramatical entre "tanto... quanto" e "tanto... como" ?
10. Quais as três hipóteses que a prótase pode encerrar? (Dê um exemplo de cada uma.)
11. Qual a diferença de significação entre "Se ele quer estudar medicina, deverá (deve)..." e "Se ele quiser estudar medicina, deverá (deve)..."?
12. Com relação à hipótese, que significa "Se ele quisesse estudar medicina, deveria..."?
13. Que hipótese encerra o período "Tivesse eu morrido, meu filho teria continuado meu trabalho"?
14. Que está elidido no período da pergunta anterior?
15. Que diz do período "Mais fizera se mais tivera ajuda"? (§ 585, n. 2.)

Quando conhecer todas as nossas conjunções, distinguindo o significado e o emprego de cada uma, você escreverá com beleza e correção que poucos escritores têm atualmente. Estas lições devem ser recordadas durante grande parte de sua vida.

CAPÍTULO 41

INTERJEIÇÃO

595 – **Interjeição** é a palavra ou a simples voz, ou, muitas vezes, um grito, que exprime de modo enérgico e conciso não já uma ideia, mas um pensamento, um afeto súbito da alma; a interjeição vem a ser a expressão sintética do pensamento, podendo desdobrar-se numa oração; assim, o grito de *Socorro!* equivale à oração "Acudam-me". *Cáspite!* equivale a "Eu admiro". *Ai!* equivale a "Tenho dor".

Muito pouca importância tem esta classe de palavras; além da divisão e de algumas notinhas, nada mais há que sobre ela dizer.

596 – Quanto à *significação*, as interjeições dividem-se de acordo com o sentimento que exprimem:

1 – *dor*	– ai! ui!
2 – *alegria*	– ah! eh! oh![1]
3 – *desejo*	– oxalá! tomara!
4 – *admiração*	– puxa! cáspite! safa! quê!
5 – *animação*	– eia! sus! coragem!
6 – *aplauso*	– bravo! apoiado!
7 – *aversão*	– ih! chi! irra! apre!
8 – *apelo*	– ó[2], olá! psit! pitsiu! alô! socorro!

---

(1) "De todas as exclamações nenhuma se apresenta com uso tão frequente e sentido tão variado como a interjeição *oh!*. Basta modificar o tom de voz para cada caso particular e ela denotará alegria, tristeza, pavor, nojo, espanto, admiração, dor, piedade etc." (Said Ali).

(2) Esta interjeição, que entra facultativamente no vocativo, não admite depois de si o ponto de exclamação: "*Ó* menino, não faças isso" – O *ó* de apelo não deve ser confundido com o *oh!* de admiração; este, sim, admite e sempre requer o ponto de exclamação: "*Oh!* que maravilha!".

9 – *silêncio* – psit! psiu! caluda!
10 – *interrogação, espanto* – hem!

Notas: 1ª – A conjunção *que* aparece como partícula expletiva, conseguintemente sem nenhuma função sintática, depois de várias interjeições: "Oxalá *que* ele venha" (= Oxalá ele venha) – "Oh! *que* não sei como tive mão em mim".

2ª – Há interjeições que são *onomatopaicas*, isto é, indicam na pronúncia o que significam: *zás-trás*, *chape*, *tchim-bum*, *piá*.

3ª – Com exceção do *ó* de apelo, as interjeições requerem o ponto de exclamação, mas *oxalá*, *tomara* e *olá* só o exigem quando isolados ou em fim de oração ou de frase.

597 – **LOCUÇÃO INTERJETIVA:** Certas interjeições aparecem sob a forma de *locuções*: *aqui d'el-rei!* (= acudam aqui os oficiais do rei), *pobre de mim!*

Questionário

1. Que é *interjeição*?
2. Como se dividem as interjeições?
3. Entre *ó* e *oh!* que diferença existe?
4. Analise o *que* da expressão "Oh! *que* maravilha!"
5. Que são interjeições onomatopaicas?

CAPÍTULO 42

ANALOGIA VOCABULAR

600 – Em conclusão ao estudo das classes das palavras, veremos certas relações entre os vocábulos de nosso idioma.

Analogia de função

601 – Em primeiro lugar notamos certa relação analógica, isto é, de semelhança, entre as classes de palavras; se as considerarmos quanto à *função*, obteremos três grupos: um de palavras *nominativas*, outro de palavras *modificativas* e um terceiro de palavras *conectivas*.

1º – Palavras *nominativas* são as que têm por função nomear os seres; tais são o *substantivo* e o *pronome*.

2º – Palavras *modificativas* são as que têm por função *modificar* outras palavras; tais são o *adjetivo*, o *verbo* e o *advérbio*.

3º – Palavras *conectivas* são as que têm por função ligar ou relacionar outras palavras entre si; tais são a *preposição*, a *conjunção*, o *verbo de ligação*, o *pronome relativo* e o *advérbio relativo*.

Analogia de forma e significação

602 – Há entre as palavras relação entre a *forma* (= *aspeto*, *modo* com que a palavra se apresenta à vista ou ao ouvido) e a *significação* (= *sentido*, *ideia* que a palavra encerra). Consideradas sob tal aspeto, as palavras podem ser *homônimas*, *parônimas*, *sinônimas* e *antônimas*.

603 – **HOMÔNIMAS**[1] são palavras iguais na forma e diferentes na significação. Como, porém, a forma pode relacionar-se já ao ouvido, já à vista, temos duas espécies de palavras homônimas: homônimas *homófonas* e homônimas *homógrafas*:

a) **Homônimas HOMÓFONAS** (gr. *phonê* = som) são as que têm som igual e significação diferente[2]:

acender (atear fogo)	– ascender (subir)
acento (icto da voz)	– assento (banco)
acerto (ato de acertar)	– asserto (afirmação)
acessório (q. não é fundamental)	– assessório (auxiliar)
apressar (dar pressa a)	– apreçar (dar preço de)
área (superfície)	– ária (cantiga)
bucho (estômago)	– buxo (planta)
caça (do v. *caçar)*	– cassa (tecido; do v. *cassar*)
caçar (apanhar)	– cassar (anular)
cartucho (invólucro)	– cartuxo (frade da Cartuxa)
cédula (bilhete)	– sédula (cuidadosa)
cegar (privar da vista)	– segar (ceifar)
cela (cubículo)	– sela (arreio)
cerrar (fechar)	– serrar (cortar)
cessão (ato de ceder)	– seção (divisão) – sessão (reunião)
cesta (caixa de vime)	– sexta (6.ª)
cheque (ordem de pagamento)	– xeque (lance de xadrez)
concelho (município, distrito)	– conselho (opinião, aviso; corpo de pessoas)
concerto (harmonia, simetria)	– conserto (remendo)
coser (costurar)	– cozer (cozinhar)
hera (planta)	– era (do v. *ser*; época)
incipiente (principiante)	– insipiente (ignorante)
laço (laçada)	– lasso (frouxo)
paço (palácio)	– passo (ato de andar)
remição (resgate)	– remissão (indulgência, perdão)
russo (da Rússia)	– ruço (pardacento)
sede (assento)	– cede (do v. *ceder*)
senáculo (lugar de sessões)	– cenáculo (lugar de ceia)
silha (assento)	– cilha (cinta)
sisa (imposto de transmissão)	– cisa (corte)
tenção (propósito)	– tensão (expansão)
testo (tampa de barro)	– texto (tratado)
vês (do v. *ver*)	– vez (ocasião)

---

(1) *Homônimo* é palavra composta dos elementos gregos *homós*, que quer dizer *igual* (*homo*métrico = de medida igual) e *ónymon*, que significa *nome*.

Assim se diz: *ascender* é homônimo de *acender*; *acento* é homônimo de *assento*; erraremos se dissermos: *ascender* é homônim*a* de *acender*.

(2) Explicações pormenorizadas dos homônimos e dos parônimos encontram-se no *Dicionário de Questões Vernáculas*.

b) **Homônimas HOMÓGRAFAS** (do gr. *grápho* = escrever) são palavras que têm escrita (forma gráfica) igual e significação diferente, notando-se que as vogais podem ter som diferente, bem como pode ser diferente o acento da palavra; o que importa é que se escrevam com as mesmas letras e tenham significação diferente:

leste (do v. *ler*) – leste (oriente)
sede (vontade de beber água) – sede (residência)
cara (rosto) – cará (planta)
pego (macho da pega) – pego (do v. *pegar*; abismo)
lobo (animal) – lobo (saliência; pronuncie *lóbo*)
sábia (fem. de *sábio*) – sabia (do v. *saber*) – sabiá (pássaro)

Nota: Duas ou mais palavras podem ao mesmo tempo ser homônimas homógrafas e homônimas homófonas:

mole (colosso) – mole (brando)
amo (patrão) – amo (do v. *amar*)
trago (sorvo) – trago (de *tragar*) – trago (de *trazer*)
vimos (do v. *ver*) – vimos (do v. *vir*)
fui (perf. de *ir*) – fui (do v. *ser*)
canto (do v. *cantar*) – canto (ângulo)
mato (do v. *matar*) – mato (bosque)
livre (do v. *livrar*) – livre (solto)
atestar (= provar) – atestar (= abarrotar)

604 – **PARÔNIMAS:** Assim se denominam as palavras de significação diferente, mas de forma parecida, semelhante:

adaga (arma branca) – adarga (escudo)
apreciar (dar apreço) – apreçar (ajustar preço)
comprimento (extensão) – cumprimento (execução; saudação)
deferimento (concessão) – diferimento (adiamento)
despercebido (desatento) – desapercebido (desprevenido)
descrição (ato de descrever) – discrição (reserva, modéstia)
descriminar (absolver) – discriminar (distinguir)
despensa (cômodo para mantimentos) – dispensa (desobrigação)
devisar (planejar) – divisar (avistar)
dessecar (tornar seco) – dissecar (cortar)
emergir (vir à tona) – imergir (mergulhar)
emigrar (sair do país) – imigrar (entrar no país)
eminente (alto, excelente) – iminente (ameaçante)
entender (compreender) – intender (superintender)
invicto (sempre vitorioso) – invito (involuntário)
flagrante (evidente) – fragrante (aromático)
moleta (instrumento) – muleta (bordão)
sucessão (sequência, transmissão) – secessão (separação)

torvo (que infunde terror)	– turvo (escuro, toldado)
tráfego (condução)	– tráfico (comércio ilícito)
treplicar (refutar com tréplica)	– triplicar (tornar três vezes maior)
vultoso (de grande vulto)	– vultuoso (atacado de uma doença chamada vultuosidade)

605 – **SINÔNIMAS** são palavras diferentes na forma, mas iguais ou semelhantes na significação; se a significação é igual, os sinônimos dizem-se *perfeitos* (o que é raro); se semelhante, *imperfeitos*.

a) *Sinônimos perfeitos*: léxico, vocabulário; avaro, avarento; falecer, morrer; escarradeira, cuspideira; língua, idioma; alfabeto, abecedário.

b) *Sinônimos imperfeitos*: córrego, riacho; sábio, erudito; belo, formoso; bondoso, caridoso.

Nota: Ao emprego exagerado de sinônimos – vício frequente em vanilóquios – dá-se o nome *datismo*.

606 – **ANTÔNIMAS** são palavras diferentes na forma e opostas na significação: vida, morte; bem, mal; levantar, abaixar; levar, trazer; sim, não; nascer, morrer.

607 – As palavras podem ser empregadas em sentido *próprio*, natural, e em sentido *translato*, figurado. Assim, *céu* no sentido próprio designa espaço indefinido em que se movem todos os astros; quando, no entanto, dizemos "*céu* da boca", empregamos a palavra *céu* em sentido figurado, em sentido translato (entra em função a analogia sematológica: § 621). Outros exemplos:

sentido próprio	**sentido figurado**
clamar (soltar altas vozes)	o crime *clama* castigo
coração (órgão do corpo)	o *coração* da cidade
escória (o que sobra do metal quando se purifica)	a *escória* da sociedade
maçã (fruta)	*maçã* do rosto
raio (de luz)	*raio* da roda

V. *Analogia* no índice analítico.

Questionário

1. Faça um quadro sinótico do estudo da *analogia vocabular* – Dê a definição e alguns exemplos das várias divisões.

2. Corrija os seguintes textos:

a) Minha boa e inolvidável amiga! Não tenho palavras para agradecer-te os momentos de imenso prazer que me alegrastes a tarde do domingo. Creias que nunca, nunca, senti-me tão feliz. Recebas o coração da tua companheira. (Tratamento: *tu.*)

b) Habituei-me as preciosas lições de meu pai, onde sempre deparei com exemplos morais admiráveis.

c) A leitura que mais prefiro? Os artigos do Dr. X, um membro da academia.

d) Aqui tem coisa! ia ele dizendo de si para si.

e) A questão que me propusestes é dificilíssima. Você pensa que eu sei muito, mas eu nunca te disse isso.

f) Ernestina, fizestes dois erros. Como uma coisa tão simples te passou desapercebida?

g) Não comprai sedas antes de verem os nossos preços. (Tratamento: *vós.*)

CAPÍTULO 43

ETIMOLOGIA

610 – Etimologia (gr. *étymos* = verdadeiro + *logia* = estudo) vem a ser o estudo dos *étimos*, isto é, das fontes de nossos vocábulos.

Nosso idioma, na quase totalidade, originou-se lenta, progressiva e ininterruptamente do latim; na ordem de semelhança com o latim, são estas as línguas *neolatinas* ou *românicas* (de *Roma*), assim denominadas por provirem do latim, que se diz *língua mãe* ou *língua matriz*; dada a oportunidade, estão também citadas as línguas *indo-europeias*.

Tronco indo-europeu (*ariano*)

- 1) Sânscrito
- 2) Armênio
- 3) Teutônico
- 4) Baltoeslávico
- 5) Celta
- 6) Grego
- 7) **Latim**
  - 1) Romeno ou Valáquio (da Romênia)
  - 2) Dálmata (da Dalmácia)
  - 3) Provençal (da Provença)
  - 4) Francês
  - 5) Sardo (da Sardenha)
  - 6) Italiano
  - 7) Espanhol (ou Castelhano)
  - 8) Galego (da Galiza)
  - 9) **Português**

611 – "Esse idioma latino, fonte donde promana a nossa língua, a princípio simples dialeto falado, sem escrita nem literatura, como o eram o *úmbrico*, o *osco*, o *samnita*, o *volsco* e o *sabino*, foi assim chamado do nome *Latium*, humilde, obscuro e pequeno território da *Itália Meridional*, berço da nação romana, que, por seu poder, por sua grandeza sempre crescente, por seus brilhantes destinos, por sua política sagaz, perseverante, ambiciosa e absorvente, lançou a rede de suas conquistas sobre o mundo civilizado ocidental e fez do humilde e vulgar dizer do *Lácio* a língua que se desenvolveu e cresceu, à medida do desenvolvimento do povo romano, *populum late regem*, de que era instrumento, tornando-se no decurso do tempo a bela, a rica, a pomposa língua latina, esplendidamente vestida e ornada como uma rainha.

Assim é que essa língua estendeu o seu domínio por toda a Itália, pela Córsega, pela Sicília, pela Sardenha, pela Espanha, fazendo desaparecer a língua indígena dos iberos, cujos destroços ainda porventura se rastreiam no *vasconço* ou *êuscaro*, falado em alguns distritos montanhosos do sudoeste da França; percorreu a Gália, a Suíça ocidental e meridional e certas circunscrições da Suíça oriental, as bacias do Mediterrâneo e do Danúbio.

O latim, origem dos idiomas românicos, pertence à grande família das línguas *indo-europeias* ou *arianas*, oriundas do antigo *aríaco*, língua hoje perdida, que era falada pelos arianos, raça inteligente, poderosa e fecunda de pastores e lavradores a um tempo, cujo berço se supõe ter sido a elevada planura central da Ásia *Bactriana* e *Sogdiana*, como chamavam os antigos, donde, como raios divergentes, partiram várias tribos em direção à Europa e ao sul do continente, levando consigo e transmitindo sua língua, seus costumes, suas crenças, sua civilização e constituindo, conforme as diversas regiões que iam conquistando e onde se fixavam, outros tantos núcleos de povoações novas, que, em despeito de receberem o legado comum de linguagem, crenças religiosas e costumes, se foram, todavia, a pouco e pouco especificando e extremando, mercê das condições físicas, fisiológicas e mesológicas, que imprimiram em cada um dos dialetos dos povos conquistados certo cunho de individualidade.

Mas, ao lado do *latim oficial*, do latim dos atos administrativos, do latim literário e clássico (*sermo urbanus*), da língua dos livros e dos grandes escritores, que com tanto garbo e luzimento se imortalizaram sob os nomes de César, Cícero, Tito Lívio e Tácito, Lucrécio e Virgílio, Horácio e Ovídio, é incontestável a existência em Roma, ainda no tempo de César, do **latim vulgar** ou *popular* e *campesino* (*sermo plebeius*), da língua falada.

Esta foi a que levaram aos países submetidos a seu poder, à Espanha, à Gália, a toda a parte, enfim, em que estenderam o seu domínio as legiões romanas, compostas de soldados romanos, ilíricos, espanhóis e africanos, desvirtuando-se mais e mais o *latim*, já profundamente modificado na linguagem do povo, por essa mescla de elementos heterogêneos e estranhos, que lhe deviam de força alterar a pureza e pronunciação.

Desse *latim popular*, falado e não escrito, no que se distingue do *baixo latim*, que era a língua escrita nessa época, mistura bárbara, extravagante e indigesta do *latim literário* e da língua popular falada, é que se originou a nossa língua, como todos os idiomas neolatinos.

Avantajados em civilização aos iberos, os romanos, pelas relações que com estes estabeleceram durante a dominação de tantos séculos, com o engodo do direito de cidade, que lhes abriu de par em par as portas a todas as aspirações e interesses, pela difusão do cristianismo, pregado aos vencidos por seus apóstolos, que, mirando ao mesmo intuito, para serem mais facilmente compreendidos, desciam à linguagem vulgar, preferindo no tecido do discurso os processos analíticos ao engenhoso e sábio mecanismo da síntese, tão ao gosto da formosa língua de Cícero, adaptando o dizer à ignorância e rudeza dos povos conquistados, empregando construções e modismos até contrários à contextura do *latim literário* e clássico; os romanos, dizemos, por sua política sábia, previdente, firme, ambiciosa e tenaz, a qual rompia por todos os estorvos e a que tudo se curvava e cedia, com seu inelutável jugo político, lhes impuseram sua língua, eficaz e poderoso instrumento de conquista, que os fazia sempre vencedores, ainda quando vencidos, verificando-se aquela conhecida lei da história, que, quando entram em competência dois povos, que falam línguas diferentes, o que mais civilizado é, seja vencedor ou vencido, esse é que impõe sua língua ao outro.

No século 5º os *visigodos*, povos bárbaros, que em suas conquistas foram precedidos pelos *vândalos*, *suevos* e *alanos*, substituíram os romanos em seu domínio na Espanha; mas, embora vencedores, menos adiantados que os vencidos na ciência e civilização, adotaram a língua destes.

A consequência da invasão desses bárbaros foi a corrupção, decadência e ruína das letras e da cultura romana; suprimiram-se as escolas, desapareceu a maior parte dos estabelecimentos de instrução. Estancados assim os mananciais donde vertiam os tesouros preciosos com que se enriqueciam as ciências, as artes e as letras, a língua, tão sólida e custosamente implantada na Península, foi-se ainda mais abastardando e corrompendo.

Aos *visigodos* ou *godos do Ocidente* sucederam, no século 8º, os *árabes*, que não mudaram a língua nem a religião dos vencidos.

Mas, se a conquista muçulmana não determinou o desaparecimento dos dialetos peninsulares, o *árabe* em contato com eles ministrou-lhes maior ou menor soma de vocábulos, conforme a maior ou menor facilidade com que se infiltrou em seu vocabulário.

Com o declinar do império romano no século 5º., declinou à proporção a língua latina literária, que, sob a influência genial de Ênio, se havia tornado a chave de ouro que abriu a seus sucessores o cofre precioso das ricas alfaias da literatura clássica latina, ainda hoje tão admiradas por seus finos quilates.

A língua vulgar, agora livre e independente, entregue só às suas tendências ingênitas, sem as peias da língua clássica e oficial, que desde então se condenou à esterilidade, foi-se mais e mais desenvolvendo, à feição de sua índole nativa, dando afinal nascimento a vários dialetos, que, no decurso do tempo, acentuando mais singularmente sua individualidade e preponderância, suplantando os dialetos congêneres, que se foram obscurecendo e reduzindo a dizeres populares, a línguas meramente faladas, produziram, pelas condições históricas, que os elevaram, favoreceram e diferenciaram, as línguas *neolatinas* ou *românicas*, as quais outra coisa não são que o *latim vulgar*, disfarçado em *português*, em *espanhol*, em *italiano*, em *francês*, em *provençal* e em *valáquio* ou *romeno*, tendo todos esses idiomas os traços gerais e os ares de família, que os aproximam, e a fisionomia peculiar e individual que os separa e distingue, fazendo-os todos *diversos aspetos de uma só e mesma língua*, diversas florescências de uma mesma plantação em terrenos diferentes" (Carneiro Ribeiro).

Literariamente a *língua portuguesa* começou a constituir-se no lapso do século 12, com a fundação da monarquia em 1139.

612 – As três declinações do latim vulgar: As cinco declinações do latim clássico ficaram com o tempo reduzidas a três, devendo-se notar que no próprio latim clássico já havia o *heteroclismo*[1], isto é, certas palavras seguiam já uma já outra declinação, como *domus*[2], *materies*, *barbaries* etc.[3]

Os nomes da 4ª. declinação passaram para a 2ª., e os da 5ª. distribuíram-se pela 1ª. e pela 3ª..

613 – Sobrevivência do acusativo: No fim do latim popular não existiam senão dois casos: o *nominativo*, que se prestava também para o vocativo, e o *acusativo*, que substituía os casos restantes, da seguinte forma:

(1) V. Gramática Latina – § 124.
(2) V. Gramática Latina – § 117.
(3) V. Gramática Latina – § 120, obs. 3.

o *genitivo*, mediante anteposição da preposição *de*;

o *dativo*, mediante anteposição da preposição *ad*;

o *ablativo*, mediante anteposição da preposição *cum*, ou de outras, conforme a função.

Do acusativo é que provieram as palavras portuguesas, e disso constituem prova vários fatos:

a) o *m* final do acusativo singular já caíra no próprio latim;

b) o *s*, como elemento caraterístico do plural português, outra coisa não é senão o *s* do acusativo plural das declinações latinas[(4)];

c) o provençal e o francês antigo tinham forma especial para o objeto direto;

d) as inscrições em latim popular, onde aparecem seguidas de acusativo preposições que no latim clássico regem ablativo.

Algumas palavras, no entanto, possui o português que provieram de outros casos, o que acontece com certos nomes próprios, como *Deus*, *Jesus*, *Cícero*, *Júpiter*, que se originaram do nominativo, com os pronomes *mim*, *ti*, *si*, *lhe*, que se originaram do dativo (*mihi*, *tibi*, *sibi*, *illi*), com os advérbios *agora*, *logo*, *hoje*, com o sufixo adverbial *mente*, com a forma oblíqua *migo*, originários do ablativo (*hac hora*, *loco*, *hoc die*, *mente*, *mecum*), com alguns comuns: *oblívio*, *ônix*.

614 – O desaparecimento do neutro: Consoante vimos no § 183, possuía o latim clássico três gêneros: *masculino*, *feminino* e *neutro*. No próprio latim clássico começou a operar-se a heterogeneidade vocabular, passando certos nomes neutros para o masculino e alguns para o feminino[(5)]. No latim vulgar acentuou-se essa mudança de gênero, acabando o neutro por desaparecer, já por falta de significação especial, como vimos no § 183, já por motivos de ordem fonética:

a) confusão de declinação, na 2ª, 3ª e 4ª, de formas neutras com masculinas (*coelus* por *coelum*, *vinus* por *vinum*, *lactem* por *lac* etc.);

b) existência de terminações iguais com gêneros diferentes: *arma* (neutro pl. da 2ª), *arma* (fem. sing. da 1ª), e assim *folia*, *pira*, *vestimenta*, *ferramenta* etc.

(4) V. Gramática Latina – § 121.
(5) V. Gramática Latina – § 124 e 125.

Em português, somente um ou outro resquício há do neutro latino (V. § 183).

615 – **As três conjugações do latim vulgar na Península Ibérica**: Se no próprio latim clássico, onde havia 4 conjugações, apareciam verbos com dupla conjugação (*fervĕre* por *fervēre*, *tergĕre* por *tergēre*), no latim popular essa confusão de tal forma aumentou que a 3.ª conjugação desapareceu. Enquanto os da 1.ª e os da 4.ª quase nada sofreram, vários da 2.ª passaram para a 4.ª (*lucēre* ficou *lucire*, *ridēre*, *ridire* etc.) e todos os da 3.ª passaram ou para a 2.ª (*facēre*, fazer, *dicēre*, dizer, *capēre*, caber, em vez de *facĕre*, *dicĕre*, *capĕre* etc.) ou para a 4.ª, através da 2.ª: *fallĕre*, *fallēre*, *fallire*; *fugĕre*, *fugēre*, *fugire*.

616 – **A ação da analogia**: Fenômeno de grande importância e influência na formação das línguas é o da *analogia*, que consiste na tendência niveladora que uma palavra exerce sobre outra, aparentada pelo sentido, pela forma ou pela função gramatical.

A ação analógica exerce-se *foneticamente*, *lexicamente*, *morfologicamente*, *sintaticamente* e *sematologicamente* (§ 607, § 621).

a) *Analogia* **fonética** é a que se opera, por exemplo, com as formas verbais *éramos*, *éreis*; pelo latim, o acento deveria ser *erâmos*, *erêis*, mas por analogia, isto é, por semelhança com as outras pessoas, cujo acento cai sempre no *e* inicial, sofreram essas formas deslocação de acento. *Amávamos*, *amáveis*, *amáramos*, *amáreis* são acentuações por analogia fonética.

b) A *analogia* **léxica** encontra abundantes exemplos na linguagem das crianças, que dizem *fazi*, *cabi*, *fazeu*, *cabeu*, *trazeu*, por semelhança às formas equivalentes dos verbos regulares (*vendi*, *escrevi* etc.). Tal se deu com *jazi*, *jazeste* etc., em vez de *jouve*, *jouveste*, *jouvera*, *jouvesse*, *jouver*; com *entupo*, *entopes* etc., por analogia com *tusso*, *tosses*, em vez de *entupo*, *entupes* etc.

c) *Analogia* **morfológica** é a que faz com que um vocábulo passe de uma forma especial para outra forma próxima, mais comum e generalizada. É o fenômeno analógico de maior influência no aparecimento de uma língua e na criação de formas vocabulares novas, distintas das formas etimológicas. Foi por influência da analogia vocabular que as cinco declinações do latim clássico ficaram reduzidas a três. Por analogia morfológica é que hoje se flexionam genericamente os adjetivos em *ês*, *ol* e *or* (V. *nota* 1 do § 258).

d) *Analogia* **sintática**: Certas construções ou locuções passam a ser empregadas como certas, por semelhança a outras de função semelhante ou de construção parecida. Tal se dá com a locução conjuntiva *enquanto que*, a semelhança de *contanto que*, quando está muito certo dizer simplesmente *enquanto*. Outro exemplo desta analogia temos em expressões como "É hora *do* almoço estar pronto", a semelhança da construção "É hora do almoço" (V. § 653).

e) *Analogia* **sematológica**: V. § 621.

617 – **Criações românicas**: Assim se denominam as inovações surgidas no latim vulgar e conservadas nas línguas românicas, operadas quase sempre para substituir a flexão de caso do latim clássico. Tais são as criações:

a) da preposição *de*, para substituir o genitivo: liber *Petri* – livro *de* Pedro; miserere *nostri* – compadece-te *de* nós; avidus *gloriae* – ávido *de* glória;

b) da preposição *a*, para substituir o dativo: Dedi *Petro* – dei *a* Pedro; oboedientia *legibus* – obediência *às* leis;

c) de outras preposições, para substituir o ablativo, segundo a circunstância indicada: amor a *Deo* – sou amado *por* Deus; ferire *gladio* – ferir *com* a espada; *anno* superiori – *no* ano passado.

Outras criações românicas há com relação aos tempos e modos dos verbos:

d) o futuro do presente do ind., com o infinitivo mais *habeo*;

e) o futuro do pretérito, com o infinitivo mais *habebam*;

f) o futuro do subjuntivo, fundindo-se o futuro anterior latino com o perf. do subj. latino;

g) o imperf. do subj., tirado do mais-q.-perf. do subj. latino;

h) os tempos compostos, mediante o particípio mais o verbo *ter* ou *haver*;

i) o particípio ativo, tirado do part. passado passivo latino;

j) o infinitivo pessoal (§ 915);

l) a voz passiva que, sintética no latim clássico, passou a analítica em português (V. § 391, 1, n. b).

618 – **Domínio da língua portuguesa**: A língua portuguesa assim se distribuiu:

- PORTUGUÊS
  - Europa –
    - Portugal
    - Açores
    - Madeira
  - América do Sul – Brasil
  - África –
    - Cabo Verde
    - Guiné-Bissau
    - São Tomé
    - Príncipe
    - Moçambique
    - Angola
  - Ásia –
    - Goa
    - Damão
    - Dio
    - Timor
    - Ceilão
    - Macau

619 – A língua portuguesa enriqueceu, prodigiosamente, o modesto vocabulário recebido do latim popular, por três vias:

a) por via **popular**

b) por via **erudita**

c) por **importação** de outros idiomas.

620 – Pela **via popular** as palavras latinas eram, muito lenta, muito paulatinamente, deturpadas, cortadas ou abrandadas. A corrente ou influxo popular é a tendência genial da transformação da língua, a causa natural das alterações dos fonemas. Essa corrente dominou incontrastada desde a origem da língua até o século 14. Obedecendo muito embora a leis glóticas, ela variava, não raro, em diferentes épocas, o tipo de suas alterações fonéticas, bifurcando-se em **formas divergentes**, que vieram a coexistir na língua. De um mesmo vocábulo latino procedem às vezes formas *duplas*, *triplas*, *quádruplas* e até *quíntuplas*, como de *maculam* procederam cinco vocábulos – *malha*, *mágoa*, *mancha*, *mangra*, *mácula*.

Tais formas, geralmente chamadas *duplas*, em francês *doublets*, pois na maioria dos casos são duas, denominam-se formas *divergentes* ou *alotrópicas*, porque, partindo de um único tipo latino, separam-se na estrutura morfológica, e, em regra, no valor *sematológico* (= quanto à significação).

Na formação do português operou-se ainda o fenômeno da **convergência vocabular**, ou seja, a redução de duas ou mais formas latinas a uma única portuguesa (formas *convergentes* ou *homotrópicas*). Assim é que *sunt* (do v. *sum*), *sanctus* (santo) e *sanus* (*são*, adj.) convergiram em uma só forma em português: *são*. A conjunção latina *quomodo* e o verbo *comedo* redundaram em *como*:

quomodo → comodo → comoo ↘
como
comedo → comoo → como ↗

Outros exemplos:

granatum, gratum, gradum } grau

fidere, filare } fiar

Forma convergente é a redução de duas ou mais formas etimológicas a uma única portuguesa; formas divergentes são variantes de um mesmo vocábulo originário.

Estriba-se ainda o processo popular de formação de uma língua em múltiplos fatos ideológicos e afetivos. Prendem-se os primeiros à própria coisa e, portanto, aos vocábulos e locuções; os segundos, ao elemento subjetivo. Como as coisas aparecem, vivem, transformam-se, dividem-se, desaparecem, também as palavras nascem, modificam-se no sentido, divergem na forma, morrem. A vida das palavras outra coisa não é senão a vida das coisas; mortas estas, morrem também aquelas. De igual forma, não são as palavras que tendem a modificar-se, a tomar sentido pejorativo, a indicar afeto ou repulsa, mas o ambiente em que elas estão; os indivíduos que as empregam é que as transformam.

621 – **Semântica**: Se as palavras numa só língua sofrem tais transformações, mais ainda se modificam no sentido as tomadas de empréstimo de outros idiomas. O estudo do significado dos vocábulos, quer no momento atual, quer através do tempo e também do espaço, constitui o objeto da **semântica** ou *sematologia* (gr. *sema*, *atos* = significado) ou, ainda, *semasiologia*; dá isto assunto não para um capítulo de gramática, mas para um livro e... esse livro seria incompleto. Apenas a título de ilustração, vejamos este ligeiro resumo (da “Introdução ao estudo da semântica”, do prof. Fernando V. Peixoto da Fonseca):

A semântica pode dividir-se em *estática* e *histórica*; a primeira diz respeito a determinada fase de uma língua (os dicionários são trabalhos de semântica estática, pois dão o significado das palavras de uma língua num dado momento); a segunda – e esta é a que constitui propriamente a semântica – procura ver a evolução do significado das palavras, as suas transformações de sentido. Assim, há palavras que hoje se empregam quase sempre em acepção benéfica, como *fortuna*, que a rigor significa, meramente, *acaso*, *sorte* e pode por isso receber epítetos opostos: *fortuna próspera*, *fortuna adversa*. Também a passagem de adjetivos, como *forte*, *velho*, *rico*, *moço* etc., à classe de substantivos é uma transformação semântica: deixaram de exprimir uma qualidade inerente a um ser, para exprimir o próprio ser.

A semântica pode ainda ser *etiológica*, quando estuda as causas dos fenômenos semânticos, como pode ainda ser *geral* ou *particular*, conforme abranja várias línguas, geralmente aparentadas, ou uma só.

Há vários casos em que o domínio das palavras se restringe e alarga alternadamente; o termo *demoiselle*, que em francês designava a mulher nobre, passou depois a referir-se a todas as condições, mas só para as solteiras; o termo, primitivamente indiferente, desenvolveu-se num só sentido. A *ênfase* é um dos fenômenos gerais que levam à restrição do sentido, e, por outro lado, a extensão de sentido se dá em virtude das **figuras de pensamento** (*de retórica*) chamadas *sinédoque*, *metonímia*, *metáfora*, *eufemismo*, *hipérbole*, *prosopopeia*, *perífrase*.

a) A **sinédoque** (gr. *synedochê* = compreensão) consiste no emprego de uma palavra em lugar de outra na qual está compreendida, com a qual tem íntima conexão: *pão*, por alimento; *vela*, por navio; *ferro*, por espada ou âncora; *lar* (ou *fogão*), por casa.

b) A **metonímia** é simples variante da sinédoque; são denominações essas de distinção tão sutil que autores há que dão como exemplo de metonímia aquilo mesmo que outros subordinam à sinédoque, e tratadistas há que mal mencionam essas denominações de **tropos** semânticos (*tropo* – pronuncie *trôpo* – é o emprego de uma palavra em sentido figurado; lat. *tropum* = volta, e este do gr. *tropêo* = girar). Se na sinédoque se emprega o nome de uma coisa em lugar de nome de outra nela compreendida, na metonímia a palavra é empregada em lugar de outra que a sugere, ou seja, em vez de uma palavra emprega-se outra com a qual tenha qualquer relação por dependência de ideia: *damasco* = tecido de seda com flores ou espécie de abrunho, ambos provenientes de Damasco (o nome de um lugar acaba por designar os seus produtos industriais ou naturais); *louro*, por glória, prêmio; *cãs*, por velhice; fulano é um bom *garfo*; *perna*, que era só a de porco, é hoje de todos os mamíferos e até de aves e insetos; *rostro*, que primitivamente indicava bico de ave, passou a designar o remate da proa e, posteriormente, sob a forma *rosto*, a face humana; *insultar* perdeu o sentido material de *saltar sobre*; *desprezar* significava em latim clássico olhar de cima para baixo. V. D. QVs, *progenitor.*

c) **Metáfora** é o fenômeno pelo qual uma palavra é empregada por semelhança real ou imaginária: os *dentes* do pente; *pé* de mesa; o *fumo* da glória; *chegar* (do lat. *plicare* = *dobrar*), porque no fim da jornada dobravam as velas do barco; *serra*, que no latim clássico era só a ferramenta do carpinteiro, passou no latim vulgar, no português, no espanhol e no catalão a indicar *cadeia de montanhas*, dada a semelhança das cristas com os dentes da ferramenta.

Os tropos metafóricos têm largo uso literário, e muitas expressões metafóricas dão origem a mal-entendidos e por isso provocam o riso.

Se na *metáfora* o sentido real da palavra é modificado por comparação e a palavra nova contém analogia com a primitiva, na **catacrese** – outro fenômeno linguístico (*catá* = contra; *chrestái* = usar) – o sentido real da palavra é modificado por esquecimento, e a palavra nova contém ideia absurda se comparada com o sentido etimológico da primitiva: *quarentena* de dois dias (*quarentena* = quarenta) – três *gêmeos* (*gêmeo* = duplo) – socorrer *mutuamente* (*mútuo* = tomado ou dado de empréstimo) – *caligrafia* ruim (*calós* = belo) – *cavalgar* um boi – *chumbar* um taco na parede.

A metáfora pode ser criada no momento pelo escritor, a catacrese é formada com os anos dentro do idioma: *pé* de mesa, *asa* de xícara.

d) **Eufemismo** é a adocicação de termos; em vez do termo próprio, que podia repugnar por qualquer razão, emprega-se outro mais brando: *passamento* em vez de *morte. Falsos eufemismos* são os provenientes mais de uma afetação, que tem prazer em achar indecência em toda a parte sob a máscara do pudor, do que de um cuidado de correção de linguagem; dizem respeito especialmente a algumas partes do corpo, a determinadas peças de vestuário, a certos animais e a pretendidas sílabas sujas.

e) **Hipérbole** – Consiste no emprego de palavra ou frase com sentido exagerado para dar maior força, maior impressão, para mais ou para menos: Ele se lançou com a velocidade de uma flecha – Correu um *rio* de lágrimas.

f) **Prosopopeia** – É a figura que dá vida, ação, movimento e voz a coisas inanimadas ou a pessoas mortas ou ausentes: Os altos promontórios o *choraram* – Esta porta *ronca*.

g) **Perífrase** – Consiste no emprego de várias palavras para expressar uma ideia, para representar uma coisa: Se lá no *assento etéreo* onde subiste (= céu) *de quantos bebem a água do Parnaso* (= dos poetas).

Constitui ainda fenômeno semântico a **etimologia popular**, ou seja, tendência geral para admitir uma ligação etimológica entre expressões que se parecem; é o caso, por exemplo, de *Sant'Iago*, que deu *São Tiago* por se julgar que o *t* pertencia ao nome, visto empregar-se quase sempre *são* antes de consoante (§ 113, C, n. 2). São as conformidades fonéticas que dão causa a tais *assimilações semânticas* da etimologia popular.

Outros exemplos curiosos de evolução semântica: *caderno* (do lat. *quaternum*) perdeu a noção originária de folha de papel dobrada em *quatro*; *volume*, que originariamente é o que envolve (do lat. *volvĕre*), passou a indicar a pele em que se escrevia e, depois, a própria obra, porque as peles eram guardadas enroladas (envolvidas) nas bibliotecas; *cálculos*, que indicava as pedrinhas com que se faziam contas, passou a significar a própria conta e, ainda, as pedrinhas que se criam nos rins; *pergaminho*, de Pérgamo, na Ásia Menor, onde se preparavam peles para escrever; *pêssego*, de *persicum* (*malum persicum* = maçã da Pérsia), dada a origem da fruta; *torre do tombo*, porque primitivamente os *tomos* ou *tombos* (documentos, registros, inventários etc.) eram guardados numa torre (daí ainda a expressão hodierna *Tombo do Estado*, para significar *Arquivo do Estado*); *secretário*, etimologicamente confidente, depositário de segredo; *pânico*, em virtude do susto (*panicus timor*) que causava o deus Pã quando aparecia entre os mortais; *pedagogo*, a princípio o escravo que conduzia as crianças à escola; *perfeito*, que significa bom, correto, vem do latim *perfectum*, que significa apenas "completamente terminado", "inteiramente feito" (v. no § 629 o verbete *per*, letra *b*).

Nota: **Semantema** é o elemento linguístico enquanto exprime uma ideia definida; é a raiz, é o radical da palavra. **Morfema** é o elemento linguístico que mostra as relações entre as ideias; é o prefixo, o sufixo, a desinência, a preposição, a conjunção, o verbo auxiliar, a entonação, a acentuação, a ordem dos termos etc.

622 – **Linguagem afetiva**: É o subjetivo outro elemento formador de uma língua, ou melhor, outro processo popular de manifestação da linguagem. As palavras deixam de ser empregadas com significação real, natural, e passam a ser empregadas sob a intervenção do sentimento.

Dessa modificação de sentido pela sensibilidade temos exemplos em muitos diminutivos: enquanto *livreco* é, lexicamente, forma diminutiva de *livro*, a palavra quase sempre se acompanha de conceito depreciativo, e, pois, de um matiz de sensibilidade.

É nos sufixos que a descarga das paixões se dá com maior energia; neles é que se refletem perfeitamente os sentimentos que vulgarmente agitam a nossa alma, sentimentos que se resumem, afinal, no amor e na aversão que manifestamos de ordinário às coisas e às pessoas. *Paizinho*, *mãezinha* não querem dizer "pai pequeno", "mãe pequena", mas pai e mãe muito queridos, e cambiantes igualmente afetivos trazem às palavras os sufixos *acho*, *aço*, *alha*, *alhão*, *az*, *ejo*, *elho* e outros.

Desse emprego de palavras com sentido intensivo temos mais exemplos com adjetivos. Quando dizemos "história universal", expressamos uma "história que abrange acontecimentos fundamentais de todas as nações". O nosso sentimento não intervém no caso; a representação é puramente intelectual. Se, porém, dissermos "remédio de fama universal", introduziremos na ideia marcada pelo adjetivo um pouco de sentimento.

Outro exemplo: "O frade observou sempre o jejum religioso". Aqui o adjetivo tem caráter puramente intelectual; "jejum religioso" significa apenas o jejum preceituado pela religião, o qualificativo é de natureza técnica. Se, porém, dissermos "silêncio religioso", o adjetivo poderá estar impregnado de sentimento, e o termo adquirirá sentido figurado e superlativo.

O dativo de interesse em orações como "Não *me* tire o vaso da mesa" é explicado pela linguagem afetiva, frequente no diálogo, na conversação comum.

Sempre existe, pois, figuração, trasladação de sentido na linguagem afetiva. Enfim, "se é verdade que o homem dispõe de uma linguagem intelectual, que lhe expressa os pensamentos, os raciocínios e a reflexão, nem por isso esta linguagem se apresenta sempre rigorosamente intelectual", com palavras no seu real significado.

623 – Ao lado da corrente popular, aparece, no século 14 e 15, a **corrente erudita**, também denominada latinista ou literária. Nesses séculos desenvolvem-se a cultura do latim e as traduções de obras eclesiásticas. Começa a reação erudita contra a corrente popular, reação que recebeu forte impulso com o movimento literário da Renascença, no século 16.

A intervenção desta corrente, que buscava aproximar artificialmente o português de sua fonte latina, importou do latim formas novas, ou antes, transportou integralmente, apenas com leve modificação na desinência, palavras latinas, que vieram figurar ao lado de outras que delas se derivaram por via popular, tal como *mácula* ao lado de *mágoa*, *malha* e *mancha*; *palácio* (lat. *palatium*) ao lado de *paço*; *frígido* (lat. *frigidum*) ao lado de *frio*.

As formas eruditas caraterizam-se por maior aproximação do tipo latino, ao passo que as populares por maior afastamento. Além das eruditas, existem formas *semieruditas*, onde as duas correntes se revelam, tolhendo a influência erudita à plena expansão do influxo popular; tais as palavras – *botica* (lat. *apothecam*), *semana* (lat. *septimanam*), *Madalena* (lat. *Magdalene*), onde a permanência de consoantes fortes intervocálicas e do *n* na mesma condição acusa a influência erudita, ao lado do abrandamento do *p* em *b*, das síncopes do grupo *pt*, e da consoante *g*, que nos sugerem o influxo popular.

624 – **Corrente estrangeira**: Do séc. XIII em diante, com a invasão do lirismo provençalesco em Portugal, com o movimento europeu das cruzadas, e com as correntes literárias oriundas do influxo da Renascença, o português pôs-se em contato mais íntimo com as outras línguas românicas, e por elas recebeu novas formas de palavras latinas já evolvidas em seu próprio seio; assim deu-nos o francês *chefe* de *caput*, que nos havia dado *cabo*, e o espanhol *lhano* e o italiano *piano*, de *planum*, que nos havia dado *chão*.

Dois exemplos somente damos sobre o caso, que constitui objeto da gramática histórica:

Maculam	mágoa malha mancha mangra	formas populares
	mácula	– forma erudita

Planum	chão	– forma popular
	plano	– forma erudita
	lhano	– forma estr. espanh.
	piano	– forma estr. ital.

625 – Na evolução fonética coexistem muitas vezes, em um momento da língua, formas paralelas de uma mesma palavra, resultado da incerteza ou vacilação na fixação da forma definitiva. Essas variações morfológicas de uma mesma palavra chamam-se **formas sincréticas**[1] como

(1) Variada era a população da ilha de *Creta* na antiguidade, e Plutarco exprimiu essa variedade na unidade insular do povo pelo termo *sinCRETismo*; daí o aproveitar-se o termo em filologia para exprimir a variedade da forma na unidade de sentido.

bulbo e *bolbo*, *camarlengo* e *camerlengo*, *dois* e *dous*, *albergue* e *alvergue*, *esplendor* e *esplandor*.

O que distingue as formas *sincréticas* das formas *divergentes* é o paralelismo do sentido: a diferença de significação das formas divergentes faz delas palavras distintas, se bem que *cognatas*, ao passo que a identidade de sentido das formas sincréticas mostra que são apenas variação mórfica de uma mesma palavra. O que caracteriza a palavra é o sentido próprio, e sinonímia perfeita só se pode dar em palavras não cognatas, pois nestas a equivalência de sentido produz o *sincretismo*.

Outro fenômeno operado na formação de uma língua é o **parassintetismo**, pelo qual se criam palavras novas pelo duplo processo de prefixação e sufixação. Há vocábulos parassintéticos verbais e há-os nominais, isto é, há verbos e nomes (substantivos e adjetivos) criados por esse processo. De *verniz* formou-se o verbo *envernizar* (em + verniz + ar); de *noite*, *pernoitar* (per + noite + ar) etc. De *oceano* formou-se *transoceânico* (trans + oceano + ico); de *terra*, *subterrâneo* (sub + terra + âneo) etc.

626 – Costumam certos autores de gramáticas expositivas discorrer longamente sobre a questão etimológica. Não queremos desprezar esse estudo; antes, afirmamos ser, sobre útil e interessante, muito lindo; nem todas essas belezas históricas, porém, interessarão a aluno que pretende falar, construir, criar, conhecer a contextura da linguagem sem preocupar-se com indagações de formação, de derivação, de importação de vocábulos.

Limitar-nos-emos a ver o que respeita à **prefixação** (que vem a ser o processo de composição de vocábulos mediante anteposição, a uma palavra, de **afixos**, isto é, de partícula ou sílaba que modifique o sentido da palavra), à **sufixação** (que consiste no processo de formação de palavras mediante posposição de afixos ao radical) e a dizer alguma coisa sobre derivação e composição. V. *neo* no D.QVs.

Prefixos

627 – Considerados quanto à origem, os prefixos podem ser **vernáculos** (que são os prefixos latinos modificados ou aportuguesados), **latinos** (que se conservam na forma primitiva) e **gregos**, que se antepõem a palavras gregas.

A apresentar os prefixos em famílias ideológicas, ou seja, de acordo com a ideia que trazem ao vocábulo, preferimos dá-los em ordem alfabética, acompanhados de sua significação e de alguns exemplos.

628 – **Prefixos vernáculos:**(*)

a (lat. *ad*) = aproximação: alinhar, avizinhar, abordar. O *a* é às vezes letra meramente protética (V. § 112). V. *fixar*, *afixar* no D.QVs.

além (lat. *ad* + *illic* + *inde*) = posterioridade local: além-mar, além-túmulo.

ante = posição anterior: antediluviano, antessala, anteontem.

aquém = anterioridade local: aquém-túmulo, aquém-mar.

bem (lat. *bene*) = bom êxito: bem-aventurado (pronuncie *bẽ-aventurado*), benquerer.

des (lat. *de* + *es*) – *a*) = separação, afastamento: descontar, desviar.

b) = privação, negação: desleal, desagradável, desculpa, desordem, a desoras, desbaforido. V. *impronunciar*, *despronunciar* no D.QVs.

c) = aumento, intensidade: desbaratar, descrever, desnudar, desfear, desinquieto, despavorido, despedaçar, desperdiçar, despertar (§ 504).

en, **em** (lat. *in*) – *a*) = movimento para dentro, colocação em, revestimento de: engarrafar, embainhar, encaixar, enforcar, empoeirar.

b) = procedimento à maneira de: emburrar, empepinar, encachoeirar.

c) = Constitui mero metaplasmo: *erradicar, embaralhar*, *endoutrinar.* V. *encruar* e *enradicado* no D.QVs.

entre (lat. *inter*) = posição intermédia: entreato, entrelinhar.

mal (lat. *male*) = mau êxito: maltratar, maldição, mal-avindo (pronuncie *mal'avindo*).

meio = mediação: meio-busto, meio-corpo.

menos (lat. *minus*) = privação, negação; menosprezar, menoscabar.

sem (lat. *sine*) = privação: sem-cerimônia.

sob, **so** (lat. *sub*) = posição inferior: sobpor, sopé (sob + pé), sobosque, sopesar.

sobre (lat. *super*) = posição superior: sobre-humano, sobrestar (sobre + estar).

soto – ou *sota* (lat. *subtus*) = posição inferior: sotopor, sotopiloto, sotavento.

(*) Para ilustração do aluno, são dados às vezes exemplos de assimilação nos quais aparecem letras geminadas.

629 – Prefixos latinos:

a = separação: aversão.

ab = separação, procedência: abjurar.

abs = separação, procedência: abster.

ad = aproximação: adjetivo, adição, admirar(1).

ambi = movimento circular: ambiente, ambiguidade.

ante = posição anterior: antecedente, antepenúltimo.

bene = bom êxito: beneplácito, benevolente.

bis (*bi*) = duas vezes: biscoito, bisavô, bígamo, bimensal.

circum = movimento circular: circunferência, circuito (circum + ito).

cis = anterioridade local: cisalpino, cisplatino, cisgangético.

contra = oposição, posição fronteira: contradizer, contrapor, contrabaixo.

com (= *cum*) = reunião: combater, compadre, conferência, confrade(2).

de – *a*) = de cima para baixo: dejeção, defluxo, decair.

b) = procedência: derivar, decorrer.

c) = separação, privação, falta: demente, demitir, depenar, depilar, delapidar, deportar, deminuir(3).

dis = separação, distribuição: dispersar, disseminar. Não confundir com *dis*, *dys*, prefixos gregos.

e = separação: emancipar (= sair da prisão das mãos).

es = separação: escorrer, estirar.

ex – *a*) = separação, procedência: extrair, expatriar(4).

b) = aumento, intensidade: exornar, exacerbar, exclamar, exabundante.

extra = movimento para fora: extrajudicial, extravagante.

in – *a*) = movimento para dentro: imigrar (in + migrar), ingressar, incamerar, inscrever, inserir.

b) = negação, privação: injusto, independência, inimigo (in + amigo). V. *impronunciar* no D. QVs.

---

(1) Dá-se com o *d* assimilação total antes de *c* (accesso), *f* (affirmar), *g* (aggravar), *l* (alludir), *s* (assentar) e *t* (attender). Igual fenômeno metaplástico opera-se em *aquisição* (adquisição).

(2) O *m* assimila-se antes de *l* (collaborar), *r* (corresponder) e *n* (connexo). Antes de vogal ou de *h*, o *m* é apocopado: coordenar (com + ordenar), coonestar (com + honestar).

(3) *Deminuir* e derivados, com *e*, seria grafia melhor. V. *Dicionário de Questões Vernáculas*, "delapidar".

(4) Antes de *f* opera-se, às vezes, a assimilação total regressiva: exfeito = e*ff*eito. Quando anteposto a substantivo para designar cargo, profissão ou estado que uma pessoa já não tem, liga-se por hífen: ex-presidente, ex-pátria. Nos demais casos liga-se sem hífen.

c) = superposição, aplicação em cima, colocação em: impor, instruir, inundar, incorrer, indigitar, inflamar, imprensar, infração, insolar.

d) = repouso, permanência: insídia, insigne, ínsito.

e) = direção, propensão, tendência: inferir, indício.

f) = reforço, aumento, intensidade: implorar, irradiar, irromper[5].

inter = posição intermédia: interpor, interromper.

intra / **intro** = movimento para dentro: intramuros, introduzir.

juxta = aproximação: justapor.

male = mau êxito: malévolo, malefício.

ob = oposição, posição fronteira: objetar, obstar, obstáculo[6].

pene = aproximação: península (quase ilha), penumbra (quase sombra).

per – *a*) = movimento através: pernoitar, percorrer, pervigília.

b) = intensidade: perfazer, perseguir (§ 276, 4.ª).

c) = ideia pejorativa: perverso, perjurar, perverter.

post (ou *pos*) = posição posterior: postedênico, postoperatório, postergar, pospor, pospuerperal, posromano, posvídico.

pre = posição anterior: preâmbulo, predominar, predizer (§ 276, 4.ª).

preter = posterioridade local, superioridade, excesso: preterir, preternatural.

pro – *a*) = movimento para diante: propender, progredir.

b) = substituição: pronome, procônsul (= vice-cônsul).

Não se confunda este prefixo com o *pro* grego.

re – *a*) = repetição: reler, refazer, reformar.

b) = reforço: rebramar, recolher, reluzir, rebuscar (§ 504).

c) = retrogradação: repelir, reagir, reverter, refluxo.

retro (*reta*) = retrogradação: retroceder, retrogradar, retaguarda.

semi = mediação: semicírculo, semilunar, semideus[7].

se = apartamento, separação: seduzir (= conduzir fora, extraviar).

sub = posição inferior: supor (suppor, de sub + por), subjugar.

subter = posição inferior: subterfúgio, subterfluente.

super = posição superior: superlativo, supérfluo, superintendente.

---

(5) O *n* assimila-se antes de *b* (imberbe), *p* (impróprio), *m* (immemorial), *l* (illegítimo) e *r* (irregular).

(6) O *b* assimila-se antes de *c* (occorrer), *f* (officio) e *p* (oppor).

(7) Em compostos, este prefixo latino, cujo *i* final é breve, tem o acento secundário da palavra na primeira sílaba e não na segunda: *sêmibárbaro* (e não *semí...*), como em *sêmibreve*, *sêmivivo*, *sêmitom* (§ 106).

supra = posição superior: supramundano, supranumerário.

sus (*sussum* ou *sursum*) = movimento para cima: suspender, sustentar.

trans (*tras*, *tra*, *tres*) – *a*) = posterioridade local: transcrever, trasladar, traduzir, tresmalhar, trespasse, tresnoite.

b) = travessia: transatlântico, transamazônia.

tris (*tri*, *tres*, *tre*) = triplicação ou reforço: trisavô, trifólio, tresloucar, trecentésimo (§ 504).

ultra = posterioridade local ou excesso: ultramar, ultrarromântico.

630.0 – **Prefixos gregos:**

a (*an*, antes de vogal) = negação, privação: ateu; analfabeto, acatólico(1), átono, acéfalo; anemia (estado sem sangue), anidro (sem água).

amphi (de ambos os lados) = movimento circular: anfiteatro, anfíbio.

aná – *a*) = movimento circular: aneurisma (ato de estender-se dos lados), anasarca (*sarx* = carne; entre carne, inchação).

b) = repetição: anabatista (que batiza de novo).

c) = contrariedade: anacrônico (que é contrário à cronologia).

antí = oposição: antídoto, antípoda, antagonista, antártica, anticatólico(1).

apó = afastamento: apogeu (longe da terra), afélio (apo + helio = distanciado do Sol).

catá = sob: catatonia, cataglóssio.

diá = movimento através: diâmetro, diagnóstico, diafragma.

dis (di) = dualidade: dístico, ditongo, dilema.

dys = mau êxito: dispepsia, dislalia, dispneia.

e (*ex*, antes de vogal) = movimento para fora: eclipse (ato de ficar omitido), êxodo (caminho a fora, saída).

en = movimento para dentro: energia, embrião.

epí = posição superior: epígrafe, epigástrico, epitáfio.

eu (*ev*) = bom êxito: eufonia (bom som), eucaristia (boa graça), eupepsia (boa digestão), evangelho (boa nova).

hemí = mediação: hemisfério, hemistíquio.

hypér = posição superior: hipérbole, hipertrofia.

hypó = posição inferior: hipogeu, hipotenusa(2).

---

(1) *Anticatólico* significa "*contrário* ao catolicismo", ao passo que *acatólico* significa "*não* católico" – V. § 112, A, obs. 1.

(2) Não se confunda este prefixo com o elemento grego *hippo*, que significa *cavalo*: hipódromo = pista para cavalo.

metá = posição posterior: metamorfose, metafísico, metonímia.

pará – *a*) = de lado: paráfrase (interpretação, comentário), parágrafo, paraninfo, paraestatal, parapsicologia, parasito, parequema[3].

b) = defeito, vício: parabiose, paracárpio, paracéfalo.

c) = contra: paradoxo, paranomia.

d) = além de: paracronismo, parafernais, paratopia.

perí = movimento circular: periélio, perífrase.

pro = posição anterior: prólogo, programa, prolegômenos, profeta (que fala antes dos fatos).

pros = movimento para diante: prosélito (o que se aproxima), prosódia (canto que guia as palavras).

syn (na composição pode transformar-se em *sim*, *sil* – formas assimiladas – e *si* – forma apocopada) = reunião: síntese, sinfonia, símbolo; sílaba (syllaba), sistema.

tris (*tri*) = triplicação: trissílabo, tritongo, trigonometria.

Sufixos

630.1 – Além dos sufixos aumentativos e dos diminutivos (§ 238) e de outros já estudados no devido lugar, importa ver mais alguns, dos mais importantes, aqui apresentados na ordem alfabética para maior aproveitamento de estudo e maior facilidade de consulta. Os sufixos podem ser **nominais**, quando formadores de substantivos e de adjetivos, **verbais**, quando formadores de verbos (já vistos no § 509), havendo ainda o **adverbial**, já estudado na *observação* do § 527.

áceo forma adjetivos que designam as qualidades gerais de um grupo de indivíduos a que o radical serve de tipo. É muito usado em termos de botânica: mirtáceo, orquidáceo. A forma feminina substantiva o adjetivo: O melão é da família das *cucurbitáceas*.

aco átono, forma adjetivos; indica relação, procedência: cardíaco, austríaco, demoníaco, egipcíaco.

ada 1 – forma substantivos; indica conjunto: bugrada, canalhada, criançada, porcada, vacada (V. *Marmelada* no D. QVs.)

2 – acrescido a tema verbal, forma substantivo que indica a prática da ação verbal: bicada, caçada, chegada, laçada, olhada, pincelada.

3 – acrescido a tema nominal, forma substantivo que indica ação relacionada com o tema: facada, jornada, noitada, paulada.

(3) *Parequema* (subst. masc.) = colocação de palavras de maneira que uma sílaba fica ao lado de outra do mesmo som: tenra rama.

ado, **ato** acrescido a tema nominal, indica cargo, função, dignidade (*ato* é a forma erudita, para temas latinos): apostolado, condado, ducado, marquesado, professorado, sacerdotado; baronato, cardinalato, clericato, diaconato, triunvirato, vicariato.

agem 1 – acrescido a substantivo, indica conjunto: criadagem, folhagem, plumagem, ramagem.

2 – acrescido a tema nominal ou verbal, indica a prática da ação sugerida pelo tema: aprendizagem, jardinagem, lavagem, moagem, passagem, selvagem, viagem.

aico acrescido a tema nominal, forma adjetivos; indica relação, procedência: espondaico, hebraico, farisaico, prosaico.

al 1 – acrescido a substantivo, indica lugar de plantação: abacaxizal, algodoal, arrozal, bambual, cafezal, juncal, trigal.

2 – (**el**, **il**) forma adjetivos; indica tendência, relação: braçal, filial, legal, penal; fiel, novel; febril, juvenil, senil – V. sufixo *ar*.

alha (**alhada**, muitas vezes depreciativo) acrescido a tema nominal, forma substantivos; indica ajuntamento: cainçalha (canalha), cordoalha, parentelha; comadralhada, pretalhada.

ama (**ame**) acrescido a substantivo, indica conjunto: dinheirama, mourama; cordoame, correame, velame.

ança, **ância**, **ença (ensa)**, **ência** acrescido a tema verbal, forma substantivos abstratos; indica ação, resultado de ação, estado, situação: aliança, andança, confiança, mudança; arrogância, concordância, exorbitância; benquerença, crença, diferença; absorvência, advertência, beneficência[(1)], carência, conferência, assistência, ausência, adstringência, convivência, clemência, demência, prudência, regência, virulência, violência.

É sufixo proveniente da vogal que carateriza a conjugação latina, seguida da junção do sufixo *nt* – do particípio presente e de um grupo de adjetivos – com *ia* ou simplesmente *a*; *ância*, *ência* com *i* quando, geralmente, têm relação com formas latinas que nos deram *ante*, *ente*, *ento*: (abundante) abundância, (arrogante) arrogância, (distante) distância, (vigilante) vigilância, (suficiente) suficiência, (indolente) indolência, (prudente) prudência, (penitente) penitência, (violento) violência.

As formas contratas *ança*, *ença* aparecem geralmente quando não é nítida a proveniência de tema latino de verbo ou de adjetivo em *nt*: bonança, esperança, cobrança, parecença, licença, doença, sabença.

---

(1) V. *Dicionário de Questões Vernáculas*, "beneficência".

Isso em linhas gerais; vezes há no entanto em que ocorrem formas discrepantes de tal norma; se temos *diferente*, o substantivo é *diferença*, ao passo que o verbo é *diferenciar* (diferenciação, diferencial). V. *Dicionário de Questões Vernáculas*, "diferenciar".

Nota: O supino latino em *sum* é que motiva a variação gráfica com *s*: despensa, expensa, ofensa.

ano, **ão** forma adjetivos; indica procedência, relação: africano, franciscano, goiano, salesiano, veneziano; alemão, beirão, cristão, parmesão.

ar é o mesmo sufixo *al*, cujo *l* pode passar a *r* (fenômeno chamado *dissimilação*) quando acrescido a palavra que já tenha *l*: angular, capilar, circular, elementar, jugular, lunar, militar, vulgar(2).

aréu acrescido a substantivos, indica ajuntamento, aumento: cacaréu, fogaréu, fumaréu, povaréu, lumaréu, mastaréu.

aria acrescido a substantivos, indica conjunto: bicharia, cavalaria, confraria, drogaria, livraria, mercearia, pedraria.

ário 1 – acrescido a tema nominal, indica ajuntamento, lugar continente: devocionário, erário, hostiário, relicário, vocabulário.

2 – acrescido a tema nominal, forma adjetivos; indica estado, qualidade, relação: agrário, arbitrário, biliário, contrário, diário, feudatário, imaginário, primário, solitário, voluntário.

3 – acrescido a tema nominal, indica agente: bibliotecário, cartorário, incendiário, notário, sectário.

ático acrescido a tema nominal, forma adjetivos; indica relação, procedência: aquático, asiático, lunático, socrático.

ato – V. *ado*.

ável (ével, ível, óvel, úvel) – terminação própria de adjetivos formados em português ou provindos de correspondentes formas latinas; indica aptidão, possibilidade de praticar ou de receber uma ação, estado: amável, louvável, cobrável, estável, indelével, flexível, sofrível, sensível, visível, móvel, solúvel, volúvel.

Nota: À correspondente forma latina *bil*, que aparece em certos adjetivos de forma erudita (*flébil*, *ignóbil*), é que se deve o superlativo de adjetivos terminados em *vel*: § 273, 1ª, b.

az forma adjetivos; significa "que encerra", "capacidade para": eficaz, mordaz, pertinaz, capaz, voraz, loquaz.

---

(2) V. *Dicionário de Questões Vernáculas*, "regimental", "familiar".

bundo, cundo formam adjetivos eruditos; acrescem-se a temas latinos; indicam tendência, situação: furibundo, gemebundo, tremebundo; fecundo, iracundo, jucundo, rubicundo.

cundo – V. *bundo*.

ção (**são**) acresce-se a tema verbal; indica ação ou resultado de ação: armação, bendição, coroação, flutuação, injeção, laminação, punição, reparação, turvação.

Nota: A variante *são* é motivada pela proveniência de supinos latinos em *sum*: compreensão, confissão, difusão, dispersão, distensão, repressão.

dade (idade) acresce-se a adjetivo (tema português ou latino), para formar substantivo indicativo de estado, situação, quantidade: beldade, bondade, fatuidade, frugalidade, igualdade, irmandade, lealdade, loquacidade, maldade, ruindade, solubilidade, unidade, uniformidade, variedade, pluralidade, privatividade. V. *Dicionário de Questões Vernáculas*, "pluralismo".

ecer – V. § 509.

edo indica conjunto, agrupamento: arvoredo, lajedo, passaredo, penedo, vinhedo.

eiro (eira) 1 – sufixo que significa agente, ofício, profissão: boiadeiro doceiro, padeiro, rendeira, toureiro, vendeiro, banqueiro, barbeiro, ferreiro, leiteiro, carpinteiro, arqueiro.

Nota: A passagem da ideia de agente para a de fonte produtora é natural: abacateiro, amoreira, formigueiro, pedreira, pesqueiro, pinheiro.

Correlata significação tem ainda o sufixo *eiro* quando forma substantivos que indicam lugar continente: braseiro, chaveiro, atoleiro, lameiro, fruteira, frasqueira, licoreiro, sopeira, tinteiro, terreiro. V. *Dicionário de Questões Vernáculas*, "motorneiro".

2 – forma adjetivos; indica atributo: agoureiro, altaneiro, caseiro, costeiro, fragueiro, guerreiro, mineiro, dianteiro, lisonjeiro.

ença (ensa), ência – V. *ança*.

engo forma adjetivos; indica relação: abadengo, avoengo, flamengo molengo, mostrengo, realengo, solarengo, verdoengo.

enho forma adjetivos; indica: 1 – parecença: rouquenho, ferrenho, roufenho.

2 – natural de (por influência do espanhol): extremenho, portenho.

ense, ês formam adjetivos; indicam naturalidade: ateniense, cearense, fluminense, cretense, interamnense, riograndense; chinês, francês, genovês, inglês, milanês, português, siamês (V. § 84, n. 1; § 258, n. 1).

ento forma adjetivos; indica tendência, estado: barulhento, bexiguento, ferrugento, friorento, lamacento, rabugento, sonolento.

eo átono, forma adjetivos; significa relação, propriedade, procedência: argênteo, cesáreo, cortíceo, férreo, gigânteo, ígneo, níveo, pétreo, plúmbeo.

ês – V. *ense*.

esa terminação, provinda de forma verbal latina (supino em *sum*), de substantivos que indicam ação: defesa, despesa, empresa, represa (V. § 84, n. 1, b; V. nota do suf. *ança*).

escer – V. § 509.

esco 1 – forma adjetivos; indica relação: carnavalesco, cavalheiresco, dantesco, principesco, quixotesco.

2 – forma substantivos; indica relação: arabesco, compadresco, parentesco.

estre forma adjetivos; denota morada, relação: campestre, silvestre.

eto – V. § 869, *m*.

évil – V. *ável*.

eza (ez) acrescido a adjetivos, para formar substantivos abstratos indicativos de estado, situação (V. § 84, n. 1): altivez (altiveza), beleza, dureza, limpeza, sensatez, singeleza, viuvez, viveza.

Nota: Se *estupidez* faz no plural *estupidezes*, por que razão o plural de *malvadez* é *malvadezas* e não *malvadezes*?

Diz-nos a regra que o plural das palavras terminadas em *z* se faz mediante acréscimo de *es*: *nariz, narizes*; *noz, nozes*; *vez, vezes*; *capataz, capatazes*. Nisso baseado, o plural de *estupidez* é, sem dúvida, *estupidezes*. Acontece, porém, que muitos substantivos abstratos terminados em *ez* ou vigoram ao lado das formas em *eza*, ou dessas formas são corruptelas. O plural então se faz em *ezas*, por influência da outra ou da antiga forma; é o que acontece com *agudez, nudez, hediondez, redondez* e com *malvadez*, que no plural fazem *agudezas, nudezas, hediondezas, redondezas* e *malvadezas*.

Muitos dos substantivos assim terminados não aceitam o plural; tal se dá com *lucidez, languidez, pacatez, placidez, viuvez, solidez* e outros.

íase forma substantivos; indica: 1 – processo ou ação em andamento: odontíase, pogoníase.

2 – condição mórbida: hipocondríase, midríase, triquíase. V. *Dicionário de Questões Vernáculas*, "lazaríase".

ica forma substantivos que originariamente em grego, em latim, em línguas neolatinas eram adjetivos: aritmética, música, retórica, política, pianística, linguística, infortunística, casuística.

ice forma substantivos abstratos, indicativos de estado, situação; enquanto nuns tem sentido depreciativo (beatice, bernardice, louquice, gramatiquice), noutros não o tem: criancice, doidice, garridice, meiguice, meninice, tolice, velhice.

icio forma adjetivos; significa "que diz respeito a", "que encerra propriedade de": acomodatício, adventício, alimentício, cardinalício, esponsalício, fictício, natalício, patrício, vitalício.

ico (átono) forma adjetivos; indica "que encerra as qualidades de", "que é relativo a", "próprio de": acadêmico, anêmico, apostólico, angélico, alfabético, bucólico, bélico, cênico, diabético, dietético, domínico, epidêmico, filatélico, melancólico, poético, político, profético, simbólico.

iço forma adjetivos; indica propensão, estado: abafadiço, achadiço, alagadiço, assombradiço, castiço, compradiço, chegadiço, encontradiço, espantadiço, roliço.

idade – V. *dade*.

idão (da terminação latina *itúdinem*) forma substantivos para denotar estado: servidão, escuridão, escravidão, gratidão, retidão, sobejidão.

ídio elemento substantivante: bacterídio, conídio, ofídio, sacarídio. V. *Dicionário de Questões Vernáculas*, "ídio".

il forma adjetivos; *il* e *al* são sinônimos quando indicam "qualidade de", "natureza de": brutal, feudal, outonal; gentil, varonil, senil. V. *Dicionário de Questões Vernáculas*, "primaveril".

io sufixo tônico; acrescido a substantivos, indica conjunto, agrupamento: casario, rapazio, mulherio – V. *Dicionário de Questões Vernáculas*, "estádio".

ismo doutrina, posição partidária ou profissional, estado: cristianismo, florianismo, gongorismo, pluralismo, jornalismo, reumatismo. V. *Dicionário de Questões Vernáculas*, "pluralismo, pluralidade".

ista forma substantivos; dá ideia de atividade, de dedicação, de agente, de partidário, de teórico: artista, avalista, copista, dicionarista, espiritista, jurista, linguista, maquinista, monarquista, pianista, tabagista, filologista (ao lado de filólogo, que é o simples versado ou perito), pedagogista, zoologista.

ite acrescido a nomes, indica inflamação: apendicite, colite, laringite, meningite, nefrite. **Ite** tem a variante **ita** quando designa tipos de minérios: barita, linhita, bauxita, margarita, agafita (agafite), alabastrite, lazulite (lazulita), malaquite (malaquita), pirita (pirite). V. *Dicionário de Questões Vernáculas*, "meteorita".

ível – V. *ável*.

ivo forma adjetivos; denota aptidão, estado: afirmativo, caritativo, convulsivo, digestivo, festivo, fugitivo, imitativo, intuitivo, lucrativo, objetivo, purgativo.

Nota: O *t* que quase sempre precede este sufixo deve-se a formas provindas ou imitativas do supino latino.

mento acrescido a temas verbais, indica ação ou resultado de ação, meio ou instrumento: agradecimento, atrevimento, banimento, casamento, ferimento, sofrimento; complemento, implemento, ornamento.

nte acrescido a temas verbais, denota agente: agente, apelante, feirante, laxante, lente, ouvinte, pedinte, regente, servente.

oiro – V. *ouro*.

onho forma adjetivos; indica "que encerra", "que causa": enfadonho, medonho, risonho, tristonho.

or (dor, tor, sor) indica agente; acresce-se a temas verbais vernáculos ou latinos: agressor, assador, britador, cantor, condutor, defensor, fautor, impressor, leitor, mentor.

ório 1 – acrescido a temas verbais latinos e vernáculos, forma substantivos indicativos de lugar em que se pratica a ação: consultório, dormitório, genuflexório, locutório, purgatório, repositório, velório.

2 – forma adjetivos que encerram a ideia de capacidade de ação: assertório, convidatório, divisório, expiatório, imperatório, migratório, mitigatório, precatório, satisfatório, suasório.

ose acrescenta-se a nomes de substâncias para indicar: 1 – carboidrato: celulose, frutose, levulose;

2 – alteração primária ou hidrólise, produto de uma proteína: proteose, elastose, albumose;

3 – condição, estado, processo: hipnose, psicose, osmose;

4 – em patologia, condição anormal ou de doença; melanose, estenose, varicose;

5 – em patologia vegetal, doença de que é agente um fungo: micose, quitridiose;

6 – aumento ou formação fisiológica: quilose, leucocitose. V. *Dicionário de Questões Vernáculas*, "lazaríase".

oso acrescido a substantivos, forma adjetivos que significam "cheio de": amoroso, brioso, cheiroso, chuvoso, famoso, garboso, guloso, leitoso, lustroso, medroso, pejoso. Às vezes apõe-se a outro adjetivo: amargoso, sonoroso.

ouro (douro) 1 – forma substantivos que denotam lugar em que se pratica ação: ancoradouro, bebedouro, fervedouro, logradouro, matadouro, minadouro, sorvedouro. V. *Dicionário de Questões Vernáculas*, "acostadouro, acostamento".

2 – forma adjetivos que implicam ideia de futuridade: casadouro, imorredouro, vindouro.

Nota: Em Portugal a forma preferida é *oiro*: babadoiro, vindoiro.

óvel – V. *avel*.

são – V. *ção*.

tério sufixo grego; indica lugar: batistério, cemitério, necrotério, presbitério.

udo acrescido a substantivo, indica "cheio de", "com excesso de": beiçudo, bicudo, bojudo, cabeçudo, carnudo, dentudo, forçudo, narigudo, orelhudo, ossudo, pançudo, peludo, polpudo.

ugem forma nomes femininos; tem os mesmos significados de *agem*: 1 – acrescido a tema nominal, indica conjunto: babugem, salsugem, penugem, lanugem, ferrugem.

2 – acrescido a tema nominal ou verbal, indica a prática sugerida pelo tema: lambugem, amarugem, rabugem. v. *Dicionário de Questões Vernáculas*, "lambugem".

ume acrescido a adjetivo, indica propriedade, qualidade: agrume, azedume, negrume.

ura 1 – acrescido a tema verbal latino ou vernáculo, indica ação ou resultado de ação: captura, censura, costura, formatura, fervura, fratura, fritura, leitura, pintura, ruptura, tremura, veladura, vestidura.

2 – acrescido a adjetivo, forma substantivo abstrato indicativo de estado, situação: alvura, brancura, bravura, cultura, fartura, finura, grossura, loucura, negrura, quadratura, tontura, travessura.

3 – acrescido a substantivo, indica exercício de cargo: advocatura, chefatura, judicatura, magistratura, nunciatura, prelatura.

V. D. QVs, *fornitura*.

úvel – V. *ável*.

Elementos Gregos

631 – Para finalizar esta parte – que é a última da morfologia – apresento uma lista de elementos gregos que entram na composição de várias palavras usadas nas ciências e nas artes:

adámas = indomável: diamante (houve hipértese do *a* inicial; especificava antigamente o aço mais duro), adamantino.

ácron = ponta, topo: acrópole, acrotério, acróstico.

ánemos = vento: anemômetro, anemoscópio.

ánthropos = homem: antropologia, antropófago, misantropo (paroxítono).

arché = governo: anarquia, jerarquia, monarquia, oligarquia.

autós = próprio, mesmo: autônomo, autocrata, autógrafo.

báros = peso: barômetro, barologia, baroscópio.

bíblion = livro: biblioteca, bibliografia.

bíos = vida: biografia, biologia, biotaxia (kcía).

cacós = mau: cacófato, cacofonia, cacografia.
calós = belo: caligrafia, calipedia, calidoscópio.
cephalé = cabeça: cefalalgia, cefaloide, acéfalo.
cheír = mão: quiromancia, quiromante, quirografia, cirurgia (chiro + urgia).
christós = ungido, sagrado: Cristo, cristandade.
chrôma, chrômatos = cor: isocromia, cromatismo, cromático, cromômetro.
chrónos = tempo: cronômetro, cronologia, cronograma.
chrysós = ouro: crisófilo, crisogênio, crisogastro, Crisóstomo.
cólon = parte do intestino: cólon, cólica (dor localizada no intestino).
cósmos = universo: cosmografia, cosmopolita.
cryptós = oculto: criptógamo, criptópodo.
cyanós = azul: cianídrico, cianogênio, cianose.
cýclos = círculo: ciclone, ciclótomo, enciclopédia[1].
cýon, cynós = cão: cínico (originariamente *canino*, *próprio de cão*), cinegética, cinocéfalo, cinoglossa.
cýstis = bexiga: cistalgia, cistotomia, cistorragia.
dáctylos = dedo: datilografia, datílico.
daímon = divindade. Nas religiões que precederam ao cristianismo, *demônio* significava *gênio bom* ou *gênio mau.* O cristianismo é que restringiu o significado para *espírito maligno.*
dêmos = povo: democracia, demagogia.
dérma = pele: derme, epiderme, paquiderme.
diábolos = caluniador: diabólico. Contrai-se em *diabo*; permuta o *l* em *r* em diab-r-ura, diab-r-ete. Reduz-se a *di* em di-acho e di-anho.
dýnamis = força: dínamo, dinamite, dinâmico.
dynástes = soberano, poderoso: dinasta, dinastia.
eicôn = imagem: iconoclasta, iconografia.
eídolon = imagem: idólatra, idolatria.
êlectron = âmbar, eletricidade: eletroscópio, eletrólise, eletrodinâmico.
eleemosýne = piedade, compaixão: esmola, esmoler.
éntomos = inseto: entomologia, entomozoário, entomostráceos.
éros, érotos = amor: erótico, erotomania, erotopégnio.

(1) Pelo étimo, a verdadeira acentuação seria *enciclopedía.* V. D. QVs, *Antioquia.*

éthnos = raça, povo: etnografia, etnologia, etnogenia, étnica, etnarca.

êthos = costume, hábito, moral: ética, etopeia, etocracia, etologia.

gála, gálactos = leite: galactose, galacturia, galactorreia, galactômetro, galactóforo.

gastér = ventre: gástrico, gastrônomo, gastralgia.

gê = terra: geografia, geologia, geodésia, geofagia, georama.

glaucós = cor pálida entre o verde e o azul: glauco (cor do mar).

glôssa = língua: glossário, glossologia. Reveste a forma *glos* em *glosa*, *glosar*; há ainda a forma grega com *tt*: glotal (glottal). – V. *glôtta.*

glôtta = língua: glote, glótico, glotologia – V. *glôssa.*

gloutós = nádega: glúteo (relativo às nádegas).

gnósis = conhecimento: diagnóstico, prognóstico.

gonía = ângulo: trigonometria, pentágono.

grámma = letra: anagrama, programa, monograma; gramática (originariamente *estudo das letras*); significa também peso ínfimo: grama (unidade de peso).

grápho = escrever: ortografia, cacografia, calígrafo, geógrafo, polígrafo.

gymnás = nu: ginásio (originariamente, escola de educação física exercitada com o corpo seminu), ginástica.

gyné, gynaicós = mulher: ginandria, ginecocracia, gineceu, ginecônomo, ginecologia.

hélios = sol: helioscópio, heliografia, heliometria.

haíma, haímatos = sangue: hemorragia, hemoptise, hemagogo, hematose.

hépar, hépatos = fígado: hepático, hepatocele, hepatorreia, hepatoscopia.

héteros = outro: heterogêneo, heterodoxo, heteróptero.

hierós = sagrado: hierofante, hieroglifo, hieródulo; a aspiração grega abranda-se em *jer* em *jer*arquia, *Jer*ônimo (por *Hierônimo* = nome sagrado, donde *hieronimitas*, professos da congregação de São Jerônimo).

híppos = cavalo: hipódromo, hipopótamo, hipófago(2).

homós = semelhante: homogêneo, homófono, homógrafo, homopatia.

horízon = o que limita: horizonte.

hýbris = injúria, violência, ultraje: híbrido.

hýdor = água: hidrogênio, hidrostática, hidromel, hídrico.

---

(2) Não se confunda este elemento com o prefixo grego *hypó*, que indica posição inferior: *hipogástrico*.

hygiés = são: higiene, higiologia.
hýalos = vidro: hialino, hialite, hialotecnia.
hygrós = úmido: higrômetro, higroscópio.
hýmen = membrana: hímen.
hýpnos = sono: hipnotismo, hipnotizar, hipnal, hipnose.
hystéra = útero: histerismo, histérico, histerômetro.
ichthýs = peixe: ictiófago, ictiologia.
idéa = ideia: ideograma, ideografia, ideologia.
ídios = próprio: idiossincrasia, idiomorfo, idioma (língua própria de um povo).
lampás, lampádos = facho, archote: lâmpada, lampascópio, relâmpago, pirilampo, lampião, lamparina.
leucós = branco: leucite, leucócito, leucina.
líthos = pedra: litoclastia, litografia, lítico, lítio, aerólito.
lógos = razão: lógica, si*log*ismo, catá*log*o, é*clog*a. Significa também *discurso*, *tratado*: antologia, biologia, teologia. Reveste as formas:
a) *lex* em léxico;
b) *let* (lect) em eclético, dialeto, dialética.
maniás = louco: manicômio, mania, melomania, melômano.
macrós = grande: macróbio, macrocéfalo.
mégas, megálou = grande: megatério, megalítico, megalomania, megalossauro, ômega (= *o* grande).
mésos = meio: mesóclise, mesotórax.
méter = mãe: metrópole.
métron = metro, medida: metrônomo, quilômetro.
micrós = pequeno: micróbio, microscópio, microcosmo, microcéfalo, ômicro (= *o* pequeno).
mísos = ódio: misantropo, misofobia, misoneísmo.
mónos = único: monismo, mônades, monarca, monografia, monandria, monanto.
morphê = forma: morfologia, morfozoário, amorfo.
mýron = perfume: mirônico, mirospermina, miroxilina.
mýthos = fábula: mitologia (história da fábula), mitografia, mítico.
nárce = torpor, sono: narcose, narcótico, narceína, narcolepsia.
necrós = cadáver: necrologia, necrológio, necrópole, necromancia.
neós = novo: neoplasma, neologismo, neolatino, neófito.
nephrós = rim: nefrite, nefrina, nefrologia.

neûron = nervo: neurastenia, neurofagia, neurólito, neurônio.

nómos = lei: autônomo, gastrônomo.

nósos = moléstia, doença: nosologia, nosogenia, nosografia, nosocômio, nosocrático.

odós = caminho: ânodo, cátodo, elétrodo, método, pêntodo, período.

odoús, odóntos = dente: odontologia, odontalgia, odontorranfo.

olígos = pouco: oligarquia, oligomania, oligospermo.

ón, óntos = ente: ontologia (tratado do ente), ontogênese.

ónoma, onómatos = nome: onomatopeia, onomástica (arte de aplicar nomes), onomástico.

ónymos = nome: sinônimo, pseudônimo, anônimo.

óphis = cobra: ofídio, ofilogia, ofiúros.

ophtalmós = olho: oftalmia, oftalmoscópio.

órnis, órnithos = pássaro, ave: ornitologia, ornitomancia, ornitóbio, ornitófilo, ornitomizo.

orthós = reto: ortografia, ortopedia, ortopneia, ortodoma, ortodoxo (que está com a opinião certa, direita), ortofonia. *Orthós* serve de étimo à raiz *ord*, donde *ordem*, *ordinário*, *ordenança*.

ostéon = osso: osteíte, osteologia, osteomielite, osteína.

oûs, otós = ouvido: otite, otocéfalo, otodinia.

palaiós = antigo: paleologia, paleontologia, paleozoologia, paleolífero, paleolítico.

pân = tudo: panteísmo, panorama, panclastita, pancrácio (= combate em que o atleta põe em jogo todas (*pan*) as suas forças (*crátos*) e que se compõe da luta e do pugilato), pâncreas (todo carnoso), panóplia, pantógrafo.

páthos = moléstia, sofrimento: patologia, patogenia, patogênese, patologista.

pépsis = digestão: pepsia, dispepsia, peptona, peptoxina.

phageín = comer: fagócito, antropófago, geofagia.

phílos = amigo: filósofo, filantropo, filologia.

phléps, phlebós = veia: fleborragia, flebite, flebotomia, flebosclerose, flebopalia.

phonê = voz: fonologia, fonógrafo, fonética, eufonia.

phôs, photós = luz: fotografia, fósforo (= que leva luz), holofote (= luz completa).

phthóngos = som: ditongo, tritongo.

phýsis = natureza: fisionomia, fisiologia, física, metafísica, apófise.

pléos = mais: pleonasmo, pleorama, pleonasto.

pólis = cidade: necrópole, acrópole, Nápoles, Teresópolis, Constantinopla.

polýs = muito: politécnica, polissílabo, polimorfo.

potamós = rio: potamologia, hipopótamo.

poús, podós = pé: podômetro, podoftalmo, podologia, ápode, cefalópode(1).

pseúdes = falso: pseudônimo, pseudópodo, pseudospermo. (Na composição, não varia o primeiro elemento; jamais vá alguém dizer pseud**a**ciência, pseud**a**normalista.)

psyché = alma: psicologia, psicose, psicopata.

pterón = asa: pterólito, pterópodo, pterodátilo.

pýr = fogo: pirômetro, pirotécnico, piróforo, pirídico.

rhis, rhinós = nariz: rinite, rinoceronte, rinalgia, rinorreia, rinoscópio.

stereós = sólido: estereotipia, estereótipo, estereoscópio.

stratós = exército: estratégia, estratagema (manobra do exército), estratocracia.

taphé = sepultura: epitáfio.

téle = longe: telégrafo, telepatia, telefone, telêmetro.

thánatos = morte: tanatologia, Atanásio (= imortal), eutanásia.

theós = Deus: teologia, ateu, Teófilo, Filoteia, teodiceia, teosofia.

thérme = calor: termas, térmico, termômetro, termódota (distribuidor de água quente nos banhos).

tópos = lugar: topologia, topografia, toponimia.

týpos = modelo, molde: tipografia, tipógrafo, protótipo.

zôon = animal: zoologia, zoófito, zoogeografia, zoolattia, zoólito.

632 – **Hibridismo**: Quando os elementos de um composto provêm de idiomas diferentes, a palavra se diz *híbrida*: *automóvel* (gr. *autós*, lat. *mobile*). O **hibridismo** deve ser evitado sempre que possível; p. ex.: É erro formar *canídromo* (lat. e grego) em vez de *cinódromo* (pista para cães; ambos os elementos gregos).

Só é aceitável uma palavra híbrida:

a) quando os elementos já existirem, isoladamente, e forem de largo uso no vernáculo: *alcoômetro* (árabe e grego); *mineralogia* (lat. e grego); *automóvel* (grego e latim); *polivalente* (gr. e lat.);

b) quando um dos elementos, por ser muito usado em outros compostos, tiver perdido o caráter estrangeiro: *sociologia* (lat. e grego), *colorímetro* (lat. e gr.), *pluviômetro* (lat. e gr.), *televisão* (gr. e port.), *heliogravura* (gr. e

(1) V. *Dicionário de Questões Vernáculas*, "ápode".

lat.)[2], *estercoremia* (lat. e gr.), *endereçógrafo* (port. e gr.), *ambiopia* (lat. e gr.), *megavate* (gr. e ingl.), *motogodile* (lat. e fr.);

c) quando um dos elementos não puder de forma nenhuma ser trocado por ter sentido especial: *galvanotipia* (o 1º componente é tirado do nome de célebre físico italiano); *burocracia* (já nos veio formado do francês: *bureau*, fr. escritório, *cracia*, gr. governo);

d) quando de todo consagrada, já com direitos de cidade em nossa língua: *monóculo* (gr. e lat.), *sociologia* (lat. e gr.), *centímetro* (lat. e gr.).

633 – **COMPOSIÇÃO** e **DERIVAÇÃO** – Na **composição**, o sentido da palavra fundamental é modificado mediante palavras, preposições ou partículas que a ela se antepõem; processa-se ou por *justaposição* (quando duas ou mais palavras se juntam sem que se alterem: *porta-aviões*) ou por *aglutinação* (quando elas se fundem mediante alguma alteração: *pernalta*, de *perna* + *alta*) ou por *prefixação* (§ 626).

Em resumo, a *composição* de uma palavra pode ser:

a) por prefixação: § 626

b) por justaposição { sem hífen / com hífen } § 226, 3º caso

c) por aglutinação: § 633

d) parassintética: § 625.

Na **derivação**, o sentido da palavra fundamental é modificado mediante troca ou acréscimo de sílaba ou sílabas finais (*derivação própria*, feita por *sufixação*: *mel* + *oso* = *meloso*) ou por um dos processos semânticos (*derivação imprópria*, § 621).

Entre o tema e o sufixo pode aparecer, para efeito eufônico, uma *consoante de ligação*: frio(r)ento, sono(l)ento, lama(ç)al, casa(r)io, cafe(t)eira, cha(l)eira.

Nota: Na composição pode aparecer uma *vogal de ligação*: lan(í)gero, carn(í)voro, glot(o)logia, gram(o)fone, hem(o)rragia – predominando *i* nos compostos latinos e *o* nos gregos.

Questionário

1. Faça uma dissertação sobre o histórico da língua portuguesa.

2. Por que vias se enriqueceu, na língua portuguesa, o modesto vocabulário recebido do latim? – Dissertação *completa* e exemplificada.

3. Que são formas *divergentes*? Exemplo.

(2) V. *Dicionário de Questões Vernáculas*, "heliografia".

4. Explique o que é *convergência vocabular*. Exemplo.
5. Qual o objeto da *semântica*?
6. Que é *metáfora*? Exemplo.
7. Que é *eufemismo*?
8. Dê algum exemplo curioso de evolução semântica.
9. Que elemento carateriza a *linguagem afetiva*? (V. as primeiras palavras do § 622.)
10. Nas *formas sincréticas* existe divergência de significação? Que existe então?
11. Que são palavras *parassintéticas*?
12. Que é *prefixação*?
13. Considerados quanto à origem, como podem ser os prefixos?
14. *Coordenar* é palavra composta? Justifique a resposta.
15. Etimologicamente, que significa *penumbra*?
16. Quais as significações do prefixo *re*? Exemplos de cada significado.
17. Explique a etimologia de *tresmalhar*.
18. Tendo em mente que o prefixo grego *a* significa *privação*, *negação*, substituir por palavras gregas as locuções grifadas dos seguintes trechos (as palavras que estão entre parênteses não devem aparecer nas respostas):
a) Os *sem pés* (animais) movimentam-se de maneira curiosa.
b) Nada podemos fazer nesta situação *sem cabeça*.
19. Substituir as palavras grifadas pelas correspondentes derivadas do grego (os parênteses têm por fim facilitar a compreensão; não devem aparecer nas respostas):
a) Os (macacos de cabeça semelhante a) *cabeça de cão* são raros.
b) João é rapaz *de atividade* (de força).
c) O *medidor de calor* indica a febre do doente.
d) O (aparelho de) *som longe* é muito útil.
20. Os riscos das seguintes orações devem ser substituídos pela palavra adequada (derivada do grego):
a) __________ é o aparelho que serve para medir o vento.
b) __________ é o contrário de caligrafia.
c) __________ significa, etimologicamente, cavalo do rio.

*

As palavras são o suor da atividade humana; quanto mais operoso um povo, tanto maior o vocabulário; quanto mais fecundo um aglomerado, já de cientistas, já de guerreiros, já de comerciantes, já do que quer que seja, tanto mais premente a necessidade de enriquecimento de expressões e de palavras adequadas aos inventos, às táticas bélicas, às modalidades de comércio.

*

De um para outro capítulo poderá haver claros na numeração dos parágrafos; isso tem por fim possibilitar em futuras edições algum acréscimo que se torne necessário.

CAPÍTULO 44

SINTAXE

ESTUDO DAS PALAVRAS COMBINADAS

Noções Gerais

636 – Em geral, uma palavra exerce, na oração, duas funções: uma *taxeonômica* (§ 161, n. 2), outra *sintática*. Função *taxeonômica* é a que a palavra exerce quanto à classe a que pertence (substantivo, adjetivo, pronome etc.); a segunda função vem a ser a que a palavra exerce em relação a outros termos da oração (sujeito, complemento etc.).

637 – Muitos dos ensinamentos que as gramáticas costumam apresentar na sintaxe foram já expostos, para maior proveito do aluno, na própria morfologia; resta-nos agora estudar:

1º – As diversas relações que as palavras mantêm entre si na oração; por outras palavras, iremos estudar a *oração* e *seus termos*. É desnecessário dizer que é de muita importância esse estudo.

2º – Em segundo lugar, passaremos a estudar os *processos sintáticos*, ou seja, os requisitos a que deve obedecer um termo no referir-se a outro termo da oração; é, então, que estudaremos a *concordância*, a *regência* e a *colocação* dos termos que concorrem para formar a oração.

Faz parte desse ponto o estudo dos *vícios de linguagem*.

3º – Passaremos a estudar o *período* gramatical, analisando a concatenação que mantêm as orações para formar o período. É esta a parte mais importante da sintaxe, para cuja compreensão muito importa o perfeito conhecimento das conjunções, quer coordenativas quer subordinativas.

4º – Completará o estudo da sintaxe o conhecimento de certas *particularidades sintáticas* e o da *pontuação.*

638 – Esse é o programa que passaremos a desenvolver; abrange matéria bastante menor que a já estudada, mas é a que constitui o verdadeiro *desideratum* de quem pretende conhecer nosso idioma, de quem deseja redigir com segurança. Finalizará nosso estudo um *apêndice literário*, ao qual se seguirão *exercícios* e *testes* sobre todas as partes da gramática do nosso idioma e um *índice analítico* de todos os assuntos, de três mil e trezentos verbetes.

Generalidades da Oração

639 – **Oração** é a reunião de palavras ou a palavra com que manifestamos aos nossos semelhantes, de maneira completa, um pensamento.

Tanto manifesta um pensamento o indivíduo que diz: "Vivo" – muito embora esteja a proferir uma só palavra – como o que diz: "Eu estou com saúde".

640 – Quanto ao *sentido*, as orações podem ser:

1 – declarativas
2 – interrogativas } diretas / indiretas
3 – exclamativas } diretas / indiretas
4 – optativas
5 – imperativas

641 – **Declarativa**, *expositiva* ou *enunciativa* é a que encerra mera informação, mera declaração. Exemplos:

Estudei a lição
Não quero a sua vinda

a) Quando a oração declarativa encerra juízo positivo, chama-se **positiva**: "Pedro é estudioso" – "Todos nós trabalhamos".

b) A oração declarativa será **negativa** quando encerrar negação: "Paulo *não* é estudioso" – "Nós *não* temos férias" – "*Nunca* ofendi o próximo" – "*Ninguém* viu o canário".

Isto de ser *positiva* ou *negativa* aplica-se a qualquer espécie de oração.

642 – É **interrogativa** a oração que encerra pergunta: "Quem quebrou o copo?"

A oração interrogativa pode ser *direta* e *indireta.*

a) É **interrogativa direta** quando a pergunta é expressa numa só oração, absoluta: "Quem quer o brinquedo?" – "Que faremos com o dinheiro?" – "Por que você não vai?"

b) É **interrogativa indireta** quando a oração de sentido interrogativo depende de um verbo principal que indique desconhecimento ou desejo de informação: "Não sei *quem entrou*" – "Quero conhecer *quem fez isto*" – "Diga-me se *ele já chegou*" – "*Quais eram esses sinais* quis saber o almirante" – "Gostaria de saber *por que você não vai*".

Notas: 1.ª – Antigamente, as orações interrogativas *indiretas* que dependiam dos verbos *perguntar*, *dizer*, *responder* e *replicar* podiam vir acompanhadas do *que* e logo a seguir da oração interrogativa direta: "Perguntou-lhe *que como trazia armas*?" – "Dizendo-lhe *que por que não mandava escarlate*?" – "Replicaram-lhe *que por que não queria o jazigo onde estava o duque com seu marido*?" – "O Senhor respondeu a isto *que para que lhe perguntava isto*?"

2.ª – Como interrogativas indiretas podem ser analisadas subordinadas como estas:

Não sei *quando volta*.
Sei *como passa*.
Não sei *por que saiu*.
É sabido *onde está*.
Sabe-se *quanto custa*.
Sei *quais meios empregar*.
Não sei *quem enviar*.

Essas interrogativas indiretas prendem-se ao verbo da oração principal (*saber* ou outro qualquer que implique ideia de declaração ou sentimento), sem que nenhum interesse traga ao nosso ou a qualquer idioma interpretar a palavra que inicia tais subordinadas (*quando*, *como*, *por que*, *onde*, *quanto*, *quais*, *quem* etc.) como conjunção integrante.

643 – **Exclamativa** é a oração que exprime sentimento de admiração ou de surpresa: "Quanta coisa certa ele disse!" – "Como é triste a morte do indigente!" – "Que miséria vai trazer esta guerra!"

Observação:

Não é contudo a oração completa, exarada com todos os seus termos, a forma de que sempre se revestem os dizeres exclamativos. Sendo rápidas as explosões de sentimento, nada mais natural do que o procurar externá-las em poucas palavras e em tempo rápido. Daqui procede a predileção às frases breves e orações abreviadas ou reduzidas aos conceitos essenciais:

"Terra! terra!" – "Mísera sorte!" – "Mentira!" – "Os árabes!" – "Prestes!" – "Venha!"

Certas frases de linguagem familiar, enunciadas a princípio por extenso, ficaram reduzidas pelo uso continuado a fórmulas cristalizadas, aparentemente inanalisáveis, que em determinadas ocasiões todos repetem sempre da mesma maneira sem que alguém cogite em reconstruir as frases com seus elementos primitivos. Tais são os dizeres *Boas! Ora essa! Pois não! Pois sim!* que podem significar muita coisa; e no

Viva! com que damos expansão ao entusiasmo, sentido por alguma pessoa, já não nos acode ser este o verbo ou predicado restante de uma oração optativa. Nem se nos dá disso, pois não hesitamos em dar também vivas aos irremediavelmente mortos. Por outra parte, *Oxalá!* – acomodamento do árabe *en shâ allah* (= "Se Deus quiser" – "Assim Deus queira") à pronúncia portuguesa, continua a usar-se como expressão de desejo, embora se tenha apagado a consciência da origem islamítica dessa exclamação.

644 – **Optativa** (do lat. *optare* = desejar) é a oração que encerra desejo: "Seja feliz" – "Bons olhos o vejam".

Nota: A forma verbal que por excelência expressa desejo é o subjuntivo presente; com força optativa, é ele usado em todas as pessoas: "Possa eu ser nomeado" – "Sejas feliz" – "Vá com Deus" – "Saibamos vencer" – "Sejais felizes" – "Passem com boas notas" – v. § 945.5.

645 – **Imperativa** é a oração que, tendo o verbo no modo imperativo, geralmente encerra ordem: "Suma-se daqui".

A oração imperativa pode também indicar ou súplica ou pedido: "Dê-me (o senhor) uma esmola" – "Dá-me (tu) um copo d'água" – "Livrai-me, Senhor, de todo o mal" – "Estude, meu filho".

O estudo do modo imperativo foi feito no nº 3 do § 413.

Questionário

1. Quantas funções exerce uma palavra na oração? Explicações e exemplos.
2. Diga, resumidamente, o que iremos estudar na sintaxe.
3. Que é *oração*?
4. Quanto ao *sentido*, como podem ser as orações? (Responda no plural, como está no § 640, com explicação e exemplos – Não se esqueça da subdivisão das declarativas e das interrogativas.)
5. Corrija os seguintes textos:
   a) Vá na casa Pinto ver uma secretária pequena, que está em exposição: se convir para você, compra ela e manda trazer, e manda levar a conta no meu escritório, para mim pagar. (§ 546, n. 4; § 464, n. 3; § 313, obs.; evite a repetição de palavras; § 546, n. 4; § 313.)
   b) Lembra de Santa Rita? Bebemos aí, na estação, um delicioso café, que nunca me hei de esquecê-lo. (Lembrar-se ou esquecer-se *de* algo; § 345, n. 3: Claro está que...)
   c) O temporal deteu o trem à dois quilômetros de Cambuquira.
   d) O juiz apreendeu a menor Silvina, de quem nada se sabe dos pais. (Recorde o § 382 e a pergunta 12 antes do § 386.)
   e) Houve um cataclisma pavoroso no Japão. (V. o dicionário.)
   f) Estes colarinhos não têm intertela. (Idem.)

CAPÍTULO 45

ANÁLISE SINTÁTICA

Termos da Oração

648 – Os **termos da oração** classificam-se em:

essenciais

integrantes

acessórios

649 – **Termos essenciais** da oração são os elementos que ordinariamente concorrem para a formação da oração. São dois:

sujeito

predicado

Sujeito

650 – Se sujeito de um verbo é a *pessoa* ou *coisa* sobre a qual se faz alguma declaração, é evidente que o sujeito deve ser constituído de *substantivo*, pois a esta classe de palavras cabe nomear as *pessoas* e as *coisas*.

Pode, no entanto, o sujeito deixar de ser constituído de substantivo *essencial*, isto é, de substantivo propriamente dito, para ser constituído de substantivo *virtual*, isto é, de palavra, frase ou oração, que tenha igual força de substantivo. Podem ainda, portanto, funcionar como sujeito:

a) um *pronome*: "*Ele* é estudioso"

b) qualquer *palavra substantivada*: "*Assaz* é advérbio" – "O *amanhecer* do trabalho há de antecipar-se ao amanhecer do dia"

c) uma *frase de sentido incompleto*: "*Trabalho e honra* deve ser lema de todos nós"

d) uma *oração*:

"É	bom	*que ele vá ao Rio*"
verbo	predicativo	sujeito

Nota: Quando é representado por frase, o sujeito chama-se *fraseológico*, como acontece no exemplo da letra *c*. Quando constituído de oração, chama-se *oracional*, como se vê na letra *d*.

651 – **Como descobrir o sujeito**: Suponha-se a oração "Pedro quebrou o disco". – Para que se descubra o sujeito da oração, é bastante saber quem praticou a ação de quebrar, isto é, quem quebrou o disco, o que se consegue mediante uma pergunta em que se coloque *que* ou *quem* antes do verbo:

Quem quebrou o disco?

Resposta: **Pedro**.

A resposta indica o sujeito da oração. Portanto o sujeito da oração é *Pedro*.

OUTROS EXEMPLOS: Descobrir o sujeito das seguintes orações:

Sócrates discorreu sobre a alma.

Pergunta: Quem discorreu sobre a alma?

Resposta: *Sócrates*.

Sujeito = **Sócrates**.

Os romanos honravam seus deuses.

Pergunta: Quem honrava seus deuses?

Resposta: *Os romanos*.

Sujeito = **Os romanos**.

Pedro foi ferido na guerra.

Pergunta: Quem foi ferido na guerra?

Resposta: *Pedro*.

Sujeito = **Pedro.**

Ao professor e ao pai do menino chegam reclamações dos colegas.

Pergunta: Que é que chega ao professor e ao pai?

Resposta: *Reclamações*.

Sujeito = **Reclamações**.

652 – **Sujeito acusativo**: Embora, por regra, somente o pronome reto possa funcionar como sujeito, há contudo casos em que o pronome oblíquo desempenha essa função. Tal se dá em orações em que entram os verbos *deixar*, *fazer*, *mandar*, *ouvir*, *sentir* e *ver* quando esses verbos têm, como objetos, outros verbos no infinitivo:

O	médico	fê-	LA	andar
	suj. de *fez*	v. principal	↓ suj. de *andar*	obj. de *fez*

Mandei-	O	entrar
v. principal	↓ suj. de *entrar*	obj. de *mandei*

Deixaram-	ME	sentar
v. principal	↓ suj. de *sentar*	obj. de *deixaram*

Outro exemplo: "Vi um homem morrer". – Não é intenção de quem assim se expressa declarar que "viu um *homem*" mas, sim e unicamente, que "viu *morrer*"; *morrer* é que é o objeto de *viu*.

"Mandei o menino *assobiar*, *cantar* e, finalmente, *sair*" – é oração em que se atribuem ao verbo *mandar* diversos objetos, constituídos pelos infinitivos *assobiar*, *cantar* e *sair*, dando-se-lhes um mesmo sujeito: *menino*.

Substituindo-se, em qualquer construção semelhante à dos exemplos acima, o sujeito do infinitivo pelo correspondente pronome pessoal, este irá aparecer na forma oblíqua correspondente ao acusativo latino: mandei-*o* sair, fê-*la* andar, vi-*o* correr, nunca *o* havia antes ouvido falar tão bem.

Outro exemplo de sujeito acusativo temos em orações como "Maria deixou-*se* ficar". Aqui o *se* é realmente sujeito, mas sujeito acusativo, ou seja, sujeito de um infinitivo; tem função etimologicamente certa, que não pode ser confundida com a profligada no § 406.

Pelo fato de nessas orações aparecer na forma oblíqua o pronome, não nos devemos deixar enganar na sua análise, atribuindo-lhe função objetiva. Trata-se, exclusivamente, de um *latinismo sintático*, onde as subordinadas substantivas levam o verbo para o infinitivo, com o respectivo sujeito no caso *acusativo*; pelo que, diremos constituírem essas sentenças exemplos de **orações infinitivo-latinas**.

Nota: São portanto erradas as construções: "Fiz *ele* entrar" – "Vi *elas* sair" – "Deixei *ele* passear" – "Viu *eu* entrar" – "Deixe *eu* ver" – em vez de: "Fi-*lo* entrar" – "Vi-*as* sair" – "Deixei-*o* passear" – "Viu-*me* entrar" – "Deixe-*me* ver".

653 – É norma de gramática, e a lógica exige que assim seja: **O sujeito não pode depender de nenhum termo da oração**.

É evidente a justiça de tal princípio: Pelo próprio fato de ser sujeito, e, por conseguinte, constituir aquilo de que se declara alguma coisa, o sujeito poderá ter complemento, mas não ser complemento. A construção: "É hora *do* almoço estar pronto" – violaria esse princípio, pois subordinaria o sujeito do verbo *estar* ao substantivo *hora*, como se dissesse: "É hora do almoço" – quando o que se pretende dizer não é isso e sim: "É hora *de estar pronto* o almoço".

Nessas razões se baseiam os bons escritores, quando evitam combinar a preposição com o sujeito do infinitivo.

Assim, não se dirá: "É tempo *do* menino estudar" – senão, separando-se a preposição *de* do sujeito: "É tempo *de* o menino estudar"

A preposição, em exemplos como esse, rege, na realidade, o infinitivo e não o sujeito desse infinitivo: *É tempo de quê? – De estudar*. Daí um conselho muito justo, cuja prática evitará erros nessas construções: Colocar o sujeito de tais orações depois do infinitivo: "É tempo de estudar o menino a lição".

Exemplos típicos, que evidenciam bem essa questão, obtêm-se dando-se ao infinitivo um sujeito composto; em tais casos a preposição só aparece uma vez: "Baseamo-nos no fato *de* este rapaz e o seu irmão *não estarem* inscritos".

Outros exemplos: "O fato *de possuírem* os homens esmerada educação" (ou: "O fato *de* os homens *possuírem...*") – "Dada a impossibilidade *de* o rim *eliminar* fosfatos" – "Sem que houvesse tempo *de* o condutor *brecar* o carro" – "Não há necessidade *de* se *irem* eles embora" (ou: "...*de* eles se *irem* embora") – "Apesar *de estarem* cortadas as relações" (ou: "Apesar *de as* relações estarem cortadas") – "Não há vantagem *em ganharem* eles a causa" (ou: "...*em eles* ganharem a causa" – nunca: "*neles* ganharem a causa") – "O mal está *em* não *querer* isso o homem" (ou: "...*em o* homem não querer isso") – "*Por* a vírgula *estar* separando termos essenciais é que a cortei" (e não: "*Pela* vírgula...") – "Não vejo mal *em* a senhora *proceder* dessa forma" (e não: "...*na* senhora...") – "Uma prova foi anulada *por* ter *o* candidato..." (e não: "...*pelo* candidato ter...").

Nota: Esse mesmo é o motivo que impede a construção "Depois *da* porta arrombada...", que se deve corrigir para "Depois *de a* porta arrombada" ou, em ordem mais comum, "Depois *de* arrombada *a* porta" (= depois de ter sido arrombada a porta). E assim: "Depois *de* morta *a* onça" (ou: "Depois *de a* onça estar morta"), e não: "Depois *da* onça morta".

654 – **Classificação do sujeito** – O sujeito pode ser:

simples

composto

indeterminado

655 – O sujeito é **simples** quando representado por um só ente, ou por entes da mesma espécie, isto é, quando representado por um só nome no singular ou no plural.

"O *livro* é bom" – "Os *livros* são bons"

656 – O sujeito é **composto** quando representado por entes diversos, ou seja, por mais de um substantivo, ou por mais de uma palavra ou expressão substantivada: "O *livro* e o *lápis* são bons" – "*Ser* e *não ser* são coisas opostas".

657 – O sujeito é **indeterminado** quando de impossível identificação. Tal acontece em orações com verbos:

a) ativos, acidentalmente impessoalizados na 3ª do plural (§ 484, 1): "Dizem que ele vem".

b) acidentalmente impessoalizados na passiva (§ 485): "Precisa-se de um datilógrafo" – "Assim se vai aos céus".

Notas: 1ª – Sempre se entendeu por "sujeito gramatical" o verdadeiro sujeito, isto é, o sujeito despojado de todo e qualquer modificativo complementar que porventura tivesse ("A *casa* de Pedro ruiu"), e por "sujeito lógico", ou "sujeito total", o sujeito acompanhado de todos os modificativos complementares que lhe pertencessem: " *A casa de Pedro* ruiu".

Em substituição ao nome "sujeito gramatical", "objeto gramatical" procuraram introduzir o de "núcleo do sujeito", "núcleo do objeto", dando-se a entender por "núcleo" a palavra que realmente exerça a função sintática, seja ela qual for, que se considere, donde a definição de sujeito simples: "sujeito de um só núcleo", e a de sujeito composto: "sujeito constituído de dois ou mais núcleos". É nome inventado à revelia da nomenclatura oficializada no Brasil.

2ª – Se o aluno ouvir falar em sujeito *agente*, sujeito *paciente*, sujeito *oculto*, saiba entender o que isso significa:

O sujeito é **agente** quando pratica a ação verbal, o que se dá na voz ativa: "O *Sol* ilumina a Terra".

O sujeito é **paciente** quando sofre, recebe, padece a ação verbal, o que se dá na voz passiva: " *A Terra* é iluminada pelo Sol".

O sujeito é, ao mesmo tempo, **agente** e **paciente**, quando pratica e recebe a ação verbal, o que se dá na voz reflexiva: "*Pedro* livrou-se do embaraço".

Sujeito **oculto** é o facilmente subentendido: "(*Nós*) Precisamos estudar".

658 – **Oração sem sujeito**: Não se trata agora de classificar, nem de procurar, nem de determinar o sujeito; o sujeito *não existe* em orações:

1. em que o verbo é impessoal essencial: "Choveu ontem" (V. § 481);
2. em que entra o verbo *haver* acidentalmente empregado como impessoal: "Há homens na sala" (V. § 484, 2);

3. em que entra o verbo *fazer*, também acidentalmente empregado como impessoal: "Faz dois dias que..." (V. § 907, nota 1);
4. em que entra o verbo *ser*, acidentalmente empregado como impessoal: "Era a hora do repouso" (V. § 426, 2);
5. em que entra o verbo *estar*, acidentalmente empregado como impessoal: "Está tarde" (V. § 484, 2).

V. a nota da letra C do § 405.

659 – Se em regra geral o sujeito não vem regido de preposição, há todavia estas exceções:

1. Quando o sujeito é um infinitivo, aparece muitas vezes, nos clássicos, regido de *de*: Parecia desnecessário *de* mandar-lhe por ora maiores declarações – Desaire real seria *de* a deixar sem prêmio – Estes democratas, se acontece *de* caírem nas presas da justiça...
2. O sujeito infinitivo aparecia ainda com *a* quando o verbo da oração era *convir* ou *custar*: convém *a* saber... custa *a* crer que... custara-lhe *a* conformar-se.
3. O sujeito pode vir com *de* quando constituído de partitivo: Ainda existem *destes* homens – Até nos melhores escritores se encontram *destes* pecadilhos – ...mas não entraram *de* outros sorrisos naquela cara – Nesta casa vende-se *de* tudo.

Questionário

1. Como se classificam os *termos da oração*?

2. Quais os termos que ordinariamente concorrem para a formação da oração?

3. Que é *sujeito*?

4. Que classe de palavras desempenha função subjetiva?

5. Pode o sujeito vir representado por *substantivo virtual*? Explicação e exemplos. (Não se esqueça da nota do § 650.)

6. Como se consegue saber qual o sujeito de uma oração?

7. Procure o sujeito das seguintes orações (o aluno deve classificar o sujeito de acordo com o § 654 e ss.):

a) Os pirilampos ziguezagueiam no espaço.

b) Os chorões melancólicos inclinam-se sobre a água cristalina do regato.

c) O vendaval sinistro lembrava aos homens a existência de um criador.

d) Viam-se de longe os telhados vermelhos das casas.

8. Explique, com exemplos, o que é *sujeito acusativo* e, ao mesmo tempo, o que é *oração infinitivo-latina*.

9. Corrija estas orações:

a) É preciso fazer ela estudar.

b) Papai não deixa eu sair sozinha.

c) Vi muito bem ele entrar na sala e vi ela correr-lhe ao encontro.

10. É certo construir: "O mal está nela não estudar gramática"? De que outra ou outras maneiras podemos redigir esse período?

11. Cite alguns casos de *oração sem sujeito*.

CAPÍTULO 46

PREDICADO

661 – Entende-se por **predicado**, em análise sintática, o que se declara do sujeito, e essa é a função precípua do *verbo*: "A águia VOOU".

Quando o verbo trouxer um complemento, este ficará sintaticamente fazendo parte dele, ou seja, o predicado passará a ser constituído de todo o conjunto verbo-complemento. Da existência ou não deste complemento decorrem as espécies de predicado.

662 – O predicado pode ser:

verbal

nominal

verbo-nominal

663 – **Predicado verbal** – É o constituído:

a) ou só do verbo, por não exigir complemento (verbo intransitivo):

O menino CAIU

b) ou do verbo, que não seja de ligação, e do seu complemento, quer seja este integrante ou não:

Nós VIMOS O BALÃO

Isso DEPENDE DA LEI

Ele CAIU NO RIO

Meu pai ESCREVEU UMA CARTA PARA O DIRETOR DO COLÉGIO

664 – **Predicado nominal** – É o constituído de um verbo de ligação e do seu complemento, complemento este chamado **predicativo**:

predicativo
João É ESTUDIOSO
predicado nominal

predicativo
O pássaro ESTÁ DOENTE
predicado nominal

OUTROS EXEMPLOS: Ele *anda preguiçoso* – Ele *permanece louco*.

665 – **PREDICATIVO**: Precisamos, para compreensão do *predicado verbo-nominal*, estudar melhor o que é *predicativo*.

Vimos no parágrafo anterior que o complemento do verbo de ligação se chama **predicativo**. Não só de adjetivo pode ser constituído o predicativo, como não só de uma única palavra; a função sintática é que determina se a palavra, ou expressão, ou mesmo oração, ou, ainda mais, um nome seguido de subordinada adjetiva, constitui predicativo. **Predicativo** é tudo o que se declara do sujeito mediante um verbo de ligação:

O sol é BRILHANTE
O sol é ASTRO
Eu sou UM
Eu não sou VOCÊ
Viver é LUTAR
Isso é TUDO
Isso é ASSIM
És tu A MÃE DESSA CRIANÇA?
Sou-A
És tu MÃE?
Sou-O
Aquilo é UMA DAS SURPRESAS
Ele está COM SAÚDE
O exército estava SEM MUNIÇÃO
Ele está DE LUTO
Nós estávamos DE PÉ
Roberto ficou SEM O LIVRO
Maria parece BOA ALUNA
Pedro não anda BEM DE ESTUDOS

Mário permanece O MESMO
Esse chapéu fica BEM PARA VOCÊ
Era DE VER a alegria da criançada
Essa vila fica PERTO
Essa estrada é DIFÍCIL DE PASSAR
Pedro é BOM E DIGNO DE LOUVOR
Isto é O QUE EU QUERO

666 – Quando o verbo da oração é de ligação, o complemento se chama, simplesmente, *predicativo*, e sempre se refere ao sujeito, mas o predicativo pode aparecer de duas outras maneiras e recebe então nomes especiais: *predicativo do sujeito*, *predicativo do objeto*.

667 – **PREDICATIVO DO SUJEITO**: É o predicativo que, referindo-se ao sujeito (ou sujeitos), aparece em orações cujo verbo não é de ligação:

João nasceu RICO
Pedro morreu POBRE
Eu via PREOCUPADO a aflição dos meus alunos
Ele saiu DE CABEÇA ERGUIDA
As palavras saíam INCONEXAS
As frases rompem MÚRMURAS
Ele foi apelidado SÁBIO
Ele será eleito DEPUTADO
Eles foram recolhidos PRESOS
Ele foi chamado ANTÔNIO
Vós fostes nomeado GENERAL
Chama-se SÍLABA a reunião de...

Observação:

Nas orações "Ele foi eleito deputado", "Eles foram recolhidos presos" e em outras semelhantes, o predicativo pode vir antecedido de certas preposições ou de *como*: "Ele foi eleito *como* deputado", "Eles foram recolhidos *como* presos", "Ele é tido *por* homem de bem" (ou: *como* homem de bem), "O verbo de predicação completa é também chamado *de* verbo intransitivo", "Era apelidado *de* gordinho".

Tais construções são permitidas quando não comprometem a clareza da oração; na oração "Eles foram reconhecidos *por* homens de bem", não sabemos se o "por homens de bem" é predicativo do sujeito ou se é agente da passiva.

668 – **PREDICATIVO DO OBJETO**: É o predicativo que se refere ao objeto; constitui-se de adjetivo ou substantivo que acrescenta ao objeto uma ideia que lhe não é essencial. Uma coisa é dizer "Achei os doentes" (a

doença é essencial; procurava pessoas conhecidamente doentes), outra é dizer "Achei-os doentes" (= encontrei-os estando doentes). Pode aparecer, portanto, em orações de verbo transitivo acompanhado do objeto ou objetos:

Vi-o TRISTE
Nomearam João SECRETÁRIO
Achei a criança DOENTE
Achei-a DOENTE
Fiz as armas brancas VERMELHAS
Fi-las VERMELHAS
O vício faz o homem MISERÁVEL
Elegeram o candidato DEPUTADO
Elegeram-no DEPUTADO
Tornei PÚBLICAS as suas injustiças

669 – Não devemos, pois, confundir **predicativo do sujeito** com **predicativo do objeto**. O predicativo do sujeito refere-se ao sujeito verbo, ao passo que o predicativo do objeto é o complemento que modifica, que completa o objeto e não o sujeito. Se eu disser: "Paulo chegou *doente*", "doente" é predicativo do sujeito, pois se refere ao sujeito, mas se eu disser: "Encontrei Paulo *doente*", "doente" passará a completar o objeto da oração, que é *Paulo*, denominando-se então **predicativo do objeto**.

Outros exemplos de **predicativo do objeto**: Reconheceram-no *homem de bem* (modifica o objeto *o*) – Chamei-o *sábio* – Julgo Paulo *apto* – Aceitamos Augusto *por chefe* – O governo nomeou-o *general* (ou *como general*) – Ele tornou-me *bom* – Ele tornou-se *triste* (nesta frase, o sujeito e o objeto são logicamente idênticos, mas, gramaticalmente, são diferentes, e a rigor "triste" está modificando o *se* e não o *ele*) – Reconheço *por maior* a indulgência que de novo peço – Ele se tem *por chefe* – Eu o diria *um atrapalhão* – Formou-se *advogado*.

Nota: O predicativo do objeto pode, como o predicativo do sujeito, vir precedido de *por*, *de*, *como*: tenho-o *por* honesto, tenho-o *como* honesto, a prefeitura denominou *de* Tiradentes a nova rua.

670 – **Predicado verbo-nominal** – É o constituído:

a) ou de verbo intransitivo e de um predicativo do sujeito:

predicativo do sujeito

Ele MORREU POBRE

predicado verbo-nominal

b) ou de verbo transitivo e respectivo objeto, mais o predicativo deste objeto:

objeto ↓ — predicativo do objeto

O pai ENCONTROU-O POBRE

predicado verbo-nominal

Questionário

1. Que se entende em análise sintática por *predicado*?
2. Que classe de palavras exerce precipuamente a função de *predicado*?
3. Como pode ser o predicado?
4. De que se constitui o *predicado verbal*?
5. De que se constitui o *predicado nominal*?
6. Que é *predicativo*? (V. a definição no § 665, antes dos exemplos.)
7. Constitui-se o predicativo de alguma classe de palavras especial? Exemplos. (Grife o predicativo.)
8. Que é *predicativo do sujeito*? Exemplos.
9. Que é *predicativo do objeto*? Exemplos.
10. Dois exemplos de predicativo (de sujeito ou de objeto) antecedido de preposição e um antecedido de *como*.
11. De que se constitui o *predicado verbo-nominal*? Dois exemplos de cada caso.
12. Declarar o *sujeito*, o *predicado nominal* e o *predicativo* das seguintes orações:
a) A fé, a esperança e a caridade são três virtudes teologais.
b) Fiquei fraco e desanimado.
c) As colheitas parecem boas.

CAPÍTULO 47

TERMOS INTEGRANTES DA ORAÇÃO

674 – Consideram-se **termos integrantes** da oração:

o *complemento nominal*
o *complemento verbal*
o *agente da passiva*

porque aparecem na oração completando necessariamente o sentido de algum outro termo.

675 – **COMPLEMENTO NOMINAL** – O complemento **nominal** é **exigido**, é essencial para que se complete a significação de um substantivo, de um adjetivo ou de um advérbio. Existem não somente verbos que precisam ser completados em sua significação; dos substantivos, dos adjetivos e dos advérbios há também os que não têm significação absoluta; **necessitam**, para que sua significação se complete, de um complemento que lhes inteire a significação.

Se, por um lado, há substantivos, adjetivos e advérbios que têm significação absoluta, como *parede*, *dedo*, *vivo*, *hoje*, há, por outro lado, os que **necessitam** de um termo que lhes integre o sentido: *gosto* (a alguma coisa), *obediência* (a alguma coisa), *desejo* (de alguma coisa), *contrariamente* (a alguma coisa). O complemento de palavras como estas vem a ser o *complemento nominal*. Exemplos: – "Amor *à pátria*" – "Obediência *ao mestre*" – "Desejoso *de aprender*" – "Apaixonado *pela ciência*" – "Desfavoravelmente *a nós*"–"Relativamente *à sociedade*" – "Chegada *ao país*"[1] – "Vinda *do exterior*" – "Digno *de louvor*" – "Contrariamente *aos interesses*" – "Relativamente *a todos*" – "Gosto *à música*"[2].

676 – Emprega-se, frequentemente, a preposição *de* nos complementos nominais de substantivos em vez da preposição *a*: "Amor *da virtude*" por "amor *à virtude*". Dessa equivalência das duas preposições origina-se por vezes ambiguidade, que importa evitar; exemplo: "O amor *de minha mãe* me fortalece". "De minha mãe" pode ser adjunto adnominal e pode ser *complemento nominal*; no primeiro caso, *mãe* é *o sujeito* de *amor*, isto é, é o amor dela para comigo; no segundo, é o *objeto*, ou seja, é o meu amor para com ela. Sendo, pois, *complemento nominal*, dir-se-á, para maior clareza: "O amor *a* minha mãe me fortalece".

Tal substituição se fará somente quando necessária à clareza. Quando não houver perigo de ambiguidade, o *de* deverá permanecer.

677 – Mais compreendido ficará o assunto com o seguinte esclarecimento. Quando o complemento nominal de um substantivo se inicia pela preposição *de* (quase sempre tal complemento corresponde ao caso genitivo latino), poderá ele ser:

1) **Genitivo objetivo**, ou seja, complemento que indica o objeto, o recipiente da ação. Quando dizemos "adoração do bezerro de ouro", *bezerro* recebe a ação de adorar. Não há aí perigo nenhum de ambiguidade, e, por isso, a preposição *de* deverá permanecer; inconscientemente procederia quem a substituísse por *a*.

2) **Genitivo subjetivo**; é idêntico ao complemento anterior no aspeto material, mas diferente quanto ao sentido: "obediência do aluno". É claro que, nesta frase, *aluno* pratica a ação de obedecer.

678 – Algumas conclusões e outros esclarecimentos:

1) Devemos dizer: "Na infração *da* lei" (e não: "Na infração *à* lei"), "Quitação *do* serviço militar" (e não: "Quitação *para com* o serviço militar"), porque é clara a função do genitivo objetivo.

2) "Quer um convite da festa de amanhã?" é construção correta; não é necessário dizer "para a festa", porque "da festa" é aí, claramente, genitivo

(1) Como não se deve dizer "chegar *em* um lugar", tampouco devemos dizer "chegada *em* um lugar". – "Chegada *ao* cais", "chegada *à* velhice", "chegada *a* São Paulo", com a preposição *a*, é como devemos construir.

(2) V. *Dicionário de Questões Vernáculas*, "amor a".

objetivo. Se, porém, dissermos: "Fizeram-me um convite", o complemento será "para a festa", porque estará completando a expressão "fazer convite", e não somente "convite" (*fazer convite para alguma coisa*).

3) "Verba para a defesa do país" – "Agi em defesa da lei": os complementos "do país", "da lei" estão corretos. Vejamos esta frase: "Na defesa desse deputado aos princípios democráticos"; "desse deputado" é adjunto adnominal, e "aos princípios democráticos" é que é o complemento nominal de "defesa". Outros exemplos de complemento nominal de "defesa": "Mas, senhores, na minha defesa *aos* espoliados de 1892..." – "A defesa *contra* Espártaco..." – "Mas no uso dessa faculdade natural de defesa *contra* a usurpação...".

4) Não vá o aluno confundir *complemento nominal* com *objeto indireto*. O objeto indireto completa a significação de *verbos*, ao passo que o complemento nominal completa a significação de substantivos, de adjetivos, de advérbios. Não confundir com objeto indireto, nem com adjunto adnominal, nem com adjunto adverbial.

Não vá tampouco pensar que todo o adjunto adnominal iniciado por *de* deva necessariamente expressar genitivo objetivo ou subjetivo: relógio *de ouro* (adjunto adnominal de matéria), relógio *de sol* (adjunto adnom. de processo), relógio *de João* (adjunto adnom. restritivo de posse), relógio *de Genebra* (adjunto adnominal de proveniência).

Conclusão: Nada de substituir a preposição "de" por outra, sem real compreensão da função do complemento; por que "sala para festas" em vez de "sala de festas"? Por que a tola construção "Ginásio do Estado em Campinas" em vez de "Ginásio do Estado de Campinas"; "Fundação para o Livro Didático" em vez de "Fundação do Livro Didático"; "Campanha para as Liberdades Individuais" em vez de "Campanha das Liberdades Individuais"? Abra o aluno o dicionário de Aulete e leia quantas funções pode ter essa preposição!

Complemento Verbal

679 – *Complemento verbal*, ou simplesmente *objeto*, é o complemento exigido pelo verbo *transitivo*, para que o verbo tenha sentido completo.

Quando completa a significação de um substantivo, de um adjetivo ou de um advérbio, o complemento chama-se *complemento nominal*; quando completa a significação de um verbo transitivo, chama-se *objeto*.

Tal qual acontece com o sujeito, terá também o objeto de ser representado por substantivo, real ou virtual. Exemplos: "Quero *frutas*" – "Quero *estudar*" – "Aprecio *o dá cá toma lá*".

680 – Como há duas espécies de verbos transitivos, há também duas espécies de objetos, o *direto* e o *indireto*, denominações já de nós conhecidas (§ 301).

Como se descobre o objeto de uma oração? Fazendo-se uma pergunta com *que* ou *quem* **depois** do verbo. O objeto da oração "João viu o irmão" é *irmão* porque é a resposta da pergunta: "Viu *quem*?"

Objeto Direto

681 – Corresponde o objeto direto ao caso oblíquo latino chamado **acusativo**. Temos já conhecimento desse complemento, e pouco nos resta para conhecê-lo completamente.

682 – O **objeto direto**, como o sujeito, é *simples*, quando constituído de um só elemento ("O hábito não faz o *monge*"– "Ele bradou *independência ou morte*" – "Vi a *casa* de João" – "Comprei uma linda *chácara*") e *composto*, quando dois ou mais forem os elementos: "Quero *estudar* e *viajar*" – "Comprei um *livro* de escrituração comercial e um *caderno* de duzentas páginas".

683 – **OBJETO DIRETO PREPOSICIONADO**: O nome *objeto direto* provém do fato de o objeto prender-se *diretamente* ao verbo transitivo, isto é, sem preposição. Admite-se, todavia, a colocação, antes do objeto direto, da preposição *a* nos seguintes casos:

1 – Quando o objeto direto é constituído de nomes de *pessoas* ou de *animais* (entes animados), para que se evite o perigo de ambiguidade, isto é, de confusão entre o sujeito e o objeto direto. Construções como: "Matou o leão o caçador" –"Bruto César assassinou" – não nos indicam qual o praticante da ação verbal e qual o recipiente. A preposição *a* é aí de rigor, para que se evidenciem o sujeito e o objeto direto do verbo: "Matou o leão *ao caçador*" – "Matou *ao leão* o caçador" –"Bruto *a* César assassinou".

Observações:

a) Esta regra, quase de rigor na língua espanhola, não o era tanto em português; Camões escreveu: "Quando Augusto o capitão venceu" – "Gente que segue o torpe Mafamede" – Somente saberá distinguir, nessas orações, o objeto direto quem conhecer o fato histórico.

b) Ainda quando não exista na frase o sujeito podem os nomes próprios (ou personificados) vir acompanhados da preposição *a*: "Amo *a Deus*" – "Mandou *a*

Paulo" – "Vendeu *a Pedro*" – Caso apareça na frase outro complemento regido de *a*, o objeto não poderá então ser preposicionado:

"Vendeu Pedro a Matias"
obj. dir.

2 – Quando o objeto direto, mesmo constituído de ente inanimado, vier anteposto ao verbo, deverá, para clareza da expressão, ser preposicionado:

"Somente ao tronco que devassa os ares o raio ofende"
obj. dir. — v. trans. dir.

Continuará a ser preposicionado o objeto direto constituído de nome de coisa, sempre que assim exigir a clareza: "Venceu o dia *à noite*" (= O dia venceu a noite) – "Venceu *ao dia* a noite" (= A noite venceu o dia).

3 – Quando o objeto direto for constituído das formas pronominais *mim*, *ti*, *si*, *ele*, *ela*, *nós*, *vós*, *eles*, *elas*: "Viu *a mim*" – "Levei *a ele*" – "Escolheu *a nós*".

Observações:

a) Não devemos pensar que é errado dizer "levei *a ele*", "escolheu *a nós*" em vez de "levei-o", "*escolheu-nos*". O que é errado, erradíssimo, é dizer "levei ele", "escolheu nós". – O que não devemos é abusar dessa construção.

b) As formas "a mim", "a ti", "a si", "a nós", "a vós" podem vir reforçando as formas *me*, *te*, *se*, *nos* e *vos*: "Eu *me* considero *a mim*" – "Feriu-se *a si*" – Em tais casos, as formas "a mim", "a ti" etc. são repetições pleonásticas, são reforços dos objetos diretos.

4 – Alguns verbos, conquanto transitivos diretos, vêm com preposição, quando o objeto é um infinitivo:

a) com a preposição *a*, com os verbos *começar*, *principiar*, *aprender*, *ensinar*, *forçar*, *obrigar*, *convidar* e outros: "começou *a dizer*", "principiou *a ler*", "ensinou *a escrever*", obrigar *a lutar*, forçar *a estudar*. V. *autorizar* no D.QVs.

b) com a preposição *de*, com os verbos *acabar*, *cessar* e alguns outros: "acabou *de ler*", "cessou *de falar*".

Observação:

Verbos que podem ligar-se a infinitivos sem preposição:

adorar	ousar
ameaçar	ouvir
ansiar	parecer
apreciar	pensar
aspirar	permitir
buscar	planejar
caber	poder
confiar	possibilitar
conseguir	precisar
contar	preferir
costumar	pretender
cumprir	pretextar
decidir	procurar
deixar (= permitir)	projetar
deliberar	propor
desejar	querer
dever	saber
esperar	soer
fingir	sonhar
intentar	supor
ir	temer
julgar	tencionar
lograr	tentar
mandar	ver
mostrar	vir

5 – Certos pronomes admitem a preposição *a* quando objetos diretos: "Ele matava *a todos* quantos alcançava" – "Amava *a outro* que não a ti" – "Para livrar de erros *a quem* não sabe latim" – "...prêmio, *ao qual* pretendeu José" – "*Aos outros* peixes do alto, mata-os o anzol ou a fisga" – "Gosto de todos, mas aprecio mais *a este*".

6 – Existe outro caso que se prende ao que estamos vendo: Quando o objeto direto é constituído de pronome oblíquo e vem seguido de aposto, este aposto é preposicionado: "Ferem-nos, *aos credores*, as imprecações" – "Aconselhei-os *a todos*" – "O parentesco que as unia *a todas*".

7 – Vejamos esta oração: "Venho convidá-lo e *à* Exma. Família". O segundo objeto direto (a Exma. Família) vem preposicionado para dar clareza à expressão. Bastará, para abonar essa construção, o exemplo de Her-

culano (Monge de Cister): "...de que o reitor o esperava e *aos* seus respeitáveis hóspedes". – Muito certas, portanto, são as seguintes construções: "Amando-o e *aos* seus irmãos..." – "Saúdo-o e *aos* seus parentes" – "Detesto-o e *aos* demais que o acompanham" – "Inscrevo-o e *aos* sócios componentes do clube" – "Degredou-o e *aos* filhos" – "Viu-a e *a* suas corrigendas". V. § 846, 3.ª forma.

684 – Querem muitos autores que os verbos de **dupla regência** (V. § 305) que podem indiferentemente vir com objeto direto ou com indireto sejam sempre transitivos diretos e o objeto sempre direto; segundo essa opinião, tanto é objeto direto "puxar *a espada*", como "puxar *da espada*". Querem outros que a desigualdade de regência só passe a existir quando trouxer desigualdade de sentido; para estes, verbo *esperar*, na frase "esperar *alguém*" é transitivo direto, passando a ser transitivo indireto na frase "esperar *em alguém*", visto haver diversidade de sentido.

Não devemos concordar com essa manobra sintática; o verbo só continuará transitivo direto quando se enquadrar nos casos do parágrafo anterior; mesmo assim, a única preposição que poderá aparecer é a preposição *a*; não se dando isso, o verbo, quer conserve quer não o mesmo sentido, deixará de ser transitivo direto para ser transitivo indireto.

Objeto Indireto

685 – É assim chamado o complemento do verbo transitivo indireto, pelo fato de vir unido ao verbo *indiretamente*, isto é, mediante preposição. Exemplos: "Não obedeço *a ninguém*" – "Depende *do câmbio*" – "Acredito *nele*".

Nada resta que dizer sobre este ponto; baste-nos lembrar a justificativa (§ 334) das construções "roubaram-*me* o chapéu", "levaram-*me* o guarda-chuva", "conhecia-*lhe* os pais". Nessas construções, os pronomes oblíquos *me* (no 1.º e 2.º exemplo) e *lhe* (no 3.º), empregados pelos possessivos, são objetos indiretos. Em tais casos, o número do pronome oblíquo depende do número da pessoa gramatical; referindo-nos a uma só pessoa, diremos: "Desconheço-*lhe* as intenções"; se a duas: "Desconheço-*lhes* as intenções".

Outras vezes o oblíquo, em vez de corresponder a possessivo, corresponde ao dativo (*dativo de interesse*): "Não *me* levem esse livro, porque não é meu" (§ 694).

Agente da Passiva

686 – É o agente da passiva o último dos termos integrantes da oração, já inteiramente estudado na explicação da voz passiva: § 390.

Questionário

1. Quais os *termos integrantes* da oração?
2. Por que esses termos se chamam integrantes?
3. Quando um termo integrante se chama *complemento nominal*?
4. Como se inicia o complemento nominal?
5. Três frases em que apareça complemento nominal.
6. Que é *genitivo objetivo*? Exemplo.
7. Que é *genitivo subjetivo*? Exemplo.
8. "Na infração da lei" – "Na infração à lei": Qual o mais certo? Por quê?
9. Que é *complemento verbal*?
10. Como se descobre o objeto de uma oração?
11. O objeto direto como pode ser? Resposta exemplificada (§ 682).
12. O objeto direto pode ser preposicionado? Quando? Um exemplo de cada um dos 7 casos.
13. Que é *objeto indireto* e por que assim se denomina? Exemplos.
14. "Desconheço-lhe as intenções": Qual a função e qual o significado do pronome *lhe*?
15. Qual o último dos termos integrantes da oração? Dê um exemplo.

CAPÍTULO 48

TERMOS ACESSÓRIOS DA ORAÇÃO

690 – Enquanto os termos integrantes, há pouco estudados, são exigidos na oração para que esta tenha sentido completo, os termos acessórios são acréscimos acidentais que nela aparecem com efeito meramente informativo. São estes os termos acessórios da oração:

adjunto adnominal
adjunto adverbial
aposto

Observação:

Adjunto é particípio irregular de *adjungir* = jungir a.

Adjunto Adnominal

691 – Chama-se **adjunto adnominal** toda a palavra ou expressão que, junto de um substantivo, modifica-lhe a significação.

Enquanto *predicativo* é o nome que se dá em análise sintática ao complemento que modifica a significação de um substantivo por intermédio de um verbo de ligação, *adjunto adnominal* é o complemento do substantivo a ele preso, a ele adjunto, sem verbo nenhum de permeio:

Este moço ganhou *brilhante* vitória

Este ↓ adjunto adnominal de *moço*

brilhante ↓ adjunto adnominal de *vitória*

sujeito: Os meninos comportados

predicado nominal: são estudiosos

Os ↓ adjunto adnominal de *meninos*

comportados ↓ adjunto adnominal de *meninos*

são ↓ verbo de ligação

estudiosos ↓ predicativo

692 – Quando o adjunto adnominal se constitui de uma expressão, esta muitas vezes se inicia com a preposição *de*, mas a significação do adjunto pode variar; se sintaticamente não há diferença entre os complementos "casa *de João*" e "casa *de tijolos*" (ambos são adjuntos adnominais), há todavia diferença de sentido: se em "casa *de João*" temos um adjunto adnominal que indica **posse**, em "casa *de tijolos*" o adjunto adnominal indica **qualidade**, é uma perfeita locução adjetiva.

Outras ideias pode ainda o adjunto adnominal indicar, como, por exemplo, **finalidade** (casa *de armazenagem*, agulha *de marear*), **medida** (casa *de 10 metros de frente*), **disposição** (casa *com muitos quartos*), **preço** (casa *de vários milhões*), **processo** (relógio *de sol*), **argumento** (livro *de filosofia*).

O adjunto adnominal às vezes vem antes da palavra, como, ainda, uma palavra pode trazer vários adjuntos adnominais:

muitas compras *a prestações*
duas torneiras *de água quente*
todos os grandes homens *de antigamente*

693 – Se não devemos confundir *adjunto adnominal* com *predicativo*, tampouco devemos confundir com *complemento nominal*: o complemento nominal é integrante, é essencial, pertence intrinsecamente ao nome; o adjunto adnominal é acessório, não é exigido para que se complete o significado do nome. Em "obediência dos cidadãos às leis" temos um exemplo de ambos os complementos:

obediência dos cidadãos às leis

dos cidadãos: adjunto adnominal (termo acessório)

às leis: compl. nominal (termo integrante)

694 – O objeto indireto constituído de pronome oblíquo e correspondente ao dativo de interesse latino pode às vezes equivaler a possessivo ("Não me aperte o braço"), mas isso não significa que exerça função de adjunto adnominal. Em "Não *me* deixe de cumprimentar sua professora", "Não *me* entre com os pés sujos", o *me* não modifica nada; o melhor é analisar como *dativo de interesse*, terminologia baseada no latim.

Adjunto Adverbial

695 – Se à oração "Pedro morreu" (de sentido perfeitamente completo, pois o verbo é intransitivo e, como tal, nenhum complemento pede) acrescentarmos uma ideia acessória, dizendo, por exemplo, "Pedro morreu no rio", *no rio* constituirá um *adjunto adverbial.*

O adjunto adverbial, portanto, não é exigido pelo verbo; é um complemento acidental, e, não, essencial; é, enfim, **um termo acessório da oração, que modifica o verbo, o adjetivo ou o próprio advérbio**. Numa palavra, adjunto adverbial é, em análise sintática, o que é o advérbio ou locução adverbial na morfologia.

"É	muito	útil falar	claro e bem"
	adjunto adv. de *útil*		adjunto adv. de *falar*

Observação importante – Quando vem modificando um verbo, e a ele se prende por preposição, o adjunto adverbial não deve ser confundido com objeto indireto. O objeto indireto vem com preposição, mas é *exigido* pelo *verbo*, ao passo que o adjunto adverbial não é exigido. O verbo *ir*, por exemplo, não é verbo transitivo; portanto, na frase "Fui *a Belo Horizonte*", o complemento "a Belo Horizonte" não é objeto indireto, mas adjunto adverbial. Outro exemplo: "Viver *de esmolas*"; nesta oração, "de esmolas" é objeto indireto? – Não, porque "viver" não é verbo transitivo indireto.

É desanimador o que se está passando em alguns colégios e até em faculdades; desastrosamente, para o português e principalmente para o latim, andam ensinando que o verbo *ir* e outros são transitivos indiretos porque, dizem, vêm com complemento antecedido de preposição. Não! Isso é um atentado à sintaxe. Ensinar isso é não saber o que é regência verbal nem em latim nem em português; teria graça ensinar que há dois objetos indiretos na oração "Foi do Rio para Recife"; e se estivesse "Foi do Rio para Recife por Belo Horizonte"? Não temos aí objetos mas adjuntos adverbiais de lugar: de lugar donde, de lugar para onde e de lugar por onde.

696 – Na oração ""Ele estudou *bem* a lição", "bem" é adjunto adverbial; na oração "Ele estudou *muito bem* a lição", "muito bem" é adjunto adverbial do verbo, e "muito", analisado sozinho, é adjunto adverbial de "bem".

Observação:

Suponhamos a oração: "*Fiz de ouro* o relógio de Pedro" – *De ouro* está modificando o verbo *fazer*; é adjunto adverbial. Se dissermos: "Comprei um relógio *de ouro*" – não teremos um adjunto adverbial, mas um *adjunto adnominal*, porque *de ouro* não está modificando um verbo, mas o substantivo *relógio*.

697 – Os adjuntos adverbiais podem indicar várias ideias; vejamos algumas delas:

a) **lugar** – *onde*: Estou *na sala*. *Em casa de enforcado* não falar em corda. Andava *à beira da estrada*.

donde: O avião vai sair *do Campo de Marte*.

por onde: Vim *pelo melhor caminho*. Voou *por cima da igreja*.

para onde: Vou *à cidade*. Dirigimo-nos *para a vitória*.

aproximação: Combatemos o inimigo *perto do rio*.

distância: Estamos *a cinco quilômetros do inimigo*.

Nota: Um complemento pode indicar, virtualmente, lugar: Saí *do aperto*. Passamos *por dificuldades*. Caminhamos *para a vitória*.

b) **tempo** – *quando*: *No verão* os corpos se distendem – Vamos jantar *às cinco horas* – *Todos os dias* temos aborrecimentos – *De pequenino* se torce o pepino.

em quanto tempo: Seremos vencedores *em menos de cinco dias*.

há quanto tempo: Somos assim *desde crianças*.

por quanto tempo: Choveu *o dia inteiro*.

de quanto em quanto tempo: As olimpíadas se realizam *de quatro em quatro anos*.

para quando: Deixemos isso *para domingo*.

quantas vezes: Alimentamo-nos *quatro vezes por dia*.

Nota: As construções: "Todos os dias temos aborrecimentos" – "Segunda-feira não há aula" – "Dia 24 sairemos" – são expressões corretas. Procedem erroneamente os que sempre exigem a preposição *em* em tais expressões.

c) **modo** – "Estudem *da melhor maneira possível* a lição" – "Não peça *com tanta insistência*" – "Ele come *a granel*" – "Faremos isso *sem medo*".

d) **companhia** – "Farei fortuna *com meu irmão*".

e) **causa** – "O filho partiu *por conselho do pai*" – "Não saímos *por causa da chuva*" – "*Dado o mau tempo* não sairemos".

f) **matéria** – "Fiz *de ouro* o relógio de Pedro".

g) **instrumento** ou **meio** – "Comemos tudo *com faca*" – "Passou *com proteção*".

h) **preço** – "Avaliei todos os objetos *em dez mil cruzeiros*" – "Vendeu tudo *por pouco dinheiro*".

i) **fim** – "Fiz os exames *para efeito de legislação*" – "Trabalho *para teu bem-estar*".

j) **oposição** – "Agiu *contra o próprio pai*".

k) **intensidade** – "Subiu *muito*" – "O aluno ficou *muito* prejudicado".

l) **afirmação** – "*Sem dúvida nenhuma* irei".

m) **dúvida** – "*Talvez* vá".

n) **negação** – "*Não* irei".

o) **argumento** – "Não lhe disse nada *dela*" (= sobre ela, a respeito dela) – "Chega *disso*" – "Basta *de pedras*" – "Chega *de dizer tolices*"(*).

Nota: Há ainda outras espécies de *adjuntos adverbiais*, mas o nome dessas espécies é coisa fácil de encontrar, porque depende da ideia, da circunstância que o adjunto indica. O essencial é saber o aluno que o adjunto adverbial sempre modifica ou um adjetivo ou um verbo ou um advérbio ou uma locução ou uma oração inteira. Com esse cuidado, é fácil ver se o adjunto adverbial, no modificar, indica *lugar*, *tempo*... *medida*, *valor*, *inclusão*, *exclusão* etc.

698 – Há um tipo de adjunto adverbial que merece esclarecimentos. No período: "*Acabada a festa*, os músicos partiram" – a oração participial "acabada a festa" constitui adjunto adverbial, porque indica uma circunstância, circunstância de tempo. Esse adjunto adverbial é "absoluto", isto é, não tem relação especificada com nenhum termo da oração "os músicos partiram".

Tal adjunto adverbial absoluto (chamado em latim **ablativo absoluto**) constitui-se de um substantivo acompanhado de um particípio ou de um gerúndio, mas é preciso observar rigorosamente o seguinte: *A forma nominal do verbo deve vir antes do substantivo*. Incorreremos em galicismo se invertermos essa ordem. Construções como estas: "*O discurso acabado*, ressoou uma salva de palmas", "*A festa acabada*, os músicos partiram", "*Exceção feita* dos diretores, todos votaram" – são construções francesas, e não portuguesas.

(*) V. *Gramática Latina*, § 537.

Nota: Tratando-se de verbos enquadrados na regra dos particípios duplos, o particípio irregular é que deve aparecer: "*Suspensas* as aulas, os professores cuidaram de descansar" – "*Insertas* essas notas, o trabalho pode ser publicado". (Observe-se a vírgula a separar a oração participial.)

Aposto

699 – Um tipo de adjunto adnominal existe que é estudado a parte; é o constituído de uma palavra ou grupo de palavras em aposição, palavra ou grupo de palavras que então se chama **aposto**. Exemplo: "Sócrates, *filósofo grego*, foi condenado à morte".

Podemos definir o **aposto**: Palavra ou frase que explica um ou vários termos expressos na oração: "Rio de Janeiro e S. Paulo, *cidades de caraterísticos muito diversos*, são grandes centros de atração".

O *aposto*, quando vem depois do *fundamental*, isto é, depois da palavra modificada, coloca-se entre vírgulas:

"João,	meu aluno,	ficou doente"
fundamental ↑	aposto ↑	

O aposto pode ser constituído de *títulos profissionais* ou *jerárquicos*: "O *professor* Carlos de Almeida" – "O *tenente* José Joaquim" – "O *conde* Ramiro". – Quando vêm depois do fundamental, esses apostos exigem vírgulas: "Carlos de Almeida, professor..." – "José Joaquim, tenente..."

É interessante observar que o aposto pode às vezes vir ligado ao fundamental pela preposição *de*: "Rua *da* Consolação", "Duque *de* Caxias", "Praça *dos* Gusmões". Note-se que tanto é certo dizer "rua da Consolação" como "rua Consolação".

O aposto pode ter como fundamental uma oração:

"O general não tem um braço,	índice de esforço bélico"
fundamental	aposto

Não se repete a preposição no aposto: "Nascido *n*uma bela cidade, Campinas" (e não "*em* Campinas").

Nota: Palavras podem referir-se a um termo da oração, com aparência de aposto: "*Tez morena, olhos encovados, semblante acabrunhado*, apresentou-se a mim um rapaz". As palavras grifadas são complementos chamados *acusativos de relação*, como se fossem objetos de "tendo", subentendido.

Questionário

1. Qual a diferença, em análise sintática, entre "termos integrantes" e "termos acessórios"?
2. Quais são os *termos acessórios* da oração?

3. Que é *adjunto adnominal*?

4. Qual a diferença entre "predicativo" e "adjunto adnominal"? Exemplo.

5. Qual a diferença entre "adjunto adnominal" e "complemento nominal"?

6. Analise o complemento das seguintes frases:

casa *sem telhado*	olhar *de malandro*
bolo *de ameixa*	homem *com ares de importância*
homem *sem alma*	aparelho *de abrir lata*

7. Que é *adjunto adverbial*?

8. Existe diferença entre "objeto indireto" e "adjunto adverbial"? Explicação exemplificada.

9. Nos períodos seguintes, indicar a natureza dos complementos que aparecem grifados:

a) Estávamos todos *muito calmamente* conversando *na sala* || *de visitas*, quando vimos, *pelo buraco* || *da fechadura* || *do quarto fronteiriço*, um ladrão que, vindo talvez *da prisão*, dirigia-se *para a porta* || *com intuito de observar o que fazíamos*.

b) Deixemos *para outros* || *o desânimo* porque *dentro de cinco dias* seremos *vitoriosos*, a não ser que *de um momento para outro* sejamos *atraiçoados*.

c) Orfeu arrastou *com o seu canto* || *as florestas.*

d) José viveu fartamente *durante dois anos*.

10. Corrija:

a) O rei morto, dividiu-se o país em cinco estados independentes.

b) O sol escondendo-se, os pássaros não cantam.

11. Que é *aposto*? Exemplo.

CAPÍTULO 49

VOCATIVO

701 – Outro elemento que pode aparecer na oração é o **vocativo**. A função do vocativo é indicar *apelo, chamado.* Quando vemos um amigo e dizemos: "*Pedro,* venha cá" – a palavra *Pedro* está indicando *apelo, chamado*; a palavra *Pedro*, portanto, é *vocativo.*

Quando chamamos a atenção de alguma pessoa ou de alguma coisa, recorremos ao vocativo. Consideremos a oração: "*Meninos,* estudem o ponto". – Com essa oração, nós chamamos a atenção dos meninos; a palavra *meninos* é, pois, *vocativo* (do latim *vocare* = chamar).

702 – O vocativo pode vir no começo, no meio ou no fim da oração:

no começo:	"*Meninos,* estudem a lição".
no meio:	"Estudem, *meninos,* a lição".
no fim:	"Estudem a lição, *meninos*".

Observe-se que o vocativo vem sempre acompanhado de vírgulas; quando o vocativo inicia a oração, há uma vírgula depois; quando vem no meio, o vocativo se põe entre vírgulas; quando no fim da oração, põe-se uma vírgula antes.

Essa pontuação é sempre observada; dessa forma, a própria pontuação indica ao aluno o *vocativo.*

703 – O vocativo, em português, ora vem constituído somente da palavra, ora vem acompanhado da interjeição *ó*:

1 – *Menino,* você não tem experiência da vida.

2 – *Ó menino,* você não tem experiência da vida.

O aluno não deve confundir o *ó* que aparece nos vocativos com o *oh*! que aparece nas orações exclamativas; o *oh*! das orações que indicam admiração vem com *h* e ponto de admiração, ao passo que o *ó* qual às vezes acompanha o vocativo não deve vir com *h* (§ 596, n. 2 ao pé da pág.).

704 – Pode o vocativo vir acompanhado de um adjunto: "*Homem de pouca fé*, por que deixou seus filhos sem a luz da ciência?"

705 – Esta é a sinopse, de acordo com a nomenclatura gramatical brasileira, dos *termos da oração*:

TERMOS DA ORAÇÃO		
ESSENCIAIS	INTEGRANTES	ACESSÓRIOS
SUJEITO { simples composto indeterminado }	complemento nominal	adjunto adnominal
PREDICADO { nominal verbal verbo-nominal }	complemento verbal { obj. direto obj. indireto }	adjunto adverbial
PREDICATIVO { do sujeito do objeto }		aposto
PREDICAÇÃO VERBAL { v. transitivo { direto indireto } v. intransitivo }	agente da passiva	vocativo

Questionário

1. Qual a função do vocativo?
2. Como se constitui o vocativo?
3. A simples pontuação pode indicar o vocativo? Por quê?
4. Um exemplo de vocativo modificado por adjunto.
5. Construa três orações diferentes em que haja vocativo. Na 1.ª coloque o vocativo no começo; na 2.ª no meio; na 3.ª no fim.
6. Corrija os seguintes textos:
   a) Fiz três exames, falto fazer outros três.
   b) Precisam-se de duas caixeiras novas.
   c) Chamam-se meridianos aos círculos máximos que passam pelos polos.
   d) As famílias ítalas-brasileiras são particularmente numerosas em São Paulo.
   e) Choveu tanto que não pudemos sair, nem para ir na esquina.

f) Dona Vitória pediu para mim ficar hoje aqui, porque tem muita lama nos caminhos; fazem sete dias que está chovendo.

g) Como você vai fazer exame, se não pegou nos livros e se todo o tempo que você dispunha foi pouco para divertimentos?

h) Prefiro muito mais desistir do que me sujeitar a isto (§ 276, 4ª).

i) Tem paciência; você vai ficar aqui.

j) Eu disse para jogarem fora todos os cacaréus (§ 581, n. 1).

CAPÍTULO 50

PROCESSOS SINTÁTICOS

Sintaxe Regular de Concordância

706 – Tendo já estudado os termos da oração e as relações existentes entre eles, iremos agora estudar o procedimento, o comportamento de um termo para com outro.

Sob três aspetos podemos considerar o procedimento entre os termos da oração, aspetos que se denominam *processos sintáticos*:

1 – quanto à *concordância* { *nominal* / *verbal*

2 – quanto à *regência* { *nominal* / *verbal*

3 – quanto à *colocação*

707 – Cada um desses aspetos pode ser encarado normal ou *regularmente* e anormal ou *irregularmente*; daí a subdivisão de cada um de tais aspetos em *processo regular* (ou *sintaxe regular*) e *processo irregular* ou *figurado* (*sintaxe irregular* ou *figurada*).

Observação:

"*Figura,* em gramática, são as alterações da *forma* que não influem no *sentido,* autorizadas pelo uso de pessoas cultas. Assim, as *figuras de palavras* ou *metaplasmos* são alterações que fazemos nos vocábulos, *aumentando, diminuindo* ou *transpondo* sons; semelhantemente, as figuras de sintaxe são alterações que fazemos na oração, *aumentando, diminuindo* ou *transpondo* palavras, como a seu tempo veremos".

708 – *Concordância* é o processo sintático pelo qual uma palavra se acomoda, na sua flexão, com a flexão de outra palavra de que depende.

Essa acomodação flexional pode efetuar-se quanto ao *gênero*, quanto ao *número* e quanto à *pessoa*.

Os termos que na oração devem *concordar*, *acomodar-se* são:

1 – O *verbo*, que se acomoda ao sujeito.

2 – O *adjetivo*, que concorda com o substantivo.

3 – O *predicativo*, que concorda com o sujeito.

4 – O *pronome*, que concorda com o nome a que se refere

No primeiro caso temos a **concordância verbal**, nos demais a **concordância nominal**.

Concordância Verbal

Sujeito Simples

709 – **REGRA GERAL**: – O verbo concorda com o sujeito em *número* e *pessoa*.

Quer isso dizer que o verbo deverá ir para o mesmo número e pessoa do sujeito.

Está claro que é o verbo que deve concordar com o sujeito e não o sujeito com o verbo, porque o verbo é que depende do sujeito e não o contrário. Exemplos:

Eu (1ª pess. sing.) quero (1ª pess. sing.)

Tu (2ª pess. sing.) não sabes (2ª pess. sing.) isso

Os meninos (3ª pess. pl.) fugiram (3ª pess. pl.)

Vendem-se[1] (3ª pess. pl.) casas (3ª pess. pl.)

(1) De tal concordância temos já conhecimento (V. § 391, 2). Acrescentemos agora: Em orações como "Ouvem-se de vozes", o *de* traz ideia de partitivo, mas não impede a concordância do verbo com o sujeito.

Outros exemplos: Que *horas são?*(2) – *É uma* hora – *São duas* horas – *Quantos são* hoje(3) – Hoje *são vinte* – Hoje *são três* – *Eram treze* de maio – *Eram* perto das *seis horas*(4).

Regras Especiais

710 – **Coletivo geral** – O verbo fica no singular, embora o sujeito venha seguido de um complemento no plural: "O *exército* dos aliados *ficou* inteiramente derrotado" – "O *exército* dos persas *invadiu* a Grécia".

Notas: 1ª – Encontram-se nos clássicos exemplos de concordância não com o coletivo sujeito (concordância gramatical), mas com a ideia de plural que ele encerra (concordância siléptica ou lógica). Tal sintaxe não é, porém, para ser hoje imitada: "Ditosa condição, ditosa gente, que não *são* de ciúmes ofendidos" (Camões, 7º, 41).

2ª – Nos períodos em que há duas orações cujos verbos se referem ao mesmo coletivo, o primeiro verbo segue a concordância gramatical; o segundo pode seguir a mesma concordância ou a lógica, indo para o plural. Note-se nestes exemplos o afastamento do segundo verbo do período; esquece-se a *forma* singular do sujeito, conservando-se a *ideia* do plural: "Vadeado o rio, a cavalgada *encaminhou-se* por uma senda tortuosa que ia dar à entrada do mosteiro, aonde *desejavam* chegar" (Alexandre Herc., Eur., 129) – "Logo ao outro dia *se abalou* o exército, ao som de muitos instrumentos bélicos, e, chegando aos muros, *começaram* a arvorar escadas" (J. Freire).

Isto de afastamento é ponto que não deve ficar esquecido em casos de sujeitos coletivos. Não há quem nos obrigue a aceitar hoje, por certas, construções como estas – *o exército batalharam, o povo aplaudiram* – por repugnantes ao ouvido e ao gosto de todos; igualmente, não poderemos tachar de errada estoutra – "Logo ao outro dia ao romper da alva se abalou o *exército*, ao som de muitos instrumentos bélicos, com as bandeiras desenroladas, que se viam tremular dos

---

(2) Com igual acerto podemos perguntar – *Que hora é*? – deixando no singular o sujeito e, conseguintemente, também o verbo. Está claro que, pelo fato de ser assim construída a pergunta, não se irá responder "*É* duas *horas*" – mas, sim: "*São duas horas*"; dizer "*É* duas *horas*" – é incorrer em gravíssimo erro de concordância.

(3) Como no caso anterior, tanto poderemos perguntar: "*Quantos são* hoje?" – como: "*Quanto é* hoje?" – É mais comum dizer: "*Quanto é* hoje? – Hoje *é vinte*" – expressão esta perfeitamente analisável, desde que tomemos o cardinal pelo ordinal: "Hoje é o dia *vinte*" ou "*Vigésimo* dia do mês". Seria mais consentâneo com os antecedentes da língua formular a pergunta e a resposta no plural: "*Quantos são* hoje?" – Hoje *são dez* (= dez dias andados do mês).

(4) Quando se intercala entre o verbo e o sujeito qualquer das locuções *perto de*, *cerca de* ou a palavra *senão*, o verbo pode ir para o plural ou ficar no singular; exemplos: *Eram* perto das seis horas da tarde do dia seis de maio de 1889 – *Passaram-se* perto de duas horas – *Eram* perto de oito horas – Quando abri os olhos *era* perto de nove horas da manhã – ...não *restavam* sobre a terra senão os nomes – Por eles ainda não *vieram* senão tributos ao povo – Na bula não se *continha* senão os mesmos poderes que o papa usualmente conferia a qualquer dos seus núncios ordinários – Nas cidades e praças de guerra não se *ouviram* senão as aclamações.

nossos, e, chegando aos muros, *começaram* em torno da fortaleza a arvorar escadas" – por longe estar o verbo do sujeito coletivo, e, diremos melhor, por obliterarem autor e leitor a forma singular do sujeito e suporem a ação praticada, separadamente, pelos indivíduos de que o coletivo se compõe. Do mesmo modo, não há erro nestoutra – "que dos citas *grande número vivem*" – por nela haver o partitivo *dos citas*.

711 – Coletivo partitivo – A) Quando a ação do verbo pode ser atribuída separadamente aos indivíduos que o coletivo representa, pode ir o verbo para o plural, concordando com a totalidade desses indivíduos (concordância siléptica ou lógica) ou ficar no singular, concordando com o coletivo (concordância gramatical): "A maior parte dos homens não *quer* salvar-se" – "A maior parte dos moradores *acredita* nos feitiços e bruxarias" – "A maior parte dos seus companheiros *haviam* trazido os pais decrépitos" – "A maior parte dos homens *são* analfabetos" – "A maior parte dos homens *é* analfabeta" – "A maioria dos condenados *acabou* nas plagas africanas" – "*Vivificavam-te* o seio um sem-número de bem nascidos espíritos" – "Um terço dos brasileiros *são* economicamente ativos" – "Um grupo de homens e mulheres *assaltou* ontem a Casa de Saúde; *feriram* o diretor e *levaram* dinheiro" – "Metade das crianças *morreu* (ou *morreram*) de fome" – "Metade deles *foram* (ou *foi*) a Manaus" – "Parte deles já *tinham sido absolvidos*" (ou *tinha sido absolvida*). (V. *Dicionário de Questões Vernáculas*, "metade" e "grande número".)

B) O verbo ficará de preferência no singular quando a ação do verbo só puder referir-se ao nome coletivo e não a cada indivíduo, ou coisa, separadamente: "Um troço de soldados *enchia* o pavimento do edifício" – "Um grande número de chefes *prejudica* a disciplina" – "Uma companhia de granadeiros *estava* aquartelada no paço" – "...apenas a quarta parte das quantias depositadas *pertence* aos operários".

712 – Palavra tomada materialmente – Quando uma palavra, ainda que venha no plural, é considerada materialmente, ela tem a ideia de singular; disso resulta ficar o verbo, também, no singular: "Lágrimas *é* coisa que ele não tinha" – "Nós *é* um pronome" – "*Dançou-se* os Lanceiros" (*Lanceiros* é nome de uma peça, de uma dança; a ideia é singular) – "Vozes *está* no plural".

713 – Preço, quantidade, porção – Quando o predicativo é *muito*, *pouco*, o verbo fica geralmente no singular: "Cinco mil libras *é* muito" – "Dois capítulos *é* pouco" – "Seis anos *era* muito" – "Dez dólares *pode* parecer pouco, mas não é". Outros exemplos, em que a ideia é de preço: "Duas folhas por 5,00 *é* barato" – "Quatro pedaços por 5,00 *é* muito caro". Com ideia de quantidade: "Quanto *é* dois terços de um meio?" –

"Dois terços de um meio *é* dois sextos" – "Quanto *é* 20% de 80?" – "1% de 1.000 *é* 10" – "5% de 20 *é* 1". E assim: "Quanto *é* 20 multiplicado por 80?" – "20 multiplicado por 80 quanto *dá*?" – orações de que o sujeito não é constituído de "vinte unidades" senão de "vinte" tomado como "um" todo; tanto não é "vinte unidades" que "multiplicado" se emprega no singular.

714 – **Nome próprio plural** – Quando o sujeito é constituído de nome próprio de forma plural e sempre vem acompanhado de artigo, o verbo concorda com o número do artigo que o antecede: "Os Andes *lançam* seus píncaros" – "O Amazonas *corre*" – "Os Estados Unidos *são*..." – "Os Lusíadas *são*..." – "Os Três Mosqueteiros *fazem parte*...".

715 – **Quais** (interrogativo), **aqueles, quantos, alguns, nenhuns, muitos**, **poucos**, seguidos de **pronome** como complemento – Quando dessa forma for constituído o sujeito, o verbo concordará com o pronome que serve de complemento: "Quantos de vós *olhareis* com desprezo" (e não: "Quantos de vós *olharão*..."; o verbo concorda com *vós* e não com *quantos*) – "Quais dentre vós *sois* neste mundo sós?" – "Alguns de nós *atiramo-nos* ao trabalho".

Notas: 1ª – Todavia, Castilho escreveu: "Deus sabe se alguns de vós não *estarão* predestinados" e Bilac tem, também, esta construção: "Aqueles de nós que *iam* passar as férias nas fazendas...".

2ª – Se nesses casos o sujeito estiver no singular, o verbo ficará também no singular: "*Qual* de vós me *arguirá* de pecador?" – "*Qual* de vós, cavalheiros, *duvidará* um momento...?" – "...*nenhum* de nós ambos se *lembrava* de pensar no futuro" – "*Nenhum* dos processos *veio*" (= Dos processos, *nenhum veio*).

– Contudo, Garret escreveu: "Não a *podemos* tirar *nenhum* de nós".

716 – **Cada um** – Quando o sujeito é *cada um*, o verbo fica na terceira pessoa do singular: "Cada um deles *trazia* seu barco..." – "Cada um de nós *está* no lugar que lhe ensina a sua educação..." – "Cada um dos engenheiros *era* servido por cem homens" – "Cada um dos dois escritores *busca* atribuir aos seus a glória".

Nota: Exemplos contrários a esta regra se nos deparam em alguns antigos puristas da linguagem; não são, porém, para ser imitados.

717 – **Mais de um** – Quando o sujeito é *mais de um*, o verbo:

A) Fica no singular, se não houver reciprocidade de ação: "Mais de um coração *teria* de bater apressado..." – "Mais de um fato confuso *será* esclarecido" – "Sobre esta fronte mais de uma verdade me *transluziu*" – "Mais de um réu *obteve* a liberdade..." – "...que mais de uma espada *saísse* da bainha...".

Nota: Otoniel Mota e Carlos Pereira dizem poder ficar o verbo no singular ou ir para o plural. Tal opinião encontra apoio somente em raríssimos documentos da língua.

B) Vai para o plural, se indicar reciprocidade: "Mais de um político *deram-se* as mãos" – "Mais de um se *esbofetearam*" – "Mais de um velho se *logram* reciprocamente".

Nota: MAIS DE, seguido: *a*) de nome no plural ou de nome coletivo acompanhado de complemento plural leva o verbo para o plural: "Mais de sete séculos *são* passados..." – "Mais de um milhão de cruzados *foram* desviados..." – "Mais de metade de suas obras *acusam* nomes de autores..." – "Mais de um de nós outros *poderíamos* dizer...".

b) de complemento no singular, deixa o verbo no singular: "Mais de um lhe *roía* na consciência" – "Mais de um coração *teria* de bater apressado" – como nos exemplos da letra **A** deste parágrafo.

718 – **Quem** – Sabemos já que é imprescindível, para efeito de análise, a separação do *quem* (quando pronome relativo – V. § 379) nos seus dois pronomes equivalentes "o que" ou "aquele que". Essa divisão já por si indica que o verbo deve ficar no singular, qualquer que seja a pessoa e o número do sujeito da oração principal: "Somos nós quem *paga*" (= Somos nós aquele que *paga*) – "Sou eu quem *vai*" – "Quem *vai* sou eu" (= Sou aquele que *vai* – Aquele que *vai* sou eu) – "...fui eu quem *abriu* esta polêmica" – "Eu e V. Exa. somos quem *vende*..." – "...fui eu quem o *deu*" – "...és tu quem *favorece* a minha resolução" – "Fôssemos nós quem *fizesse* isso!".

Notas: 1ª – Todavia, antecedendo expresso na frase a *quem* um pronome pessoal, pode (note bem o aluno: *pode*; é isto justificativa para certos exemplos de escritores de nomeada) o verbo deixar influenciar-se pelo número, pessoa e gênero desse pronome: "Sou eu quem primeiro *pude* tirar a limpo" (devia ser *pôde*) – "És tu quem *lucras*" (devia ser *lucra*) – "Fui eu quem os *apresentei*" (devia ser *apresentou*) – "Não fui eu quem *obrei* diversas maldades" (devia ser *obrou*).

2ª – Quando o *quem* equivale a "que pessoas", o verbo vai para o plural: "Quem *serão* os pais destes meninos?" – "Eis aqui quem *são* os aduladores" – "Mas quem *eram* estes dois homens?".

719 – **Que** (pronome relativo) e **quanto** – Quando tais palavras constituírem o sujeito da oração, levarão o verbo para o número, pessoa e gênero do seu antecedente ou antecedentes:

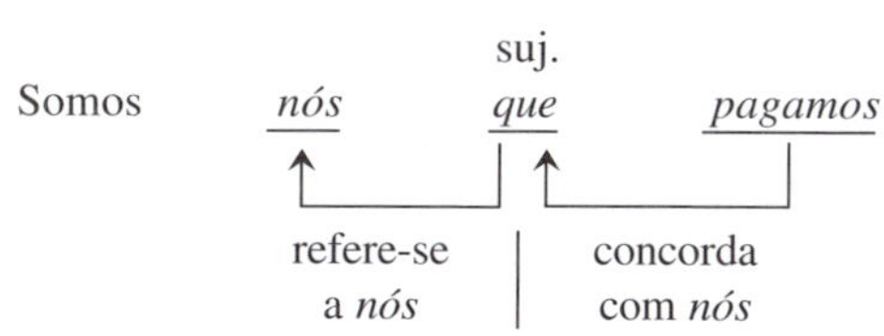

OUTROS EXEMPLOS: "Sou eu que *pago*" – "Todos (nós) quantos aqui *estamos*" – "O homem, a mulher e o menino que *foi preso*..." (o verbo *foi preso* está no sing. porque o relativo *que* só se refere a *menino*).

Notas: 1ª – Se o *que* possui dois ou mais antecedentes de pessoas gramaticais diferentes, o verbo vai para o plural da pessoa que tem prioridade, de acordo com uma regra que breve veremos (§ 732): "Era eu e minha irmã que *chorávamos*" – "Não hei de ser eu nem tu que a *havemos* de reformar".

2ª – Quando o *que* faz parte de um vocativo, o verbo vai para a segunda pessoa: "Alma minha gentil que te *partiste*" – "Ó alma que *viveis* na torre do luar da graça e da ilusão" – "Maria, que *desces* do seio dos anjos...".

3ª – Quando o verbo tem por sujeito um infinitivo, ele fica na 3ª pessoa do singular: "Arbitrando as quantias *que* lhe *pareça* necessário *fazê-lo*" – "O pior é que não tenho uns *que* me *era* necessário *ter*" – "Os inimigos *que era* fácil *derrotar*...".

– Observe-se que, se o infinitivo não vem expresso, o verbo passa a concordar com o antecedente do *que*: "Arbitrando as quantias que lhe *pareçam* necessárias".

4ª – Resulta do estudo dos parágrafos 718 e 719 a conclusão: Tanto é certo: "Sou eu *quem paga*" – quanto: "Sou eu *que pago*", devendo-se evitar a construção "Sou eu *quem pago*".

720 – O que, aquele que – Pode o "que" perder a autonomia pessoal (de 3ª pessoa gramatical) e ser absorvido pela pessoa do sujeito da oração principal. Quer isso dizer que tanto podemos dizer: "Eu sou o que *fala*", como, de acordo com o que acabamos de explicar: "Eu sou o que *falo*". Aqui explano melhor o segundo caso:

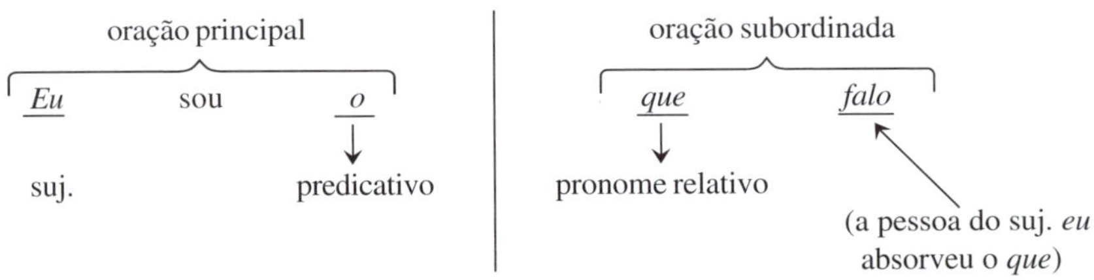

(Recorde-se o § 345)[1]

OUTROS EXEMPLOS: "Eu sou o ilustre Ganges, que na terra celeste *tenho* o berço verdadeiro" – "Não sou eu aquele que *vomitei* palavras cheias de blasfêmia?" – "Fui eu o primeiro que *clamei*" – "Mas como eu sou o que *hei* de falar..." – "Não sou eu o que lhes *intimo* este perigo" – "Não sereis vós os que *haveis* de expiar as minhas culpas" – "Os corruptos somos nós, os que *cuidamos* saber e ignoramos tudo".

(1) É dever do aluno, sempre que encontra remissão a um parágrafo, ver o que nele ficou dito. Tal é necessário para a perfeita compreensão do que está sendo explicado e para explanação ainda maior do ponto a que o aluno é remetido.

Notas: 1ª – Às vezes o antecedente do relativo está omitido: "Não seremos nós (os) que *iremos* assentar-nos" – "(Nós) Os que *defendemos* a escola temos esse egoísmo".

2ª – Se há dois ou mais antecedentes de diferentes pessoas gramaticais, o verbo vai para o plural e para a pessoa que tem prioridade: "Não sou eu nem os que me detestam, que *havemos* de julgá-lo".

721 – **Um dos que** – O verbo vai para o plural ou fica no singular conforme a ação verbal se refere a todos os indivíduos ou a um só:

"Osório foi um dos generais brasileiros que mais se *distinguiram* na guerra do Paraguai" – isto é, Osório foi um general dentre os generais brasileiros que mais se distinguiram. – "Napoleão foi um dos guerreiros de fama universal que *morreu* na ilha de Santa Helena" – "O Sena é um dos rios europeus que *atravessa* a cidade de Paris" – "O Tietê é um dos rios brasileiros que *passa* pela cidade de São Paulo" – "Era este Catual um dos que *estavam* corruptos pela maometana gente" – "Quem sabe se o meu nome não é um dos que *envergonham* moralmente esta terra?" – "Sou um dos que maior abalo *sofreram* com a notícia de tua angústia" – "Foi uma das tuas tragédias que se *representou* ontem..." – "Foi um dos meus filhos que *jantou* em vossa casa" – "Foi uma das peças de Plauto que *tiveram* maior êxito".

Observação:

Vê-se, dos exemplos, a existência de casos em que o verbo fica obrigatoriamente no singular, porque o verbo só se refere a um indivíduo ("O rio Tietê é um dos rios da capital paulista que *desagua* no Paraná" = dos rios da capital paulista o Tietê é o único que desagua no Paraná), e a existência de outros casos em que o verbo vai obrigatoriamente para o plural, porque o verbo se refere a todos os indivíduos: "Ele foi um dos que *falaram*".

Esse é o motivo por que o verbo vai obrigatoriamente para o plural quando ocorre qualquer das palavras *estes*, *esses*, *aqueles* antes de nome plural, porque é nítida a participação de todos os indivíduos na ação verbal: "Courtin é um desses homens que não *dormem*". – "Pedro é um daqueles indivíduos que não *receiam* jamais o perigo".

722 – **Um que** – Quando num período aparece a frase "um que", o verbo vai para o número e pessoa do sujeito da oração principal, ou exclusivamente para a 3ª pessoa, que é a concordância mais seguida pelos bons manejadores da língua: "Sou um homem que ainda não *renegou* nem da cruz..." – "Eu sou uma voz que *anda* bradando neste deserto" – "Eu sou uma voz que *clama* no deserto" – "Quem é o senhor? – Um homem que *procura* os infames quando..." – "Eu sou uma desgraçada que *vim* do Algarve" – "Sou um homem que *anda* a lutar há anos...".

723 – **Isto de** – Quando o sujeito é *isto de* e vem seguido de regime no plural, o verbo vai para o plural ou fica no singular: "Isto dos livros não *são* senão uns retratos mortos" – "Isto de unhas *são* como enxertos de mato bravo" – "Isto de balanças *deve* estar muito vigiado" – "Isto de leis *anda* sempre a mudar" – "Isto de campos depressa me *enfastia*".

Questionário

Faça um trabalho (carta, descrição ou composição), aplicando *todas* as regras expostas do § 710 ao 723. (Coloque, em cada caso, entre parênteses, o número do parágrafo, nota ou observação a que se refere o exemplo; é desnecessário dizer que esse trabalho, conquanto apresente certa dificuldade, é muito útil; procure, o quanto possível, ser conexo.)

CAPÍTULO 51

SUJEITO COMPOSTO

726 – O **sujeito composto** leva o verbo para o plural, pelo fato de concorrer na ação verbal mais de um praticante:

"Pedro e Paulo souberam" – "Tanto *Pedro como Paulo souberam* a lição".

suj. composto v. plural

Nota: No segundo exemplo, os sujeitos estão ligados por *tanto... como*; caso viessem ligados unicamente pelo *como*, o verbo ficaria no singular, concordando com o primeiro sujeito; "como Paulo" funcionaria como se viesse entre parênteses: "*Pedro* (como Paulo) *soube* a lição".

Caso *Pedro* e *Paulo*, sujeitos do verbo, viessem ligados por *bem como*, *assim como*, ou *do mesmo modo que*, o verbo continuaria no singular: "*Pedro* bem como Paulo *soube*" – "O *sol* assim como a caridade *procura*..." – Se, neste exemplo, a ordem fosse esta: "*Assim* o sol *como* a caridade" – o verbo iria para o plural: "Assim o sol como a caridade *procuram* com o ativo dos seus influxos unir e congregar todas as coisas".

Outro exemplo em que a ordem altera o comportamento do verbo: "A administração pública, tanto a federal como a estadual, *acha-se*..." (ao lado de: "Tanto a administração pública federal como a estadual *acham-se*...").

727 – Se o sujeito composto vier depois do verbo, poderá o verbo ficar no singular: "*Passará* o céu e a terra" – "...se a tanto me *ajudar* engenho e arte" – "*Foge*-me a cor e a voz" – "...lugar onde *caiba* ele, eu e meu ódio".

Notas: 1ª – Preste atenção o aluno aos dizeres da regra: "...*poderá* o verbo..." – Não há obrigação de ficar no singular o verbo; preferem muitos pô-lo no plural, talvez por temor de críticas de ignorantes em assuntos gramaticais. Segundo Cândido de Figueiredo, o verbo anteposto aos sujeitos deve ficar sempre no singular, mesmo nos casos em que os últimos elementos do sujeito estejam no plural ("*Morreu* Pedro e todos os que lá estavam"), porque assim exige a índole da língua e a prática dos melhores mestres.

2.ª – Sendo o sujeito composto de nomes próprios, melhor se fará a concordância no plural, e se dirá com o próprio Antônio Vieira: "*Passaram* Heitor e Aquiles, *passaram* Aníbal e Cipião: *passaram* Pompeu e Júlio César". – Esta concordância no plural é de rigor quando, sendo *ser* o verbo da oração, a ele seguir substantivo no plural: "*Foram inventores* deste jogo Hércules, Pito, Teseu e outros heróis".

3.ª – Irá o verbo para o plural se indicar reflexibilidade ou reciprocidade de ação: "De parte a parte *faltavam* a confiança e o amor" – "Deste modo *lutaram* o confessor e o enfermo".

4.ª – Note-se que em orações em que o sujeito composto tem antes de si locuções como "é necessário", "é preciso", variação não se opera: "*É necessário* esforço e vigilância". V. D. QVs: *é preciso calma*.

728 – O sujeito composto deixa de levar o verbo para o plural, desde que haja **gradação**, quer ascendente, quer descendente:

"Uma *palavra*, um *gesto*, um *olhar bastava*"

Há gradação de intensidade de força nestas 3 coisas.

Outros exemplos: "Qual de vós, cavaleiros, duvidará um momento de que, se um mensageiro chegasse e lhe dissesse: "Vossa *esposa*, vossa *filha*, vossa *irmã caiu* em poder dos infiéis", hesitava em ajudá-lo...?" – "O próprio *interesse*, a *gratidão*, o mais restrito *dever fica* impotente...".

Nota: Os sujeitos estão, em tal caso, geralmente no singular e não ligados por *e*. Se, porém, os vários sujeitos não têm o caráter de gradação, o verbo segue a regra geral de concordância, isto é, vai para o plural: "O luxo, o jogo, as devassidões, a miséria *são* as mais das vezes os conselheiros destes deploráveis negócios" – "...a inércia, o desânimo, a indiferença *hão* de dar força de resistência quase invencível...".

729 – Quando o sujeito composto é constituído de palavras **sinônimas** ou tomadas como um *todo*, o verbo fica no singular, pois o sujeito é aparentemente composto:

"A *vida e o tempo* nunca *para*" – "Este *clima e este mar* nos *apresenta*" –
sinônimos / considera-se um todo

"O escuro da noite, o estrondo das ondas, o sopro do vento, o ranger da matéria, as vozes dos que mandavam, a grita de todos não *representava* menos que a confusão do inferno" – "Os nossos vícios, as nossas virtudes e a nossa mesma vida *passa* como fábula" – "Estes receios, este proceder meticuloso *pode* matar-nos".

Observação:

A concordância do verbo com o sujeito, observa o Sr. Vasconcelos, em sua Gramática Histórica, obedece atualmente a leis muito variadas e complexas, tendo sido o resultado do trabalho evolutivo da língua. No antigo português passava-se tudo muito mais simplesmente. Sendo o sujeito composto ou múltiplo, o verbo concordava geralmente com o mais próximo; sendo um coletivo, empregava-se o verbo ordinanariamente no plural, concordando com a ideia que era plural e não com o vocábulo que era singular: "Os céus e o mar e a terra *apregoa* a glória de Deus" – "Compadecei-vos de toda esta gente que *morrem* de fome".

Nos velhos adágios de nossa língua encontramos frequentes confirmações desse fato atestado pelo ilustre gramático português: "Amor e senhoria não *quer* companhia" – "O amor e a fé nas obras se *vê*" – "Amor, dinheiro e cuidado não *está dissimulado*" – "O ignorante e a candeia a *si queima* e a outros *alumeia*".

730 – Continuará ainda no singular o verbo, quando o sujeito composto terminar por **tudo**, **nada**, **nenhum**, **ninguém**, **cada um**, **cada qual** ou equivalente expressão do singular: "Jogos, conversação, espetáculos, *nada o tirava* de seu intento" – "Cícero assegurava que espírito e corpo, *tudo se acabava* no sepulcro" – "A noz, o burro, o sino e o preguiçoso, sem pancadas *nenhum faz* o seu ofício" – "Vizinhos, amigos, parentes, *cada qual prefere* o seu interesse ao de qualquer outro" – "Os astrólogos tratam do porvir, de que eles nem *ninguém sabe* pouco nem muito".

731 – Quando o sujeito é *composto oracional*, isto é, constituído de orações, o verbo fica no singular:

"*Serem os homens uma coisa* e *parecerem outra* é fácil".

Nota: Se, porém, houver contraste entre os sujeitos fraseológicos ou oracionais, ou se forem individuados por pronome adjetivo ou artigo, irá o verbo para o plural: "Amar, agravar e empecer não se *compadecem*" – "O comer, o andar e o dormir *são* proveitosos à saúde" – "Dormir e aprender *são* coisas diversas" – "Outro pensar e outro sentir *trouxeram* novas artes".

732 – Se o sujeito composto for constituído de pessoas gramaticais diferentes (1ª e 2ª, 1ª e 3ª, 2ª e 3ª), o verbo, de acordo com a primeira regra (§ 726), irá para o plural, mas para o plural da pessoa que vem em primeiro lugar na ordem da gramática:

"Eu	e	tu	seremos"
1ª		2ª	pl. da 1ª

"Tu	e	ele	sereis"
2ª		3ª	pl. da 2ª

"Eu,	tu	e	ele	seremos"
1ª	2ª		3ª	pl. da 1ª

Outros exemplos: "Receio que eu e o meu enviado não *possamos* estar muito tempo juntos" – "Eu e tu *temos* de cumprir o nosso juramento" – "Se eu, se vós *chegássemos* neste momento".

Notas: 1ª – O verbo irá para o plural da pessoa que vem em primeiro lugar na ordem da gramática e não para o plural da pessoa que vem em primeiro lugar na oração. Quer se diga "ele e tu", quer "tu e ele", *tu* é sempre a pessoa que, em gramática, tem prioridade, isto é, vem em primeiro lugar: "As tuas cartas hão de ser lidas quando *tu* e *eu estivermos* em cinza".

2ª – Quando o verbo está anteposto, segue a mesma sintaxe acima ou concorda com o sujeito mais próximo: "Só *faltamos* eu e os meus amigos" – "*Acuso*-vos disto eu e todo o povo de Santarém" – "Em que nos *diferençamos* meu pastor e eu?" – "*Era* eu e minha companheira que chorávamos" – "Rogo-te que *entres* a barra tu com toda a armada" – "*Poderás* tu e o Soliz transportar-me nos braços até ao coche?".

733 – Quando o sujeito composto é constituído de **um e outro**, **nem um nem outro**, o verbo fica, *indiferentemente*, no singular ou vai para o plural: "Um e outro *é* bom" – "Um e outro *são* bons" – "Nem um nem outro *apareceu*" – "Nem um nem outro *são* meus irmãos" – "Nem uma nem outra coisa *sucedeu*".

Nota: Se depois de "um e outro" vier um substantivo, este ficará no singular: "Um e outro *homem* são bons", mas se o substantivo vier seguido de adjetivo, este irá para o plural: uma e outra coisa *juntas* – um e outro caso *paralelos*.

734 – **Ou** – Quando o sujeito composto é ligado por *ou*, o verbo:

a) ficará no singular se houver exclusão, isto é, se não for possível a ação conjunta dos dois sujeitos: "O pai ou o filho *será* eleito presidente" = "Ou o pai ou o filho será eleito presidente" (caso seja eleito um, o outro não será) – "Ou um ou outro *sairá* certo";

b) irá para o plural se a ação couber a todos os sujeitos: "O bacharel formado ou o pároco pensionista *podem* ser oficiais do Registro Civil" – "É claro que a ventura ou a desdita *residem* nos objetos com os quais nos pomos em contato" – "A charneca ou paul não se *convertem* em vinha" – "...cuja prorrogação ou cancelamento *deveriam* ter sido solicitados".

Notas: 1ª – Se, nesse caso, o sujeito for constituído de diferentes pessoas gramaticais, observa-se a regra do § 732, se bem que alguns prefiram a concordância com o pronome mais próximo: "O aluno ou eu *devemos* recordar as lições".

2ª – Se o verbo vem anteposto, concorda com o primeiro sujeito: "Ou *pagas* tu ou eu" – "Mas aqui *entra* a dúvida ou admiração...".

3ª – Se houver diferença de número entre os sujeitos, o verbo irá para o plural: "O outro, ou os outros, *servem* somente para...".

735 – **Nem** – Quando os sujeitos são ligados por *nem* (que o mais das vezes aparece repetido), o verbo:

1 – ficará no *singular*: *a*) se houver exclusão: "Nem Paulo nem João *será* porteiro da secretaria" – "Nem o pai nem o filho *será* eleito presidente";

b) quando se pretender que a ação se refira a cada sujeito em separado: "Nem a confissão nem o efeito dela *está* na sua mão" – "Nem a pesca nem a caça o *diverte*". – Neste caso, pode ir também para o plural, fazendo-se o verbo referir-se aos sujeitos em conjunto: "Nem a pesca nem a caça o *divertem*";

2 – irá para o plural quando não houver exclusão, ou seja, quando a ação se referir a todos os sujeitos: "Nem a guerra nem a fome *preocuparam* ainda a cidade" – "...nem a rainha nem o infante *conheciam* bem o caráter de D. Sebastião" – "A Jugurta nem o dia nem a noite *eram* tranquilos".

Notas: 1ª – Se os sujeitos forem de diferentes pessoas gramaticais e o verbo só se referir a um dos sujeitos, concordará com o mais próximo: "Nem tu nem Antônio *será*..." – ou "Nem Antônio nem tu *serás*...".

2ª – Se o verbo vier anteposto, concordará com o mais próximo: "Não quero que me *perdoes* nem tu nem ninguém" – "...não *conheces* nem tu nem os da ralé...".

3ª – Como se vê, as normas de concordância do verbo em casos em que os sujeitos são ligados pelas alternativas *ou* e *nem* baseiam-se praticamente nos mesmos princípios: exclusão ou não de um dos sujeitos, diferença de pessoas gramaticais, anteposição do verbo, diferença de número entre os sujeitos.

Esses mesmos princípios devem nortear-nos quando os sujeitos são ligados por outras alternativas:

"Já a saúde, já o conhecimento *influem* na produção" – "Já Antônio, já João *ocupava* a presidência por quatro anos" – "Já Antônio, já João *podiam* ser presidentes" – "Já Antônio, já eu *ocupávamos* a presidência" – "Já eles dois, já eu sozinho *ocupava* (ou *ocupávamos*) a presidência" – "Ora um, ora outro *ocupava* a presidência" – "Quer a caça, quer a pesca me *distraem*" – "Quer a caça, quer a pesca me *distrai*" (letra *b* deste §).

736 – **Com** – O sujeito no singular, que tem um complemento regido da preposição *com*, pode levar o verbo ao plural, quando a intenção é indicar cooperação, na ação verbal, de ambos os elementos: "Dª Rosa Guilhermina com a sua amiga *ocuparam* a casa do Laranjal". – Na construção "Napoleão com seus soldados *venceu*", quer-se evidenciar a ação de Napoleão, ficando por isso o verbo no singular.

Outros exemplos: "O tigre com o leão *ganhavam* dinheiro nas feiras" – "Tu com todos os teus *eras* digna de morte" – "...onde a tristeza c'o silêncio *mora*" – "El-rei com os seus cavalheiros *assistia* àquele préstito lúgubre de famílias sem pátria".

Nota: Se o verbo vier anteposto, ficará no singular, salvo se indicar reciprocidade: "*Padecia* o general com todos os seus soldados grande fome" – "*Apareceu* o filho mais novo com o mais velho" – "Rogo-te que *entres* a barra tu com toda a armada" – "*Dão-se* as mãos a ferocidade com a covardia".

737 – **Isto e...** – Quando o sujeito é assim constituído, fica o verbo no singular: "Isto e o que veio depois *trouxe* esperanças aos náufragos" – "Isto e a impaciência do auditório *fez*-me lembrar a história...".

Nota: Se o segundo elemento estiver no plural, para o plural irá o verbo: "Isto e outras contrariedades *tornaram*-me..." – "Isto e as dificuldades do caminho *impediram*-me...".

Particularidades

738 – Há certos casos curiosos em que o verbo deixa de concordar com o sujeito para concordar com o predicativo. Constitui esse um fenômeno de "concordância por atração"[1] e se opera sempre que na oração entra o verbo *ser* ou *parecer* e um sujeito constituído de *o*, *aquilo*, *isso*, *isto*, *tudo*:

"Isto	são	histórias"
suj.	v.	predicativo

Outros exemplos: "*O* que lhe desejo *são* felicidades" – "*Tudo são* vestígios do agradecimento" – "Não *são isto* conceitos nem encarecimentos" – "*O* que eu fiz aqui melhor *foram* os meus desenhos" – "*O* que trago *são* fatos e teses".

Nesses exemplos, o verbo, ao invés de concordar com o sujeito (*o*, *isto*, *tudo*), concorda com o predicativo.

Notas: 1ª – Caso o predicativo e o sujeito venham invertidos de lugares, a concordância então se efetua com o sujeito, isto é, fica o verbo no singular: "Histórias *é isto*" – "Sangue e vidas *é o* que peço".

2ª – Havendo mais de um predicativo do singular ou de números diversos, o verbo concorda com o mais próximo: "O que lhe desejo *é saúde* e felicidades" ou: "O que lhe desejo *são felicidades* e saúde".

3ª – Exemplos no entanto não faltam que contrariem a regra acima transcrita, de autores que muito souberam manejar nosso idioma, contando-se entre eles Júlio Ribeiro, Camilo e Herculano: "Ao chegarem junto da caneleira, ainda *tudo era* trevas" – "*O* que me falta *é* exemplos de bons costumes" – "*O* que eu precisava *era* limonadas e orchatas" – "*O* que não queremos *é* questões" – "Depois disto, *o* que eu poderia desejar-te *era* doze contos de renda" – "O que não somos obrigados a aceitar *é* os erros e abusos dos ministros".

Repete-se a preposição em construções como estas: O *de* que muitos começam a duvidar é *das* suas possibilidades – O *de* que eu não quero que te esqueças é do sinal da cruz – O *de* que precisamos é de calma – O *por* que luto é pela justiça – O *de* que nos queixávamos era *dos* erros de revisão.

4ª – Se, em tais casos, o sujeito for nome de *pessoa*, a concordância se efetuará regularmente: "Maria *é* as delícias da mãe" – "O homem *é* cinzas".

5ª – Se também o predicativo for pessoa, a concordância se efetuará livremente: "Porventura Herodes *é* muitos reis?" – "Esses que riram *é* a vilanagem".

6ª – Se o sujeito for nome de coisa, o verbo poderá concordar com ele ou com o predicativo: "O estudo *era* as suas delícias" – "O mantimento *eram* só ervas" – "Esses monumentos *são* a voz do passado" – "Obras *é* a minha paixão".

---

(1) Concordância por atração, fenômeno que se opera em muitas línguas, vem a ser a modificação que sofre o gênero, o número, o tempo ou a pessoa de uma palavra, em consequência da vizinhança de outra com que se faz a concordância contra as regras ordinárias.

739 – Com os verbos **dar**, **soar**, **bater** (referindo-se a horas), a concordância se opera regularmente: "*Deram* duas horas" – "*Soavam* onze horas...".

740 – Os verbos que significam **carência**, **falta**, **abastança**, **suficiência**, segundo Júlio Ribeiro e Carlos Pereira, cingindo-se a exemplos isolados, ficam no singular, estando o sujeito no plural. Da prática, porém, da maioria dos pontífices da língua colhe-se que a concordância no plural é a que deve ser observada: "*Falta*-lhes pincel, *faltam*-lhes cores" (Camões) – "Amanhã em Lisboa não *faltarão* negócios" (Garrett) – "Para falar ao vento *bastam* palavras" (Vieira) – "Não *bastam* alívios do mundo" (Camilo) – "...*sobravam* ainda seis dinheiros" (Bernardes) – "*Restavam* apenas quinze mil homens" (Herculano) – "Não *faltaram* sacerdotes" – "*Faltavam* vinte minutos".

741 – **Fazer**, em construções como: "*Faz* anos que estou aqui" – é impessoal, isto é, não tem sujeito e mantém-se, por isso, na 3.ª pessoa do singular: "Hoje *faz* quinze dias que me enviaste tua poesia" – "Vinte e sete dias *faz*" – "*Faz* dois meses que nos vimos" (§ 907, n. 1).

Observação:

Dizemos: "*Vai* por (em, para) dois meses que morreu meu irmão". "Já *tinha* passado de dois meses...". Levando, porém, o verbo ao plural, dizemos: "Já lá *vão* doze anos que ele desapareceu" – "Lá *vão* quatro meses que o vi" – "Já *tinham* passado dois meses...".

Outros exemplos: "...*vai* em trinta anos que pouco ou nada obteve para se melhorar" – "Eis aqui o que eu, *vai* já em oito anos, solicitava a bem da mocidade" – "Já lá *vão* os dias em que a ignorância era para a nobreza um foro essencial" – "Já lá *vão* vinte anos".

Havendo preposição depois do verbo, este fica no singular; não havendo, concorda com o sujeito plural.

742 – Nas **orações optativas**, os sujeitos são os pronomes ou nomes que se seguem aos verbos e com eles deve o verbo concordar: "*Tomaram* eles poder vê-la na forca" – "*Vivam* os Ataídes, *vivam* os Vilhenas, *vivam* os portugueses leais" – "*Tomáramos* nós que todos os vigários de nosso tempo...".

Questionário

Faça, procurando ser conexo, um trabalho (carta, descrição ou composição), em que se apliquem *todas* as regras expostas do § 726 ao 742. Coloque, em cada caso, entre parênteses, o número do parágrafo, nota ou observação a que se refere o exemplo.

CAPÍTULO 52

CONCORDÂNCIA NOMINAL E PRONOMINAL

Concordância do Adjetivo(*) com o Substantivo

745 – **REGRA GERAL**: O adjetivo, quer adjunto adnominal quer predicativo, quer anteposto quer posposto, concorda em *gênero* e *número* com o substantivo a que se refere:

artigo	*subst.*			
O	menino		A	menina
masc. sing.	masc. sing.		fem. sing.	fem. sing.

Outros exemplos: Homem *santo*, mulher *santa*, homens *santos*, mulheres *santas* – "Via *recolhidas* no santuário as tábuas de bronze" – "Hei de fazer *públicos* os seus desaforos".

Regras Especiais

746 – Se o adjetivo se refere a **vários substantivos do singular** e **do mesmo gênero**, e vem:

1) **Posposto** – vai, indiferentemente, para o plural e para o gênero dos substantivos ou fica no singular: "Nessa leitura e escrita tão *arrepiadas* de dificuldades" – "Rugido, grito, gemido *conglobados* num só hiato" – "...a

(*) Para facilidade de exposição, o *artigo* e o *numeral*, não obstante constituírem classes autônomas, estão incluídos entre os adjetivos nas regras de concordância nominal.

consciência e a dignidade *humanas*" – "Coragem e disciplina *digna* de granadeiros" – "...rudeza e pusilanimidade *alheia*".

Nota: Será de obrigação o singular, quando o adjetivo só se referir ao último substantivo: "O casaco e o chapéu *redondo* eram o meu alvará".

2) **Anteposto** – concorda com o substantivo mais próximo: "...*cujo* trajo e gesto indicavam..." – "...notando o *estrangeiro* modo e uso" – "*Chegada* a hora e a ocasião".

Notas: 1ª – Os exemplos de construção no plural não devem ser imitados.

2ª – Somente quando predicativo do objeto é que o adjetivo pode ir para o plural: "Eu julgava *satisfeitos* o pai e o filho" – "...entretinham *vivas* a ideia e a saudade".

3ª – Se aos substantivos precederem títulos ou pronomes de tratamento, a concordância se efetuará no plural: "Os *apóstolos* Barnabé e Paulo" – "Os *irmãos* Joaquim e José" – "Os *Srs*. Silva e Cia.".

747 – Se o adjetivo se refere a **vários substantivos do singular** e **de gênero diferente**, e vem:

1) **Posposto** – vai para o plural masculino: "Nariz, face e boca *monstruosos*" – "...comércio e navegação *costeiros*" – "Uma posse e um domínio *incompletos*".

Notas: 1ª – Pode também concordar com o substantivo mais próximo se o sentido o exige, ou o queremos: "Manda-me livro e fruta *madura*" – "Talento e habilidade *rara*" (ou *raros*) – "Ali dei a tradução em língua e estilo *moderno*" – "...o retrato de Maria com túnica e escapulário *branco*".

2ª – Se os substantivos forem sinônimos, o adjetivo concordará com o mais próximo: "As maldições se cumpriam no povo e gente *hebreia*".

2) **Anteposto** – concorda com o mais próximo ou, indiferentemente, vai para o plural masculino: "*Pasmado* Diogo e a multidão" – "...*atentos* o juízo e generosidade" – "Demais disso, *sua* mãe e irmão eram ricos" – "*Perdida* a cor e o alento" – "...tinha tornado *inúteis* a inteligência e o braço" – "...declarou *criminosa* a ré e o réu" – "Verão os homens *ensanguentados* o sol e a lua".

748 – O adjetivo que se refere a **substantivos do plural** e **de gêneros diversos** vai, geralmente, para o plural e para o gênero do substantivo mais próximo: "As armas e os barões *assinalados*" ou: Os barões e as armas *assinaladas* – "...carícias e bens *paternos*" – "...mordomos e confrarias *festeiras*" – "...casas e corações *abertos*" – "...atos e fórmulas *religiosas*".

Nota: Há em bons escritores nossos o emprego exclusivo do plural masculino: "Os recursos e as tropas *desproporcionados*" – "Pais e mães *carregados* de família" – "...enviando os breves e cartas *destinados* a protegê-los" – "*Pagos* as rendas, foros e impostos".

749 – Se o adjetivo se refere a **substantivo do mesmo gênero e de números diferentes**, e vem:

1) **Anteposto** – concorda com o substantivo mais próximo: "Os *seus* filhos e marido são meus hóspedes" – "*Sua* astúcia e tiranias" – "*Sua* mulher e filhas".

2) **Posposto** – vai para o plural de igual gênero dos substantivos: "...com as colônias e com a civilização *romanas*" – "Se os recursos e o tempo *absorvidos*..." – "Vês aqui as mãos e língua *delinquentes*".

750 – Se os substantivos forem **sinônimos** ou formarem **gradação** nas ideias enunciadas, a concordância do adjetivo se efetuará com o mais próximo, quer venha antes quer depois: "...depreender-se de uma ideia e pensamento *falso*" – "...ingratidão na fraqueza e temor *natural*" – "...para servirem ao interesse e gosto *alheio*" – "...a fé e a amizade *declarada*".

751 – **Mais de um adjetivo qualifica ou determina o mesmo substantivo** – Podem ser dadas à frase várias formas: O primeiro *batalhão* e o segundo; o primeiro e o segundo *batalhão*; o primeiro e segundo *batalhão*.

Gramáticos há que permitem a construção: "O primeiro e o segundo *batalhões*" – levando-se para o plural o substantivo ao qual se referem vários adjetivos no singular. Aceitam essa concordância Constâncio, Pacheco Júnior, Soares Barbosa, Rui Barbosa e Mário Barreto, aos quais apoiam exemplos dos melhores manejadores do idioma. Conceitua Epifânio Dias que se pode dizer: "Os dois poderes, temporal e espiritual", "Os dois poderes, o temporal e o espiritual" (observe-se a vírgula no primeiro exemplo e a repetição do artigo no segundo).

Reconhecemos casos em que o plural do substantivo se impõe pelo uso ("Nos *dias* 24 e 29 de junho"), mas o mais seguro é evitar, sempre que possível, a flexão do substantivo, porque, seja como for, o adjetivo é que concorda com o substantivo, e não este com aquele.

Exemplos diversos: "As expressões que se empregam na *lei* prussiana e na francesa" – "...na terrível peleja do bom e do mau *princípio*" – "As personagens são as do velho e do novo *testamento*" – "A primeira e a segunda *ameia*". D.QVs: *Concordância às avessas*.

752 – Se o substantivo vem antecedido de **um e outro**, **nem um nem outro**, fica ele no singular, mas o adjetivo vai para o plural (V. *nota* do § 733): "Uma e outra coisa *juntas*" – "Em um ou outro caso *paralelos*" – "Um e outro fato foram maliciosamente *impugnados*" – "Um e outro advogado são *hábeis*".

753 – Se o adjetivo vem antecedido de **alguma coisa**, **qualquer coisa**, vai para o feminino se não intervém a preposição *de* ("Alguma coisa *consoladora*") e para o masculino com a presença dessa partícula ("Alguma coisa de *consolador*").

754 – Em expressões como "pobre do homem", "desgraçado de ti", a interposição da preposição *de* não impede a concordância do adjetivo: "*Desgraçadas* das mulheres" – "*Coitados* dos que foram para a guerra".

755 – O adjetivo antecedido de *nada de*, *algo de*, *muito de*, *um quê de*, *um quid de*, *o que quer que seja de*, *um não sei quê de* concorda ou com o substantivo, quando estiver em relação com ele, ou com o nome de significação geral e indefinida que aquelas palavras e expressões encerram: "Estes escritores têm o que quer que seja de *ímpios* e *ateus*" – "Têm muito de *garridas* e *romeiras* essas raparigas" – "Mostram eles na linguagem muito de *duro* e *áspero*" (ou de *duros* e *ásperos*) – "Possuem elas um não sei quê de *esquisito*".

756 – O substantivo *aposto* concorda com seu fundamental em gênero e número sempre que possível: "O ódio, *filho* do orgulho" – "A esperança, *filha* da fé" – "Estes instrumentos, *produtos* de nossa fabricação" (§ 699).

Concordância do Predicativo com o Sujeito

757 – **REGRA GERAL**: O *predicativo*, quando constituído de **adjetivo** ou de **pronome**, concorda com o sujeito em gênero e número: "Pedro é *generoso*" – "Maria parece *bondosa*" – "É você o procurador da casa? – Sou-*o*" (o pronome está concordando com *procurador*).

Regras Especiais

758 – Quando o predicativo é constituído de **substantivo abstrato** ou de substantivo de **uma só forma genérica**, deixa de concordar com o sujeito, ficando invariável: "As propriedades não são *natureza*" – "As lágrimas do aflito não são *crime*" – "As cores que no camaleão são *gala*, no polvo são *malícia*" – "Ele é a *esperança* da família".

759 – Há casos curiosos de discordâncias do predicativo com o sujeito quando este, sem nenhuma determinação, é expresso em sua generalidade abstrata: "*Cerveja* não é *bom* para a saúde" – "*Pimenta* é *bom* para estimular" – "É *necessário paciência*" – "É *proibido entrada*" – "Não é *necessário mulheres* na fábrica".

Os predicativos *bom*, *necessário*, *proibido* assumem a forma aparentemente masculina, mas realmente *neutra*, visto que os substantivos a que se referem, tomados em sua generalidade abstrata, assumem sentido vago, no qual como que se oblitera o conceito genérico.

Outros exemplos: "É *bom* toda a cautela" – "É *necessário* prudência nos negócios" – "É *preciso* mais areia" – "Não é *preciso* margem" – "É *feio* blusa em criança" – "Uma caixa de sapato seria *bom* para guardar os brinquedos".

É este um dos vestígios interessantes do gênero neutro em português. Logo, porém, que esses sujeitos recebam uma determinação positiva, despojam-se do caráter *neutro*, e o predicativo assume a flexão genérica correspondente: "*Esta* cerveja não é *boa* para a saúde" – "*Aquelas* pimentas são *boas* para estimular" – "É *necessária a* paciência" – "É *proibida a* entrada".

760 – Quanto à concordância do *predicativo*, devemos observar o seguinte:

1) Referindo-se a nome tomado em sentido determinado (antecedido de artigo), varia em gênero e número: "Sois *a mãe* desta criança? Sou-*a*" – "Sois *a professora* desta escola? Sou-*a*" (este *a* é nos dois exemplos pronome articular, e não pronome pessoal).

2) Referindo-se a nome tomado em sentido vago, indeterminado (não antecedido de artigo, e equivalente, então, a *isto*, *isso*, *aquilo*) ou referindo-se a adjetivo, fica invariável na sua forma masculina, ou antes, *neutra*: "Sois *mãe*? Sou-*o*" (= Sou *isso*) – "Sua mãe era vã como *o* são todas" – "Se Henrique fora ambicioso não *o* era menos sua mulher" – "Se jamais houve condição para inveja, aquela *o* foi sem nenhuma falta".

Concordância do Pronome

761 – **REGRA GERAL**: Quando flexível, o pronome concorda em gênero e número com o nome a que se refere: "Para isso é preciso mais esforço que para defrontar a morte, mas tu *o* terás; inspirar-t*o*-ão o meu exemplo e a santa memória de nossos pais" – "Quero tê-*lo*, Vasco, porque tu *o* desejas".

Regras especiais

762 – Os pronomes oblíquos *o*, *a*, *os*, *as*, referindo-se a substantivos de gêneros diversos, tomam no *plural* a flexão *masculina*:

Porque essas *honras* vãs, esse *ouro* puro
Verdadeiro valor não dão à gente:
Melhor é merecê-*los* sem *os* ter
Que possuí-*los* sem *os* merecer.

763 – Referindo-se a um substantivo modificado por outro regido da preposição de companhia *com*, pode o pronome ir para o plural, como acontece com o verbo (§ 736): "Passava um dia de inverno o arcebispo com sua comitiva a serra de Gerez... salteou-os uma chuva fria e importuna".

Questionário

1. Que diz da concordância do adjetivo, quando se refere a substantivos do plural e de gêneros diversos?
2. Que diz da construção: "A primeira e a segunda *séries*"?
3. Corrija, JUSTIFICANDO AS CORREÇÕES, os seguintes textos:
   a) Ele ameaçou tornar público os seus dizeres.
   b) O livro cujos autor e editor foram presos acaba de ser apreendido pela polícia.
   c) O presidente Roosevelt e Lebrun tudo fizeram para a manutenção da paz.
   d) Qualquer coisa assustador vai acontecer.
   e) É proibido a entrada – É proibida entrada.
   f) As estrelas, como são os príncipes da noite, desaparecem ante o fulgor da rainha, a lua.
   g) Sois mãe? Sou-a.
   h) Atualmente só estudam as lições você e eu.
   i) O réu não foi condenado no grau máximo da pena devido os seus bons procedentes.
   j) Quero que você me copie esta poesia até as palavras "mas não vens" inclusives.
   k) As duas senhoras que você me viu conversando ontem na rua era minha irmã e minha prima.

CAPÍTULO 53

CONCORDÂNCIA IRREGULAR OU FIGURADA

Silepse

766 – *Concordância irregular*, também chamada *concordância figurada* (V. § 707), é a que se opera não com o termo *expresso*, mas com outro termo *latente*, isto é, oculto, mentalmente subentendido.

Outros nomes tem ainda semelhante concordância: *semiótica*, *lógica*, *latente*, *anormal*, *mental*, nomes que denotam operar-se a concordância não com a *letra*, mas com o *espírito*, com a *ideia* da frase.

Tal tipo de concordância se denomina **silepse**. Etimologicamente (do grego *syn* = *com*, mais *lépsis*, do verbo *lambánô* = *tomar*, *prender*), *silepse* é sinônimo de *compreensão*.

767 – A *silepse* pode ser de *gênero*, de *número* e de *pessoa*.

768 – A **silepse** de **GÊNERO** opera-se:

1 – Com os nomes próprios de *rios* e de *cidades*, concordando o adjetivo não com o substantivo próprio em si, expresso na frase, mas com o apelativo dessas classes (*rio* [masc.], *cidade* [fem.]): "Cartag*O* foi *destruídA*" [fem.] (*cidade*) [fem.].

"O Paraíb*A* é *tortuosO*" [masc.] (*rio*) [masc.]

Nota: Sabemos já (§ 187, B, 3) que constituem exceções alguns nomes de cidades: "O *Porto* está chei*O* de visitantes" – "O *Rio de Janeiro* é festiv*O*".

2 – Nas expressões de tratamento (*vossa senhoria*, *vossa mercê*, *vossa alteza*, *sua excelência*, *sua majestade* etc.), em que a concordância se opera não com o gênero dessas expressões, mas com o sexo ou com a natureza do cargo da pessoa a que essas expressões são dirigidas: "Vossa *majestade* é poderos*O*" (rei) – "Vossa *alteza* é bondos*O*" (príncipe) – "Vossa *senhoria* foi indicad*O*" (homem) – "Você está enganad*A*" (mulher) – "Ficam *V.Sas.* autorizad*O*s a...".

3 – Com os artigos *o* e *um*, quando, em certas frases já consagradas, constituem atributivos de nomes femininos que se referem a pessoa de sexo masculino:

"*Pedro* é *um* *criança*" (Pedro: masc. ← um; criança: fem.) – "O *besta* do *Antônio*" (O → Antônio: masc.; besta: fem.)

"*Antônio* é *um* *banana*" (Antônio: masc. ← um; banana: fem.)

4 – Em outros casos em que o pronome concorda não com o gênero da palavra expressa, mas com o sexo da pessoa a que a palavra se refere: "Conheci uma *criança*... mimos e castigos pouco podiam com *ele*; mas em lhe falando na mãe e no que custara para lhe dar a vida, o infeliz, que nunca a vira, enternecia-se" – "Só nove *crianças* de 6 até 8 anos e tais que é lástima vê-*los*".

5 – Como preencher, numa ficha em que se discriminam os dados identificadores de uma pessoa, o que pede a nacionalidade? Se homem, como escrever na frente da palavra *nacionalidade*: *brasileiro* ou *brasileira*? Se de homem se tratar, *brasileiro* é que se deverá consignar. *Brasileira*, tão só quando de mulher forem os dados.

Não haja nisso admiração. À pergunta "Qual o estado civil?" ninguém se aventuraria a declarar "casado", quando de mulher se tratasse. "Estado" está na ficha, mas "casada" se põe, porque não o estado mas a mulher é que se qualifica.

769 – A **silepse** de **NÚMERO** opera-se:

1 – Com o adjetivo no singular em função predicativa aos sujeitos *nós* (empregado em lugar de *eu*), *vós* (quando empregado em lugar de *tu*): "Antes sejamos *breve* que *prolixo*" – "Vós estais *enganado*" – "*Amigo atento* e *obrigado* somos" – "Estamos *persuadido* disso".

Notas: *a*) Ao emprego de *nós* com valor de *eu*, e de *vós* com valor de *tu* já tivemos ocasião de referir-nos no § 342, 1. *Nós* é empregado em lugar de *eu* pelos reis, pelos papas e prelados (plural majestático). O verbo irá para o plural, mas o adjetivo, como dissemos, concordará silepticamente.

b) Emprega-o ainda o escritor ou o orador, para efeito retórico, mas não poderá empregar ora *eu*, ora *nós*; ou sempre uma, ou sempre outra forma, notando-se ainda que as formas pronominais oblíquas e os possessivos devem ser uniformes com a escolha: *Nós* julgamos... foi-*nos* relatado... *nossa* opinião.

c) *Vós* emprega-se em lugar de *tu* quando se trata o interlocutor com deferência especial. Curioso é notar a não existência de tal emprego em latim; o interlocutor, fosse quem fosse – superior jerárquico, rei ou o próprio Deus – era sempre tratado por *tu*. *Vós*, nesse idioma, só se empregava quando realmente plural.

2 – Quando, sendo o sujeito coletivo de forma singular, vai entretanto o verbo para o plural, conformando-se com a pluralidade lógica do coletivo: "*Estavam pegados* com ele uma *infinidade* de homens" – "A máxima *parte* dos homens *morrem* antes dos cinquenta" – "Abalou o *colégio* quase todo em procissão pelas ruas de Coimbra, *capitaneados* pelo seu reitor".

Note-se, nesses casos, uma destas particularidades: 1 – a pluralidade lógica contida no coletivo; 2 – a distância geralmente existente entre o sujeito e o verbo; 3 – a presença de um genitivo plural.

Nota: 90% dos homens viajaram – No plural ou no singular o verbo?

Discriminemos estes casos:

a) Quando o predicado é constituído de verbo de ligação ou de locução verbal passiva, o verbo e o predicativo (ou o particípio nas locuções passivas) deixam-se influenciar pelo número e pelo gênero do partitivo: "90% das MULHERES SÃO analfabetAS" – "30% da nossa PRODUÇÃO É exportadA" – "20% da POPULAÇÃO ESTAVA acamadA" – "50% das PROFESSORAS DEVEM ser nomeadAS por merecimento".

b) Quando o número porcentual vem antecedido ou seguido de adjunto no plural, é melhor o plural: "BONS 30% DÃO conta das obrigações" – "ESSES 5% da boiada MORRERAM" – "90% DOS HOMENS VIAJARAM".

c) Afora esses casos o singular é empregado: "90% da imprensa DEFENDE" – "80% do eleitorado COMPARECEU" – "90% da borracha latino-americana ainda PROVÉM de árvores nativas" – exatamente como diz o inglês, cioso do *s* final da terceira pessoa do singular do indicativo presente: "Ninety percent of Latin American rubber still COMES from wild jungle trees".

d) Quanto a "parte de", "metade de", "um terço de", "a maior parte de", "a maioria de", veja o § 711.

e) Quanto à ideia de quantidade, veja o § 713.

770 – A **silepse** de **PESSOA** consiste em operar-se a concordância do verbo não com a pessoa do *aposto claro*, mas com a pessoa do *fundamental oculto*: "Dizem que os cariocas *somos* pouco dados a jardins públicos" – isto é: "...que **nós**, os cariocas, somos..." (o verbo concorda com o fundamental oculto *nós*, e não com o aposto claro "os cariocas").

OUTROS EXEMPLOS: "Ali *ficamos* alguns amigos" – "Os dois *íamos* ali por visita" – "Os portugueses *fazemos* este nome particular" – "Amigos e criados *saímos* todos pelo caminho de Refojos" – "Os outros *saltamos* para testemunhar a catástrofe" – "Todos os filhos de Adão *padecemos* nossas mutilações e fealdades" – "Uns esperando *andais* noturnas horas, outros *subis* telhados e paredes" – "Os quatro que *escapamos*, nos *lançamos* ao mar".

Questionário

1. Que é *silepse*? (Resposta completa.)
2. Como pode ser a silepse? – Especifique todos os casos de cada espécie, com exemplos diversos e explicação clara e completa.
3. Indicar nas orações seguintes as palavras que concordam por silepse e discriminar a espécie de silepse:

   Diógenes viu que uma grande tropa de varas e ministros da justiça levaram a enforcar uns ladrões. Os palanques estavam cobertos de infinita gente, todos a ver. Vós sois infinitamente bom. Nós somos obrigado a isso. São estas crianças na primeira infância lindíssimas, porque em muitos a cor é branca. Vossa majestade está indisposto. Todos os filhos de Adão padecemos nossas mutilações e fealdades.

CAPÍTULO 54

REGÊNCIA

773 – **Regência** vem a ser a relação de subordinação, ou seja, de dependência dos termos, uns dos outros, ou ainda, é a propriedade de ter uma palavra, sob sua dependência, outra ou outras que lhe completem o sentido. *Regência* é, pois, em gramática, sinônimo de *dependência*, *subordinação*.

A palavra que está servindo de complemento chama-se palavra *regida* ou *subordinada* ou, simplesmente, *regime*; a palavra que é completada, inteirada na sua significação chama-se palavra *regente* ou *subordinante*. Assim é que se diz que as preposições *regem* (= subordinam, põem debaixo de sua dependência) palavras, e as conjunções subordinativas *regem* orações subordinadas.

774 – As relações de regência são na frase indicadas:

a) pela *posição*
b) pela *preposição*
c) pela *conjunção subordinativa*

775 – **POSIÇÃO**: Muitas vezes, a função sintática de certos termos da oração só é revelada pela posição em que esses termos se encontram na frase. O sujeito e o objeto são termos que frequentemente se distinguem tão só pela posição, vindo o sujeito *antes* e o objeto *depois* do verbo:

sujeito (antes)	verbo	objeto (depois)
O soldado	feriu	o ladrão
O ladrão	feriu	o soldado

O advérbio é outra classe que em muitos casos se manifesta pela posição; conforme o lugar em que vem na frase, sabe-se qual o termo por ele modificado; são diferentes as orações "Minha residência aqui é conhecida" (= Todos sabem que moro neste lugar) e "Minha residência é conhecida aqui" (= Aqui sabem onde moro). Uma é dizer "Relatou, ainda, que não encontrou o filho" – onde o *ainda* modifica *relatar* (= também, além disso) – outra é dizer "Relatou que não encontrou ainda o filho", onde o *ainda* modifica o v. *encontrar* (= até agora). O mesmo se diga dos adjuntos, quer adnominais quer adverbiais; uma coisa é dizer "Colombo descobriu *só* a América" e outra: "*Só* Colombo descobriu a América" – "Meias para senhoras pretas" e "Meias pretas para senhoras".

"E assim, em geral, os complementos na frase revelam a sua regência pela posição *junto* aos termos completados ou regentes. A colocação dos termos foi um dos recursos neolatinos para suprir a perda dos casos latinos".

Em latim tanto podemos dizer "Paulus Petrum amat" quanto "Petrum Paulus amat", "Paulus amat Petrum", "Petrum amat Paulus", "Amat Paulus Petrum", "Amat Petrum Paulus" – que o sentido será sempre o mesmo, dado o *caso* em que estão os nomes, ao passo que em português (a não ser que preposicionemos o objeto – § 683, 1) tão somente desta maneira podemos dizer: "Paulo ama Pedro".

Nota: Já é do nosso conhecimento a força regencial da *preposição* e das *conjunções subordinativas* pelo que ficou dito na morfologia (§§ 542 e 556).

776 – **CASOS DIVERSOS**: 1 – O sujeito, como elemento soberano da frase, pois é o causador da ação verbal, não pode ligar-se a preposições (recorde-se o § 653).

Nota: Quando a preposição rege um infinitivo ela não se combina nem com o sujeito, nem com o objeto anteposto ("Invoca o tempo *de os* pagar co'as sombras"), nem com os advérbios *aí*, *aqui*, *ali* ou outro começado por vogal: "É tempo *de aí* ter chegado" – Nesses exemplos, a preposição está regendo os infinitivos *pagar* e *ter chegado*, razão por que não se combina com as palavras postas entre a preposição e o seu verdadeiro regime. Outro exemplo: "Não poderá fazer grandes progressos, *por o* não ajudar a memória".

Quando não estiver regendo infinitivo, é claro que a preposição poderá combinar-se: "*Daqui* partiam as bandeiras" (V. § 653).

2 – Outros casos concernentes à regência já conhecemos do estudo feito nos parágrafos 303, 304 e 305.

3 – Duas ou mais palavras podem ter um mesmo complemento, com tal que essas palavras tenham a mesma regência: "A obediência e o amor *à pátria*" ("obediência" e "amor" têm a mesma regência; podem, pois, ter por

complemento a mesma palavra). Não seria correto dizer: "O conhecimento e o amor à pátria" – porque "conhecimento" e "amor" exigem preposições diferentes (conhecimento *de* alguma coisa, amor *a* alguma coisa); o correto é: "O conhecimento *da* pátria e o amor *a* ela". Outros exemplos: "Conheço *este* livro e gosto *dele*" (e não: "Conheço e gosto deste livro") – "No espaço de meia hora comprei *um* livro e *dele* me desfiz" (e não: "...comprei e me desfiz de um livro").

Sabe já o aluno que não se deve dizer: "Conheço este livro e gosto *do mesmo*" – § 342, 4.

Nota: Quando complemento comum, o pronome oblíquo pode vir anteposto ao primeiro verbo, principalmente se algo o atrai: "Eu *o* vi e saudei", "Não *o* quero nem desejo" ou posposto ao segundo: "Apanharam a cobra, dizendo que iriam engordar e comê-la" – Virá posposto ao primeiro verbo quando este iniciar o período: "*Perdoo-lhe* e obedeço".

Não há necessidade de repetir o pronome: "Ele *se* rasgava e desfazia em elogios" – "...por entenderem que as almas dos defuntos *se* propiciavam e consolavam com sangue humano" – "A medicina tanto *se* aprofundou e expandiu..." – "...projetos que *se* movimentam e acomodam".

777 – Aqui oferecemos a regência ou as regências de alguns verbos, mas de antemão avisamos que são dadas as usadas *atualmente*, e sempre apresentadas com a significação ou significações do verbo, pois é do nosso conhecimento o que ficou dito no § 305:

ACONSELHAR – (= dar conselho): *a*) Aconselhar alguém a alguma coisa: Aconselhou-o a que fosse para casa. *b*) Aconselhar a alguém alguma coisa: Lourenço lhe aconselhou o claustro. *c*) Aconselhar alguém sobre alguma coisa: Aconselharam-me sobre o modo de viver.

– (= entrar em acordo): *a*) Depois nos aconselharemos no que mais nos convier. *b*) aconselharam-se para me tirarem a vida.

– (= tomar conselho): Aconselhei-me com ele.

AGRADAR – (= parecer bem, ser visto ou considerado com satisfação, gosto ou complacência): Este chapéu não lhe agradará – Agrada à vista.

– (= contentar, satisfazer): Procurei agradá-lo.

Nota: Com objeto direto é hoje usado com o significado de *contentar*, *satisfazer*, e de *mimar*, *acariciar*, *afagar*: agradar uma criança, agradar o gato.

AGRADECER – (agradecer a alguém alguma coisa): Agradeci-lhe o presente (objeto direto da coisa agradecida e indireto da pessoa a que se agradece). Dizer "agradecer alguém por uma coisa" é incorrer em italianismo intolerável.

Nota importante: Quando, em se tratando de verbo transitivo direto-indireto, for omitido um dos objetos, o outro continuará obedecendo à regência que lhe cabe. Assim, se quisermos *agradecer* somente a *coisa*, ela continuará constituindo objeto *direto*: "Agradeci *o* presente" – Se, agora, mencionarmos somente a pessoa, esta constituirá o objeto *indireto*: "Agradeço-*lhe*". O verbo *pagar*, para citar outro exemplo, constrói-se: "Pagar *a* alguém *alguma coisa*"; se mencionarmos somente a pessoa, diremos: "Paguei ao padeiro", "Paguei-*lhe*"; se somente a coisa, diremos: "Paguei *o* meu débito", "Paguei-*o*".

E assim: "Inconformados exortavam *à* subversão".

AJUDAR – (ajudar alguém em alguma coisa): Ajudei-o no serviço (se a coisa for um infinitivo a preposição será *a*: Ajudou-o a carregar com a cruz).

– (= servir de acompanhante): Ajudar à missa (neste caso não se diz *ajudei-lhe*, mas *ajudei a ela*).

– (= valer-se, aproveitar-se): Ajudou-se dos pés e das mãos para subir.

ANELAR – (= almejar, ansiar, aspirar): Várias regências: Alguns anelam o dinheiro – ...não anela eleger um esposo – ...aqueles que anelam pela segurança de uma relação íntima – Anelar ao legado.

APOIAR-SE – *a*) Apoiar-se ao muro, à mesa.

b) Apoiar-se no povo, em documentos.

c) Apoiar-se sobre a direita.

ASPIRAR – (= respirar, sorver, absorver): Aspirei o pó – Devemos aspirar o h.

– (= pretender, desejar): Aspiro a um cargo – Aspirava à coroa (não admite neste caso a forma *lhe*, a qual deve ser substituída por *a ela*).

– (= no sentido poético de favonear, favorecer): Imploramos favor que nos guiasse, e que nossos começos aspirasse.

ASSISTIR – (= prestar assistência, ajudar): O médico assiste o doente.

– (= estar presente): Assistir a um espetáculo.

– (= residir, permanecer): ...muitos portugueses que assistiam na corte – Por causa da muita continuação, com que assistia na oração.

– (= intervir, tomar parte): Nesse processo eu não assisti.

Nota: Na acepção de "estar presente", o verbo *assistir* exigirá as formas "a ele", "a ela", se o objeto for pronome da 3.ª pessoa: Quando eu assistia a eles (aos jogos) – e não: Quando eu lhes assistia.

Igual impossibilidade existe com os verbos *ajudar*, *aspirar*, *presidir*, *recorrer* e com os de movimento: *ir*, *comparecer* etc.

ATENDER – Constrói-se, indiferentemente, com acusativo ou com dativo: Não o atenderam os criados – ...até vos merecerem, um dia, a bênção de lhes atenderdes.

ATIRAR – (= disparar arma de fogo): O alvo a que atiram os ambiciosos – ...deu ordem de lhe atirar – Atirei a esse pássaro(1).

– (= arrojar, arremessar, lançar): Atirar pedras ao telhado do vizinho – ...atirar aos juízes lama entrelinhada.

Não se deve confundir objeto indireto com adjunto adverbial. Quando se diz "atirar pedras ao telhado do vizinho", *telhado* é verdadeiro recipiente da ação verbal (contra ele se atirou); quando porém se diz "atirar a carta no lamaçal", *lamaçal* indica o lugar em que se atirou (adjunto adverbial de lugar onde), e não o recipiente da ação de atirar, que agora é *carta*.

A comparação presta-se para outros adjuntos adverbiais em que aparecem outras preposições.

(1) No Brasil, mais comumente se constrói com *em*: "Não atire *nesse* passarinho".

AVISAR – Constrói-se das seguintes maneiras: *a*) Avisá-lo-ei da sua chegada. *b*) Avisar-lhe-ei a sua chegada. *c*) Avisá-lo para receber. *d*) No sentido de *acautelar-se* é pronominal e se constrói: Tratou de avisar-se das importunações. V. D.QVs, *Avisar*.

BATER – Tem as seguintes regências: *a*) bater à porta; *b*) na porta; *c*) pelas portas; *d*) bater nele; *e*) bater-lhe; *f*) batê-lo; *g*) bater sobre alguma coisa.

CARREGAR – Além da regência transitiva direta, este verbo pode ser construído com a preposição *com*: Carregou com o cadáver – Carreguei com ele – Carregar com o pesado jugo dos respeitos humanos.

CHAMAR – Na acepção de *apelidar*, este verbo deve de preferência construir-se "chamei-*o* sábio" e não "chamei-*lhe* sábio" nem "chamei-*lhe de* sábio".

– No sentido de *invocar*, *pedir que venha*, constrói-se com objeto direto: Chama o Rei os senhores a conselho – ou com a prep. *por*: ...a filha chamava por ela.

COMUNGAR – Constrói-se de diferentes formas: *a*) com acusativo: Outros homens de têmpera enérgica comungavam (= tinham entre si) as mesmas ideias – O padre que os confessou e comungou (= dar a comunhão a).

b) com *com*: Uma confissão filosófica com que não comungamos (= não concordamos) – Há quase glória em comungar com tais homens.

c) com *de*: Reputo-me habilitado para comungar dos foros do ceticismo – Quis romper a clausura e vir cá fora comungar das liberdades públicas.

d) com *em*: E ficaram os dois absortos, soluçantes, comungantes na mesma dor – Onde todas as opiniões comungavam no mesmo sentimento.

CONTENTAR – (= agradar, satisfazer): ...que não saibam contentá-los.

No sentido de *ficar contente* é pronominal e se constrói com *com*, *de* ou *em*: Contento-me com isso – Contentar-se de salvar a bandeira – Contentou-se em levantar os ombros.

CUSTAR – Na acepção de "ser difícil, demorado, penoso", este verbo só se emprega na 3.ª pessoa: *custa*, *custa-me*: "Custou-me muito contê-los" – e não: "*Custei* muito *para* contê-los" – "Custar-lhe-á muito fazer isso" e não: "Ele *custará* muito *para* fazer isso" – "À criada *custou* atender" e não "A criada *custou para* atender".

– Quando ao verbo *custar* se pospõe um infinitivo, este aparece às vezes em bons escritores antecedido de *a*: Mas tanto custava-me a crê-lo – Há de custar a dar o primeiro passo.

DEPARAR – (= fazer aparecer de repente, apresentar inesperadamente): Qual é no mundo o santo que depara as coisas perdidas? – Pedia ao padre Santo Antônio que deparasse a cabra perdida.

– (= achar por acaso, encontrar de repente): Deparei com um pobre homem.

– (= vir, chegar, aparecer inesperadamente): Deparou-se-lhe excelente ensejo.

DESCULPAR, **ESCUSAR** – Ambos os verbos significam perdoar, tolerar, admitir desculpas ou escusas, dispensar. Também quando pronominalmente empregados, esses verbos são sinônimos, apresentando a forma pronominal *escusar-se* outros significados (eximir-se, desobrigar-se), significados esses que continua apresentando a mais quando empregado como trans. ind.: A questão escusa de mais provas – Quem manda escusa de pedir.

Regências de *desculpar*: – (= perdoar): Não o desculpei – O brio e a mocidade desculparam a temeridade do general – Queira desculpar-me ter trocado as chaves – Desculpei-lhe os excessos – Tu é que me não desculparias a inútil crueza de te dar um espetáculo de angústias – Desculpe-me a demora – Desculpei-lhe a demora.

– (= pedir escusa): Desculpou-se da demora – Desculpou-se de só chegar àquela hora.

– (= justificar): Não soube o pai desculpar a falta do filho – Todo o ingrato é ladino para se desculpar.

– (= dispensar): Pediu-me que o desculpasse de ir à aula por encontrar-se doente.

ENCONTRAR – Pode construir-se: *a*) Encontrei o livro. *b*) Encontrei com um pobre. *c*) Encontrou-se com muita gente.

ENSINAR – *a*) Ensino ao aluno a gramática. *b*) Ensino o aluno a escrever – Ensinaram-no a assim proceder – Esse professor ensina a falar e a escrever em pouco tempo.

ENTRAR – Na acepção de *penetrar*, era antigamente construído: *a*) com obj. direto: O vapor entrou a barra – ...mães que entravam o templo. – Com essa regência temos este exemplo de Bilac: O exército entrou as portas de Cartago. – *b*) com a preposição a: Venceslau entrou ao pátio do palacete – Entrar aos nossos lares.

Hoje, nessa acepção, constrói-se com *em*: Entrou na sala; com *para*: ...entrando para a nova igreja.

Entre as muitas acepções e construções deste verbo note-se esta: *entrar de guarda*, *entrar de serviço*, *entrar de cantor* no coro do teatro.

ESQUECER – Hoje empregamos reflexivamente, quando, antigamente, eram os verbos *lembrar*, *esquecer*, *admirar* e *recordar* usados com significação ativa. Se hoje comumente dizemos: Lembro-me de um fato – Esqueci-me de uma coisa – Admirei-me de ter visto – Recordo-me daquilo – primitivamente se dizia: Lembra-me um fato – Esqueceu-me uma coisa – Recorda-me ter visto – Admira-me sua paciência. – São construções estas portuguesas, não merecedoras do esquecimento em que se encontram, não obstante aparecerem num ou noutro bom escritor moderno.

Esses verbos admitem, pois, três construções:

a) Lembro ter ouvido.

b) Lembro-me de ter ouvido.

c) Lembra-me ter ouvido (a pessoa é obj. ind.; a coisa lembrada é sujeito).

Lembrar e *recordar* têm ainda uma quarta construção: obj. ind. da pessoa e obj. direto da coisa: Lembrei-lhe que o Crucificado ensinara o perdão das injúrias – Recordei-lhe os benefícios recebidos.

FELICITAR – *a*) Felicitar *alguém de* alguma coisa: ...felicitando Guilherme a rapidez da sua cura.

b) Felicitar *alguém por* alguma coisa: ...felicitando o primo pela ventura de ter...

FUGIR – *a*) ...e todos o fugiam – E sem o conhecer fugiste o mundo.

b) Mas Simão teme-o e foge-lhe – É preciso, pois, fugir-lhe – Vão fugindo ao doce laço.

c) (= abandonar, retirar-se): ...não fugirei dela.

HONRAR-SE – Constrói-se: *a*) com *em*: Honra-me em estar presente.

b) com *de*: ...a sintaxe do ingranzéu em que se honra de exprimir.

c) com *com*: Muito se honrava com lhe ficar ao lado.

IMPORTAR – (= trazer, acarretar, ter como consequência): A guerra importa grande calamidade – As ideias liberais importam a felicidade do povo.

– (= atingir o total de): As despesas importam em tanto.

– (= representar): Não apostilei erros ortográficos, senão quando importavam em erros gramaticais – Uma larga incisão na traqueia, importando na supressão dessa veia.

– (= dizer respeito, interessar): ...ensinamentos que importam à pureza e correção da língua – ...missão que importava às classes privilegiadas.

– O verbo *importar* constrói-se ainda: *a*) com *com*: Não me importo com isso.

b) com *de*: Qual dos leitores se importa dessas pequenas coisas?

c) dando-se-lhe como sujeito a coisa, ficando a pessoa como obj. indireto: Isso não me importa – Importa-vos advertir que... – Pouco me importa já muito sofrer – Não me importa que ele venha.

INDAGAR – No mesmo dia saiu a indagar a residência de Caetano – Voltemos atrás para indagar um pouco das manhas e feitos do leigo.

– (= indagar de alguém alguma coisa): Indagaram de mim os acontecimentos – ...curiosidade em indagar da própria dama os motivos da sua reclusão.

INFORMAR – Perguntado sobre se se deve dizer "informá-*lo*" ou "informar-*lhe*", demos esta resposta: "Quando dúvidas nos assaltarem no atribuir a determinado verbo a regência direta ou a indireta, de um processo poderemos lançar mão: É sabido que os verbos transitivos diretos podem ser empregados na voz passiva. Se é possível dizer, passivamente, "ele foi roubado", é sinal de que "roubei-o", ativamente, é segura construção. Para o caso transportado esse processo, em dois segundos se desfará a dúvida. Não dizemos, na passiva, "Ele foi informado de que...? Essa construção é mais que bastante, já não dizemos para justificar, mas para mostrar a mais aconselhada regência do verbo *informar*. Se "ele foi informado *de que*..." dizemos, é porque "eu informei-*o de* que" é sã construção. Exemplos não faltam que essa regência confirmem: ...informando-o de que a frota dos cristãos se compunha... – Quem poderia informá-lo do destino de Albertina? – ...para o informar daquele tal objeto.

Em vez de *de*, encontra-se ainda a preposição *sobre*: Monçaíde informou o prudente Gama sobre as armadas que todos os anos vinham – ...informar o leitor sobre o que o mundo tem de vir a saber a respeito do tendeiro.

Não podemos, no entanto, deixar de aceitar a regência "informar a alguém uma coisa", da qual não faltam exemplos de bons autores: Apenas lhe informaram que os bens de Domingos Leite haviam sido confiscados – ...posso informar ao Mendes que...

Com o significado, pois, de *avisar*, *participar*, é o verbo *informar* sempre transitivo direto-indireto; se a pessoa for objeto direto, a coisa será indireto; vice-versa, se a pessoa for objeto indireto, será direto a coisa: "informei-o de que" ou "informei-lhe que" – "informei-o disso, sobre isso" ou "informei-lhe isso".

INTERESSAR – (= dar interesse material, prender a atenção, a curiosidade): Interessei-o nesta empresa – Procure o mestre interessar os meninos em repararem na cor dos cavalos.

– (= ser proveitoso, dizer respeito): Isto interessa a todos – ...falar de objeto que interessa à felicidade de ambos – Meus dotes não lhe interessam.

– (= tomar interesse) *pr.*: Como de passagem nos interessamos por uma flor.

LEMBRAR – V. *esquecer*.

NECESSITAR – "Necessitar uma coisa" ou "de uma coisa".

OBEDECER – Este verbo é hoje usado exclusivamente com regência indireta: Obedecer *ao* pai, *às* leis, obedecer-*lhe*.

– Conquanto seja *transitivo indireto* admite o verbo *obedecer* a construção passiva: A lei foi obedecida.

PAGAR – Põe-se no *dativo* a *pessoa* a que se paga, e no *acusativo* a *coisa* paga: Paguei o pão, paguei ao padeiro – Já lhe pagamos a conta. (V. *nota importante* no verbo *agradecer*.)

PERDOAR – Dativo de pessoa e acusativo de coisa: Perdoei-lhe a falta – Não lhe posso perdoar – Eu nunca lhe perdoarei – Perdoei o mal passado em atenção ao bem atual. (V. a "nota importante" do v. *agradecer*.)

PERSUADIR – Persuadir *uma pessoa de alguma coisa* (= levar a crer, induzir a aceitar): É preciso persuadi-lo destas verdades.

– Persuadir *alguém a alguma coisa* (= instigar): Com este pretexto, persuadiu-a à fuga – Quero persuadi-lo a ir amanhã – Persuadiu-o a que desistisse – Mas o povo à morte crua o persuade – Persuadi-os a deixar a cidade.

– Persuadir *a alguém alguma coisa* (= dispor a praticar, determinar): Os príncipes persuadiam à turba que pedissem – ...argumentos que ou nos persuadem o erro, ou nos confirmam o acerto.

PRESIDIR – Constrói-se indiferentemente com dativo ou com acusativo: Presidir *o* congresso, *os* tribunais, *o* país – ou: Presidir *ao* congresso, *aos* tribunais, *ao* país.

Tal que se passa com o verbo *assistir*, repele o verbo *presidir* a forma pronominal *lhe*, admitindo somente *a ele*, *a ela*: Presidi *a ele*, *a ela* (e não "presidi-*lhe*").

PROVIDENCIAR – A regência mais usada para o verbo *providenciar* é a transitiva: providenciar a remessa. – Não deixam, entretanto, de ter abono estas outras regências:

a) *sobre*: Sobre ela deliberam e providenciam.

b) *para*: ...gravemente se providencia para a alteração do calendário.

c) *em*: Para providenciar na publicação das obras de meu pai.

QUERER – (= desejar): Não o queremos conosco.

– (= ter afeto, amar): Hei de querer-lhe como se fosse também meu filho.

RESIGNAR – (= renunciar, demitir-se voluntariamente): Resignou o bispado – Poderá ser que resigneis situações como eu as tenho resignado.

– (= conformar-se) *pr.* e se constrói: *a*) com *a*: Só por amor me resigno aos labores de tão espinhosa missão.

b) com *com*: Ele se resigna com a divina vontade.

RESPONDER – O que se profere como resposta é que é obj. dir., não a coisa nem a pessoa a que se dá resposta; nas orações: "Ele respondeu *sim*", "Ele não respondeu *nada*" – *sim* e *nada* são objetos diretos, como ainda é objeto direto a subordinada do período: "Ele respondeu *que estava bem*". É também intransitivo: assumir responsabilidade.

Uma vez que se pretenda declarar a coisa ou a pessoa a que se dá resposta, esta deve vir preposicionada, isto é, esta é sempre objeto indireto, quer venha ou não expresso na oração o que se profere por resposta: "Respondo-*lhe*", "Devemos responder *às cartas*".

SATISFAZER – *a*) No sentido de *contentar*, *agradar*, tanto se diz: "Satisfazer *o* desejo" – quanto: "Satisfazer *ao* desejo".

b) No sentido de *convencer*, *persuadir*, tem também as duas regências: Este chora porque não acha bem que o satisfaça – ...e quando lhes satisfazia com divinas respostas.

c) (= contentar-se): Satisfez-se com a exposição.

d) (= indenizar-se, vingar-se, fartar-se): Satisfazer-se da perda (= indenizar-se) – Se o difamador não se satisfaz das injúrias a quem o injuriou (= vingar-se) – ...de como se satisfazia delas (= fartar-se).

SOCORRER – É verbo que hoje leva para o acusativo a pessoa: "Socorrer *os* pobres" – "Vamos socorrê-*lo*".

– Pronominalmente é empregado para significar "valer-se da proteção de alguém", "tirar proveito de alguma coisa": Socorreu-se das joias para pagar as suas dívidas – Tive de me socorrer da competência e obsequiosidade de muitos dos nossos mais notáveis homens da ciência.

Questionário

1. Que é *regência*? – Explicação completa e exemplificada.
2. Como é indicada, na frase, a regência?
3. Qual a diferença de sentido entre "Minha residência *aqui* é conhecida" e "Minha residência é conhecida *aqui*"?
4. Discorra sobre o defeito desta oração, reproduzindo-a com os termos na verdadeira posição: Asno come bugalhos com fome.
5. Posso combinar a preposição *de* com o advérbio *aqui* na frase "*De aqui* não sairei"? Por quê?
6. Que se entende pelas frases: "Este verbo rege acusativo" – "Aqueloutro rege dativo"? (V. **nota** do § 180.)
7. Com os verbos *assistir* (na acepção de presenciar), *recorrer*, *presidir* e *aspirar* (na acepção de desejar, ambicionar) pode-se empregar *lhe* em lugar de "a ele"? V. a nota do verbo *assistir*.
8. Corrigir:
   a) Ainda não paguei o padeiro este mês.
   b) A criada custou muito para arrumar o meu quarto.
   c) Precisamos assistir a fita que está passando no Rosário.
   d) Se não o perdoo é porque não merece.
9. Dizer o que entende pelas orações:
   a) Devemos avisar-nos dos ladrões.
   b) Eu e tu não comungamos muito bem.

c) Não lhe quero – Não a quero.
d) Nem por tudo posso responder.
e) Tive de socorrer-me dele para esse negócio.

10. Corrija os seguintes textos:

a) O bom velhinho compreendeu então que o rei o tinha perdoado. (Lembre-se: Perdoar *a alguém*.)
b) Só aspiro hoje uma vida calma, em um sitiozinho qualquer, onde espere a grande paz da morte, que não deverá demorar. (Aspirar *o* perfume, aspirar *ao* cargo.)
c) Onde está o vasculho que nós nos servimos? (§ 345, n. 3: Claro está que...)
d) Venho avisá-lo, meu bom amigo, que estou na fazenda, onde lhe espero por todo este mês. Dou-te ainda esplêndida notícia: está aqui o Pedrinho, que estivemos no ano passado em casa dele, em Resende. (Avisar alguém de algo ou avisar a alguém algo. V. também o § 382 e a pergunta 12 após o § 382.)
e) O pai deste menino perdeu todas as duas pernas em um lamentável incidente de estrada de ferro. (§ 352, n. 2.)
f) O caso que você se refere não se passou propriamente assim. (§ 345, n. 3: Claro está que...)

CAPÍTULO 55

REGÊNCIA IRREGULAR

780 – Quatro espécies há de *figuras* ou de *casos irregulares* de regência dos termos; essas *figuras* só se permitem quando usadas *criteriosamente*, segundo as normas que vamos estudar.

Essas quatro figuras denominam-se:

Elipse
Pleonasmo
Anacoluto
Idiotismo

781 – **ELIPSE**: assim se denomina o caso em que um dos termos da frase não vem expresso, sendo, ao mesmo tempo, facilmente subentendido.

Nota: Não se confunda *elipse*, da sintaxe irregular de *regência*, com *silepse*, da sintaxe irregular de *concordância*.

782 – Há os seguintes casos de **elipse**:

A – Elipse do **sujeito**: Não posso sair (= *Eu* não posso sair) – Quer vir comigo? (= Quer *você* vir comigo?).

Nota: A elipse dos pronomes-sujeitos nas diversas pessoas dos tempos verbais não se dá quando se quer dar ênfase à expressão e contrastar os diversos sujeitos: "*Eu* pasmo! *eu* tremo! *eu* gelo! *eu* me arrepio!" – "O que quereis que os homens façam, fazeis *vós* a eles" – "Esses turcos e janízaros, que deste lugar estamos vendo, vêm restaurar conosco a honra que no primeiro cerco perdemos: porém nem *eles* valem mais que os que então foram vencidos, nem *nós* valemos menos que os vencedores" (V. § 317).

B – Elipse do **verbo**:

No mar (*há*) tanta tormenta e (*há*) tanto dano!

Tantas vezes a morte (*é*) apercebida!

Na terra (*há*) tanta guerra, (*há*) tanto engano!

Tanta necessidade aborrecida (*há*)!

"Isso merece publicado" (= merece *ser* publicado) – "Sobre miserável (= sobre *ser* miserável), ele é ignorante" – "Por inúteis (= por *serem* inúteis), não foram recebidas".

C – Elipse da **ligação**: "Alumia minh'alma, não se cegue no perigo em que está" (= *para que* não se cegue...) – "Peço-lhe me deixe ir" (= peço-lhe *que* me deixe...) – "Mandou se fizesse quanto antes" (= mandou *que*...) – "Navegamos vento à popa" (= navegamos *com* vento à popa) – "Espertar já sol nascente" (= *com* o sol já a nascer).

Notas: 1ª – É frequente e elegante a elipse da conjunção *que* depois dos verbos *mandar*, *requerer*, *pedir*, *pensar*, *parecer* e sinônimos. Tem essa elipse por vezes a vantagem de desembaraçar a frase da demasiada repetição do conectivo *que*.

2ª – Há, ainda, elipse em muitos provérbios e rifões em que somente aparecem as ideias principais:

Casa de ferreiro, espeto de pau.
Tal amo, tal criado.
Olho por olho, dente por dente.
De tal árvore, tal fruto.
Cada terra com seu uso, cada roca com seu fuso.

3ª – Há, finalmente, em português, elipse, entre outras, das seguintes palavras:

coisa: "Essa (–) é boa!" – "Uma (–) assim eu não esperava!" – "Fizeram-lhe uma!" – "Deu na mesma" – "Fiquei na mesma" (V. § 342, 2, n. 2).

tempo: "Há muito (–) que isto devia acontecer" – "Vi-o há pouco (–)" – "Em breve (–) nos veremos".

possa ou *deva*: "Não sei para onde (–) ir" – "Já sei como (*poder*) ganhar a vida".

783 – **ZEUGMA** – (do gr. *zeugma*= união) vem a ser o caso de elipse em que se subentende um termo ou termos já anteriormente enunciados na frase:

"A Pedro *dei* uma pera, e a João (*dei*) uma maçã".

verbo já citado

Notas: 1ª – A vírgula, *quando não traz perigo de confusão*, é usualmente empregada para indicar o *zeugma* do verbo: "Tu foste meu soldado, e eu, teu capitão" –
↓
(*fui*)

"Os valorosos levam as feridas, e os venturosos, os prêmios"
↓
(*levam*)

Quando outras vírgulas já houver em partes de um período que encerrem zeugma, coloca-se ponto e vírgula entre essas partes, para maior clareza: "Seu rosto era sem rugas; a cútis, alva e delicada; as faces, roseadas; os olhos, castanho-escuros, vivos, expressivos de placidez e bondade; a fronte, alta e vasta; a fisionomia, aberta, desanuviada, serena, reveladora de respeitosa afabilidade".

Quando, ao contrário, curtas e já separadas por vírgula forem as partes de um período nas quais há zeugma, desnecessário se tornará esse ponto e vírgula e também desnecessária a vírgula indicativa do zeugma: "Seus movimentos eram rápidos, o olhar perscrutador, o ouvido atilado".

2ª – Muitas vezes o nome, anteriormente citado, é subentendido com modificações em seus acidentes de *gênero*, de *pessoa* ou de *número*:

"*Foi* vencido o inimigo, e (*foram*) soltos os prisioneiros"
sing. plur.

"Tu *queres* passear, e eu (*quero*) ficar"
2ª pess. 1ª pess.

"A um é *dada* a palavra de sabedoria, a outro (é *dado*) o dom de curar moléstias"
fem. masc.

– "Nem ele nos *entende*, nem nós (*entendemos*) a ele".

3ª – No período – "Desanimados, desesperados, *recorrem* esses homens ao muito conhecido expediente, *qual náufrago* à tábua de salvação" – nenhuma necessidade há de no plural ser colocado o substantivo *náufrago*, por tratar-se aqui de construção contrata, elítica, na qual se subentende o verbo da subordinada: "qual náufrago *recorre*".

Outro exemplo: "...para se conseguirem tantos títulos quantos for possível" – está igualmente certo; nele se subentende o infinitivo *conseguir* (...quantos for possível *conseguir*), que figurará como sujeito da locução *for possível*, exercendo o *quantos* função acusativa desse infinitivo.

4ª – O *zeugma* pode abranger uma palavra ou um conjunto de palavras: "Nem as lágrimas me são estranhas, nem (*me é estranho*) o longo e aflito orar".

5ª – O *zeugma* é às vezes *antecipado*, isto é, a omissão da palavra ou palavras é feita na primeira frase, para ser expressa essa palavra em frase que se vai proferir logo em seguida: "Não fosse esta (*coisa*), muitas outras *coisas* teria feito".

784 – PLEONASMO: Indica a palavra *pleonasmo* (gr. *pleonasmos* = superabundância) a figura de regência que consiste na *redundância* de expressão, ou seja, na repetição de uma mesma ideia, mediante palavras diferentes:

"*Vi* com os meus próprios olhos"

Notas: 1ª – Quando a repetição de ideia não traz nenhuma energia à expressão, o *pleonasmo*, antes de ser *figura*, passa a ser vício, que se denomina *perissologia* (= excesso de palavras), *tautologia* (= repetição de palavras) ou *batologia* (= repetição, gaguez): *comer com a boca*, *subir para cima*, *descer para baixo*, *ver com os olhos*.

2ª – Deixa de ser vicioso o pleonasmo quando, no repetir a ideia já expressa, acrescenta um especificativo qualquer, que dê graça e força à expressão, ou quando indica contraste: "Fiz a caminhada com meus *próprios* pés" – "Esse ouro e prata, posto que naturalmente *desce para baixo*, havia de *subir para cima*" – "Ele sabe *pescar peixe*, mas não sabe *pescar homens*" – "*Ver com os olhos* não é o mesmo que *ver com os dedos*".

3ª – Deixa, outrossim, de ser viciosamente pleonástica uma expressão, quando os termos que a compõem já não conservam sua significação de origem; não há, praticamente, repetição de ideia: "*Sé catedral*" – etimologicamente *cadeira da cadeira*. "*Meu monsenhor*" – etimologicamente *meu meu senhor*. "*Meu menino*" – etimologicamente *meu meu niño* (do espanhol).

4ª – Opera-se também o pleonasmo quando se repetem membros da oração (**oração pleonástica**); neste caso é preciso cautela e parcimônia para que surta efeito: "*Os sinos* já não há quem *os* toque" – "Ao qual recado *ele Hidalcão* não respondera" – "*Sabedor* nunca *o* fui" – "*A mim me* parece" – "*A podenga negra*, *essa* corria pelo aposento" – "Parece-me *a mim*" – "maltratando-*se a si próprio*" – "*Os bens* deste mundo, como são corruptíveis, ainda que não haja quem *os* furte, eles mesmos se nos roubam".

A repetição pleonástica do objeto na forma oblíqua ou do sujeito se dá geralmente quando esses termos vêm no rosto da oração ou antes do verbo: "Semelhantes *cortejos*, de contínuo *os* oferece a cidade" – "O *estímulo* da honra, tê-*lo*-ia o jovem pernambucano".

Observe-se, em alguns dos exemplos em que se repete o objeto direto, a vírgula antes da repetição pleonástica, pontuação essa às vezes exigida pela clareza.

5ª – Constitui também *pleonasmo* o emprego de certas partículas que não fazem parte da oração e dela podem ser suprimidas sem comprometer a clareza nem a construção: "Não *me* desças a escada pela grade" – "Sei *lá* o que quer ele!" – "Que santa *que* é esta mulher!" – "Eu *é que* a isso não me atrevo!" – "Quase *que* caí".

Tais partículas ou locuções se dizem *expletivas*.

6ª – Próprio da língua portuguesa é repetir a negação. No falar hodierno emprega-se essa linguagem pleonástica quando a palavra *não* vem mencionada *antes* das outras negativas: "*Não* digas *nada*" – "*Não* tinham coisa *nenhuma* para comer" – "*Não* apareceu *ninguém*" – "O vulto *não* respondeu *nada*" – "*Não* deixara entrar *ninguém*".

Podem-se também empregar em lugar da segunda negação as expressões *coisa alguma*, *pessoa alguma*: "*Não* vi *coisa alguma*" – "*Não* quero aqui *pessoa alguma*".

O que é erro é agir de maneira inversa, isto é, colocar um *nem*, um *ninguém*, um *nada* ou outra negativa em primeiro lugar e, depois, acrescentar o *não*. Deve-se redigir "Nem eu pude ver" (e não: Nem eu não pude ver), "Ninguém de nós falou" (e não: Ninguém de nós não falou), "Nada que o contrariasse podíamos fazer" (e não: Nada que o contrariasse não podíamos fazer). V. § 683, 3, obs. b. V. D.QVs: *Pleonasmo*.

785 – **ANACOLUTO** (do gr. *an* = não, mais *acólouthon* = acompanhado, significa não consequente, não coerente) especifica a figura de regência em que um termo da oração vem *solto*, *sozinho*, sem nenhuma relação sintática com os outros termos; vem a ser, por outras palavras, a *interrupção* ou *mudança* de construção já começada, por outra de nexo diferente. Em geral essa interrupção, não raras vezes elegantíssima, traduz mais fielmente o pensamento do que a coordenação lógica, por si mesma despida de sentimento.

Eu que cair não pude neste engano
(Que é grande dos amantes a cegueira)
Encheram-me com grandes abondanças
O peito de desejos e esperanças (Camões).

Outros exemplos: "*A terra* em que tu morreres, nessa morrerei" – "*Os três reis orientais*, que vieram adorar o Filho de Deus recém-nascido em Belém, é tradição da Igreja que um era preto" – "*Eu* me parece que..." – "*Eu* por bem farão de mim tudo, e por mal, nada" – "*Lá a mãezinha, essa, coitada*, é que lhe custou muito eu vir-me embora" – "*Eu* que falo aos olhos dos presentes, não me é necessário deter-me em tão sabido assunto".

São igualmente exemplos de anacoluto muitos provérbios em que as orações não mantêm entre si relação gramatical:

"Quem se bem estreia, bom ano lhe venha"
"Quem te não roga, não lhe vás à voda"
"Bezerrinho que sói mamar, prui-lhe o paladar".

786 – **IDIOTISMO** (gr. *ídios* = próprio) ou *expressão idiomática* é o termo ou dicção existente numa língua, sem correspondente em outros idiomas. Por *idiotismo* se compreendem também as frases e modismos que se afastam dos princípios gerais da sintaxe, sendo, porém, consagrados pelo uso de pessoas cultas e geralmente adotados na boa linguagem.

São *idiotismos* nossos: *a*) O *infinitivo pessoal flexionado*, pois segundo os princípios gerais da gramática nenhuma das formas infinitivas deveria tomar desinência pessoal com a finalidade existente em português. (V. *Dicionário de Questões Vernáculas*, "infinitivo pessoal".)

b) O emprego da locução *é que*, usada expletivamente (§ 784, n. 5) em "Eu *é que* fiz isso" (= eu fiz isso), "Nós *é que* quisemos assim", "*É* lá *que* o rio se derrama".

Nota: Em casos como este: "Só depois da chegada *foi que* o assunto mereceu atenções" – o "foi que" não constitui oração; é a mesma locução expletiva "é que", e poderia por esta ser substituída nesse exemplo. É no entanto obrigatória a flexão do verbo, quando há inversão e, ao mesmo tempo, deslocamento do "que". Ou se diz: "Ele *é que* fez isso" ou "*Foi* ele *que* fez isso". Tanto o "é que" do primeiro exemplo, quanto o "foi que" do segundo constituem a mesma locução expletiva. Ou se dirá: "*Foram* eles *que* fizeram isso" ou "Eles *é que* fizeram isso".

c) O emprego da preposição *de* nas expressões "pobre *do* homem", "coitado *de* meu tio", "o bom *do* velhinho".

d) A anteposição do artigo aos possessivos: *o* meu livro, *os* teus caprichos, *as* nossas relações (§ 244, B, 4, n.).

Questionário

1. Como se denominam as *figuras de regência*?
2. Quantos casos há de *elipse* e quais são? (Resposta completa e exemplificada.)
3. Faça uma oração com cada um dos verbos *mandar*, *requerer*, *pedir*, *pensar*, *parecer*, em que haja elipse da conjunção integrante *que*.
4. Dizer o que há na oração: "Uma assim eu não esperava!"
5. Que é *zeugma*?
6. Quando e como vem o *zeugma* indicado na frase?
7. Que é *zeugma antecipado*? Exemplos.
8. Diga o que aprendeu sobre *pleonasmo*.
9. A oração "Eu por bem farão de mim tudo" encerra anacoluto, isto é, nela existe um termo solto, sem função sintática; qual é esse termo?
10. Que vem a ser *idiotismo*? Explique e exemplifique.

CAPÍTULO 56

COLOCAÇÃO

790 – **Colocação** ou **ordem** é a maneira de dispor, na oração, os termos que a constituem ou, num grupo de palavras, os vocábulos que o formam.

Colocação dos Termos da Oração

791 – Construímos de ordinário a oração começando pelo sujeito, declarando a seguir algo sobre o sujeito, ou seja, o verbo, e ajuntando em terceiro lugar termo ou termos que completem a predicação.

A tal colocação de sujeito, verbo e complemento dá-se o nome **ordem direta** (ou *analítica*, por ser própria de línguas analíticas – § 180, nota):

sujeito verbo complemento

ordem direta

Alterando-se essa disposição dos termos, diz-se que a oração está na **ordem indireta** (ou *inversa*, ou *sintética*, por ser própria de línguas sintéticas).

792 – No geral, a ordem direta não é observada em alguns casos, como os seguintes:

793 – A necessidade de externar desde logo o sentimento ou a ideia que nos preocupa pode levar-nos a iniciar a oração com o objeto ou com o predicativo:

Desta água não beberei.
Pão para os filhos pedem estas mulheres.
Livros não tenho melhores que os teus.
Teatro tão grande como este nunca vi em minha vida.
Cansado estou das tuas queixas.
Tolo serias se o procurasses.
Aos cachorros é que deveria você dar isso.

Nota: A deslocação do sujeito para o fim, ou do objeto para o princípio, não é possível com o pronome relativo, cujo lugar é sempre no princípio, qualquer que seja sua função (V. o § 796).

794 – Quando se quer chamar atenção especial para o sujeito da frase, é ele deslocado para depois do verbo:

Se nenhum de vós quiser ir, irei *eu*.
Aqui quem perde és *tu*.
Por essa fico *eu*.
Atrás do rei vinham *os fidalgos* da corte.

Nota: Nem sempre há necessidade de fazer a inversão. Em muitos casos basta recorrer à expressão *é que*, a qual, pelo contraste da acentuação fraca, faz sobressair o vocábulo anterior: "Tu *é que* podias explicar o caso" – "Nós *é que* não podemos ficar aqui" – "Eu *é que* não espero".

795 – Verbo em primeiro lugar, tratando-se de linguagem expositiva, é construção típica para os casos seguintes:

a) Quando se combina o verbo com o pronome *se* para denotar que fica indeterminada a pessoa que pratica a ação:

Luta-se pela existência.
Ganha-se com dificuldade.

b) Quando a oração tem sentido existencial, quer se empreguem os verbos *ser* ou *existir*, quer o verbo *haver*:

Era uma vez um rei.
Existem naquela terra povos de costumes diferentes.
Há muitos prédios elegantes na cidade.

Notas: 1ª – *Existir* e *haver* ocorrem também pospostos, podendo-se dizer *povos existem*, *homens há* etc., mas esta construção é justamente a inversa. Sucede o mesmo com algumas frases de agente indeterminado.

2ª – É de uso mencionar o verbo em primeiro lugar nas proposições que têm por fim assinalar uma época em que se enquadram outros acontecimentos. A começarmos pelo sujeito, perderia o enunciado sua força de expressão: "Quando fui eleito deputado, era presidente da república um amigo".

c) Em certas frases em que se determina *tempo*, *distância*, *peso*, *medida* ou *número*:

São duas horas e meia.
Faltam três laranjas para completar a dúzia.
Era dia claro quando me levantei.
São três léguas a cavalo.

d) Nas *orações condicionais* empregadas sem conjunção:

"*Visse*-a Juno, talvez se abrandaria" – "*Fosse* filho meu que tão cruelmente te houvesse ofendido..." (V. § 585, 5, n. 1).

e) Quando o predicado é expresso por uma das *formas nominais* do verbo:

É tempo de *falarem* os fatos.
Acabado o discurso... (V. § 698).
Tendo o orador acabado de falar...

796 – O pronome relativo coloca-se no princípio da oração, quer sirva de sujeito, quer de complemento:

Examinei a joia *que* ele comprou (obj. dir.).
Aqui está a casa *em que* morei (adj. adverbial).
O homem *que* nos recebeu era surdo (suj.).

797 – É infundado dizer que nas orações interrogativas o sujeito deve pospor-se ao verbo. O que existe é o seguinte: Interrogações em que se faz uso de alguma das palavras interrogativas *quem*, *que*, *quanto*, *como*, *por que*, *onde*, *quando* constroem-se de ordinário começando-se pela expressão interrogativa e enunciando-se depois o verbo seguido do sujeito, quando este não é pronome interrogativo.

Que quer *você*?
A quem procura *ele* enganar?
Com quem vives *tu*?
Quanto custa o *metro* desta fazenda?
Por que não deixas *tu* isso para mais tarde?
Como soube *ele* de tal coisa?

Nota: Pode-se, contudo, fazer às vezes a transposição, quer pondo-se o sujeito no começo da pergunta, quer colocando-se a expressão interrogativa no fim:

E tu *que* dizes a isto?
Teu primo *por que* não apareceu?
Receias *o quê?* (V. § 367.)

798 – Nas orações exclamativas os termos se colocam como nas interrogativas e admitem análoga transposição:

Quantas lágrimas amargas não verteu ela!
Como é triste a vida neste ermo!
Aqueles areais *como* são saudosos e contemplativos!

799 – Certas expressões optativas (e também simplesmente exclamativas) têm construção fixa, empregando-se o verbo sempre no começo: outras se constroem indiferentemente com o verbo em primeiro ou em segundo lugar:

Viva o soldado cumpridor do seu dever!
Morram os traidores!
Benza-vos Deus!
Deus vos *ajude*!

Nota: Na linguagem optativa também precedem aos demais dizeres as expressões *prouvera a Deus*, *tomara* (V. § 742), *quem me dera* e outras semelhantes.

800 – Os períodos compostos que têm subordinada substantiva ou adverbial podem ou não iniciar-se pela principal ("Avise-me quando teminar" ou "Quando terminar avise-me") – exceto se forem empregadas certas expressões como *é necessário*, *é preciso*, *importa*, *cumpre* etc., as quais se dizem em primeiro lugar.

801 – Há elegante deslocação idiomática dos termos da oração nas seguintes frases: "*Fácil* é isso de dizer e difícil de fazer" – por: "Isso é fácil de dizer e difícil de fazer". "*Velozes* corriam os dias" – por: "Os dias corriam velozes". "*Chegados* que foram" – por: "Logo que foram chegados". "Eles *que* fujam" – por: "Que eles fujam".

802 – Embora, quando há dois objetos, um direto e outro indireto, não haja colocação fixa para eles (o § 793 deve ser aqui lembrado), costuma-se, na oração declarativa comum, colocar o direto em primeiro lugar quando nenhum deles é constituído de pronome:

Pretendo distribuir *brinquedos* às crianças.
Esqueci-me de levar *doces* para os presos.

Nota: Quando constituídos de pronomes: § 321.

803 – Quando o verbo vem modificado ou acompanhado de vários complementos, estes devem ser distribuídos de maneira que fiquem uns antes do predicado e outros depois, procurando-se com isso dar não somente equilíbrio mas força de expressão ao período; o não cumprimento dessa norma torna o período coxo ou inexpressivo:

Por amor ao filho *lançou-se* o pai ao rio.

Em tais casos, coloca-se em primeiro lugar o complemento mais importante, isto é, aquele cuja ideia se pretende evidenciar: "*Por causa de um macaco* a mulher perdeu a vida".

804 – Levadas em conta as construções fundamentais de que a linguagem natural e espontânea não costuma afastar-se, é certo que para a estrutura oracional temos em português bastante liberdade. Esta, porém, é maior no verso, em que ocorrem certas transposições completamente estranhas não só ao falar comum, mas ainda ao discurso limado. Alguns escritores abusaram da liberdade poética, a ponto de tornarem a linguagem obscura e quase ininteligível:

"Ama a vivenda dos contrários ao fogo undosos rios a do rei potente mimosa filha" (= A filha mimosa do rei potente ama a vivenda dos rios undosos, contrários ao fogo).

"Dos sem conto que há passado maléficos portentos" (= Dos portentos maléficos sem conto que há passado).

Nota: Quanto à colocação do advérbio recorde-se o § 775.

Colocação do Adjetivo

807 – No geral, o adjetivo vem depois do substantivo, mormente quando restritivo. Quando explicativo, costuma também vir depois em orações que encerrem comparação ou contraste:

Comprei uma gravata *vermelha*.
Vi um prédio *alto*.
Os meninos *estudiosos* têm mais brio.
Tomei um café *amargo*.
Ela tem cabelos *compridos*.
Experimentei um açúcar *doce* como nenhum outro.
Água *mole* em pedra *dura*.

Notas: 1ª – Quando é explicativo e expresso na generalidade, sem nenhum interesse de informação nova nem para formar comparações ou contrastes, o adjetivo costuma vir antes.

As *tímidas* ovelhinhas pastavam calmamente.

2ª – Certos explicativos, mormente quando indicativos de cor, têm posição geralmente fixa, ora antes ora depois, conforme o substantivo qualificado. Assim, enquanto se diz "a safira azul", "o céu azul", "o topázio amarelo", costuma-se dizer "a verde esmeralda", "a branca neve".

3ª – Em frases de efeito enfático, o restritivo vem geralmente antes:

Vão passar um *bom* filme.
Trata-se de um *belo* coração.
Tenho *brilhantes* alunos na minha classe.
É sem dúvida uma *grande* cidade.
Seus *compridos* cabelos.
Deu o *último* suspiro.

808 – Em muitos casos a anteposição ou posposição do adjetivo acarreta mudança de sentido (§ 360):

bom homem (homem ingênuo)	homem bom (de boas qualidades)
rico homem (homem nobre)	homem rico (endinheirado)
grande homem (eminente)	homem grande (alto)
pobre homem (infeliz)	homem pobre (sem dinheiro)
simples homem (mero homem)	homem simples (homem singelo)
santo homem (homem bom)	homem santo (homem sem mancha)
verdadeiro homem (homem real)	homem verdadeiro (homem veraz)
vários homens (diversos homens)	homens vários (homens diferentes)
gigantes há ladrões	ladrões há gigantes
verdadeira unha	unha verdadeira

Nota: *Rico homem*, na linguagem medieval, significava *homem nobre*, *fidalgo*. Não tem aplicação no falar moderno.

Rico, anteposto a substantivo, usa-se hoje como equivalente de *valioso*, *precioso*, e também (em Portugal) com a acepção de *querido*, *estimado*: *Rica* pedraria, *ricas* joias, meu *rico* amigo.

Colocação de outras Classes de Palavras

811 – O **artigo**, o numeral **cardinal** e o **ordinal**, as **preposições** e, em geral, os **pronomes adjetivos** vêm antes do substantivo:

Este homem perdeu *a* vista *em um* combate.
Nosso vizinho possui *muitos* prédios.
Cada criança trazia *duas* cestinhas *com* flores.

Notas: 1ª – Há casos, porém, em que a posposição do pronome adjetivo traz graça à expressão: "Homem *este* que não conheço" – "Venturas *mil*".

Há até um caso em que a posposição dá sentido inverso à expressão: "Homem *algum* nos viu". Confrontem-se:

Em *caso nenhum*
Em *caso algum*   } deixarei meu posto
Em *nenhum caso*

V. *Dicionário de Questões Vernáculas*, "Não dei nenhuma informação".

2ª – Quando para eles se quer chamar a atenção, os *possessivos* vêm depois:

Filho *meu* não seguirá tal carreira.
Não farão revolta com dinheiro *nosso*.

3ª – Os *numerais* vêm depois quando designam datas, páginas, monarcas, papas:

Página *25* (vinte e cinco)
Dia *quinze*
Luís *XIV* (catorze)
Carlos *I* (primeiro)
Pio *XII* (doze)

812 – Os *advérbios de intensidade* vêm antes do adjetivo:

Terreno	muito pouco mais menos tão bem assaz	extenso
Carne	bem mal	assada

Nota: Quanto a *bastante*, veja a nota 3 do § 530 e o § 358.

813 – *Não* e *nem* vêm sempre antes da palavra modificada:

Não fui *nem* irei.
Não vi Pedro *nem* João.
Isso *não poderá* ser feito (não deverá ser feito).
Isso poderá *não ser* feito (talvez não seja feito).

814 – Nas locuções verbais o verbo auxiliar vem normalmente antes da forma nominal:

Tenho visto muita miséria.
O soldado *ficou ferido*.
Deves dizer a verdade.

Nota: Quanto à colocação do particípio e do gerúndio nas orações correspondentes ao ablativo absoluto latino, veja o § 698.

Quanto a outros casos, consulte o *Índice Analítico* sob o verbete "colocação".

Questionário

1. Que é *colocação*?
2. Ordinariamente, qual a ordem dos termos da oração portuguesa e que nome recebe?
3. Cite e exemplifique os principais casos em que a ordem direta não é observada.
4. Por que razão a oração "O pai lançou-se ao rio por amor ao filho" não é tão expressiva e harmoniosa quanto esta: "Por amor ao filho lançou-se o pai ao rio"?
5. Quando há dois objetos, um direto e outro indireto, qual deles costuma vir antes?
6. Que diz da ordem dos termos usada na poesia?
7. Corrija:
   a) A festa acabada, todos se retiraram.
   b) O trabalho ficando pronto, podem ir brincar.
8. Ordinariamente, o adjetivo vem antes ou depois do substantivo? Especifique e exemplifique.

9. Dê exemplos de mudança de sentido decorrente de mudança de posição do adjetivo.

10. Quando *algum* tem significação negativa? Exemplo.

11. Corrija (o erro, nestas orações, não está na colocação):

a) Sabia-se que, não obstante a indignação de ambos, iriam entender-se entre eles (V. o 2º exemplo no início do § 408).

b) Devemos procurar uma produção vultuosa.

c) Não encontrei qualquer meio para salvá-lo.

CAPÍTULO 57

COLOCAÇÃO DOS PRONOMES OBLÍQUOS ÁTONOS

818 – Conforme vimos no § 102, há em português alguns vocábulos sem acentuação própria, sem autonomia prosódica, que se apresentam como sílabas átonas do vocábulo seguinte ou do vocábulo anterior. Entre tais palavras átonas estão compreendidos os pronomes oblíquos *me*, *te*, *se*, *o*, *lhe*, *nos*, *vos*[1], *os*, *lhes*.

Uma vez átonos e, ao mesmo tempo, com função de complemento verbal, os pronomes oblíquos *terão de apoiar-se*, para efeito de acentuação, nos próprios verbos de que são complementos. Ora, com relação ao verbo, eles podem, na frase, ocupar três posições, podendo vir *antes*, *depois* ou no *meio* do verbo. Vindo antes, o pronome oblíquo se diz *proclítico* (e a posição se chama *próclise*); vindo depois, *enclítico* (e a posição se chama *ênclise*); vindo no meio, *mesoclítico* (e a posição, *mesóclise*).

Exemplos de *próclise*:

"Não foi isso que *vos* disse" – "Nada *lhe* fiz" – "Nem tudo *se* perdeu".

(1) Não se confundam as formas sem acento *nos* e *vos*, casos oblíquos, com *nós* e *vós*, casos retos, acentuados.

Exemplos de *ênclise*:

"*Foram-se* as esperanças" – "Não quis dizê-*lo* para não magoá-*lo*".

Exemplos de *mesóclise*:

"Dir-*te*-ei (dir(te)ei) depois o que aconteceu" – "Se fosse escrita, aprender-*se*-ia melhor a lição".

819 – A palavra **regra**, quando se fala em "regras para a colocação dos pronomes oblíquos", deve ser bem compreendida. A causa, o móvel, o eixo, o princípio fundamental, que explica a diversidade de posição, na frase, do pronome oblíquo, é tão só, única e exclusivamente um: a *eufonia* (gr. *eu* = bom + *phoné* = som), isto é, a harmonia, a agradabilidade do som, ou, ainda, a facilidade, a suavidade na pronunciação. (Isto se denomina, com mais propriedade, *eustomia* – do gr. *eu* = bom + *stóma* = boca.) Mas que é realmente, em gramática, *eufonia*? Não tem aí a palavra sentido absoluto, conceituação própria, independente, senão relativa: é eufônico, numa língua, o que é habitual, o que é costumeiro, o que é geral, e neste sentido é que o aluno deve compreender afirmações como "a posposição não é agradável ao ouvido", "repugna ao ouvido...". O uso, repetimos, tanto relativo a um grupo quanto a um indivíduo, é que torna eufônica, ou não, determinada incidência tônica: a agradabilidade do som e a suavidade da pronúncia são decorrência natural do hábito. Nesse sentido, pois, é que se deve compreender, no presente estudo, que "regra não passa de exigência da eufonia ou da eustomia" e, ainda, quando se diz que para os portugueses não existe o problema da colocação dos pronomes oblíquos; é que eles, *habitualmente*, observam as regras. Esse estudo iniciou-se e só se faz no Brasil, cuja extensão territorial exige muito mais escolas e muito mais vias de comunicação para que se preserve sua unidade política e linguística.

Regras de Colocação

820 – Vimos no início do § 818 que certos pronomes oblíquos, por serem átonos, apoiam-se, para efeito de acentuação, nos verbos de que são complementos. É isso sinal de que, **em regra geral**, os pronomes oblíquos devem vir depois dos verbos, isto é, devem ser *enclíticos*. Acontece, porém, que em diversos casos essa colocação posverbal não é seguida. Tal acontece ou em virtude do próprio verbo, cuja forma repele depois de si o pronome, ou em virtude de certas palavras colocadas antes dos verbos, as quais atraem o pronome oblíquo para antes do verbo. (Vindo depois do verbo, essas palavras nada terão que ver com a colocação do pronome oblíquo.) Quer isso dizer que, rigorosamente falando, as formas oblíquas tornam-se enclíticas dessas palavras; no entanto, na prática, toma-se por base o verbo, e daí as três posições já nossas conhecidas, cujas regras passaremos a ver, começando, como é natural, pelo estudo da *ênclise*.

Ênclise

821 – Se é de natureza dos oblíquos funcionar como complementos dos verbos, nada mais justo dizer que, em regra geral, os oblíquos devem vir pospostos aos verbos. Como é a eufonia que regula esta questão da posição dos oblíquos, podemos formular a seguinte regra:

Quando não há nada que eufonicamente atraia o oblíquo, deve-se dar preferência à posposição: "Os homens *dizem-se* sábios quando..." (melhor do que: Os homens *se dizem* sábios...). "O homem *mantinha-se* de pé" (melhor do que: O homem *se mantinha* de pé). "A menina *machucou-se* toda" (melhor do que: A menina *se machucou* toda).

Essa colocação dá mais ênfase à frase.

822 – Uma vez que, para efeito de prosódia, o pronome oblíquo deve apoiar-se no acento do verbo, *não se pode iniciar um período com pronome oblíquo*: "Disseram-*me* isso ontem" e não: "*Me* disseram isso ontem".

823 – Exige a eufonia a posposição dos oblíquos aos *gerúndios*: "Não queira conquistá-lo confiando-*lhe* segredos" e não: "Não queira conquistá-lo *lhe* confiando segredos" – "Devo estar vendo-*o*".

Notas: 1ª – Existe, para este caso, uma exceção: O pronome oblíquo passa a vir antes do gerúndio quando este estiver precedido da preposição *em* e, ainda mais, quando fizer parte de locuções verbais (V. § 517 e 518): "Em *o* nomeando, fez o governo justiça", e não: "Em nomeando-*o*..." – "Ele está-*se* levantando". Pode a eufonia permitir que, em certos casos de locução verbal, o oblíquo se posponha ao gerúndio.

2ª – Se a uma forma verbal simples em *ndo* preceder palavra de valor atrativo (§ 827 e ss.), o oblíquo virá antes: "Não *se* revestindo..." – Quando nada houver que atraia, o oblíquo virá depois: "...e, detendo-*nos* para beber água, vimos...".

824 – Além de mais eufônica, é da tradição da língua a posposição dos oblíquos nas orações imperativas: "Ó menino, vai-*te* daqui".

825 – Quanto **à posposição do oblíquo "o"** ao verbo, devemos obedecer às seguintes normas:

1 – nenhuma modificação acarreta ao verbo em formas terminadas em vogal (*amo-o*, *diga-o*);

2 – transforma-se em *lo* quando posposto a formas terminadas em *r*, *s* ou *z*, consoantes estas que desaparecem (*amá-lo, amaste-lo*, *di-lo*, *fi-lo*, *ei-lo*);

3 – adquire a forma *no* quando posposto a formas terminadas em *m* (*amam-no*, *tinham-no* – V. § 124), notando-se que formas como "cercavam-*nos*" exigem cuidado para clareza: o *nos* poderá enquadrar-se no caso presente (= os cercavam) e pode ser forma oblíqua de *nós*;

4 – não se pospõe às formas do futuro nem do particípio (jamais *amarei-o*, *terei-o*, *amaria-o*, se eu *fizé-lo*, *amado-o*).

Exemplos:

amo	+ o = amo-o	tenho	+ o = tenho-o
amas	+ o = ama-lo	tens	+ o = tem-lo
ama	+ o = ama-o	tem	+ o = tem-no
amamos	+ o = amamo-lo	temos	+ o = temo-lo
amais	+ o = amai-lo	tendes	+ o = tende-lo
amam	+ o = amam-no	têm	+ o = têm-no

Notas: 1ª – O aluno atento saberá, mediante as regrinhas e os exemplos acima dados, encontrar todas as formas verbais que podem vir com o "*o*" posposto (V. § 121 e 124. V. § 243, B, obs. 2).

2ª – A desinência pessoal *mos* perde o *s* antes de formas pronominais enclíticas: *preparamo--nos, demo-los*.

Pode-se operar a supressão do *s* tanto com a primeira quanto com a segunda pessoa do plural e tanto com *nos* e *vos* como com qualquer outro pronome oblíquo.

Louvamo(*s*)-*nos*, *louvamo*(*s*)-*vos*, *louvamos-lhe* ou *louvamo*(*s*)-*lhe o arrojo*, *louvamo*(*s*)--*los*, *louvemo*(*s*)-*te*, *ó Deus*. *Vós recriminaste*(*s*)-*nos*, *recriminaste*(*s*)-*lo*, *recriminaste*(*s*)-*lhe vós a imprudência*.

Gramaticalmente não se pode dizer errada a forma *queixamos-nos*. Se outro, no entanto, é o uso geral, explica-o a facilidade, ou melhor, o hábito da pronúncia, o qual regula a omissão ou não do *s* final nos diferentes casos.

Enquanto a maioria dos autores falam em supressão do *s* de *mos* antes dos oblíquos *o*, *a*, *os*, *as*, Laudelino Freire ensina que só há supressão desse *s* antes de *nos*, Vasco Botelho de Amaral e Eduardo Carlos Pereira generalizam; este diz: "Na 1ª e na 2ª pessoa do plural seguida de pronome oblíquo, elimina-se, por eufonia, o *s* final".

3ª – Quando enclíticas, as formas pronominais oblíquas acusativas e dativas podem causar a ocorrência de uma acentuação que não temos num mesmo vocábulo; comum em outras línguas, não existe em português acento tônico na preantepenúltima sílaba de nenhuma palavra, e daí a estranheza de formas como *remeta-se-lhe*, *digam-se-lhe*, *havíamo-nos*, *tínhamo-los*, *lancem-se-lhe*, *afigura-se-nos*, estranheza que não deve impedir-nos seu uso, desde que não temos nesses casos uma só palavra senão duas ou mais.

826 – V. § 776, 3, nota, *complemento comum*.

Próclise

827 – Há casos em que o verbo perde sua força enclítica, o que é motivado pela anteposição, aos verbos, de partículas que, para efeito de eufonia, atraem o pronome oblíquo; tal se dá nos seguintes casos:

828 – Nas orações negativas, uma vez que a negativa, quer constituída de advérbio, quer de pronome, quer de conjunção, atrai o pronome oblíquo para antes do verbo: "Nada *lhe* fiz" e não: "Nada fiz-*lhe*" – "Ninguém *o* conhece" e não: "Ninguém conhece-*o*" – "Ele não foi nem *se* deixou levar" e não: "...nem deixou-*se* levar".

Outros exemplos: "Não *me* é lícito" – "Não *me* seria possível"

Nota: Entre escritores, clássicos e modernos, é muito comum a elegante deslocação do pronome oblíquo para antes do *não*: "Eu *o não* vi" – "Contanto que *se não* atreva a passar" – "...que *me não* pode dar" – "Se *lhe não* houvesse dito...". Procedimento semelhante é o da anteposição do oblíquo ao reto em outros casos de próclise: "...quando *lhes eu* dou a ler alguns destes oitenta discursos".

829 – Com certas conjunções coordenativas aditivas (*nem*, *não só... mas também*, *que*): "Não foi nem *se* lembrou de levar" – "Não só *me* disse que ia, mas também *me* pagou a viagem" – "Diz-me com quem andas, que eu *te* direi quem és".

830 – Com as alternativas *ou... ou*, *já....já*, *quer... quer*, *ora... ora*, *agora... agora*, *quando... quando*: "*Quer o* diga, *quer o* não diga" – "Ora *se* arrepende, ora *se* revolta".

831 – Com os adjetivos e pronomes relativos (*que*, *qual*, *quem*, *cujo*): "O livro que *me* deu é bom" – "Aí está o livro cujas páginas *se* estragaram".

832 – Com as conjunções subordinativas:

Integrantes – "Disse que *se* ia embora".
Causais – "Dei-lho porque *mo* pediu".
Comparativas – "Isso é mais bonito do que *lhe* parece".
Concessivas – "Embora ele *se* arrependa..."
Condicionais – "Perdoai-me se *vos* ofendi".
Consecutivas – "Portou-se tão bem que *o* elogiaram".
Finais – "Dou-lhe este livro para que *se* lembre sempre de mim".
Temporais – "Quando eu *te* vi pela primeira vez..."
Proporcionais – "À medida que *se* preparava o trabalho..."
Conformativas – "Conforme *se* vê..."

Notas: 1ª – Não se esqueça o aluno disto: A *eufonia* é o primeiro fator que regula a posição do oblíquo. Nesta frase: "...porquanto atirá-*la*-ia...", o oblíquo está eufonicamente bem colocado, não obstante o "porquanto" que antecede o verbo. A posição: "...porquanto *a* atiraria..." é desagradável ao ouvido.

2ª – Caso curioso opera-se com o *que* integrante: atrai o oblíquo ainda quando oculto pela figura elipse (§ 781): "Requeiro *se* digne a Presidência informar..." – "Peço-lhe *me* deixe ir".

833 – Nas orações optativas (§ 644): "Bons olhos *o* vejam" (e não: "Bons olhos vejam-*no*") – "Bons ventos *o* levem" (e não: "Bons ventos levem-n*o*").

834 – Com os indefinidos (*algum*, *alguém*, *diversos*, *muito*, *tudo*, *vários* etc.), quando vêm antes do verbo: Tudo *lhe* dei, saúde e dinheiro" (e não: "Tudo dei-*lhe*...") – "Pouco *se* faz em prol do idioma pátrio" (e não: "Pouco faz-*se*...").

835 – Com os advérbios, quando precedem ao verbo: "Sempre *lhe* disse" (e não: "Sempre disse-*lhe*") – "O que aqui *me* fizeram" (e não: "O que aqui fizeram-*me*").

836 – Em português, repugna ao ouvido a colocação dos pronomes oblíquos depois do *particípio*. Jamais se dirá: "Os pais têm descuidado-*se* da formação moral dos filhos" – Ou se diz: "Os pais têm-*se* descuidado da formação moral dos filhos" ou: "Os pais *se* têm descuidado da formação moral dos filhos".

Em tais casos, o pronome oblíquo deverá apoiar-se no verbo que antecede ao particípio. Mesmo que entre o verbo e o particípio haja uma locução, o pronome oblíquo deverá vir junto do verbo. Ou se diz: "Os pais *têm-se*, embora inconscientemente, *descuidado* da formação moral dos filhos" – ou: "Os pais *se têm*, embora inconscientemente, *descuidado...*" ou: "Os pais *se têm* descuidado embora inconscientemente..." – mas nunca: "Os pais *têm*, embora inconscientemente, *se descuidado...*" – deixando-se o *se* solto e desamparado do seu apoio, que é o *têm*.

Seja qual for a forma que se dê a essas orações, o pronome oblíquo deverá prender-se ao auxiliar e não ao particípio.

Pausa – Distância – Liberdade Poética

837 – Mais uma vez lembramos ao aluno: A causa, o móvel, o eixo, o princípio fundamental, que explica as várias posições do pronome oblíquo, é tão só, única e exclusivamente um: a **eufonia**. As regras para a colocação dos pronomes oblíquos são efeito – decorrente da eufonia – e não causa. Pois bem, a mesma eufonia que determina o cumprimento das regras da próclise pode determinar as exceções; para isto, três fatores podem concorrer: a *pausa*, a *distância* e a *liberdade poética*.

838 – PAUSA: Vimos há pouco que os advérbios atraem os oblíquos; suponhamos, no entanto, uma oração como esta: "*Antigamente* passava-se o caso de outro modo". O não cumprimento, à primeira vista, da regra (*antigamente* deveria atrair o oblíquo: § 835) evidencia uma *pausa* depois do advérbio; por causa dessa pausa, perde ele sua força atrativa, obrigando-nos ao cumprimento da segunda regra da ênclise: "Uma vez que, para efeito de prosódia, o pronome oblíquo deve apoiar-se no acento do verbo, não se pode iniciar um período com pronome oblíquo".

A anteposição ou a posposição do oblíquo denuncia-nos como deve ser feita a leitura e, conseguintemente, a intenção do autor no assim redigir a oração. Construções como: "*Aqui* canta-*se*, *ali* dança-se" – denunciam-nos, evidentemente, uma pausa depois dos advérbios *aqui* e *ali*, como se aí existisse vírgula; a leitura seguida, sem pausa, não é eufônica nem expressiva.

Não devemos, pois, estranhar colocações como estas de Antônio Vieira: "Porque *hoje* pregam-*se* palavras e pensamentos, e *antigamente* pregavam-*se* palavras e obras". A posposição pronominal força o leitor a parar depois dos advérbios *hoje* e *antigamente*. Isso requerem a eufonia e a energia de expressão.

Concluindo: Havendo pausa, perde a partícula o valor atrativo: "Aluguei uma casa *que*, diga-se de passagem, não vale uma pataca".

839 – DISTÂNCIA: Se entre a palavra de valor atrativo (advérbio, indefinido, relativo, conjunção subordinativa, partícula negativa) e o verbo houver uma locução, um parêntese, uma oração interferente, se, enfim, houver *distância*, perderá essa palavra o valor atrativo, desobrigando a anteposição do oblíquo: "*Nada*, apesar de toda a boa vontade, torna-*o* digno do lugar" (em vez de: "*Nada*, apesar de toda a boa vontade, *o* torna digno do lugar") – "É que nós conhecemos a vida pública dos visigodos, e não a sua vida íntima, *enquanto* os séculos da Espanha restaurada revelam-*nos* a segunda" (em vez de: "*...enquanto... nos* revelam...") – "...flor *que*, disse ele, chama-*se* dália".

840 – LIBERDADE POÉTICA: Não há erro no seguinte verso da "Sagres" de Bilac: "Em *que* soidão o sol sepulta-*se*". Ao poeta tudo é permitido (Arte Poética, 9, 10); de tantas liberdades goza ele, que é mais fácil, quanto à pureza gramatical, a redação de uma poesia que a de um trecho em prosa.

Importa acrescentar que no caso presente não ficaria eustômica a sequência de três *ss*: "Em que soidão o *s*ol *se s*epulta".

Mesóclise

841 – Repugna ao ouvido, nas formas do **futuro do presente** e nas do **futuro do pretérito**, a posposição dos oblíquos. A não ser que tenha os ouvidos inteiramente estragados, ninguém irá dizer *farei-te*, *fará-nos*, *fará-vos*, *faremos-lhe*, *faríamos-lhe* etc. Se tais formas iniciarem o período, torna-se forçada a colocação dos pronomes no meio do verbo: *dir-te-ei*, *dar-me-ás*, *far-vos-á*, *encontrar-nos-emos*, *queixar-vos-eis*, *castigar-nos-ão*, *vender-te-ia*, *dar-lhe-íamos* etc.

Ainda que essas formas não iniciem período, pode-se empregar a mesóclise, bastando para isso que não exista nenhuma palavra de valor atrativo que obrigue a próclise: "O tempo *dir-lhe-á* quem está com a verdade".

Nessas formas podemos encontrar até dois oblíquos mesoclíticos: "Devolver-*no*-*la*-ão vocês?".

Nota: Erros gravíssimos são mesóclises como estas: *dizer-te-ei*, *fazer-lhe-ia*, *trazer-lhe-á*. Excluídos os oblíquos, teríamos: *dizerei*, *fazeria*, *trazerá*, inomináveis erros de conjugação. O certo é: *dir-te-ei*, *far-lhe-ia*, *trar-lhe-á* (V. § 463, 4, obs. 4).

Os Oblíquos e o Infinitivo

842 – Com um pouco de ouvido, fácil se torna a correta colocação dos oblíquos, quando o verbo da oração não está no infinitivo. Quando o verbo da oração é empregado nesta forma nominal (§ 414), surgem então as dificuldades; à eufonia da expressão vêm agora juntar-se o estilo do autor e a função do oblíquo.

Sem prometer eliminar todas as dúvidas nem entrar em todas as minúcias, faremos o possível para, com clareza e método, expor o assunto.

843 – O artigo, por ser palavra de valor tônico nulo, não tem força atrativa sobre o oblíquo: "*O* queixar-se o paciente não influi no tratamento".

Nota: Ainda que o artigo venha combinado com a preposição, continua sem valor atrativo sobre o pronome: "A vantagem está *no* criarem-se os filhos".

844 – As formas pronominais retas, as preposições e as locuções prepositivas (quando desacompanhadas de artigo) dão liberdade à anteposição ou posposição do oblíquo: "O fato de eu *o* ver..." ou "O fato de eu vê-*lo*..." – "*Sem os* perder de vista" ou "*Sem* perdê-*los* de vista" – "*Depois de se* esvair o sangue" ou "*Depois de* esvair-*se* o sangue" – "*Até se* descobrir o assassino" ou "*Até* descobrir-*se* o assassino" – "*Para o* castigar" ou "*Para* castigá-*lo*" – "Começou *a lhe* responder" ou "Começou *a* responder-*lhe*".

Exceções: *a*) A preposição *por* repele muitas vezes depois de si os oblíquos *o*, *a*, *os*, *as*: "*Por* traí-*lo*, foi castigado" (e não: "*por o* trair...") – "*Por* quererem-*nos* presentes, mandaram entrar" (e não: "*por os* quererem...").

Os antigos redigiam: "Eu me esforcei *pelo* conseguir", combinando o *por* ou sua variante *per* com o oblíquo; não só a combinação mas a própria anteposição do oblíquo caiu em desuso.

Tratando-se de outros oblíquos, é indiferente a colocação: "*Por nos* impedir a lei" ou "*Por* impedir-*nos* a lei".

b) A preposição *a* não permite depois de si os oblíquos *o*, *a*, *os* e *as*: "*A deixá-lo* ficar prefiro morrer" – e não: "*A o* deixar ficar...".

Visa esta norma a evitar o hiato: "Passei *a o* castigar". – Uma vez que, com os outros oblíquos, não se dá o hiato, torna-se livre a colocação: "*A* aceitar-*te*" ou "*A te* aceitar".

845 – Quando uma preposição rege mais de um infinitivo, a regra, bem como as exceções, continua a mesma para o primeiro infinitivo, mas os outros infinitivos deverão trazer os oblíquos depois de si: "*Para* castigá-*lo*, corrigi-*lo* e educá-*lo*" ou "*Para o* castigar, corrigi-*lo* e educá-*lo*" (mas não: "*Para o* castigar, *o* corrigir e *o* educar" nem: "*Para* castigá-*lo*, *o* corrigir e *o* educar").

846 – Se a preposição rege um infinitivo que possui outro complemento além do pronome oblíquo, este deverá vir posposto ao verbo. Quando o infinitivo está nessas condições, ou se repete o primeiro pronome (precedido de *a*), ou se repete o infinitivo, ou se preposiciona o segundo complemento:

1ª forma: "Para convidá-*lo* *a você* e *seu irmão*"

- -*lo* → primeiro objeto de *convidar*
- *a você* → repetição do *lo*, sob a forma reta, precedido de *a*
- *seu irmão* → segundo objeto de *convidar*

2ª forma: "Para convidá-lo e *convidar* seu irmão"

- *convidar* → repetição do inf.

3ª forma: (§ 683, 7): "Para convidá-lo e *a* seu irmão"

- *a* → 2º obj. dir. preposicionado para clareza

Outros exemplos: "Com salvar-me *a mim* e *a ela*" ou "Com salvar-*me* e *salvá-la*" – "Não é para humilhar-te *a ti* nem *teus companheiros*" ou "Não é para humilhar-*te* nem *humilhar* teus companheiros" – "Não pude socorrê-*lo* nem *aos seus*".

847 – Havendo, num período, dois infinitivos que indiquem contraste, cada qual com sua preposição e respectivo pronome oblíquo, este deverá vir posposto ao infinitivo: "Não será *para* prendê-*lo* mas *para* resguardá-*lo*".

848 – IMPORTANTE: Tratando-se de infinitivo impessoal, as partículas negativas, os advérbios, os pronomes relativos e as conjunções subordinativas não têm força atrativa sobre os oblíquos; estes podem continuar a ficar depois dos infinitivos e, note-se, esta era a posição preferida pelos clássicos: "Sem *nunca* alcançá-*lo*" – "Por *não* amá-*lo* é que tal fez".

O que não devemos é confundir infinitivo pessoal com futuro do subjuntivo (V. a nota 1 do § 459, ao pé da pág.), ou seja, não cometamos o erro de redigir "...renda de quem *recolhê-la* na fonte" em vez de "...renda de quem *a recolher* na fonte", porque *recolher* aí é futuro do subjuntivo, e o futuro não permite a posposição do oblíquo; é erro igual a dizer "...de quem *fizé-las*".

849 – As partículas negativas somente obrigam a anteposição do oblíquo ao infinitivo quando este é pessoal e flexionado: "Para *não vos divertirdes*" – "Julgamos oportuno *não nos afastarmos*".

850 – Mais de acordo com a análise, os clássicos preferiam a posposição dos oblíquos ao infinitivo quando este dependesse dos verbos *dever*, *poder*, *querer*, *mandar*, *ir* e outros: "Ele deve pagar-*me*" – de preferência a: "Ele deve *me* pagar". – "Pode mandar-*nos* a mercadoria" – de preferência a: "Pode *nos* mandar a mercadoria". – "Ele deve queixar-*se*" – de preferência a: "Ele deve *se* queixar".

Observações:

1ª – Quando, em casos como esses, há uma partícula de valor atrativo antes dos dois verbos, o oblíquo será colocado ou antes do primeiro ou depois do segundo e nunca entre os dois verbos: "Não *o* quero melindrar" – ou "Não quero melindrá-*lo*" (e nunca: "Não quero-*o* melindrar") – "...homens que *lhe* devem dar" ou "...homens que devem dar-*lhe*" (e nunca: "...homens que devem-*lhe* dar") – "Ele que *se* vá queixar" ou "Ele que vá queixar-*se*" (e não: "Ele que vá *se* queixar").

2ª – Quando também o verbo de que depende o infinitivo está no infinitivo, o pronome pode vir antes do infinitivo de que é complemento: "Mandei o empregado embora por não podê-*lo* suportar" ou "...por não poder suportá-*lo*".

3ª – Note-se a diferença entre as construções "O diretor mandou-*me* inscrever" e "O diretor mandou inscrever-*me*". No primeiro caso, *me* é o agente (sujeito acusativo) de *inscrever*, sendo, no segundo exemplo, o recipiente (objeto direto) de *inscrever*. O primeiro exemplo corresponde a: "Mandou que eu me inscrevesse"; o segundo: "Mandou que inscrevessem a mim". V. § 652.

4ª – Quando o pronome *se* indica passividade, ele pode ficar entre o infinitivo e o verbo de que o infinitivo depende: "Deve-*se* repartir a herança" – "Promete-*se* acabar com as injustiças" – "Pode-*se* ver o que fez ele" – "Peixes podem-*se* pescar...".

5ª – "Virei buscá-lo", "Virei te buscar": Por que essa disparidade de topologia pronominal? Não é válido alegar eufonia. Eufonia é consequência, e não causa de procedimento; o ouvido, quando generalizado o erro, repele o acerto. A coerência de procedimento de colocação dos oblíquos exige o que se impõe para colocar vértebras e espinha no lugar: ginástica, repetição, assiduidade de exercício corretivo. Em locuções verbais terminadas em infinitivo a posposição do oblíquo não cria o problema do hífen.

Questionário

1. Onde se apoia o acento dos oblíquos átonos?
2. Qual o fator que mais influi na colocação dos pronomes oblíquos? (§ 819.)
3. Que sentido tem, em gramática, a palavra "eufonia"?
4. Quantas posições pode o pronome oblíquo ocupar na frase? Como se denominam essas posições e como, em cada caso, passa a chamar-se o pronome? Dois exemplos de cada caso (§ 818).
5. Quais os fatores que podem alterar a colocação dos oblíquos? – Resposta completa e exemplificada (V. § 837 e ss.).
6. Que diz da colocação dos oblíquos junto a infinitivos impessoais, quando existem partículas atrativas antes desses infinitivos? (§ 848.)
7. Dizer o que acha da colocação pronominal das seguintes orações:
a) Vamos nos apresentar em um espetáculo.
b) Vieram me dizer que...
c) Para o castigar, o corrigir e o educar...
d) Deve repartir-se a herança entre todos.
8. Que outras formas podemos dar à construção: "Não é para humilhar-te nem humilhar teus companheiros"?
9. Corrija a colocação do oblíquo nas seguintes orações:
a) O ministro tinha, desde o ano passado, se desinteressado do assunto.
b) O candidato havia, dentro do prazo legal, se desincompatibilizado para a eleição.
c) Da decisão proferida a exequente interpôs embargos declaratórios, tendo o tribunal os rejeitado.
d) Naquele dia em que estava se fazendo...
e) Nuvens que vêm se adensando.
f) Requeiro que a Presidência digne-se informar...
g) Eis que chegar-se-ia à conclusão.
h) Quando ia me retirar...
i) Em elegendo-o, o povo praticou ação justa.
j) Tudo fiz-lhe para curá-lo.

CAPÍTULO 58

COLOCAÇÃO IRREGULAR

853 – Uma das belezas que o português, mais do que as línguas suas irmãs, conservou do latim é a liberdade no dispor os termos da oração. Essas liberdades, ou melhor, essas inversões se reduzem a quatro *figuras*:

Hipérbato

Anástrofe

Tmese

Sínquise

854 – **HIPÉRBATO**, ou **transposição**, é nome que designa os casos de inversão em que se interrompem dois termos, que entre si se relacionam, para dar lugar à interposição de outro termo:

"Em pesada *caiu* melancolia"

↓

palavra que interrompe a sequência de dois termos que se relacionam: *pesada* e

Outros exemplos: "O das águas *gigante* caudaloso" (= O *gigante* caudaloso das águas) – "*Suporta* dos homens *tormentos*" (= *Suporta tormentos* dos homens) – "...*é* d'alma *um arroubo* em ânsias d'amor" (= ...*é um arroubo* d'alma...) – "...estão *ladeando* do Eterno Padre *o luminoso sólio*" (= ...estão *ladeando o luminoso sólio* do Eterno Padre).

855 – **ANÁSTROFE** (gr. *anastrophé* = inversão) é nome que designa a simples inversão dos termos da oração, isto é, a deslocação do sujeito, do verbo ou dos complementos:

"... que *escuta* ↓ dos angélicos coros | *a harmonia*"

em vez de: "...que *escuta a harmonia* dos angélicos coros".

Outros exemplos: "Um mundo de vapores no ar flutua" (...flutua no ar) – "Mas aos pombais as pombas voltam, e eles aos corações não voltam mais" (Mas as pombas voltam aos pombais, e eles não voltam mais aos corações) – "Mas à nossa residência traz de dezembro a inclemência delícias a plenas mãos" (Mas a inclemência de dezembro traz delícias à nossa residência, a mãos plenas) – "Nos vergéis suaves, cantam as aves, sem cessar, amores" (As aves cantam amores nos vergéis suaves, sem cessar).

856 – **TMESE** (gr. *tmêsis* = corte) é como se denomina a intercalação dos oblíquos no futuro do presente e no futuro do pretérito: dir-*lhe*-ei, dir-*lhe*-ia (V. § 841).

857– **SÍNQUISE** (gr. *synchysis* = confusão) é o nome da figura de colocação que consiste na transposição violenta de termos, produzindo certa confusão artística das palavras: "Enquanto manda as ninfas amorosas, *grinaldas* nas cabeças pôr *de rosas*" (= ...pôr grinaldas de rosas nas cabeças) – "*A grita* se levanta ao céu, *da gente*" (= A grita da gente se levanta ao céu).

Nota: Observe o aluno, nesses dois exemplos de sínquise, a importância e necessidade da vírgula (depois de *amorosas*, no primeiro exemplo, e depois de *céu*, no segundo), sem a qual impossível se tornaria distinguir o sentido das orações.

858 – As figuras acima vistas são mui frequentes na poesia; delas, no entanto, não deve abusar o poeta a ponto de tornar obscuro ou ambíguo o período como se vê nesta passagem:

Entre *todos* com o dedo eras notado,
Lindos moços de Arzila, *em galhardia*. – (§ 804).

Tipos Sintáticos Divergentes

859 – Quer quanto à *concordância*, quer quanto à *regência*, quer quanto à *colocação* pode uma oração ser construída variadamente, sem que o sentido se altere. Essas variações se denominam **tipos sintáticos divergentes** (ou *tipos sintáticos equivalentes* ou ainda *formas equipolentes*).

860 – Exemplos de tipos sintáticos divergentes de **concordância**:

Era tudo flores	*Eram* tudo flores
Passará o céu e a terra	*Passarão* o céu e a terra
Chamam-te fama e glória *soberana*	Chamam-te fama e glória *soberanas*
Mas contigo se *acabe* o nome e a glória	Mas contigo se *acabem* o nome e a glória
Os primeiros lugares *leve*-os João e Diogo	Os primeiros lugares *levem*-nos João e Diogo
A língua e a poesia *portuguesa*	A língua e a poesia *portuguesas*
Palavras de gênero *masculino*	Palavras de gênero *masculinas*

861 – Exemplos de tipos sintáticos divergentes de **regência**:

Usar de roupa branca	Usar roupa branca
Ele deve de fazer	Ele deve fazer
Tirou a espada	Tirou da espada
Cercado de soldados	Cercado por soldados
Anda falando	Anda a falar
Perecer à fome	Perecer de fome
Tenho-o por honesto	Tenho-o como honesto
Creio ser ele bom	Creio que ele é bom
Entrar a barra	Entrar na barra
Esta água não beberei	Desta água não beberei
As povoações parece terem sido habitadas	As povoações parecem ter sido habitadas

862 – Exemplos de tipos sintáticos divergentes de **colocação**:

Ao campo damasceno o perguntara	Perguntara-o ao campo damasceno
Gália ali se verá	Ver-se-á Gália ali
Esta é a ditosa pátria minha amada	Esta é a minha ditosa pátria amada
Nomes com que se o povo néscio engana	Nomes com que o povo néscio se engana
Novos mundos ao mundo irão mostrando	Irão mostrando ao mundo novos mundos
Sabemos o de que precisamos	Sabemos do que precisamos

863 – O tipo sintático pode ser duplo, triplo, quádruplo etc.: "Amor *às* letras, *para as* letras" – "Bruto matou César, a César matou Bruto, Bruto a César matou, Bruto matou a César, matou a César Bruto, matou Bruto a César".

Observação:

Alguns alunos, no responder à pergunta 2 do Questionário, apresentam orações com termos diferentes, o que não é acertado. Tratando-se de divergência de regência, é claro que haverá certa mudança no complemento, mas o termo, isto é, o núcleo, o complemento empregado deverá ser o mesmo. Tratando-se de divergência de concordância ou de colocação, os termos devem ser absolutamente idênticos, só variando, só divergindo a concordância ou colocação. Havendo mudança de termo ou de significado, deixará de existir divergência sintática.

Além disso, deve o aluno dar as duas formas divergentes, como neste exemplo: cumprir o dever – cumprir com o dever.

Questionário

1. Quantas e quais as *figuras de colocação*? (Resposta completa, pormenorizada e exemplificada; de sínquise não é necessário dar exemplo.)
2. Que são *tipos sintáticos divergentes*? – Um exemplo de cada caso, que não conste na lição.
3. Corrija, *justificando* as correções, os seguintes textos:
   a) Me parece que já lhe encontrei hoje nalgum lugar.
   b) Os jornais ocultaram do público parte dos fatos, iludindo-lhe quanto à extensão do desastre.
   c) Se tivéssemos intervido mais cedo, o resultado teria sido favorável à nós. (§ 464, 3, obs. 2.)
   d) Se eu ver que não chego à tempo, lhe telegrafo, que é para mim ser substituído. Mas lhe peço um grande obséquio: me espere para a última discussão, a qual estarei presente. (§ 463, 14 – Cuidado com a colocação dos oblíquos.)
   e) Mandei o empregado na farmácia, que levou também uma carta para pôr na caixa do correio. (§ 376)
   f) Ela tinha me pedido para levar você comigo, mas se você não quer ir, não insisto consigo. (§ 581, n. 1 – § 408.)
   g) Sua tia, nesta carta, reitera os conselhos que dera-lhe.
   h) Quando Carlos soube que o delegado nos detera, veio logo e assistiu todo o interrogatório. (§ 431, obs. – § 777.)
   i) A missa foi assistida por muitas pessoas gradas, que mostravam-se muito compungidas.

CAPÍTULO 59

VÍCIOS DE LINGUAGEM

866 – *Vícios de linguagem* são palavras ou construções que deturpam, desvirtuam ou dificultam a manifestação do pensamento.

867 – São os seguintes os *vícios de linguagem*:

1 – Barbarismo	6 – Hiato
2 – Solecismo	7 – Eco
3 – Anfibologia	8 – Colisão
4 – Obscuridade	9 – Preciosismo
5 – Cacofonia	10 – Provincianismo

868 – **BARBARISMO** ou **peregrinismo** ou **estrangeirismo** (para os latinos *bárbaro* era todo o estrangeiro) é o emprego, na língua, de palavras estranhas na *forma* ou na *ideia*, ou inteiramente desnecessárias ou contrárias à sua índole. (Note-se bem: quando *necessário*, deixa de constituir barbarismo.)

O barbarismo pode estar já no vocábulo, já na frase, donde a divisão em barbarismos vocabulares ou *léxicos* e barbarismos *fraseológicos*. Assim, quem emprega a palavra *habitué* (de origem francesa), em vez de *freguês*, *frequentador*, pratica um barbarismo *léxico*, por estar empregando uma palavra estrangeira, desnecessária; quem, agora, diz "boa manhã" em vez de *madrugada* pratica um barbarismo *fraseológico*, porque já não são os vocábulos, em si, que são estrangeiros, mas o fraseado, a locução (também aqui de origem francesa).

Tais *estrangeirismos* se discriminam pela língua de que procedem: *galicismo* (da *Gália*, antigo nome da França), *anglicismo* (do inglês), *castelhanismo* (do espanhol) etc.

Nota: O que determina a fixação de uma palavra no vocabulário de uma língua é, sem dúvida, o procedimento caprichoso da escolha, muitas vezes ingrato a ponto de rejeitar o que é prata de lei para substituir por desprezível escória:

Multa renascentur quae jam cecidēre, cadentque
Quae nunc sunt in honore vocabula, si volet usus,
Quem penes arbitrium est et jus et norma loquendi.

(Horácio, *Arte poética*, 70).

(Muitas palavras que já caíram renascerão, e as que agora estão em voga e estimação também hão de cair se assim o quiser o uso, o qual é o juiz, o árbitro e a regra da linguagem.)

Não disse Horácio que tanto mais caprichoso é o uso quanto menos escolas tem o povo.

869 – **Galicismo** – Muito concorreu o francês para abastardar ou barbarizar a nossa língua. As causas dessa influência achamo-las não só nas primitivas relações históricas de Portugal com a França, que lhe forneceu a dinastia fundadora de sua nacionalidade no século XII, como também na disseminação entre nós da literatura francesa. Por esta razão bradam constantemente nossos puristas contra o *galicismo* ou *francesismo*, não só *léxico* ou no *termo*, mas *sintático* ou na *frase*.

Há galicismos e galicismos, isto é, há os que se admitem, ou chegam até a justificar-se, e há os inadmissíveis, injustificáveis, meramente escusados e graciosos. A permuta de vocábulos é, até certo ponto, admissível entre as diversas línguas como consectário do comércio ou intercâmbio internacional. São aceitáveis os que servem para nomear objetos, artefatos, usanças, ritos, privativos ou originários de nação estranha, bem como produtos da flora, da fauna ou da geologia local, quando, em vez de designados por nome técnico científico ou nome universitário com equipolentes nos outros idiomas, o são por **antonomásia**[1] filiada a tradições ou acidentes meramente indígenas. Neste caso, porém, indispensável se torna que o vocábulo exótico, ao entrar no português, se expunja desde logo de todos os estigmas, que lhe assinalam a ascendência, isto é, da marca exótica, do cunho alienígena, e sofra a naturalização, transplantação ou aclimação, vestindo-se dos caraterísticos idiomáticos, adaptando-se à mesma forma daqueles com que vem concorrer, assumindo na república de palavras, que é o vocabulário ou léxico, a cor ambiente, a feição mesológica, o tipo ou a fácies consentânea com a fisionomia da língua do país.

(1) Figura de retórica que consiste no emprego de um nome comum ou de uma perífrase em vez de um nome próprio ou, pelo contrário, de um próprio em lugar de um comum ou de uma perífrase: "Como diz o *Apóstolo*" (= São Paulo) – "Os atuais *Borbagatos*" (= bandeirantes) – "É uma *babilônia* (= confusão; de *Babilônia*, cidade da Caldeia). *Antonomásia* é sinônimo de *epíteto*, *apelido*.

Em regra, a transplantação do francês para o português obedece às seguintes normas de alteração:

a) Os sons fechados convertem-se em abertos; assim, domin*o*, paleto*t*, bonne*t*, file*t*, cabriole*t*, triole*t*, livr*ée*, baudri*er*, fricass*ée*, chapit*eau* etc. passaram para o português: domin*ó*, palet*ó*, bon*é*, fil*é*, cabriol*é*, triol*é*, libr*é*, boldri*é*, fricass*é*, chapit*éu*.

Às vezes a prosódia permanece a mesma em português. Raramente ocorre a conversão de voz "nasal fechada" em "oral aberta"; registra-se capil*é*, de capill*aine*, ou a de "som aberto" para "fechado": registre-se br*ai* (bré), que passou a br*eu* (brêu).[2]

b) A voz nasal *on* ditongaliza-se em *ão*, ditongo esse que é o maior, o mais belo idiotismo prosódico de nossa língua, e tão nosso, tão local, tão arraigadamente étnico, que lábios estrangeiros dificilmente logram emiti-lo em sua pura e clara eustomia, só o conseguindo ao cabo de muitos anos de aclimação. Assim, ode*on*, plastr*on*, pante*on*, parten*on* devem ceder a ode*ão*, plastr*ão*, pante*ão*, parten*ão*. Confrontem-se os vocábulos aleri*ão* (de aleri*on*), arm*ão* (de arm*on*), Avinh*ão* (de Avign*on*), barbilh*ão* (de barbill*on*), bet*ão* (de bet*on*), camin*hão* (de cami*on*; *caminhão* é a forma consagrada, mas errada, pois nada tem a palavra que ver com *caminho*), cant*ão* (de cant*on*), caramp*ão* (de grampo*n*), carrilh*ão* (de carrill*on*), Rubic*ão* (de Rubic*on*), val*ão* (de wall*on*, dialeto francês, falado na Bélgica) etc.

Excetuam-se as palavras francesas *bonbon* (que deu em português *bombom*, por influência analógica do adjetivo *bom*, com o qual nada tem de afim morfologicamente), *bothrion* (que deu *bótrio*, por influência do grego *bóthros*) e a interjeição *chitom*! (de *chut donc*), que existe também na forma *chitão*!

Coupon deve dar em português *cupão*, cujo plural é *cupões*.

c) A desinência feminina *e* passa para *a*: bobin*a* (de bobin*e*), ágat*a* (de agat*e*), alei*a* (de all*ée*), babuch*a* (de babuch*e*), badern*a* (de badern*e*), marmit*a* (de marmit*e*), granj*a* (de grang*e*), opal*a* (de opal*e*), barbotin*a* (de barbotin*e*), vals*a* (de vals*e*), avalanch*a* (de avalanch*e*), Baion*a* (de Bayonn*e*) etc. Coqueluch*e* é forma errônea, já consagrada, que deveria ter dado coqueluch*a*. Dresd*a* (capital da Saxônia) é forma preferível a Dresd*e*.

d) A desinência masculina *e* passa a *o*, ou alonga-se em *io* ou *eo*: azot*o* (azot*e*), carbon*o* (carbon*e*), control*o* (control*e*), creosot*o* (creosot*e*), estére*o* (ester*e*). Cyclon*e*, cern*e*, telephon*e* são formas que deveriam ter dado ciclon*o*, cern*o*, teléfon*o* (como no italiano) ou telefôn*io*.

e) O sufixo *age* passa a *agem*: cliv*agem*, embal*agem*, esclav*agem*, colmat*agem*, de cliv*age*, embal*lage*, esclav*age*, colmat*age*.

f) O ditongo *ou* passa a *u*: b*u*gre, calemb*ur* (de b*ou*gre, calemb*our*). Excetua-se carr*o*ssel (de carr*ou*sel), por influência dos cognatos carr*o*ça e carr*o*.

g) O ditongo *eau* passa a *o*: bur*o*cracia por bur*eau*cracia (de bur*eau*cratie).

h) O *c* final passa a *que*: opodeldo*que* (de opodeldo*c*), cavanha*que* (de cavaigna*c*). *Cognac* deve naturalizar-se em *conhaque*.

i) O sufixo diminutivo *ette* (aberto) passa a *êta* (fechado): bacin*eta* (de bassin*ette*), barb*eta* (de barb*ette*). Essa a razão por que se deve dizer *coquêta*, *raquêta*, *grisêta*, *lorêta*, *plaquêta*, *marquêta*, *camionêta*.

Biciclêta deveria ser a forma portuguesa, mas *bicicleta* é forma arraigada e generalizada.

(2) V. *Dicionário de Questões Vernáculas*, "godê, godé'.

j) O grupo consonantal *gn* grafa-se *nh*: champa*nha* (de Champa*gne*), cava*nh*aque (de Cavai*gn*ac). Excetua-se *Colônia* (de *Cologne*). *Cognac* deve ceder a *conhaque*.

k) Em certos casos há deslocação do acento tônico: *cêntimo* (por influência do espanhol), em vez de *centímo*; *pátina* (por infl. do lat.), em vez de *patína*; *Madagáscar* (por infl. do malaio), em vez de *Madagascár*; *métope* (por infl. do grego), em vez de *metópe*. *Nenúfar*, e não *nenufár* (plural *nenúfares*).

l) O sufixo *ureto* (da desinência francesa *ure*) passa a *eto* em português; assim, *bromureto*, *carbureto*, *cianureto*, *clorureto*, *iodureto* devem corrigir-se para *brometo*, *carboneto*, *cianeto*, *cloreto*, *iodeto*. *Sulfureto* pode-se tolerar por preexistir o radical *sulfur*, se bem que não se diga *sulfurato* mas *sulfato*, *sulfurídrico* mas *sulfídrico*.

m) O ditongo grego *ei*, que em francês se mantém com a forma originária, em português passa a *i*: qu*i*rópteros e não qu*ei*rópteros; cl*i*dorrexia e não cl*ei*dorrexia; cal*i*doscópio e não cal*ei*doscópio; cal*i*dofônio e não cal*ei*dofônio.

n) O sufixo *ien* passa a *io* e *ítico*: acríd*io* e não acrid*iano* (fr. acrid*ien*); patríc*io* e não patric*iano* (fr. patric*ien*); sincrân*io* e não sincran*iano* (fr. syncran*ien*); proboscíd*ios* e não proboscid*ianos* (fr. proboscid*iens*); sinf*ítico* e não sinf*isiano* (fr. symphys*ien*).

o) Os radicais franceses devem substituir-se pelos equipolentes portugueses: *alumin*ação (lat. alumen, *aluminis*) e não *alun*ação (do fr. *alun*); *alumin*ífero e não *alún*ico (do fr. *alun*); *âmnico* (do gr. *ámnion*) e não *amniótico* (do fr. *amniotique*); *antipleurítico* (do port. *pleurite*) e não *antipleurético* (do fr. *antipleuretique*); *glicínio* (por infl. do gr.) e não *glucínio* (por infl. do francês); *mamilão* (de *mamilo*) e não *mamelão* (do fr. *mamelon*); *siringa* (gr. *syrigx*) e não *seringa* (fr. *seringue*); *plumbagina* e não *plombagina*.

870 – Galicismos LÉXICOS:

Abordar – Poucos e fracos são os autores que empregaram este verbo na acepção francesa de aproximar-se de uma pessoa, de surpreendê-la, de a ela dirigir-se de surpresa, e na de discorrer sobre um tema. Deve-se dizer "*surpreender* alguém na rua", "*tratar* de um assunto", "*ventilar*, *explanar* uma questão", e não "*abordar* alguém", "*abordar* um assunto, uma questão". Na acepção de "*assaltar* uma embarcação" não é francesismo.

Algéria – em vez de *Argélia* (donde *argelino*, e nunca *algerino* nem *algeriano*).

Afixe – em lugar de *edital*.

Anvers (cidade da Bélgica) – em lugar de *Antuérpia*; o adjetivo pátrio é *antuerpiense*.

Bale (cidade suíça) – em lugar de *Basileia*.

Berne (capital da Suíça) – em vez de *Berna*.

Bordeaux (cidade francesa) – em vez de *Bordeus*.

Boudoir – em lugar de *toucador*.

Bouquet – em vez de *ramilhete*, *tope*, *capela*.

Chance – em vez de *oportunidade*.

Chauvinismo – em vez de *xenofobia* (gr. *xênos* = estrangeiro, e *phóbos* = medo, horror); o que nutre sentimentos ridículos de patriotismo é *xenófobo* (o *x* tem som alfabético).

Chefe de obra – em vez de *obra-prima.*

Comitê – em vez *dejunta, comissão, grupo, reunião, delegação, conselho.*

Costume – galicismo na acepção de *fato, vestido, traje, roupa.*

Debacle – em vez de *derrocada, derrota.*

Détraquê – em vez de *telhudo, lunático, adoidado, atoleimado.*

Eclodir – em vez de *estalar* ("Foi nesse dia que estalou a revolta"), *rebentar* ou *arrebentar* ("...comprou-se a guarda mourisca do alcáçar e a revolução rebentou"), *nascer, estourar.* – Como termo de botânica, traduza-se por *desabrochar, desabrolhar, surdir, nascer.* – Em outros casos troque-se por *surgir, irromper, romper.*

Eclosão – galicismo vogante e enervante. O ato de sair à luz expressa-se em português, conforme o caso, por *desabrochar, desabrolhar, desabrocho, desabrolho, aparecimento, desenvolvimento, nascimento, nascença, floração, origem.* – O termo científico é **antese** (do gr. *anthos*, flor).

Eletrôdo – galicismo prosódico; o acento português é *elétrodo*, como *período, método.*

Esquimau – a forma vernaculizada é *esquimó.*

Faringe – é palavra feminina: *a faringe.*

Feérico – em vez de *fantástico, mágico, maravilhoso, edênico.*

Fetiche, fetichismo, fetichista – em vez de *feitiço, feitiçaria, feiticeiro.* É curioso notar que o vocábulo francês *fétiche* foi tirado do português *feitiço.*

Flanar – em vez de *banzar, vadiar, cabular.*

Frapante – em vez de *notável.*

Gafe – em vez de *rata*, termo muito mais expressivo.

Grenoble – em vez de *Granobra* (cidade da França).

Grimaça – em vez de *careta, trejeitos, caramunha, momo, momice.*

Gris – em vez de *cinzento.* O verdadeiro aportuguesamento obriga a pronúncia do *s.*

Habitué – em vez de *freguês, frequentador, viciado.*

lnsurmontável – em vez de *insuperável, invencível.*

Marcante – em vez de *notável, distinto, conhecido, ilustre, eminente* etc.

Mayença – em vez de *Mogúncia* (cidade alemã).

Montra – em vez de *mostruário*, *vitrina*, *exposição*, *mostra*.

Negligé – palavra empregada na moda feminina para indicar roupa larga usada dentro do quarto ou de casa; diga-se "vestida ao desalinho, à vontade", e não "vestida de *negligé*".

Numismática – em vez de *nomismática*.

Orquidéa – galicismo prosódico; em português o acento é no *i*: *orquídea*.

Polipo – a pronúncia verdadeira é *pólipo*, que aliás é corrente de Portugal no seio do próprio povo.

Propriedade – galicismo na acepção de *alinho*, *apuro*, *limpeza*, *asseio*: Ele se veste com "propriedade". Em outras acepções (*qualidade, bens de raiz, emprego apropriado*) é lídimo português.

Remarcável – em vez de *assinalado*, *notável*.

René – em vez de *Renato*.

Renomado – em vez de *afamado*, *famigerado*, *célebre*.

Revanche – em vez de *desforra*, *vingança*, *vindita*, *despique*.

Reveria – em vez de *arroubo*, *enlevo*, *devaneio*, *extasiamento*. Como gênero de música traduza-se por *fantasia*.

Robe de chambre – em vez de *roupão*, *bata*.

Soirée – em vez de *sarau* (reunião dançante) ou *serão* (reunião para palestra).

Solvável – em vez de *solvível*; o substantivo é *solvibilidade* (ou *solubilidade*).

Soi-disant – em vez de *suposto*, *inculcado*, *pseudo*, *falso*, *gabolas*.

Surmontar – em vez de *superar*, *avantajar-se*, *sobrepujar*, *vencer*.

Troupe – em vez de *elenco*, *grupo*, *companhia*.

Vitraux – em vez de *vitral*. *Vitraux* é, em francês, plural; dizer, pois, em português "um vitraux" é, além de galicismo, solecismo.

871 – **Galicismos FRASEOLÓGICOS** ou **sintáticos**:

A que serve tanto luxo? – em vez de: De que serve tanto luxo?

Abstração feita – em vez de: fazendo-se abstração (§ 698).

Através isso – *Através* requer sempre depois de si a preposição *de*: através *d*isso, através *d*a sombra.

Conheci *os* homens *os* mais sábios – Não se deve repetir o artigo em expressões superlativas; ou se diz: "Conheci homens os mais sábios" ou "Conheci os homens mais sábios" ou "Conheci os mais sábios homens".

Copiado *sobre* uma antiga fotografia, feito *sobre* modelo – em vez de: Copiado de acordo com uma antiga fotografia, conforme uma antiga fotografia, feito conforme o modelo.

Estar ao fato de tudo – em vez de: Estar a par de tudo, estar ciente, estar inteirado, estar ao cabo.

Fazer as delícias – em vez de: Ser, constituir as delícias.

Fazer erro, fazer falta – Não é português o emprego de *fazer* com o sentido de *cometer*, *praticar*; em nosso idioma diz-se "cometer erro", como se diz "cometer falta", "cometer engano", "cometer distração".

Grande mundo – em vez de: alta sociedade. O mundo dos médicos, o mundo dos engenheiros – em vez de: a classe médica, a classe dos engenheiros.

Guardar o leito – em vez de: Estar de cama, estar acamado, ou, como diziam os nossos clássicos, estar em cama.

Isso vem mal a propósito – em vez de: Isso não vem a propósito.

Jogos de espírito – em vez de: chistes.

Mais eu penso, mais me convenço – em vez de: Quanto mais penso, mais me convenço.

Modelar o seu procedimento *sobre* o de seu amigo – em vez de: Modelar o seu procedimento *pelo* de seu amigo.

Não há nada a ver – em vez de: Não há nada que ver *ou* para ver (§ 546, n. 1, b).

Não se o compreende, não se o entende – em vez de: Ninguém o compreende, ninguém o entende (V. § 406).

Obras, artefatos, lavores *em* prata, *em* ouro, *em* platina – em vez de: obras, artefatos, lavores *de* prata, *de* ouro, *de* platina. Estátua *em* bronze, *em* ouro, em vez de: estátua *de* bronze, *de* ouro. – Mesa, colunas, escadas, balaustrada *em* mármore, em vez de: mesa, colunas, escadas, balaustrada *de* mármore. – Vestido *em* seda – em vez de: vestido *de* seda. Deve-se dizer "A casa é toda *de* material de primeira".

Ou bem – em vez de "ou então", em frases alternativas, como a seguinte: Ou obedecereis à lei *ou bem* sereis punido severamente – em vez de: ...*ou então* sereis etc.

Ponto de vista – Não obstante já vulgarizado, não nos esqueçamos de outras vernáculas maneiras de dizer: *a qualquer luz* (Tudo isso é deplorável a qualquer luz que se considere), *a que luz* (Examinai a que luz vos aprouver o mundo romano), *à luz que* (Examinai à luz que vos aprouver o mundo romano), *por qualquer face* (Por qualquer face em que encaremos o assunto), *aspeto* (Qualquer que seja o aspeto por que encaremos a questão), *modo de ver* (São modos de ver de cada um).

Proceder *de modo a*, *de maneira a* satisfazer a todos – em vez de: ...*de modo que*, *de maneira que* a todos satisfaz.

Redator em chefe, general em chefe – em vez de: redator-chefe, general-chefe.

Regular-se sobre alguém – em vez de: Regular-se por alguém.

Seus haveres consistem *de* prédios e muitas apólices federais – em vez de: Seus haveres consistem *em* prédios etc.

Ter a fazer – V. § 546, n. 1, b.

Ter lugar – em vez de: efetuar-se, realizar-se: "Realizar-se-á amanhã a festa..." e não: "Terá lugar amanhã a festa".

Todos os dois, todas as duas – em vez de: ambos, ambas.

Tomar a palavra, tomar armas, tomar luto, tomar alguém pela mão, tomar o hábito, tomar véu – em vez de: usar da palavra, ter a palavra, pegar em armas, estar, ficar de luto, segurar alguém pela mão, fazer-se frade, fazer-se freira. (Diga-se "vestidura" em vez de "tomada de hábito".)

Vir – Galicismo na acepção de *acabar de*: "Vem de aparecer o último livro do escritor..." em vez de: "Acaba de aparecer..." – "Vem de estrear a Companhia Nacional" em vez de: "Acaba de estrear a Companhia Nacional".

O verbo é lídimo vernáculo na acepção de *vir* (movimento), *chegar*, *voltar*: "Donde *vens*, ó mulher minha? – *Venho* de ouvir missa nova" – "Ei-lo aí *vem* de dizer missa" – "Saiu um magote de damas e homens que *vinham* de passar um delicioso sarau" – "Frades *virão* vinte e sete que *vêm* de partir melões" – "Quando chegou àquele porto Luís Falcão que *vinha* de governar Ormuz".

872 – 1) O *que* pode ocasionar o seguinte galicismo: Quando, na sequência de duas subordinadas, começa a primeira pelas conjunções *quand*, *comme*, *si*, *puisque*, é muito comum no francês o uso da conjunção *que* antes da seguinte subordinada, que se liga assim à primeira. Vertendo à letra tais subordinadas em português, é de todo alheio da índole de nossa língua fazer conta do *que* da segunda subordinada da construção francesa, copiando-a servilmente.

Tais são os seguintes passos, em cuja tradução para o português se deve elidir esse *que*: "Neptune, *quand* il élève son trident, et *qu'*il menace les flots soulevés, n'apaise point plus soudainement les flots" (Quando Netuno levanta seu tridente e ameaça as vagas revoltas, não as amaina mais repentinamente) – "*Comme* l'ambition n'a pas de frein, et *que* la soif des richesses nous consume tous, il en résulte que le bonheur fuit à mesure que nous le cherchons" (Como a ambição não tem freio e a sede das riquezas nos consome a todos, resulta que a felicidade foge à medida que a procuramos) – "*Si* Voltaire eût également soigné toutes les parties de son style, et *qu'*il eût plus tendu à la perfection qu'à la fécondité, il serait incontestablement le premier de nos poètes" (Se Voltaire tivesse igualmente ligado todas as partes de seu estilo e aspirado mais à perfeição que à fecundidade, seria incontestavelmente o primeiro de nossos poetas) – "*Puisqu'*on plaide et *qu'*on meurt, et *qu'*on devient malade, il faut des médecins, il faut des avocats" (Já que o homem pleiteia, adoece e morre, é mister que haja médicos e advogados).

Corre outro tanto quando a primeira subordinada principia no francês pelas conjunções ou locuções conjuntivas *quoique*, *lorsque*, *tandis que*, *après que*, *jusqu'à ce que* e outras, e a segunda pela conjunção francesa *que*: na tradução para o português nunca se enuncia o *que* da segunda subordinada sem cair em censurável galicismo.

Considera-se ainda galicismo o *que* empregado por *senão* em passagens como esta: "Isto não presta *que* como remédio" – "Ele não procura *que* a verdade".

2) Os substantivos franceses adjetivados designativos de cores, tais como *paille*, *marron*, *lilas*, *crème*, *orange*, *citron*, *saumon*, *grenat*, sempre invariáveis em tais casos, transladados à letra em nossa língua, produzem expressões alheias do bom falar português. Assim, em vez de sedas lilás, vestidos marron, vestidos creme, noisette; fitas, tafetás limão, laranja, cereja, carmin; luvas gris-perle, blusas grenat, como descuradamente é correntio no falar vulgar, em que tão mal se disfarça e confeita a estranha vestidura, devemos dizer: vestidos cor de palha, cor de castanha, sedas cor de lilás (ou *sedas lilases*: V. *Dicionário de Questões Vernáculas*, "lilás"), cor de salmão, cor de cereja, de avelã, de limão, de laranja, de creme, de carmim; luvas cor de pérola, blusas cor de granada, cor de romã, e analogamente, comparando a cor do objeto com a de objetos comumente conhecidos: cor de telha, cor de cinza, cor de barro, cor de rosa, cor de tijolo, cor de lírio, cor de carne, cor de flor de algodão, cor de chumbo, cor de abóbora, cor de rapé, cor de ouro, de azeviche, de canela, de azeitona, de casca de carvalho, de melão, de rubim, de púrpura, de vinho, de café, de ferrugem, de chocolate, de enxofre, de gema de ovo, de sangue.

873 – **SOLECISMO** é todo o erro léxico ou sintático. Exemplos: *Haviam* muitas pessoas no baile, em vez de *havia* muitas pessoas no baile; *fazem* três semanas, em vez de *faz* três semanas; hão de me *obedecerem*, em vez de hão de me *obedecer*; *custei muito* a encontrá-lo, em vez de *custou-me* muito encontrá-lo; não lhe passou *desapercebido* esse fato, em vez de não lhe passou *despercebido* esse fato; preferir *antes* fazer uma coisa *do que* outra, em vez de preferir fazer uma coisa *a* fazer outra; não saia sem *eu*, em vez de não saia sem *mim*; entre eu e ele, entre vós e eu, entre Pedro e eu, em vez de entre mim e ele, entre mim e vós, entre mim e Pedro; não crede, não suponde, em vez de não creiais, não suponhais; pediu-me de os visitar, em vez de pediu-me que os visitasse; aspirar altas posições, em vez de aspirar a altas posições; senhor de braço e cutelo, em vez de senhor de baraço e cutelo; guerreiro *intemerato*, em vez de guerreiro intrépido, denodado, destemido, *intimorato* (*intemerato* quer dizer inviolável, sem mancha, puro, incorrupto: virgem intemerata; verdade e fé intemeratas).

Os *solecismos* podem ainda ser *prosódicos* e *ortográficos*. Exemplos:

Errado	**Certo**
ab*i*solutamente	a*bso*lutamente
ad*e*jetivo	a*dje*tivo
ad*e*vogado	a*dvo*gado
*á*lcools	alcoóis
alv*é*ja	alv*ê*ja
Borde*aux*	Bordéus
c*a*dorna	c*o*dorna
décano	decâno
descaril*h*ar	descarrilar
des*ouveram*	desavieram(1)
entreti	entretive(2)
esgarranchar	escarranchar
fizéste*is*	fizestes (3)
foste*is*	fostes (3)
hipodrômo	hipódromo
pégada	pegáda
pr*e*vilégio	pr*i*vilégio
proposital	propositado
propositalmente	propositadamente
prototípo	protótipo
púdico	pudíco
saloba	salobra

(1) O verbo é *desavir* (des + a + *vir*: *vieram*; V. § 464, 3, obs. 2).

(2) De *entreter* (entre + *ter*: eu *tive*).

(3) 2ª pess. do plural do pretérito perfeito.

Nota: *Cacografia* (gr. *cacós* = mau) é o nome que se dá aos erros ortográfico como:

Errado		**Certo**
a*z*a	em vez de	a*s*a
ascen*ç*ão	em vez de	ascen*s*ão
	em vez de	defe*s*a (4)
	em vez de	despe*s*a (4)
	em vez de	empre*s*a (4)
repre*z*a	em vez de	repre*s*a (4)
e*x*plendor	em vez de	e*s*plendor[5]
pai*z*	em vez de	paí*s*
pa*c*ivo	em vez de	pa*ss*ivo
su*g*eito	em vez de	su*j*eito

874 – **ANFIBOLOGIA** ou **ambiguidade** é o vício pelo qual se dá tal construção à frase, que esta apresenta *dois sentidos* diversos.

"Bato, que em dura pedra converteu
Mercúrio, pelos furtos que revela".

Dada a construção, não se percebe quem foi convertido em pedra, se Bato ou Mercúrio.

"Ama o povo o bom rei e dele amado" – onde o objeto do verbo *ama* se confunde com o sujeito do mesmo verbo.

"O amor de minha mãe me fortalece" – onde não se sabe se *mãe* é o recipiente ou o agente do *amor*.

"Ele prendeu o ladrão em sua casa" – onde fica duvidoso se na casa do sujeito ou na do ladrão.

875 – **OBSCURIDADE** é a *falta de clareza* pela disposição enleada da frase: "...que em terreno não cabe o altivo peito tão pequeno" (= em terreno tão pequeno).

O *preciosismo* (§ 880), o *neologismo* (§ 882), as *elipses* e os *hipérbatos* viciosos (§ 854), as *inversões* afetadas, a *ambiguidade*, os *parênteses* extensos, o emprego exagerado dos *homônimos*, a acumulação das orações *interferentes*, a *perissologia*, as *circunlocuções*, os períodos demasiado longos e a má pontuação são circunstâncias que, pela maior parte, trazem *obscuridade* ao discurso.

876 – **CACOFONIA** ou **cacófato** é a união de duas palavras de forma tal que a última ou últimas sílabas da primeira, mais a primeira ou primeiras da segunda formem uma terceira palavra de sentido *torpe*, *obsceno* ou *ridículo*: El*a trina* muito bem – U*ma minha* prima – Dê-*me já* isso.

(4) O étimo dessas palavras acusa *s* (V. § 84, n. 1, b).

(5) Do latim *splendorem*.

Nota: Só haverá cacofonia quando a palavra produzida for *torpe*, *obscena*, *realmente ridícula*. É infundado o exagerado escrúpulo de quem diz haver cacófato em *por cada*, *ela tinha*, *só linha* etc. Cito a propósito os dizeres de Rui Barbosa: "Se a ideia de *porta*, suscitada em *por tal*, irrita a *cacofatomania* desses críticos... outras locuções vernáculas têm de ser, com essa, refugadas". V. Cacofatomania no D. QVs.

877 – **HIATO** é a afluência, seguida, de vozes acentuadas:

"*Vá* *à* *au*la" – "*Lá* *há* *al*mas"
↓ ↓ ↓ ↓ ↓ ↓
acentos seguidos acentos seguidos

878 – **ECO** é a repetição, desagradável, de fonemas iguais: "Clem*ente* *sente* constantem*ente* dores de d*ente*" – "O instru*mento* do consenti*mento* do casa*mento*".

879 – **COLISÃO** é a desagradável repetição de consonâncias iguais ou semelhantes: "A enfa*dada* vi*da dos deu*ses" – "*Para papai pôr o pó*" – "*Só se sal*va o *san*to" – "O *sol se se*pulta".

Nota: Na poesia, há vezes em que a colisão passa, de vício, a recurso onomatopaico, ou seja, o som da expressão interpreta o seu significado: Zunindo *as asas azuis*".

880 – **PRECIOSISMO** é o uso de *palavras*, *expressões* e *construções* ou antigas (mais propriamente o vício se denomina, então, **arcaísmo**) ou inusitadas, esquisitas, rebuscadas, de forma que o pensamento se torne de difícil compreensão. Exemplos:

Substantivos e **adjetivos**: *hostes*, inimigos; *heréu*, herdeiro; *incréu*, incrédulo; *comunal*, comum; *ucha*, arca; *infançon*, moço, fidalgo; *avença*, concórdia; *fazenda*, negócio ou sentimento; *manceba*, mulher jovem; *cuidança*, cuidado; *naviamento*, navegação; *primente*, primeiramente; *vizindade*, vizinhança; *defensão*, defesa; *livridõe*, liberdade; *similidõe*, similitude; *segre*, século; *malo*, mau.

Desses citados alguns são ainda usados com discrição. Entre os arcaísmos, convém notar os particípios em *udo*: *recebudo*, *estabeleçudo*, da 2ª conjugação. De tais particípios há três vestígios ainda usados: *teúdo*, *manteúdo* e *conteúdo* (tido, mantido, contido). Notem-se os arcaísmos resultantes da incerteza de sufixos na derivação: *sofrença* e *sofrimento*; *livridõe* e *liberdade*; ainda possuímos *nascença* e *nascimento*, que não se arcaizaram.

O arcaísmo *avença* (concórdia) deixou vestígio em *desavença*. O arcaísmo *heréu* (herdeiro) ocorre na expressão *terra d'heréu*. *Ucha* (arca) sobrevive em *ucharia* (despensa). *Malo* sobrevive na expressão "Pedro das *malas* artes".

Verbos: *jeitar*, lançar; *endurentar*, endurecer, sofrer; *conquerer*, conquistar; *emprir*, encher; *chantar*, plantar, fincar; *catar*, olhar; *trebelhar*, brincar etc. Note-se que alguns verbos deixaram vestígios: *jeitar* sobrevive nos compostos *rejeitar*, *sujeitar*. – *Catar* observa-se em *catacego*, *cata-vento*. – *Coitar* (magoar) nota-se em *coitado*. – *Chantar* ainda se encontra de quando em quando: "...cruz chantada em terra" – "Chantando esteios" – "O demônio se chantou naquele miserável corpo".

Nota: Quando os escritores dos séculos XV e XVI, por influxo da cultura clássica, tiraram do latim novas expressões, nem todas as antigas desapareceram, porque com o tempo já tinham adquirido sentidos novos; perderam-se as que não sofreram modificação de significado.

881 – **PROVINCIANISMOS** ou **provincialismos** são modos de falar particulares a um país ou a uma circunscrição maior ou menor de um país.

São conhecidas as corruptelas que introduzem na língua portuguesa os diversos modos de falar, peculiares às diversas divisões territoriais do mesmo país. Tais corrupções não respeitam somente a modificações prosódicas dos vocábulos, senão muitas e muitas vezes à significação mesma dos termos, que nem sempre se tomam exatamente no mesmo sentido em Portugal e no Brasil.

1) Lusitanismos: No Minho é notável a tendência para transformar o *o* fechado, longo, e o *u* longo em *õ*, *ũ*, nasalados, sendo muito comum entre os habitantes dessa província ouvir dizer: *bõa*, *ũa*, *lũa* em vez de *boa*, *uma*, *lua*.

Fazem ainda os minhotos as permutas do *b* e *v*, dizendo *binho* por *vinho*; *fevre* por *febre*; *berde* por *verde*; *lovo*, *vraço*, *São Vento* por *lobo*, *braço*, *São Bento*; *bisconde* por *visconde*; *barão* por *varão*.

No Algarve os vocábulos *pedir*, *pedaço*, *cegueira* são pronunciados como se figurassem *pidir*, *pidaço*, *cigueira*; outras vezes trocam o *i* pelo *e*: em vez de *fizer*, *fizera*, *dizer*, dizem *fezer*, *fezera*, *dezer*.

Nos coimbreses nota-se-lhes o defeito da intercalação de um *i* para evitar o *hiato*. Assim dizem: *a-i-alma* em vez de *a alma*; *a-i-aula* em vez de *a aula*; *a-i-água* em vez de *a água*.

Na Beira observa-se o vício de transformar o *ou* em *oi*, dizendo os beirões: *coive*, *oivir* em vez de *couve*, *ouvir*.

Os habitantes da própria capital portuguesa não se isentam de provincianismo, pronunciando *mensa*, *manjor*, em vez de *mesa*, *major*; *todó dia*, *todó tempo*, em vez de *todo o dia*, *todo o tempo*.

2) Brasileirismos: Dentre os *brasileirismos* notam-se certos vocábulos tomados às línguas e aos dialetos americanos e africanos. Tais os seguintes, que a língua timbra com a chancela nacional: *tapera*, *caipora*, *cacique*, *quilombo*, *quiabo*, *maniva*, *tocaia*, *tujupar*, *taquara*, *acaçá*, *taquari*, *umbu*, *açu*, *mirim*, *peva*, *pindoba*, *pucumari*, *patativa*, *piaçava*, *jiló*, *mucujé*, *sucuriúba*, *sapiranga*, *sicupira*, *lundu*, *oiti*, *taba*, *cuia*, *taboca*, *muriçoca*, *sururu*, *guaiamu*, *cutucar*, *imbira*, *cupim*, *coivara*, *coco*, *cuité*, *catapora*, *carimã*, *cará*, *patuá*, *sagu*, *samba*, *samburá*, *traíra*, *uru*, *urupema*, *tanga*, *xará*, *tipoia*, *arapuca*, *moquém*, *moqueca*, *mucuim*, *mondé*, *mingau*, *mutirão* (muxirão), e os vocábulos de tratamento *nhonhô*, *nhanhã*, *nenê*, *iaiá*, *ioiô*, *seu* (= senhor).

Os vocábulos *paixão*, *baixo*, *caixa*, *caixeiro*, *deixar* e outros análogos são no Brasil pronunciados, em geral, como se se escrevessem com *a* ou *e* simples e não com os ditongos *ai* ou *ei*, cujas vozes componentes se fazem bem ouvir em Portugal.

Na Bahia, além de muitos americanismos, limitados a essa circunscrição do país e que se estendem às vezes ao estado de Sergipe, referentes pela maior parte a produções animais ou vegetais, peculiares aos dois estados, a utensílios e termos da arte culinária, notam-se alguns outros provincialismos. Assim é que se não ouve bem distintamente o *l* molhado na pronúncia das palavras *mulher*, *bilhete*, *alheio*, *colher*, *talher*, dando-se a estes vocábulos a prolação do *l* simples. Também é comuníssimo ouvir da boca de muitos as expressões *me parece*, *me perdoe*, *me deixe*, *me dá*, em lugar de *parece-me*, *perdoe-me*, *deixe-me*, *dê-me*, a locução admirativa *ó gente!* pronunciada como se escrita *ó chente!* e terminações verbais como *deixá*, *falá*, *vendê*. Abusa-se ainda habitualmente do advérbio *mesmo*, pospondo-o ao adjetivo ou substantivo, e dando-se-lhe significação superlativa; são comuns e trilhadas as frases: Pedro é soberbo *mesmo*, é sabido *mesmo*, é inteligente *mesmo*, tem dinheiro *mesmo*.

No Pará é habitual o trocar o som do *ô* e do *ou* por *u* e vice-versa, dizendo-se: *canúa* por *canôa*; *cuco* por *côco*; *pupa* por *pôpa*, *prua* por *prôa*; *Jouca* por *Juca*; *môro* por *muro*; *bui* por *boi*.

Em Pernambuco e nos estados vizinhos o *E* e o *O* átonos são carateristicamente pronunciados com som aberto: *Récife*, *Jésuis*, *Pérnambuco*, *prófessor*, *pórtuguês*, *ménino*, *manéquim*, *sóciólogia*.

No Rio de Janeiro é para notar o uso do advérbio *sim* interrogativo imediatamente depois de uma oração, para consultar a aquiescência ou consentimento de alguém com respeito à realização do ato ou ação contida na proposição anteriormente enunciada: "Vens jantar conosco, *sim*?" – "Ele te ama com muito afeto, *sim*?" – "Tu gostaste muito do Rio, *sim*?"

Esse *sim*, que se pode considerar como um provincianismo, difere do *sim* interrogativo empregado só e absolutamente, e que exprime a admiração e estranheza a respeito de um fato ou ação que se nos diz ou relata. Assim, dizendo-se-nos que tal ou tal homem foi chamado para fazer parte de uma comissão importante, acudimos logo com um *sim* interrogativo: *Sim*?

O primeiro *sim*, que é um *provincianismo*, equivale à expressão francesa *n'est-ce pas?* ou à nossa frase *não é assim?*. O segundo, porém, que não é um *provincianismo*, corresponde às locuções portuguesas *de veras?*, *é certo o que dizes?*, *não estarás porventura iludido?*, *não será gracejo teu?* ou a outras de sentido análogo.

Na conversação é frequente entre os fluminenses o uso desapropositado do verbo *saber* na terceira pessoa do singular do presente do indicativo, sem relação alguma gramatical com os elementos da frase, em que se ele intercala, como parêntese, constituindo uma espécie de vezo ou sestro no falar. Com os residentes na cidade do Rio de Janeiro difícil é entreter uma conversação, por breve que seja, que nos não venha, amiúde, ferir o ouvido esse repisado *sabe*, empregado sem propósito, estrangulado, na frase (*sá? num sá?*).

882 – **NEOLOGISMO** – Só é vício de linguagem quando desnecessário. Constitui *neologismo* a palavra nova, introduzida pela ciência ou por necessidade de melhor especificação, criada dentro do idioma ou adaptada de outros de acordo com o gênio do nosso (*astronauta*, *míssil*, *telex*, *xérox*) ou a palavra antiga tomada em sentido novo (*computador*, *satélite*).

Questionário

1. Que são *vícios de linguagem*?
2. Quais são os vícios de linguagem?
3. Que é *barbarismo* e que outro nome tem?
4. Dos barbarismos, qual o mais funesto ao nosso idioma?
5. Na transplantação do francês para o português, a que normas obedecem as palavras? Resposta completa e exemplificada.
6. Corrija os seguintes textos:
   a) Não posso abordar essa questão.
   b) Através os matizes os mais lindos o sol apareceu.
   c) Você não será feliz com essa troupe.
   d) Meu pai está guardando o leito.
   e) Mais estudo, mais me convenço que nada sei.
7. Cite 4 dos mais usados galicismos fraseológicos, dando a respectiva forma portuguesa.
8. Que é *solecismo*? Exemplos.

9. Reproduza, corrigidos, os seguintes cacógrafos: *expontâneo*, *despeza*, *sugeito*.
10. Explique, com exemplos, a diferença entre *intemerato* e *intimorato*.
11. Corrija os seguintes textos:
a) Não bebe dessa água, que é saloba (§ 413, 3, b).
b) Não foi propositalmente que eu lhe maxuquei.
c) Não pensa que você tem o previlégio de esgarranchar-se na carteira (§ 413, 3, b).
12. Que é *anfibologia*? Exemplos.
13. Em que consiste a *obscuridade*?
14. Diga, com exemplos, o que vem a ser *cacófato*.
15. Que é *hiato*? Exemplos.
16. Que é *eco*? Exemplos.
17. Um exemplo de *colisão*.
18. Que é *preciosismo*?
19. Que é *provincianismo*?
20. Corrija os seguintes textos:
a) Eu fui sempre um dos que mais se esforçou.
b) Temos grande variedade em sedas e em lãs.
c) Chamam-se serviços públicos aos serviços cuja manutenção todos nós concorremos por meio de impostos e taxas.
d) Estes livros são muito raros; não se os obtém senão por muito dinheiro.

CAPÍTULO 60

PERÍODO

885 – Como vimos no § 558, **período é uma ou mais orações que formam sentido completo**.

Tipos de Período

886 – Temos já conhecimento inteirado do período, dado o que vimos no necessário estudo introdutório das conjunções, onde vimos também que o período pode ser **simples** e **composto** e, quando composto, que o pode ser *por coordenação* e *por subordinação* (§ 558 e ss.).

Vejamos agora como podem classificar-se as orações que constituem um período.

Classificação das Orações

887 – As orações classificam-se em *absolutas*, *independentes*, *coordenadas*, *principais* e *subordinadas*.

Absolutas: *Oração absoluta* é a que, de sentido completo, constitui a única do período: "*O sono da morte exclui os sonhos da vida*".

Independentes: *Oração independente* é a que, de sentido completo, vem acompanhando outra, que poderá ter também sentido completo ou não:

"*Os vícios antecipam a velhice* e *as virtudes a retardam*".

1ª oração independente	2ª oração independente

"*João irá ao Rio hoje* e *Antônio irá* *quanto puder*".

orac. independente		orac. princ.	orac. subordinada

Nota: É erro analisar como "principal" a primeira oração independente de um período composto por coordenação (§ 560).

888 – **Principais**: *Oração principal* é a que tem o sentido principal no período, e que, embora não dependa de outra oração, tem seu sentido inteirado por outra ou outras a ela subordinadas: "*Convém* que ele vá" – "*Desejo* que ele fique" – "*Isso depende* de que ele venha" – "*A ignorância não duvida*, porque desconhece que ignora".

889 – **Coordenadas**: *Oração coordenada* é a que vem ligada a outra de igual função, ou seja, as coordenadas entre si podem estar quer independentes, quer subordinadas, quer principais.

1ª oração independ.	conj. coordenativa ↑	2ª oração independ.
"MEU MANO PARTIU	MAS	NÃO VOLTOU"

principal	1ª or. subord.	conj. coordenativa ↑	2ª oração subordinada
"QUERO	QUE VÁS	E	QUE VOLTES"
	↓ conj. subordinativa — subordinada à principal		↓ conj. subordinativa — coordenada à subord. anterior e subord. à principal

conj. coordenativa ↑

"QUERO QUE VÁS E PEÇO QUE VOLTES"

"QUERO": 1ª oração principal — "E PEÇO": 2ª oração principal, coordenada à 1ª

Notas: 1ª – Há vezes em que duas orações independentes, em vez de virem ligadas por conjunção coordenativa, vêm separadas por vírgula:

"Faça boa viagem, volte logo".
↑

Em tal caso as orações se dizem coordenadas *assindéticas* (= sem união, sem ligação); quando ligadas por conjunção, elas se dizem coordenadas *sindéticas* (= com união, ligadas): "Faça boa viagem *e* volte logo".

2ª – As **sindéticas**, ou seja, as ligadas por conjunção coordenativa, podem ser:

aditivas
adversativas
alternativas
conclusivas
explicativas

segundo a espécie da conjunção coordenativa (§ 571 e ss.).

890 – **Subordinadas**: *Oração subordinada* é a que completa o sentido de outra de que depende, chamada *principal*, à qual se prende por conjunções subordinativas ou pelas formas nominais do verbo: "Não dês o dedo ao vilão, *porque te tomará a mão*" – "Fiz *entrar primeiro os homens*".

Notas: 1ª – A subordinada caracteriza-se, pois, pelo *sentido dependente*, pelas *conjunções subordinativas* ou pelas *formas nominais do verbo com sujeito próprio* (V. § 905).

2ª – Uma subordinada pode depender de uma principal ("Quero *que venha*") e pode depender de outra que já é subordinada:

Quero	que venha	quando fizer bom tempo
principal	subordinada à principal	subordinada à subordinada anterior

Orações Subordinadas

891 – As **orações subordinadas** dividem-se em:

substantivas
adjetivas
adverbiais

conforme a função sintática que exercem no período.

892 – **SUBORDINADA SUBSTANTIVA** é a que em relação à oração principal equivale a um *substantivo*; assim, dizer:

"Desejo que sejas feliz"
(que sejas feliz: subordinada substantiva)

é o mesmo que dizer: "Desejo a tua *felicidade*".
(felicidade: substantivo)

Nota: Nem sempre é possível tal substituição; no período: "Vi *que não podiam com ele*" não podemos recorrer à substituição da subordinada substantiva pelo equivalente substantivo, mas o aluno tem capacidade bastante para ver que essa subordinada funciona como *objeto* de *vi*; ora, como os *objetos* são constituídos de *substantivos*, é claro que a oração que funciona como *objeto* é também *substantiva*.

893 – Não somente *objetiva* pode ser a subordinada substantiva; uma vez que o substantivo pode exercer funções diversas, diversas são também as **espécies de subordinadas substantivas**:

subjetivas
objetivas { diretas / indiretas
completivas nominais
predicativas
apositivas

894 – **Subordinada substantiva subjetiva** é a que exerce função de sujeito com relação ao predicado da principal (em todos estes exemplos, as orações grifadas são *sujeitos* da oração principal, o que facilmente se pode averiguar, fazendo-se uma pergunta com o predicado da principal: Que é dura coisa? – Que é bom? – Que é então? – Que convém? – Que importa? – conforme os verbos dos exemplos que se seguem):

"Dura coisa é para ti *recalcitrares contra o aguilhão*".
"É bom *que estudes*".
"É então *que o catolicismo lhe oferece as pompas das suas solenidades*".
"Convém *que te apliques às artes*".
"Importa *viver honestamente*".
"É admirável *o como a instrução modifica as nações*".
"É sabido *quando ele vem*".
"Não é certo *que ele morreu ontem*".
"Obra é de vilão *atirar a pedra e esconder a mão*".
"Nota-se *que ele é inteligente*".
"*Se ele passa de ano* não se sabe".

895 – **Subordinada substantiva objetiva** é a que exerce função de objeto com relação ao predicado da principal, e será **direta** ou **indireta** se a ela vier ligada sem ou com preposição.

1) **Diretas**:

"O Brasil espera *que cada um cumpra o seu dever*".
"Dize-me *se sabes a lição*".
"Creio *estarem elas preparadas*".
"Ele esperava *vir*".
"Faça *o carro parar*" (§ 652).
"Mandei-o *comprar um livro*" (§ 652).

"Tenho medo (= temo) *que ele sucumba*".

"Estou com esperança (= espero) *que ele seja aprovado*".

"Ele é de opinião (= opina) *que fiques*".

Nota: Estes três últimos casos são curiosos; neles se vê que a locução é que tem força transitiva direta equivalente a verbo transitivo direto. Quase sempre aparece nessas construções a preposição *de* antes da conjunção *que*, transformando as substantivas objetivas diretas em substantivas completivas nominais: Tenho medo *de que ele sucumba* – Estou com esperança *de que ele seja aprovado*.

2) **Indiretas**:

"Isso depende *de que ele esteja em casa*".

"O desastre obstou *a que prosseguíssemos*".

896 – **Subordinada substantiva completiva nominal** é a que se prende complementarmente a substantivo ou adjetivo:

"Estou de acordo *com que você vá*".

"Ele está inclinado *a que estudes medicina*".

"O fato *de que falas várias línguas* é de si vantajoso".

"Estou receoso *de que não cheguemos a tempo*".

"A ideia *de que você vai arrepender-se* é ridícula".

897 – **Subordinada substantiva predicativa** é a que funciona como predicativo:

"O certo é *que ele não vem*".

"A verdade é *que nem todos entendem*".

"Sou eu *quem fala*".

898 – **Subordinada substantiva apositiva** é a que funciona como aposto:

"Só tenho uma ideia: *que você vai arrepender-se*".

"Uma coisa vos confessarei eu, Senhor Leonardo, *que os portugueses são homens de ruim língua*".

Nota: Certas completivas nominais que vêm ligadas com a preposição *de* podem, elidida a preposição, transformar-se em apositivas:

"A ideia *que você vai arrepender-se* é ridícula".

899 – **SUBORDINADA ADJETIVA** é a que em relação à principal equivale a um *adjetivo*; assim, dizer:

"A aluna que era de muita instrução faleceu"

subordinada adjetiva (que era de muita instrução)
(modifica o substantivo *aluna*)

é o mesmo que dizer: "A <u>*aluna*</u> muito <u>*instruída*</u> faleceu".

subst. ↓ modifica o subst. *aluna*

EXEMPLOS:

"Guarda-te d'homem | *que não fala,* | e de cão | *que não ladra.*"

"Aquele | *que ama a vida,* | guarde sua língua do mal."

"A pessoa | *com que trato* | é honesta."

"O | *que é a baleia entre os peixes,* | era o Gigante Golias entre os homens."

"Pedro não é o | *que parece.*"

"Viste jamais alguém | *que seja verdadeiramente feliz?*"

"Ele, | *que é incapaz de mentir,* | foi acusado de hipocrisia."

"A cidade | *onde* (= em que) *nasceste,* | prima pela beleza de seus arredores."

Nota: Tal qual acontece com as subordinativas (V. *nota* do § 892), nem sempre é possível a substituição; bastará, no entanto, que esteja modificando um substantivo, para que a subordinada seja *adjetiva*.

900 – As **subordinadas adjetivas** dividem-se em *explicativas* e *restritivas*.

Explicativas são as que indicam qualidade inerente ao substantivo a que se referem, e podem ser eliminadas sem prejuízo do sentido da oração principal: "O homem, | *que é mortal,* | passa rápido sobre a terra".

Restritivas são as que exprimem sentido acidental, e não podem ser eliminadas sem prejuízo do sentido da oração principal: "O homem | *que é justo* | deixa na terra memória abençoada".

Observe-se que há diferença de entoação e de pontuação entre as explicativas e as restritivas: Enquanto as explicativas vêm entre vírgulas e se proferem com certa acentuação enfática, as restritivas não se põem entre vírgulas e se proferem sem nenhum acento enfático.

Quer no meio, quer no fim do período, as adjetivas não vêm separadas por vírgula quando são restritivas: "O homem que esteve aqui ontem virá outra vez amanhã".

Quando simplesmente explicativa, como se em lugar do pronome estivesse redigido "saiba-se que ele", "todos sabem que ele", a vírgula se torna necessária: "Meu pai, que esteve aqui ontem, virá outra vez amanhã". A explicativa (os ingleses chamam-na *descritiva*) dá certa informação que não é essencial ao sentido do que está sendo declarado na principal; é como se fosse um parêntese, cuja ausência não viria sacrificar a compreensão do que se afirma na principal.

Para maior compreensão da diferença entre adjetiva explicativa e adjetiva restritiva e a correspondente pontuação, vejamos este período: "O quarto agrupamento é constituído de cavalarianos que têm 1,80 de altura". Com essa redação, compreende-se que há outros agrupamentos de cavalarianos sem essa altura; a relativa é restritiva; não podemos excluí-la do período; vem sem vírgula. Se, porém, pusermos vírgula antes do *que*, a compreensão do período será outra: Há só um agrupamento de cavalarianos, e estes são de 1,80 de altura, especificação, descrição, explicação esta que podemos agora tirar do período sem que deixemos de afirmar que "há vários agrupamentos, mas só um de cavalarianos".

Notas: 1ª – As subordinadas adjetivas vêm ligadas à principal por **pronome relativo**: "O homem | *que* vi | morreu" – "A mulher | *cujos* olhos a mim se voltaram | era piedosa"

ou por **advérbio relativo**: "A casa | *onde* moro | é pequena" – "É formoso o país *onde* (= em

adv. rel. (§ 525, n. 8)

que, no qual) nasceste".

2ª – Não raro acontece que vem elidido o antecedente do pronome relativo que prende a subordinada adjetiva: "Ignoro (o lugar) *donde vens*" – "Não sei (a coisa) de *que* se trata". V. § 345, 3, *in fine*.

3ª – Outras vezes, a repetição do antecedente dá ênfase à subordinada adjetiva: "Comprei este livro, *livro* que há muito desejava adquirir".

4ª – Para separar e analisar orações em que entram relativos, é necessário desdobrá-los: "Vi quem chegou" = "Vi *aquele* || *que* chegou".

↓ obj. dir. de *vi* — ↓ suj. de *chegou*

"Não vejo *onde* você está = Não vejo o lugar || em que você está".

Desse modo, poderão resolver-se em subordinadas *adjetivas* as subordinadas ligadas por esses relativos.

Assim como no período "Estimo quem me estima" não se analisa "quem me estima" como subordinada substantiva (§ 378), também não se deve dar essa análise, forçada e inútil, para orações iniciadas por outros relativos (§ 525, n. 8).

5ª – Casos há notáveis em que o pronome relativo (*que*), servindo de ligação a uma *subordinada adjetiva*, é ao mesmo tempo termo de uma subordinada subsequente: "São estas as leis *que* ele ordenou que fossem promulgadas". O relativo *que* é a ligação da adjetiva (*que ele ordenou*) e ao mesmo tempo é o *sujeito* da substantiva *que fossem promulgadas*.

Coisa semelhante se observa com outros pronomes: "Ele deu-me os livros, *os quais* eu julgava ter perdido" – "Tu não sabes *quantas* lições afirma ele que estuda por dia". Os pronomes *os quais* e *quantas* ligam as orações imediatas, e são *objetos* dos verbos das orações subsequentes. Outro exemplo: "Que queres que eu te diga? – onde o primeiro *que* é obj. direto de *diga*, e não de *queres* (= *Queres* que eu te diga *o quê*?).

Exemplos de redação um tanto confusa: "Apresento as provas do concurso *que* me *destes* a honra de organizar" – "Apresento as provas do concurso *que fui* por vós designado a fiscalizar". Em ambos o "que" não tem relação sintática com o verbo que vem logo após ("destes" no primeiro, "fui" no segundo), mas com os infinitivos que se seguem; mais claro será: "Apresento as provas do concurso de cuja organização me destes a honra" (ou "...com cuja organização me honrastes") – "Apresento as provas do concurso de cuja fiscalização fui por vós designado" (ou "...para cuja fiscalização me designastes").

6ª – A subordinada adjetiva pode às vezes converter-se em uma coordenada com a principal: "Comprei uma casa *de que já estou de posse*" = "Comprei uma casa *e já estou de posse dela*".

↓ coorden. à oraç. anterior

conjunç. coordenativa

901 – **SUBORDINADA ADVERBIAL** é a que, em relação à oração principal, equivale a um *advérbio*:

"Morreu | quando menos esperava"

(modifica o verbo *morreu*)
subordinada adverbial

902 – As **subordinadas adverbiais** vêm ligadas às orações principais ou por **conjunção subordinativa** (Maria encanta *porque* é estudiosa), ou por **advérbios** (§ 525, n. 8: Não jogues *quando* estiveres cansado), ou por **formas nominais** dos verbos (*Chegando* a primavera, as aves se tornam mais belas).

Notas: 1ª – A **subordinada adverbial** pode, não raras vezes, converter-se em adjunto adverbial: Ele chegou *quando eu entrei* – Ele chegou *na minha entrada*.

2ª – A **subordinada adverbial** é ainda conversível, às vezes, em uma *coordenada* com a principal: Ele chegou *quando eu entrei* = Ele chegou *e* eu entrei.

903 – A *subordinada adverbial* pode ser:

causal
comparativa
consecutiva
concessiva
condicional
conformativa
final
proporcional
temporal

EXEMPLOS:

1 – **Causal:** "Eu sairei *porque ele entrou*" – "*Como ele entrou*, eu sairei" – "Deus existe, *visto que eu existo*" – "Vou ao teatro, *porque gosto das representações dramáticas*".

2 – **Comparativa**: "Dão-se os conselhos com mais boa vontade, *do que geralmente se aceitam*" – "Sempre nos deleitamos mais em falar, *do que os outros em nos ouvir*" – "A atividade sem juízo é mais ruinosa *que a preguiça*" – "Ninguém se agasta tanto do desprezo, *como (se agastam) aqueles* que mais o merecem" – "À Índia mais vão *do que tornam*".

3 – **Consecutiva**: "Perdeu ele o crédito, de sorte *que ninguém se fia dele*" – "De tal maneira nos amou *que se deu por nós*" – "Tal foi a sua audácia *que ninguém lhe ousou resistir*" – "Voou tão alto *que o perdi de vista*" – "Nunca fui a sua casa, *que o não achasse estudando*" – "Não correu muito tempo, *que a vingança o não alcançasse*".

As duas últimas têm na realidade sentido exclusivo; nelas o *que* equivale a "sem que" correspondente ao *quin* latino.[1]

4 – **Concessiva**: "Eu sairei, *embora ele entre*" – "*Ainda que enterrem a verdade*, a virtude não se sepulta" – "*Ainda que vistas a mona de seda*, mona se queda".

5 – **Condicional**: "Eu sairei *se ele entrar*" – "Feliz seria o gênero humano, *se os homens fossem tais* como geralmente se inculcam" – "*Se queres saber* quem é o vilão, mete-lhe a vara na mão" – "As palavras boas são *se assim fosse o coração*".

6 – **Conformativa**: "Eu sairei *como ele entrou*" – "Há economias ruinosas, *como há prodigalidades proveitosas*" – "Ele fez *segundo foi mandado*" – "*Como me tangerem*, assim bailarei" – "*Como (é) dente quebrado e pé desengonçado*, é a confiança no desleal em tempo de angústia".

7 – **Final**: "Eu sairei *para que ele entre*" – "Retira o teu pé da casa de teu próximo *para que não suceda* que ele de enfastiado te venha a aborrecer" – "...as gentes da terra todas enfreias, *que não passem o termo limitado*".

8 – **Proporcional**: "*À medida que o menino compreendia*, ele se tornava mais alegre" – "*À proporção que o inverno entrava*, os pássaros desapareciam" – "*Quanto mais se sobe*, (tanto) maior queda se dá" – "*Qual é Maria*, tal é sua cria" – "Portou-se tal *qual não convinha*" – "*Onde está teu tesouro*, aí está o teu coração".

9 – **Temporal**: "Eu sairei *quando ele entrar*" – "*Quando nos lembramos do passado*, receamo-nos do futuro" – "*Enquanto temos tempo*, façamos bem a todos".

---

(1) V. *Gramática Latina*, § 374, n. 3; § 429 (*in fine*).

904 – **SUBORDINADAS REDUZIDAS**: As subordinadas podem apresentar-se, também, de forma equipolente, com os verbos numa de suas *formas nominais*; chamam-se, neste caso, **reduzidas**.

Podem ser:

reduzidas *de infinitivo*
reduzidas *de gerúndio*
reduzidas *de particípio*

de infinitivo:

É bom *estudares* = É bom *que estudes*.

Julgo *deveres ir* = Julgo *que deves ir*.

O que me vinga de sua ignorância é *acreditarem eles a sua opinião* = O que me vinga de sua ignorância é *que eles acreditam a sua opinião*.

Isto depende *de seres feliz* = Isto depende *de que sejas feliz*.

Mandei *os convidados entrar* = Mandei *que os convidados entrassem*.

Fique *até eu mandar sair* = Fique *até que eu mande sair*.

de gerúndio:

Estudando as lições, o menino aprende = O *menino que estudar as lições* aprende.

Reinando Tarquínio, veio Pitágoras para a Itália = *Quando reinava Tarquínio...*

Proferindo o orador estas palavras, a assembleia rompeu em aplausos = *Quando o orador proferiu...*

de particípio:

Acabada a festa, os músicos partiram = Quando a festa acabou...

Posto o sol, os pássaros deixam de cantar = Depois que o sol se põe... (Recorde-se o § 698.)

Notas: 1ª – A oração que tem o verbo numa das formas nominais denomina-se **reduzida**; denomina-se **desenvolvida** a oração cujo verbo se encontra num dos modos verbais.

2ª – As subordinadas **reduzidas** classificam-se como as subordinadas **desenvolvidas**, isto é, podem ser *substantivas* (subjetivas, objetivas etc.), *adjetivas*, *adverbiais* (causais etc.) – § 891 e ss.

905 – Quantas orações há num período, ou por outra, como descobrir o número de orações existentes num período?

Há num período tantas orações quantos são os verbos em formas modais, quer em conjugação simples, quer em conjugação composta, quer em locução verbal. Por exemplo, no período "*Quero* que você *vá*" há duas orações, porque há duas formas modais de verbo, uma no indicativo (*quero*), outra no subjuntivo (*vá*). No período "Eu *haveria conseguido* que você *ficasse* bom" há também duas, porque duas formas modais existem: *haveria conseguido* (forma composta) e *ficasse*. No período "Eu *tenho de ir* porque ele *está passando* mal" há ainda duas orações, porque há somente duas formas modais: *tenho de ir* (locução verbal) e *está passando* (outra locução verbal: § 513 e ss.).

Também as formas nominais constituem oração quando têm sujeito próprio (isto é, diverso do sujeito do verbo da oração subordinante) ou quando conversíveis em formas modais. Por exemplo: No período "Mandei Paulo sair" há duas orações e não somente uma, porque o infinitivo *sair* tem sujeito próprio (*Paulo*), diverso do sujeito de *mandei*, que é *eu*. – No período "Mandei-os sair" há também duas orações, porque o infinitivo é conversível em forma modal: "Mandei que eles *saíssem*". (Recordem-se os exemplos do § anterior.)

Nota: Períodos como "*Pedro* e *Paulo* partiram" melhor parece que se considerem "períodos simples, de sujeito composto", do que "períodos compostos de duas orações coordenadas" (Pedro partiu e Paulo partiu). O mesmo se diga quando o "e" liga objetos (Comprei um *lápis* e uma *pena*) ou outros termos que exerçam a mesma função: Ele é *inteligente* e *rápido*.

906 – Como fazer para dividir as orações, ou por outra, onde começa a nova oração?

As formas conjuntivas (conjunções, pronomes relativos, advérbios relativos) indicam o início de nova oração. Por exemplo: no período "Não veio o aluno que é bom" o *que* inicia nova oração, porque é pronome relativo:

"Não veio o aluno || que é bom"

Quando os pronomes relativos vêm antecedidos de preposição, esta preposição fica pertencendo à nova oração:

"Não veio o aluno || *a* que você deu boa nota"

A inversão dos termos não deve perturbar-nos na separação:

"O aluno || que é bom || não veio"

2ª oração

primeira oração

Quando o verbo da oração está numa forma nominal, pertencem a essa oração os termos que têm relação com a forma nominal:

Posto o sol || os pássaros deixam de cantar" (§ 698).

Mandei- || o sair" (§ 652).

907 – As orações do verbo *haver*, quando indicam noção de tempo – *há muito* (tempo), *havia anos* – aparecem na frase com feições diversas:

1 – Há muito tempo que moro nesta casa.

2 – Há muito moro nesta casa.

3 – Moro há muito nesta casa.

4 – Moro nesta casa muito há.

5 – De há muito moro nesta casa.

6 – Há mais tempo deveria estar morando nesta casa.

O primeiro tipo é manifestamente de um período composto por subordinação, em que *há muito* é a oração principal e *moro nesta casa* é subordinada adverbial temporal (*que* = *desde que*). A esta análise subordinam-se os seguintes exemplos: "Havia poucos dias que era chegado" – "Talvez não haja uma hora que passou pelo retiro".

No 2º, no 3º e no 4º tipo a oração do verbo *haver* tem caráter de *interferente*. A mesma análise de interferente tem a oração "há um ano" no seguinte exemplo: "E andam a prometer há um ano que se hão de levar lá" (o conectivo *que* pertence ao verbo *prometer*).

O 5º tipo assume a feição de mero adjunto adverbial de tempo. Sobre ela escreve A. Coelho: "Influência semelhante se nota na expressão frequente, mais viciosa, *de há muito* por *há muito*. *Há muito* fixa-se como a indicação de tempo passado; *há* não é percebido como verbo, mas antes como preposição (*a*); daí o antepor-se-lhe *de* por analogia com expressões como *de então*, *de ontem*, *de muito*". A esta análise se reduz, por exemplo: "Uma lei de há três séculos".

Quando encravada em subordinadas, como "Creio que *há muito* está doente", tal expressão existencial assume igualmente o caráter de adjunto adverbial de tempo. Tal análise poder-se-ia estender mesmo ao 2º, ao 3º e ao 4º tipo (*há muito* = *desde muito*). A ela com certeza devemos subordinar o seguinte passo de Camões, considerando expletivo o segundo *que*: "E navegar meus mares ousas, que eu *tanto tempo há já que tenho*".

O 6º tipo parece-se com o 5º enquanto indica tempo passado e *há* é percebido como preposição. Trata-se, porém, do verbo *haver*, equivalente a *fazer*: "Já há mais tempo podíamos ter-nos mudado" (= Já há mais tempo que...).

Notas: 1ª – Nos quatro primeiros tipos pode o verbo *haver* ser substituído por *fazer*. Tanto o verbo *haver* quanto o v. *fazer* são impessoais em orações como essas e devem ficar no singular: "*Faz* dois dias que chove" – e não: "*Fazem* dois dias..." (§ 741).

2ª – Não confundamos o *há* de tais expressões com a preposição *a* de outras: "Daqui *a* dois anos" (e não: "Daqui *há* dois anos"). "Os bombeiros chegaram *a* tempo" (= Os bombeiros chegaram *em* tempo, *com* tempo) é oração que não se deve confundir com "Os bombeiros chegaram *há* tempo" (= "...faz tempo").

3ª – Subordina-se o verbo *haver*, quando impessoalmente empregado em expressões de tempo (= passar-se, ter decorrido, ser decorrido) às regras de correlação ou correspondência temporal; será simples verificar o acerto ou o erro do tempo do verbo, se substituirmos *haver* por *fazer*: "Em consequência de uma seca que já durava *havia* meses" (= que já durava *fazia* meses – e não: que já durava *faz* meses). O imperfeito aí se impõe, não se podendo dizer: "...que já durava há meses". Outro exemplo: "*Havia* poucos dias que era chegado".

"Modernamente, contra a índole da língua dos melhores escritores, com frequência se perde de vista o paralelismo das formas verbais, e redige-se: *Há* dias que se *trabalhava*. Evite-se esta construção" (Vasco Botelho de Amaral). D.QVs.; *sabiam havia tempos*.

908 – Sinopse da análise sintática da ORAÇÃO

(Elementos possíveis numa oração)

- sujeito
  - simples
  - composto
  - indeterminado
- predicado
  - nominal
  - verbal
  - verbo-nominal
- predicativo
  - do sujeito
  - do objeto
- complemento nominal
- (complemento verbal) objeto
  - direto
  - indireto
- agente da passiva
- adjunto adnominal
- adjunto adverbial
- aposto
- vocativo

909 – Sinopse da análise sintática do PERÍODO:

- PERÍODO
  - simples: uma oração absoluta
  - composto
    - por coordenação (duas ou mais orações independentes)
      - coordenada assindética
      - coordenada sindética
        - aditiva
        - adversativa
        - alternativa
        - conclusiva
        - explicativa
    - por subordinação
      - principal
      - subordinada (desenvolvida ou reduzida)
        - substantiva
          - subjetiva
          - objetiva
            - direta
            - indireta
          - completiva nominal
          - predicativa
          - apositiva
        - adjetiva
          - restritiva
          - explicativa
        - adverbial
          - causal
          - comparativa
          - consecutiva
          - concessiva
          - condicional
          - conformativa
          - final
          - proporcional
          - temporal

910 – Modelos de análise sintática:

1. *O menino correu para o campo.*

   Período simples (oração absoluta)

   O – adjunto adnominal.
   menino – sujeito simples.
   correu para o campo – predicado verbal.
   para o campo – adjunto adverbial de lugar para onde.
   o – adjunto adnominal.

2. *Tenha sempre, meu filho, cuidado com os livros, seus verdadeiros amigos.*

   Período simples (oração absoluta)

   (*você*) – sujeito oculto.

Tenha sempre cuidado com os livros – predicado verbal.
sempre – adjunto adverbial de tempo.
meu filho – vocativo
cuidado – objeto direto.
com os livros – complemento nominal.
os – adjunto adnominal.
seus verdadeiros amigos – aposto.
seus, verdadeiros – adjuntos adnominais.

3. *A menina passou nos exames || e o menino foi reprovado pela professora.*

Período composto por coordenação.

1ª oração: *A menina passou nos exames* – oração independente.

A – adjunto adnominal.
menina – sujeito simples.
passou nos exames – predicado verbal.
nos exames – adjunto adverbial de lugar onde.

2ª oração: *e o menino foi reprovado pela professora* – oração independente, coordenada sindética aditiva.

e – conectivo (conjunção coordenativa aditiva).
o – adjunto adnominal.
menino – sujeito simples.
foi reprovado pela professora – predicado verbal.
pela professora – agente da passiva.

4. *O aluno || que examinei || é inteligente.*

Período composto por subordinação.

1ª oração: *O aluno é inteligente* – principal.

O – adjunto adnominal.
aluno – sujeito simples.
é inteligente – predicado nominal.
inteligente – predicativo.

2ª oração: *que examinei* – subordinada adjetiva restritiva.

que examinei – predicado verbal.
que – objeto direto.

5. *Quero || que você vá ao Rio || e volte || quando mamãe ficar boa.*

Período composto por coordenação e subordinação.

1ª oração: *Quero* – principal.

quero – predicado.

2ª oração: *que você vá ao Rio* – subordinada substantiva objetiva direta.

que – conectivo (conjunção integrante).

você – sujeito simples.

vá ao Rio – predicado verbal.

ao Rio – adjunto adverbial de lugar para onde.

3ª oração: *e volte* – subordinada à principal e coordenada (sindética aditiva) à subordinada anterior.

e – conectivo (conjunção coordenativa aditiva).

volte – predicado.

4ª oração: *quando mamãe ficar boa* – subordinada adverbial temporal.

quando – conectivo (conjunção subordinativa temporal).

mamãe – sujeito simples.

ficar boa – predicado nominal.

boa – predicativo.

Observação:

Sempre nos aborrece ter de expor e explicar fenômenos e nomes que fogem da verdadeira substância sintática. Reformam os programas de ensino e organizam pontos para concursos professores que parecem querer complicar antes que pedir o que é essencial e suficiente, proceder que tem sua causa no abandono do latim, que, enquanto mais severo, é muito menos complicado na análise; na fuga do latim vemos explicação da falta de harmonia entre os nossos gramáticos em coisas que, em si, nada têm de misteriosas: Gramática não é Metafísica.

911 – A clareza e a elegância do período dependem da boa colocação das orações que o formam. O espírito disciplinado e o traquejo literário na leitura dos bons autores dispensam as regras, aliás pouco seguras, que se possam dar sobre o assunto.

Crendo oportuna a ocasião, aqui oferecemos ao aluno uma lista de autores recomendáveis pela harmonia e concatenação das orações bem como pelo conhecimento de vasto e erudito vocabulário, mencionando ao mesmo tempo algumas de suas obras.

Autores e Obras

BERNARDIM RIBEIRO, clássico quinhentista (1482-1562): "Menina e Moça", poema lírico em prosa, em que o autor, em linguagem castiça e harmoniosa, mostra toda a suavidade e carinho no contar melancólico de seus amores infelizes.

Luís Vaz de CAMÕES, clássico quinhentista (1524-1580), a maior expressão do Gênio português: "Lusíadas", uma das grandes epopeias da literatura universal.

Padre Antônio VIEIRA, clássico seiscentista (1608-1697), de estilo vivíssimo, descrições cheias de colorido, de propriedade, de riqueza e adjetivação muito segura: "Sermões".

Padre Manuel BERNARDES, clássico seiscentista (1644-1710), autor de linguagem pura, harmoniosa, majestosa e opulenta, de períodos maravilhosamente elegantes, bem feitos e melodiosos: "Nova Floresta", "Luz e Calor".

J. B. da Silva Leitão de Almeida GARRETT, romancista (1799-1854), de estilo colorido e ao mesmo tempo espontâneo: "Frei Luís de Sousa", "Viagens na Minha Terra", "Folhas Caídas", "Flores sem Fruto".

ALEXANDRE HERCULANO de Carvalho e **Araújo**, romancista (1810-1877), modelo dos que se dedicam a descrições, de estilo sóbrio e a um tempo vigoroso e de linguagem pura: "Lendas e Narrativas", "Eurico", "O Monge de Cister", "O Bobo", "A Harpa do Crente".

Antônio Feliciano de CASTILHO (1800-1875), de linguagem pura, variada, elegante e abundante: "Poesias" e várias traduções (Ovídio, Anacreonte, Virgílio, Molière, Shakespeare, Goethe).

CAMILO Castelo Branco, romancista (1826-1890), de propriedade e variedade assombrosas, de estilo admiravelmente seguro e enérgico: "Amor de Perdição", "Amor de Salvação", "A Corja", "Eusébio Macário".

José Maria EÇA DE QUEIRÓS, romancista naturalista (1845-1900), de estilo nem sempre puro, mas flexível e irônico: "O Crime do Padre Amaro", "O Primo Basílio", "O Mandarim", "Os Maias", "A Relíquia".

Abílio Manuel de GUERRA JUNQUEIRO, poeta satírico e mordaz (1850-1923): "Os Simples", "Orações".

Antônio GONÇALVES DIAS, poeta indianista (1823-1864), o maior poeta lírico brasileiro: "Primeiros Cantos", "Novos Cantos", "Últimos Cantos".

JOSÉ DE ALENCAR, romancista indianista (1829-1877), de lirismo imaginoso e de forma brilhante: "O Guarani", "As Minas de Prata", "Iracema", "O Tronco do Ipê", "O Sertanejo", "Mãe".

Joaquim Maria MACHADO DE ASSIS, naturalista (1839-1908), clássico na linguagem e moderado na expressão: "Crisálidas", "Falenas", "Histórias da Meia Noite", "Iaiá Garcia", "Memórias Póstumas de Brás Cubas", "Quincas Borba", "D. Casmurro", "A Mão e a Luva".

RAIMUNDO da Mota Azevedo CORREIA, poeta parnasiano (1860-1911), de espírito pessimista, mas claro e discreto, o maior ourives dos ourives parnasianos: "Primeiros Sonhos", "Sinfonias", "Poesias".

Antônio Mariano ALBERTO DE OLIVEIRA, grande poeta – foi poeta a vida inteira (1859-1937) – desde os 14 anos revelou sentimento e entusiasmo, vigor e opulência, melancolia e paixão, malícia e ironia: "Canções Românticas", "Meridionais", "Sonetos e Poemas", "Versos e Rimas", "Céu, Terra e Mar" e muitas outras obras.

OLAVO Brás Martins dos Guimarães BILAC, poeta parnasiano (1865-1918), de versos impecáveis e espontâneos, de imagens e expressões brilhantemente coloridas: "Via Láctea", "Sarça de Fogo", "O Caçador de Esmeraldas", "Alma Inquieta".

EUCLIDES DA CUNHA, historiador, sociólogo, polígrafo (1866-1909), um dos maiores literatos brasileiros, de espírito observador levado ao grau sumo: "Os Sertões", "Contrastes e Confrontos", "Martim Garcia", "À Margem da História", "Peru versus Bolívia".

Questionário

1. Como encontrar o número de orações existentes num período, ou melhor, quantas orações há num período"? (§ 905.)
2. Quando as formas nominais constituem oração? (§ 905.)
3. Como dividir as orações que constituem o período? (§ 906.)
4. Separe as orações que constituem o período "Quem se esforça vence" – NÃO SE ESQUEÇA DO QUE FICOU DITO NA NOTA 4 DO § 900 – VEJA TAMBÉM O 3º EXEMPLO DADO NO § 906: "O aluno que é bom não veio".
5. Separe as orações que constituem o período: "Irei quando você quiser" – e analise-as (§ 887 e ss.). Faça o mesmo com o período: "Se não estudares, não passarás".
6. No seguinte período há uma oração principal, uma adjetiva e uma adverbial: "Quando o sol lançou o último olhar sobre a terra, todos dirigiram ao Criador uma oração que agitava imperceptivelmente os lábios". Diga qual é a principal, qual a adverbial e qual a adjetiva, e dê a análise sintática dos termos que as constituem; proceda de acordo com os modelos do § 910.
7. Quando uma subordinada adjetiva não deve trazer vírgula? Exemplifique a resposta. (§ 900: "Observe-se que há diferença...")

CAPÍTULO 61

PARTICULARIDADES SINTÁTICAS

Infinitivo

913 – É a forma verbal que relata a ação de modo geral.

Como forma nominal (§ 414), o infinitivo exerce funções próprias do substantivo:

sujeito: *Estudar* é bom.

predicativo: O maior mandamento é *respeitar* o próximo.

objeto direto: Ouvi o *troar* dos canhões.

objeto indireto: Gosto de *ler*.

adjunto adnominal: Instrumento de *furar*; agulha de *marear*; tábua de *bater* roupa.

complemento nominal: Digno de *constar* nos anais.

914 – Com valor verbal, o infinitivo pode:

1. antecedido da preposição *a*, substituir o presente histórico (§ 416, 2) ou um tempo passado (infinitivo *histórico* ou *de narração*): "Eis que estala por todo o monte o incêndio, e as feras *a tremer* na baixa veiga" – "Chegaram à herdade, e os meninos *a escalar* mirantes, *a fazer* correrias".

Nota: Entre outras línguas, o latim e o francês têm igualmente o infinitivo de narração: Grenouilles aussitôt *de sauter* dans les ondes, grenouilles *de rentrer* dans leurs grottes profondes (Rãs logo a saltar nas ondas, rãs a entrar outra vez nas grutas profundas) – Interea Catilina Romae multa simul *moliri*, Ciceroni consuli insidias *tendere*, incendia *parare* (Entretanto Catilina em Roma a tramar ao mesmo tempo muitas coisas, a armar ciladas ao cônsul Cícero, a preparar incêndios).

2. antecedido da preposição *a*, substituir o gerúndio ou forma equivalente ao particípio presente latino (§ 927, 1): "Andavam *a entrar*-lhe por casa" (= andavam *entrando*) – "Flores *a recender* cheiros" (= flores *recendentes*) – "*A aceitar* essa opinião, será obrigado a desistir do empreendimento" (= *aceitando*, *com aceitar*, *por aceitar*).

3. substituir o imperativo (§ 413, 3, d): *Deixar* falar modernos e modernices – *Passar* bem – Anda lá, Pablo, na garupa, e *deixá-los* rir – *Trabalhar*, meus irmãos, que o trabalho é riqueza – À direita *volver*! – *Apresentar* armas! – Não *matar* – Não *fumar*.

4. quando antecedido de *é*, empregar-se com certa significação imperativa ou optativa: "Agora *é tratar* de estudar, *é cuidar* de trabalhar".

5. ter outras funções e empregos, indicados no Índice Analítico, verbete INFINITIVO.

Flexão do Infinitivo Pessoal

915 – É verdadeiramente desconcertante para o professor de português o problema da flexão do infinitivo pessoal; tropeços enormes encontram-se para a própria exposição e explanação do assunto, e maiores ainda para a fixação, não dizemos de regras, mas de normas que possam guiar o aluno. Tal a barafunda, que certos gramáticos chegam a conclusões desesperadoras e, muitas vezes, falsas e nocivas como esta: "Observadas tão-somente as exigências da clareza e da eufonia, o emprego do infinitivo é *facultativo*".

Por mais escabrosa, no entanto, iremos explicar esta árida e árdua questão, procurando ser o mais possível claro e sintético.

Quando substantivado, pluraliza-se normalmente desde que a ideia lhe admita o plural: Livro dos *Cantares* (o Cântico dos Cânticos de Salomão).

916 – Há duas espécies de infinitivos: o *impessoal* e o *pessoal*. O impessoal é o infinitivo puro, é a forma nominal essencialmente substantiva do verbo; é inflexível. O PESSOAL é o infinitivo empregado com referência a um sujeito e – aqui nasce a dificuldade – em português ora é flexionado de acordo com a pessoa do sujeito, ora não é flexionado e se confunde com o impessoal. Quando flexionado, assim se conjuga:

por *ter* eu	por *termos* nós
por *teres* tu	por *terdes* vós
por *ter* ele	por *terem* eles

Observação:

Fizemos anteceder as diferentes flexões do infinitivo da preposição *por* para evitar confusão com o futuro do subjuntivo, confusão de que às vezes não sabem furtar-se alguns alunos: quando *tiver*, quando *tiveres*, quando *tiver*, quando *tivermos*, quando *tiverdes*, quando *tiverem*.

É coisa já sabida que somente nos verbos regulares as flexões do infinitivo pessoal são idênticas às do futuro do subjuntivo (§ 459, n. 1; ao pé da página).

917 – A flexão do infinitivo é notada nos mais antigos documentos da literatura lusa. Gil Vicente cometeu o erro de escrever em espanhol: "Teneis gran razon de *llorardes* vuestro mal" (Obras, II, 71). Alguns poetas do Cancioneiro Geral caíram no mesmo engano. Camões, que muito escreveu em espanhol, foi sempre correto.

Conforme podemos deduzir do § 904 (subordinadas reduzidas do infinitivo), três vantagens temos nessa flexão:

a) *clareza* na expressão do pensamento, pois a flexão sempre evidencia o sujeito;

b) *beleza*, uma vez que a pessoalização do infinitivo oferece ao escritor mais largo ensejo para *variar* e *colorir* o estilo, dando mais ensanchas à linguagem;

c) *concisão*.

918 – Foi Soares Barbosa o primeiro gramático que tentou regular o problema da flexão do infinitivo, formulando os dois seguintes princípios (Gramática Filosófica – 1803):

1 – Flexiona-se o infinitivo quando tem ele *sujeito próprio*, diverso do sujeito do verbo regente; não se flexiona quando os *sujeitos* são idênticos.

Em resumo:

Sujeito *próprio* = flexiona-se

Sujeito *idêntico* = não se flexiona

Exemplos:

Declaramos (nós) ESTAREM (eles) prontos.

Ouvi (eu) CHAMAREM-me os amigos.

Julgo (eu) PODERES (tu) com isso.

Assinei (eu) o "Estado" para *proporcionar* (eu) a meus filhos oportunidade de LEREM (eles) as "Questões Vernáculas".

Solicitamos (nós) não DEIXAREM V. S.[as] de *comprar* (V. S.[as])...

Envio-lhes esta carta, que peço (eu) ASSINAREM E DEVOLVEREM (eles).

OUTROS EXEMPLOS:

Solicitamos a V. S.[as] o obséquio de *enviarem*...
Peço aos meus amigos o obséquio de não *entrarem*...
É louvável o desejo de *aprenderem*.
Anima-nos a esperança de *triunfarmos*.
Referi-me à intenção de *partirem*.
Só me cabe aplaudir a resolução de *ampparardes* os pobres.

Em todos esses exemplos da primeira parte da regra de Soares Barbosa, os sujeitos dos infinitivos são diferentes dos sujeitos dos verbos de que dependem esses infinitivos.

Vejamos agora exemplos da segunda parte da regra, em que os infinitivos não são flexionados por terem sujeito *idêntico* ao do verbo de que esses infinitivos dependem:

Declaramos (nós) ESTAR (nós) prontos.
Declararam (eles) ESTAR (eles) prontos.
Julgas (tu) PODER (tu) com isso.
Julgo (eu) PODER (eu) com isso.
Temos (nós) o prazer de lhe PARTICIPAR...
Tivemos (nós) a honra de INFORMAR...
Eles tinham a certeza de TRIUNFAR.
Tinham necessidade de tudo DECLARAR.
Ficam com liberdade de MOVIMENTAR-se.

2 – Continua Soares Barbosa:

Flexiona-se ainda o infinitivo quando empregado como *sujeito*, *predicado*, ou *complemento de alguma preposição*, em sentido não já abstrato, vago, mas concreto, determinado – isto é, quando o infinitivo é empregado não em significação geral, universal, mas em referência a determinado, a especificado sujeito.

Exemplos em que o infinitivo é **sujeito**:

O *louvares*-me tu me causa novidade.
Lutarmos é o nosso dever.
Não é necessário *pedires*-me tu isso.
Santificares-te e *fazeres* o bem deve ser teu lema.
O *falares* dessa maneira prejudicará o negócio.
Sirva-nos de lenitivo à derrota o *termos* resistido com coragem.
Era de crer que o *seguirmos*, os membros do segundo, a lição...
Bem custoso seria *resistirem* os inimigos a Tarik.
Não é possível *assaltarem* esses perversos o arraial.
Cumpre *avisares* Ruderico.

É pouco provável *resistirem* os jovens à prova.

Nem é menos de ver no meio do ar *saírem* as águas e o fogo juntamente das nuvens.

É certo *terem* partido os navios.

Não é de prudência *dizerem-se* tais coisas publicamente.

Não compete a vocês *queixarem-se* de nós.

Como nos havia de ser defeso *recorrermos* para a mesma serventia...

Viu-se ao longe, para a banda das serranias... *resplandecerem* as cumeadas das montanhas.

Exemplos em que o infinitivo faz parte do **predicado**:

Nada mais surpreendente do que *verem*-na desaparecer.

Os trabalhadores que acontecia *passarem* por ali.

Exemplos em que o infinitivo é **complemento de alguma preposição** ou **locução prepositiva**:

Os maus, com se *louvarem*, não deixam de o ser.

Em virtude de *estarem* entrando os despachos de setembro...

A maneira de os alunos *estudarem* as lições...

Eles, os homens, para se *desculparem*...

As flores, além de *constituírem* matéria-prima...

É tempo de *partires*.

Pede-se aos senhores passageiros a fineza de, ao *entrarem* ou *saírem*, *fecharem* as portas do elevador.

Observações:

1ª – Vê o aluno nos exemplos da 2ª regra de Soares Barbosa que os infinitivos pessoalizados *determinam*, *concretizam* o verbo com relação ao sujeito, o que não aconteceria se viessem não flexionados: Fácil é *vencer* – *Lutar* é o nosso dever.

2ª – Corolário evidente desta 2ª regra é o princípio: Não se flexiona o infinitivo quando, empregado como sujeito ou predicado ou complemento de alguma preposição, é tomado em sentido *vago*:

Imaginavam que *seguir* metáforas é *descabeçar* adágios – Pede-se aos senhores passageiros a fineza de, ao *entrar* ou *sair*, *fechar* as portas do elevador.

3ª – Pode-se seguramente afirmar: Também quando *objeto* o infinitivo se flexiona, quando empregado em sentido determinado e quando necessária a flexão para determinação do sujeito:

Perdoe-te o céu o *haveres*-me enganado.

919 – Ótimas seriam as duas regras de Soares Barbosa, se esses somente fossem os casos de emprego do infinitivo; tanto não são elas completas que Camões, como todos os clássicos e modernos representantes de nossas letras, apresentam exemplos que a elas não se adaptam.

Camões escreveu: "Folgarás de *veres*" – construção que contraria a 1ª regra de Soares Barbosa, pois os sujeitos são idênticos (Folgarás – tu – de *veres* – tu). Bernardes escreveu: "Que traça dariam para todavia *comerem* até fartar-se?" – Onde, não obstante serem idênticos os sujeitos, o infinitivo está flexionado. Castilho redigiu: "Assaz mostraste *seres* cabal..." – flexionando o infinitivo, quando o sujeito é o mesmo do verbo *mostraste*: *tu*.

920 – Aparece então outra regra, 33 anos depois da de Soares Barbosa, formulada por Frederico Diez (pronuncie *ditz*), em sua "Grammatik der Romanischen Sprachen" (Gramática das Línguas Românicas – 1836-1844), procurando justificar exemplos e mais exemplos:

"Só se flexiona o infinitivo quando é possível ser substituído por uma forma modal, sendo indiferente que esse infinitivo tenha sujeito próprio ou não".

Exemplos:

Alegram-se por *terem* visto o pai = Alegram-se *porque viram...*

Acreditando tu não me *teres* ofendido = ...*que* não me *ofendeste*[(1)].

Afirmo *terem* chegado os navios = ...*que chegaram* os navios.

Que mal te fiz eu, ó meu Deus, para não me *deixares* = para *que* não me *deixes...*

Deviam persegui-lo sem descanso nem tréguas até o *cativarem* = até *que* o *cativassem*.

Ficaram feridos até *conseguirem* reaver... = até *que conseguissem* reaver...

Que traça dariam para todavia *comerem* até fartar-se? = ...para *que comessem*.

Que também esses se ergam para *pelejarem* batalhas tremendas = para *que pelejem...*

Guarda-o para o *empregares* melhor = para *que* o *empregues*.

Trabalha, meu filho, para *agradarem* tuas obras a Deus = para *que agradem*.

---

(1) "Acreditando tu não me *teres* ofendido." (= ...que não me ofendeste) – A redação "Acreditando tu não me *ter* ofendido" traria sentido reflexivo ao verbo *ofender*, fazendo supor seu sujeito a 1ª pessoa: "...não me ter (*eu*) ofendido" – quando não é esse o sentido que o autor quer dar à frase. A flexão aí se impõe, já por ser conversível a forma nominal em forma modal, já por exigi-la a clareza.

Veja-se estoutro exemplo de Herculano: "Os dois dias que me pediste para *chorares* o teu cativeiro" (= para que chorasses) – A não flexão do infinitivo não evidenciaria com precisão o sujeito.

Leis que se fazem para se não *cumprirem* = para *que não se cumpram.*

A cidade de Goa não queria largar seus ossos para se *trasladarem* à de Lisboa = para *que se trasladassem.*

Grandes razões para nos *convencerem* têm V. S.[as] = para *que nos convençam...*

Sem que tal circunstância obrigue os amigos a *efetuarem* = a *que efetuem.*

O governo obrigou as fábricas a *produzirem* = a *que produzissem.*

Temíamos por *sermos* homens = *porque éramos* homens.

Já tivemos oportunidade de nos *referirmos* = de *que nos referíssemos.*

Observação:

Saiba o aluno compreender a significação do "só" que inicia a regra de Frederico Diez; a regra é justificativa da flexão, e não imperativo que nos obrigue a flexionar o infinitivo sempre que seja conversível numa forma modal. Achando um autor que o infinitivo, embora conversível numa forma modal, nenhuma necessidade sofre de flexionar-se, pode deixá-lo não flexionado: "Curvam-se para *beijar* a fímbria da sua estringe" – "Preparavam-se para *morrer*" – "Precisávamos cavar o chão para *obter* água" – "Cometeram tais atrocidades para *agradar* aos chefes" – "Grandes razões para *convencer*-nos têm V. S.[as]" – "Já tivemos oportunidade de *referir*-nos" – "Obrigai-nos a *confessar* que sois amigos dos brasileiros" – "Obrigando-os por via de tormento a *restituir* aquilo que tinha ocupado" – "Convidam os homens a *perseverar* na continuação do pecado" – "Forçou os inimigos a *fugir*".

921 – Confrontando as regras de Soares Barbosa com a de Diez, pode o aluno fazer estas considerações:

1 – É interessante notar que Diez encarou o problema por face inteiramente diferente.

2 – A nova regra vem justificar grande número de legítimos exemplos que não se amoldavam às regras de Soares Barbosa: "Folgarás de *veres*" (de que vejas) – "Mostraste *seres* cabal" (que és cabal) – "Que traça dariam para todavia *comerem...*?" (para que comessem).

Quer isso dizer que, ao mesmo tempo que esclarece o assunto, vem chocar-se com a regra de Soares Barbosa, pois justifica a possibilidade da flexão do infinitivo em casos em que os sujeitos são idênticos.

3 – Mesmo chocando-se numa parte, esclarece, por outra, o problema, servindo ambas de "fio condutor no labirinto do uso clássico do infinitivo flexionado".

922 – Ficam ainda essas duas normas *aquém dos fatos*, os quais, em grande variedade e incerteza, não se subordinam à disciplina gramatical.

Contra a teoria de Soares Barbosa insurgem a cada passo *fatos* de incontestável vernaculidade clássica, muitos dos quais vão igualmente fazer rosto ao eminente gramático alemão. Por exemplo:

"Não nos deixeis *cair* em tentação"
"Deixai *vir* a mim os pequeninos"
"Fazei-os *sentar*"

são construções em que os infinitivos *cair*, *vir*, *sentar* têm *sujeito próprio* (vão, pois, contra a regra de Soares Barbosa), e podem ser substituídos por formas modais (contrariando, dessa forma, ao mesmo tempo, a regra de Diez).

Notemos, ainda, exemplos como estes: "Alguns mancebos mais destros fingiam **acometer-se**, *pelejarem*, *vencerem*, *serem* vencidos" (Herculano) – "Assaz mostraste *seres* cabal para **dizer** verdades" (Castilho). Os infinitivos *acometer* e *dizer* tinham os mesmos motivos que os outros (peleja*rem*, vence*rem*, se*rem* – para o 1º exemplo – e se*res*, para o 2º) para se flexionarem. De semelhante liberdade encontramos *frequentes* exemplos nos clássicos.

923 – Vê, pois, o aluno a insuficiência das duas regras tradicionais sobre o assunto; daí a necessidade de outras normas que expliquem e convenientemente justifiquem exemplos que contrariam os dois citados mestres. Tais normas iremos estudar, subordinando-as, quanto possível, às regras de Soares Barbosa e à de Frederico Diez.

Locução Verbal

924 – *a*) Deve o aluno compreender que as regras dos eminentes mestres são, antes de regras, *justificativas* da pessoalização do infinitivo. Isto queremos frisar: No caso de serem idênticos os sujeitos, devemos dar preferência à forma flexionada somente quando o exigir a *clareza*.

Sempre, portanto, que se chocarem as regras de Soares Barbosa com a de Frederico Diez, servir-nos-á de árbitro a *clareza*. Inútil e, conseguintemente, errada será a flexão, toda a vez que o infinitivo formar com o verbo subordinante uma *locução verbal* (§ 513 e ss.), isto é, quando o infinitivo vier intimamente subordinado ao verbo de que depende, não obstante a regra de Frederico Diez.

Construções como:

"Desejamos *comprarmos* livros"
"Desejando V. S.as *comprarem* livros"

"Lamentamos não *podermos*..."
"Estão merecendo *serem*..."
"Acham-se em mau estado, devendo *serem* substituídas"
"Esperando *sermos* atendidos..."

são construções inteiramente obtusas; nelas os infinitivos tornam-se como partes essenciais do verbo de que dependem, como, *mutatis mutandis*, os termos que concorrem para a formação de uma locução adverbial: É tudo um só verbo e, por conseguinte, só o primeiro se flexiona. Os infinitivos *comprar* (para os dois primeiros exemplos), *poder* (para o 3º) e *ser* (para os três últimos) dependem, intrinsecamente, das formas verbais *desejamos*, *desejando*, *lamentamos*, *estão merecendo*, *devendo*, *esperando*.

b) Entram no rol das locuções verbais exemplos como estes: "Tinham muito com que se *alegrar*" – "Tiveram bastante com que *se ocupar*". – Há nesses exemplos elipse do verbo *poder*, que forma com o infinitivo da oração a locução verbal: "Tinham muito com que se (*pudessem*) *alegrar*" – "Tiveram bastante com que se (*pudessem*) *ocupar*".

Oração Infinitivo-Latina

925 – Sabe já o aluno o que vem a ser "oração *infinitivo-latina*". (Recorde todo o § 652.) Pois bem, quando o infinitivo, juntamente com o seu sujeito (quer realmente expresso, quer substituído pelo correspondente pronome oblíquo) constituem oração infinitivo-latina, o infinitivo é empregado na forma não flexionada, não obstante as regras dos dois mestres:

"Mandei os homens procurar"
suj. de *procurar* ↓
obj. de *mandei*(1)

Vê o aluno que essa construção não se enquadra nas normas de Soares Barbosa (por serem diferentes os sujeitos o infinitivo deveria flexionar-se)

(1) Não confunda o aluno essa construção com estoutra: "Mandei procurar os homens", onde *os homens* passa a ser objeto de *procurar*. A primeira se converte em:

"Mandei-*os* procurar"
↓
sujeito acusativo de *procurar*
e a segunda em: "Mandei procurá-*los*"
↓
objeto dir. de *procurar*

nem na de F. Diez (o infinitivo é conversível numa forma modal: *que procurassem*); não obstante, é tal construção *legítima* e *usual*.

Outros exemplos: Fazei-os *parar* – Os raios matutinos faziam *alvejar* os turbantes – Viram *desaparecer* os godos – Vendo (ele) *voltear* ante si as imagens risonhas do opróbrio – Mandou-os o Senhor *pregar* pelo mundo – Que nem no fundo os deixa *estar* seguros – Não nos deixeis *cair* em tentação – Deixai *vir* a mim os pequeninos – Napoleão viu seus batalhões *cair* – Vi os navios que partiam *desaparecer* no horizonte – Vejamos do ar *cair* as nuvens e as neves.

O mesmo cuidado devemos ter de não flexionar o infinitivo quando ele estiver como objeto direto de certos verbos transitivos diretos que exigem preposição quando o objeto é um infinitivo (§ 683, 4): Forçam os jovens a *pensar* – Obrigou-os a *lutar* – Impediu-nos de *dizer* a verdade.

Observação:

Rara e excepcionalmente aparece a forma flexionada:

"E *verão* mais...
Os dois amantes míseros *ficarem*
Na férvida e implacábil espessura".

"Que eu vos prometo, filha, que *vejais*
Esquecerem-se gregos e romanos
Pelos ilustres feitos..."

– Lembre-se o que ficou dito no § 840 quanto à liberdade dos poetas.

Ele não nos deixará enganar

926 – Quando, nas orações infinitivo-latinas em que o sujeito é expresso por um oblíquo, o infinitivo for constituído de *verbo pronominal*, manda a eufonia que não se empregue o oblíquo do pronominal. Assim é que não dizemos: "Fazendo-*nos* sentar-*nos* junto de si" nem: "Fazendo-*nos* sentar*mo-nos*" (construção arrepiante), mas, simplesmente: "Fazendo-*nos sentar*".

Ouçamos, para o caso, o professor Álvaro Guerra: "De boa sintaxe, pois, são os seguintes torneios de elocução: "Faz-*me recordar* do passado" – "Fez-*te arrepender* dos teus crimes" – "Fazia-*nos curvar* ante a sua majestade" – em vez de: "Faz-*me* recordar-*me* do passado" – "Fez-*te* arrepender-*te*" etc. A duplicação do pronome átono, em tais expressões, evita-se, simplesmente, por eufonia. A mesma sintaxe, aliás, se nos oferece com os verbos *mandar*, *deixar*, *ver*, *ouvir* etc., quando, conjugados ou não, regem um infinitivo em idênticas condições: "Mandou-*nos* sentar" – "Deixou-*nos* levantar" – "Viu-*nos* deitar" – "Ouviu-*nos* queixar da sorte" – "Ele não *nos* deixará enganar" (§ 776, 3, n.).

Preposição + Infinitivo

927 – 1) Quando o infinitivo, juntamente com a preposição *a*, equivale ou a um *particípio presente* latino (flores *a recender* cheiros = flores *recendentes*) ou a um *gerúndio* (Andavam *a entrar*-lhe por casa = andavam *entrando*), devemos usar a forma não flexionada:

"Seculares *a desfrutar* cinco ou seis abadias".

"...flores *a recender* cheiros vários".

"E tu *a reprovar*" – "E vós *a reprovar*".

"Os santos *a pregar* pobreza... *a persuadir*-lhe humildade".

2) Mesmo que o infinitivo regido da preposição *a* constitua *complemento* de *substantivo* ou de *adjetivo*, emprega-se a forma não flexionada:

"Destinados *a conseguir* grandes coisas" – "...fadados *a passar*" – "...tendentes *a submeter*" – "Condenados *a pagar* pesada multa..."

Observações:

1ª – A mesma preferência tem o infinitivo *não flexionado* quando constitui complemento de substantivo ou de adjetivo, *qualquer que seja a preposição*:

"Estâncias de propósito *fabricadas para hospedar* os peregrinos" – "*Penas para escrever* cartas" – "*Instrumentos para lavrar* a terra" – "*Desejosos de alcançar* vitória" – "Olhos *cansados de a chorar*" – "O *direito* que nos cabe *de ser* ciosos de nosso idioma".

2ª – Se o infinitivo, quando complemento de substantivo ou de adjetivo, tem sentido passivo, permanece inflexível: Ossos *duros de roer* – *Cartas por escrever*.

Não se deve em tais casos colocar o pronome apassivador *se* (V. § 407, nota 3).

3ª – Também não se flexiona quando complemento de verbo que exige a preposição *a* quando o objeto é um infinitivo (§ 683, 4): "...o que levou os ingleses *a deixar* os seus lares".

Posição – Distância

928 – Quando um *infinitivo preposicionado* precede ao verbo regente ou quando, quer preposicionado quer não, vem distanciado do verbo regente, a *clareza* permite a flexão mesmo no caso de serem idênticos os sujeitos.

EXEMPLOS:

Infinitivo preposicionado antes do verbo regente: "Para se *consolarem*, os infelizes dormiam tranquilos" – "Na expectativa de *sermos* atendidos, muito lhe agradecemos".

Infinitivo distanciado:

"*Possas* tu, descendente maldito
De uma tribo de nobres guerreiros,
Implorando cruéis forasteiros
Seres presa de vis Aimorés".

"*Deviam*-no TRAZER todos vocês nas palmas, DAR mil graças aos céus, e ACABAREM de crer" – "*Foram* dois amigos à casa de outro a fim de PASSAREM as horas da sesta" – "*Viam*-se LAMPEJAR as armas nos visos dos dois últimos outeiros que por aquela parte rodeavam o campo, e AGITAREM-SE ondas de vultos humanos e SUMIREM-SE, onda após onda..."(1) – "As aves aquáticas redemoinhavam nos ares ou pousavam sobre as águas, e *pareciam*, nos voos incertos, ora vagarosos, ora rápidos, FOLGAREM com os primeiros dias da estação...".

Vê o aluno que a intercalação de palavras ou frases entre o verbo subordinante e o infinitivo pode causar a flexão: "Quando, na redação da frase, grande número de palavras mediam entre a primeira e a segunda forma infinitiva, nem sempre fere o ouvido o supérfluo e inconveniente da flexão a esta desnecessariamente impressa" (Rui). – Ao mesmo tempo que permite, acha Rui desnecessária a flexão; o ouvido se esquece da subordinação, e daí provém a flexão do infinitivo.

Vejamos mais este exemplo em que, como em outros dados logo acima, o primeiro infinitivo, por vir próximo do verbo subordinante, encontra-se na forma não flexionada, e estão flexionados os outros infinitivos por se distanciarem do verbo subordinante: "Praza a Deus que Bolívar, San Martin, Nabuco e tantos outros *continuem* a IMITAR os servos deste Novo Mundo, a PROSSEGUIREM na sua marcha e a MANTEREM vivo o fogo...". Releia o aluno o exemplo sem flexionar os dois últimos infinitivos e verá que é realmente supérflua e inconveniente a flexão.

Verbo **Parecer**

929 – Dá-se com o verbo *parecer* o seguinte: Tanto podemos dizer: "Eles *parecem estar* doentes" – como: "Eles *parece estarem* doentes".

(1) V. § 404, antes da nota 1: Com os verbos *ver* e *ouvir*...

No primeiro caso ("Eles *parecem* estar doentes") o verbo *parecer* está empregado como verbo de ligação, sendo seu predicativo "estar doentes":

Eles	parecem	estar doentes
sujeito	v. de ligação	predicativo

No segundo caso ("Eles *parece* estarem doentes") o verbo *parecer* está empregado intransitivamente, isto é, com sentido completo, e é seu sujeito "estarem doentes" – equivalendo a oração a

"Parece *estarem eles doentes*" (sujeito de *parece*) ou "Parece *que eles estão doentes*". (sujeito de *parece*)

O verbo *parecer*, pois, quando o sujeito da oração está no plural, faculta estas duas construções:

1 – Eles	parecem (plur.)	estar (sing.)	doentes.
2 – Eles	parece (sing.)	estarem (plur.)	doentes.

Nada, portanto, deverá estranhar-nos a flexão do infinitivo quando o verbo *parecer* estiver no singular, nem a não flexão do infinitivo quando o verbo *parecer* vier no plural:

"Escudos que os compridos saios de malha *pareciam tornar* inúteis" – "Que *pareciam desprezar* as tribos bereberes" – "Que *parece entoarem*-lhes já o hino da morte" – "Lanças que *parecia encaminharem-se*" – "Os quais lhes *pareceu dirigirem*-se para os lados do célebre mosteiro" – "Tais condições me *parecia reunirem*-se...".

Exclamações e Interrogações

930 – Nas exclamações e nas interrogações o uso do infinitivo flexionado mostra que se quer referir a ação em especial a certo sujeito: "Tu, Hermengarda, *recordares*-te?!" – "*Assassinares* uma fraca mulher!".

Observação:

Críticas ao abuso da flexão do infinitivo são feitas no verbete *Infinitivo Pessoal*, e em outros seguintes, do *Dicionário de Questões Vernáculas*.

Questionário

1. *Justifique* ou *corrija*, explicando a razão da justificativa ou da correção, as seguintes construções:

a) Desejam comprarem livros.

b) Eles continuam a hostilizar-nos.

c) Juro terem eles partido.

d) Logrei ser eles nomeados.

e) Acabam de publicar-se os dois últimos volumes. (V. no § 404: "Note-se, porém, esta diferença...".)

f) Os cavaleiros e besteiros deviam auxiliarem-se uns aos outros.

g) Tinham agora, na sua estropiada condição, de se defrontarem com eles. (§ 924.)

h) Não será difícil chegarmos a entender-nos.

i) A primeira questão de que deveríamos termo-nos ocupado...

j) Em poucas páginas vemos afluírem todas estas locuções. (§ 925.)

k) Convido V. Ex.ª e Ex.ᵐᵃ Família para assistirem... (V. obs. do § 920.)

l) Pedro convida parentes e amigos a assistir à missa. (Ibidem.)

m) Devemos evitar mantermos relações com essas pessoas que chegaram agora.

n) De uma coisa podeis estar certos: obrigar-vos-ei a vos comportardes bem. (§ 926 e obs. do § 920.)

o) Se não souberdes vos aplicardes, sereis prejudicados em vossa carreira.

p) Estes homens ficam por aqui e devem, nas ocasiões de acidentes, mergulharem, nadarem e irem buscar as vítimas. (§ 918: sujeitos idênticos.)

q) Esta cena faz-me vir à memória aquela outra a que assistimos faz três meses: aqueles homens a rirem, a saltarem. (§ 927, 1.)

r) O serviço telefônico deve ser feito com muita presteza, devendo para tal as mesas de recepção ficarem sempre aparelhadas com o material necessário. (Não leve em conta a distância, por ser pequena.)

2. Justifique a igualdade de pureza gramatical entre as orações: "Os homens *parecem ter* perdido a felicidade" e "Os homens *parece terem* perdido a felicidade".

CAPÍTULO 62

PARTICÍPIO

933 – Se o *indicativo*, o *subjuntivo* e o *imperativo* constituem as formas *modais* do verbo, o *infinitivo*, juntamente com o *particípio* e o *gerúndio*, constituem as formas *nominais*, denominação devida ao fato de o infinitivo, o particípio e o gerúndio poderem exercer função de *nomes*, isto é, de substantivo e de adjetivo (§ 248, 3ª.).

Exemplos em que o infinitivo aparece com função nominal: "*Estudar* é bom" (sujeito), "É hora de *estudar*" (adjunto adnominal), "Ouvimos o *troar* dos canhões" (obj. direto), "Cansado de *estudar*" (complemento nominal) – V. § 913.

934 – Três eram os *particípios* em latim(*):

1 – *presente* – amantem

2 – *passado* – amatum

3 – *futuro* – { *ativo*: amaturum / *passivo*: amandum }

935 – O particípio **presente** latino, que nos deu as formas em **ante** (*amante*) para a 1ª. conjugação, **ente** (*movente*) para a 2ª. e **inte** (*constituinte*) para a 3ª., perdeu em português o valor participial; é hoje considerado mero adjetivo (homem *amolante*, voz *suplicante*, rapaz *impertinente*), e em muitos casos passou para a classe dos substantivos: os *assistentes*, o *crente*, o *lente*, os *viajantes*, os *ouvintes*.

(*) V. *Gramática Latina* – § 248.

Encontram-se no velho português essas formas com seu etimológico valor, isto é, com força verbal: "Per'las ricas e *imitantes* a cor da aurora" (C.) – "Aníbal *passante* os montes Alpes" (Soares Barbosa) – "Mandou recado a certos mouros *estantes* em Cananor" (João de Barros). Em algumas frases feitas, como "*temente* a Deus", "não *obstante* isso", "*salvante* o caso", "bem *falante*", "*dependente* de", "*constante* em" (nomes *constantes* na lista), conservam ainda tais formas o valor do particípio presente latino.

936 – O particípio **futuro ativo** deixou vestígios em português, como: *vindouro* (lat. *venturum* = que há de vir), *morredouro* (lat. *moriturum* = que há de morrer, que vai morrer), mas são hoje usados como meros adjetivos.

937 – O mesmo se diga do particípio **futuro passivo**, em latim denominado **gerundivo**, cujos resquícios funcionam como adjetivos uns, como substantivos outros; ninguém, ao ouvir "*venerando* mestre", pensa no sentido etimológico: "mestre *que deve ser venerado*"; o mesmo se aplique a *reverendo*, *colendo*, *execrando*, *examinando*, *doutorando*, *memorandum*, *legenda*, *vivenda*, *oferenda* etc., palavras que perderam a ideia de "obrigatoriedade", de "dever ser", de "futuro passivo", ideia implícita no gerundivo latino (*legendus* = que deve ser lido; *vivendus* = que deve ser vivido; *oferendus* = que vai ser oferecido)(*).

Nota: Outra forma nominal existia ainda no latim, o *supino*, que indicava finalidade e nenhum vestígio deixou em português.

938 – O próprio particípio **passado** latino somente era usado com sentido passivo, na conjugação da voz passiva, concordando sempre com o sujeito a que se referia. Em português, no entanto, onde se designa pelo simples nome de *particípio*, é usado também na voz ativa (tenho *amado*, havia *merecido*), notando-se que, no velho português, flexionava-se de acordo com a palavra a que se referia: "*Cartas* que ele tinha *escritas*" – "...*mercês* que este reino tem *recebidas*" – "...depois de ter *pisada* a *arcia* ardente". Depois que, fenômeno operado do século XVI em diante, os verbos *ter* e *haver* se esvaziaram de sentido (§ 428), os particípios adquiriram sentido *ativo*, imobilizando-se na forma indeclinável, por muitos erroneamente chamada *supino*. Distintas são hoje as significações das frases "Eu tenho *escrito* cartas" e "Eu tenho cartas *escritas*".

939 – É interessante notar que, não obstante empregados na voz **passiva**, certos particípios têm significação **ativa**; por outras palavras: a pessoa, a que esses particípios se referem, em vez de receber, *pratica* a ação expressa por esses particípios. Assim é que "homem *lido*" não indica o autor cujas

(*) V. *Gramática Latina* – § 248, 2.

obras são muito lidas (sentido passivo), mas o homem que muito lê (sentido ativo), isto é, que pratica a ação de ler. Tais particípios se denominam particípios **depoentes**, à semelhança do que se passa em latim, onde certos verbos têm significação ativa, embora só possam vir conjugados na forma passiva.

Outros particípios em idênticas condições:

Forma Passiva		Significação Ativa
ele é *acreditado*	=	ele tem crédito
eu serei *agradecido*	=	agradecerei
não seja *atrevido*	=	não se atreva
fiquei *calado*	=	calei-me
seremos *comedidos*	=	teremos comedimento
rapaz *confiado*	=	rapaz que confia
menino *crescido*	=	menino que cresceu
rapaz *despachado*	=	rapaz que despacha
homem *fingido*	=	homem que finge
ele é *lido*	=	ele leu muito
sejamos *moderados*	=	tenhamos moderação
ele está *ocupado*	=	ele se ocupa
lei *ousada*	=	lei que tem ousadia
ele é *pausado*	=	ele trabalha com pausa
homem *sabido*	=	homem que sabe muito
estou *sentido*	=	senti muito
rapaz *viajado*	=	rapaz que viajou muito

Observações:

1ª – O mesmo fenômeno de *depoência* do particípio se dá quando, por elegância, empregamos o verbo *ser* pelos auxiliares *ter* e *haver*: "São *chegados* os visitantes da cidade" – "Já cinco sóis eram *passados*" (§ 429).

2ª – Recorde o aluno o que ficou explicado no § 430 sobre a construção "Chegados ao Rio".

Questionário

1. Quais são as *formas nominais* do verbo e por que assim se denominam?
2. Discorra sobre as várias espécies de particípios latinos, explicando a relação existente entre eles e o português atual.
3. Que diz dos particípios *lido*, *viajado*, *sabido*, *confiado*? Como se chamam tais particípios?

CAPÍTULO 63

GERÚNDIO

942 – Uma vez ter-se o particípio presente latino transformado em adjetivos terminados em *ante*, *ente*, *inte*, passou o gerúndio a exercer suas funções:

"Ouvi a Isaías *falando* com a mesma república de Jerusalém" – "Vi-o *voando*" – "Fazemos o milagre de Anfião *arrastando* as pedras" – "Com os olhos *vagando* por este quadro imenso...".

Em todos esses exemplos, as formas gerundiais portuguesas correspondem ao *particípio presente* latino, ou seja, são adjetivos, porque vêm modificando substantivo ou palavra substantivada.

Nota: Sempre que o autor queira ou a eufonia exija, tais formas gerundiais podem ser substituídas pelo infinitivo precedido de *a*: Ouvi-o *a falar* – Vi-o *a voar* – Fazemos o milagre de Anfião *a arrastar* as pedras – Com os olhos *a vagar* por este quadro imenso (V. § 927, 1).

943 – **OUTROS EMPREGOS DO GERÚNDIO**:

1. Como **modificativo de um verbo**, para ajuntar-lhe uma circunstância: "Eles fortaleceram a conjuração nascente não *crendo*" – O gerúndio *crendo* apresenta-se como **adjunto adverbial de modo** do verbo *fortaleceram*: Fortaleceram de que maneira? – Não *crendo*.

OUTROS EXEMPLOS:

causa: *Sendo* ainda novo, não quis ir só.
concessão: Não quis, *sendo* sábio, resolver as dúvidas por si mesmo.
condição: Triunfarás, *querendo*.
meio: O carneiro defendia-se *dizendo* que...

modo: Ele fala *cantando* – Ele dorme *roncando*.
tempo: *Proferindo* o orador estas palavras, a assembleia deu vivas (= Quando proferiu... – V. o nº 5 deste mesmo §).

2. Para a formação de locuções verbais **frequentativas** (§ 517) e **incoativas** (§ 518): andar *estudando*, estar *trabalhando*, ir *aprendendo*, vir *vindo* – ou quando por semelhante modo se prende a outros verbos: viver *penando*, morrer *vencendo*, acabar *brigando*, ficar *chorando*.

Nota: Nas locuções verbais que indicam continuidade de ação o gerúndio pode ser substituído pelo infinitivo preposicionado: andar *a estudar*, estar *a trabalhar*, viver *a pensar*, ficar *a chorar* etc. Escapam, porém, a esta substituição locuções verbais que indicam desenvolvimento gradual de ação, formadas com os verbos *ir* e *vir*: ir *aprendendo*, ir *indo*, vir *vindo* – V. § 518.

3. Como **predicativo** e, mais raramente, como **sujeito**: Ele está *lutando* (predicativo) – Seria satisfazer a vossos desejos *calando*-me (sujeito).

Observação:

Uma vez que o gerúndio latino não possui nominativo (a forma subjetiva é o próprio infinitivo), é naturalmente estranho, em português, o seu emprego com função subjetiva ou predicativa, mas exemplos não faltam desse emprego: "E o modo com que ele toma este tempo é não lho *dando*" (Vieira) – "...seria não corresponder a vossa reconhecida bondade, *omitindo*-vos a interessante nova..." (Camilo).

4. Como **aposto** do sujeito. Dá-se neste caso franca invasão do gerúndio português na esfera do particípio presente latino: "Tudo, *vendo*-me chegar, me perguntava por ela". *Vendo*, que em latim seria o particípio presente (*videns*), com a função de aposto do sujeito (*tudo*), guarda seu valor, em português, de substantivo-gerúndio, como se vê pela preposição *em* que o pode reger: "Tudo, *em* me *vendo* chegar, me perguntava por ela" (Castilho).

Exemplos: "Dessem-me uma capa de tal condão, que, em me *emboscando* nela, me visse por encanto em longes terras" (Castilho) – "Depois, *tirando* o chapeirão, cortejou a turba-multa por um e outro lado" (H.) – "A febre, *havendo* entrado com grande vigor, não quer despedir de todo" (Vieira) – "*Comendo* alegremente, perguntavam" (C.) – "O sol logo em *nascendo* vê primeiro" (C.) – "Pedro, em *tomando* do Reino a governança, a tomou dos fugidos homicidas" (C.).

5. Em *orações reduzidas de gerúndio* correspondentes ao **ablativo absoluto** latino (§ 698): "Tudo quanto há na capital do Pará, *tirando* as terras, não vale dez mil cruzados" (Vieira) – "*Reinando* Tarquínio, veio Pitágoras para a Itália" (lat, *regnante* Tarquinio...). – Como no caso antecedente, usurpou neste o gerúndio a função do particípio presente latino, mas conservou seu valor substantivo, revelado pela anteposição da preposição *em*: *Em* reinando Tarquínio, veio Pitágoras para a Itália.

Observações:

Nesse emprego, como no antecedente, a preposição *em* é facultativa; limita-se o seu uso à língua culta. Exemplos: "Frolalta, como ficava Antíoco, *em* te tu *vindo*?" (C.) – "*Em despontando* a aurora, adeus Bootes" (Castilho).

Note-se a vírgula a separar as reduzidas.

2ª – Em orações reduzidas de gerúndio é de rigor a posposição do sujeito ao gerúndio. Até o século XVI, porém, tal posposição era facultativa: "E eles assi *jazendo,* apareceu-lhe o dito cavalheiro em ávito de palmeiro" (em hábito de peregrino) (Crest. Arc., 110). Em Camões se lê: – "Prosperamente os ventos *assoprando,* os portugueses..." – em Manuel Bernardes (séc. XVII), encontra-se ainda a mesma colocação, que Antônio de Castilho, criticando, tacha de galicismo: "Frei Domingos *vindo* de Tortosa para Valença..." Havia de dizer: "*Vindo Frei Domingos*" etc. Tal construção, acrescenta o insigne mestre, "mais soa a francês que a português genuíno, e se deve evitar com grande escrúpulo". Entretanto, diz agora Carlos Pereira, mais parece soar a *arcaísmo,* como dos exemplos citados se vê.

6. Em orações em que é admissível a noção de tempo, isto é, quando a forma em *ndo* for conversível em subordinada adverbial de tempo, iniciada ou pelo advérbio *quando* ou pelo infinitivo regido da preposição *a:* "Fazemos o papel de Anfião *arrastando* as pedras" – isto é, *quando arrastava* ou *a arrastar.* "A seguinte comédia foi feita ao muito poderoso rei D. João III, *sendo* príncipe..." – isto é, *quando era* príncipe ou *ao ser* príncipe.

944 – É **incorreto** o emprego do gerúndio quando não se verificar uma dessas seis situações; deve, então, ser substituído por uma destas construções, conforme a ideia ou a possibilidade:

a) por subordinada adjetiva: "Foi comprada a casa *que tinha* o nº 40" (e não *tendo*) – "Precisamos de um auxiliar *que saiba* escrever a máquina" (e não *sabendo*) – "Língua extinta é a que não deixou documentos *que provem* a sua existência" (e não *provando*);

b) pela preposição *de* ou pela preposição *com*: "Foi comprada a casa *de* nº 40" (e não *tendo*) – "caixa *de* penas" (e não "caixa *encerrando* penas") – "livro *com* imagens" (e não "livro *contendo* imagens") – "carta *com* vale" (e não "carta *incluindo, contendo* ou *encerrando* vale");

c) quando possível, pela forma correspondente ao particípio presente latino (terminada em *nte*): "fronte *porejante* de suor" (e não "fronte *porejando* suor") – "bolsa *transbordante* de dinheiro" (e não "bolsa *transbordando* dinheiro") – "cor *tirante* a negro" (e não "cor *tirando* a negro") – "papelão *imitante* a couro" (e não "papelão *imitando* couro").

"Água *fervendo*" é expressão que contraria esse princípio; o certo seria "água *fervente*".

Notas: 1ª – É de toda a prudência seguir essas normas para que se evitem grosseiros galicismos. Em frases semelhantes à seguinte, a presença da forma em *ndo* seria de todo inadmissível: "Le chrétien croit à un Dieu *possédant* toutes les perfections" = "Crê o cristão em um Deus *que possui* (e nunca: *possuindo*) todas as perfeições".

2ª – Hoje repetem-se de modo enfadonho os gerúndios: "Os nacionalistas estiveram *cercando* a cidade, *conseguindo* por fim tomá-la, *sendo* muito aclamados" – Correção: "Os nacionalistas cercaram a cidade e conseguiram tomá-la finalmente, pelo que foram muito aclamados". Evitemos o gerundismo.

3ª – V. *Dicionário de Questões Vernáculas*, "gerúndio, particípio".

945.0 – Quem estudou com atenção o § 924 deve ter notado que o gerúndio não pode vir seguido de infinitivo pluralizado uma vez constituírem ambos locução verbal:

errado	*certo*
permitindo serem movidos	permitindo ser movidos
devendo terem feito	devendo ter feito
desejando comprarem livros	desejando comprar livros

Questionário

1. Quando a forma gerundial portuguesa corresponde ao particípio presente latino? Um exemplo.

2. Redija 6 orações em que apareça um gerúndio:
a) como *adjunto adverbial*;
b) em *locução verbal*;
c) como *predicativo*;
d) como *aposto do sujeito*;
e) que forme uma *subordinada reduzida*;
f) que traga *ideia de tempo*.

3. Dê exemplos de gerúndios antecedidos de *em*.

4. Por que construções deve o gerúndio ser substituído quando incorreto?

5. Corrija, explicando a correção, este período: "Língua extinta é a que não deixou documentos provando a sua existência".

6. Modifique a redação (V. a nota 2 do § 944) dos seguintes períodos:
a) O baile decorreu animadíssimo, dançando-se até alta madrugada, ficando todos com gratas recordações.
b) O ilustre escritor escreveu muitas obras, sendo eleito membro da Academia, conseguindo lá muitos êxitos.

7. Corrija:
a) Devendo os colarinhos serem trocados, deixe estas camisas de lado.
b) Não podendo os alunos daquele colégio responderem às perguntas, foram todos reprovados.

CAPÍTULO 64

SUBJUNTIVO

945.1 – Enquanto em certos idiomas não existe o problema do subjuntivo (temo-lo até no futuro, o que não se dá nem em latim[*]), em português esse modo verbal tem seus caprichos: Por que dizemos "Sei que ele VAI" e "Quero que ele VÁ"? Por que não podemos trocar os modos dessas duas subordinadas? É o que iremos estudar, observando que o tempo da subordinada é também passado quando no passado estiver o verbo da principal: *Permitiu* que eu *fizesse*.

Emprega-se o Subjuntivo:

945.2 – Nas orações que se subordinam a verbos volitivos (verbos que indicam **desejo**, **vontade**: *verba voluntatis*)[1]:

Presente ou futuro	Qualquer passado
Ele ACONSELHA que eu VÁ	ACONSELHAVA que eu FOSSE
Ele ADMITE que eu VÁ	ADMITIU que eu TIVESSE IDO
Ele COAGE a que FAÇAMOS	COAGIU-nos a que FIZÉSSEMOS
Ele CONCEDE que eu VÁ	TERIA CONCEDIDO que eu TIVESSE IDO
CONSINTO que PADEÇAM	CONSENTIA que PADECESSEM
CONVENHO que ele SEJA bom	CONVIERAM que ele FOSSE bom
Ele DEIXA que eu VENDA	DEIXAVA que eu VENDESSE
Ele DESEJA que eu FIQUE	DESEJARIA que eu FICASSE
Ele DETERMINA que PARTAMOS	DETERMINARA que PARTÍSSEMOS
Ele ESTABELECE que eu VOLTE	ESTABELECEU que eu VOLTASSE

(*) V. *Gramática Latina*, § 253, 2.
(1) V. *Gramática Latina*, § 282, n. 7.

Ele ESTATUI que eu RECORRA	ESTATUÍA que RECORRÊSSEMOS
Ele EXIGE que eu PROSSIGA	EXIGIRIA que PROSSEGUISSE
Ele FAZ (com) que HAJA paz	FEZ (com) que HOUVESSE paz
Ele IMPEDIRÁ que eu VOLTE	IMPEDIU que eu VOLTASSE
Ele IMPLORA que eu RETORNE	IMPLOROU que eu RETORNASSE
Ele MANDA que eu PEÇA	MANDARIA que eu PEDISSE
Ele OBRIGA que eu VOLTE	OBRIGAVA que eu VOLTASSE
Ele OBSTA que eu VEJA	OBSTOU que eu VISSE
Ele OPTA que CONTINUEMOS	OPTAVA que CONTINUÁSSEMOS
Ele ORDENARÁ que eu ACEITE	ORDENARIA que ACEITASSE
PEÇO que FALEM claramente	PEDIRIA que FALASSEM
Ele PERMITE que eu DIGA	PERMITIU que DISSESSE
PRAZA aos céus que eu VÁ	PROUVE a Deus que eu FOSSE
PREFIRO que você FIQUE	PREFERIRIA que FICASSE
Ele proíbe que eu JOGUE	TERIA PROIBIDO que eu TIVESSE JOGADO
Você QUER que eu VÁ?	Você QUERIA que eu FOSSE?
Ele RECOMENDA que eu FIQUE	RECOMENDARIA que FICASSE
ROGANDO (agora) que eu VÁ	ROGANDO (naquela época) que eu FOSSE
SUPLICO que você FIQUE	SUPLICAVA que FICASSE
VETO que DISCUTAM o assunto	VETEI que DISCUTISSEM

945.3 – Nas subordinadas a verbos que indicam **sentimento** (*verba sentiendi*)[(1)] ou a expressões que dão essa ideia, isto é, que supõem um "sentir" por parte de quem escreve ou do sujeito:

ADMIRAR QUE: Admiro que TENHA essa idade

ADMIRAR-SE QUE: Admira-me que TENHA, admirou-me que TIVESSE

ALEGRAR a alguém QUE: Alegra-me que você TENHA

BASTAR QUE: Bastaria que TIVÉSSEMOS

CONVIR QUE: Convém que VÁ, convinha que FOSSE

CUMPRIR QUE: Cumpria que ESTIVÉSSEIS prontos

ESPANTAR alguém QUE: Espanta-os que eu VÁ

ESPERAR QUE: Espero que POSSAMOS

ESTIMAR QUE: Estimarei que você PASSE

FOLGAR QUE: Folgarei que você DIGA

GOSTAR QUE: Gostaria que você CHEGASSE

IMPORTAR QUE: Importa que SAIBAMOS

LAMENTAR QUE: Lamento que TENHAM

LASTIMAR QUE: Lastimo que você PENSE o contrário

PESAR a alguém QUE: Pesa-nos que você HAJA

RECEAR QUE: Eu receava que ele OUVISSE

REPUGNAR a alguém QUE: Repugnou-me que ele TIVESSE

(1) V. *Gramática Latina*, § 367, 2.

SURPREENDER a alguém QUE: Surpreendeu-me que ele SOUBESSE

TEMER QUE: Temi que VISSEM

TOMARA QUE: Tomara que PUDÉSSEMOS – Tomáramos nós que todos SOUBESSEM

EXPRESSÕES EQUIVALENTES:

é bom que	é possível que
é feio que	é preciso que
é importante que	é provável que
é impossível que	é triste que
é incrível que	é proveitoso que
é lamentável que	é repugnante que
é lastimável que	é útil que
é inevitável que	é de admirar que
é mau que	é de pasmar que
é necessário que	é de recear que
é notável que	tenho receio de que
é pena que	estou receoso de que

945.4 – Nas subordinadas a verbos e expressões que indicam **dúvida** (*verba dubitandi*)[1]:

DESCONFIO QUE

DUVIDO QUE

É DE DUVIDAR QUE

É DE DESCONFIAR QUE

SUSPEITO QUE

TENHO DESCONFIANÇA DE QUE

TENHO MEDO DE QUE

Notas: 1ª – Tanto com verba *voluntatis* como com verba *sentiendi* e *dubitandi*, o *que* pode ser elegantemente suprimido:

Aconselhou-nos partíssemos logo.

Folgo tenha você tirado o primeiro lugar.

Pena é não exarasse o mestre a frase inteira.

2ª – Nas orações que se subordinam a verbos que indicam **declaração** (*verba declarandi*)[2], de forma que a subordinada expresse um fato real, o modo é o INDICATIVO:

Ele DECLARA que eu VOU, que eu IREI

DECLAROU que eu IA, que eu TINHA IDO, que eu IRIA

(1) V. *Gramática Latina*, § 427.

(2) V. *Gramática Latina*, § 366; § 367, 1

Ele AFIRMA que eu SOU, TENHO SIDO, SEREI
DIGO que ele SABE...
JURO que VEJO, que VI, VEREI...
CONFESSO que VI
SEI que ele estuda, estudou, estudava

AFIRMAVA que eu ERA, que FORA, TINHA, HOUVERA SIDO, SERIA
DIZIA que SABIA
JUROU que FAZ, que FEZ, FARÁ
CONFESSOU que VIU
SABIA que ESTUDARA, IRIA ESTUDAR

945.5 – Nas expressões **optativas** ou **imprecativas**:

VIVAM os bons!
Deus me PERDOE!
Oxalá todos RESPEITASSEM o próximo!
POSSAS tu, após tantas desilusões, voltar ao convívio dos teus!
TIVESSE eu a sua saúde! (§ 585.5, notas 1 e 2).
SEJAS feliz! (§ 644, n.).

Nota: Tal se dá ainda que tais expressões se iniciem com a conjunção *que* mas sejam proferidas como orações independentes, isto é, sem se subordinarem a outros dizeres:

Que todos SAIBAM o que vou dizer.
Que se RETIRE quem quiser (= Quem quiser que se retire).

945.6 – Nas subordinadas que expressam ação ou **ações aleatórias**, contingência, eventualidade:

Quer QUEIRA quer não QUEIRA, ele irá.
Quer FOSSE quer não FOSSE, nada teria conseguido.
Ou DIGA sim ou DIGA não, cairá em contradição.

Nota: Com alternativas aparecia, entre quinhentistas, também o indicativo: Ou que ele a *ouvisse* ou que alguém lhe FOI dizer.

945.7 – Nas *relativas* que denotarem incerteza, mera probabilidade, conjuntura:

Quero um livro que CONTENHA ilustrações.
Gostaria de premiar o aluno que SOUBESSE esta lição.
Não há prazer que sempre DURE.
Faltam-nos provas em que POSSAMOS apoiar-nos.
Procuro encontrar quem SAIBA.
Vou para onde me MANDEM.
Castigava-o por qualquer coisa que FIZESSE.
Quem quer que você VEJA prenda.
Quero um auxiliar com que POSSA viajar.
Levou os instrumentos todos com que PUDESSE trabalhar.
Digam o que QUISEREM, não irei.

Haja o que HOUVER, irei.
Dissesse o que DISSESSE, seria punido.
Cure quem QUISER.
Faça quem PUDER.

Nota: Se a ideia é de certeza, de fato real, o modo é o *indicativo*:

Quero o livro que *contém* ilustrações. Quero premiar os que *sabem* esta lição. Quis premiar os que *souberam*. Gostaria de conhecer os que *passaram*. Quero conhecer quem *faz* estes brinquedos. Vou para onde me *mandam*.

945.8 – Nas **finais** iniciadas com *para que, porque, a fim de que*:

Faço tudo para que ele APRENDA.
Escrevi o que pude a fim de que FICASSEM satisfeitos.
Faço votos porque SEJAS feliz.
Ao rei presentes manda, porque a boa vontade que mostrava TENHA firme.

945.9 – Nas **condicionais**, quando a hipótese é (o estudo completo ficou feito no § 585 e ss.):

possível (hipótese admissível): Se eu ESTUDASSE, eu passaria (teria passado) – Se eu TIVESSE ESTUDADO, eu teria passado – Se eu ESTUDAR, eu passarei – Se até lá eu TIVER MORRIDO, você perderá tudo – A não ser que MUDE de ideia, ele está perdido – Caso você VÁ, eu também irei – Meu prazer será imenso caso eu POSSA ir – Meu prazer seria imenso caso eu PUDESSE ir – Procedeu como se FOSSE dono – Sem que RESPEITEMOS o próximo, não poderemos considerar-nos civilizados – Suposto que seu sócio CONCORDE, eu vou.

irreal (hipótese de fato inexistente): Se eu PUDESSE falar, não estaria escrevendo.

Notas: 1ª – Enquanto, na hipótese real, o verbo em português está no indicativo ("Se você *tinha* pressa, por que não disse?"), na possível e na irreal esse modo verbal constitui erro: Se eu soubesse disso, não teria ido (e não: "Se eu sabia...").

2ª – A locução *como se* (entre os clássicos também *como que*) abre duas orações, uma conformativa hipotética, outra condicional: Ele agiu como (agiria) se *fosse* criança. O modo do verbo regula-se pelo das condicionais. Outros exemplos: Para me magoar busco ainda desaventuras alheias, como que as minhas não *bastassem* – Com os braços cruzados sobre o peito, como que me *media* com os olhos.

3ª – *Caso*, quando equivalente ao *se* condicional, repele o futuro: "Caso eu possa" (e não "caso eu puder").

945.10 – Nas **temporais**, quando a ideia é de suposição, de eventualidade, de futuridade:

Irei quando ele FOR.
Avise-me assim que ele SAIA.
Vou depois que TERMINE o serviço.
Compre antes que ACABE o dinheiro.
Plante logo que CAIA a primeira chuva.
Irei tão logo você SAIA.
Ficarei em casa enquanto ESTIVER de luto.

Nota: Quando a ideia é de fato real, o modo é o indicativo: Vou depois que *termino* o serviço – Saio assim que ele *sai* – O rio se enche logo que *cai* a primeira chuva – Fui tão logo você *saiu*.

945.11 – Nas **concessivas**:

Embora você QUEIRA, nada acontecerá.
Ainda que ESTEJA chovendo, irei.
Conquanto me TIVESSE demorado, consegui alcançá-lo.
Por mais que eu GRITASSE, não pude ser ouvido.
E, posto que a luta FOSSE longa e encarniçada, venceram.
Prefere ser julgado homem de bem sem que o SEJA a sê-lo sem que por tal SEJA CONSIDERADO.
Ele viaja sem que TENHA dinheiro.
Sem que FOSSE escravo, obedecia.
Você quer que eu me atire nágua sem que SAIBA nadar?

Nota: Era muito frequente entre os clássicos o indicativo, e ainda hoje é ele empregado quando se quer insistir no fato real: Ainda que a noite *era* de junho, não fazia apetecível a temperatura – Vinha do ocidente um grosso barulho, se bem que o vento *soprava* de estivo – Camboldão levantou-se o melhor que pôde, posto que a ferida o *estorvava* não o poder fazer à sua vontade.

945.12 – Nas **consecutivas**, quando se trata de fato que se pretende, que se objetiva conseguir:

Minha intenção é fazer tal barulho que o OBRIGUE a sair.
Pretendia fazer tal algazarra que IMPEDISSE o discurso.
Falou tanto que FIZESSE os outros desistir.

Nota: Quando se trata de fato certo, o modo é o indicativo: Dormiu tanto que *perdeu* o trem – Falarei de tal forma que ele *irá concordar* – Leio com tamanha vontade de aprender que *assimilo* tudo.

945.13 – Nas **imperativas negativas**, em todas as pessoas: não *faça*, não *faças*, não *faça*, não *façamos*, não *façais*, não *façam*.

Quando *positivas*, na 1ª e na 3ª pessoa: *viva* (eu), *viva* (ele), *vivamos*, *vivam*.

Nota: Com força de imperativo passado, emprega-se no passado do subjuntivo o verbo de principais que tenham por subordinada uma condicional de hipótese real (§ 585, n. 3): Se você queria aprender, *estudasse*.

945.14 – Nas orações que trazem o advérbio *talvez* antes do verbo:

Talvez VÁ amanhã.

Afirmou que talvez FOSSE com toda a família.

Nota: Deixa-se no indicativo o verbo quando vem antes de *talvez*: *Irei* talvez hoje mesmo (§ 529, n. 2).

945.15 – Nas **intercaladas**, começadas por *que*, tomado substantivamente, quando limitam uma possibilidade:

Ninguém, que eu SAIBA, entrou aqui (pelo que eu sei, segundo o que eu sei) – Que me LEMBRE, ele não disse isso (pelo que me lembro) – Que me CONSTE, ele não quer ir(*).

Outros Casos

946.1 – Nas **causais**, quando se iniciam por **porque** e antecedem a principal (o sentido do *porque* é então "pelo fato de", locução esta que vem com o indicativo), pode-se pôr o verbo no subjuntivo:

Porque o ladrão QUISESSE fugir, o guarda atirou.

Porque ele QUEIRA ser lavrador, você vai tirá-lo do colégio!

Nota: Nas **causais** com **como**: *a*) para atos presentes, costuma-se hoje empregar o indicativo: Como vocês *são* bons, vou permitir.

b) para atos passados, emprega-se o indicativo e, às vezes, conservando a construção clássica, o subjuntivo: Como não *tinha* podido passar, mudou de rumo – Como não *quisesse* ficar para trás, avançou contra o fogo.

946.2 – Quando a principal já por si indica suposição, incerteza, o pensar de alguém, o verbo da subordinada irá para o **subjuntivo** se persistir a ideia de suposição, de incerteza; ficará no **indicativo** se a ideia propender para a realização:

suposição, incerteza	**realização**
Acredito que ele VENHA	que ele VEM
Entendo que SEJA assim porque...	que É assim porque...
Suponho que ele SAIBA mais do que eu	que ele SABE mais do que eu
Não conheço quem FAÇA (uma coisa projetada)	quem FAZ (uma coisa realmente feita, mas de autor desconhecido)
Pensei que você ESTIVESSE enganado	Pensei então que você ESTAVA...

(*) V. *Gramática Latina*, § 414,7, n. *a*.

Farei como você QUEIRA	Farei como você QUER
Creio que SEJA tarde	Sei que É tarde
Cuido que SEJAM seus	Cuido que SÃO os verdadeiros
Transmitirei a quantos CONHEÇA	Transmitirei a quantos CONHEÇO
Presumo que SEJA como você diz	Acho que É como você diz
Quem nega que eu SEJA o culpado?	Quem nega que eu SOU o culpado?
Quem diria que ele FOSSE assim ruim?	Quem diria que ele ERA assim ruim?

946.3 – Quando a *eventualidade* é caracterizada, o modo é o **subjuntivo**; é o que se dá:

1. Com subordinadas que expressam fatos que não se realizaram no passado com relação ao expresso na principal (**suposição que implica o contrário**):

Imaginava que FOSSEM eles (mas não eram).
Achei que você POSSUÍSSE recursos para isso (mas não possuía).
Não era crível que FIZESSE tanto mal (mas fez).

Nota: Em tal caso de suposição que implica o contrário (os verbos estão no passado), em lugar do subjuntivo pode aparecer na subordinada o futuro do pretérito: Cuidava que *passariam* de ano.

2. Com orações que, sempre a encerrar eventualidade, se subordinam a uma principal **negativa**:

Não acredito que você VÁ.
Não espero que ele VENHA.
Não digo que você SEJA o que dizem.

Nota: Quando a subordinada implica a ideia de existência real do fato, pode ela ter o verbo no indicativo:

Eu não disse que você se *chamava* João – Eu não me lembrava de que vocês *eram* (fossem) pequenos naquele tempo – Por que você não jurou que *era* meu irmão?

3. Com subordinadas a um verbo que implique a ideia de existência e venha seguido de **quem**:

Existe quem DIGA o contrário.
Não falta quem PENSE assim.
Há quem QUEIRA ir.
Há alguém que NEGUE o fato?
Achei quem DESSE mais.
Vou encontrar quem COMPRE.
Havendo quem CONCORDASSE, tive de ficar.
Havendo quem CONCORDE, ficarei.

946.4 – Nas **proporcionais**, quando implicarem ideia de futuridade, emprega-se o futuro do subjuntivo:

À medida que ele FIZER progresso, mais recompensa terá.
Quanto mais DISSER, mais errará.

946.5 – Nas subordinadas **comparativas** e nas **conformativas** também se emprega o subjuntivo futuro quando existe ideia de futuridade:

Farei tanto quanto PUDER.
Serei tal qual você QUISER.
Faça como ele FIZER.

Questionário

1. Corrija, justificando a correção (§ 945.2):
a) Você quer que eu pago?
b) Ele mandou que eu pagava o aluguel.
c) Ele me obriga que eu digo.
d) Eu preferia que ele ia antes de mim.

2. Preencha os claros com os verbos indicados entre parênteses (§ 945.3):
a) (ir) Eu gostaria que você... ainda hoje.
b) (agir) É pena que você... precipitadamente.
c) (refletir) É bom que você... melhor.
d) (manter-se) Seria necessário que ele se... firme.
e) (conter-se) Foi bom que ele se...
f) (ter) É pena que... de mudar-nos.
g) (obter) Meu pai gostaria que eu... o primeiro lugar.
h) (precaver-se) Convém que você... (§ 488, d).

3. Ponha em qualquer passado o verbo da principal e complete os seguintes períodos (A pessoa deve ficar a mesma na principal e na subordinada):
a) Espero que possamos educar nosso povo (§ 945.3).
b) Ele sempre lamenta que você tenha falhado nos estudos (§ 945.3).
c) Quero um auxiliar com que possa viajar (§ 945.7).
d) Faço votos porque ele se mantenha estudioso (§ 945.8).
e) Porque ele diga isso você não vai expulsá-lo (§ 946.1).
f) Sempre encontro quem concorde (§ 946.3).

4. Complete, com o verbo indicado entre parênteses, os seguintes períodos:
a) (permanecer) Conquanto... sem febre, o doente exige cuidados.
b) (dispensar) Rogo-vos que... vossa preciosa atenção ao meu caso.
c) (ver) Veja o que... , ele não acreditará.
d) (precaver-se) Nada acontecerá se você... como deve.
e) (cerzir) Ainda que ele... , a roupa não durará.
f) (intervir) Sempre encontrei quem...
g) (antever) Quanto mais depressa ele... a alta dos preços, tanto maior lucro terá.

CAPÍTULO 65

PONTUAÇÃO

947 – Segundo a ótima definição de Júlio Ribeiro, *pontuação* é a "arte de dividir, por meio de sinais gráficos, as partes do discurso que não têm entre si ligação íntima, e de mostrar do modo mais claro as relações que existem entre essas partes".

Observações:

1ª – Note bem o aluno, na definição, os dizeres: "...dividir... partes do discurso que *não têm* entre si *ligação íntima*"; ora, têm ligação íntima entre si os termos da oração: o *sujeito* com o *verbo*, o *verbo* com o seu *complemento*; entre o *sujeito* e o *verbo*, como entre este e o *complemento*, não pode, pois, haver vírgula.

2ª – O processo de pontuação do português atual diverge do seguido pelos clássicos, dos quais pouco seguras seriam as regras de pontuação que pudéssemos induzir.

948 – São as seguintes as notações de pontuação usadas em português, que se dividem em três classes: *objetivas*, *subjetivas* e *distintivas*:

objetivas	1 – *vírgula* (antigamente *coma*)	,
	2 – *ponto e vírgula* (antig. *semicólon*)	;
	3 – *dois-pontos* (antig. *cólon*)	:
	4 – *ponto final*	.
subjetivas	5 – *ponto de interrogação*	?
	6 – *ponto de exclamação*	!
	7 – *reticências*	...
	8 – *parênteses*	( )
distintivas	9 – *aspas*	" "
	10 – *travessão*	—
	11 – *parágrafo*	§
	12 – *chave*	{
	13 – *colchetes*	[ ]
	14 – *asterisco*	*

Vírgula

949 – É comum vermos esta doutrina: "A vírgula indica pequena pausa". – De fato, essa indicação tem a vírgula, mas não devemos aceitar como certa a recíproca: "Havendo pausa, há vírgula". Essa recíproca induz a erros e erros; pausas existem que na leitura se fazem meramente por ênfase; vezes há – e isso facilmente poderá comprovar o aluno – em que separamos, na leitura ou em um discurso, o sujeito do verbo; outras, em que separamos o verbo do seu complemento, mas erro cometeremos se graficamente representarmos tais pausas por vírgula, porque **não se pode pôr vírgula entre o sujeito e o verbo nem entre o verbo e o seu complemento**, ou seja, não se concebe que se separem termos que mantêm entre si íntima relação sintática. O que podemos seguramente afirmar é: ONDE NÃO HÁ PAUSA NÃO HÁ VÍRGULA.

Em grande número de casos, as vírgulas exercem papel de parênteses; aberto o parêntese, claro é que o devemos depois fechar:

"Pedro (de acordo com as ordens recebidas) partiu". – Se por vírgulas
↑ ↑
substituirmos os parênteses que entram nesse período, teremos:

"Pedro, de acordo com as ordens recebidas, partiu".
↑ ↑

A supressão de uma das vírgulas constituirá erro, pois virá quebrar a concatenação da oração, por separar o sujeito *Pedro* do verbo *partiu*: *OU AMBAS AS VÍRGULAS SE COLOCAM, OU AS DUAS SE TIRAM.*

Essa simples norma engloba várias regrinhas comumente oferecidas em gramáticas.

Sem que a pessoa saiba o que venha a ser *oração interferente*, *subordinada adjetiva explicativa*, *aposto*, *vocativo*, saberá colocar com precisão as vírgulas. Exemplos aqui são dados em que, para mostrar a sequência do período, os parênteses aparecem em lugar das vírgulas: "*Damão* (condenado à morte) *impetrou* ir primeiro à sua casa" – "*Vem* (tu que duvidas da honra) *observar* o proceder deste pobre" – "*Francisco* (com o dinheiro ganho no negócio) *comprou* uma linda chácara" – "*Diógenes* (filósofo cínico) *morava* dentro de uma cuba" – "*Os reinos e as terras* (segundo a sentença do Eclesiástico) *passam* de umas a outras gentes" – "Nem mesmo *agora* (disse deles o chefe) *devemos* retroceder" – "O *homem* (que é mortal) *é* apenas forasteiro na terra".

Uma vez, em todos esses exemplos, excluída a locução que ficou entre parênteses, aparecerão ligados os termos essenciais da oração ou os que tenham entre si íntima relação sintática:

"Damão impetrou ir..." – "Francisco comprou..."

"Vem observar..." – "Diógenes morava..." etc.

Empregos da Vírgula

950 – Emprega-se a vírgula entre palavras, membros e orações de idêntica função; por outras palavras, emprega-se a vírgula *entre vários sujeitos* (Pedro, João, Antônio saíram – A riqueza, a saúde, o prazer são coisas transitórias), *entre vários objetos*, quer constituídos de substantivos, quer de orações (Francisco disse-me que eu fosse, que batesse, que entrasse, que tirasse os livros), *entre orações independentes assindéticas* (Antônio vive, Pedro vegeta) etc.

Notas: 1ª – Entre o penúltimo e o último termo ou membro coordenado, pode vir, em lugar da vírgula, uma conjunção aditiva ou, conforme o caso, alternativa: A água, o ar, o fogo *e* a terra... – Pedro, Antônio *ou* Carlos...

2ª – Pode, todavia, acontecer que, antes da conjunção *e* ou da conjunção *ou* apareça ainda uma vírgula, o que se dá quando *há* ênfase na citação da série coordenada:

"Ou ele vá, *ou* pare, *ou* retroceda..."

"Ele fez o céu, *e* a terra, *e* o mar, *e* tudo quanto há neles"

3ª – Quando se usa entre dois termos a partícula *ou* para indicar equivalência, ou se prescinde da pontuação ou se usa uma vírgula antes do *ou* e outra depois da palavra que indica equivalência:

O substantivo ou o adjetivo deve vir...
O substantivo, ou o adjetivo, deve vir...

4ª – Pela comparação feita no parágrafo anterior, é justificável a vírgula antes do *e* em períodos como estes: "Pedro deu, e o caso exigia, violenta tunda no irmão" – A conjunção *e* não está ligando o verbo *deu* ao substantivo *caso*; abre ela uma locução que, excluída do período, nenhum prejuízo trará à sua integridade.

"Disse ele muitas coisas, *e* mais coisas teria dito não fosse a carência de tempo"

– constitui outro exemplo da vírgula antes do *e*, vírgula necessária para separar complementos de verbos diferentes.

"...maduram laranjas, *e* esbeltos coqueiros balouçam as suas graciosas umbelas" – é outro exemplo de possibilidade e de necessidade de vírgula antes de *e*, pois esta conjunção não está aí ligando *laranjas* a *coqueiros*; cada palavra pertence a verbos de orações diferentes.

Outros exemplos: "...sentença de morte para Tiradentes, *e* para os outros a pena de desterro" – "A infância sabe só que vive, *e* ri" – V. D.QVs: *Vírgula*, 21, 27.

5ª – O que se disse da vírgula antes do *e*, diga-se da vírgula antes do *etc.*, conforme há muito ficou dito na nota do § 81; em enumerações, não se irá escrever: "Comprei selos, papel, lápis, tinta, *e* outras coisas" – colocando-se vírgula antes da conjunção; nada mais justo que condenar tal pontuação antes das letras que abreviam dita locução latina.

6ª – Objeção comum entre alunos é esta: "Por que, no redigir-se um endereço, não se coloca vírgula antes do número que discrimina a caixa postal, quando é essa pontuação empregada antes do número que especifica a casa de uma rua?" – Nada mais simples: No primeiro caso, o adjetivo numeral está modificando o substantivo "caixa postal"; é um atributo que, como tal, não pode vir separado por vírgula do substantivo por ele modificado; é o mesmo que dizer: "Caixa postal quadragésima quarta". No segundo caso, o numeral não modifica o nome da rua, mas o subtantivo *casa*, que aparece claro quando também a rua é discriminada por número: "Rua 23, casa 4".
↑

951 – Para marcar a pausa no fim da subordinada adjetiva restritiva, quando esta é constituída por dizeres muito longos: "As famílias que se estabeleceram naquelas encostas meridionais das longas serranias chamadas pelos antigos Montes Marianos, conservaram por mais tempo os hábitos...".
↑

Nota: A existência ou não de vírgula a separar uma adjetiva que seja curta depende de ser esta explicativa ou restritiva: § 900.

952 – Para evitar ambiguidade na *sínquise* ou deslocação violenta dos complementos (V. nota do § 857):

"*A grita* se levanta ao céu, *da gente*".
↑

Outro exemplo:

"Pagou-se com o dinheiro do amigo, de tanto sacrifício e de tantas
↑
importunações que sofreu" – Sem a vírgula, *de tanto sacrifício* pareceria complemento de *amigo*, quando o é de *pagou-se*.

A mesma função explanatória da vírgula aparece no seguinte trecho de Frei Luís de Sousa: "E ficou murada, a uso daqueles tempos, de boa
↑
cantaria" – e neste de Coelho Neto: "...movimento que intima aos que a escutam, o entusiasmo e a persuasão".
↑

953 – Para separar nas datas o nome da localidade:

Itaí, 8 de janeiro de 1911
↑

954 – Para indicar o *zeugma* do verbo, conforme ficou visto na nota 1 do § 783: "Os valorosos levam as feridas, e os venturosos, os prêmios".
↑

955 – Para separar os *elementos paralelos* de uma expressão proverbial:

"Cada terra com seu uso, cada roca com seu fuso".
↑

"A pai muito ganhador, filho muito gastador".
↑

956 – Para separar certas conjunções *pospositivas*, tais como *porém, contudo, pois, todavia*: "Vens, pois, anunciar-me uma desventura?"
↑ ↑

– "Naquele dia, porém, as lanças...".
↑ ↑

Nota: *Porém*, *contudo* e outras que tais conjunções podem dispensar as vírgulas: "...ideias porém sólidas" – "Desempenham todavia funções...".

957 – Para dar *ênfase* a certas *conjunções*, *advérbios* e *locuções adverbiais*: "...cuja tez suaviza, ainda mais, o brando raio do luar" – "Mas,
↑ ↑ ↑

apesar disso, não deixarei..." – "Alguém, talvez, queira".
↑ ↑ ↑

Nota: Não vá o aluno pensar que é obrigatória a vírgula depois de *mas*, *todavia*, *logo* etc., quando tais conjunções iniciam uma coordenada. É ela colocada somente quando exigida para dar ênfase a alguma expressão que se segue a essas conjunções; em tal caso aparecem duas vírgulas: uma antes da expressão, outra depois. No período "Acho isso impossível, pois, estive ontem com ele" não só não é obrigatória, mas errada, por não ter nenhuma função, a vírgula que está após o *pois*.

É também erro colocar sistematicamente entre vírgulas advérbios e locuções adverbiais; só devem elas aparecer quando indicam ênfase, obrigando o leitor a notar a força do advérbio ou da locução.

958 – Depois de *sim* ou *não*, colocados no princípio da sentença: "Sim, quero" – "Não, porque já foi".
↑ ↑

959 – Depois de *assim*, *então*, *demais* e de outros advérbios e locuções adverbiais, empregados em princípios de sentenças, com sentido de

conjunção: "Então, iremos hoje?" – "Assim, espero por você".
↑ ↑

960 – Para separar certas *locuções explanatórias*, tais como *isto é*, *por exemplo*, *verbi gratia*, *por assim dizer*, *a meu ver*, *por outra*, *além disso*, *a saber*, *ou seja* etc.: "Porei todavia aqui mais um exemplo, isto é, acrescentarei mais uma prova".
↑ ↑

961 – O vocativo vem sempre acompanhado de vírgula; quando inicia a oração, há uma vírgula depois; quando vem no meio, o vocativo se põe entre vírgulas; quando no fim da oração, põe-se uma vírgula antes: "*Alunos*, recordem as correções" – "Recordem, *alunos*, as correções" – "Recordem as correções, *alunos*".

962 – Pode a vírgula ser empregada, enfaticamente, em lugar do verbo *ser* em orações de fácil compreensão: "Estes, os maiores perigos" – "Eles, os homens que indico".
↑ ↑

Nota: V. a parte final da nota 4 do § 784.

963 – Introduzindo-se num período um parêntese em lugar onde já haja vírgula, esta se coloca depois de fechado o parêntese, uma vez que este sempre esclarece o que ficou antes da vírgula, e não o que vem depois dela: "Estava Mário em sua casa (nenhum prazer sentia fora dela), quando ouviu baterem...".
↑

Ponto e Vírgula

965 – Tem o **ponto e vírgula** mais força que a vírgula e menos que o ponto final. A vírgula separa conceitos, ideias, frases; o ponto e vírgula separa juízos, orações, e o ponto final indica o término do raciocínio, do período.

Usa-se o ponto e vírgula:

1) Para separar orações independentes que têm certa extensão, sobretudo se tais orações possuem partes já divididas por vírgula:

"Das graças que há no mundo, as mais sedutoras são as da beleza; as
↑
mais picantes, as do espírito; as mais comoventes, as do coração" – "O
↑
mundo moderno descende do Calvário; a sua origem foi na raiz da cruz;
↑ ↑

mais tarde ou mais cedo os povos, que o formaram, vieram ali fundir-se e regenerar-se" – "O bem é um; o mal se divide e não tem número; uma
↑ ↑
saúde, muitas as doenças; uma harmonia, muitas as dissonâncias".
↑

Nota: Quando as orações independentes são de pouca extensão, basta a vírgula para separá-las: "Os povos dividiram-se, as raças combateram-se, os colossos dissolveram e a unidade
↑ ↑
moral não se obteve senão pela aliança da Igreja".

2) Para separar as partes principais de uma frase cujas partes subalternas têm de ser separadas por vírgulas: "Santos, Campinas, Recife são cidades do Brasil; Madri, Sevilha, Barcelona, da Espanha; Lisboa, Porto, Coimbra,
↑ ↑
de Portugal".

3) Para separar os *considerandos* (com exceção do último) que constituem o preâmbulo de um decreto, portaria, sentença, acórdão ou documento análogo:

Considerando que o recorrente, valando o seu olival, usou do direito de tapagem que lhe conferia o artigo 234, § 6 do código civil; ←

Considerando, porém, que no uso deste direito deixou de observar o artigo 84 do código de posturas; ←

Considerando que, por essa falta, o vaiado foi arrasado, conforme depuseram as testemunhas no auto; ←

Considerando que no processo não há um único documento que justifique a servidão pública no terreno do recorrente; ←

Considerando...:

Hei por bem revogar o acórdão recorrido e remeter as partes para as justiças ordinárias.

(Decr. publicado em Port., 1876, apud S. Valente).

Dois-Pontos

966 – Servem os **dois-pontos**:

1) Para anunciar uma *citação*: "Aristóteles dizia a seus discípulos: Meus amigos, não há amigos".
↑

2) Para indicar ou uma *enunciação* ou uma *enumeração*, quer venham os objetos enumerados ou a coisa enunciada depois do verbo da

oração: "Os meios legítimos de adquirir fortuna são três: trabalho, ordem e economia" – quer venham antes do verbo ou palavra que apresenta os objetos: "Trabalho, ordem e economia: eis os meios legítimos de adquirir fortuna".

Nota: Às vezes não há verbo nenhum, nem antes nem depois da apresentação: "Primeira regra de estilo, uma das principais e porventura a mais esquecida de todas: naturalidade por oposição a afetações ridículas".

3) Antes de uma *reflexão* ou de uma *explanação*: "Nada faças encolerizado: levantarias ferro em ocasião de tempestade?" – "Não podias crer, por certo, que eu me houvesse esquecido de ti: larga experiência te ensinou que as minhas afeições são duradouras e profundas" – "Lá dizia Sócrates que as raízes da virtude são amargosas, e os frutos dela, suaves: símbolo natural desta virtude é a erva loto, amargosa nas raízes e doce nos frutos" – "Não o moleste: é um pobre coitado".

Nota: Nos casos 2 e 3, após os dois pontos vem letra minúscula.

4) Para separar O *preâmbulo* e o *último* de uma série de considerandos das leis, decretos, portarias, alvarás, sentenças, acórdãos e diplomas sociais (V. exemplo do nº 3 do § anterior). – "Tomando em consideração o relatório do Ministro e Secretário dos Negócios da Fazenda: Hei por bem decretar...".

Ponto Final

967 – Indica o **ponto final** a conclusão do período gramatical. São desnecessários, para o caso, exemplos, mas uma observação é necessária: tome o aluno um trabalho literário de clássicos nossos, e veja o período: longo, recheado de múltiplas circunstâncias. Modernamente, o período se resolve, multiplica-se em períodos mais curtos, de acordo com as circunstâncias, tornando-se mais rápido e incisivo. Regra, porém, não há, nem pode haver, para a divisão dos períodos gramaticais. É assunto que depende em grande parte do autor, pertencendo-lhe ao estilo: "Do critério e traquejo literário do escritor depende a boa divisão dos períodos no desenvolvimento de qualquer assunto".

Não devemos levar ao exagero a multiplicação dos períodos. Se os longos períodos dos clássicos produzem cansaço, os períodos demasiadamente curtos de certos modernistas causam fastio. Se coisa bela existe em literatura é saber o escritor concatenar subordinadas e coordenadas, dando ao período um todo harmonioso, fluente, natural.

968 – Quando, terminado um período, podemos começar o outro na mesma linha, e quando começá-lo na linha seguinte? A sequência do pensamento é que deve servir de critério. Havendo separação, havendo corte no pensamento, começa-se o período seguinte na outra linha; se o pensamento continua, constituindo o período seguinte consequência ou continuação do período anterior, o novo período se inicia na mesma linha (V. § 975).

Ponto de Interrogação

969 – **Ponto de interrogação** é o sinal que se coloca no fim de uma oração para indicar uma pergunta direta:

Quem quer ir? ←

Observação:

Nem sempre o ponto de interrogação indica fim de período; no período: "Quem quer ir? perguntou o chefe" – o ponto de interrogação indica, além da função que lhe é própria, a pausa de uma simples vírgula, pois o período continua; em tais casos, a letra que vem depois dele deve ser minúscula.

Ponto de Exclamação

970 – O **ponto de exclamação** emprega-se depois das interjeições (oh! arre! chi!) ou depois de orações que designam espanto, admiração,
↑ ↑ ↑
surpresa: "Quanto peixe!" – "Por essa é que eu não esperava!"
↑ ↑

Observações:

1ª – Empregam-se, às vezes, os dois sinais, o interrogativo e o exclamativo, para denotar, ao mesmo tempo, dois sentimentos, o da pergunta e o da admiração:

A paz? ! – Já? ! – Eu entregar-me? ! – Quê? !
↑↑ ↑↑ ↑↑ ↑↑

2ª – A observação feita sobre o ponto de interrogação deve aplicar-se igualmente ao de exclamação:

"Meu filho! exclama a pobre mulher".

↑

3ª – Lembro aqui o que ficou dito no § 596: O *ó* que às vezes acompanha o vocativo (*ó* menino, *ó* fulano) não deve ser confundido com o *oh!* de admiração; somente este admite e sempre requer depois de si o ponto de admiração.

4ª – Nas frases interrogativas e nas exclamativas, costumam os espanhóis colocar no começo, de cabeça para baixo, o ponto de interrogação ou o de exclamação, para advertência do leitor. Inutilmente tentou Castilho introduzir tal uso em português:

¿Ter trabalhado toda a minha vida com o maior afã para colher o quê?

↑

Reticências

971 – As **reticências** indicam interrupção ou suspensão do pensamento ou, ainda, hesitação ou desnecessidade de exprimi-lo:

"Nestes paços eu ficarei segura... Depois... Se tu soubesses... oh! nada... absolutamente nada... Sou eu que não sei o que digo..."

– "Quem conta um conto..." – "Se ele é bom, ela..." – "Mas... vamos deixar o problema para amanhã?"

Observações:

1ª – *Reticências*, no plural, ou *pontos de reticência* são designações sinônimas para o sinal desta pontuação. No singular, a palavra *reticência* não indica o sinal de pontuação mas a supressão, a omissão voluntária de uma coisa que se deveria dizer, o ato de suprimir ou a própria coisa suprimida, donde o verbo *reticenciar*, que significa exprimir incompletamente, e os adjetivos *reticencioso*, *reticente* (que significam "que faz ou em que há reticência"): "Suas declarações, além de *reticentes*, estavam em contradição com os depoimentos".

2ª – Os pontos de reticência podem formar uma linha inteira de pontos para indicar a supressão de palavras ou de linhas omitidas na cópia ou tradução de uma obra. Neste caso, os pontos de reticência podem também chamar-se *pontinhos*: "Onde a crônica se cala e a tradução não fala, antes quero uma página inteira de *pontinhos* do que uma só linha de invenção do croniqueiro".

Parênteses

972 – Servem os **parênteses** para separar palavras ou frases explanatórias, intercaladas no período: "Estava Mário em sua casa (nenhum prazer sentia fora dela), quando ouviu baterem...".

↑ ↑

Observações:

1ª – Na leitura, a frase que vem entre parênteses deve ser proferida em tom mais baixo. Na escrita, ela se inicia com maiúscula somente quando constitui oração a parte, completa, com uma consideração ou pensamento independente, caso em que o parêntese vem de ordinário precedido de ponto final.

2ª – Quando a frase intercalada é curta, os parênteses são geralmente substituídos por vírgulas. Já sabemos que os parênteses muito longos são viciosos, pois prejudicam a clareza do período.

3ª – Servem ainda os parênteses para incluir um número (24), uma data (22 de agosto de 1939), uma letra (a), um asterisco (*). Se a letra inicia o período, para indicar os vários itens de um texto, basta o segundo semicírculo: a) – b) – c) – O asterisco entre parênteses chama a atenção do leitor para alguma observação ou nota feita no final do artigo ou da página.

4ª – *Parênteses,* no plural, indica os dois semicírculos; *parêntese,* no singular, indica todo o conjunto, isto é, os dois semicírculos com o que dentro deles se encontra: *Entre parênteses, abrir um parêntese, fechar o parêntese.*

5ª – Quanto à pontuação. V. § 145, n. 3.

Aspas

973 – As **aspas**, também chamadas *vírgulas dobradas* ou *comas,* usam-se:

1) No princípio e no fim das *citações,* para distingui-las da parte restante do discurso: Um sábio disse: “Agir na paixão é embarcar durante a tempestade”.
↑ ↑

2) Para distinguir palavras e expressões estranhas ao nosso vocabulário: Pedro vive num verdadeiro “dolce far niente”.
↑ ↑

3) Para chamar a atenção do leitor a certas palavras que pretendemos fazer sobressair: A palavra “mandar” nem sempre significa o mesmo que “enviar”.

Observação:

Grifo: Frequentemente sublinhamos, na escrita, as citações e os dizeres para os quais queremos chamar à atenção: neste caso dispensamos as aspas. As palavras sublinhadas, ou grifadas, correspondem, nas obras impressas, ao tipo diferente, ao *negrito* ou *normando* (letras de corpo mais cheio), ao *itálico* (letras inclinadas), ao *cícero* (letras de corpo maior e grosso), ao *versal* (todas as letras maiúsculas), ao *versalete* (todas maiúsculas, mas a inicial maior).

973.1 – Quando dentro de trecho já entre aspas houver necessidade de novas aspas, estas são simples: O mestre avisou: "O aluno que responder 'Não estudei' deverá justificar a resposta". Em casos tais, as aspas encerram qualquer outro sinal de pontuação de uma passagem citada dentro delas: "Devo responder 'Não estudei'?"

No fim de uma citação o sinal de pontuação ficará dentro das aspas se pertencer à citação; se for do autor, depois: Ele perguntou: "Você vai?" – Por que você não disse "Eu vou"? – "Os alunos exclamaram: 'Muito bem!'"

Em certos idiomas as aspas são ordinariamente simples; passam a ser dobradas só quando dentro há outras. Encontram-se aspas em forma de cunhas: «Hoje?»

Travessão

974 – **Travessão** é um traço de certa extensão, maior do que o hífen, que indica a mudança de interlocutor:

– Quem é?
– Sou eu.
– Tu prisioneiro, tu?
– Vós o dissestes.
– Dos índios?
– Sim.
– De que nação?
– Timbiras.

Observação:

O travessão substitui comumente os *parênteses* (A la fé – disse Mem Moniz – que a festa de vossos anos, senhor Gonçalo Mendes, será...), as *vírgulas* (Não fora eu – que há muito a acompanhava – e ela teria perecido) e os *dois-pontos*: Prestem atenção – Ninguém deve sair. Serve, ainda, para evitar repetição de um termo já mencionado, emprego este comum nos dicionários.

Parágrafo

975 – Num ditado, quando queremos dizer ao escrevente que o período seguinte deve começar em outra linha, dizemos **parágrafo** ou *alínea*.

"O parágrafo pode conter um ou mais períodos, e encerra um pensamento ou grupo de pensamentos que, em geral, têm com o parágrafo antecedente relação menos íntima do que a que liga os períodos de um mesmo parágrafo. Ele denota, pois, pausa mais forte do que o simples ponto final. Todavia, para formar parágrafo, como para formar período, não se podem dar regras seguras; fica isso, até certo ponto, ao arbítrio, gosto ou critério do escritor, a não ser nos decretos, leis etc., em que os parágrafos são determinados pelo próprio assunto".

Notas: 1ª – O símbolo do parágrafo é §, constituído de dois *ss* entrelaçados, iniciais das palavras latinas *s*ignum *s*ectionis = sinal de secção, de corte.

2ª – A palavra *alínea* (do lat. *a* + *linea)* significa "distanciado da linha", isto é, fora da margem em que começam as linhas do texto.

3ª – Salvo nos artigos de lei, onde serve para discriminar casos particulares, muito raro é o emprego do símbolo do parágrafo.

Tratando-se de leis, estas se dividem em *partes* (geral, especial), *livros, títulos, capítulos, seções* (estas quatro se discriminam por algarismos romanos), *artigos* (discriminam-se por números arábicos), *parágrafos* (acréscimos aos artigos; fazem-se anteceder do símbolo §, seguido de número arábico, erroneamente lido como ordinal), *alíneas* (indicadas por letras ou por algarismos romanos) e *incisos,* indicados por letras minúsculas ou por números: inciso 2 do § 3 do art. 58.

4ª – Quando, corrigindo uma composição tipográfica, queremos fazer ver ao tipógrafo que o período que se inicia deve começar na outra linha, usamos sinais chamados *alíneas*:] [.

EXEMPLO: "Tudo se perdeu.] [Quanta agrura naqueles corações".

Outros Sinais

976 — De uso mais raro há ainda outros sinais:

1) A **chave** { que serve para enfeixar as partes ou divisões de um assunto:

Objeto { direto
indireto

2) Os **colchetes** [ ] que indicam um parêntese que tem outro dentro de si.

3) O **asterisco** * que serve umas vezes para chamar a atenção do leitor para alguma nota e, outras, para simbolizar qualquer juízo previamente indicado.

4) A **adaga** † , a **dupla adaga** ‡, a **mãozinha** ☞, as **paralelas** || – sinais de significação convencionada pelo autor no início da obra.

5) A **barra**, nome do traço oblíquo usado nas abreviações das datas: (2/6/942) e em certas abreviaturas: *m/* = meu(s), minha(s).

Questionário

1. Que é *pontuação*?

2. Um exemplo de cada um dos seguintes casos nos quais as vírgulas venham separando, na frase, um:

a) aposto (V. § 699).
b) vocativo (V. § 701 e ss.).
c) oração interferente (V. § 561).
d) locução explanatória (V. § 960).
e) ablativo absoluto (V.§ 698; 943,5).

3. Corrija a falta ou a presença da vírgula nos seguintes textos:

a) ... uma vez que entre as nações que mutuamente se hostilizam, muitas há que...
b) A guerra pode ser às vezes, consequente de incompreensão.
c) ... os quais, depois de alguns segundos levaram tudo o que aí havia.
d) Lente, quando designa objeto é nome feminino.
e) Os poetas podem na poesia, fazer de um ditongo duas sílabas.
f) O *qu* representa, portanto uma só consoante.

4. *Pontuar o trecho seguinte*: Vamos bom cavaleiro disse el-rei pondo-se de pé não haja entre nós doestos O arquiteto do mosteiro de Santa Maria vale bem o seu fundador Houve um dia em que nós ambos fomos pelejadores eu tornei célebre o meu nome a consciência mo diz entre os príncipes do mundo porque segui avante por campos de batalha ela vos dirá também que a vossa fama será perpétua havendo trocado a espada pela pena com que traçastes o desenho do grande monumento da independência e da glória desta terra Rei dos homens do aceso imaginar não desprezeis o rei dos melhores cavaleiros os cavaleiros portugueses Também vós fostes um deles e negar-vos-eis a prosseguir na edificação desta memória desta tradição de mármore que há de recordar aos vindouros a história de nossos feitos

5. Há aqui dois períodos, ambos corretos:

O tio meu que estava doente chegou na hora.
O tio meu, que estava doente, chegou na hora.

Responda (não saberá responder quem não tiver estudado o § 900):

a) Por que "que estava doente" não está entre vírgulas no primeiro e está no segundo?
b) Qual a diferença de sentido entre eles?

6. Copie estes períodos e ponha vírgula onde possível (não saberá responder quem não tiver estudado o § 900):

a) Existem substantivos que no singular indicam uma coisa e no plural outra.
b) Estas pessoas que aqui estão desde as 8 horas não sabem o risco que estão correndo.
c) Estas pessoas que estão neste lado devem ser vacinadas já.

CAPÍTULO 66

APÊNDICE LITERÁRIO

980 – **ESTILO**: O estudo da gramática não passa de munição para um combate; quanto maior for o nosso conhecimento de gramática, tanto mais munidos nos encontraremos para a luta. Não basta estar apercebido de abundantes e valiosos petrechos, conhecer cabalmente o funcionamento das armas: é preciso servir-se delas. Se a *gramática* estuda as palavras e a sua combinação para a expressão correta do pensamento, a *estilística* mira a *beleza*. Se a gramática tende a fixar-se em moldes uniformes de expressão, a estilística, isto é, o *estudo do estilo* não tolhe a liberdade ao gênio nas combinações estéticas da palavra. Se aquela é geral, esta é individual. **Estilo** é, pois, a maneira peculiar, individual, de expressar cada escritor os seus pensamentos.

981 – LITERATURA: Em sentido lato, a palavra *literatura* pode indicar:

a) A enumeração de escritores e de obras de um ou mais países, classificando-os de acordo com a época em que viveram, de acordo com as tendências gerais da sua produção. Constitui esse um estudo histórico e não propriamente linguístico; não é com estudar literatura portuguesa ou brasileira ou angolense que um indivíduo aprende a língua portuguesa; não é com saber onde, como, com quem viveram os escritores de um país e que obras escreveram que se aprende a gramática do idioma desse país.

b) O conceito, as definições, a divisão, a classificação das composições literárias, a crítica e a análise dos gêneros literários, as figuras, a malícia, a técnica da redação.

c) A bibliografia, ou seja, o conjunto de livros, a coleção de obras sobre um assunto qualquer; tal é o sentido da palavra *literatura* nas expressões "literatura policial", "literatura bélica", "literatura botânica", "literatura pitórica", "literatura médica", "literatura jurídica" etc.

Em sentido estrito, *literatura* é sinônimo de *arte literária*; se à maneira de expressar um indivíduo os seus pensamentos se dá o nome *estilo*, à arte de expressar o Belo mediante a palavra, falada ou escrita, dá-se o nome *literatura*.

982 – **BELO**: Belo é o que, uma vez conhecido, agrada já pelo esplendor de sua *grandeza*, já pelo de sua *ordem*. Ora, para que algo assim agrade, é necessário:

a) *Integridade*, visto ser disforme e não belo aquilo a que falta alguma de suas partes ou de suas perfeições.

b) *Harmonia*, isto é, proporção das partes entre si e delas com o todo, visto não haver agrado no que é desproporcional. Não é belo o rosto cujo nariz, muito embora perfeito em si, é desproporcional com as outras partes do rosto.

c) *Claridade*, visto não poder parecer-nos belo o objeto desacompanhado de cores harmonicamente distribuídas numa luz suficiente.

Observação:

Quando se fala em *Belo* como expressão artística não se tem em mente o antônimo de *feio*, senão a clara, harmônica e íntegra objetivação do que se pretende manifestar, pois também o feio, o feíssimo pode ser objeto de manifestação. Na literatura concorrem para o cumprimento desses fatores do Belo as *frases curtas*, o emprego de *palavras apropriadas*, a *simplicidade*, ou seja, *fuga* ao preciosismo; o emprego de *palavras elevadas*, ou melhor, fuga à trivialidade, pois há vocábulos e expressões que, embora tolerados na conversa, destoam num trabalho escrito; por fim, evitar o emprego repetido dos mesmos termos, dos mesmos torneios, procurando, ao invés, fazer *uso variado das figuras sintáticas*. A leitura exclusiva de *bons* escritores deve servir-nos de alimento para o nosso trabalho literário.

Afinal, que é escrever bem, que é *redigir*? Redigir é, em primeiro lugar, conhecer o idioma em que se escreve; em segundo, sentir, conhecer, dominar o assunto sobre que se escreve.

Esses são os dois pilares em que se assenta qualquer obra literária, seja qual for o gênero. Para a consecução do primeiro, a *gramática* e o *vocabulário* do idioma escolhido; para a consecução do segundo, a *educação*, ou seja, a *formação*, a *experiência* são os elementos necessários. Somente firmada nessas duas colunas é que existe redação.

983 – **GÊNERO LITERÁRIO**: Constitui *gênero literário* o conjunto de obras de igual natureza, de tendências essencialmente idênticas. Diversas

podem ser as espécies de gêneros literários, segundo o aspeto por que são tomados, mas, em geral, a mais importante e generalizada das divisões dos gêneros literários é a que se baseia na *finalidade* a que se propõe o literato; daí os dois grandes gêneros literários:

1º – A **poesia** (gênero poético), que tem por fim essencial o Belo, ao qual se subordinam todos os demais fins que possa ter o autor.

2º – A **prosa** (gênero prosaico), que tem por fim essencial a moção da vontade humana para a realização de determinados atos.

Poesia

984 – Quatro são as subdivisões do gênero poético:

gênero *épico* – EPOPEIA
gênero *lírico* – LÍRICA
gênero *dramático* – DRAMÁTICA
gênero *didático* – DIDÁTICA

985 – O *gênero épico* ou EPOPEIA consiste na *narração* poética de *grandes* feitos de heróis e de deuses (da mitologia).

Principais epopeias: *Ramaiana*, dos indianos; *Ilíada* e *Odisseia*, dos gregos; *Niebelungen*, dos germânicos; *Eneida*, dos romanos; *Divina Comédia*, dos italianos; *Paraíso Perdido*, dos ingleses; *Lusíadas*, dos portugueses.

986 – O *gênero lírico* ou LÍRICA consiste na *expressão* poética dos *pensamentos* e *sentimentos pessoais* do autor, traduzidos em ritmos análogos à sua emoção: *Ode*. A *ode* (composição poética, dividida em estrofes semelhantes entre si tanto pelo número como pela medida dos versos) pode ser:

1) *Sacra*, que, segundo as circunstâncias, pode chamar-se *salmo*, *hino*, *cântico*.

2) *Anacreôntica* (de Anacreonte, poeta lírico grego), em que se canta decente e graciosamente o amor, os prazeres e o vinho.

3) *Heroica* ou *pindárica* (de Píndaro, príncipe dos poetas líricos gregos), de assunto e estilo nobres e elevados, em honra e louvor dos heróis, para festejar os seus feitos.

4) *Epódica*, que se ocupa de matéria filosófico-moral.

5) *Sáfica*, que tem por objeto a regularidade nas estâncias, que são de quatro versos cada uma; assim chamada por ter sido muito cultivada por Safo, poetisa grega.

Ao gênero lírico reduzem-se também: a *canção*, a *elegia* (poema pequeno, consagrado ao luto e à tristeza), a *écloga* (poesia pastoril), o *soneto* (poesia de 14 versos, composta de 2 quartetos e 2 tercetos).

987 – O gênero *dramático* ou DRAMÁTICA consiste na *representação* poética dum fato por meio da palavra e da ação.

O gênero dramático subdivide-se em:

1) *Trágico*, que compreende a *tragédia* propriamente dita (ação heroica e infeliz): a *tragédia popular* ou *drama* (ação infeliz na vida comum); o *melodrama* (cantos e danças) e a *tragédia lírica* ou *ópera* (ação heroica, infeliz e às vezes fantasiosa).

2) *Cômico*, que compreende a *comédia* propriamente dita (de caráter, de costumes, de intriga: o ridículo risível), a *comédia popular* (caricatura da comédia: *farsa*, *paródia*) e a *ópera cômica*.

988 – O *gênero didático* ou DIDÁTICA consiste no ensino de alguma verdade, ajudado pelos encantos da imaginação e do verso. Temos no gênero didático:

1) O *poema didático* propriamente dito (estudo dum assunto grave).

2) A *epístola*, quando toma a forma de carta.

3) A *sátira*, quando procura corrigir os vícios.

4) O *apólogo* (*fábula*), quando velado pela ficção.

Prosa

989 – Possui também a prosa quatro gêneros:

gênero *histórico*

gênero *oratório*

gênero *romântico*

gênero *didático*

990 – O *gênero histórico* consiste na *narração conscienciosa* e *autêntica* dos acontecimentos sociais ou individuais. Grandes historiadores: Tucídides, Xenofonte, Tácito, Tito Lívio, Varnhagen, Capistrano de Abreu.

Reduzem-se ao gênero histórico: a *biografia*, o *diário*, as *crônicas*, as *memórias*, as *monografias* e a *imprensa periódica*.

991 – O *gênero oratório* consiste na *expressão artística* de uma sequência lógica de opiniões ou juízos, próprios ou alheios.

Subdivide-se o *gênero oratório* ou *eloquência* em:

1) *sagrada* ou *sacra* (sermão, prática, homília etc.)

2) *profana* (militar, judicial, política, acadêmica etc.).

992 – O *gênero romântico* ou *romance* consiste na *narração desenvolvida* de uma ação *total* ou *parcialmente fictícia*.

O *romance* pode ser: *a*) *didático* (de viagens, científico, histórico); *b*) de *aventuras*; *c*) de *análise* (de caracteres, de costumes). Reduzem-se ao romance o *conto* (narração fictícia, destinada a salientar uma verdade; são suas variantes a *parábola*, que, de tendência moral, difere do conto apenas em ter menor extensão, e a *fábula* ou *apólogo*, narração fictícia, geralmente folgazã e dialogada, que tem por fim salientar uma verdade moral) e a *novela* (narração, menor que a do romance, maior que a do conto, de fatos fabulosos, ideados para recrear ou para ministrar saudável ensinamento).

993 – O *gênero didático* consiste na *exposição* artística e metódica de *teorias* científicas, artísticas, sociais ou morais.

994 – Os diversos gêneros literários filiam-se a *épocas* e *escolas*, mas o estudo dos seus característicos foge já, muito, da finalidade da Gramática.

SINOPSE DOS GÊNEROS LITERÁRIOS

- GÊNEROS LITERÁRIOS
  - poético
    - épico
    - lírico
      - ode
        - sacra
          - salmo
          - hino
          - cântico
        - anacreôntica
        - heroica (pindárica)
        - epódica
        - sáfica
      - canção
      - elegia
      - écloga
      - soneto
    - dramático
      - trágico
        - tragédia
        - drama
        - melodrama
        - ópera (trágica)
      - cômico
        - comédia
        - farsa
        - paródia
        - ópera (cômica)
    - didático
      - poema didático
      - epístola
      - sátira
      - apólogo
  - prosaico
    - histórico
      - biografia
      - diário
      - crônica
      - memórias
      - monografia
      - imprensa periódica
    - oratório
      - sacro
        - sermão
        - prática
        - homília
        - etc.
      - profano
        - militar
        - judicial
        - político
        - acadêmico
        - etc.
    - romântico
      - didático
        - viagens
        - história
        - ciência
      - de aventuras
      - de análise
        - de caracteres
        - de costumes
      - conto
      - novela
    - didático

Questionário

1. Que é *estilo*?

2. Que é *literatura*?

3. Que é *Belo*?

4. Quais os *requisitos* do *Belo*?

5. Quais os dois grandes *gêneros literários* e qual a sua *finalidade*?

6. A poesia de quantos gêneros consta e em que consistem eles?

7. Quais as principais *epopeias*?

8. Quais as subdivisões do gênero *lírico*?

9. Quais as subdivisões do gênero *dramático*?

10. Quais as subdivisões do gênero *didático*?

11. Quais as divisões do *gênero prosaico* e em que consistem?

12. Corrija os seguintes textos:

a) Não me importo que ele venha (§ 777).

b) Encontrei-me ontem com João que a tanto tempo não via (§ 907); daqui há quanto tempo irei vê-lo outra vez? (V. a nota 2 do § 907).

c) ...de modos que não é preciso vocês se incomodarem (§ 586, n.).

d) Felizmente agora as coisas vão bem melhores (§ 527, n. 7).

e) Não se alugam bicicletas fiadas (§ 537, n. 2).

CAPÍTULO 67

VERSIFICAÇÃO

1000 – **POESIA** é o gênero literário que manifesta o Belo por meio palavra rítmica, ou seja, por meio do *verso*.

1001 – **VERSO** ou **metro** é um ajuntamento de palavras e até, em algumas vezes, uma só palavra, de determinado número de sílabas, intervaladamente acentuadas, do que resulta uma cadência aprazível.

1002 – **RITMO** vem a ser o resultado dos três seguintes fatores:

a) *métrica*

b) *cadência*

c) *rima*

Métrica

1003 – **MÉTRICA** é a *medida* do verso, isto é, a contagem de sílabas que entram num verso. Acontece, porém, que o poeta não conta as sílabas como o impera a gramática; esta manda considerar duas sílabas ditongo crescente, e uma o ditongo decrescente, ao passo que o poeta não se prende a isso; todo o agrupamento de vogais, cuja pronúncia possa efetuar-se de um só impulso de voz, o poeta *pode* considerar uma única sílaba, coisa que em gramática não se dá; essa é a razão por que se diz que a sílaba gramatical difere da sílaba poética.

Exemplifiquemos; na frase:

"Florir num descampado ou no úmido recanto"

há, gramaticalmente, 15 sílabas:

1	2	3	4	5	6	7	8	9	10	11	12	13	14	15
Flo-	rir	num	des-	cam-	pa-	do	ou	no	ú-	mi-	do	re-	can-	to

Se constituir um *verso*, essa frase terá 12 sílabas:

1	2	3	4	5	6	7	8	9	10	11	12	
Flo-	rir	num	des-	cam-	pa-	do⁀ou	no⁀ú-	mi-	do	re-	can-	to

Notas: 1ª – Deve compreender o aluno a razão por que está grifada a palavra *pode*; o poeta não é obrigado a contrair numa só sílaba duas ou mais vogais átonas; fica isso a seu critério, competindo ao leitor saber se tais vogais devem ou não unir-se na leitura, coisa fácil para quem conhece versificação (§ 50, n. 2).

Para a contagem das sílabas muito importa o conhecimento dos parágrafos 49, 50 e suas notas. Deve-se, contudo, acrescentar que só pela leitura constante das composições poéticas se poderá apreciar o modo de contar as sílabas das palavras no verso.

2ª – O *h* inicial não impede a fusão das vogais átonas; veja, na frente, o 1º verso de 8 sílabas.

1004 – **Contagem das sílabas**: Para a contagem das sílabas de um verso, devem ser observadas as seguintes normas:

1 – Não se contam as sílabas que vêm depois da *última* sílaba tônica do verso:

1	2	3	4	5	6	7	
Ou-	tros	loi-	ros	co-	mo	nês-	pe-ras = 7 sílabas

nês- ↓ última sílaba tônica do verso

pe-ras ↓ sílabas átonas (não se contam)

2 – Duas ou mais vogais átonas, juntas, fundem-se (segundo vontade do poeta) em uma só sílaba:

1	2	3	4	5	6	7	8	9	10
A	ci-	gar-	ra a	can-	tar	pas-	sa-	ra o es-	ti-o = 10 sílabas

ra a: fusão de 2 vogais átonas

ra o es-: fusão de 3 vogais átonas

3 – A vogal tônica final (simples ou ditongal) não se funde com a vogal que inicia a palavra seguinte:

1	2	3	4	5	6	7	8	9	10	11	12
Meu	a	mor	teu	a-	mor	nos-	so⁀a-	mor	nos-	sa	vi-da = 12 sílabas

Meu ↓ não se fundem

teu ↓ não se fundem

Cadência

1005 – **Cadência** é o agradável efeito eufônico resultante da disposição das sílabas tônicas no verso. Em todos os tipos de versos, há acentos que obrigatoriamente devem cair em determinadas sílabas, como passaremos a ver.

1006 – Nenhuma dificuldade há para a *cadência*, isto é, para a disposição das sílabas acentuadas, nos versos de uma, duas, três, quatro, cinco, seis e sete sílabas, pois nesses versos só existe *um* acento obrigatório: nos versos de uma sílaba o acento obrigatório é na primeira; nos de duas, na segunda; nos de três, na terceira, e assim por diante, até os de sete. Exemplos (não se esqueça de que as sílabas átonas finais do verso não se contam):

Versos de 1 sílaba:

1	
A-	mo
1	
Ge-	mo
1	
Cla-	mo
1	
Tre-	mo

Versos de 2 sílabas:

1	2
A-	*mi*-go
1	2
Pas-	*sei*-a
1	2
Co-	*mi*-go

Versos de 3 sílabas:

1	2	3
Lin-	do	*so*-nho
1	2	3
Vem	a	*mim*
1	2	3
Vem	ri-	*so*-nho
1	2	3
Que-	ru-	*bim*

Versos de 4 sílabas:

1	2	3	4
An-	da-	va⁀um	*di*-a
1	2	3	4
Em	pe-	que-	*ni*-no

Versos de 5 sílabas: *(redondilha menor)*

1	2	3	4	5
Não	cho-	res	meu	*fi*-lho
1	2	3	4	5
Vi-	ver	é	lu-	*tar*

Versos de 6 sílabas:

1	2	3	4	5	6
Ao	ho-	mem	que	ce-	*ga*-ra
1	2	3	4	5	6
De	no-	vo	ver	fi-	*zes*-te

Versos de 7 sílabas: *(redondilha maior)*

1	2	3	4	5	6	7
Os	o-	lhos	des-	sas	me-	*ni*-nas
1	2	3	4	5	6	7
São	me	ni-	nas	dos	meus	*o*-lhos

1007 – Nos versos de oito sílabas em diante até os de onze, começa a haver dois acentos obrigatórios: um da mesma maneira que nos versos anteriores (na oitava para os de 8, na nona para os de 9 etc.), outro numa sílaba mais ou menos medial do verso. Assim, no verso de oito sílabas, além do acento na oitava, há outro na quarta sílaba, nada importando a posição dos acentos restantes; pode, porém, este segundo acento ser deslocado, mas, em tal caso, dois outros acentos deverão aparecer para substituí-lo: um na 2ª., outro na 5ª.. Quer isso dizer que o verso de oito sílabas pode ter o acento na 4ª. e na 8ª. sílaba, ou na 2ª., 5ª. e 8ª.. Recaindo os acentos, no verso de 8 sílabas, na 4ª. e na 8ª., ou na 2ª., 5ª. e 8ª., nada importa a posição dos outros acentos; cadencialmente, o verso está perfeito. Exemplos:

Versos de 8 sílabas:

	1	2	3	4	5	6	7	8
a)	No⁀hor-	ren-	do	*pân*-	ta-	no	pro-	*fun*-do.
				↓				↓

s í l a b a s a c e n t u a d a s

	1	2	3	4	5	6	7	8
b)	Bem	*co*-	mo	ser-	*pen*-	tes	que⁀o	*fri*-o.
		↓			↓			↓

s í l a b a s a c e n t u a d a s

Versos de 9 sílabas: Têm o acento obrigatório na 4ª e na 9ª, ou na 3ª, 6ª e 9ª:

	1	2	3	4	5	6	7	8	9
a)	Noi-	te	de	*ro*-	sas	noi-	te	de	*pal*-mas.
				↓					↓

s í l a b a s a c e n t u a d a s

	1	2	3	4	5	6	7	8	9
b)	Ó	guer-	*rei*-	ros	da	*ta*-	ba	sa-	*gra*-da.
			↓			↓			↓

s í l a b a s a c e n t u a d a s

Versos de 10 sílabas: Têm o acento obrigatório na 6ª e na 10ª, ou na 4ª, 8ª e 10ª:

	1	2	3	4	5	6	7	8	9	10
a)	As	ar-	mas	e⌒os	ba-	*rões*	as-	si-	na-	*la*-dos.
b)	Vai	al-	ta⌒a	*lu*-	a	na	man-	*são*	da	*mor*-te.

Versos de 11 sílabas: Têm o acento obrigatório na 5ª e na 11ª:

1	2	3	4	5	6	7	8	9	10	11
Sou	ín-	dia	sou	*vir*-	gem	sou	lin-	da	sou	*dé*-bil.

1008 – Os *versos de* 12 *sílabas*, chamados **alexandrinos**, devem ser considerados como 2 versos de 6 sílabas, versos estes que então se denominam *hemistíquios*, e chama-se *cesura* o ponto em que eles se dividem. Têm o acento obrigatório na 6ª e na 12ª sílaba:

cesura

1º hemistíquio ←|→ 2º hemistíquio

1	2	3	4	5	6	7	8	9	10	11	12
Ma-	nhã	de	ju-	nho⌒ar-	*den*-te	u-	ma⌒en-	cos-	ta⌒es-	cal-	*va*-da
					↓						

não se conta esta sílaba

Certa vez objetaram a Castilho: "Se o verso alexandrino se compõe de 2 versos de 6 sílabas, então não é preciso fazer alexandrinos; basta compor versos de 6 sílabas". – Castilho respondeu: "É verdade, mas alexandrino tem mais imponência, mais brilho. Assim, quando temos muita sede, preferimos beber um só copo grande de água a beber dois pequenos".

Nota: Tratando, ainda que resumidamente, de métrica, julgamos necessário apresentar estas três regras do alexandrino *clássico*: 1 – Quando o primeiro hemistíquio termina por palavra paroxítona, a palavra que inicia o segundo hemistíquio deve começar por vogal ou *h*. Esta regra é essencial; o não cumprimento dela faz com que o alexandrino deixe de ser clássico. 2 – Quando a última palavra do primeiro hemistíquio é oxítona, a primeira do segundo pode indiferentemente começar por vogal ou por consoante. 3 – A última palavra do primeiro hemistíquio nunca pode ser proparoxítona.

Variante – Poetas portugueses e brasileiros adotaram, para os versos de 12 sílabas, uma variante, acentuando a 4.ª, a 8.ª e a 12.ª sílaba inutilizando a cesura:

1	2	3	4	5	6	7	8	9	10	11	12
De-	pois	do⁀in	*cên-*	dio⁀a	ca-	te-	*dral*	fi-	cou	em	*ruí*-nas

1009 – O agrupamento de versos denomina-se *estrofe* ou *estância* que passará a chamar-se *terceto*, *quarteto*, *quintilha*, *sextilha*, *septena*, *oitava*, *nona* e *décima*, segundo for composta de 3, 4, 5, 6, 7, 8, 9 ou 10 versos juntos.

Rima

1010 – **Rima** é o resultado da conformidade de sons das sílabas finais de dois ou mais versos.

As rimas podem ser consideradas quanto à *qualidade* e quanto à *disposição*.

1011 – Quanto à *qualidade*, as rimas podem ser:

a) *Más*, quando não combinam perfeitamente: *estrela* com *bela*, *nus* com *azuis*.

b) *Vulgares*, quando são muito comuns: *ado*, *ade*, *ão*, *eza*, *ar* etc.

c) *Boas*, quando não são nem más nem vulgares: *feras* com *crateras*.

d) *Ricas*, quando são raras (l*ágrima* com cons*agre-ma*).

e) *Assonantes*, quando as sílabas átonas finais apenas se assemelham: *al*tos com *al*vos.

1012 – Quanto à *disposição*, as rimas podem ser:

a) *Alternadas*:

Porém já cinco sóis eram passados a
Que dali nos partíramos, cortando b
Os mares nunca doutrem navegados, a
Prosperamente os ventos assoprando; b
Quando uma noite, estando descuidados a
Na cortadora proa vigiando b

b) *Opostas*:

– Minha mãe, quem é aquele a
Pregado naquela cruz? b
– Aquele, filho, é Jesus, b
É a santa imagem dele. a

c) *Paralelas*:

Dava-lhe a custo a sombra escassa e pequenina a
De um galho sem vida um pé de casuarina; a
Batia-lhe de chapa o sol no dorso forte, b
Vergastava-a de rijo o vendaval do Norte. b

d) *Deslocadas*:

De novo ante o rei se inclina →
A cabeça do ancião,
Depois elevando a fronte →
Altiva, estendendo a mão,
Busca achar da ignota cifra →
A divina inspiração.

} não rimam

Notas: 1ª – **Versos brancos** ou *soltos* dizem-se os que não têm rima.

2ª – Há uma estância chamada *triolé*, existente em vários idiomas, que se caracteriza por três versos iguais, ou seja, repetidos (1º, 4º e 7º) e mais outros dois também iguais (2º e 8º); note-se que os dois primeiros versos finalizam a estrofe; o esquema das rimas é: abaaabab. A composição pode constituir-se de uma ou mais oitavas de versos de sete ou de oito sílabas:

Na tela frágil dos Cromos	a
Quantas mimosas quimeras!	b
Meu Deus! que doirados pomos	a
Na tela frágil dos Cromos.	a
Os sábios, em muitos tomos,	a
Não sobem tanto às esferas.	b
Na tela frágil dos Cromos	a
Quantas mimosas quimeras!	b

Questionário

1. Que é *poesia*?
2. Que é *verso*?
3. Que é *ritmo*?
4. Que é *métrica*?
5. Qual a diferença entre *sílaba gramatical* e *sílaba poética*?
6. Quais as normas para a *contagem das sílabas* do verso?
7. Que é *cadência*?
8. Nos versos de 8, 9, 10 e 11 sílabas, onde caem os acentos?
9. Explique a cadência dos versos de 12 *sílabas*; tais versos como se chamam? Qual a sua variante?
10. Que é *rima*?
11. Escandir (segundo a maneira adotada nos exemplos), grifando as sílabas acentuadas, os seguintes versos:
a) Quando uma noite estando descuidados.
b) Minha mãe, quem é aquele?
c) "Pobreza, eu te agradeço", o honrado velho diz.
d) Sabei, brava gente, que sei com destreza.
e) Entre os gratos perfumes da flor.
f) No desconforto do meu quarto de estudante.

EXERCÍCIOS E TESTES

Os números indicam parágrafos

A – Ortografia (62 e ss.)

1. Assinale a letra que contém só um erro:

a. É ele um sujeito expontâneo e abalisado.
b. É ele um sujeito espontâneo e abalizado.
c. É ele um sujeito expontâneo e abalizado.
d. É ele um sugeito expontâneo e abalizado.
e. É ele um sugeito espontâneo e abalisado.

2. Assinale a letra certa:

a. *Presado* escreve-se com *s*, *cosinha* com *s*.
b. *Presado* escreve-se com *s*, *cozinha* com *z*.
c. *Prezado* escreve-se com *z*, *cozinha* com *z*.
d. *Prezado* escreve-se com *z*, *cosinha* com *s*.

3. Assinale a letra certa:

a. Exeto o de desenho, todos os testos foram atualisados.
b. Exeto o de desenho, todos os textos foram atualisados.
c. Exceto o de desenho, todos os textos foram atualisados.
d. Exceto o de desenho, todos os textos foram atualizados.
e. Exseto o de desenho, todos os textos foram atualizados.
f. Exeto o de desenho, todos os textos foram atualizados.

4. Assinale a única letra em que todas as palavras devem ser completadas com *s*:

a. le-ar; atra-ar; despe-a; parali-ar; bu-ina
b. defe-a; quero-ene; qui-er; va-inho; fu-il
c. Brá-; Vene-a; Queiró-; Sou-a; Eli-a
d. ga-eificar; ga-olina; empre-a; bi-ar; anali-ar

5. Assinale a única letra em que todas as palavras estão corretamente escritas:

a. dançar, descançar, passear
b. consciência, misto, ansioso
c. exceção, associado, macisso
d. acessor, ascensor, assençorista
e. assíduo, geito, encher

6. Assinale a letra que traz as palavras corretamente escritas:

a. misto – casemira – tigela – maizena – chuchu
b. mixto – casimira – tijela – maisena – xuxu
c. misto – casimira – tigela – maisena – chuchu
d. mixto – casemira – tijela – maizena – xuxu
e. misto – casemira – tigela – maizena – xuxu

B – Fonética

1. Assinale a letra em que não ocorre nenhum fonema consonantal oclusivo (59):

a. braço, apressado, esquerdo
b. assim, enxame, vinha
c. passo, escorregando, costas
d. fumaça, roncou, branco
e. sugeriu, chuva, xixarro

2. Assinale a afirmativa errada:

a. As vogais distinguem-se das consoantes. 33, 34.
b. M, N, NH são consoantes nasais. 60.
c. I, U são vogais fechadas. 46.
d. P, B, M são consoantes bilabiais. 60.
e. V, Z, J são consoantes fricativas. 60.

3. Assinale a letra em que todas as palavras devem ser acentuadas:

a. vermifugo – Niagara – latex – prototipo
b. juriti – raizes – gas – escrupulo
c. urubu – jovens – folego – pessoa
d. pinceis – gratuito – silencio – oxitono
e. saude – gratis – lapis – granizo

4. Assinale a letra em que há silabada:

a. crisântemo
b. ômega
c. gratuíto
d. rubrica
e. decano

C – Crase – 116 e ss.

Indique os números em que a crase está errada:

1. Tudo foi feito à contento. 116, 1.
2. Ele obedece às normas. 117, 1.
3. Ele obedece à todas as normas. 118, 4.
4. Ele obedece à sua majestade o rei do. . . 118, 9.
5. Ele obedece à Lisboa. 116, 3.
6. Ele voltou à escola. 117, 1.
7. Ele voltou à casa. 118, 5.
8. Ele voltou à Roma. 116, 3.
9. Ele voltou à Guanabara. 117, 2.
10. Respondi à colega que me escreveu. 117, 1.
11. Respondi à esta colega. 118, 12.
12. Respondi às colegas. 117, 1.
13. Respondi à todas as colegas. 118, 12.
14. Respondi à colegas de clube e não à colegas de colégio. 118, 4.
15. Irei à casa do companheiro. 118, 5.
16. Irei à essa festa. 118, 12.
17. Irei à uma hora. 118, 12.
18. Irei à procura dele. 117, 1.
19. Irei à vias de fato. 118, 4.
20. Refiro-me à Joana d'Arc e não à Santa Teresa. 118, 7.
21. Refiro-me à filha de Mário e não à de João. 117, 1.
22. Assisti àquele desastre. 117, 2, nota.
23. Assisti àquela cerimônia. 117, 2, nota.
24. Isto diz respeito àquilo. 117, 2, nota.
25. Escrevi à lápis. 116, 1.
26. Escrevi à tinta. 117, 1.
27. Escrevi à máquina. 117, 1.
28. Quanto à situação do aluno. 118, 10.
29. Quanto à situações imprevistas. 118, 4.
30. Quanto à essa situação. 118, 12.
31. Um pontilhão ligava o navio à terra. 118, 6.
32. Devido à dificuldade presente. 118, 10.
33. Devido à dificuldades inesperadas. 118, 4.
34. Devido às dificuldades do momento. 117, 1.
35. É de uma resistência à toda a prova. 117, 1.
36. A enfermeira assistiu à paciente a noite toda. 777.
37. Voltei à casa já tarde. 118, 5.
38. Dei à ela o caderno. 116, 3; 117, 1.
39. Deve-se o erro à nossa falta de atenção. 118, 1.
40. Colocar o sinal indicativo de crase, se necessário:
   a. Apresentou-se a festa vestido a moda antiga.
   b. Os lutadores chegavam pouco a pouco a arena.
   c. Irei a Paraíba antes de ir a Lisboa.

41. Indique a letra certa:

a. Fiquei a tarde toda a hesitar; só à noite decidi minha ida a Brasília.
b. Fiquei à tarde toda a hesitar; só à noite decidi minha ida à Brasília.
c. Fiquei a tarde toda à hesitar; só à noite decidi minha ida a Brasília.
d. Fiquei a tarde toda a hesitar; só à noite decidi minha ida à Brasília.
e. Fiquei a tarde toda à hesitar; só à noite decidi minha ida à Brasília.

42. Indique a letra correta:

a. Saímos de casa e fomos a uma festa a uma hora da tarde. Voltamos a casa as dezoito horas.
b. Saímos de casa e fomos à uma festa à uma hora da tarde. Voltamos à casa às dezoito horas.
c. Saímos de casa e fomos a uma festa à uma hora da tarde. Voltamos a casa às dezoito horas.
d. Saímos de casa e fomos à uma festa à uma hora da tarde. Voltamos a casa às dezoito horas.
e. Saímos de casa e fomos a uma festa a uma hora da tarde. Voltamos à casa às dezoito horas.

D – Flexão Nominal

1. Dar o superlativo sintético erudito de (274):

a. magro
b. amargo
c. doce

2. Dar o feminino plural de (261, n. 3):

a. russo-americano
b. greco-turco

3. Assinale a letra em que ambos os substantivos são femininos:

a. champanha, algoz (203)
b. telefonema, berinjela (186, 1, exc.)
c. cal, alface (185, 6, exc.)
d. dó, avelã (185, 1)

4. Destes femininos indicar o único errado (256 e ss.; 261, A, n. 1):

1. vão, vã
2. luso-brasileiro, lusa-brasileira
3. pigmeu, pigméia
4. ateu, atéia
5. sandeu, sandia

5. Destes plurais indicar o único errado (212 e ss.):

1. projétil, projétis
2. paul, pauis
3. cível, cíveis
4. açúcar, açúcares
5. réptil, répteis

6. Destes plurais indicar o único errado (216):

1. tabelião, tabeliães
2. cidadão, cidadães
3. capelão, capelães
4. escrivão, escrivães
5. capitão, capitães

E – SE – Análise Léxica e Sintática

1. Sublinhe a letra que corresponde à análise léxica do "se" desta oração:
Quanto mais populoso um país, tanto mais estradas se constroem.

a. pronome reflexivo – 401, 402
b. pronome recíproco – 403
c. pronome apassivador – 404
d. pronome impessoalizador – 405

2. Sublinhe a letra que corresponde à análise léxica do "se" desta oração:
Ele se reserva o direito de deixar a casa quando quiser.

a. pronome reflexivo – 401, 402
b. pronome recíproco – 403
c. pronome apassivador – 404
d. pronome impessoalizador – 405

3. Das seguintes funções:

a. reflexibilidade pronunciada – 401
b. reflexibilidade atenuada (expletivo, sem nenhuma função sintática) – 402
c. reciprocidade – 403
d. passividade – 404
e. impessoalidade – 405

determine a que indica o "se" destas orações:

A. Ele se morre de amores pelo seu clube.
B. Quem não se orgulha do que faz?
C. Diante da evidência da culpa, eles se propuseram a indenizar o prejuízo.
D. Você já notou como eles se cumprimentam?
E. Nem tudo se perdeu na inundação.

F. Não se espante com o que vou declarar.
G. Todos se indignam sempre que ele fala.
H. A verdade não se dobra diante da falsidade.
I. De todos os casos de que se tratou, o de hoje foi o mais importante.

4. Determinar, dentre estes itens:

a. objeto direto – 401, A
b. objeto indireto – 401, B
c. mero reflexivo, sem função sintática nenhuma – 402
d. impessoalizante do sujeito – 405
e. apassivador – 404

qual o que se ajusta ao "se" destas orações:

A. De que maneira se diz "bom dia "em inglês?
B. De que maneira se sobe até o topo do Corcovado?
C. De que maneira eles se queixaram?
D. De que maneira ele se propõe abrir a estrada?
E. De que maneira o gato se machucou?

5. Destes itens:

a. conjunção condicional – 585.0
b. conjunção integrante – 581
c. pronome apassivador – 404
d. expletivo (reflexibilidade atenuada) – 402, B

indique o que se ajusta ao "se" destas orações:

A. Pergunte se ele quer ir.
B. Pergunte-se quem deseja ir.
C. Nada pergunte se ele não quiser ir.
D. Se ele foi, nada mais há que fazer.
E. Indague dos colegas se ele foi.
F. Ele foi-se.

6. Dentre estas possibilidades:

a. pronome apassivante – conjunção integrante
b. conjunção condicional – conjunção integrante
c. pronome apassivante – pronome impessoalizante
d. pronome apassivante – conjunção condicional
e. conjunção condicional – pronome apassivante
f. pronome reflexivo – conjunção condicional
g. conjunção integrante – pronome apassivante

indique a que se ajusta aos "ses" destes períodos:

A. Indagou-se se havia ou não chegado.
B. Se se fizer o que mandei, tudo sairá bem.
C. Não se enraiveça se ele disser não.

7. Assinale o período em que a palavra SE é parte integrante do verbo (395):

a. Ele arrependeu-se muito do que fez.
b. Alugam-se ótimas residências.
c. Esquece-se com facilidade o que se aprende mal.
d. O réu ajoelhou-se na frente de todos.
e. Na reunião aludiu-se a fatos diversos.

F – Conjugação

Indique a letra certa para os claros dos seguintes períodos:

1. Ele. . . para que. . . nas férias. 461 – 460.

a. negoceia, passeemos
b. negocia, passeemos
c. negocia, passeiemos

2. Se. . . nos. . . de março, não me encontrarão. 464, 3 – 460.

a. virem, meados
b. vierem, meiados
c. vierem, meados
d. virem, meiados

3. . . . ao que quiseres de contribuição, mas não. . . além de um dia de trabalho. 462, 4 – 413, 3, b.

a. Dê, dê
b. Dá, dê
c. Dê, dá
d. Dá, dês

4. . . . na sala o que não. . . no seu quarto. 463, 15 – 463, 1 – 316.

a. Ponha, couber
b. Põe, couber
c. Ponha, caber
d. Põe, caber

5. Se você. . . de noite e. . . que não há luz em casa,. . . no vizinho. 464, 3 – 463, 14 – 413, 3, b.

a. vir, ver, procura-me
b. vier, ver, procura-me

c. vier, vir, procure-me
d. vir, vir, procure-me
e. vier, ver, procure-me
f. vier, vir, procura-me

6. O temporal. . . o trem e a venda de passagens precisou ser. . . 431, obs. – 495.

a. deteu, suspendida
b. deteve, suspendida
c. deteu, suspensa
d. deteve, suspensa

7. . . .logo e. . . ainda antes da vossa primeira aula. 464, 1 – 464, 3 – 413, 3, b.

a. Vá, venha
b. Vão, venham
c. Vai, vinde
d. Ide, venhais
e. Ide, vinde
f. Vão, vinde

8. Não havia. . . o primeiro tempo quando o jogo foi. . . 495 – 496.

a. findado, suspenso
b. findo, suspenso
c. findo, suspendido
d. findado, suspendido

9. Preencha os claros com o imperativo (413, 3) dos verbos pedidos entre parênteses (cuidado com o tratamento, o qual está indicado em cada oração ou por outro verbo ou por um possessivo ou por um oblíquo):

a. (pedir). . . e receberá.
b. (pedir). . . e recebereis.
c. (ficar). . . em casa porque teu pai não está passando bem.
d. (reconhecer). . . nestes vossos alunos outros tantos amigos.
e. (incutir) Ó Senhor,. . . em nós, vossos servos, a consideração ao próximo.
f. (esquecer) Não vos. . . de nós.
g. (amar). . . a terra que respeita a tua liberdade e cuida da tua instrução.

10. Corrija as formas verbais grifadas:

a. Não *fazei* mal aos passarinhos. 463, 4.
b. *Sejais* obedientes aos vossos mestres, e *amais* os que vos repreendem. 425.
c. *Lembrei-vos* de que já *fosteis* pequeninos. 413, 3 – 425, n. 2 ao pé da pág.
d. Quanto trabalho *desteis* aos vossos pais! 425, n. 2 ao pé da pág.

11. Passe para o singular da mesma pessoa estas orações:

a. Nós nos refizemos da canseira. 463, 4.
b. Dizei-nos com quem andais que nós vos diremos quem sois. 463, 4, obs. 2.
c. Descobristes o erro porque refizestes o trabalho. 425, n. 2 ao pé da pág.

12. Reescreva no pretérito imperfeito do indicativo estas orações:

a. Não conheço a pessoa que se antepõe a nós na fila.
b. Refaço o trabalho só quando posso.

13. Reescreva no mais-que-perfeito do indicativo estas orações:

a. Nunca posponho o estudo ao esporte a não ser após as refeições. 463, 15, obs.
b. Nós compúnhamos nossas próprias músicas. 463, 15, obs.
c. Nada digo nem faço. 463, 3 – 463, 4.

14. Se na escola nos perguntarem "Como vêm vocês à escola?", devemos responder "Nós vimos a pé" ou "Nós viemos a pé"? (Note bem que a pergunta é feita no presente). 464, 3, obs. 1.

15. Diga em que tempo estão as formas verbais destas orações:

a. Se eu vir a sua tarefa, poderei dizer onde está o erro.
b. Eu viria de ônibus se ele passasse mais cedo por casa.
c. Só saiam quando vier ordem.
d. Oiça esta: a vaca voou.
e. Se tivéssemos intervindo na causa ele a teria ganho.

16. Escreva a 1.ª pess. do pl. do pret. mais-q.-perfeito do indicativo (forma sintética) destes verbos:

ver	haver
vir	vendar
ir	dar
sair	poder
ouvir	dizer

17. Passe estes imperativos e o mais que for necessário para a 2.ª pess. do plural (413, 3):

a. Não seja teimoso.
b. Faça o que eu mando, não faça o que eu faço.
c. Dize-me com quem andas que eu te direi quem és.
d. Ponha toda a atenção possível.
e. Não ponha o que não está na receita.

18. Passe imperativos e pronomes para a 3.ª do singular:

a. Não desmereças teu trabalho.
b. Não venhais de borzeguins ao leito.
c. Ide-vos embora.
d. Pede a outrem só o que não puderes fazer.
e. Ouve o que te digo.
f. Saí antes que vos vejam.
g. Não te aflijas diante dos que te torturam.

19. Preencha os claros com o imperativo dos verbos pedidos entre parênteses (o tratamento será o indicado por alguma forma verbal ou pronominal da oração):

a. (dizer). . . . . o que você pediu.
b. (dizer) . . . . o que quiseres.
c. (dizer) . . . . o que pretendeis.
d. (dizer) Não. . . . . o que viste.
e. (dizer) A ninguém. . . . . o que vistes.
f. (fazer) . . . . de mim o que for de vosso agrado.
g. (fazer) Não te . . . . de rogado.
h. (fazer) Não se . . . . de inocentes.

20. Escreva a 3ª pess. do pl. do ind. pres. dos verbos *ver*, *crer*, *ler* (463, 14, obs. 4).

21. Preencha os claros com o futuro do subjuntivo (419, 4 – 459, 4, n. 1 ao pé da pág.) dos verbos pedidos entre parênteses:

a. (ser) Quando eu . . . . chamado, responderei com firmeza.
b. (estar) Quando . . . . prontos, avisaremos.
c. (ter) Se . . . . pressa, podeis ir.
d. (haver) Se . . . . possibilidade, atenderei seu pedido.
e. (dizer) Jamais te envergonhes quando . . . . a verdade.
f. (fazer) Se . . . . bom tempo, iremos todos.
g. (caber) Iremos todos juntos, se . . . . todos no carro.
h. (caber) Farei com todo o prazer a tarefa que me . . . .
i. (poder) Fazei o bem sempre que . . . .
j. (poder) Se . . . . iremos hoje mesmo.
k. (querer) Quando . . . . vir, não faça cerimônia.
l. (querer) Se . . . . que eu conte a história, façam silêncio.
m. (saber) Só responda ao questionário quando . . . . bem a lição.
n. (saber) Quando . . . . o dia certo, avisaremos.
o. (trazer) Se você . . . . o trabalho amanhã, tanto melhor.
p. (trazer) Eu vos agradecerei se . . . . as informações que pedi.
q. (pôr) Serão reprovados se não . . . . o livro sobre a carteira.
r. (pôr) Quando . . . . tudo em dia, partiremos.
s. (caber) Vá pondo enquanto . . . .

22. Preencha os claros com o futuro do subjuntivo (419,4 – 459,4, n. 1 ao pé da pág.) dos verbos pedidos entre parênteses (a pessoa gramatical é a sugerida pelo restante de cada caso):

a. (ir) Quando eu . . . . ao Rio, visitá-lo-ei.
b. (vir) Se ele . . . . cedo, será melhor para ti.
c. (ir) Não se esqueça de mim quando . . . . a Belo Horizonte.
d. (vir) Se . . . . nas férias, avise com antecedência.
e. (ir) Se . . . . cedo, seremos bem-sucedidos na caçada.
f. (vir) Quando . . . . , dispõe da nossa casa.
g. (ir) Serei recompensado se eu . . . . ainda hoje.
h. (vir) Se . . . . no fim do ano, passareis comigo as festas.
i. (ir) Se . . . . de automóvel, chegaremos logo.

23. Preencha os claros com o subjuntivo presente dos verbos pedidos entre parênteses:

a. (nascer) É necessário cultivar a religião para que um país .... direito. 451.
b. (eleger) São necessários muitos votos para que você se .... 452.
c. (ficar) Peço-lhe que .... tranquilo. 447, 1.
d. (roçar) Faça com que a vara não .... os fios. 447, 2.
e. (infringir) As autoridades não devem permitir que os guardas .... a Lei do Silêncio, a Lei das Contravenções, o Código Penal e o próprio Código Civil. 452, n. 2.

24. Leia em voz alta estas orações, preenchendo os claros com o presente do subjuntivo ou do indicativo dos verbos indicados entre parênteses. [Respondendo por escrito, ponha na sílaba tônica um sinal diacrítico (acento agudo ou circunflexo) que indique se o som é aberto ou fechado – 442 e ss.]:

a. (indignar-se) Seu procedimento faz com que todos .... contra ele.
b. (indignar-se) Para que o céu não .... contra a terra.
c. (obstar) A fim de que o muro .... o avanço das ondas.
d. (obstar) Um remédio que .... qualquer infecção.
e. (optar) Permito-lhes que .... por uma das duas soluções.
f. (eclipsar) Que é necessário para que a terra .... a lua?
g. (ritmar) Para que vocês .... os passos pela música.
h. (peneirar) É necessário que você .... a areia.
i. (abeirar-se) Ponha um aviso para que ninguém .... da represa.
j. (enfileirar-se) Peço que vocês ....
k. (cavoucar) É necessário que vocês .... mais fundo.
l. (afrouxar) O aviso pede que os passageiros .... os cintos.
m. (poupar) Aconselho-o a que .... energias.
n. (vicejar) Ponha mais adubo para que essas plantas ....
o. (alvejar) Quero uma pasta que .... os dentes.
p. (espelhar) E o teu futuro .... essa grandeza.
q. (desfechar) Isso faz com que eu .... novo ataque.
r. (emparelhar) Quero dois animais que se ....
s. (vexar) Esse cuidado é para que você não .... seu amigo.
t. (inteirar-se) Quero que você .... melhor do assunto.
u. (arraigar-se) A verdade se esvai, o erro ....
v. (enraizar-se) Regue todas as tardes até que a grama .... bem.
w. (arruinar-se) Procure salvá-lo antes que .... de todo.
x. (estourar) Desligue o motor antes que ....

25. Reproduza estas orações limpando-as de um gravíssimo erro (433, 2, ao pé da pág.):

a. Essas medidas são para manter-mos mais ordem e produção.
b. Outro teria sido o resultado se tivésse-mos tido mais cuidado.

26. Complete com o futuro do subjuntivo dos verbos pedidos entre parênteses:

a. (caber) Enquanto .... vá pondo gasolina no tanque. 463, 1.
b. (fazer) Sempre que nós .... sinal, vocês parem. 463, 4.
c. (saber) Somente quando vocês .... de cor é que devem dar-se por satisfeitos. 463, 11.
d. (trazer) Chamarei à lição somente os que .... o exercício feito. 463, 12.

e. (repor) Não ficarei satisfeito enquanto nós não .... as coisas nos seus lugares. 463, 15.
f. (opor) Parem se eles .... resistência. 463, 15.

27. Reescreva esta oração "Quero que eles ...." substituindo as reticências pelo subjuntivo presente dos verbos *calçar*, *calcar*, *galgar*, *erguer*, *proteger*, *descer*, *extinguir*, *crescer*, *corrigir*, *distinguir*, *viajar*. 447; 451 e ss.

28. Copie estas orações com os verbos no pretérito perfeito, conservando a pessoa gramatical (462 e ss.):

a. Desfaço mas não reponho.
b. Ele quer mas não pode.
c. Digo isso para seu bem.
d. Ele faz o que pode.
e. Ponho os cadernos no armário.
f. Ele traz a mala a tiracolo.

29. A primeira oração encerra um imperativo positivo; a segunda deve trazer um imperativo negativo do mesmo verbo e da mesma pessoa gramatical (413,3, b):

a. Deixa ficar onde está – Não .... que se afastem.
b. Deixai a criança andar – Não nos .... cair em tentação.
c. Põe o que faltar – Não .... mais água.
d. Ponde mais cuidado – Não .... a mão em seara alheia.
e. Faze tudo bem feito – Não .... mal aos animais.
f. Tende compaixão de nós – Não .... medo de perguntar.
g. Dize sempre a verdade – Não .... que não convém.
h. Sede benignos e misericordiosos – Não .... preguiçosos.
i. Vai buscar o livro – Não .... se não mandarem.
j. Venha comigo, meu filho – Não .... agora, minha mãe.

30. Copie estas orações com os verbos no pretérito perfeito, conservando a pessoa gramatical:

a. A menina obtém sempre boas notas. 431, obs.
b. Não contenho as lágrimas ao pensar nisso.
c. Vós mantendes a palavra dada?
d. O relato não condiz com a realidade. 463, 3, obs. 1.
e. Nós desdizemos tudo o que ele afirma.
f. Perfarás o caminho em 10 horas? 463, 4, obs. 1.
g. Desfarei todas as dúvidas.
h. O artista compunha belas canções. 463, 15.
i. Ele imporá a todos severos castigos.
j. Não intervenho nessa contenda. 464, obs. 2.
k. Donde provêm esses abusos?

31. Os verbos compostos destas orações estão errados; corrija-os, colocando entre os parênteses a forma certa:

a. Se eu tivesse intervido (   ) não se teria dado o desastre. 464, obs. 3.
b. Nada acontecerá se você repor (   ) os mesmos fios. 463, 15.

c. Pedi que retessem ( ) o caminhão no armazém. 431, obs.
d. O método mantia ( ) disciplina e interesse. 431, obs.
e. Seria necessário que eu prevesse ( ) melhor o que está por acontecer. 463, 14, obs. 1.

32. Supra os claros com o particípio dos verbos pedidos entre parênteses (494 e ss.):

a. (acender) Eu já havia .... o fogo quando ele chegou.
b. (acender) O fogo permaneceu .... o dia todo.
c. (expulsar) O inimigo havia sido .... da fortaleza.
d. (expulsar) Doutra forma não teria ele .... os cálculos dos rins.
e. (morrer) O coitado já havia .... quando a ambulância chegou.
f. (matar) Este ano tenho .... mais codornas que o ano passado.
g. (submergir) Não sei se o submarino estava espontaneamente .... ou se o haviam ....

33. Complete com o imperativo do verbo *manter* (431, obs.):

a. Revele coragem e .... toda a confiança.
b. Revela coragem e .... toda a confiança.
c. Revelai coragem e .... toda a confiança.
d. Revelemos coragem e .... toda a confiança.

34. Indique a letra que se adapta aos claros do período
Quando vós .... nosso próximo necessitado, não .... de o socorrer.

a. virdes, deixeis
b. virdes, deixais
c. verdes, deixeis

35. Indique a letra que se adapta aos claros do período
Se você não .... os documentos, ... a polícia.

a. reaver, procure
b. reouver, procures
c. reouver, procure

36. Indique a letra que se adapta aos claros do período
Quando .... que os homens vos traem não ....; .... vossa confiança em Deus.

a. vires, desesperes, põe
b. verdes, desesperais, ponde
c. virdes, desespereis, ponde

37. Indique a letra que se adapta aos claros do período
Assim como o ouro .... da terra, o filho mais velho .... ao sustento da família.

a. provém, provê
b. provê, provém
c. provém, provém

38. Indique a letra que se adapta aos claros do período
O sacristão não tinha .... as velas, e elas deviam ser .... ao anoitecer.

a. acendido, acendidas
b. acendido, acesas
c. aceso, acendidas

39. Indique a letra certa:

a. Se ver Pedro, avise-me.
b. Se vires Pedro, avise-me.
c. Se vir Pedro, avise-me.
d. Se veres Pedro, avisa-me.
e. Se ver Pedro, avisa-me.

40. Indique a letra certa (488, d; 316, 328):

a. Precavenham-se contra os assaltantes, mas evitai o uso de armas.
b. Precavede-vos contra os assaltantes, mas evitai o uso de armas.
c. Precavinde-vos contra os assaltantes, mas evitai o uso de armas.
d. Precavei-vos contra os assaltantes, mas evitai o uso de armas.
e. Precavenham-se contra os assaltantes, mas evitem o uso de armas.

41. Indique a letra que deve preencher o claro da oração (452, n. 3):
A costureira respondeu: Esta roupa eu não ....

a. serzo
b. cerzo
c. sirzo
d. cirzo

42. Indique a letra que deve preencher os claros do período (488, e; 425, n. 1 ao pé da pág.)
Se todos .... o que já perderam, talvez não cuidassem do que ....

a. reavessem, têm
b. reouvessem, têm
c. reouvessem, teem
d. rehavessem, tem
e. rehouvessem, teem

43. "Encontrei-o ontem, mas se o .... de novo dir-lhe-ei tudo."
O período ficaria completo com (459, n. 1 ao pé da pág.):

a. vêr
b. ver
c. vir
d. vier

44. "Julieta .... de família ilustre."
A oração ficaria completa com (464, 3, obs. 2):

a. provem
b. prove

c. provêm
d. provê
e. provém

45. "Se eu fizesse o que ele pediu eu seria prejudicado."
A subordinada condicional (585.4) desse período traz o verbo no:

a. futuro do subjuntivo
b. mais-que-perfeito do subjuntivo
c. imperfeito do indicativo
d. imperfeito do subjuntivo
e. mais-que-perfeito do indicativo

46. A 2.ª pess. do pl. do imperativo positivo de *ter* + *o* é (825):

a. tenhai-lo
b. tenhai-o
c. tende-o
d. tende-lo

47. Assinale a letra que preenche o claro do período (658, 3):

. . . . dez anos que ela morreu.
a. Fazem
b. Farão
c. Fizeram
d. Faz

G – Pronomes

1. Preencher os claros com os pronomes pessoais pedidos entre parênteses:

a. Entre ________ e ________ não há segredos.
(1.ª do sing.) (2.ª do sing.)

b. Apresentaram um documento para ________ assinar. 313.
(1.ª sing.)

c. Queriam falar com ________ mesmos. 319, n.
(1.ª pl.)

2. *Mais* amor e *menos* confiança.
As palavras grifadas são:

a. pronomes indefinidos adjetivos (530, n. 4, ao pé da pág.; 357, 1, n.)
b. pronomes interrogativos
c. pronomes demonstrativos (340 e ss.)
d. advérbios de intensidade (530)
e. classes diferentes das anteriores.

3. Assinalar a letra que corresponde ao "o" grifado do período (345):
O que podia ser feito foi feito.

a. artigo
b. pronome demonstrativo
c. pronome pessoal oblíquo

H – QUE – Análise léxica:

Nestes períodos, sublinhe a letra que analisa lexicamente (morfologicamente) o "que":

1. É costume que haja concurso.

a. pronome relativo – 376
b. advérbio – 530, n. 6
c. conjunção integrante – 581; 894 e ss.
d. conjunção final – 587

2. Acontece que ele não quer.

a. conjunção conclusiva – 574
b. conjunção aditiva – 571
c. conjunção final – 587
d. conjunção integrante – 581; 894 e ss.
e. pronome relativo – 376

3. É lei que todos devem respeitar-se reciprocamente.

a. conjunção consecutiva – 586
b. conjunção integrante – 581; 894 e ss.
c. conjunção concessiva – 584

4. Segue-se que ele não tem razão.

a. conjunção final – 587
b. conjunção causal – 582
c. conjunção concessiva – 584
d. conjunção integrante – 581; 894 e ss.
e. pronome relativo – 376

5. O outro motivo é que ele não tem idade para o cargo.

a. explicativo – 575
b. expletivo – 784, n. 5
c. integrante – 581; 894 e ss.
d. final – 587
e. relativo – 376

6. Ainda que tivesse sido gerado dos deuses.
Nesta subordinada existe locução conjuntiva ou conjunção? Sublinhe as letras correspondentes.

A. locução conjuntiva – 565, n.

B. conjunção – 556
   a. consecutiva – 586
   b. concessiva – 584
   c. integrante – 581; 894 e ss.
   d. final – 587
   e. expletiva – 784, n. 5

7. Analise lexicamente o "que": Rogo-te que voltes logo. 581 – 895.

8. Assinale a letra que indica a função dos quês do período

Dos títulos que me dais só me cabe o de honrado, que esse, mercê de Deus, é meu.

a. final – expletivo
b. integrante – concessivo
c. relativo – causal
d. relativo – expletivo
e. concessivo – consecutivo

9. Assinale a letra que indica a função dos quês do período

Cale-se de Alexandre e de Trajano a fama das vitórias que tiveram, que eu canto o peito ilustre lusitano.

a. final – explicativo
b. integrante – concessivo
c. relativo – causal
d. relativo – expletivo
e. concessivo – consecutivo

I – Predicado

Seguem-se umas tantas orações; dizer a que letra corresponde o predicado nelas existente:

a. verbal – 663
b. nominal – 664
c. verbo-nominal – 670

1. Ele passou de ano.
2. Ele passa bem.
3. Ele passou a ponte.
4. João não está.
5. João não está em casa.
6. João não está bem.
7. João não está bom.
8. Ele ficou atordoado.
9. Viver é trabalhar.
10. O pai encontrou o filho.

11. O pai encontrou o filho esfarrapado.
12. Julgaram-me apto para o lugar.
13. Ele parece criança.
14. O soldado voltou ferido.
15. Os pais consideram-no aluno disciplinado.

J – Complementos e Adjuntos

1. Dizer, especificando a respectiva letra, o que aparece nestas orações:

a. adjunto adverbial – 695 e ss.
b. objeto direto preposicionado – 683
c. objeto indireto – 301, a; 681
d. complemento nominal – 675
e. agente da passiva – 390
f. objeto direto – 301, a; 681

1. Passei por duas ruas.
2. Será reverenciado de toda a forma.
3. Será reverenciado de todos os patrícios.
4. Ganhei a partida.
5. Chegada ao Rio.
6. Chegamos ao Rio.
7. Todos amam a Deus.
8. Fique aqui.
9. Comprei anéis de ouro.
10. Ele morreu de frio.

2. Dizer, nas orações que se seguem, mencionando a letra correspondente, se o complemento do verbo é (Cap. XVII, § 298 e ss.):

a. predicativo – 665
b. predicativo do sujeito – 666, 667, 669
c. predicativo do objeto – 666, 668, 669
d. objeto direto – 681
e. objeto indireto – 685
f. um direto, outro indireto.
g. um direto, outro predicativo do objeto.

1. Julgo-o apto.
2. Morreu desiludido.
3. Ele é leviano.
4. Acho-o leviano.
5. Nada lhe respondi.
6. Que quer você?
7. Não lhe perdoarei.
8. Viajamos preocupados.
9. O animal fugiu apavorado.

10. Declararam-se inocentes.
11. Quantas respostas você encontrou erradas?
12. Fique quieto.

3. Dizer, fazendo-as seguir da letra correspondente, se nestas orações existe:

a. objeto direto – 301, a; 681; 484, 2, n.
b. objeto indireto – 301, b; 685
c. agente da passiva – 390
d. adjunto adnominal – 691
e. complemento nominal – 675 e ss.
f. vocativo – 701 e ss.

1. Bom dia, rapazes!
2. Não mais vi João.
3. Obedeçam-nos.
4. Vamos comprá-los.
5. Ele é estimado de todos.
6. Ele é digno de todos.
7. Muitos alunos passaram.
8. Preciso de recursos.
9. Tenha paciência.
10. Haverá recursos.

K – Sujeito

Seguem-se umas tantas orações; antes de cada uma delas escreva a letra correspondente a uma destas especificações de sujeito:

a. agente (ou ativo) simples – 388; 655; 657, n. 2
b. paciente (ou passivo) simples – 389
c. agente (ou ativo) composto – 656
d. paciente (ou passivo) composto
e. inexistente – 658
f. indeterminado (ou impessoalizado) – 405; 485; 657
g. oculto – 657, n. 2

1. O professor ensinou toda a matéria.
2. Desapareceram o livro e o lápis.
3. Precisa-se de um marceneiro.
4. Precisamos estudar.
5. Choveu muito.
6. No momento não há indícios de melhora.
7. Quem foi reprovado?
8. Ele e a irmãzinha já estão alimentados.
9. Ele e a irmãzinha já estão dormindo.
10. Já estão dormindo.
11. Não se dorme com esses latidos.

12. É hora de dormir.
13. Vendeu-se tudo.
14. Ele se vendeu ao inimigo.
15. Havia muitos alunos na sala.
16. Alugaram-se todos os apartamentos.

L – Coordenadas e Subordinadas – 557 e ss.; 889 e ss.

Assinale a oração grifada com *c* se coordenada, com *s* se subordinada:

1. Não há mal *que sempre dure.*
2. Não há bem *que se não acabe.*
3. Ele sabe, *também seria reprovado* se não soubesse.
4. Ele sabe *que será reprovado.*
5. Será reprovado *se não souber.*
6. Vou verificar *se ele sabe.*
7. Verifiquei que ele não só sabe, *como sabe muito bem.*
8. Não é piada *senão coisa muito séria.*
9. Não faça o *que ele fez.*
10. Não faça *que você se arrepende.*
11. Tanto fez *que se arrependeu.*
12. Vou estudar; *conseguirei enfim passar.*
13. Ele agiu bem; *demais, eu havia ajudado.*
14. Agora lhe pergunta pelas gentes, *agora pelos povos seus vizinhos*, agora pelos úmidos caminhos.
15. Ele agiu *como sugeri.*

M – Subordinadas Substantivas, Adjetivas, Adverbiais

1. Dizer, fazendo-os anteceder da letra correspondente, se estes períodos têm uma subordinada

   a. substantiva – 892 e ss.; 581
   b. adjetiva – 899, 900
   c. adverbial – 901 e ss.

1. Não valeu o gol que marcaram no primeiro tempo.
2. Faça o que mandei.
3. Faça-o de forma que você não se arrependa.
4. Faça-o de tal forma que ninguém perceba.
5. Ele faz que não ouve.
6. Ele mais ouve do que fala.
7. Só estudam quando voltam das férias.
8. Não faz mal que ele não estude.
9. Estude, que o exame não é de brinquedo.
10. Só quero uma coisa: que você recorde toda a matéria destas lições.

11. Não conheço a aluna cuja lição acabo de corrigir.
12. Farei como você mandar.
13. Já que assim é, que posso fazer?
14. Irei com tal que ele prometa pagar a viagem.
15. Vamos logo que a chuva está aí.
16. Tenho a impressão de que você está melhor.
17. Essa é a impressão que tenho.
18. Não é coisa sabida que ele é incompetente?
19. Como você não vai eu também não vou.
20. Por mais atrasado que você chegue não se esqueça do meu recado.

2. Separe e analise as orações que formam este período:

Mande quem indiquei. 900, n. 4; 379.

3. Não se sabe o QUE LHE PASSOU PELA CABEÇA.

Assinale a letra certa quanto à oração grifada:

a. subordinada substantiva subjetiva – 894
b. subordinada substantiva objetiva direta – 895, 1
c. subordinada adverbial – 901 e ss.
d. subordinada adjetiva – 899 e ss.
e. subordinada condicional – 903, 5

4. Mal você chegou, as discussões começaram.

A primeira oração é:

a. coordenada sindética – 889, n.
b. principal – 563, 888
c. subordinada adverbial temporal – 901 e ss.; 588, n. 2
d. subordinada adverbial proporcional – 901 e ss.
e. subordinada adverbial causal – 901 e ss.

5. Assinale o período em que há uma oração subordinada substantiva objetiva direta (895, 1):

a. Fiz tudo como me disseram.
b. Ignoro o motivo por que não veio.
c. Tenho receio de que o percas.
d. Não sei o que fazer.
e. Não sei se ele servirá.

6. Ouviram do Ipiranga as margens plácidas
De um povo heroico o brado retumbante.

Temos aí:

a. sujeito composto – 656
b. sujeito passivo – 389
c. sujeito indeterminado – 657

d. sujeito singular
e. o sujeito é "as margens plácidas", plural, feminino, ativo – 388

N – Subordinadas Substantivas

Assinale com a letra correspondente as subordinadas substantivas dos períodos seguintes:

a. subjetiva – 894
b. objetiva direta – 895, 1
c. objetiva indireta – 895, 2
d. completiva nominal – 896
e. predicativa – 897
f. apositiva – 898

1. Estou receoso de que não cheguemos a tempo.
2. Esperava que você viesse.
3. Tenho um receio: que nos testes você não raciocine também por exclusão.
4. Isto eu não posso deixar de dizer, que você deve recordar as lições anteriores todos os dias.
5. Você crê que o professor está sendo rigoroso?
6. Nunca é pernicioso que se exija o máximo dentro da capacidade do aluno.
7. Não aceito a desculpa de que você não compreende a explicação.
8. A verdade é que o estudo exige raciocínio.
9. Concordo em que a memorização não seja o único elemento para um bom exame.
10. Impediram-me que eu o atendesse.
11. É duvidoso que ele seja tolerante.
12. Devemos afastar a ideia de que tudo será fácil.
13. Conviria que você falasse com ele.
14. Isso não depende simplesmente de que ele queira.
15. Ele é merecedor de que o promovam.
16. Não tenho absoluta certeza de que ele é engenheiro.
17. Todos achavam que as coisas andavam bem.
18. Era falsa a impressão de que as coisas andassem bem.
19. Não era possível que as coisas andassem bem.
20. Estou na dependência de que as coisas andem rigorosamente bem.

O – Reduzidas – 904

1. Dizer, assinalando com a letra devida, se nos seguintes períodos:

a. há uma reduzida de infinitivo
b. há uma reduzida de gerúndio
c. há uma reduzida de particípio
d. não há reduzida

1. Já se havia posto o sol e o macuco continuava a piar.
2. Posto o sol, os pássaros deixam de cantar.
3. Temos de ir de avião.
4. Não é por irmos de avião que o caso vai resolver-se ainda hoje.
5. Fiquei pensando o dia todo e não cheguei a nenhuma conclusão.
6. Acabando as férias, cuide o mais possível dos estudos.
7. Já se haviam levantado quando irrompeu o incêndio.
8. Fiz sair todos.

2. Dizer, assinalando com a letra devida, se estas reduzidas de infinitivo são (904, n. 2):

a. subjetivas
b. objetivas
c. completivas nominais

1. Isso prova não termos pensado bem.
2. Não vejo culpa por terem agido dessa forma.
3. Isso significa estarem eles pedindo o dobro do valor.
4. Estarem eles pedindo o dobro não é estranho.
5. Será muito difícil conseguirmos triunfo.
6. Isso não depende de querermos.

P – Adjuntos Adnominais – Complementos Nominais

Com um traço subposto, indique os adjuntos adnominais (691 e ss.); com dois, os complementos nominais (675 e ss.; 927, 2; 693):

a. Julgaram-no indigno do prêmio.
b. Estes são inaptos para o serviço militar.
c. Os candidatos inidôneos para o cargo serão fatalmente reprovados.
d. Desejoso de aprender, ele estudava o dia todo.

Q – Aposto – Vocativo – Predicativo – Adjunto Adnominal

Dizer a qual destas letras correspondem as palavras ou frases grifadas dos textos que se seguem:

a. aposto – 699, 756.
b. vocativo – 701 e ss.
c. predicativo – 302, 664, 665.
d. adjunto adnominal – 691 e ss.

1. Esse rapazelho, *descurado como é dos pais*, encontrará muitos dissabores.
2. Esse rapazelho é *descurado* no vestir-se.

3. Nunca sabem nada os alunos *descurados* nas tarefas.
4. *Rapaz descurado*, você jamais será gente amanhã.

R – Composição

1. Dizer, discriminando a letra, se a formação destas palavras é:

a. por prefixação – 626.
b. por justaposição – 226, 3º caso.
c. por aglutinação – 633.
d. parassintética – 625.

1. planalto
2. santelmo
3. terrapleno
4. couve-flor
5. cantochão
6. anteontem
7. antártico
8. entronizar
9. sobrecincha
10. transatlântico
11. transcontinental
12. anônimo

2. Indicar dentre estas palavras a que é híbrida (632):

a. decâmetro
b. automóvel
c. novilatina
d. xenofobia

3. Nas palavras METRÓPOLE, ANARQUIA, DIAGONAL, ACÉFALO, ICONOCLASTA temos elementos gregos que significam respectivamente:

a. cidade, luta, ângulo, cabeça, ídolo
b. estado, caos, corte, pensamento, destruição
c. capital, revolução, linha reta, pescoço, ídolo
d. cidade, governo, ângulo, cabeça, ídolo
e. muito, confusão, lado, cabeça, destruição

4. Assinale a afirmativa errada:

a. FIDALGO é composto por aglutinação (633)
b. BUROCRACIA é hibridismo (632)
c. o prefixo de PREDIZER é latino e significa *antes* (629)
d. a letra *b* está errada

5. Assinale o grupo formado por prefixos latinos e gregos (629, 630):

a. hemisfério, hipertrofia, hipótese, eucaristia
b. companhia, embarcar, maldizer, procônsul
c. justapor, semimorto, superlotado, ambiguidade
d. anticristo, dípode, epígrafe, apogeu
e. sintaxe, biscoito, anacrônico, península

6. Assinale o grupo de palavras em que apenas duas têm o primeiro elemento grego (630, 631):

a. monarca, filantropo, teologia
b. metrópole, catálogo, anfíbio
c. maldizer, disfagia, endocarpo
d. micróbio, neologismo, pseudônimo
e. tipografia, zoológico, metamorfose

7. Assinale o grupo em que o prefixo latino significa *quase* (629):

a. perfazer, perpétuo, pervagar.
b. reaver, regredir, recomeçar.
c. península, penumbra, penúltimo.
d. indelével, irreal, ilegal.
e. ambiente, ambivalente, ambiguidade.

8. Assinale a afirmativa errada:

a. Os dígrafos SS e RR podem ser separados. 143, e, 1.
b. *Translúcido* e *diáfano* são sinônimos; o primeiro é de origem latina, o segundo de origem grega. 629; 630.0.
c. *Semi*, prefixo latino, e *hemi*, prefixo grego, são sinônimos. 629; 630.0.
d. Estão corretas: *excesso*, *exceção*, *obcecado*, *obsessão*.
e. Na palavra *pneumático* temos um dígrafo e um ditongo. 85.

9. Dentro dos parênteses coloque a letra correspondente ao significado (631):

a. demos ( ) úmido
b. hélios ( ) semelhante
c. homós ( ) letra
d. gramma ( ) sol
e. hygrós ( ) povo

10. Assinale a letra em que haja elemento grego com o significado de "único" (631):

a. metrópole
b. autônomo
c. anônimo
d. monarca
e. idólatra

S – Análises Diversificadas

Uma ou mais das orações destes grupos podem estar com as palavras grifadas corretamente analisadas; dentre estas letras, indicar a que se ajusta a cada grupo:

A. Se apenas as orações 1 e 3 estiverem corretamente analisadas.
B. Se apenas as orações 2 e 4 estiverem corretamente analisadas.
C. Se apenas as orações 1, 2, 3 estiverem corretamente analisadas.

D. Se todas estiverem corretamente analisadas.
E. Se nenhuma das letras anteriores.

Grupo 1:

1. Floresceu a árvore *que* plantei – objeto indireto
2. *Quem* convidaremos? – sujeito
3. Visitei os *meus* – adjunto adnominal
4. Tu bem *o* sabes – objeto direto

Grupo 2:

1. Seu sonho era *morar no Rio* – reduzida substantiva subjetiva
2. Havia receio *de voltares* – reduzida substantiva completiva nominal
3. Disseram-me *serem baleias* – reduzida substantiva objetiva direta
4. Diz-se *ter Cristo nascido em Belém* – reduzida substant. objet. direta

Grupo 3:

1. É bom *que você venha* – subordinada objetiva direta
2. Meu maior desejo é *que me deixem em paz* – subordinada predicativa
3. Não suba *que a escada cai* – coordenada sindética explicativa
4. Chamei-o *que me ouvisse* – subordinada adverbial final

Grupo 4:

1. *Chegados que fomos*, procuramos o diretor – adverbial temporal
2. Os louvores, *pequenos que sejam*, são ouvidos com agrado – adverbial concessiva
3. Tenho tanto medo *que me pelo* – adverbial consecutiva
4. Só lhe peço isto: *honre nosso nome* – substantiva apositiva

Grupo 5:

1. Sabe-se *que haverá trégua* – subordinada substantiva objetiva direta
2. Não te esqueças *de que és falível* – subordinada apositiva
3. É justo *que amparemos as crianças* – subordinada predicativa
4. A preguiça gasta a vida, *como a ferrugem consome o ferro* – subord. conformativa

T – Termos da Oração (de 648 a 705)

Estas questões trazem grifado um termo de oração; indique a letra correspondente à sua função:

1 – Quando desta Corte olhávamos para a serrania dos Órgãos, víamos *rutilante* a estrela que nos guiava.

a. objeto direto – 679 e ss.
b. adjunto adnominal – 691 e ss.
c. predicativo do objeto – 668, 669
d. predicativo do sujeito – 667, 669
e. aposto – 699

2 – Não sejamos *os últimos* a trilhar a senda dos progressos econômicos e políticos.

a. objeto direto – 679 e ss.
b. adjunto adnominal – 691 e ss.
c. complemento nominal – 675 e ss.
d. predicativo – 302, 664, 665
e. agente da passiva – 390

3 – Mandei-*o* sair.

a. objeto direto – 679 e ss.
b. objeto indireto – 685
c. sujeito acusativo – 652
d. predicativo do objeto – 668, 669
e. aposto – 699

4 – Ele era estimado *de todos*.

a. adjunto adnominal – 691 e ss.
b. complemento nominal – 675 e ss.
c. agente da passiva – 390
d. objeto indireto – 685
e. adjunto adverbial – 695 e ss.

5 – Saúdo-o e *aos seus parentes*.

a. objeto indireto – 685
b. predicativo – 302, 664, 665
c. complemento nominal – 675 e ss.
d. objeto direto preposicionado – 683; 846
e. adjunto adverbial – 695 e ss.

6 – Estudem, *rapazes*, todos os pontos.

a. predicativo do sujeito – 667, 669
b. sujeito – 650 e ss.
c. aposto – 699
d. vocativo – 701 e ss.
e. complemento nominal – 675 e ss.

7 – Devemos obediência *às leis*.

a. objeto indireto – 685
b. predicativo do objeto – 668, 669
c. complemento nominal – 675 e ss.
d. adjunto adnominal – 691 e ss.
e. adjunto adverbial – 695 e ss.

8 – Caminharam *trôpegos* até o altar.

a. objeto direto – 679 e ss.
b. adjunto adnominal – 691 e ss.
c. adjunto adverbial – 695 e ss.

d. aposto – 699
e. predicativo do sujeito – 667, 669

U – Regência, Concordância e outros assuntos

1. Assinale a oração errada (732):

a. Eu e tu estudaremos a mesma matéria.
b. Tu e ele desejais as mesmas coisas.
c. Comprará tu e ele esta casa?
d. Tu, ele e eu pensamos do mesmo modo.
e. Você e ele esperar-me-ão aqui.

2. Assinale a letra que preenche corretamente os claros da oração (261, n. 2):

A saia .... e o chapéu .... não combinavam.

a. azul-marinho – cinza-claro
b. azul-marinha – cinza-clara
c. azul-marinha – cinza-claro
d. azul-marinho – cinza-clara

3. Os seguintes períodos têm quatro partes grifadas indicadas pelas letras A, B, C, D. Indique qual a letra errada de cada período; se todas estiverem certas sua resposta deve ser E:

a. *Devido a* péssima alimentação que recebem na *primeira infância*, muitas
A B
crianças não atingem *todo o* seu *potencial* de desenvolvimento. *Sem erro*. (118, 10).
C D E

b. Não sei o motivo *porque* ela *se* tornou, *de repente*, tão *desleixada*. *Sem erro*. (532, n. 2).
A B C D E

c. Não *a via há* muito tempo, *de formas* que se tornara *incapaz* de reconhecê-la.
A B C D
Sem erro. (586, n.).
E

4. Destas regências indicar a única certa (777):

1. É homem muito importante; já lhe conhecia há muito.
2. Sempre o obedeci.
3. Sempre lhe vejo, caro professor, na cidade.
4. Quantas vezes quer você que lhe pague?
5. Todos nós admiramos aos gênios.

5. Destas concordâncias indicar a única certa (487; 405, n.):

1. Se houvessem mais recursos tudo seria conseguido.
2. Devem haver outros meios.
3. Fazem dois dias que partiu.
4. Pode fazer dois anos, quando muito, que se empregou.
5. Precisam-se de carpinteiros.

6. Destas orações indicar a que tem sujeito composto (656; 726 e ss.):

1. O burro e a vaca todos queriam comprar.
2. Assustados e empurrados foram conduzidos para o abrigo.
3. Contadores e gerentes são considerados responsáveis.
4. Todas as segundas-feiras e sábados tiveram aula.
5. Os livros e as estantes convém vocês limpar.

7. Assinale o período correto:

a. Fazem três anos que estivemos lá. 907, n. 1.
b. Minha irmã namora com um dos meus colegas.
c. Custei a acreditar no que via. 777.
d. Ele entreteu os colegas e não previu o que ia acontecer. 431, obs.
e. Os dois cidadãos escreveram livros para a segunda e para a terceira série. 751.

8. Assinale a letra certa (484, 2; 527, n. 7) que substitui os claros do período:
Nesse campo .... muitas teorias, algumas .... do que outras.

a. existe – melhor
b. existem – mais bem
c. existem – melhores
d. existe – mais bem
e. existe – melhores

V – Infinitivo Pessoal

1. Assinale a pessoalização errada:

a. Anima-nos a esperança de triunfarmos. 918, 1.
b. Temos o prazer de lhe participarmos. 918, 1.
c. É pouco provável resistirem os jovens à prova. 918, 2.
d. Os maus, com se louvarem, não deixam de o ser. 918, 2.
e. Leis que se fazem para se não cumprirem. 920.

2. Assinale a pessoalização certa:

a. Deixe os meninos brincarem no campo. 925.
b. Mandei todos os que chegaram atrasados voltarem para casa. 925.
c. Vi os navios desaparecerem no horizonte. 925.
d. Não compete a vocês queixarem-se de nós. 918. 2.
e. Tinham bastante com que se ocuparem. 924.

3. Assinale a construção certa (918, 2):

a. Viam-se com frequência sucederem-se desastres.
b. Via-se com frequência suceder-se desastres.
c. Via-se com frequência sucederem-se desastres.
d. Viam-se com frequência suceder-se desastres.

W – Figuras

Assinale a letra que indica a figura existente nos seguintes períodos:

1. Eu, também me parece que as leio.

a. anacoluto – 785
b. hipérbole – 621, e
c. silepse – 766 e ss.

2. Para mim o Tietê sempre chora.

a. prosopopeia – 621, f
b. metonímia – 621, b
c. perífrase – 621, g

3. Árvores de Natal, há-as aí tantas que farão uma densa e vasta floresta.

a. pleonasmo – 784
b. prosopopeia – 621, f
c. eufemismo – 621, d

4. Uma ilusão gemia em cada canto, chorava em cada canto uma saudade.

a. sínquise – 857
b. onomatopeia – 879, n.
c. prosopopeia – 621, f

5. Gabriela e Carolina têm má língua.

a. sinédoque – 621, a
b. metonímia – 621, b
c. antonomásia – 869, nota ao pé da pág.

6. Sobre a triste Ouro Preto o ouro dos astros chove.

a. uma catacrese e um eufemismo – 621, c; 621, d
b. uma sinédoque e uma linguagem afetiva – 621, a; 622
c. um zeugma e um hibridismo – 783; 632
d. uma silepse e uma hipérbole – 766 e ss.; 621, e
e. uma silepse de gênero e uma metáfora – 766; 621, c

7. E este homem às vezes lhe fazia o vinho dano, de que el-rei tinha desprazer.

a. zeugma – 783
b. idiotismo – 786
c. anacoluto – 785
d. eufemismo – 621, d
e. semântica – 621

X – Gerúndio – 942 e ss.

1. Temos aqui seis construções em que há gerúndio. Indique dentro dos parênteses que as antecedem a letra correspondente à ideia que o gerúndio empresta à construção:

( )	1. Ele fala cantando.	a – modo
( )	2. Não quis, sendo sábio, resolver as dúvidas por si mesmo.	b – causa
( )	3. O carneiro defendia-se dizendo que. . .	c – concessão
( )	4. Sendo ainda novo não quis ir só.	d – condição
( )	5. Proferindo o orador estas palavras, a assembleia deu vivas.	e – tempo
( )	6. Triunfarás, querendo.	f – meio

2. Corrija:

a. Estamos necessitados de um auxiliar sabendo escrever a máquina muito bem.
b. Compre-me uma camisa tendo dois ou pelo menos um bolso.
c. Venderam a casa contendo quatro quartos.
d. Estas malas são fabricadas de plástico imitando couro.

Y – Regência e outros assuntos

1. Indique a forma correta (546, n. 4, c):

a. Em quantos vocês são? – Somos em dez.
b. Quantos vocês são? – Somos em dez.
c. Quantos vocês são? – Somos dez.
d. Em quantos vocês são? – Somos dez.
e. Quantos vocês são? – Nós somos em dez.

2. Indique a forma correta (777; 832):

a. O pai disse ao filho que o perdoava todas as faltas.
b. O pai disse ao filho que lhe perdoava a todas as faltas.
c. O pai disse ao filho que perdoava a ele de todas as faltas.
d. O pai disse ao filho que lhe perdoava todas as faltas.
e. O pai disse ao filho que perdoava-lhe todas as faltas.

3. Indique a forma correta (777):

a. Venho informá-lo que nossa firma abriu falência.
b. Venho informar-lhe que nossa firma abriu falência.
c. Venho informar-lhe de que nossa firma abriu falência.
d. Venho informar você que nossa firma abriu falência.
e. Venho informar a você de que nossa firma abriu falência.

4. Indique a forma correta:

a. Oiça, digo-te sinceramente: nunca simpatizei com ele.
b. Oiça, digo-te sinceramente: nunca me simpatizei com ele.

c. Ouve, digo-te sinceramente: nunca simpatizei com ele.
d. Ouve, digo-lhe sinceramente: nunca me simpatizei com ele.
e. Oiça, digo-lhe sinceramente: nunca me simpatizei com ele.

5. Indique a forma correta (487):

a. Entre nós não costuma haver discussões.
b. Entre nós não costumam haver discussões.

6. Indique a forma correta (777):

a. Ajudei-lhe a ser alguém na vida, mas não lhe convido mais para nada.
b. Ajudei-o ser alguém na vida, mas não o convido mais para nada.
c. Ajudei-lhe ser alguém na vida, mas não lhe convido para nada mais.
d. Ajudei-lhe à ser alguém na vida, mas não o convido para nada mais.
e. Ajudei-o a ser alguém na vida, mas não o convido para nada mais.

7. Indique a forma correta (714):

a. Os Lusíadas consagrou Camões.
b. Os Lusíadas consagraram Camões.
c. Os Lusíadas é uma obra importante de Camões.
d. Os Lusíadas são obras importantes de Camões.
e. O Lusíadas é uma obra importante de Camões.

8. Indique a forma correta (391, 2; 405, n.):

a. Viam-se faixas com os dizeres: precisa-se de colaboradores.
b. Viam-se faixas com os dizeres: precisam-se de colaboradores.
c. Viam-se faixas com os dizeres: precisa-se colaboradores.
d. Via-se faixas com os dizeres: precisa-se colaboradores.
e. Via-se faixas com os dizeres: precisa-se de colaboradores.

9. Indique a forma correta (907, n. 2; 118, 4):

a. A conferência será daqui à dezoito dias, mas à portas fechadas.
b. A conferência será daqui a dezoito dias, mas à portas fechadas.
c. A conferência será daqui há dezoito dias, mas a portas fechadas.
d. A conferência será daqui há dezoito dias, mas à portas fechadas.
e. A conferência será daqui a dezoito dias, mas a portas fechadas.

10. Indique a forma correta (836):

a. Tinham-se revoltado os presos.
b. Tinham se revoltado os presos.
c. Tinham revoltado-se os presos.

11. Indique a forma correta (841; 116, 1; 836):

a. Teriam lhe falado a respeito desses problemas?
b. Lhe teriam falado a respeito desses problemas?
c. Ter-lhe-iam falado a respeito desses problemas?

d. Teriam falado-lhe a respeito desses problemas?
e. Teriam falado-lhe à respeito desses problemas?

12. Indique a forma correta (527, n. 7):

a. Você está mau informado sobre teu processo.
b. Você está malinformado sobre seu processo.
c. Você está mal-informado sobre seu processo.
d. Você está mal informado sobre seu processo.
e. Você está mau informado sobre seu processo.

13. Indique a forma correta:

a. Prossigai, minhas colegas, não vos detende, porque haveis de vencer.
b. Prossegui, minhas colegas, não vos detenhais, porque haveis de vencer.
c. Prossigam, minhas colegas, não se detenham, porque haveis de vencer.
d. Prossigam, minhas colegas, não se detenham, porque heis de vencer.
e. Prosseguide, minhas colegas, não vos detenhais, porque haveis de vencer.

14. Indique a letra que deve preencher os claros do período:
Não se sentava. . . mesa, nem vinha. . . sala de refeições,. . . não ser. . . segundas-feiras.

a. à, na, à, as
b. na, a, a, as
c. na, na, à, às
d. à, à, a, às
e. na, na, a, nas

15. Indique a letra que preenche o claro do período (382):
É um professor . . . . aulas não se deve faltar.

a. cujas
b. a cujas
c. à cujas
d. às quais
e. as quais

16. Assinale a oração errada (777):

a. Aspirava a uma posição muito brilhante.
b. Chamou por um escravo.
c. O médico assiste o doente.
d. Esqueci-me o nome dele.
e. Esqueceu-se o nome dele.

17. Assinale a letra certa:

a. Não sei se o vi porque não o conheço.
b. Não sei se lhe vi porque não o conheço.
c. Não sei se lhe vi porque não lhe conheço.
d. Não sei se o vi porque não lhe conheço.

18. Assinale a letra certa (276, 4):

a. Prefiro mais ler do que ouvir.
b. Prefiro ler mais do que ouvir.
c. Prefiro ler antes que ouvir.
d. Antes prefiro ler do que ouvir.
e. Prefiro ler a ouvir.

19. Se houver, assinale o período ou os períodos corretamente redigidos (345, 3; 377, n. 1; 382):

a. Não compreendi o que ele se refere na carta.
b. Este é o aluno que o professor deu nota baixa.
c. Aqui está o livro que me referi ontem.
d. Preciso de um chefe cujas ordens todos obedeçam.
e. Recife foi a primeira cidade que o navio atracou.

20. Assinale a letra que deve preencher os claros do período (712, n. 2; 276.4):
Quem .... seus inimigos? Uns .... que preferiam fugir .... enfrentar a luta.

a.	eram	pobres diabos	o que
b.	eram	pobre-diabos	do que
c.	era	pobres diabos	que
d.	eram	pobres diabos	que
e.	eram	pobres diabos	a

21. "Quando lhe retiraram os sapatos. . ."
O verbo é:

a. transitivo direto
b. transitivo indireto
c. transitivo direto-indireto
d. intransitivo
e. de ligação

22. Não sei *onde* estás.
A palavra grifada é:

a. advérbio de lugar
b. pronome demonstrativo
c. advérbio interrogativo
d. pronome indefinido
e. conjunção coordenativa

Z – Colocação

1. Assinale a letra que deve preencher os claros do período:
Quanto .... se .... no pouco que .... !

a.	alegrar-nos-íamos	atendêsseis-nos	solicitamos-vos
b.	alegraríamo-nos	atendêsseis-nos	solicitamos-vos
c.	alegrar-nos-íamos	nos atendêsseis	solicitamos-vos
d.	nos alegraríamos	atendêsseis-nos	vos solicitamos
e.	nos alegraríamos	nos atendêsseis	vos solicitamos

2. Assinale o período que traz a mais perfeita ordem direta (791):

a. Um senhor piedoso despiu o seu próprio paletó para sustentar a cabeça do menino.
b. Para lhe sustentar a cabeça, um senhor piedoso despiu o paletó de Dario.
c. Para sustentar a cabeça do menino, um senhor piedoso despiu o seu próprio paletó.
d. O seu próprio paletó um senhor piedoso despiu para sustentar a cabeça do menino.
e. Para sustentar a cabeça do menino, despiu o seu próprio paletó um senhor piedoso.
f. Um senhor piedoso, para sustentar a cabeça do menino, despiu o seu próprio paletó.

3. Assinale a letra que preenche o claro da oração (841):

. . . . proveito esse procedimento?

a. Trazer-lhe-á
b. lhe trará
c. Trar-lhe-á
d. Trará-lhe

4. Assinale a letra que completa a interrogação (841; 121, 1; 321, 322):

a. Devolver-nos-la-ão?
b. No-la devolverão?
c. Devolver-no-la-ão?
d. Devolverão-nos-la?
e. devolverão-no-la?

A BALADA DA NEVE, de Augusto Gil

Batem leve, levemente
Como quem chama por mim...
Será chuva? Será gente?
Gente não é certamente
E a chuva não bate assim.
É talvez a ventania;
Mas há pouco, há poucochinho,
Nem uma agulha bulia
Na quieta melancolia
Dos pinheiros do caminho...
Quem bate assim levemente,
Com tão estranha leveza,
Que mal se ouve, mal se sente?...
Não é chuva, nem é gente,
Nem é vento com certeza
Fui ver. A neve caía
Do azul cinzento do céu
Branca e leve, branca e fria...
Há quanto tempo eu a não via!
E que saudade, Deus
Olho-a através da vidraça,
Pôs tudo da cor do linho.
Passa gente e, quando passa,
Os passos imprime e traça
Na brancura do caminho...
Fico olhando esses sinais
Da pobre gente que avança,
E noto, por entre os mais,

29. Os traços miniaturais
30. Duns pezitos de criança...
31. E descalcinhos, doridos...
32. A neve deixa inda vê-los,
33. Primeiro bem definidos,
34. Depois em sulcos compridos,
35. Porque não podia erguê-los!
36. Que quem já é pecador
37. Sofra tormentos, enfim!
38. Mas se crianças, Senhor,
39. Por que lhes dais tanta dor?
40. Por que padecem assim?
41. E uma infinita tristeza,
42. Uma funda turbação
43. Entra em mim, fica em mim presa.
44. Cai neve na natureza...
45. E cai no meu coração!

Luar de janeiro, pp. 25/27
Lisboa, 1909

1. Dar a classe das palavras:

a. leve (verso 1) – 351; 537, n. 2
b. que (v. 13) – 586
c. mal (v. 13) – 527, n. 7

2. Dar o sujeito de "batem leve, levemente" (v. 1) – 657, a

3. Dar a função sintática de:

a. os passos (v. 24)
b. miniaturais (v. 29)
c. tormentos (v. 37)

4. Dar a classificação destas subordinadas:

a. que mal se ouve (v. 13) – 586
b. que sofra tormentos, enfim (vv. 36, 37) – 584, n. 2 ao pé da pág.

5. Dar um adjetivo erudito, cognato de (623 – 354):

a. neve
b. frio
c. dor
d. coração

6. a. Com relação ao número de sílabas, como se chamam os versos dessa poesia? – 1004
b. Em que sílaba cai obrigatoriamente o acento? – 1006
c. Com relação ao número de versos, como se chamam as estrofes? – 1009

7. Com relação à rima, que dizer de:

a. mim (v. 2), assim (v. 5) – 1011, c
b. céu (v. 17), meu (v. 20) – 1011, a

8. Mudando a consoante inicial destas palavras por uma oclusiva bilabial surda e por uma constritiva lateral sonora alveolar, respectivamente, teremos:

a. linho – .... – 60
b. será – .... – 60

9. Pôr no futuro do presente os versos:

a. Olho-a através da vidraça (v. 21) – 825, 4 – 841
b. Por que lhes dais tanta dor (v. 39) – 463, 4

10. Passe para a passiva "Eu a não via" (v. 19) – 390

11. Dar o imperativo positivo destes verbos, nas pessoas pedidas entre parênteses:

a. ouvir (1.ª do pl.) – 465, 2
b. ver (2.ª do pl.) – 463, 14
c. erguê-los (2.ª do sing.) – 449; 825, 1

12. Dizer como se chama o recurso de expressão existente nos versos 23 e 24 (879, n.):

*Pa*ssa gente e, quando *pa*ssa,
os *pa*ssos imprime e traça.

13. Especificar o fenômeno operado na formação destas palavras:

a. descalcinhos – 625
b. vidraça – 626
c. inquieta – 626
d. passatempo – 633; 226, 3.º caso

14. Assinale a afirmativa errada (1003 e ss.):

a. A rima só pode existir na poesia.
b. Os versos alexandrinos têm doze sílabas.
c. Escandir é separar as sílabas de um verso.
d. O soneto tem catorze versos, distribuídos em dois quartetos e dois tercetos.
e. A letra *c* está errada.

SINOPSE DA GRAMÁTICA METÓDICA

(números indicam parágrafos)

- GRAMÁTICA (Noções Gerais – 1)
  - Fonética – 25
    - alfabeto – em geral – 29
    - vogais – 41
    - consoantes – 55
    - prosódia
      - acentuação – 95
      - metaplasmos – 110
    - ortografia – 127
  - Morfologia – 150
    - substantivo
      - classificação – 164
      - flexão genérica – 180
      - flexão numérica – 212
      - flexão gradual – 235
    - artigo – 243
    - adjetivo
      - noções gerais – 247
      - flexão
        - genérica – 255
        - numérica – 255
        - gradual – 262
    - numeral – 280
    - pronome
      - pessoal – 308
      - possessivo – 327
      - demonstrativo – 340
      - indefinido – 349
      - interrogativo – 365
      - relativo – 371
      - "se" – 400
    - verbo
      - quanto à predicação – 297
      - quanto à voz – 386
      - quanto à flexão – 412
        - auxiliares – 425
        - regulares – 433
        - irregulares – 458
        - anômalos – 475
        - defectivos – 479
        - impessoais – 480
        - abundantes – 494
      - quanto à significação – 502
      - locução verbal – 513
    - advérbio – 522
    - preposição – 541
    - conjunção (noções gerais) – 556
      - coordenativas – 570
      - subordinativas – 580
    - interjeição – 595
  - Etimologia – 610
  - Sintaxe – 636
    - oração (análise sintática)
      - sujeito – 648
      - predicado – 661
      - complemento – 674
      - adjunto – 690
      - aposto – 699
      - vocativo – 701
    - processos sintáticos
      - concordância
        - verbal – 706
        - nominal – 745
        - figurada – 766
      - regência
        - regular – 773
        - figurada – 780
      - colocação
        - regular
          - em geral – 790
          - dos oblíquos – 818
        - figurada – 853
    - vícios de linguagem – 866
    - período gramatical (análise) – 885
    - particularidades sintáticas
      - infinitivo pessoal – 915
      - particípio e gerúndio – 933
    - pontuação – 947
  - APÊNDICE LITERÁRIO
    - prosa – 980
    - verso – 1 000

500 EXERCÍCIOS SUPLEMENTARES

3 300 VERBETES DE ÍNDICE ANALÍTICO

REFERÊNCIAS

ACRE

RIO BRANCO – Esse livro maravilhoso me entusiasmou e me incentivou a continuar lecionando a língua de minha pátria (Olzaíra da Paz Barros).

ALAGOAS

MACEIÓ – No ensejo desta carta mister se faz, grande Mestre, salientar-lhe a minha admiração pela sua cultura e extraordinária capacidade de trabalho, fotografadas, bem ao vivo, nas notas de suas Antologias Remissivas, que vão encontrar explicações precisas nesse magnífico trabalho que é a sua GRAMÁTICA METÓDICA DA LÍNGUA PORTUGUESA. Perlustro-as de contínuo e nelas tenho aprendido muita coisa boa. Se lhe fora dizer, em torno das suas obras, tudo o que desejara, então seria preciso escrever-lhe muitas tiras de papel. Fico contente em lhe dizendo por agora: o senhor está prestando uma magnífica e real colaboração ao professorado nacional; e ainda: é grande a minha admiração pela sua bela cultura e irrequieta capacidade de trabalho (Graça Leite).

MACEIÓ – ...ao incomparável, ao magnífico gramático e mestre que é essa figura conhecidíssima e admirada pelo talento e desejo de servir a juventude brasileira, o preclaro Napoleão Mendes de Almeida (Antônio Nonô).

MACEIÓ – O professor Napoleão Mendes de Almeida revela o maior devotamento à cultura da língua vernácula; a excelência do seu plano didático é manifestada através da distribuição racional dos assuntos (José Cajueiro).

MACEIÓ – A sua gramática é a mais aceita pelos estudantes alagoanos (Alvandir Oliveira Dantas).

ARAPIRACA – Diante dos princípios de latim como base da Metódica, consideramos o professor Napoleão Mendes de Almeida a maior autoridade gramatical do país (José Ventura Filho).

PILAR – V. Sa., caro Mestre, pode orgulhar-se de ser autor das melhores obras didáticas que conheço. Sabe, como nenhum outro filólogo, e de maneira brilhante, aliar a simplicidade e a clareza à profundidade (Enoch Cavalcanti de Barros).

AMAZONAS

MANAUS – Sua GRAMÁTICA METÓDICA é um repositório de ensinamentos conscientes e proveitosos dos meandros de nossa língua, que deve ter como preciosos guias as mui bem organizadas Antologias Remissivas que apresentam o problema linguístico, remetem o estudante para uma consulta segura e consolidadora de conhecimentos ao farto e prefalado repositório. Os próprios "ratos de ministério" o revelaram involuntariamente um famosíssimo e mais do que poderoso "angorá", que os desbaratou e venceu com a sua nova edição de sua METÓDICA, que representa uma grande vitória no campo da didática renovadora (João Chrysostomo de Oliveira).

MANAUS – Suas obras estão sendo adotadas por diversos professores, e eu sou um deles. Os alunos muito têm aproveitado com as suas lições, que são realmente metódicas (Herbert Palhano).

BAHIA

SALVADOR – Adotei sua gramática no Seminário Central (Mons. Ápio Silva).

SALVADOR – Resolvemos telegrafar à Editora para que nos remeta 250 gramáticas (Irmão Cirilo).

SALVADOR – Sou prefeito dos internos e professor de latim do Colégio Vieira. Vim da Itália há catorze meses. Mal chegado, precipitei-me no estudo da língua portuguesa mas, mergulhando cada dia mais no mar gramatical, desconfiei e enfim acreditei que nada aproveitaria. Um dia, porém, falando com um padre do colégio, descobri a GRAMÁTICA METÓDICA. O padre ma ofereceu. Mergulhei de novo no mar gramatical, mas com satisfação, com verdadeiro gosto, e fiquei encantado com tanta erudição e simplicidade e especialmente com tanta clareza de exposição, como só podia ter quem estudou e se dedicou ao ensino com a paixão de um apóstolo (Pe. João Dell'Anna).

SALVADOR – Aqui há um padre, que leciona no Colégio Antonio Vieira, que mostra sempre um júbilo cordial quando afirma que a sua gramática portuguesa superou e derrubou a fama privilegiada de Carlos Pereira como o melhor gramático brasileiro (Pe. Carlos Bresciani).

SALVADOR – Há muito desejava encontrar uma gramática como a sua (Fr. Basílio de Alagoinhas).

SALVADOR – Sua GRAMÁTICA METÓDICA sempre teve de minha parte a melhor acolhida; desconheço outra que ensine melhor o nosso idioma. O mesmo digo de sua GRAMÁTICA LATINA. A METÓDICA é o primeiro livro que indico aos meus alunos, quer de primeiro grau, quer de segundo, quer do Curso de Oficiais da Polícia Militar (Aristides Fraga Lima).

SALVADOR – Já comuniquei a todos os colégios em que leciono que os livros adotados são os do Prof. Napoleão (Benjamim Câmara da Silva).

SALVADOR – A METÓDICA do Prof. Napoleão deve ser adquirida, lida, relida, anotada, aprendida (Fernando Ramos, *Jornal da Cidade*).

ALAGOINHAS – Li, encantado e atentamente, os seus magistrais livros, sem nenhum favor os melhores e mais completos até agora publicados (Antonio José Pimentel).

JEQUIÉ – Confesso que com o estudo de algumas lições da GRAMÁTICA METÓDICA consegui aprovação no concurso do Banco da Bahia; logrei nessa disciplina o primeiro lugar. Trata-se de trabalho consciencioso, que dá ao aluno segurança, dada a facilidade com que os assuntos são explanados, sempre em linguagem clara e precisa (Álvaro Ricardo de Melo Gouveia Veiga).

JUAZEIRO – ...pelo primor que é a sua METÓDICA, que vivo a folhear e a que não poupo elogios por considerá-la a mais atualizada de quantas conheço (Benedito F. de Araújo).

CEARÁ

FORTALEZA – As novas edições confirmam a excelência de sua gramática, que tem sobrevivido impávida às vicissitudes do tempo e aos desmandos do nosso sistema de ensino (Pe. Alípio R. Santiago de Oliveira).

FORTALEZA – Há escritores de ótima linhagem que merecem a admiração e o reconhecimento da coletividade, pelos benefícios inestimáveis que lhe prestam, através de trabalhos valiosos, úteis, indestrutíveis. É o que ocorre com o Prof. Napoleão Mendes de Almeida, notável filólogo patrício, um dos melhores mestres e dos maiores gramáticos nacionais. O seu prestígio, entre o professorado, em terras brasílicas é imenso; está cimentado, consolidado, plenamente, de todos os lados.

Quero, neste ensejo, render ao consagrado Mestre as sinceras homenagens da minha amizade e consideração pelo que já fez, vem fazendo e continuará a fazer em obséquio dos que se interessam pelo aprendizado correto, firme, duradouro da língua portuguesa.

Tenho a satisfação de cumprir este dever precípuo, qual o de aconselhar aos colegas de magistério, aos amigos, aos meus alunos o estudo atento, continuado da GRAMÁTICA METÓDICA DA LÍNGUA PORTUGUESA. Todos os livros que lhe saem do cérebro luminoso e da pena amestrada são de uma clareza solar impressionante. A METÓDICA já devia ter sido premiada como obra didática insuperável; a ANTOLOGIA REMISSIVA é indispensável na boa e segura orientação dos ginasianos (Antonio Soares, *Unitário*).

FORTALEZA – O Prof. Napoleão Mendes de Almeida, longe de ser repetidor do que já foi dito por aí a fora de todos os modos, é expositor claro e seguro, explana a matéria com clarividência e simplicidade, pondo-a ao alcance de qualquer espírito, por mais destituído que seja de inteligência (Carlyle Martins).

FORTALEZA – Apraz-me comunicar-lhe que a sua insubstituível GRAMÁTICA METÓDICA foi adotada em nossa Escola Apostólica. Tanta propaganda fiz, com justeza e verdade, que ora me sinto satisfeito e plenamente confortado, sabendo que os nossos alunos vão ter um manual que os vai levar, de manso e com segurança absoluta, ao conhecimento e prática da nossa língua (Pe. Rinaldo Guimarães da Silva).

FORTALEZA – Não há palavra para definir toda uma vida dedicada ao ensino, à elaboração de duas gramáticas, uma de português outra de latim, ambas modelares, e à direção de um curso de redação por correspondência (Paulo Peroba).

BATURITÉ – Parabéns pela edição enriquecida da excelente e nunca assaz louvada METÓDICA, já na casa dos 500 mil exemplares. É a preferência do público, ansioso por algo que satisfaça. Sempre o considerei um herói autêntico e agora mais ainda, diante do êxito inaudito de seus livros didáticos. O amigo é um Hércules, na sua faina de limpar as estrebarias do rei Augias (Aires de Montalbo).

IPU – Há quase um ano conheci e li, pela primeira vez, sua excelente GRAMÁTICA METÓDICA; tornei-me logo tão entusiasta dela que a adotei na Escola Rural desta cidade e nos cursos particulares que mantenho (Moacir Timbó).

VIÇOSA DO CEARÁ – Não só para mim, mas para todos os mestres a METÓDICA foi uma revelação (Ir. Antoinette Bissa).

DISTRITO FEDERAL

BRASÍLIA – Sou aluno da Faculdade de Letras da Universidade de Brasília, e aqui venho para confessar-lhe meu profundo agradecimento ao que me tem feito com a sua GRAMÁTICA METÓDICA; quem quiser aprender nosso idioma tem nela um *vade mecum* seguro; só lamento não ter tido conhecimento dela há mais tempo (João Passos Bacelar).

BRASÍLIA – Desde que comecei a estudar pela GRAMÁTICA METÓDICA tenho sentido uma vontade enorme de levar avante o meu aprendizado. Os outros autores se preocupam apenas em escrever livros, dizendo sempre a mesma coisa; o senhor é diferente (Ciléia Barreto da Silva).

BRASÍLIA – De há muito venho adotando a METÓDICA em meus cursos e recomendando a quantos me pedem uma indicação (Jorge Manuel Azevedo).

ESPÍRITO SANTO

VITÓRIA – Um padre, meu colega, disse-me que na universidade daqui, que ele frequenta, foi indicada a sua gramática como a melhor do Brasil; eu me permito acrescentar que tal juízo pode abranger também Portugal (Pe. Caetano Oricchio, S.J.).

VITÓRIA – Causa-me admiração encontrar estudantes que não tenham conhecimento da sua gramática, que eu considero "solução" no aprendizado da língua pátria (José Bonifácio Parmagnani).

VITÓRIA – Professores e alunos encontram, nesse magnífico trabalho, solução para todos os problemas da língua (Mesquita Neto, *A Gazeta*).

IBIRASSU – Adotei a sua METÓDICA e a ANTOLOGIA REMISSIVA; estamos, superiores e alunos, supersatisfeitos (Pe. Carlos Furbetta).

SÃO MATEUS – Manuseei várias gramáticas. Nenhuma me agradou. Estou convencido de que somente a METÓDICA dará aos nossos seminaristas um curso profundo e completo de português (Pe. Pedro Fossi).

GOIÁS

GOIÂNIA – Adotamos a sua magnífica e inigualável METÓDICA em todas as nossas classes secundárias (Múcio de Melo Álvares).

GOIÂNIA – A sua gramática é tão usada como o meu Breviário; nela encontro coerência e segurança, sem nenhum pedantismo (Pe. Geraldo Pompeu de Campos).

GOIÂNIA – Na realidade, será difícil encontrar trabalho mais pedagógico (Pe. José Balestieri).

BURITI ALEGRE – Tanto mais aprecio sua gramática quanto mais dela vou tomando conhecimento; acho original e completo seu modo de ensinar (Pe. João Botelho).

MARANHÃO

SÃO LUÍS – Nenhum valor teriam as palavras deste humilde estudante não fosse a sinceridade com que as escrevo e o desejo incontido de expressar-lhe o meu reconhecimento e admiração ao seu método (José de Ribamar Muniz Pinto).

SÃO LUÍS – ...gramáticas como, por exemplo, as de Napoleão Mendes de Almeida, o mais competente, o mais erudito, o mais completo professor de português entre quantos até hoje conheci (Amaral Raposo, *Jornal do Dia*).

MATO GROSSO

CORUMBÁ – É uma grande gramática, superior a todas as que têm passado por minhas mãos. Sobre ela tenho tecido, em minhas aulas, os mais sinceros elogios. A primeira gramática que recebi este ano foi a do Prof. Almeida Torres, trabalho de afogadilho, sem nenhum objetivo didático, uma autêntica prova de interesse comercial, e nada mais. Com o recebimento de sua METÓDICA estou habilitado a fazer uma judiciosa indicação, pelos mesmos motivos que recomendaram as edições precedentes (Alexandrino dos Santos Mauro).

CORUMBÁ – Seus ótimos livros de português irão auxiliar-nos muitíssimo na árdua missão de ensinar. Pediremos ao Supremo Doador de todas as graças faça cair sobre o boníssimo professor Napoleão as suas escolhidas bênçãos e lhe outorgue muitos anos de existência para que possa, por meio da pena, continuar a espalhar suas luzes pelo nosso amado Brasil (Ir. Bartira Constança Gardès e Ir. Maria de Lourdes Maganhato).

CORUMBÁ – Melhor gramática seria impossível colocar nas mãos de nossas futuras mestras, obra realmente metódica, completa, clara, despida de inúteis citações de clássicos, tão abundantes em autores que mais parecem querer mostrar erudição do que ensinar (Ir. Clara Magalhães de Siqueira).

CAMPO GRANDE – Suas obras estão acima de qualquer comentário; se aventuro uma frase de apreciação é apenas para recomendá-las aos ilustres colegas e alunos de todo o Brasil (Adair José de Aguiar).

CAMPO GRANDE – ...o seu compêndio aparece tal qual um céu estrelado depois de uma tempestade (José Everaldo da Silva).

PONTA PORÃ – Tendo por companheira inseparável sua GRAMÁTICA METÓDICA desde os tempos de ginásio, tenho-a hoje, na qualidade de professor de português do ginásio estadual desta cidade, como base para as minhas aulas (Sílvio Félix de Oliveira).

MINAS GERAIS

CARAÇA – Ótima a sua gramática. Nela se encontram, a par da doutrina geral, aliás muito clara e distribuída com muito método, notas explicativas e matéria de que outros gramáticos não cogitam (Pe. Antônio da Cruz).

B. HORIZONTE – De tal sorte nos caiu em graça que, havendo de adquirir algumas dezenas de gramáticas como prêmio e fecho de um curso de aperfeiçoamento, a fim de assegurar aos aperfeiçoandos estímulo e meio para continuarem o estudo da língua, optamos por ela, com aplauso dos interessados (Mário Casasanta).

B. HORIZONTE – Sou um dos atuais diretores do Curso Champagnat, onde leciono português. Adotamos seus dois livros, a insuperável METÓDICA e a utilíssima GRAMÁTICA LATINA (Delson Gonçalves Ferreira).

B. HORIZONTE – Na minha opinião de velho professor de português e de latim e de ex-aluno do Caraça não há, no Brasil nem em Portugal, trabalho congênere que se possa equiparar à METÓDICA (Antônio Augusto da Costa Leite).

B. HORIZONTE – Confesso desconhecer outra gramática que à sua se compare no que diz respeito à clareza, ao método, que é original, e, sobretudo, à eficiência (J. G. de Almeida).

B. HORIZONTE – Sou seminarista da congregação do Verbo Divino e nós estudamos português há quatro anos na sua GRAMÁTICA METÓDICA e na ANTOLOGIA REMISSIVA. Desde que conheci suas obras sinto-me orgulhoso de ser patrício de um professor como o senhor (Gilberto Antonio Martins Veloso).

B. HORIZONTE – Há muitos anos venho adotando com o mais completo êxito a sua admirável e nunca assaz louvada METÓDICA. Meu maior prazer é quando antigos alunos, que conseguiram com brilho vencer em algum concurso, vêm procurar-me para dar conta de como se houveram; e todos, unânimes, atribuem à sua gramática o êxito. Fiz-me paladino, aqui em Belo Horizonte, da METÓDICA. Outro dia, um colega de magistério, distinto engenheiro que rege a cadeira de física em nosso ginásio, pediu-me que lhe indicasse uma boa gramática. Disse-lhe que boas havia muitas, mas que a melhor era a METÓDICA; dois dias depois o professor veio dizer-me do seu espanto e admiração. "Se quando concluí o ginásio e o científico tivesse em mãos tal gramática, não estaria hoje, como realmente estou, em tão deplorável situação quanto ao idioma pátrio" (Tássilo Orpheu Spalding).

ANTÔNIO CARLOS – O senhor professor nem pode imaginar o entusiasmo e o interesse dos alunos pela METÓDICA. Tanto que, no dia em que a adotamos, os alunos amontoaram os exemplares todos da Moderna Gramática Expositiva, antes adotada, e lhes atearam fogo. O ato talvez não conviesse a seminaristas, mas estudante é estudante (Pe. Santo Conterato).

BARROSO – No colégio em que estudo aboliram as demais, pondo em uso absoluto e exclusivo a sua, por ser dentre todas a mais completa não só para o estudante como também para todos os mestres (José Geraldo de Sousa).

CARATINGA – Não me abstenho de confessar-lhe que seu trabalho é joia de quilate inestimável, ouro de lei, porque representa a erudição do filólogo no ourives do mestre (Francisco dos Reis Alves).

CONGONHAS – ...pela elaboração realmente metódica dessa gramática, que tanto facilita o aprendizado de nossa querida língua portuguesa. Conhecida que se tornou essa gramática, propus, com outros colegas, a sua adoção em nosso seminário como compêndio de português (Pe. Mário Ferreira Gonçalves).

CONSELHEIRO LAFAIETE – Continuamos a adotá-la, pois continua sendo sempre a mais apreciada (Ir. Maria Henriqueta Marques).

ELÓI MENDES – Estou convencido de que a GRAMÁTICA METÓDICA é a melhor gramática do idioma português (João Alves Pereira Penha).

GOVERNADOR VALADARES — ...é grande a minha estima ao senhor dado o que tenho aprendido por meio de sua gramática (Gentil Martins Peres).

JUIZ DE FORA – Onde quer que se me depare ocasião, não deixo de recomendar a sua gramática, pois é a melhor e a mais atualizada (Pe. José Wisniewski Filho).

JUIZ DE FORA – Como tenho aprendido! Desnecessário dizer-lhe que vou adotá-la no Colégio São José (Leo Caldas Renault).

LUZ – A todos quantos apresento a METÓDICA tem sido impossível reprimir a admiração e, até, o espanto diante de tanta clareza, método e didática (Cl. José Augusto).

MADRE DE DEUS DE MINAS – Lecionando no ginásio estadual, procurei uma gramática que pudesse atender minha vontade de ensinar; após consultas e mais consultas, caiu-me às mãos a sua, o melhor trabalho que fiquei conhecendo sobre a nossa língua (Glacy Camargo Secco).

MANHUMIRIM – ...sua GRAMÁTICA METÓDICA, insuperável pela didática e clareza (Frater José Herval).

OURO FINO – Já o conheço através de sua extraordinária GRAMÁTICA METÓDICA, adotada em nosso seminário (Fr. Leopoldo Maria).

PASSA QUATRO – ...sua METÓDICA, que desde 1955 estamos adotando em nosso Seminário S. José, em Conceição do Rio Verde (Pe. Carlos).

PASSOS – Se as edições anteriores a haviam consagrado como a mais útil e didática, a presente só poderá confirmar esse conceito (Francisco Soares de Melo).

PIRAPORA – Tenho adotado sempre nos estabelecimentos em que leciono a sua excelente GRAMÁTICA METÓDICA (Carlos Nunes Lopes).

POÇOS DE CALDAS – Comparando as edições, noto que sempre muitas coisas são carreadas para as edições novas. Sempre fui incondicional seguidor de seu método, com reais benefícios para os alunos, desde que comecei a lecionar; de outro não me valho, tanto pela clareza quanto pela simplicidade tão cara aos mestres e aos discípulos. Qual o proveito de apontar erros sem dar o certo, de abrir sulcos na terra sem nada plantar? Os fãs da linguística são incapazes de apresentar uma gramática como a sua, à maneira de Brunot, Saussure, Delacroix e tantos outros! (Edmundo Cardillo).

POÇOS DE CALDAS – A grande preferência atesta-lhe o valor inigualável do método pedagógico, insuperável quanto à simplicidade e à clareza na exposição integral dos fatos gramaticais (Jesus Bernardino da Costa, *Diário de Poços de Caldas*).

POÇOS DE CALDAS – ...pude capacitar-me do valor do seu trabalho. É a METÓDICA um desses livros que aparecem raramente. Creia-me de agora em diante uma propagandista de seus livros (Ir. Maria Antonieta).

PONTE NOVA – ...para encaminhar à Editora o nosso pedido de 150 exemplares da METÓDICA, que adotamos no seminário (Leonel Mariano, Salesiano).

RIO POMBA – Adotei a sua gramática, certa de que minhas alunas nela encontrarão ensino sempre seguro (Madre Michelina Cremonei).

RIO POMBA – Resolvi adotar os seus livros de português e de latim, os quais possuem todas as características, eficientes e indispensáveis, para um bom aproveitamento (Wilson José de Melo).

SABARÁ – ...um admirador de tudo quanto o ilustre e estimado Mestre tem publicado em prol do ensino. Bendigo o extraordinário acolhimento que vem obtendo nas escolas a METÓDICA, a REMISSIVA e a sua valiosíssima GRAMÁTICA LATINA (Padre Pedro Alcântara).

SANTOS DUMONT – Incontestavelmente a sua gramática é a mais apropriada para os seminários, onde se deve aprender "non scholae sed vitae". O senhor é um dos maiores benfeitores dos alunos e professores de nossa pátria. Só Deus sabe quanto bem já trouxe e ainda há de trazer esse seu precioso e simpático livro (Pe. Frei Inácio Dresch).

SÃO GOTARDO – As alunas gostam de estudar pela METÓDICA os assuntos ventilados e explicados durante as aulas. Lamento ter conhecido esse tesouro tão tarde em minha vida (Ir. Maria Branca).

SÃO JOÃO DEL REI – ...sua GRAMÁTICA METÓDICA. Excelente! Ótima! Parabéns, efusivos e sinceros parabéns! (José Américo da Costa).

SÃO SEBASTIÃO DO PARAÍSO – Cada vez que leio algo de sua autoria sinto-me mais amigo e admirador seu (Pe. Antonio Glugoski).

TRÊS CORAÇÕES – Quero afiançar-lhe que sua gramática continua a merecer minha preferência. Adotei-a sempre: no Seminário Diocesano de Campanha, no Colégio Três Corações e atualmente na Escola de Sargentos das Armas. A meu ver, é a justiça ao mérito! (Pe. José Maria Ferreira Maciel).

UBERABA – ...pela publicação de sua nova edição, uma vez que a sua gramática, tão rica em regras simples e claras, tão abundante em exemplos, não encontrou outra que a substituísse (Ir. Maria Celestia).

PARAÍBA

JOÃO PESSOA – Sou uma das grandes admiradoras de sua GRAMÁTICA METÓDICA pela completa e clara exposição da matéria (Madre M. Elisabeth).

LAGOA SECA, Noviciado Marista – A METÓDICA é um professor que esclarece prontamente qualquer dúvida. Das muitas gramáticas que conheço, é a sua, sem favor nenhum, a *prima inter pares*. (Ir. Osvaldo Lúcio).

PARANÁ

CURITIBA – Após dois anos de aulas com a METÓDICA meus alunos se tornaram irreconhecíveis; no vestibular três deles alcançaram os três primeiros lugares sem que tivessem frequentado cursinho algum. A um deles, com quem havia feito minuciosa revisão da METÓDICA, o reitor concedeu bolsa de estudo, tal o seu excepcional desempenho (Virgílio Josué Balestro).

CURITIBA – O Prof. Napoleão Mendes de Almeida é guia e mestre que lançou alicerces à grande obra histórica, crítica, literária e didática da gramática portuguesa; afirmou-se como expositor pedagógico de fatos e de ideias simples e intuitivo, um libertador vernaculista espiritual das graves regras conservadoras. A GRAMÁTICA METÓDICA interessa essencialmente todos aqueles que se ocupam com tornar resolvidas antigas querelas como o infinitivo pessoal, a colocação dos pronomes oblíquos e outras questões escabrosas, certeiramente caraterizadas e julgadas com sinceridade. O autor tem, por suas lúcidas exposições, o método que falta às congêneres gramáticas. Nenhum livro, mais nítida e lucidamente, como a GRAMÁTICA METÓDICA pode transmitir-nos essa verdade sem elipses nem contornos ornamentais (Jaime Balão Júnior).

CURITIBA – Tenho como livros de cabeceira as obras do ilustre e original mestre paulista: GRAMÁTICA METÓDICA DA LÍNGUA PORTUGUESA e GRAMÁTICA LATINA. Sou propagandista tão entusiasmado que quase orça pelo fanatismo (Elemer Hasse).

CURITIBA – Sou professora de português do Ginásio Estadual Presidente Lamenha Lins. Sua GRAMÁTICA METÓDICA é uma beleza! De agora em diante o senhor será o meu guia e o dos meus alunos (Maria Ferrer da Rosa Cunha).

ENGENHEIRO GUTIERREZ – As novas edições são uma confirmação de ser a sua gramática a melhor obra no gênero; colegas, alunos e eu já de anos a temos por insubstituível aqui (Pe. Frei Rufino Sousa).

PALMAS – Tenho várias gramáticas... até que um dia um colega meu me cedeu a sua METÓDICA. Foi então que percebi que os problemas que eram antes incompreensíveis se tornavam fáceis, graças às suas excelentes explicações; o senhor está realmente empenhado em fazer com que todos os brasileiros saibam verdadeiramente falar com correção o nosso idioma (Décio Franzener).

PIRAQUARA – Em todos os lugares deixo o meu exemplar; o último que comprei vou deixar agora com as reverendíssimas irmãs; faço assim propaganda da mais completa e mais didática gramática portuguesa (Fr. Câncio Berri).

PONTA GROSSA – Deseja V. Sa. saber a opinião do meu esposo, professor Meiras, relativa a sua gramática? Tanto a sua obra, como a do Prof. S. Bueno e a de C. Jucá ele as leu vagarosamente: adotou a sua. – Não é preciso dizer mais nada (Eleonora Amaral de Angelis).

PONTA GROSSA – Adoto sua GRAMÁTICA METÓDICA há vários anos; quer por sua logicidade, quer por sua clareza, sou-lhe sua devotada (Glacy Camargo Secco).

PERNAMBUCO

RECIFE, Seminário Cristo Rei – Quero na presente carta significar-lhe a minha admiração, os mais calorosos encômios pela feliz realização dessa obra pedagógica de alto valor. Não é intenção ferir-lhe a modéstia ao dirigir-lhe os elogios dos quais sua ilustre pessoa é merecedora. Em minhas palavras, aqui escritas, domina um só pensamento: prestar honra ao mérito. Em toda a sua obra, fruto de largos conhecimentos linguísticos, produto de um mestre aprimorado, reflexo de uma inteligência lúcida, pude observar a tão perfeita coordenação das lições, a clareza meridiana ao expor os enigmas da língua; ouso afirmar ser o senhor mestre sem igual, incomparável pedagogo, profundo psicólogo (Pe. João Batista Lippo Netto).

RECIFE – ...autor da GRAMÁTICA METÓDICA, que o brilhante filólogo Prof. Olímpio Magalhães considera, com razão, a melhor gramática expositiva da língua portuguesa, pela quantidade de questões nela tratadas. Possuímos a METÓDICA e recomendamo-la, iterativamente, aos nossos alunos. O notável mestre paulista escreveu obra imorredoura que só mui dificilmente poderá ser superada, pois é a gramática mais completa que conhecemos, não só quanto à profundidade, senão também quanto à extensão e variedade dos assuntos tratados (Adauto Pontes).

RECIFE – Não há dúvida que o seu trabalho preenche, com singular sabedoria, uma lacuna depois do advento da nomenclatura gramatical brasileira, quando certos gramáticos pretendem, vãmente, impingir certos tipos de gramática que constituem autênticas mutilações da língua vernácula (Charles Mendonça).

RECIFE – Sem querer praticar a famulagem, e mirando antes de tudo a justiça, afirmo com o douto professor Adauto Pontes, de Recife: "O notável mestre paulista escreveu obra imorredoura que só mui dificilmente poderá ser superada" (Benedito F. de Araújo).

RECIFE – Adotei sua gramática em todas as séries do segundo grau, assim como a REMISSIVA. Fi-lo com a convicção de servir aos meus alunos da melhor maneira possível (Hulmo Passos).

RECIFE – Sou estudante e, movida não sei por que liberdade, venho dizer-lhe que encontro na sua gramática o que não se vê em livros similares: riqueza de conhecimentos e domínio didático (Lucena Lima).

CARUARU – Sua gramática é tão completa e tão clara que ela se tornou minha companheira indispensável. Só um apóstolo do idioma podia tê-la redigido (Lídia Soares Rolim).

PESQUEIRA – É realmente uma obra-prima, uma obra d'arte. Considero-a a mais completa no gênero e sinto prazer em confessar que não adoto outro livro; onde ensino, adoto-a (Fr. Hermínio Teófilo).

VITÓRIA DE SANTO ANTÃO – Considero a METÓDICA a melhor obra entre as demais gramáticas (Delecarlinda da Silveira Lins).

PIAUÍ

TERESINA – Na METÓDICA e na sua GRAMÁTICA LATINA aprendi muita coisa que nunca tive oportunidade de conhecer e saborear durante todo o tempo que passei na sementeira sagrada do Seminário (Severino Gomes de Oliveira).

RIO DE JANEIRO

RIO DE JANEIRO – Quando escrevo, tenho sempre perto de mim a METÓDICA, a que recorro, em plena confiança, para resolver as dúvidas que com frequência me assaltam neste meu canhestro lidar com o idioma. Aprendi assim de longa data, por essa prática constante, a apreciar as muitas e preciosas qualidades do seu livro: método, clareza de exposição, segurança dos conceitos, precisão dos exemplos, tudo se conjuga para torná-lo instrumento de máxima utilidade para os que ambicionem sólido conhecimento do vernáculo (Vivaldo Coaracy – "V. Cy").

COMISSÃO NACIONAL DO LIVRO DIDÁTICO (Processo 1.100-46) – Examinei o livro, que é um dos mais instrutivos (Pe. Leonel Franca S.J.).

RIO DE JANEIRO – Devo dizer-lhe que não vejo possibilidade de escrever livro mais claro, completo e rigoroso quanto o seu. Nele encontra-se tudo quanto um jovem precisa aprender para se servir com firmeza de nossa língua. O seu trabalho revela que é de um autor dotado de excecionais dotes de inteligência e extraordinárias qualidades pedagógicas. Os muitos conhecimentos são expostos com arte invulgar (Tomaz D'Almeida Correia).

RIO DE JANEIRO – Enche-me de prazer o seu método didático. Eu mesmo, como modesto professor, tenho aprendido grandes coisas que não são encontradas em outros autores de nota (Cônego Lauro de Sousa Fraga).

RIO DE JANEIRO – No próprio estudo do alemão sua GRAMÁTICA METÓDICA me tem sido de grande valia (Benjamim Maierovitch).

RIO DE JANEIRO – Ao lado das pilhas de documentos que examino e das notas que redijo está a sua excelente GRAMÁTICA METÓDICA. Sempre responde às minhas consultas com precisão e clareza admiráveis (Joaquim Didier Filho).

RIO DE JANEIRO – Achamos apoucado este elogio de Vasco Botelho de Amaral: "Nas escolas secundárias do Brasil adota-se um trabalho notabilíssimo intitulado GRAMÁTICA METÓDICA DA LÍNGUA PORTUGUESA, pelo Prof. Mendes de Almeida" (Glossário Crítico do Idioma Português, p. 227). A nossa mensagem aos estudantes será: "Adotem a GRAMÁTICA METÓDICA de Napoleão Mendes de Almeida: é realmente a melhor!" (Délcio Muniz, *Jornal do Comércio*).

RIO DE JANEIRO – Perfilho os dizeres do linguista português Vasco Botelho de Amaral a respeito da GRAMÁTICA METÓDICA DA LÍNGUA PORTUGUESA: "É na verdade, em mistura de simplicidade e erudição, um resumo sistemático do que melhor existe no terreno de nosso idioma". – A gramática do Prof. Napoleão Mendes de Almeida sempre me lembra um curso intensivo de português que reuniu na cidade de Goiânia freiras, padres, clérigos e leigos; era de ver o zelo com que os reverendos salesianos defendiam a D. Bosco através da METÓDICA, de autoria de um ex-aluno de faculdade salesiana. Tem a GRAMÁTICA METÓDICA, sem favor algum, o grande mérito do método (José Braga Martins, Jotabê, *Correio da Manhã*).

RIO DE JANEIRO – Estudante do terceiro ano do Instituto de Letras da Universidade do Estado, jamais senti, como agora, a certeza de estar realmente compreendendo a gramática do nosso idioma. E esta certeza devo-a integralmente ao que de bom tem feito por a sua inestimável METÓDICA. Como é maravilhoso aprender, com clareza e simplicidade, de alguém, que não se importa em demonstrar erudição, preocupando-se apenas em ensinar! (Gilberto Marques Gama).

NITERÓI, Seminário de S. José – A sua GRAMÁTICA METÓDICA vem sendo adotada, há vários anos, com real aproveitamento dos alunos (Pe. Francisco Paulo Veiga).

NITERÓI, Seminário de S. José – Adotei seus livros de português e de latim em todos os cursos. É-me grande alegria ver os alunos progredir seguindo-lhe a orientação (Pe. Afonso Martins de Carvalho).

NITERÓI – O cônego Lino Vitor Foureaux expressou toda a satisfação que os mestres experimentamos quando achamos certo o resultado de um problema difícil que procurávamos resolver: "Até que enfim encontrei uma gramática!" Não vejo outras palavras que traduzam melhor minha debilíssima opinião sobre tão excelente compêndio (Eduardo Antônio Viana).

MARECHAL HERMES – Sendo profundo admirador de seus dois trabalhos, um a GRAMÁTICA METÓDICA, outro a GRAMÁTICA LATINA, recorro-me à presente com a finalidade de tecer os mais elevados aplausos aos seus dois citados livros, que são simplesmente notáveis, dotados de um alto nível didático que, suponho, nunca encontrarão outros que os superem (Mauro da Silva De Felice).

PETRÓPOLIS – Desde que fiquei conhecendo sua GRAMÁTICA METÓDICA sirvo-me dela para as minhas aulas e nas minhas dúvidas, que logo se elucidam (Sóror Maria Manuelina de Sion).

RIO GRANDE DO NORTE

NATAL – Talvez o senhor venha a estranhar o conceito que faço de sua METÓDICA, classificando-a como a primeira, após a oficialização da nova nomenclatura. É que os outros compêndios são simples comentários acéfalos que deixam a entender quão mercenários são os seus autores, especialmente Almeida Torres, Rocha Lima e C. Góis-H. Palhano. Sua GRAMÁTICA, professor Napoleão, fez com que eu lançasse ao lixo todos esses livros, adquiridos por alto preço (Ivanaldo Lopes).

NATAL – São, por assim dizer, livros puramente didáticos, feitos de maneira superior, pelo método e pelo conhecimento, sob a inspiração excelsa dos manes de Pestalozzi, de Comenius, de Gregório Girard e de D. Bosco! São, enfim, livros despidos daquele intolerável vezo da mercantização limpa e seca! A pedagogia do Prof. Mendes de Almeida é, como diz Afrânio Peixoto da de Hebart, ciente e consciente! (F. Rodrigues Alves).

NATAL – Sem nenhuma sombra de bajulação, sua GRAMÁTICA METÓDICA é a maior gramática da língua portuguesa das já editadas, quer em Portugal, quer no Brasil (Cícero Mendonça).

NATAL – Jamais me cansarei de preconizar que os seus livros de português, pela maneira farta, desenvolta e simples com que V. S.ª trata dos assuntos, arvoram-se em verdadeiro "Abra-te Sésamo" para todos aqueles que se debatem por um aprendizado mais acentuado da língua pátria (Arnaldo Azevedo).

NATAL – ...os parabéns por tão maravilhosa obra: ela é digna de louvor, ela é motivo de orgulho para a nossa pátria (Gláucia César da Silva).

NATAL – São meus conhecidos os seus excelentes livros de português e os tenho adotado com indiscutível proveito nas classes em que leciono (Antônio Fagundes).

CAICÓ, GINÁSIO DIOCESANO SERIDOENSE — ... e confesso desconhecer outra que a ela se compare no que diz respeito à clareza, ao método, à eficiência. Posso seguramente afirmar que é a melhor gramática do idioma português (João Maria Filho).

CAICÓ – Quero agradecer-lhe os muitos e grandes serviços que a sua gramática me vem prestando (Padre Bernardo Devries).

CEÁRA MIRIM – Após demorado exame, cheguei à conclusão de que a METÓDICA, agora de conformidade com a nova nomenclatura gramatical, é verdadeiro monumento de saber linguístico, redigido com admirável clareza, simplicidade e erudição. Todos os meus colegas de magistério são unânimes em manifestar seu entusiasmo pela excelente obra (Floriano Ferreira da Silva).

MOSSORÓ, SEMINÁRIO – Tive a grande satisfação de receber sua carta circular intitulada "Nomenclatura Gramatical Brasileira". Li-a com satisfação e saboreei, com gosto, as verdades que V. S.ª revela sem subterfúgios... Falando a verdade, sem nenhum interesse, a sua GRAMÁTICA METÓDICA é a melhor, a mais clara e a mais completa que conheço (Cônego Francisco de Sales Cavalcanti).

MOSSORÓ, SEMINÁRIO – Cheguei hoje à última página de sua GRAMÁTICA METÓDICA. Gostei muito. Encontrei nela todas as qualidades de que as "Referências", no fim, falam. Pretendo adotá-la em nosso curso ginasial (6 anos). O que mais me agradou foi o fato de o senhor recorrer sempre à análise da palavra ou da frase para marcar o sentido ou a função. Ótimo, porque dá ao aluno a satisfação de saber como é e por que é assim. Essa sua boa qualidade de aprofundar e examinar as coisas me agrada muito na sua gramática.

Apareceu assim uma obra de cunho particular, pessoal, cujo autor está com os alunos diante de si, a explicar-lhes a matéria, e não com a lembrança dos professores, para lhes mostrar o que sabe (Padre F. Jansen).

MOSSORÓ – Li e comentei os seus trabalhos com alguns professores, inclusive com o prof. Dr. Mozar Menescal, juiz de direito aqui no Estado, recebendo de todos palavras de louvores, as quais se associam às minhas.

Pelo moderníssimo, pelas compreensíveis exposições de sua gramática, ligadas às completas páginas dos dois volumes de sua ANTOLOGIA REMISSIVA, formando um conjunto magnífico e homogêneo, considero-os de inestimável valor aos estudantes do Brasil (Ivanaldo Lopes).

RIO GRANDE DO SUL

PORTO ALEGRE, Colégio Anchieta – A qualificação que deram de suas obras foi irrestrita de "excelentes" e de "o melhor que temos no campo de língua portuguesa". Um até me declarou: Nos Livros do Prof. Napoleão encontro resposta pronta e segura para todas as minhas dúvidas (Padre Luís Gonzaga Jaeger S.J.).

PORTO ALEGRE – Confesso que ultrapassou minha expectativa, tanto mais que se tem a segurança duma obra sempre atualizada (Irmã Maria Estefanina Menossi).

PORTO ALEGRE, Instituto Champagnat – O que mais me atrai na sua obra é a clareza e o método como expõe e apresenta as lições mais embrenhadas de nossa língua. Os alunos que por ela estudarem serão profundos conhecedores da língua além de adquirirem gosto e método para o seu estudo (Irmão Elvo Clemente).

PORTO ALEGRE – Posso garantir que não conheço obra mais completa, mais prática, em suma mais "metódica" para adotar nas minhas classes (Arnaldo Mário Hillebrand).

PORTO ALEGRE – Há muitos anos conheço e adoto sua admirável e nunca assaz louvada GRAMÁTICA METÓDICA (João Batista Camilotto).

PORTO ALEGRE – Devo confessar que estou maravilhado com a sua GRAMÁTICA METÓDICA. É realmente notável! (Irineu Celso Petry Koller).

PORTO ALEGRE – ...de sua GRAMÁTICA METÓDICA que, digo-o sem receio de contestação, é um grande livro, notável contribuição de V. Sa. (Godofredo O. Gomes).

PORTO ALEGRE – Tenho adotado seus livros em minhas aulas. O método empregado por V. Sa. é claro, seguro e profundo (Maximiliano Bottari).

BAGÉ – Sempre adotei a METÓDICA e acho-a excelente sob qualquer aspecto. Luto e lutarei sempre por sua magnífica gramática, que tantas satisfações me traz no ensino da última flor do Lácio (Pe. Zeno Antonio Schweitzar).

BAGÉ – Sou simples estudante do primeiro grau; peço que não estranhe que o chame "querido amigo", pois o senhor é amigo querido de todos os que desejam realmente aprender a língua portuguesa (Ivan Barcelos).

CACHOEIRA DO SUL – As questões de nosso idioma são tratadas nesse livro com tanta ordem, método, simplicidade, precisão, clareza, com tal coordenação e lógica, com tão positivo e forte encadeamento de raciocínio na demonstração e explanação dos assuntos, que o estudante se vê forçado a aprender o idioma sem recorrer a explicadores. Esse modo especial, engenhoso de explicar os fatos da linguagem, com segurança, firmeza e persuasão, dá a impressão ao leitor que está ouvindo o próprio autor da gramática a falar-lhe (Cel. Carlos Abreu, "Comércio").

CARAZINHO – Sua GRAMÁTICA METÓDICA é realmente notável (Irmão João Dionísio).

CAXIAS DO SUL, Irmãos Lassalistas – Ao receber a sua METÓDICA, a minha indecisão quanto à escolha e adoção de uma boa gramática desde logo desapareceu (Alfonso Hillebrand).

CAXIAS DO SUL, Seminário N. Sra. Aparecida – A nenhum de nós seminaristas falta a METÓDICA, que nos vem trazendo esclarecimentos cada vez maiores, acompanhada da ANTOLOGIA REMISSIVA (Euclides Smiderle).

CERRO LARGO, Esc. Normal La Salle – Queremos dar a V. Sa. os parabéns por essa obra, orgulho da língua portuguesa, orgulho do professorado, guia indispensável do professor e do aluno (Irmão Atanásio).

ESTRELA – ...quando dei com a sua gramática fiquei admirado com o conteúdo. O Brasil pode orgulhar-se de possuir um filho tão capacitado para ensinar a sua língua. A METÓDICA é para mim, que curso a segunda série do segundo grau, de valor incalculável. Por todos os meus patrícios agradeço o muito que tem feito através de suas obras (Ema Maria Scheid).

GRAVATAÍ – Bendirei sempre o dia em que surgiu sua gramática, e todos os alunos concordam comigo (Agostinho Ruschel).

PASSO FUNDO – Estou cursando o segundo grau; com essa gramática não há quem não aprenda a escrever corretamente o português (Ovídio Lovison).

PASSO FUNDO – Se lhe disser que durante vários anos já lecionei com sua GRAMÁTICA METÓDICA nas mãos, o senhor já não terá dúvidas sobre o prazer que sinto em escrever-lhe (Pe. Afonso Mattye CSSR).

PELOTAS, Seminário Diocesano – Sua gramática continua a ser adotada em nosso Seminário (Pe. Zomar Garcia).

PELOTAS – ...da sua gramática, guia ideal para professores, fonte inesgotável para alunos (Wilma Casaretto).

RIO GRANDE, Irmãos Maristas – Trata-se de trabalho atual, completo e profundamente didático (Pedro Tormen).

RIO PARDO – Sou sua fã número um. Sua GRAMÁTICA METÓDICA é simplesmente formidável. Parabéns, professor, pela elaboração de tão excelentes livros (Vera Beulke).

SANTA ROSA – Eu andava com quatro dúvidas insolúveis; assim que recebi sua gramática tudo ficou resolvido, e satisfatoriamente. Tenho feito ampla divulgação de suas obras didáticas (Pe. Sílvio Sattler).

SANTO ÂNGELO – É um humilde professor marista que tem a ousadia de escrever-lhe. Tive conhecimento de sua pessoa por referência de amigos e admiradores de seus livros; considero-o hoje meu particular amigo, o verdadeiro amigo; há vários anos faço da METÓDICA o meu livro de cabeceira (Irmão Acelino).

SÃO GABRIEL – Verifiquei que as recomendações elogiosas que recebera de sua gramática são mais que verdadeiras; é concisa, prática e agradável. Como costumamos dizer em aula, o "Napoleão" responde a qualquer dúvida, e sempre com clareza (Ir. Maria Gema).

SÃO LEOPOLDO, Seminário Central – Adotou-se depois a sua GRAMÁTICA METÓDICA porque o valor deste seu trabalho é incontestável e superior a qualquer outro valor linguístico (Severino De Toni).

SÃO LEOPOLDO – Sua gramática há muito tempo me é familiar devido ao seu grande valor (Pe. Artur Bohen S.J.).

TORRES – Meus primeiros passos no campo da gramática portuguesa foram dados com a ajuda da sua GRAMÁTICA METÓDICA desde o 1º ano ginasial até o último do colegial clássico. Desde lá sou seu admirador inconteste (Constante Alfeu de Luca).

VERANÓPOLIS, Seminário Seráfico – Já vai para mais de um triênio que adotamos em nosso seminário sua excelente gramática. Admira o entusiasmo e o interesse com que nossos duzentos seminaristas se aplicam em estudá-la, assimilando-a do melhor modo possível (Pe. Frei Romeu de Garibaldi).

RONDÔNIA

PORTO VELHO – Quanto ao método, posso garantir que de todas as gramáticas é a melhor, porque qualquer pessoa que a leia compreenderá perfeitamente os problemas de nossa língua como se fossem expostos em uma história em quadrinhos (Raimundo Nonato dos Reis Eirado).

PORTO VELHO – Não me é possível trabalhar sem ela, tão completa é (Lourival Chagas da Silva).

PORTO VELHO – Sempre que abro a sua gramática ou recordo algum exercício do seu curso por correspondência acode-me a ideia de que suas lições elevaram-me na vida, colocando-me numa posição que me honra e enobrece (Manuel Cordeiro da Silva).

SANTA CATARINA

FLORIANÓPOLIS – ...vim encontrar aqui na Capital ex-alunos, hoje professores universitários e advogados, que me falam com saudade das nossas velhas batalhas de português, vitoriosas para mim todas elas, pois eu dizia, dedo em riste: "É assim que ensina o Napoleão!" (Frei Elzeário Schmidt, O.F.M.).

FLORIANÓPOLIS – Professor de português do Colégio Catarinense, nesta cidade, tenho adotado em minhas aulas sua excelente GRAMÁTICA METÓDICA (Alfredo Zimmer).

ASCURRA, Seminário Salesiano – Adotei a sua METÓDICA, por todos elogiada e apreciada (Pe. Pedro Prade).

CORUPÁ, Seminário Sagrado Coração – Muitos elogios mereceu de meu mestre sua GRAMÁTICA METÓDICA. Aconselhado pelo referido professor, venho por meio desta testemunhar as felicitações mais calorosas pelo êxito de seu trabalho (Augusto César Pereira).

IBICARÉ – Meus colegas e eu ficamos fascinados quando conhecemos a sua gramática, dada a clareza e perfeição de exposição da matéria. É tal a facilidade de compreensão dos assuntos, que resolvemos substituir as "gramáticas-antologias" dos diversos anos pela sua METÓDICA (José Atanilo Junkes).

ITAJAÍ – O nome "Napoleão" pontifica em nossas aulas (Pe. Zeno A. Schweitzer).

LAGES – Apresentamos-lhe, senhor professor, nossos entusiásticos parabéns por tão perfeito trabalho, e agradecemos-lhe o benefício que aos professores de português do Brasil nos prestou (Frei Elzeário Schmidt, O. F. M.).

RIO DO OESTE, INST. MISSÕES CONSOLATA – Com a sua gramática, prescindo das demais, porque nela tudo encontro (Pe. Jordão Maria Pessatti).

RIO DO SUL – Sabíamos que o senhor se dedicava ao estudo da língua portuguesa e pudemos averiguar esse fato agora, manuseando em aulas de português a GRAMÁTICA METÓDICA, de sua autoria. Gostamos imensamente desse trabalho, pela abundância de matéria, pela clareza de exposição e pela novidade de particularidades tão instrutivas. Por esse motivo é que ministramos todas as aulas com material exclusivamente haurido de sua obra (Padre Albano Slamp e Padre Chiarot).

RODEIO, SEMINÁRIO SERÁFICO – ...a sua é ainda sempre a melhor (Frei Câncio Berri).

TUBARÃO, ESC. NORMAL S. JOSÉ – ...a melhor gramática que vive no Brasil (Irmã Tarcila).

SÃO PAULO, Capital

SÃO PAULO – Sua Gramática Metódica da Língua Portuguesa constitui realização ímpar na história da literatura didática, brasileira e portuguesa. O fato se explica, pois, ao contrário do que ocorre com outras, a gramática de sua autoria é claríssima e de leitura amena e até agradável. É aliás o que tenho comprovado no meu lar; todos nós e também os netos nela estudamos, e com prazer. Sua obra verdadeiramente apostolar no ensino da língua mereceria maior reconhecimento, mas constitui verdadeiro milagre a sua repercussão e influência em meio tão adverso (Desembargador João Del Nero).

SÃO PAULO – ...quero contar-lhe o que encontrei escrito na primeira página do exemplar da sua gramática; copiei as palavras, às escondidas, para mandar-lhe. São estas: "Orgulho-me de possuir esta gramática, fonte de saber e visão; que Deus me ajude a trazê-la também na mente".

Esse rapazola escreveu aquilo provavelmente numa conversa com Deus, sem jamais imaginar que o autor da gramática viria a saber. Assim sendo, acredito que aquelas palavras são um bom testemunho de que o seu amor ao nosso idioma encontra o mais fervoroso eco no coração dos seus patrícios. E é bom que o exemplo tenha vindo de um jovem: isso faz pensar que as esperanças no tão falado "futuro melhor" se justifiquem (Judith Martins).

SEMINÁRIO METROPOLITANO – Até que enfim encontrei *UMA GRAMÁTICA*! (o grifo é do missivista, Cônego Lino Vítor Foureaux, O. Praem).

SEMINÁRIO S. CAMILO – Sei do alto alcance, dos profícuos métodos empregados por V. Sa. para tornar mais prático, mais atraente aos alunos o árduo estudo da língua vernácula (Padre Pedro Mayer).

SEMINÁRIO DO ESPÍRITO SANTO – Agora, com a METÓDICA adaptada à nova nomenclatura, sei que gramática adotar (Frater Angelo Bim).

INST. SALESIANO PIO XI – O povo brasileiro, unânime, lhe deve ser agradecido pelo labor insano que levou V. Sa. a brindá-lo com trabalho tão precioso, agora atualizado e cada vez mais metódico. Já são bem 18 anos que manuseio diariamente sua gramática e cada vez mais a aprecio, e, edição por edição, sempre encontro novas riquezas (Padre Albano Slomp).

IRMÃOS MARISTAS – Poucas vezes ou nenhuma terei encontrado, na minha já não pequena existência (60 anos), maior consciência profissional aliada a tanta competência. O prof. Napoleão Mendes de Almeida é para mim a personificação, a idealização do que dizem os ingleses: The right man in the right place. Não sei se estou enganado, mas creio que são raros, raríssimos os professores que tanto respeitam e honram o magistério como o Sr. Napoleão Mendes de Almeida (Irmão Epifânio Maria, Vice-Reitor).

COL. ADVENTISTA BRASILEIRO – Quando sou consultado sobre a melhor gramática que temos sempre indico a sua (Pedro Apolinário).

ESCOLA DE JORNALISMO CASPER LÍBERO – A nova edição da METÓDICA vem confirmar a admiração que tenho à sua competência de mestre insuperável (Mons. João Batista Carvalho).

SÃO PAULO – O que torna a METÓDICA recomendável sobre as demais gramáticas é o sentirmos nela a presença constante do professor, do mestre que nos fala e nos ensina (Souza Diniz).

SÃO PAULO – Venho adotando há muitos anos, com maravilhoso proveito para minhas alunas, a sua admirável GRAMÁTICA METÓDICA. Pode o senhor estar certo de que, em qualquer parte em que me encontre, serei sempre uma propagandista de seus livros didáticos, principalmente de sua METÓDICA, a mais completa, a mais clara, a mais eficiente de todas as congêneres editadas em nosso país (Ir. Julieta Clara Mendes).

SÃO PAULO – Tendo estudado a língua e a literatura portuguesa nas universidades de Amesterdão e de Coimbra, adquiri um exemplar da sua GRAMÁTICA METÓDICA logo após a minha chegada ao Brasil. Li-a duas vezes de capa a capa e consultei-a muitas vezes (F. G. Wildeboer).

SÃO PAULO – ...folheia daqui, folheia dacolá, quando dou por mim estou a ler quase de cabo a rabo o excelente livro (Léo Vaz).

SÃO PAULO – ...A propósito, permitimo-nos recomendar aos estudiosos do idioma pátrio a monumental GRAMÁTICA METÓDICA. Mestre que é, tendo observado o estudo e a aplicação da gramática, no convívio com os estudantes, escreveu a obra supra citada, numa disposição adequada e estilo suave para fácil aprendizagem (Dorival Soares Ramos).

SÃO PAULO – É proveitosa e indispensável não só aos estudantes dos vários anos, mas a todos os que desejam manejar corretamente nosso idioma. Em linguagem escorreita, todos os fatos concernentes à nossa língua são tratados de modo simples e intuitivo. As inovações introduzidas, na disposição da matéria, são de raro alcance pedagógico (Manuel Pereira do Vale).

SÃO PAULO – Aprendi mais em quinze dias de estudo em sua preciosa gramática do que aprendera em quase quinze anos de bancos escolares (Neusa L. D. Monteiro).

SÃO PAULO – Lendo-a e relendo-a, pude aquilatar-lhe o valor didático e a soma de conhecimentos que encerra. Os sinceros parabéns de um simples colega que, vivendo entre livros, teve o prazer de encontrar no seu o que em muitos procurou: a clareza serena e grandiosa das águas-mães (Inácio Novelli).

SÃO PAULO – De mim sei dizer que, vacilando neste ou naquele ponto, sempre encontrei na sua METÓDICA a doutrina certa, o exemplo elucidativo, a regra clara e precisa, apoiada sempre nos bons escritores (Antônio D'Ávila).

SÃO PAULO – Entre os que estão à frente do ensino da língua portuguesa no Brasil impõe-se Napoleão Mendes de Almeida, que edição a edição sempre melhora seus livros didáticos e vem, com eficiência e escrúpulo, mantendo um curso de português por correspondência (Walter Fontenelle Ribeiro).

SÃO PAULO – Sem ter o prazer e a honra de conhecê-lo pessoalmente, há muitos anos que o conheço e admiro através de sua GRAMÁTICA METÓDICA, sem sombra de dúvida – "and by far" – a melhor de nosso idioma.

Estudioso de português desde minha pré-histórica mocidade (fui aluno de Eduardo Carlos Pereira, no velho Ginásio do Estado), sinto que minha ignorância no assunto se vem agravando ultimamente. Para isso devem ter contribuído dois fatores: 35 anos de residência no Exterior (serviço diplomático, EUA, França e Inglaterra) e anarquização de nossa língua por duas academias, uma de Ciências, outra de Letras.

Sou também um bibliófilo e em minha "biblioteca" ("excusez du peu... ") tenho uma razoável coleção de gramáticas, desde a "Philosophica" do velho Soares Barbosa, até a sua. Esta, sempre a tenho a meu alcance e nunca me "deixou na mão" quando a ela precisei recorrer, mercê do excelente índice, que me leva imediatamente à elucidação de minhas dúvidas.

Lembra-me que o ilustre mestre, no prefácio da METÓDICA, alude ao enorme trabalho que esse índice lhe deu, e que bem avalio.

Por isso, não pude resistir à tentação ("the best way to get rid of a temptation is to yield to it" dizia Oscar Wilde) de transmitir-lhe a seguinte frase que há dias, acidentalmente, encontrei no excelente "Reader's Digest Great Encyclopedic Dictionary", página 2.083, em um artigo de Charles W. Ferguson:

"Any fool can write, but it takes a genius to make an index".

So it is, indeed ! E é por isso que me permito felicitar o autor da melhor gramática da língua e do excelente índice, que a torna ainda mais preciosa (Eurico Penteado).

SÃO PAULO – O autor desafia qualquer professor a não saber explicar ou qualquer estudante a não entender seus pontos. Livros assim, sim. Autores assim, que sentem e vivem com os alunos, dão gosto. Livros assim valem por muitos pedagogos que acumulam os alunos com tantos livros novos no princípio do ano e sem as partes estudadas nos anos anteriores. Livros completos assim formam uma biblioteca completa (José Pedro Miranda).

SÃO PAULO – Foi como sol de estio por sobre os meus dantes pálidos laivos gramaticais. Sem hipocrisia ou intuito de louvaminhá-lo, assevero-lhe que nunca houvera visto gramática tão elucidativa e de tão fácil e suave tirocínio. O caso da regência em geral, mormente a dos verbos; a doutrina sobre a partícula "se"; a riqueza de advérbios e locuções; a colocação dos pronomes oblíquos etc., nenhum outro mestre explana tão precisa e expressivamente. Um abundante oásis de saboroso aprendizado, em que o caminhante se dessedenta gostosamente – eis ao que comparo, abalizado professor, a sua riquíssima GRAMÁTICA METÓDICA (Penitenciária, Sentenciado 12.929).

SÃO PAULO, Interior

APARECIDA, Seminário Santo Afonso – Vibro e sinto com a METÓDICA; alegram-me, sinceramente, os seus triunfos (D. José Rodrigues de Sousa).

BOTUCATU, Inst. Santa Marcelina – A sua gramática dispensa o manuseio de qualquer outra; é livro realmente completo (Ir. Alzira Vieira).

CAMPINAS – Trata-se – digo-lhe sem o menor favor – do melhor livro que, no gênero, possuímos (Hildebrando Siqueira).

CAMPINAS – Autor capacitadamente enfronhado nos torneio e obstáculos do idioma, anula com arte a deprimente sensação, incutindo no estudioso o prazer de compulsá-la miudamente (Francisco Nunes).

CAMPINAS – Devo acrescentar que o Prof. Luís Gonzaga Diniz fez este ano em toda a sua Inspetoria de Ensino ótima campanha de seus livros didáticos e conseguiu adoção por parte de muitos mestres (Clóvis Pansani).

ITAPORANGA, Mosteiro Cisterciense – Se, em vez de se amontoarem tantos didatas com seus programinhas, postilas e ditadinhos de gramática, se obrigasse adotar a METÓDICA e se exigisse que ela fosse estudada com seriedade e afinco, o resultado dos concursos seria bem diferente do de nossos dias (Pe. Bernardo Pani).

JAÚ – Deixei de lado todas as demais obras para o ensino da língua e passei a adotar esse valioso trabalho do prezado mestre (Osvaldo Brandão Tófano).

JAÚ – Nos meus cursos adotei a sua inigualável gramática (Adonis M. Pirágine).

LAVRINHAS, Seminário Salesiano – Um menino disse assim: "A gramática do Napoleão a gente basta ler e logo entende; as outras não" – Ele falava assim com o senhor Padre Diretor, de quem ouvi o "abalizado" juízo: *Ex ore in fantium...*! (Pe. Hilário Passero).

LINS, Seminário N. Sra. do Rosário – Sua gramática será o vade-mécum meu e dos meus alunos, que se acham entusiasmadíssimos com ela (Cônego João Santucci).

LINS, Esc. Normal N. Sra. Auxiliadora – Acho que todos os colégios deveriam adotar a METÓDICA: que querem de melhor os professores? (Ir. Josefina L. Di Sano).

MOGI DAS CRUZES – Foi a que mais me impressionou, pela clareza e pelo método; considero-a a melhor. A sintaxe está tão bem exposta que, a quem ler, não sobrará justificativa para ignorar análise sintática. Felicito-vos, exultante, pela publicação dessa magnífica obra linguística e altamente patriótica (Coronel Carlos Abreu).

MOGI-GUAÇU – Sempre adotei a METÓDICA em todos os colégios por onde passei, pois acho que não há gramática que possa substituir a sua (Clóvis Pansani).

NOVA GRANADA – Minha admiração pela sua pessoa não tem limites. O senhor é uma dessas raras pessoas que nasceram para fazer algo de extraordinário. Acho seus livros de português e de latim notáveis. Aprende-se e toma-se gosto pelo estudo (Dirceu Penteado).

OURINHOS – Nada se poderia desejar de melhor e passo a adiantar-lhe que será a escolhida e adotada em todos os meus cursos (Aparecido G. Lemos).

PINDAMONHANGABA, Seminário Salesiano – Bem sabes o quanto a METÓDICA é apreciada entre nós (Pe. Luís Garcia de Oliveira).

PIRACICABA, Seminário Seráfico S. Fidelis – Aqui no Seminário temos sempre seguido a sua gramática com o máximo proveito dos alunos. Nossos sinceros parabéns pela nova edição, fruto de tanto trabalho e amor a nosso idioma pátrio (Fr. Luís Maria de Limeira).

PIRACICABA, Seminário Seráfico S. Fidelis – Queira receber os mais sinceros parabéns por trabalho de tão subido valor. Que Deus, Senhor nosso, continue a abençoar seus trabalhos, a fim de que sua diamantina pena possa espargir sempre o bem entre os homens (Fr. Estêvão Maria de Piracicaba).

PIRACICABA – Sua gramática é um livro precioso, como preciosa é a advertência com que o mestre inicia o seu prefácio, que encerra um trecho que todo o professor precisa conhecer, especialmente os mestres do vernáculo de todas as categorias, daquém e dalém mar (Sílvio de Aguiar Sousa).

PIRAÇUNUNGA – Preciso contar-lhe este episódio. Num curso que precisei fazer numa capital de estado, logo no início um professor deu a lista de livros para consulta e nela não figurava seu nome. Levantei-me e, delicadamente mas com firmeza, mostrei-lhe a estranheza do seu procedimento; após mais uns apartes da turma, o tal catedrático "tolerou" a METÓDICA em sua lista. Ora, durante aquele curso intensivo não foram poucas as vezes que, apoiado na METÓDICA, dirimimos questões e confundimos o mestre e partidários. Com o correr das aulas, sempre que havia qualquer dúvida a turma toda se voltava para trás e perguntava num misto de brincadeira e curiosidade: "Pe. Humberto, que diz o Napoleão?" Sempre aceitava o desafio e tudo se resolvia, até que um dia, quando a METÓDICA veio aclarar uma questão do pronome "se", eu disse alto e bom som: "Eis aqui o Napoleão das gramáticas, que nunca viu Waterloo" – e assim o curso foi chegando a seu termo e, resultado: todos os colegas já tinham adquirido a METÓDICA e a consultavam com entusiasmo. Modéstia a parte, fiz um curso brilhante, que me valeu o segundo lugar entre examinandos de turma bastante numerosa, e tudo acabou muito bem (Pe. Humberto Capobianco M.S.C.).

RIBEIRÃO PRETO – Ao passo que o felicito pela valiosa colaboração prestada aos estudiosos e aos estudantes através de seus livros, tesouros de simplicidade e erudição, comunico-lhe que os adotei em todos os cursos que venho ministrando (Pe. César Luzio Junior).

RIBEIRÃO PRETO – Professora de português, tenho o apelido de "Napoleônica", tal a admiração que nutro aos seus ensinamentos e à clareza com que os apresenta (Esmeralda Maria de Assis Moura).

RIBEIRÃO PRETO – A METÓDICA tem a vantagem de ensinar com segurança, sem que o estudante perceba o esforço. O estudo na METÓDICA concorre para a satisfação e alegria de quem estuda (José Pedro Miranda).

RIO CLARO – Trabalho verdadeiramente metódico e erudito. Repito aqui o que mais de uma vez disse aos meus alunos: "Com esta gramática aprende-se a falar e a escrever escorreitamente o vernáculo". Socorro-me dela inúmeras vezes em minhas próprias aulas de latim. Outro tanto faz o professor da mesma disciplina (Padre Luciano Orlando Giovanni).

SANTOS – Particular admirador da GRAMÁTICA METÓDICA do Prof. Napoleão Mendes de Almeida, tenho feito dela sinceras e por isso mesmo as melhores recomendações a alunos e colegas, adotando-a invariavelmente como compêndio dos alunos das classes onde leciono (Rubens Nunes).

SANTOS – De há muito vínhamos acompanhando os trabalhos do professor Napoleão Mendes de Almeida. Já o admirávamos pela sua cultura, pelo seu espírito conquistador e estudioso. Nosso respeito cresceu com a sua GRAMÁTICA METÓDICA, em que apresenta aos estudiosos e aos que verdadeiramente gostam de nossa língua ensinamentos úteis e explicações claras, simples e fáceis de serem compreendidas (Prof. Anuar Frayha).

SÃO CARLOS, SEMINÁRIO DIOCESANO – Ainda há pouco recebi um exemplar da sua GRAMÁTICA METÓDICA, que realmente imenso me agradou. Pena que os alunos de meu seminário já haviam adquirido outra. No entanto, como demais apreciei a clareza das suas explicações, bem como o método genuinamente psicológico, desejo vê-la na mão dos meus seminaristas (Padre Armando Antônio Salgado).

SÃO JOSÉ DOS CAMPOS – Adotei na Faculdade de Filosofia, Ciências e Letras a sua gramática, sem favor nenhum o melhor compêndio para aulas, pois não só desenvolve a teoria como esparge, a mancheias, milhares de exemplos e de opiniões próprias, abalizadas, que deixam o aluno confiante e entusiasmado (Xenofonte S. Castro)

SÃO JOSÉ DO RIO PARDO – A GRAMÁTICA METÓDICA é, sem favor algum, excelente método de língua portuguesa – seguro na doutrina, claro na exposição, simples nos pontos controvertidos, é prático na correção dos erros mais comuns em nosso idioma (Hersílio Angelo).

SÃO JOSÉ DOS CAMPOS, SEMINÁRIO DOS SERVOS DE MARIA – É tanta a simplicidade, erudição e clareza com que V. Exa. se exprime, que prende o aluno até a última página com o mesmo sabor de quando começou (Frei João Mezzari).

SÃO JOSÉ DOS CAMPOS, SEMINÁRIO DAS MISSÕES – ...tal é a sua gramática, a que eu chamaria "Suma", pois não há outra no gênero (Fr. Laerte Carmelo).

SÃO VICENTE – A GRAMÁTICA METÓDICA é de uma doçura agradável, ensina, corrige e educa (José de Marília).

SÃO VICENTE – É com imenso prazer que lhe escrevo para agradecer em meu nome e no de tantos que hoje vivem livres do pesadelo "gramática" o grande benefício prestado ao público estudantil. Apenas quero dizer-lhe que o Português se me tornou mais suave, mais lógico e mais compreensível por meio de sua METÓDICA (Reginaldo Amaral Miranda).

SOROCABA – No terreno da gramática não conheço nada mais perfeito, mais limado, mais metódico, mais claro, mais preciso e mais conciso. Problemas tão debatidos, como o do infinitivo flexionado, da colocação dos pronomes átonos e da bizantina sintaxe do pronome "se", trata-os sempre com cunho original, com método didático surpreendente e até com certo sainete... e o faz sem a falta de método de Carneiro Ribeiro, sem o estilo pesado de Said Ali e sem o excesso analítico de Carlos Góis. Sua gramática, sobre científica, é simples, estética e simpática (Marius Teixeira Neto).

TAQUARITINGA – Examinei página a página, questão a questão, comparando-a com os velhos mestres e só achei superior a sua gramática (Paulo Gusman).

TATUÍ – Li-a toda e fiquei encantado; não há exageração no termo: fiquei realmente encantado (Sílvio Azevedo).

TATUÍ, INSTITUTO DE EDUCAÇÃO – É com incontido entusiasmo que digo. Ninguém mais inspirado do que o Napoleão na organização de um trabalho tão completo e precioso como a sua METÓDICA (José Tomás Borges).

TATUÍ – Há anos lecionamos por meio da sua prodigiosa gramática, a mais completa da língua portuguesa (Leila Salum M. da Silva).

TAUBATÉ, SEMINÁRIO DIOCESANO – ...pelo seu trabalho notável GRAMÁTICA METÓDICA DA LÍNGUA PORTUGUESA, magnífica contribuição para o estudo tão necessário do nosso sublime idioma. Coincidiu minha nomeação, para o cargo de reitor do Seminário Diocesano desta cidade, com o aparecimento da sua tão bem elaborada gramática. Veio-me então o desejo de adotá-la em todos os cursos deste Seminário, o que, aliás, foi sugerido pelo meu amigo, Prof. Leôncio Amaral, Diretor do Ginásio de S. José dos Campos (Padre Teodomiro Lobo).

VALPARAÍSO, IRMÃS FRANCISCANAS – Bem pode o abalizado mestre avaliar a proporção do nosso agradecimento na medida do prazer que nos causa a sua preciosa gramática (Irmã Maria Rosália França).

SERGIPE

ARACAJU, FACULDADE CATÓLICA DE FILOSOFIA – Há dois anos venho adotando nesta faculdade, com real proveito para os alunos, a sua METÓDICA (Paulo Almeida Machado).

ARACAJU – ...sua preciosa GRAMÁTICA METÓDICA, onde observei o interesse do mestre em tornar a gramática mais acessível à simpatia dos alunos, obedecendo a um método todo singular, o que lhe dá um aspecto de novidade (José Bezerra dos Santos).

ALEMANHA

BERLIM LANKWITZ – Venho participar a V. Exa. que pedimos à Livraria Saraiva a sua GRAMÁTICA METÓDICA DA LÍNGUA PORTUGUESA, a fim de ser enviada para a Seção Brasileira desta biblioteca onde é procurada por muitos interessados (Hermann B. Hagen, Ibero-Amerikanische Bibliothek).

GARMISCH – PARTENKIRCHEN – Possuo um grande número de gramáticas, tanto de autores portugueses quanto de brasileiros; a obra de V. Sa. absorve a minha atenção pelas muitas vantagens sobre as congêneres (Helmut Ascherfeld).

ARMÊNIA

YÉRÉVAN – Conheço e leciono vários idiomas; estudei muitas gramáticas, mas a sua é extraordinariamente metódica e clara. Alunos e professores brasileiros lhe devem ser agradecidos, porque o trabalho deles é facilitado (Kegham Chahinian).

CHECOSLOVÁQUIA

PRAGA – Há dois anos comprei a última edição de sua GRAMÁTICA METÓDICA, com a qual fiquei realmente encantado. Não preciso dizer ao senhor que a sua obra me tem satisfeito em todos os sentidos, por poder encontrar nela, facilmente, tudo o que preciso aclarar. O seu método é o mais apropriado também para nós estrangeiros que queremos aperfeiçoar as noções da língua portuguesa, pois a sua gramática oferece um aspecto completo da estrutura do português.

Em especial e com muito interesse li o capítulo que trata dos particípios duplos, parte que, na verdade, é uma das coisas mais difíceis, pelo menos com respeito a nós estrangeiros. Adotei a sua gramática nos meus cursos de português, considerando o guia que nunca falha: a qualquer momento que a consulto, sempre encontro solução para os problemas que surgem (Jaroslav Holbik).

PRAGA – Leciono português (língua e literatura) na universidade e sou autor de muitos manuais didáticos; na bibliografia de meus trabalhos cito a sua gramática como a mais importante obra do gênero (Zdenek Hampl-Hampejs).

CHINA

PEQUIM, Instituto de Línguas Estrangeiras – A fama das suas obras ilustres chegou até aqui (Nio Cheng-lu).

BEIJING – Sou professor de português do Instituto de Línguas Estrangeiras de Beijing. Tenho "gramáticas" de vários autores... , mas a sua é a de que eu gosto, por ser mais prática, mais concreta, mais aproveitável para o verdadeiro ensino gramatical (Zhou Han-jun).

ESTADOS UNIDOS DA AMÉRICA

NOVA YORK – Como atividade paralela, dedico-me a lecionar português para americanos, e a sua gramática, profissional e pessoalmente, é a mais conceituada e realmente a melhor (Regina Emygdio Pereira de Melo Barreto).

BOSTON – Tenho o prazer de contar entre os meus mais queridos livros a sua Gramática Metódica, que até agora nunca deixou de fornecer-me respostas e explicações claras e satisfatórias. Sou americano e professor de inglês. Estou terminando meu mestrado: aprimorando-me no conhecimento do português (William H. Russell Jr.).

HOLANDA

HAIA – Hoje não fiz outra coisa senão examinar a sua METÓDICA, e já sei dizer que o livro será de grande utilidade para os meus alunos mais adiantados (W. D. Meijer).

ITÁLIA

ROMA – É com grande prazer e avidez que estou estudando sua preciosa GRAMÁTICA METÓDICA, verdadeira joia para mestres e alunos (Padre Anselmo Goulart).

POLÔNIA

RACIBÓRZ – Leio os seus livros diariamente; são livros que recomendo a todos os que intentam aprender o português, pois figuram entre os melhores que se publicaram (Paulo Kaleta, filólogo).

PORTUGAL

LISBOA – É, na verdade, em mistura de simplicidade e erudição, um resumo sistemático do que de melhor existe no terreno de nosso idioma (Vasco Botelho de Amaral).

LISBOA – Em vez de defender meu modo de ver com palavras minhas, prefiro transcrever aqui o que ensina o distinto professor Napoleão Mendes de Almeida... (Fernando V. Peixoto da Fonseca).

LISBOA – Se quer ainda uma boa gramática, se não a melhor, recomendamos a do professor brasileiro Napoleão Mendes de Almeida, GRAMÁTICA METÓDICA DA LINGUA PORTUGUESA (F. V. P. da Fonseca, Boletim Mensal da Sociedade de Língua Portuguesa).

LISBOA – Está aqui uma GRAMÁTICA METÓDICA DA LÍNGUA PORTUGUESA, feita pelo eminente filólogo brasileiro, Prof. Napoleão Mendes de Almeida. Percorrendo as páginas, encontro o que não se vê em livros similares portugueses, e é isto – ensina a escrever bem, com domínio expressional, com riqueza de conhecimentos práticos em vez de teorias bafientas, com exposição de fatos da língua e não com regrinhas fastidiosas. Trata-se de regência? Apresentam-se os verbos com as regências. Expõe-se o assunto da pureza da língua? Fazem-se listas com erros e suas emendas ("Palestras" de Língua Portuguesa, nº 34. pág. 299).

LISBOA – Consegui obter no "Centro do Livro Brasileiro" as tão recomendadas gramáticas de vossa autoria, a portuguesa e a latina. Apesar de a nomenclatura brasileira diferir um pouco da nossa, não tive dificuldade em compreender os incomparáveis ensinamentos que elas encerram (Octávio da Silva Neves).

LEIRIA – Fiquei entusiasmado com o critério didático de vossa excelente GRAMÁTICA METÓDICA (Delfim Luís Pires).

PRAIA CABO VERDE, Portugal Ultramarino – Quero deixar registrado que a GRAMÁTICA METÓDICA vem-me servindo de guia na orientação dos estudos liceais de meus filhos, e os resultados são francamente animadores (Arcádio Monteiro).

RÚSSIA

LENINGRADO – Tem o prazer de escrever-lhe um estudante da universidade de Leningrado. Estudo na faculdade de filologia, seção de línguas românicas. Com grandes dificuldades recebi de São Paulo a sua famosa GRAMÁTICA METÓDICA DA LÍNGUA PORTUGUESA. Eu a considero a melhor obra sobre a língua portuguesa (Anatólio Gach).

ÍNDICE ANALÍTICO

Os **números** *indicam* **parágrafos**

A

B

C

D

E

F

G

H

I

J

K

L

M

N

O

P

Q

R

S

T

U

V

W

X

Y

Z